KB150014

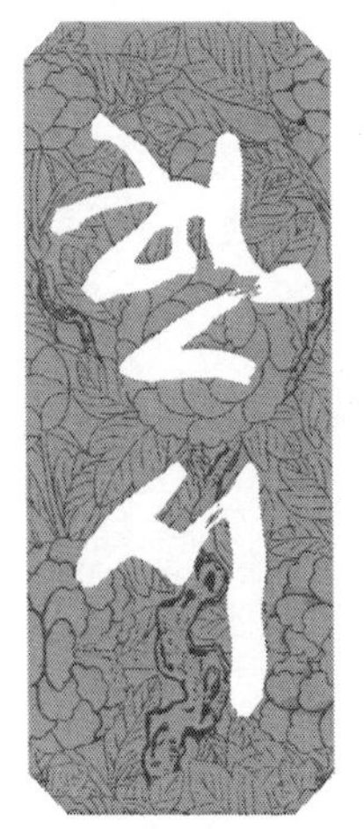

반고의 인물열전

반고의 인물열전

반고 지음 / **노돈기 · 이리충** 편저 / **김하나** 옮김

팩컴북스

편저자_ 노돈기盧敦基

1962년생. 현재 절강성 사회과학원 과학연구처 처장 겸 연구원. 당대 무협의 대가 김용金庸 선생 밑에서 박사 과정을 밟았다. 중국 문학과 절강의 역사문화를 주로 연구하였다. 《풍운이 일다(風起雲揚)-한서漢書 수필》(절강문예출판사, 1999), 《영웅절창英雄絶唱 -사기史記 수필》(공저, 절강문예출판사, 2000), 《김용金庸 소설론》(절강문예출판사, 1999), 《고독한 위로(孤獨的慰籍)-노벨상 100년 회고(百年諾貝爾奬回眸)》(공저, 절강문예출판사, 2002), 《자유 저널리스트(自由報人)-조취인전曹聚仁傳》(절강인민출판사, 2003), 《진량전陳亮傳》(상해사회과학원출판사, 2005) 등 다수의 논문과 저서를 저술하였다.

이리충李利忠

필명은 이장李莊, 이중지李重之다. 절강성浙江省 정치 협상 회의 〈연의보聯誼報〉의 중견 편집자이자 항주출판그룹 도서 센터 부주임으로, 중국 대련학회對聯學會 회원, 절강성 작가협회 회원이다.

옮긴이_ 김하나

서울여자대학교 시각디자인과를 졸업했으며, 그림을 배우려고 중국에 갔다가 중국어에 매료되어 전공을 바꾸게 되었다. 이화여자대학교 통역번역대학원을 졸업하고 현재 통·번역가로 활동 중이며, 동 대학원에 출강하고 있다.

중화 TV에서 드라마 및 다수의 방송 프로그램을 번역하고 있으며 EBS의 영화 〈민경고사〉를 번역했다. 또한 인트랜스번역원 소속 프리랜서 번역가로 활동 중이다.

방송번역물로는 드라마 〈금분세가〉, 〈천약유정〉, 〈열정중하〉, 〈나비지애〉, 〈협객탐정〉, 〈모의천하〉, 〈신화〉, 〈패견여왕〉, 〈대당부용원〉, 〈천당수〉, 시사생활 프로그램으로는 〈건강 신개념〉, 〈미녀요리방〉, 〈동방시상〉, 〈집중조명 경제〉, 〈우리는 중화인〉, 〈맛있는 요리세상〉, 〈세계문화유산다큐 중국편 5〉, 〈저우언라이다큐 12〉, 〈인연〉이 있다.

옮긴 책으로는 《사기》, 《심리의 마스터》, 《고스트 램프》 1, 3권, 《1학년 1반 34》, 《암호 해독》 등이 있다.

중국의 5천 년 역사 속에는 수없이 많은 영웅들과 여걸들이 등장했었다. 또 수많은 문인들과 풍류를 즐기는 무리들이 생겨났으며 수차례의 전쟁이 일어나기도 했다. 중국 25사史■ 속에는 그들의 업적과 중국의 지나간 세월들이 고스란히 숨 쉬고 있다. 그것은 별처럼 아득히 먼 곳에 있으나 우리들의 기억과 그리움 속에서 선명하게 반짝이며, 소란스럽고 번잡한 현실 속에서 우연히 책을 펼치고 과거의 시간과 마주하고 있노라면 온몸을 감싸는 감흥과 꿈결 같은 깨달음이 다가온다.

이것이 바로 역사이다.

그렇다면 시간을 거슬러 역사 여행을 떠나보는 건 어떨까? 황제의 전설에서부터 소용돌이치던 삼국시대 역사는 『사기史記』, 『삼국지三國志』, 『한서漢書』, 『후한서後漢書』를 관통하여 흐르고 있다. 우리의 '고전사적 인물 이야기'도 여기에서부터 시작될 것이다.

역사는 사람의 이야기이며, 삶은 인간의 일생이다.

그러므로 이 책은 인물을 통해 역사적 사건을 관찰하여 일목요연하고 간결하게 정리하였다. 여기에는 원문의 맛을 살린 사실적 서술과 진리를 찾는 평가가 담겨져 있으므로, 독자 여러분은 어려운 고문을 보지 않고도 원문을 읽는 기쁨과 효과를 누릴 수 있을 것이다.

이 책은 『한서』에서 선별한 54명의 유명한 인물 이야기를 담았으며, 설명을 덧붙이기도 하였다. 『한서』의 저자인 반고班固는 후한後漢의 역사가이자 문학가로서, 붓을 던져버리고 종군한 반초班超의 형이기도 하다.

『한서』는 총 1백 권으로, 전한의 인문 역사를 기록해 전한의 역사 연구에서는 독보적이며 중요한 자료로 쓰이고 있다. 『한서』는 『사기』의 기전체 구조를 참고하였으나, 중국의 첫 기전체 단대사斷代史▪▪로서 여러 왕조를 기록했던 『사기』와는 차이를 보인다.

독자 여러분들은 이 책을 통해 우리에게 매우 익숙하지만 낯선 인물의 이야기를 접하게 될 것이다. 그것은 고대 소설과 희곡에 자주 등장했던 몇몇 이야기들이 대부분 역사적 사실이 아니라 허구를 가미한 이야기였기 때문이다.

그러나 이 책에서는 역사적 사실을 바탕으로 기술하고 진실된 역사를 밝혀 재현하고자 했다. 역사라는 거울을 통해 주위를 둘러본다면, 탄식도 나오겠지만 더 많은 깨달음을 얻을 수 있을 것이다. 역사는 현실을 반영하는 거울이기 때문이다.

■ 사기를 포함한 중국의 정사正史

■■ 시대를 한 왕조에 한정하여 기록한 역사서

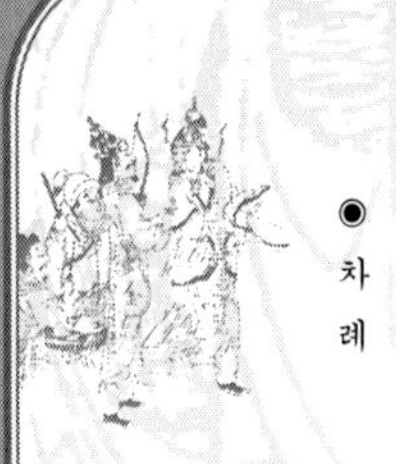

◉ 차례

◉주요 인물

유방

◉주변 인물

소하, 조참, 항우, 초회왕, 장량, 누경, 여후

◉키워드

개국 군주, 활달함과 넓은 도량, 오만과 무례, 능력 있는 인재 기용

◉중대 사건

패현의 봉기, 3차 풍豊 공격, 설읍의 회맹, 함양 입성,
홍문의 연회, 초한의 전쟁, 장안으로 천도, 새 정치 실시

◉고사

약법삼장約法三章, 홍문연鴻門宴, 항장무검 의재패공項莊舞劍 意在沛公,
소하월하추한신蕭何月下追韓信, 명수잔도 암도진창明修棧道 暗渡陳倉

◉고사 출처

『한서』「고제기高帝記」

劉邦

유방 : 전한의 개국 군주

한 고조 유방은 패현沛縣 풍읍豊邑에서 태어났다. 부친의 이름은 태공太公, 모친의 이름은 유오劉媼였다. 이는 유 노인과 유 할멈이라는 뜻으로 민간 사람들이 썼던 존칭일 뿐 제대로 된 이름은 아니었다. 이로 미루어볼 때 유방의 집안이 유서 깊은 귀족은 아니라는 것을 알 수 있다. 『한서』에서는 유방의 가문을 격상시키기 위해 유 씨 집안의 가계도를 조작하기도 했다.

'한 황제의 본계本系는 당제(唐帝: 당나라 황제 요堯 임금을 일컬음)에서 시작되었다. 이는 주나라까지 이어졌으며 진나라에 와서 유씨로 바뀌었고, 위나라를 건너 동쪽으로 이주하여 풍공豊公이 되었다. 풍공은 태상황의 아버지를 일컫는다.'

이렇게 족보를 만들긴 했지만, 선조들은 여전히 이름이 없었기에 어쩔 수 없이 유방의 조부를 풍공이라 칭했다. 이토록 비천한 가문에서 한 왕조를 연 황제가 탄생할 수 있었던 것은 시대적인 요구와 분위기 때문은 아니었을까?

유방의 본명은 계季였는데, 이는 셋째를 지칭하는 일반적인 이름이었다. 그의 큰형은 왈백曰伯, 둘째 형은 왈중曰仲으로 이것도 민간에서 첫째와 둘째를 부르던 통칭이었다. 이처럼 유방은 가난한 백성의 자식으로 변변한 이름조차 없었으니, 그의 부모와 마찬가지로 가난하고 비천해 이름을 지을 여력조차 없었고, 유방 밑에는 막내 동생 교交가 있었다. 이런 환경에서 태어난 유방은 딱히 내세울 것이 없었기 때문에 황제다운 고귀한 혈통이 될 수 있는 방법을 찾아야만 했다. 무엇하나 자랑할 것 없는 부모의 명예를 실추시키지 않는 가장 손쉬운 방법은 신神이 아들을 점지해주었다는 설을 만들어내는 것이다.

그의 어머니 유오가 어느 날 밭을 갈다 지쳐서 대택大澤 옆에 높이 쌓은 제방에서 잠시 눈을 붙이고 있었다. 그때 천신天神과 정을 나누는 꿈을 꾸었는데, 하늘에서는 천둥 번개가 휘몰아치고 먹구름이 짙게 드리웠다고 한다. 마침 유오를 찾으러 나온 태공이 멀리서 보니 교룡蛟龍이 그녀의 몸 위에 똬리를 틀고 있는 것이 아닌가? 그 후 유오가 임신하여 태어난 아기가 바로 유방이다.

유방은 용모가 빼어났다. 오똑한 콧날과 통통하게 복 있는 볼에 수염도 늘 단정하게 정리되어 있었다. 또 그의 왼쪽 다리에는 72

개의 사마귀가 있었다고 한다. 유방의 어린 시절에 대해서는 기록된 것이 없고 몇 가지 추상적으로 요약된 내용만 있을 뿐이다. 그는 성품이 어질어서 너그러운 마음으로 사람들을 대했으며, 덕을 널리 베풀었다고 한다. 또 의지가 넘치고 도량이 컸으며, 가슴에 원대한 포부를 품고 있어 농사를 지으려고 하지 않았다—솔직히 말하면 편한 것만 좋아하고 일하기를 싫어한 것이다.

그는 장년이 되었을 때 사수정泗水亭의 정장(亭長: 전국시대 타국에 인접한 지역에 정을 설치하고 정장을 두었는데 주로 방어의 임무를 맡았다)이 되어 관료 생활을 경험하였다. 당시 행정 구획은 10리를 1정으로 보았는데, 정장이란 관할 구역 내에 있는 나그네를 관리하는 직책이었다. 정장은 비교적 낮은 관직이었지만 유방은 상급 관리들과도 격의 없이 지냈다. 모두와 편하게 먹고 마시고 허풍을 떨고 농을 주고받으며 친하게 지내다보면, 어느새 그에게 무시당하지 않은 사람이 없을 정도였다. 또한 그는 향락을 즐기고 술과 여색을 특히 밝혀서 왕 씨 할멈과 무 씨 어멈 술집에서 자주 술을 마셨는데, 외상으로 마시면서도 매번 거나하게 취해서 일어나지 못할 정도였다. 이 두 술집의 여주인들은 술에 취해 쓰러진 유방의 몸에서 용의 모습이 자주 나타나는 것을 보고, 유방이 외상술을 아무리 많이 마셨어도 연말이 되면 유방의 외상술값을 특별히 삭감해주었다고 한다.

유방이 노역에 징발되어 함양咸陽에서 머무른 적이 있었다. 그 당시 순행을 나온 진시황은 백성들이 길 양쪽에 늘어서서 구경할 수 있는 기회를 특별히 주었다. 그날 유방은 길게 늘어선 성대한 진시황의 행렬을 보며 새 세상을 본 듯 감탄했다.

"아! 사내대장부라면 저렇게 살아야 하는데……."

단부현(單父縣: 지금의 산동성 단현)의 여공呂公이라는 사람은 패현 현령과 절친한 벗이었는데 원수를 피해 현령의 집으로 피신해 머물다가 아예 패현 현령 곁으로 이사를 오기로 하였다. 현령에게 귀빈이 온다는 소식을 들은 패현의 지방유지와 관리들은 선물을 챙겨 들고 축하 인사를 갔다. 소하蕭何는 당시 패현 관아의 주리主吏로서 축하 선물을 받는 일을 담당했다. 그는 찾아온 유지와 관리들에게 "1천 냥 미만으로 예물을 가져온 자는 모두 대청 아래 앉으시오."라고 말했다. 정장이면서도 늘 현 관아의 관리를 우습게 생각했던 유방은 명첩名帖에 손 가는대로 '축하금 1만 냥'이라고 써서 냈다. 그러나 사실 그는 동전 한 닢 없었다. 명첩을 받은 여공은 깜짝 놀라 급히 문 밖으로 나가 그를 맞이했다. 평소 사람들의 관상을 잘 보았던 여공은 유방의 외모를 보고 매우 정중한 태도로 그를 대청으로 안내했다. 이 모습을 지켜보던 소하는 여공에게 귀띔해주었다.

"유방 저 자는 허풍만 셀 뿐입니다. 뭘 제대로 해내는 꼴을 본 적이 없습니다."

하지만 유방은 소하의 말에 눈 하나 깜빡하지 않고 당당히 상석을 차지하고 앉았다. 만족스러워하는 유방의 표정에서 겸양의 자세 같은 것은 찾아볼 수가 없었다. 여공은 연회 자리에서 유방의 외모가 보면 볼수록 기이하게 느껴졌다. 그래서 유방에게 연회가 끝나고 남으라는 뜻을 전했다. 손님들이 모두 돌아간 후 여공은 유방에게 간절한 어조로 말했다.

"난 예전부터 사람들의 관상을 잘 봤다네. 그간 관상을 본 사람이 셀 수 없이 많지만 자네처럼 고귀한 상을 가진 사람은 단 한 번도 보지를 못했지. 그러니 자네도 스스로를 더욱 귀히 여기도록 하게. 그리고 내 딸을 자네에게 아내로 주고 싶은데, 자네 생각은 어떤가?"

유방이 떠난 후 여공의 처는 분에 떨면서 여공에게 불같이 화를 냈다.

"나리는 늘 우리 딸아이를 애지중지하며 잘 키우면 언젠가 귀히 쓸 데가 있을 것이라 하셨습니다. 귀한 사람에게 시집갈 거라고……. 그래서 현령 친구가 청혼을 했을 때도 딸을 주지 않으셨는데, 유방처럼 제멋대로인 인간에게 우리 딸을 주겠다니 이게 대체 무슨 소리랍니까?"

"이렇게 중요한 일을 어찌 아녀자가 이해할 수 있겠소?"

여공은 그런 아내를 향해 버럭 호통을 쳤다. 그리고는 끝까지 뜻을 굽히지 않고 장녀 여치呂雉를 유방의 아내로 주었다. 여치는 유방과의 사이에서 아들 하나, 딸 하나를 낳았는데, 그들이 바로 훗날 한나라의 효혜 황제孝惠皇帝와 노원 공주魯元公主가 된다.

유방은 힘든 일을 싫어하는 게으른 성격인데다가 집안도 풍족하지 않았기 때문에 여치와 자녀들은 직접 밭을 갈아야 했다. 훗날 여후가 될 여치가 두 아이들을 데리고 경작지에 잡초를 뽑으러 나갔을 때였다. 한 늙은이가 밭 옆을 지나다가 여치에게 마실 물을 청했다. 여치는 그 노인에게 물과 함께 밥도 배불리 나누어주었다. 노인은 감사한 마음에 그들의 관상을 봐주었다.

"부인은 천하의 귀인이십니다. 부인께서 귀한 것은 남편 때문입니다."

그리고 딸 역시 귀인이라고 했다. 집에 돌아와 부인에게 그 이야기를 전해들은 유방은 급히 노인을 찾아갔다. 유방을 본 노인은 역시 이렇게 말했다.

"선생께서는 말로 표현할 수 없을 정도로 귀한 상이시오."

이 노인과의 만남으로 유방은 자신의 운명에 대해 더 큰 자신감을 갖게 되었다.

유방이 정장으로 있을 때, 현령은 그에게 관가의 인부들을 능묘 공사를 하고 있는 여산驪山으로 압송하라는 명을 내렸다. 그러나 가는 도중 인부들이 도망치면서 그 수가 점점 줄어들었다. 유방이 보니 이대로 가다가는 여산에 도착해도 임무를 마쳤다고 할 수 없을 지경이었다.

그래서 그는 풍읍 서쪽에 있는 대택大澤에 도착하자 아예 인부들을 불러 모아놓고 마음껏 술을 마셨다. 그리고는 그들을 풀어주고 자신도 멀리 떠날 결심을 했다. 감사한 마음에 십수 명의 사람들이 유방을 따라나섰는데 이들이 바로 유방의 첫 군대가 되었다. 유방은 그중 한 사람에게 길을 살피고 오라고 명령했다. 그 사람은 재빨리 정탐하고 와서 이렇게 보고했다.

"커다란 뱀 한 마리가 길 한가운데 떡하니 누워 있어 앞으로 갈 수가 없습니다."

술에 얼큰히 취한 유방은 또 되는대로 허풍을 떨었다.

"대장부라면 아무런 겁 없이 전진해야지! 무서워할 게 뭐가 있단 말인가?"

그리고는 성큼성큼 앞으로 나아가 검을 휘둘러 뱀을 동강 내고는 곧장 앞으로 걸어갔다. 얼마 지나지 않아, 그는 술에 취해 길가에 푹 고꾸라져버렸다.

그 후 누군가 뱀이 죽어 있는 곳을 지나다가 한 노부인이 한밤중에 슬피 우는 모습을 보았다. 그가 다가가 왜 우는지 물어보자 노부인은 이렇게 대답했다.

"어떤 놈이 내 아들을 죽였소. 우리 아들은 백제(白帝: 가을을 맡아보는 서쪽의 신, 오방신장)의 자손인데 뱀으로 변해 길에 엎드려 있었단 말이오. 그런데 적제(赤帝: 오행설에서 여름을 맡은 신)의 아들이 우리 아들을 죽여버렸소. 그래서 내가 여기서 울고 있는 것이라오."

노부인의 두서없는 이야기에 사람들이 조소를 보내려던 찰나,

노부인은 자취를 감추어버렸다. 누군가 이 소식을 유방에게 전했는데, 유방은 속으로 기뻐하면서 스스로에게 더 큰 자부심을 갖게 되었다. 유방이 뱀을 죽여 길을 열었던 것은 거짓이 아닌 듯하다. 그러나 적제의 자손이 백제의 자손을 죽였다는 이야기는 진섭陳涉, 오광吳廣이 등불을 밝히고 여우 울음소리를 내거나, 물고기 뱃속에 글을 숨겨놓았던 것처럼 사람을 현혹하려는 눈속임에 불과하다. 부하들이 유방을 위해 여론을 만든 것이다.

진이세(秦二世: 진秦의 2대 황제)가 점점 더 도를 벗어난 횡포를 부리자 진승과 오광은 대택에서 봉기를 일으켰다. 의군들이 순식간에 진현陳縣을 점령하고 왕을 세우자, 각지에서 사람들이 구름처럼 몰려들어 이에 호응하였다. 이에 큰 두려움을 느낀 패현의 현령은 패현에서 봉기를 일으켜 대세를 따르려고 하였다.

그러자 옥졸이었던 조참曹參과 주리였던 소하는 현령에게 이렇게 건의했다.

"현령께서 진나라 관리의 몸으로 진에 맞서겠다고 하시면 백성들이 믿고 따를 수 있겠습니까? 만약 과거 타지로 도망했던 사람들을 불러 모으시면 족히 수백 명은 될 것입니다. 이들을 모아 백성들을 무마하십시오. 그러면 백성들도 모두 현령을 따를 것이옵니다."

패현 현령은 두 사람의 말을 옳다고 여겨 번쾌樊噲를 보내 유방을 불렀다. 당시 수백 명의 수하를 거느리고 있던 유방은 그 소식을 듣자마자 즉시 패현으로 돌아왔다. 패현의 현령은 막상 유방이 돌아오자 당황하여 어찌할 바를 몰랐다. 유방이 무리를 이끌고 성에 들어온다면 상황이 자신에게 불리해질 것을 두려워하여 성문을 굳게 걸어 잠궈 유방이 성 안으로 들어오지 못하게 하는 한편, 소하와 조참을 죽여버리려고 했다. 이에 위기의식을 느낀 두 사람은 재빨리 성벽을 타고 넘어 유방에게로 도망쳤다.

성밖에 있던 유방과 무리들은 회의 끝에 묘안을 내어 패현의 모든 노인과 유력자들에게 편지를 써서 활로 쏘아 보내기로 했다.

'지금까지 이 땅은 진의 폭정에 너무 오래 시달렸습니다. 그런데 이 시점에서 패현 사람들이 현령과 함께 성문을 굳게 지킨다면, 그보다 더 어리석은 일은 없을 것입니다. 지금 각지에서 봉기가 일어나고 있으니 언젠가는 패현도 공격을 당할 것입니다. 그러면 성 안에 있는 모두가 죽임을 당하게 될 것이나, 여러분이 단결하여 현령을 죽이고 새 수장을 뽑아 함께 봉기에 참여한다면 재난을 피할 수 있을 것입니다. 그러나 이를 거부한다면 성은 파괴되고 백성들은 비참히 죽게 될 것입니다. 그렇게 죽는다면 무슨 의미가 있겠습니까?'

패현의 노인들은 간절하고도 호소력 있는 서신에 감동해 정말로 현령을 죽이고 성문을 열어 유방을 들여보내주었다. 그리고 모두들 유방에게 새 현령이 되어달라고 부탁했다. 그러나 유방은 사양했다.

"지금 천하는 혼란에 빠져 각지의 제후들이 일어나고 있습니다. 그러니 적절한 통솔자를 선택하지 못할 경우 여지없이 패배할 것입니다. 제가 그 일을 하지 않겠다는 것은 아닙니다. 다만, 제 재능이 부족하여 고향의 어르신들을 지키지 못할까 심히 걱정이 됩니다. 이는 매우 중대한 사안이니 잘 생각해서 가장 적합한 사람을 천거하십시오."

그러나 그 누구도 그 자리에 앉으려 하지 않았기 때문에, 백성들은 다시 한 번 유방에게 간청하였다.

"평소 저희는 유 씨 집안 셋째 아들에 관해 놀라운 이야기들을 많이 들어왔습니다. 그래서 언젠가는 부유하고 귀해지리라 믿었습니다. 게다가 몇 번이나 점을 보아도 공公처럼 좋은 징조를 타고난 사람은 없었습니다. 그러니 현령이 되어주시길 바랍니다."

유방은 몇 번의 사양 끝에 마침에 패공沛公으로 천거되어 성대한 의식을 치렀다. 먼저 황제와 치우에게 제를 올리고, 희생의 피를 북에 칠해 신에게 제사를 지내는 군대 예식을 행했다. 그리고 앞으로는 적색 깃발을 쓰도록 약속했다. 군대를 키우기 위해 유방은 소하, 조참 등의 도움을 받아 패현의 젊은이들을 징발하였다. 그러자 의군의 수는 순식간에 3천여 명으로 늘어났다. 유방은 근처에 있는 호릉胡陵과 방여方輿 등의 성읍을 친 후 군대를 돌려 고향인 풍읍에 주둔하여 지켰다.

이때는 가장 먼저 봉기를 일으킨 진승의 의군 외에도 각지에서 구름처럼 일어난 의군들은 스스로 왕이 되거나, 전국戰國 때 육국의 군주의 후예들을 왕으로 세웠다. 숙부인 항량項梁과 조카 항우項羽도 당시 오중吳中에서 거사를 일으켰다. 진나라의 관병들도 미친 듯이 돌진하여 각지의 의군들을 토벌하였고, 진나라 사수군泗水郡 감평監平은 군사들을 이끌고 풍읍을 포위했다. 패공은 병사들을 이끌고 나가 진나라 군대를 격파한 후 옹치雍齒에게 풍읍을 지키게 하고, 자신은 병사들을 이끌고 진나라 군대를 뒤쫓아갔다. 설읍薛邑에 다다랐을 때, 진의 사수 군수 장壯과 마주쳐 교전이 벌어졌고, 진나라 군대를 크게 무찔렀다. 장은 척戚으로 도망쳤지만 패공의 부하인 좌사마左司馬 조무상曹無傷에게 잡혀 죽임을 당했다. 그리하여 항부亢父까지 진격할 수 있게 된 패공은 군대를 방여에 주둔시켰다.

당시 천하는 여러 세력들이 들고 일어나 복잡하게 얽혀 매우 혼란스러운 상태였다. 진섭(陳涉: 진승의 자字)의 부장部將 주시周市는 영토를 넓히라는 명을 받고 과거 위魏나라 영토의 절반 정도를 점령했다. 그리고 사람을 보내 옹치를 꼬드겼다.

"풍읍은 본래 위나라의 영토가 아니었소. 그러나 지금 위나라가 다시 일어나 수십 개의 성을 수복하였으니 당신이 지금 위나라에 투항한다면 계속 풍읍을 지키게 해주겠소. 그러나 이를 따르지 않는다면 위나라 군사들이 풍읍을 피로 덮어버릴 것이오."

평소 유방을 무시하던 옹치는 바로 위나라의 꼬드김에 넘어가 투항해버렸다. 옹치의 배반 소식을 들은 유방은 크게 노하여 즉시 군사를 이끌고 풍읍을 공격했다. 하지만 성을 쳐부수지 못해 패읍沛邑에 머무를 수밖에 없었다.

이때부터 유방은 옹치와 풍읍의 고향 사람들에게 분노와 원망을 품게 되었다. 또한, 이때에 진섭이 부하에게 살해당하고 옛 부하였던 영군寧君과 진가秦嘉가 경구景駒를 가짜 왕으로 세워 유현留縣에 주둔하였다. 유방은 경구에게 몸을 의탁했지만, 사실은 병력을 빌려 풍읍을 공격할 계획이었다.

유현으로 가는 길에서 우연히 장량張良을 만났는데 유방은 그를 자신의 수하에 두었다. 유현에 도착할 즈음 유방은 진나라 군대를 만나 탕군碭郡까지 가게 되었다. 그러자 유방은 영군과 회동하여 병사를 서쪽으로 돌리게 하여 소서蕭西에서 진나라 군대와 맞붙었다. 그러나 그 전쟁에서 패함으로써 다시 유현으로 돌아갔다. 그리고 한 달간 군대를 강하게 훈련시킨 후 다시 탕에 군대를 보내 격파하였다.

유방은 비록 영군에게 군사와 말을 빌리지는 못했지만, 탕군의 군대를 재편성하여 6천여 명의 무리를 얻는데 성공했다. 유방은 다시 부대를 이끌고 고향으로 돌아가 하읍下邑과 풍읍을 공격했지만, 이번에도 역시 성을 차지하지는 못했다.

유방이 세 번째로 풍읍을 공격한 것은 진이세 2년(기원전 208년) 4월이었다. 이때 항량은 경구와 진가를 죽이고 설읍에 주둔하고 있었다. 항량은 자신을 찾아온 유방에게 5천 명의 병사와 오대부五大夫 급의 장수 10명을 더 보내주었다. 유방은 병력이 크게 증강되자 풍읍을 재차 공격하였고, 옹치는 위나라로 도망쳤다. 유방은 풍읍을 쳐서 빼앗았다가 잃고, 다시 되찾는 몇 번의 전쟁을 치르는 동안 왕조를 세우는데 한 발 더 가까이 내디딜 수가 있었다.

여기에서 우리는 그가 백전백승의 타고난 군주가 아니었음을 알 수 있다. 그는 오히려 전쟁에서 자주 패했으며, 사람들이 잘 따르지 않았고 심지어 고향에서도 그를 배신하는 사람들이 있었으며, 또 부하나 하인을 수없이 거느릴 만큼 명망이 높지도 않았고, 고향 사람들에게까지도 인정받지 못했다. 이는 전쟁에서의 패배보다 더 큰 좌절이었으며, 그의 자존심에 큰 상처를 남겼다. 그러나 오히려 이러한 이야기에서 우리는 유방의 강인함과 백절불굴百折不屈의 정신을 읽을 수가 있다. 이것이야말로 그가 남보다 뛰어난 점이 아니었을까?

유방이 항량에게 몸을 의탁해 병사를 빌리고 한 달쯤 지났을 무렵, 항량은 범증范增의 의견을 받아들여 설읍에서 과거 초나라 출신의 의군 장수들을 모아 회의를 열었다. 그리고 과거 초나라 회왕懷王의 손자 심心을 초나라 왕으로 세웠다.

유방은 패공의 신분으로 그 회의에 참석했다. 회의에서는 심을 계속 초나라 회왕이라 부르기로 결정했다. 그 이름을 빌려 과거 초나라 국민들의 향수를 불러일으킴으로써 더 큰 호응을 얻을 생각이었던 것이다. 수도는 우이盱眙로 정했고, 항량을 상주국上柱國으로 임명한 후 무신군武信君이라 불렀다. 실질적으로 그가 국정을 맡아보도록 한 것이다.

설읍에서 회의를 마친 후 유방과 항우는 항량의 위임을 받아 성양城陽을 공격한 후, 복양濮陽 동쪽에서 진나라 군대와 접전을 벌여 큰 승리를 거두었다. 그러나 진나라 군대가 수로를 파 황하의 물을 끌어들여 복양을 물로 에둘렀기 때문에, 복양을 빼앗기는 어려웠다.

유방과 항우는 다시 군대를 서쪽으로 틀어 정도定陶를 공격했다. 그러나 역시 수복하지 못하고 다시 서쪽으로 돌격하여 옹구雍丘 일대를 차지했다. 거기서 다시 진나라 군대를 공격하여 진나라 장수 이유李由를 죽이고 큰 위엄을 떨쳤다. 또 외황外黃을 공격했지만 역시 차지하지 못했다. 바로 이때 진나라 장군 장한章邯이 정도에서 초나라 군대를 공격하여 승리를 거두고 항량을 죽였다. 이 소식이 전해지자 유방과 항우는 병사를 이끌고 동쪽으로 돌아갈 수밖에 없었다.

회왕 심은 항량이 전사하자 도성을 우이에서 팽성彭城으로 옮긴 후 그 기회를 틈타 병권을 장악하고, 팽성 동쪽에 주둔하고 있던 여신呂臣과 팽성 서쪽에서 주둔하고 있던 항우의 부대를 자신의 손에 넣음으로써, 항우는 노공魯公으로 임명되고 장안후長安侯로 봉해졌지만 주장군으로서의 실권은 잃고 말았다. 그러나 탕군에 주둔하고 있던 유방은 노련하고 진중했기 때문에 회왕의 신임을 받아 권력이 커지고 지위도 더 높아졌다. 그는 탕군장碭郡長으로 임명받고 무안후武安侯로 봉해져 계속 탕군에 주둔하며 군대를 인솔했다.

진나라 장한은 항량이 죽었으니 초나라가 쇠약해졌다고 여기고, 병사를 이끌고 북쪽에 있는 조趙나라를 공격했다. 조나라가 밤낮없이 원조를 요청하자 회왕은 신속히 북쪽을 정벌하는 동시에, 서쪽도 함께 정벌한다는 전략을 펼쳐 송의宋義를 상장군으로 임명하고 항우를 부장군으로, 범증을 말장군으로 임명해 북으로 진군해 조나라를 돕도록 하고, 유방에게는 병사들을 이끌고 서쪽으로 진군해 함곡관으로 들어가 진나라를 치라고 명령했다.

한편, 장수들의 적극성을 유발시키기 위해 회왕 심은 누구든 먼저 함곡관으로 진격하여 관중을 차지하면 관중의 왕으로 삼겠다고 약속했다. 당시 진나라는 비록 민심은 떠났지만, 그 엄청난 군사력만은 아직 유지하고 있었다. 그래서 장수들은 함곡관 안으로 들어가는 것에 심한 두려움을 갖고 있었다. 오직 항우만이 숙부 항량이 전사한 후 품게 된 분노 때문에 유방과 함께 함곡관으로 들어가려고 했지만, 회왕 심 역시도 나라의 일을 의논하던 책략가들의 충고를 따랐다. 회왕은 항우가 성격이 급하고 사나우며 관용과 너그러움이 부족하다 여겼기 때문에, 서쪽의 함곡관 정벌에는 항우의 진군을 불허하고 유방만을 보냈다.

유방은 하루 속히 함곡관으로 들어가기 위해 진군하면서 전력을 키우는 방법을 선택했다. 율현栗縣에서 진나라에 맞서던 강무후剛武侯의 군대 4천여 명을 병합하고, 위魏나라 장군 황흔皇欣, 무포武蒲와 연합해 이동하면서 세력과 명성을 점점 키워갔다.

진이세 3년(기원전 207년) 2월, 유방은 항우가 진나라 주력 부대와 거록巨鹿에서 결전을 벌이는 동안 탕군의 군사들을 이끌고 북상하여, 팽월彭越이 이끄는 의군과 연합해 창읍昌邑을 공격했지만 함락하지 못했다. 그래서 다시 군대를 돌려 서쪽으로 진군했다. 고양高陽을 지날 때 고양 감문(監門: 성문을 지키던 관리) 역이기酈食其의 건의를 받아들여 진류陳留를 습격해 진나라가 비축하고 있던 군량미를 차지하였다.

그는 이 군량미로 부대에는 양식을 충분히 보급했고 역이기의 동생인 역상酈商의 4천여 명의 군사도 자신의 수하로 받아들였다. 3월에 유방은 개봉開封으로 진군하려다가 실패해 멀리 돌아 서쪽으로 진군했다.

곡우曲遇에서 진나라 장수 양웅楊熊을 만나 크게 패하자, 군대를 이끌고 바로 낙양洛陽의 동쪽으로 쳐들어갔으나, 그곳에서도 역시 진나라 군대에게 패배하고 만다. 그러자 유방은 함곡관을 통해 관중으로 들어가려던 전략을 바꿔 남쪽으로 철군해 우회하는 방법을 쓰기로 결정하였다. 환원관轘轅關의 험준한 길로 나가 무관武關을 통해 관중에 들어가는 전략이었다.

6월이 되자 유방은 주동犨東에서 남양南陽 군수 여기呂齮의 부대를 쳐부수었다. 여기가 완성宛城으로 철수하자 유방은 함곡관으로 서둘러 들어가기 위해 완성을 두고 우회해 서쪽으로 진군하려 했는데, 장량이 만류했다.

"장군께서는 급히 함곡관으로 들어가려 하시지만 현재 진나라 병사들의 세력은 여전히 강하며 그들이 있는 곳은 지세마저 험준합니다. 지금 완성을 차지하지 않는다면, 완성을 지키던 적들이 우리의 배후에서 공격해올 것이며 강대한 진나라 군대가 앞에서 우리를 막을 것이니 너무 위험합니다."

유방은 그 말을 듣고 그날 밤 즉시 비밀리에 군대를 움직여 동틀 무렵에는 완성을 완전히 포위하고 여기에게 투항을 요구했다. 여기는 자결하려 하였지만 그의 문객인 진회陳恢가 그를 말렸다. 그리고는 성벽을 넘어가 유방을 설득하였다.

"완성은 큰 군郡의 도성으로 10개의 성이 줄줄이 이어져 있으며 백성들도 많고 양식도 풍족합니다. 만약 백성과 병사들이 죽기를 각오하고 성을 지킨다면 한순간에 무너지진 않을 것입니다. 함양에 먼저 들어가는 자가 왕이 된다고 하였는데, 이곳에서의 전쟁이 길어지면 그 시기를 놓치지 않겠습니까? 그러나 장군께서 포위를 풀고 떠나신다면 완성의 군사들이 그 뒤를 추격할 테니 앞뒤로 적을 맞아야 하는 곤경에 처하게 됩니다. 그러니 대대적으로 투항자를 모으고 남양 군수를 제후로 봉하여 계속 남양을 지키게 하십시오. 그리고 장군께서는 완성의 병사들을 이끌고 다시 서쪽으로 진군하시면 되지 않겠습니까? 투항하지 않은 성읍들도 이 소식을 들으면 앞다투어 성문을 열고 장군을 기다릴 것입니다. 그러면 아무런 저항 없이 순조롭게 이곳을 통과하실 수 있지 않겠습니까?"

유방은 투항해온 남양 군수 여기를 은후殷侯로 봉했다. 남양에서 문제가 평화롭게 해결되자 유방의 군대가 서쪽으로 진격할 때 모든 성읍들이 이를 본받아 그에게 속속 투항해왔다. 8월, 유방이 이끄는 부대는 순조롭게 관중의 동남쪽 관문인 호무관戶武關을 쳐부수고 남전藍田에서 진나라 군대를 격퇴했다.

한편 송의와 항우는 조나라를 구하기 위해 군대를 이끌고 출전했지만, 각지에서 온 제후들이 모두 두려움에 떨며 전진하지 못하자, 상장군 송의마저 관망하는 태도로 돌아섰다. 용맹하고 싸움 잘하는 항우는 분을 이기지 못하고 상장군인 송의를 죽이고 자신이 대장군이 되었다.

그리고 파부침주破釜沈舟, 즉 배를 부수고 솥을 다 깨뜨리는 책략으로 병사들의 용맹함과 전투심을 불러일으켜, 흉악하고 사나운 진나라 주력 부대를 일거에 쳐부수고, 심리술로 진나라 장군 장한의 20만 대군을 유혹해 모두 투항하게 만들었다. 순식간에 진나라의 주력 부대를 완전히 전멸시켜버리자, 그 순간 각지에서 온 제후들이 속속 항우를 따르고 항우의 기세는 하늘을 찌를 듯 하였다.

한왕漢王 원년(기원전 206년), 유방이 10만 대군을 이끌고 패상霸上

에 당도했을 때, 진나라 왕자 영嬰은 흰말이 끄는 장례식 마차에 올라 목에 밧줄을 묶고, 황제의 옥새와 옥 부절符節을 받쳐들고 나왔다. 거리에서 투항 의식을 거행한 것이었다. 유방의 수하에 있던 장수들 중에는 왕자 영을 죽여야 한다고 주장하는 자들도 있었지만 유방은 만류했다.

"처음 군대를 출병했을 때 왕께서는 나를 보내 진을 공격하라고 하셨다. 그것은 내가 도량이 넓고 관대하기 때문이었다. 그런데 이미 항복한 왕을 죽여버린다면 어찌 상서롭다고 할 수 있겠느냐?"

그래서 유방은 진나라 왕 영을 이속吏屬에게 맡겨 지키게 한 후, 군대를 이끌고 진나라 수도인 함양으로 들어갔다. 유방은 함양에 군대를 주둔시키고 진나라 왕조의 멸망을 정식으로 선포했다.

함양에 들어간 유방은 진나라의 화려한 궁전과 그득히 쌓인 보물, 수많은 미녀들에 넋을 잃어 즉시 황궁으로 들어가 그곳에서 영원히 살아야겠다고 생각했다. 번쾌와 장량은 재빨리 진나라가 멸망한 이유를 설명하며 가슴에 큰 뜻을 품었다면 잠깐의 향락에 연연해서는 안 된다고 충고했다.

유방은 그 깊은 뜻을 깨닫고 즉시 진나라 왕실의 진귀한 보물과 재물들을 창고에 넣고 봉인해버렸다. 그리고는 군대를 이끌고 패상으로 물러가 주둔했다. 유방은 곧이어 각 현의 벼슬아치들을 소집해 정중하게 이야기했다.

"여러 어르신들, 여러분께서는 가혹한 진나라의 법 아래서 너무 오랫동안 고생하셨습니다. 진나라의 법은 조정에 불만을 가진 자는 친가·외가·처가, 즉 삼족을 멸하고, 몇 사람이 모여 격론을 벌이기만 해도 목을 베라고 했습니다. 법규가 많고 또 가혹하지요. 제가 병사들을 이끌고 이곳으로 올 때 누구든 먼저 관중에 들어가는 자가 그 지역의 왕이 될 것이라고 이미 각지의 의군들과 약속을 하였습니다. 그리고 지금 제가 제일 먼저 관중에 들어왔으니 이곳의 왕이 될 것입니다. 저는 이곳에서 여러 어르신들과 단 3가지의 법령만 만들겠다고 약속합니다. 사람을 죽인 자는 죽음으로써 그 죄를 갚을 것이요, 타인의 몸을 상하게 하거나 남의 재물을 도둑질한 자는 그대로 그 죄를 갚을 것입니다. 또한, 죄의 경중에 따라 다스릴 것입니다. 그러므로 진나라의 모든 복잡하고 가혹한 법령은 일률적으로 폐할 것이며, 기존의 각급 관리들은 본래의 직임을 계속 맡게 될 것이나 새로운 법에 맞춰 사건을 심리해야 합니다. 제가 병사들을 이끌고 관중에 들어온 것은 여러분들의 고통을 없애드리기 위한 것이니, 여러분의 생활을 침범하지 않을 것이며 잔인하고 포악한 짓도 행하지 않을 것입니다. 그러니 절대 두려워하지 마십시오. 제가 지금 패상에 머물고 있는 것도 각지의 의군들이 모이면 함께 새 법령을 제정하여 백성들의 생활을 안정시키기 위함입니다."

이것이 바로 유방의 그 유명한 「입관고유入關告諭」로, '약법삼장約法三章'이라 말하기도 한다. 이는 당시 민심을 가라앉히는데 매우 중요한 역할을 했으며, 이후 초나라와 한나라와의 전쟁에서 최종적으로 한나라가 승리를 거두게 되는 중요한 기반이 되었다.

유방이 관중에 들어가고 한 달이 채 안 되었을 무렵, 항우는 제후의 군대를 이끌고 서쪽으로 진군해 금세 함곡관까지 쳐들어왔다. 이때 유방은 관내 사람들의 건의를 받아들여 병사들을 보내 관문을 봉쇄하고 있었다. 항우는 유방이 이미 관중을 평정하였다는 말을 듣고 크게 노하며 경포黥布 등에게 함곡관을 치라는 명을 내렸다. 12월 중순, 항우군은 패상에서 지척에 있는 희수戱水 강기슭에 진영을 쳤다.

당시 유방의 부하 중 좌사마左司馬 조무상曹無傷은 항우가 크게 노해 유방을 공격하려 한다는 말을 듣고 즉시 사람을 보내 항우를 충동질했다.

"유방은 관중의 왕이 되려고, 진나라 왕자인 영을 승상으로 봉하고 진귀한 보물과 재물을 모두 자기가 차지했습니다. 그자의 속셈이 무엇인지 훤히 보이지 않습니까?"

조무상은 그 기회에 항우에게 인정을 받아 관직과 작위를 받을 속셈이었다. 그가 보기에도 항우의 세력이 유방보다 훨씬 우세했던 것이다.

항우가 아부(亞父: 아버지와 같은 사람)라 부르던 범증은 항우가 가장 믿고 신뢰하던 사람으로, 계속해서 당장 유방을 쳐야 후환이 남지 않는다고 충고했다. 그래서 항우는 즉시 병사들에게 오늘은 음식을 배불리 먹고 배를 채워, 다음 날 일거에 유방을 쳐부수라고 명령했다. 그때 항우에게는 1백만 대군이라 불리는 40만 대군이 있었고, 유방에게는 20만 대군이라 불리는 군사 10만이 전부였으니 유방의 세력이 항우에게 현저히 뒤졌던 것이 사실이다.

인생엔 늘 우연이 존재하는 법이라, 공교롭게도 장량은 일찍이 항우의 숙부와 절친한 벗이었는데, 그런 장량이 지금 유방을 따라 관중에 들어가 패상에 있다는 것이 아닌가? 항우의 좌윤佐尹인 항백項伯은 그를 모른 체할 수가 없었다. 항백은 야심한 밤에 날랜 말을 타고 날듯이 달려 유방의 진영으로 들어가 몰래 장량을 만났다. 그리고 항우가 내일 아침 유방을 공격할 테니 당장 도망가라고 설득했다.

그러나 장량은 자기 혼자만 도망가면 의롭지 못한 일이라며 그 소식을 유방에게 보고했다. 유방은 즉시 항백을 어른으로 대접하며 술을 올리고 그와 사돈을 맺기로 약속했다. 유방이 그렇게까지 저자세로 나온 것은 항백이 진영에 돌아간 후 항우를 설득해 다음 날 아침 공격하는 것을 막아주기를 바랐기 때문이었다. 진영으로 돌아간 항백은 과연 항우를 설득하여 유방을 후히 대할 것을 약속받았다.

항백의 당부대로 다음 날 아침, 유방은 기마병 1백 명만 이끌고 홍문鴻門을 찾아와 항우를 알현했다. 홍문에 도착하자 유방은 항우에게 사죄하며 말했다.

"저와 장군은 힘을 모아 진나라를 쳤습니다. 장군께서는 하북河北에서, 저는 하남河南에서 전쟁을 치렀습니다. 하지만 제가 먼저 관중에 들어가 진나라 도성 함양을 함락시키고, 이곳에서 장군을 뵙게 될 줄은 생각도 하지 못했습니다. 그런데 지금 웬 소인배의 이간질로 장군과 저 사이에 틈이 생기고 말았군요."

항우가 대답했다.

"그건 다 자네의 좌사마인 조무상이 전한 말이었네. 그렇지 않았다면 내가 그렇게까지 하였겠는가?"

이어 항우는 유방을 붙잡고 함께 술을 나누었다. 이것이 바로 역사적으로 유명한 홍문의 연회〔鴻門之宴〕이다. 연회 자리에서 범증은 항우의 마음이 바뀐 것을 눈치채고, 좋은 기회를 놓칠까봐 두렵고 초조해졌다. 그래서 몇 번이나 항우에게 유방을 죽이라는 눈짓을 보냈다. 그러나 항우는 꼼짝도 하지 않았다. 어쩔 수 없이 범증은 밖에 나가 항장項莊에게 검무를 추는 척하면서 기회를 봐서 유방을 죽이라고 명령했다. 잠시 후 항장은 범증의 뜻대로 항우에게 말했다.

"주군께서 패공과 술을 드시나 이곳이 군중인지라 흥을 돋울 만한 것이 아무 것도 없사오니, 소인이 검무를 추어 흥을 돋워보겠사옵니다."

항우가 허락하자 항장은 즉시 장검을 뽑아 들고 이리저리 휘두르며 춤을 추었다. 순간 항장의 속셈을 눈치챈 항백이 유방을 보호하기 위해 검을 뽑아 들고 항장과 함께 칼춤을 추었다. 항백이 몸으로 패공의 주위를 막으니 도무지 찌를 틈이 보이지 않았다.

매우 긴박한 순간 장량은 급히 이 사실을 번쾌樊噲에게 알렸다. 화가 머리끝까지 난 번쾌는 즉시 방패와 보검을 들고 장막으로 뛰어들어갔다. 그는 항우에게 눈을 부라리며 어떻게 배신할 수 있느냐며, 유방을 죽이려 하는 짓은 법도에 어긋난 일이라고 호통을 쳤다. 그 말을 들은 항우는 한참 동안 멍하니 있다가 겨우 앉으라고만 대답했다. 번쾌는 장량 앞에 앉았다. 얼마 후 유방은 뒷간에 다녀오겠다는 핑계를 대며 번쾌를 불러 함께 나갔다. 그리고 샛길을 통해 자신의 진영으로 도망쳤다. 고사성어 중 '항장무검, 의재패공項莊舞劍, 意在沛公', 즉 항장이 검무를 추나 목표는 패공을 죽이는 것이라는 성어(말과 언행이 일치하지 않은 것을 비유하는 뜻)는 이 이야기에서 유래되었다. 유방은 군영에 돌아가자마자 즉시 조무상을 죽여버렸다.

며칠 후 항우는 병사들을 이끌고 서진하여 함양의 병사와 백성들을 죽이고 진나라 왕자 영까지 죽여버렸다. 그리고 진나라 왕조의 궁전을 불태우니 3달이나 불이 꺼지지 않았다고 한다. 그 후 항우는 사람을 보내 회왕 심에게 소식을 전했다. 회왕 심이 자신을 왕으로 봉하도록 하기 위함이었다. 그러나 회왕은 여전히 본래 약속대로만 하겠다고 답했다.

항우는 회왕의 이러한 결정이 영 마음에 들지 않았다. 그래서 머리를 짜내어 회왕 심의 칭호를 의제義帝라고 바꾸었다. 더 이상 회왕의 명령을 따르지 않겠다는 뜻이었다. 항우는 스스로 자신을 서초패왕西楚霸王으로 봉하고 팽성(彭城: 지금의 강소江蘇 서주徐州)을 도읍지로 정했다. 그리고 과거 양梁과 초楚나라에 해당하는 9개 군郡의 땅을 차지했다.

본래의 약속을 깨고 유방을 한왕漢王에 봉한 후 남정(南鄭: 지금의 섬서陝西)을 도읍으로 정해주었다. 유방의 땅은 파巴, 촉蜀, 한중漢中 지역이었다. 그리고 관중의 땅을 셋으로 나눠 과거 진나라의 세 장수에게 나누어주었다. 장한을 옹왕雍王으로, 사마흔司馬欣을 새왕塞王으로, 동예董翳를 적왕翟王으로 봉한 것이다. 그리고 몇몇 왕을 세우고 천하의 영토를 다시 분할하였다.

한왕으로 봉해진 유방은 물론 그 상황을 납득할 수 없었다. 그러나 항우의 기세가 워낙 강했기 때문에 소하와 일부 신하들의 충고를 받아들여 한중으로 떠날 수밖에 없었다. 그리고 항우에게 동쪽으로 돌아올 뜻이 없음을 보이기 위해 병사들이 다 지나간 후 벼랑에 나 있던 다리와 잔도棧道들을 모두 태워버렸다.

남정에 도착하고 얼마 지나지 않아, 한왕 유방의 부하들이 동쪽으로 도망치는 사건이 발생했다. 한왕의 병사들은 대부분이 효산崤山 동쪽 출신들로 고향이 그리워 도망친 것이었는데, 그중에는 한신韓信이라는 치속도위(治粟都尉: 병참 담당)도 있었다. 그는 원래 항량의 휘하에 있다가 항우 밑으로 들어갔으나, 계속 기용되지 못했고 한왕이 촉으로 돌아갈 때 초나라를 배신하고 한나라로 들어온 사람이었다. 그러나 여기서도 기용될 기미가 보이지 않자 도망을 쳤는데, 소하가 그 말을 듣고 한왕에게 미처 보고도 하지 못하고 즉시 그를 따라갔다. '소하가 달빛 아래서 한신을 쫓다[소하월하추한신 蕭何月下追韓信]'라는 말이 여기서 나온 것이다. 소하는 한신이 쉬이 얻을 수 없는 귀한 장군감이라는 것을 잘 알고 있었다. 그래서 한신을 붙잡고 온 힘을 다해 한왕에게 그를 천거했다. 한중에서 한왕으로 살 것이라면 한신이 필요 없겠지만, 천하를 제패할 생각이라면 반드시 한신을 기용해야 한다고 충고했고, 유방은 소하의 충고를 받아들여 즉시 한신을 대장군으로 삼아 특별히 성대한 의식까지 치러주었다.

대장군이 된 한신은 유방에게 새로운 책략을 내놓았다.

"주군의 병사들은 모두 효산 동편의 사람으로 밤낮없이 고향으로 돌아갈 날만 기다리고 있습니다. 지금 그들의 그런 바람이 최고조에 달했는데, 이를 이용하면 큰 성공을 거둘 수 있겠지만, 이후 천하의 구도가 이미 정해진 후에는 저마다 평화로운 생활을 바랄 것이니 그땐 더 이상 효과가 없을 것입니다. 차라리 지금 결단을 내리시어 동쪽으로 출병하십시오. 하루 빨리 고향으로 돌아가고 싶은 병사들의 심리를 이용해 천하를 손에 넣는 것입니다."

유방도 그 말에 깊이 동의하였다.

한왕 원년(기원전 206년) 8월, 유방은 겉으로는 벼랑의 잔도를 복구하는 척하면서 뒤로는 진창陳倉을 넘어가자는 한신의 계략을 받아들였다. 병사들을 보내 얼마 전 태워버렸던 잔도를 대대적으로 수리하는 척하며 주변 진나라 출신의 세 왕들이 낌새를 알아채지 못하도록 눈가림을 하면서, 몰래 대군을 움직여 험난한 진창을 가로질러 관중에 들어가 옹왕 장한을 습격하였다. 5년에 걸친 초한 전쟁이 정식으로 시작된 것이다. 하늘에서 뚝 떨어진 듯 갑자기 나타난 한나라 군대가 먼저 옹왕 장한을 공격해 순식간에 옹 지역을 접수했다. 장한은 패배하여 폐구廢丘로 도망쳤다. 유방은 신속히 전쟁의 성과를 이어 옹 지역 동편에 있는 함양의 땅도 최대한 손에 넣었다.

항우는 관동에서 팽성으로 돌아가면서 사람을 보내 의제를 장사長沙 침현郴縣으로 이주시키고 서쪽으로 가는 의제에게 사람을 보내 몰래 죽여버렸다. 항우는 처음 의제가 제후들에게 봉토를 하사할 때 전영田榮에게 원한을 품었는데, 일부러 전영에게는 땅을 하사하지 않았고 전영을 돕던 전도田都를 제왕齊王으로 봉했다. 전영은 노기등등하여 전도를 죽이고 스스로 제왕으로 칭하고 초나라에 공개적으로 반기를 들자, 조趙와 대代나라 지역도 왕위 다툼으로 들끓어 올랐다. 항우는 크게 노하여 군대를 이끌고 북상해 제나라를 쳐버렸다.

한왕 2년(기원전 205년) 유방은 승리의 여세를 몰아 동쪽으로 계속 밀고 나갔고, 새왕 사마흔, 적왕 동예, 하남왕 하구瑕丘의 신양申陽

도 속속 유방에게 투항해왔다. 그 덕분에 유방은 금세 삼진(三秦: 진나라 출신 장수들이 제후로 봉해졌던 관중 지역)을 평정할 수 있었다. 곧이어 유방은 적절한 시기를 포착하여 새로운 정책을 만들어 반포하였다. 제후들이 1만 명의 병사나 군郡 하나를 가지고 한나라에 투항하면 식읍 1만 호戶를 하사한다고 한 것이다. 동시에 황하 강가에 세운 요새〔河上塞〕를 정비하고 진나라 시기 각지에 있었던 동물 키우던 곳이나 못, 습지를 개방하여 농민들의 농지로 내주었다.

2월에는 다시 진나라 사직을 폐하고 한나라 사직을 세운다는 명을 내렸고, 3월에는 군대를 이끌고 임진臨晉 나루에서 황하를 건너 하내군河內郡을 공격했다. 그리고 병사를 이끌고 남진하여 평음진平陰津을 건너 낙양에 도달했다.

그러자 신성新城의 삼로(三老: 한 고을의 장로로서 교화를 맡은 사람)인 동공董公이 유방에게 진언을 올렸다.

"소인은 '도덕에 따라 지도하는 인재는 창성하나, 도덕에 위배된 일을 하는 자는 반드시 멸망한다'는 속담을 들은 적이 있사옵니다. 그리고 '군대가 전쟁에 출사할 때 정당한 명분이 없다면 승리를 거둘 수 없다'는 말도 있습니다. 그래서 선인들은 '상대방의 잘못을 지적할 수 있으면 적은 곧 패할 것이다'라고 했습니다. 지금 항우는 도리를 저버리고 제멋대로 행동하고 있으며, 과거 그의 군주였던 의제를 유배 보내는 것으로도 모자라 죽여버렸습니다. 이미 천하의 인심을 잃은 폭군이나 다름없고, 어질고 덕이 있는 사람은 무예가 필요 없으니, 정의로운 사람은 무분별하게 힘에만 기대지 않습니다. 항우는 이미 의제를 죽이는 불의한 일을 저질렀으니 우리 삼군三軍의 병사와 장수들은 의제를 위해 상복을 입고 제후들에게 항우의 죄상을 낱낱이 고한 후, 이 명분으로 항우를 정벌하려 한다면 온 천하가 다 주군의 공덕을 우러러 볼 것이요, 이런 의로운 행동은 과거 어질고 지혜로웠던 세 왕과 함께 거론될 것입니다."

사실 이것은 유방이 출병할 때 '의제의 복수를 하고 항우의 죄를 처단한다'는 명목을 내걸라는 충고로서, 도의적으로나 정치적으로 주도권을 갖기 위한 명분에 불과했다고 할 수 있으나, 이 건의야말로 매우 유용한 것이었으니 유방도 이를 기꺼이 받아들였다. 유방은 의제가 죽은 소식을 그제서야 접한 것처럼 겉옷을 벗어던지고 크게 통곡하면서 의제의 장사를 위해 사흘 동안 애도하도록 하였다.

그 전에 유방은 군대를 이끌고 이미 동쪽으로 출병하여 삼진을 점령하였지만, 이는 적절한 명분이 없는 행동이자 항우의 정예부대와 정면으로 충돌할 위험까지 있는 행동이었다. 그래서 장량을 시켜 항우에게 보내는 서신을 쓰게 했다. 약속대로 관중만 얻고 싶을 뿐 동쪽으로 진격할 마음은 없다는 거짓말을 전하며, 동시에 항우가 의제를 죽였다는 것을 빌미로 각 제후들에게 사자를 보내 패악무도한 항우를 처단하자고 주장했다. 이는 의를 위해 분연히 일어난 어진 인사의 행동처럼 보였다.

유방이 연이어 승리를 거두고 있을 때, 항우는 북쪽으로 군사를 보내 제나라 땅을 공격했다. 그는 먼저 제나라를 치고 회군하면서 한나라를 칠 생각이었다. 하지만 이런 항우의 계획은 유방에게 좋은 기회를 준 꼴이 되어버렸다. 유방은 옹왕, 새왕, 적왕, 은왕殷王, 한왕韓王 등 다섯 제후를 연이어 치고 바로 창검을 팽성으로 돌려 공격했다.

단숨에 승리를 거두자 자신도 모르게 승리에 도취된 유방은 그곳의 보화와 미인들을 거둬들이고 날마다 연회를 베풀었다. 그런데 팽성이 함락되었다는 소식을 들은 항우가 제나라와의 싸움을 부하들에게 맡겨둔 채, 정예병 3만 명을 이끌고 내려와 한나라를 공격해왔다.

팽성 동편 외곽 수수睢水강변에서 유방과 항우의 양군은 격렬한 전투를 벌였다. 새벽녘 항우의 군대가 공격해왔고, 정오 무렵 유방의 한나라 군대는 참패했다. 곡谷, 사泗 두 강에서 10만 명의 군사가 물에 빠져 죽는 참패를 당한 것이다. 초나라 군대는 승리의 여세를 몰아 한나라 군대를 맹렬히 추격해 수수강변으로 몰아갔다. 그곳에서 또 한나라 군대 10만여 명이 물에 빠져 죽었다. 한나라 군대의 시체로 수수의 물이 막혀 흐르지 못할 정도였다. 유방은 초나라 군대에 겹겹이 포위되어버렸다.

그때 갑자기 날이 흐려지면서 맹렬한 북서풍이 불어왔다. 순간 초나라 군대의 진두가 흐트러지자 유방은 간신히 포위망을 뚫고 도망쳤다.

유방이 황망히 도망치던 모습을 기록한 역사서에서 우리는 유방의 성격을 엿볼 수 있다. 등공滕公은 유방이 전차를 타고 도망칠 때 전차를 몰던 태복太僕이었다. 그가 전차를 끌고 패현을 지날 때 유방은 가족들을 구하려고 하였지만, 혼란스러운 틈에 초나라 군대가 태공과 여후 등 그의 가족을 다 잡아가버렸다. 유방은 어쩔 수 없이 계속 도망쳤고, 그 길에서 우연히 아들과 딸을 만나 전차에 태웠다. 초나라 군대의 병거와 기마도 포기하지 않고 계속 쫓아왔다.

유방은 사람이 너무 많아서 전차의 속도가 떨어질까 두려워 자신의 아들과 딸을 3번이나 전차에서 밀어냈다. 등공이 그들을 다시 부축해 올릴 때마다 전차는 어쩔 수 없이 천천히 달리게 되었다. 유방은 탈출하지 못할까봐 여러 번 검을 뽑아 아들과 딸을 죽이려고 했으나 역시 등공의 보호 덕에 아들과 딸, 즉 효혜 황제와 노원 공주는 목숨을 보존할 수 있었다.

팽성에서 참패한 후 한나라 군대의 세력도 크게 약해졌다. 유방은 하읍으로 도망쳐 손위 처남인 여택呂澤과 만났으며, 패잔병과 장수들을 불러 모아 다시 탕碭에 주둔했다. 유방이 관중을 평정했을 때 투항해왔던 제후들도 다시 항우 밑으로 들어갔다.

5월, 유방이 형양(滎陽: 지금의 하남성 내)으로 이주하였는데, 각지에 흩어져 있던 패군들도 서서히 다시 모여들었다. 또 소하의 시의적절한 도움으로 한나라 군대는 다시 활기를 띠게 되었다. 그 후 전쟁은 양측이 대치하는 단계로 접어들었다. 유방의 군대는 형양 남쪽에 주둔하여 오창敖倉의 군량미를 원활하게 이송하려고 황하까지 길을 냈다.

그러나 항우는 몇 번이나 이 길을 습격하여 군량미를 빼앗아갔으며, 유방의 군대는 그때마다 군량미가 부족하여 곤경에 빠지곤 했다. 한 번은 항우와 평화 협상을 하여 형양 서쪽을 한나라 땅으로 달라고 청하였지만, 항우는 이를 허락하지 않았다. 유방은 매우 곤궁한 상황에 처하게 되어 진평陳平의 계략을 이용해 항우와 범증 사이를 이간질했다. 범증은 항우가 자신을 의심하자 고향으로 돌아가게 해달라고 청했으나 고향으로 가는 도중 병으로 세상을 떠나고 말았다.

한왕 3년(기원전 204년) 5월, 형양이 매우 위태로운 상황에 빠지자 한나라 장수인 기신紀信은 유방에게 건의했다.

"형세가 매우 위급하니 소인이 주군처럼 꾸며 투항하겠습니다. 주군께서는 그때 포위를 뚫고 도망가십시오."

유방은 어쩔 수 없어 그 의견을 따랐다. 그날 밤, 2천여 명의 부녀자들이 갑옷과 투구를 걸치고 형양의 동문으로 뛰쳐나갔다. 초나라 군대는 사방에서 이들을 포위해 막아섰다. 기신은 한왕의 전차에 앉아 유방처럼 꾸민 뒤 여인들의 뒤를 따르며 항우를 속였다.

성을 포위한 초나라 군대는 이들이 진짜 유방의 군대인 줄로만 알고 모두 만세를 외치면서 동문 밖으로 구경을 나왔다. 그 시간 유방은 수십 명의 기마병을 이끌고 서문으로 도망쳐 목숨을 건졌다. 유방은 관중에 돌아온 후 말과 병사들을 모아 다시 동진하여 초나라 군대와 형양을 두고 싸우려 했다. 그러나 모사 원생袁生은 좋은 생각이 아니라 여겨 유방을 만류하였다.

"한나라 군대와 초나라 군대가 형양에서 대치한 것도 벌써 몇 년이지만, 한나라 군대는 줄곧 곤경에 처했지 않습니까? 주군께서는 동쪽 무관武關으로 나가 남쪽으로 출정하십시오. 항우는 분명 병사들을 이끌고 남쪽으로 내려올 것입니다. 그때 주군께서는 형양과 성고成皐 일대에 있는 한나라 군사들이 휴식을 취할 수 있도록 깊은 골짜기에서 수비만 하십시오. 그리고 다시 한신 등 장수들을 보내 하북의 조 지역 군사와 백성들을 위로하시고, 연과 제나라와 연합하십시오. 그런 다음 다시 형양으로 진군하셔도 늦지 않을 것입니다. 그러면 초나라 군대는 여러 상대와 맞서야 하기 때문에 힘이 분산될 것이나, 한나라 군대는 편히 쉬었기 때문에 다시 초나라 군대와 맞붙으면 승리를 거두게 될 것입니다."

유방은 그의 계책을 받아들여 군대를 이끌고 완현宛縣과 엽현葉縣 사이로 가면서, 투항해온 경포와 함께 군사들을 모았다. 항우는 유방이 완현에 있다는 말을 듣자 원생의 말대로 군대를 이끌고 남하해왔다. 유방은 그 지역을 굳게 지키며 항우의 군대를 상대하지 않았다. 이때 수수를 건너온 팽월은 항성項聲, 설공薛公과 하비下邳에서 전투를 벌여 초나라 군대를 대패시켰다. 후방에서 엄청난 위협을 받자 어쩔 수 없이 항우는 말머리를 돌려 팽월을 공격했다. 유방은 그 틈에 군사를 이끌고 북쪽으로 올라가 성고를 차지했다. 팽월을 친 후, 유방이 다시 성고를 차지했다는 말을 들은 항우는 또 군대를 이끌고 서진해 형양을 함락했다. 그리고 다시 온 힘을 다하여 성고를 함락시켰다. 유방과 하후영夏候嬰은 다시 한 번 도망쳤다. 그 후 양측은 광무廣武에서 주둔하며 수개월 동안 서로 대치했다.

어느 날 항우는 사람을 불러 다리가 긴 도마를 만들게 한 후 유방의 아버지를 그 도마 위에 묶었다. 그리고는 이 도마를 유방의 군대가 한 눈에 볼 수 있도록 높은 곳에 올려두었다. 항우는 유방에게 하루 속히 투항하지 않으면 그의 아버지를 요리해버릴 것이라고 엄포를 놓았다. 그 말을 들은 유방은 이렇게 대답했다.

"나와 항 장군은 회왕 심의 신하로서 의형제가 되기로 한 사이이니 내 아버지는 바로 당신, 항우의 아버지가 아니오? 항 장군이 정녕 나의 아버지를 요리할 생각이라면 좋소. 요리가 다 된 후, 나에게도 한 그릇 보내주시오."

그 말에 항우는 크게 노하여 유방의 아버지를 죽이려고 하자 항백이 나서서 말렸다. 천하를 두고 전쟁하는 사람은 가족을 돌보지 않는 법이니, 그의 아버지를 죽인다 하여도 득이 될 것이 없다고 설득하여, 유방의 아버지는 목숨을 건질 수 있었다.

초와 한이 오랫동안 대립하자 장년 남자들은 행군과 전쟁에 지쳐갔고, 노인과 어린 아이들은 하수와 육지로 군량과 급료를 나르느라 지쳐갔다. 한 번은 유방과 항우가 광무 계곡을 사이에 두고 이야기를 하게 되었다. 항우가 먼저 말을 걸었다.

"천하가 혼란하여 몇 년 동안이나 시끄러웠다. 그것이 모두 자네와 나, 두 사람 때문이 아닌가? 내 단독으로 도전할 터이니 우리 둘이 일대일로 붙어 승부를 가리도록 하세. 우리 둘 때문에 천하 모든 백성들이 고생을 해서야 쓰겠나?"

그러나 유방은 미소 띤 얼굴로 사양했다.

"머리싸움이라면 하겠지만 힘겨루기는 싫소이다."

그러더니 유방은 손가락으로 항우를 가리키며 그 죄상을 낱낱이 열거하기 시작했다.

"우리는 회왕의 명령을 받아 먼저 관중에 들어가는 사람이 왕이 되기로 약조하였었소. 그러나 항우 당신은 기존의 약속을 깨고 나를 촉한의 왕으로 봉해버렸소. 이것이 당신의 첫 번째 죄상이요, 회왕의 어명인양 속여 경자 관군 송의를 죽이고 스스로 상장군이 되었으니 이것이 두 번째 죄일 것이오, 또 명령을 받들어 조나라를 구하러 갔을 때, 임무를 완수했으면 회왕에게 보고하는 것이 마땅하거늘, 당신은 멋대로 제후들의 군대를 이끌고 관중으로 들어왔으니 이것이 당신의 세 번째 죄요, 회왕은 관중에 들어가 진나라를 친 후에 학살이나 약탈을 하지 말라고 하였지만, 당신은 진나라 궁전을 불태우고 진시황의 묘를 파헤치는 것으로도 모자라 그곳의 보물들을 멋대로 갈취하였으니, 이것이 당신의 네 번째 죄요, 게다가 아무런 이유도 없이 이미 항복한 진나라 왕자 영을 죽였으니, 이것이 다섯 번째 죄일 것이오. 신안新安에서는 속임수를 써서 투항한 진나라 병사 20여만 명을 생매장하고, 그 장수인 장한 등을 왕으로 봉했으니 이것이 여섯 번째 죄요, 제멋대로 천하를 분할하고 제후로 봉해 신하들이 다투고 반란케 하였으니, 이것이 일곱 번째 죄요, 의제를 팽성으로 내쫓고 스스로 그곳에 도읍을 세웠으며, 한왕韓王의 봉지를 빼앗고 양梁과 초의 땅을 집어삼켜 자신의 영토를 넓혀 사리사욕을 채웠으니 이것이 여덟 번째 죄요, 또 몰래 사람을 보내 의제를 강남에서 암살하였으니 이것이 아홉 번째 죄요, 이 무도한 아홉 가지 만행은 천하 모든 사람들이 결코 용인할 수 없는 대역무도한 짓이니, 이것이 열 번째 죄이오. 나 유방은 제후들과 인의로 연합하여 포악한 폭군을 토벌하고자 하며, 일찍이 억울하게 형을 당한 자들의 분노가 하늘을 찌르거늘, 내가 무엇하러 당신과 단독으로 싸우겠소?"

골짜기 건너편에서 유방의 말을 들은 항우는 분이 치밀어 올라 매복해놓았던 쇠뇌로 유방을 쏘았다. 유방은 가슴에 상처를 입었지만 발을 붙잡고 소리를 질렀다.

"쓸모없는 놈들! 겨우 내 발가락만 맞혔구나!"

유방은 진영으로 돌아와 부상당한 곳을 치료하였다. 장량은 유방에게 고통을 참고 군영을 순시하고 병사들을 위로하여 안정시키라고 충언했다. 행여나 항우가 그 틈을 노려 공격하지 못하도록 연기를 하라는 것이었다.

항우는 유방과 대치하는 동안에도 끊임없이 후방 습격을 받았다. 특히 양 지역에 기거하던 팽월은 유격전을 벌여 몇 번이나 초나라 군대를 교란시키고, 군량미의 공급을 끊었다. 항우가 병력을 이끌고 팽월을 공격하자 제왕 한신이 또 측면에서 초나라를 공격했다.

항우는 전방과 후방 모두 수세에 몰렸다. 밖으로는 적에게 포위를 당하고 안으로는 군량미가 부족해지자, 항우는 한참을 고민한 끝에 사람을 보내 유방에게 화친을 제의했다. 유방의 아버지와 아내를 돌려보내고, 천하를 홍구鴻溝를 기준으로 둘로 나눠 서쪽은 유방에게 주고 동쪽은 자신이 갖겠다고 제의한 것이다.

유방은 그 협정에 동의했다. 한왕 4년(기원전 203년) 9월, 항우는 유방의 가족을 돌려보낸 후 군대를 이끌고 동쪽으로 돌아갔다. 유방 역시 약속대로 군대를 이끌고 서쪽으로 돌아가려고 하였다. 그때 장량과 진평 등이 의견을 내놓았다.

"지금 한나라 군대의 세력은 매우 커져서 중국의 절반을 점거할 만합니다. 그러나 항우의 초나라 군대는 지치고 군량미도 다 떨어진 상황입니다. 지금이 그들을 멸할 최고의 기회입니다. 만일 오늘 추격하지 않으면 '범을 키워 우환거리를 남기는 꼴'이 될 것이옵니다."

유방은 그들의 건의를 받아들였다.

유방은 한나라 군대를 이끌고 항우를 추격하면서, 한신, 팽월과 고릉固陵에서 만나 초나라군을 포위해 섬멸시키기로 약속했다. 그러나 유방이 이끈 부대가 고릉에 도착했을 때 한신과 팽월의 두 부대는 아직 도착하지 않았다. 결국 한나라 군대는 초나라 군대의 반격을 받고 고릉에서 대패하였다. 유방은 어쩔 수 없이 성채로 퇴각하여 방어하고 있었다. 이때 다행히 장량이 적절한 계략을 내놓았다. 진陳의 동쪽에서 연해지방까지의 땅을 제왕 한신에게 주고, 수양睢陽 이북에서 곡성까지의 땅을 양왕 팽월에게 주어 두 사람을 구슬리도록 하였던 것이다. 과연 두 사람은 즉시 군대를 이끌고 달려와 항우의 초나라 군대를 포위 공격하고 전략적 임무를 완수했다.

한왕 5년(기원전 202년) 12월, 유방의 한나라 군대와 각 제후들의 군대가 힘을 합쳐 항우를 포위 공격하며, 해하(垓下: 지금의 안휘성安徽省 고진固鎭)에서 승패를 결정할 태세를 갖추고 있었다. 한신은 군대 30만을 이끌고 나와 정면으로 초나라 군대와 맞섰다. 한신의 부장 공희孔熙는 왼쪽을, 진하陳賀는 오른쪽을 맡았고, 유방은 뒤쪽을 맡아 항우의 10만 대군을 겹겹이 포위했다. 전쟁이 시작되자 한신과 항우가 맞붙었고, 불리해진 한신이 뒤로 후퇴하자, 공희와 진하가 양쪽에서 동시에 항우를 공격했다. 순간 항우의 군대가 불리해지자 다시 한신이 반격하여, 결국 초나라 군대는 해하에서 대패하고 말았다.

항우가 패잔병들을 이끌고 보루로 퇴각하자, 장량은 그날 밤 병사들에게 초나라 노래를 부르게 하여 패한 초나라 군사들의 향수를 자극했다. 노랫소리에 초나라 군대의 사기는 크게 떨어져 수많은 병사들이 밤을 틈타 도망쳤다. 애절하고 처량한 초나라의 노랫소리는 한나라 군사와 제후들의 포위에 둘러싸인 항우에게는 초나라 땅이 모두 한나라에게 점령당했을 것이라는 두려움에 떨게 하였다. 밤새 술로 근심을 달래던 항우는 이미 대세가 기울었다는 것을 알아차렸다. 그는 죽음의 고통 앞에서 자신도 모르게 슬픈 노래를 불렀다.

"힘은 산을 뽑을 듯하고 기세는 땅을 덮을 듯하네. 그러나 시기가 불리하니 오추마도 달리지 않네. 오추마가 달릴 수 없으니 우야, 우야, 어찌할꼬!"

그러자 항우가 아끼던 우미인(虞美人: 우희)은 칼을 뽑아 스스로 목숨을 끊었다. 이처럼 가슴 절절한 패왕별희霸王別姬의 비통한 한 장면을 남긴 후, 항우는 짙은 어둠 속에 남은 8백 명의 병사들과 포위망을 뚫고 남쪽으로 피신했다. 한나라 군대는 날이 밝아서야 항우가 도망친 사실을 알았다. 유방은 관영灌嬰에게 5천 명의 기마병을 주어 추격했다. 동성까지 추격했을 때 항우의 군대는 겨우 기마병 28명만이 남아 한나라 군대와 격전을 벌였다. 항우는 다시 2명의 기마병을 잃어 한나라의 포위를 뚫어 오강烏江까지 갔을 때, 항우에게 남은 병사는 겨우 26명에 불과했다. 그는 말을 버리고 자신들을 추격해온 한나라 군대와 도보전을 펼치며, 사투를 벌였지만, 더 이상 빠져나갈 수 없다는 것을 깨닫고 결국 그곳에서 스스로 목숨을 끊어버렸다.

그때서야 5년간 이어지던 초한의 전쟁이 유방의 승리로 막을 내리게 되었다. 유방에게 남은 문제는 오매불망 바라던 황제의 관을 어떤 명분으로 자신의 머리에 씌울 것인가였다.

한왕 5년(기원전 202년) 정월, 한신을 필두로 한 각 제후와 장수들은 논의 끝에 만장일치로 유방을 황제로 옹립하겠다고 결정했다. 식견이 있는 사람이라면 누구나 이러한 결론이 유방에게서 나왔다는 것쯤은 다 알았겠지만, 유방은 '겸손하게' 그들의 제의를 거절하였다.

"황제라는 칭호는 어질고 덕이 있는 인재만이 얻을 수 있는 것이오. 말만 많아 그 기준에 도달하지 못한 사람은 감히 바랄 수 없는 것이거늘, 내 어찌 황제의 칭호를 감당할 수 있겠는가?"

대신들은 한결같이 입을 모았다.

"주군께서는 평민 출신으로 집안을 일으켜 세우시고 패역무도한 자들을 주멸하여 천하를 안정시키셨고, 공이 있는 자는 제후로 봉해 땅을 하사하셨습니다. 주군께서 황제의 칭호를 받아들이지 않으신다면, 주군께서 내리신 상을 사람들이 믿을 수 있겠습니까? 신들은 죽어도 주군을 황제로 모실 것이옵니다."

그러자 유방은 더 이상 사양하지 않았다. 명분 문제도 훌륭히 해결되었다고 스스로 흡족해했다. 진나라는 잔인한 짓을 일삼아 하늘의 뜻을 저버렸으나 자신은 병사를 일으켜 패역한 세력들을 물리쳤지 않는가? 또 스스로 '황제'가 될 마음이 없었으나, 신하들이 황제가 되지 않는 것은 백성들을 버리고 다시 전쟁을 일으키는 일이라고 하니, 민심을 위해서도 황제의 자리에 앉을 수밖에 없는 것 아닌가? 그해 2월 갑오甲午, 유방은 사수氾水 북쪽에 있는 정도定陶에서 간단히 즉위 의식를 거행하고 정식으로 한나라 왕조를 건립했다.

유방은 '한왕'에서 한나라 황실의 '황제'가 된 후에도 계속해서 과거의 연호를 사용했으므로, 그해를 한 고조漢高祖 5년이라고 하고, 정치적으로도 한나라는 진나라의 제도를 계승했다. 유방은 '모든 관리들은 예전 그대로 정무를 보도록' 명령했고, 진나라 왕조의 모든 국가 체제를 받아들였다. 삼공구경三公九卿을 그대로 세우고 관제와 예의는 대체적으로 진나라의 것을 이어받았다. 천자라는 칭호에서부터 좌료左僚 및 궁실의 관원까지 약간의 변화만 있었을 뿐이었다. 기본적으로는 진나라의 중앙 집권적인 국가제도와 관료 정치 체제를 계승, 답습하였으나, 진나라 제도에 일련의 개혁도 감행했다. 국가 권력에서 재상의 권력을 키워 정치를 소하에게 위임함으로써, 승상이 법령을 기초로 편히 정무를 볼 수 있도록 한 것이다. 또 승상이 모든 관료들을 관장하고 다스리게 함으로써 명실상부한 정부의 수장이 되도록 하여 황제의 권력을 견제하도록 했다. 지방제도에서는 과거 진나라가 군현제도만을 고집하여 패망했던 것을 교훈으로 삼아, 성이 다른 제후들을 모두 멸하고 군국郡國 병행 체제를 실시했다. 즉, 군현제도를 실시하는 동시에 제후들을 세운 것으로, 주나라와 진나라의 제도를 적절히 섞어 새로운 지방제도를 만들어낸 것이다. 한나라 초기의 분봉제도는 6, 70년간 국민의 부담을 덜어주고 사회를 안정시키는 역할을 했다.

유방이 처음 황제가 되었을 때는 한신과 팽월, 오예吳芮 등을 제후로 삼아 제후들을 안정시켰다. 이렇게 천하를 평정한 유방은 도성을 낙양으로 정하였다. 5월, 천하의 모든 병사들에게 갑옷을 벗고 고향으로 돌아가라고 명령했다. 제후들의 자제들 중 관중에 사는 자는 12년간의 요역을 면해주었고, 봉지로 돌아간 자는 6년의 요역을 면해주었다. 그리고 1년간 제후의 자제들을 모두 국가에서 공경하였다.

도성을 낙양으로 정하고 얼마 후, 한 번은 유방이 남궁南宮에서 연회를 벌였을 때였다.

"여러 제후들과 장수들, 모두 솔직하게 속내를 털어놔보시오. 내가 천하를 얻은 이유가 무엇이라고 생각하시오? 또 항우가 천하를 잃은 이유는 무엇이겠소?"

고기高起, 왕릉이 먼저 대답했다.

"폐하께서는 성정이 오만하여 다른 사람에게 모욕 주는 것을 좋아하시었으나, 수하가 성을 공격하여 땅을 빼앗으면 점령한 땅을 그 사람에게 봉지로 하사하여 모두와 함께 이익을 나누셨던 반면, 항우는 인자하고 후덕하여 다른 사람들을 아꼈으나 그는 늘 현명하고 능력 있는 자들을 경계하고, 지혜롭고 능력 있는 자들을 함부로 의심하여 공이 있는 사람에게는 더 큰 상처를 주었습니다. 장수들이 전쟁에서 승리를 거두어도 공에 따라 상을 베풀지 않았으며, 땅을 얻어도 그 이득을 사람들과 함께 나누지 않았습니다. 이것이 바로 그가 천하를 잃은 이유이옵니다."

그 말을 들은 유방은 이렇게 말했다.

"경들은 하나만 알고 둘은 모르오. 장막에서 전쟁을 계획해 1천리 밖의 승리를 얻게 하는 일에서 나는 장량에 미치지 못하오. 또 나라를 지키고 백성들을 위로하며 군량과 급료를 주고, 군량미가 들어오는 길을 막히지 않게 하는 부분에서 난 소하만 못하고, 1백만 대군을 통솔하고 매 전쟁마다 승리를 거두는 면에서는 한신만 못하오. 이 세 사람은 모두 영웅 중의 영웅이나 나는 이들을 잘 쓸 줄 알았소. 항우는 범증이라는 훌륭한 인재를 가졌으나 잘 기용하지 못했소. 이것이 바로 내가 천하를 얻은 이치요, 그가 나에게 패했던 이유인 것이오."

새 정권이 시작될 무렵, 수년간의 전쟁으로 온 나라가 황폐해 있었다. 수많은 평민과 농민들이 십오什伍의 편제를 벗어나 유랑자가 되었다.

『한서』는 당시 인구를 과거와 비교하면서, 등록된 백성들 중에서 수를 셀 수 있는 사람은 10명 중 2, 3명에 불과했다고 기록하고 있다. 양식이 부족해 곡물 가격이 급등하였기 때문에 쌀 1휘(斛: 곡식을 잴 때 쓰는 그릇의 일종, 본래 1휘는 10말이었으나, 후에 5말로 조정됨)에 1만 냥이었다고 한다. 심지어 황제조차도 마차를 끄는 네 마리의 말을 같은 색으로 찾기가 힘들었고, 장군과 재상들은 소가 끄는 수레를 타고 외출했다고 한다. 사회 경제가 이토록 피폐된 상황에서 정치적 형세 역시 그리 낙관적이지는 않았다.

한신, 영포英布 등의 유방과 성이 다른 제후나 왕들이 넓은 영토와 많은 인구를 다스리고 있었기 때문에, 겉으로 보기에는 군주와 신하의 모양새를 보였으나 속으로는 적국과 같은 상태에 놓여 있었다. 또 북방의 흉노족들은 중원이 어지러운 틈을 타 장성長城을 넘어와 후방을 끊임없이 침범했다. 이런 상황에서 어떤 통치를 펼칠 것인가는 황위에 오른 유방이 가장 먼저 해결해야 할 문제였다.

먼저 유방은 누경(婁敬: 이후 유경劉敬이라는 이름을 하사함)의 건의를 받아들여 도성을 낙양에서 장안長安으로 옮기었고, 일련의 새로운 정책들을 실시했다. 농업을 중시하고 상업과 공업을 경시하는 중본억말重本抑末 정책을 실시했다. 상인을 내몰고 농민 우대 정책을 실시해 떠돌이로 전락한 농민들을 다시 정착시켰다. 그리고 노비들을 석방하고 요역과 세금을 감소시켜 농업 생산을 장려하였다. 동시에 소하에게 진나라 법률을 근간으로 하여 삼족을 멸하는 법과 연좌법을 폐지하고, 흥률(興律=군율) · 호율戶律 · 구율(廐律=축산관계) 3장章을 더한 「한률漢律」 9장을 제정하게 했다. 또 한신을 시켜 군법을 심사 · 결정하게 하고, 장창張蒼으로 하여금 조목별로 규율을 정한 장정章程을 제정하게 하였으며, 숙손통叔孫通은 예의禮儀를 제정하게 했다. 흉노족에게는 화친 정책을 실시하여 한나라 공주를 흉노족의 수령이었던 선우單于에게 시집보냈다. 또 매년 대량의 비단과 양식, 술 등을 보내 흉노족과 형제의 동맹을 맺었다. 이렇듯 백성들의 안정을 근간으로 하는 정책과 조치는 사회 경제의 회복과 중앙 집권 체제를 공고히 하는데 큰 도움이 되었으며, 이후 한나라 왕조가 발전할 수 있는 기초를 다져주었다.

유방은 젊은 시절 유생들을 경시하였고 본인 역시 학문을 익히지 않았었다. 그러나 나라를 세우고도 여전히 말과 칼만을 가까이 하는 유방에게 육가陸賈는 말 위에서 천하를 얻을 수는 있어도, 말 위에서 천하를 다스릴 수 없다는 이치를 가르쳐주었다. 그러자 유방은 육가에게 진나라가 천하를 잃었던 원인과 한나라의 창건, 고금 성쇠의 도리에 대해 저술하라 명하였다. 이에 육가가 『신어新語』 12편을 저술하자 유방은 그를 크게 칭찬하며, 그때부터 『시경詩經』과 『서경書經』을 중시하였다고 한다.

유방은 천하를 통일한 후에도 7년 동안이나 이어진 반란과 제후국들을 평정해야 했기 때문에 갑옷과 투구를 벗지 않았고, 말에서 안장을 내리지 않았다. 초한 전쟁에서 임의로 봉했던 제후나 모반할 혐의가 있는 타성他姓을 가진 제후들을 거의 다 제거하여 마지막에는 장사왕長沙王 한 사람만이 남았다. 장사왕은 그 나라가 너무나 작고 약한데다 남월(南越: 지금의 광동성과 광서 지역에 있던 나라)과의 완충 작용을 위해서도 필요했으므로 살려두었던 것이다. 장사왕 오예는 그 덕분에 목숨을 건졌을 뿐 아니라 충신이라고 하여 상까지 받았다. 유방이 세웠던 여러 명의 제후들 중에서 화를 피할 수 있었던 자들은 그들이 직접 봉지에 내려가 백성들을 다스리지 않고, 봉지에서는 세금만 거두어 황권에 위협이 되지 않았기 때문이었다.

한 고조 12년(기원전 195년), 유방은 직접 군대를 이끌고 회남왕淮南王 경포의 반란을 진압하였지만, 난데없이 날아온 화살에 맞아 부상을 입고 고향인 패현에 돌아가 요양하였다. 그곳에서 고향 사람들을 불러 함께 술을 마시고 직접 축(筑: 옛날 거문고와 비슷한 현악기)을 연주하며 노래를 부르기도 했다.

"큰 바람이 일어 구름이 날리고, 온 천하에 위엄을 떨치고 고향으로 돌아오네. 어디서 용사를 얻어 사방을 지키랴!"

시간이 흐르면서 유방의 상처가 깊어지자 여후는 훌륭한 의원을 불러 유방의 상태를 살펴보게 하였다. 의원은 유방을 고칠 수 있다고 하였지만 유방은 도리어 역정을 내며 치료받기를 거부했다.

"나는 평민이었으나 3척尺짜리 검을 가지고 천하를 얻었다. 이것이 하늘의 뜻이 아니고 무엇이겠는가? 사람의 수명은 하늘에 달린 것이거늘, 편작(扁鵲: 전국시대 전설적인 명의, 괵나라 태자의 급환을 고쳐 죽은 사람도 살린다는 명성을 얻었다)이 되살아온들 어쩔 수 있겠는가?"

유방은 아무리 설득해도 치료를 받지 않고, 의원에게 금 15근을 주어 보내버렸다. 얼마 후 유방의 병세가 점점 악화되는 것을 보고 여후가 그에게 물었다.

"폐하께서 1백 살이 넘고 상국相國 소하가 세상을 떠나면 누구에게 상국의 자리를 맡겨야 하겠습니까?"

유방이 조참이라고 대답하자, 여후는 다시 조참 후에는 누구를 세울지 물었다.

"왕릉을 세우시오. 그러나 왕릉은 혈기가 넘치고 정직하니 진평이 곁에서 보좌하도록 하시오. 진평은 지혜가 넘치나 혼자서 중임을 맡기는 힘들 것이오. 주발周勃은 진중하고 후덕하나 학문이 부족하오. 그러나 유劉 씨 천하를 자리잡게 할 수 있는 사람은 주발뿐이니 그를 태위太尉로 세우시오."

여후가 다시 물어보자 유방은 이렇게 대답했다.

"그 이후는 당신도 모를 것이오."

같은 해 4월 25일, 즉위 후 8년 만에 유방은 장락궁長樂宮에서 별세했다. 5월에 들어서 유방을 장릉長陵에 장례한 후 태자 유영劉盈

을 황제로 옹립했다. 그리고 유방에게는 '고조高祖황제'라는 시호를 붙여주었다. 그래서 역사에서는 유방을 '한 고조'라고 부르기도 한다.

漢書 들여다보기

이백李白의 「맹호행孟虎行」이라는 시에는 이런 구절이 나온다. '장량이 한신을 못 만났으나 유항의 존망은 두 신하에게 달려 있었네 張良未遇韓信貧 劉項存亡在兩臣.' 여기서 유항이란 유방과 항우를 가리킨다.

이백

◉ 주요 인물

여후

◉ 주변 인물

유방, 소하, 한신, 팽월, 척희, 장량 등

◉ 키워드

악독함과 과감함

◉ 중대 사건

한신 주살, 팽월 살해, 조정을 전횡함, 조왕을 굶겨 죽임,
여씨 일가를 제후로 세움

◉ 고사

와인간돼지[인체人彘]

◉ 이야기 출처

『한서』「고후기高后紀」

呂雉

여치 : 여呂씨 왕조의 흥망

여치는 자가 아후娥姁로 산동성山東省 단부(單父: 지금의 단현單縣) 사람이었다.

그녀는 유방이 사수의 정장이란 미천한 신분으로 아직 입신하여 출세하지 못했을 때 그의 처가 되어 아들 하나, 딸 하나를 낳았는데, 이들이 훗날 효혜 황제와 노원 공주이다. 유방이 등극하여 황제가 되었을 때 가장 먼저 작위를 내린 사람이 바로 여치이다. 『한서』에는 '한왕, 즉 황제는 사수에서 옹립되었다'고 기록하면서, 그날 바로 '왕후를 황후皇后라 칭하고, 태자를 황태자皇太子라 불렀으며, 유방을 낳은 유오는 소령부인昭靈夫人이라 했다'고 적고 있다. 그러나 유방은 몇 달이 지난 후 사람들의 진언을 듣고서야 자신의 아버지를 태상황太上皇으로 봉했다.

이것만 보아도 유방에게는 아버지보다 여치가 더 중요한 존재였다는 것을 알 수 있다. 한나라 조정에서 여치의 역할은 사서에서도 매우 분명하게 기록하고 있다. 『한서』는 '고조의 황후 여 씨는 혜제를 낳았고, 고조가 천하를 평정하는 것을 보좌하였다'고 기록하고 있다. 이 구절은 『사기』에서 인용한 말이지만 조금의 차이는 있다. 『사기』는 '여후는 의지가 굳은 사람으로 고조가 천하를 평정하는 것을 보필하였으나, 대신들을 죽이는 데는 여후의 힘이 더 컸다'고 적고 있다. 두 역사서 모두 고조가 천하를 평정할 때 여후가 공을 세웠다고 인정하고 있지만, 『사기』에는 여후가 멋대로 권력을 휘둘렀다는 것을 완곡하게 비판하고 있음을 엿볼 수 있고, 유劉씨 천하를 안정시키는 데 여후가 어느 정도의 역할을 했다는 것을 인정하고 있다.

유방은 황위에 앉은 후에도 이리저리 정벌을 나가야 했기 때문에 늘 궁에 머무를 수가 없었다. 그런 까닭에, 어쩔 수 없이 몇몇 성에 옹립했었던 다른 제후들을 제거하는 일에 여치의 도움을 받았다.

여치에게 가장 먼저 화를 당한 사람은 한신이었다. 한신은 전쟁을 했다 하면 승리를 거두어 성을 차지했던 한나라 초기 군사의 천재로 유방을 도와 항우를 멸한 일등공신이지만, 유방은 한신을 의심하고 싫어했다. 그래서 황위에 오른 지 1년도 안 되었을 때 진평이 내놓은 계략, 즉 운몽雲夢에 나들이를 가는 척하여 한신을 체포하여 구금하고, 그것을 빌미로 초왕을 회음후淮陰侯로 강등시켰다. 유방이 직접 군사를 이끌고 진희陣豨가 일으킨 반란을 진압하러 떠났을 때, 한신의 시종 난설欒說이 자신의 동생 편에 서찰을 보내왔다. 한신이 한밤에 방비가 허술한 틈을 타 감옥 문을 열어 죄수들을 풀어주고 태자를 습격하여 멀리서 진희를 돕기로 약속했다는 내용으로, 한신이 진희와 공모하여 사전에 이미 밀약을 짜두었다는 것이었다.

여치는 서신을 받은 후 급히 소하와 의논해 한신을 주살하기로 결정했다. 여치는 심복이었던 군사를 몰래 장안 밖으로 내보내고, 북쪽 지역을 돌아 다시 장안으로 돌아오게 했다. 유방이 이미 진희의 반란을 진압했다는 소식을 전한 것처럼 꾸민 것이다. 군신들은 자신들이 속은 줄도 모르고 모두 조정에 축하 인사를 하러 입궁할 때 한신도 함께 궁으로 불러들일 계획이었으나, 한신은 병을 핑계로 그 자리에 참석하지 않았다. 소하가 부득이 한신을 찾아가자, 한신은 더 이상 어쩔 도리가 없어 소하를 따라 궁으로 들어갔다. 한신이 미처 축하 인사를 올리기도 전에, 여치는 그를 체포하였다. 그리고 일을 길게 끌었다가는 문제라도 생길까봐 바로 장락궁 옆 종실鐘室로 끌고 가 반역죄로 처형하였다.

같은 해 여치는 유방을 충동질하여 한나라 초기 또 다른 개국공신이자 명장군인 양왕 팽월을 죽이도록 하였다. 유방은 진희陳豨를 토벌하러 가기 전, 양梁 지역에 들러 병사를 징집했다. 그런데 그때 마침 양왕 팽월이 병이 나서 그 자리에 오지 못했는데, 유방은 크게 노하며 팽월이 반란을 꾀하는 것은 아닌지 의심하던 차에, 때맞춰 양의 태복太僕은 팽월이 반란을 꾀했다고 밀고하였다. 유방은 그를 즉시 잡아들여 장안에 구금했다. 팽월을 심문하고 조사하니 팽월이 반란을 진압하는데 적극적이지는 않았지만, 반란을 꾀한 것은 아니라는 사실이 밝혀졌으나, 유방은 팽월을 서민으로 강등시켜 촉蜀 지역의 청의현青衣縣으로 귀양을 보내버렸다. 서쪽을 향해 가던 팽월은 정鄭 지역에서 우연히 장안에서 낙양으로 가던 여치와 마주쳤다. 팽월은 여치에게 나아가 울면서 자신은 무죄이니 다시 고향인 창읍昌邑으로 가서 살게 해달라고 간청했다. 여치는 간청을 들어줄 것처럼 말하며 그를 데리고 돌아왔다. 그리고 유방에게 말했다.

"팽월은 아주 대단한 사람이에요. 그자를 촉으로 보낸다면 범을 산으로 돌려보내는 꼴이 될 것이니, 언젠가는 후환이 될 것입니다. 아예 뿌리를 뽑아버리세요. 제가 이미 팽월을 여기에 데리고 왔습니다."

그리고는 팽월이 모반을 꾀했다고 고발토록 하여, 팽월을 사형시키고 삼족을 멸하였다. 그것으로도 모자라 팽월의 시체를 잘게 다져 각 제후들에게 나눠주었다. 한신과 팽월은 한나라 초기에 토지를 분봉하여 주었던 성이 다른 제후 중 가장 뛰어난 인물들로 유방도 두려워하는 존재였다. 하지만 여치는 아무런 망설임 없이 그들을 죽여버렸다. 여치의 두 오빠도 공을 세워 제후로 봉해졌다. 큰 오빠 주여후周呂侯 여택呂澤은 전쟁터에서 죽었는데, 그의 장남 여대呂臺는 역후酈侯로, 차남 여산呂産은 교후交侯로 봉하였고, 둘째 오빠 여석지呂釋之는 건성후建成侯로 봉했다. 또한 번쾌 등 큰 공을 세운 대장군들이 여 씨 일족들과 인척관계로 연결되어 조정에서 여치의 정치적 세력과 영향력이 얼마나 대단했는지는 짐작할 수 있을 것이다.

그럼에도 불구하고 초기에 여치와 태자의 지위는 엄청난 위기를 맞기도 했다. 과거 초와 한이 대립하고 있을 때 유방은 항우에게 패해 도망하다가 산동의 정도에서 생각지도 못할 절세 미녀, 척희戚姬를 얻었다. 젊고 아름다운 척희는 춤을 잘 추는데다, 유방을 살뜰하게 보필하면서 애교 있고, 유방의 기분을 잘 맞추어서 엄청난 총애를 받았다. 그러자 척희는 유방에게 몇 번이나 눈물을 흘려가며 자신이 낳은 아들 여의如意를 태자로 세워달라고 간청하고, 자신의 미래를 걱정하였다.

한편, 태자 유영劉盈은 성품이 어질고 자애로운 반면 패기가 없고 연약하여, 유방은 그가 자신을 닮지 않은 것이 못마땅하였고, 여의는 총명하고 지혜롭고 심지가 굳어, 가장 자신을 닮은 아들로 흐뭇해하며 매우 아꼈다. 그런데 척희가 울면서 청하니 유방의 마음이 더더욱 흔들렸다.

여의가 10살이 되었을 때 관례대로 여의를 봉지로 보내는 개봉

改封한다는 소식을 들은 척희는 깜짝 놀랐다. 일단 여의가 봉지로 가게 된다면 황제를 다시 보기는 힘들어질 것이며, 관계가 소원해질 것은 당연한 일이었으니 황제의 환심을 살 방법도 사라질 것이 뻔한 일이 아니겠는가?

척희는 유방을 보자 땅바닥에 무릎을 꿇고 앉아 울기만 했다. 척희의 마음을 꿰뚫어본 유방은 척희를 달랬다.

"여의가 개봉하여 봉지로 부임하는 일 때문에 이러는 것이오? 짐도 여의를 태자로 세우고 싶으나, 장자이자 본 부인의 아들을 폐위하고 어린 서자를 태자로 봉하기에는 명분이 너무 부족하오. 그러니 조금만 더 기다려보시오."

이 말에 척희는 더욱 서럽게 울며 간청했다. 유방이 더 이상 참지 못하고 여러 대신들에게 여의를 태자로 세우고 싶다는 뜻을 내비치자, 대신들은 깜짝 놀라 반대하고 나섰다. 태자를 책봉한 지 이미 여러 해가 지났고, 유영은 특별한 잘못이 없었으므로 이유 없이 폐위한다면 혼란만 야기할 뿐이라는 것이었다. 그러나 유방은 들은 척도 하지 않고 사신詞臣에게 조서의 초안을 만들라는 명을 내렸다. 바로 그때 어사대부御史大夫 주창周昌이 정색을 하며 격렬히 반대 의사를 표명하여, "절대 아니 되옵니다!"라고 언성까지 높이자, 유방은 그 연유를 물었다. 주창은 원래 말을 더듬는데다 마음까지 급해져 말을 잇지 못했다. 한참을 아무 말을 못하고 있던 주창이 마침내 입을 열었다.

"소신 말재주가 없으니 소상한 연유를 밝히는 것이 불가하옵니다. 폐하께서 태자를 폐위하신다면 소신 절대 그 뜻을 받들지 않을 것이옵니다."

귀까지 빨개져 화를 삭이지 못하는 주창의 모습에 유방은 "하하" 웃음을 터뜨렸다. 그렇게 태자 폐위에 관한 격렬한 논쟁이 군주와 대신들의 웃음소리에 묻혀버렸다. 그 일이 있은 후 여치는 주창에게 무릎을 꿇고 감사 인사를 했다.

"오늘 경이 도리를 내세우며 반대하지 않았다면 태자는 벌써 폐위되었을 것이오. 정말 감사하오."

여치는 유방이 잠시 양보했지만 태자를 지키는 일이 그렇게 쉽지 않으리란 것을 잘 알고 있었다. 그래서 건성후 여석지를 시켜 장량에게 계책을 받아오라는 지시를 내렸다. 그러자 장량이 이렇게 일러주었다.

"능력 있고 명망이 뛰어난 사람들로 태자를 보좌하게 하시면, 황제께선 태자가 현명하여 사람들의 마음까지 얻었다 여기실 것입니다. 그러면 폐위를 신중하게 생각하실 것이니, 태자를 지킬 수 있사옵니다."

여치가 그런 사람은 어디서 찾아야 하느냐고 다급하게 묻자 장량이 다시 말하였다.

"섬서의 상산商山 일대에 연로한 은자隱者 네 분이 살고 있어 '상산사호商山四皓'라 불린다 하옵니다. 황상께서는 벌써 여러 번 그들을 모시려고 하였지만 거절만 당하셨는데, 만약 그들을 불러올 수 있다면 큰 도움이 될 수 있을 것이옵니다."

그러자 여치는 갖은 방법을 총동원하여 상산사호 모시기에 성공하였다.

영포 등의 반란을 진압한 후 유방은 전쟁 중에 맞은 화살로 생겼던 부상이 재발하여 병세가 더욱 심해졌다. 척희는 황제가 승하하면 자신과 아들은 살 길이 없으리란 사실을 생각하여 유방에게 그들 모자의 목숨을 지킬 방법을 찾아달라 간청하였다. 유방은 한참을 생각해보아도 다른 뾰족한 수가 없어 다시 태자를 폐위하고자 하였다.

그 소식을 듣고 태자를 가르치던 소부(少傅: 스승, 삼공의 보좌) 장량은 즉시 유방을 알현했다. 장량은 여러 이치를 들어 태자의 폐위를 반대했지만 유방은 귀를 기울이지 않았다. 태자의 태부(太傅: 삼공三公 중 하나)인 숙손통叔孫通 역시 그 소식을 듣고 입궁하여 단도직입적으로 항의했다.

"과거 진晋나라 헌공獻公이 여희驪姬를 총애하여 태자를 폐위하자, 나라가 20년간 혼란에 빠졌습니다. 진시황은 일찍이 부소扶蘇를 태자로 봉하지 않아 진나라를 멸망하게 만들었습니다. 이는 폐하께서도 직접 목도하신 일이 아닙니까? 여후와 폐하는 어려움을 함께 한 부부로 두 분 사이의 아들은 영盈 태자 한 분 뿐이옵니다. 게다가 태자가 어질고 효성스럽다는 것을 천하가 다 알고 있지 않습니까? 헌데 아무런 이유도 없이 태자를 내치려하시다니요! 만약 제 청을 듣지 않으신다면 소신 죽음으로써 충언을 올릴 것이옵니다."

숙손통이 검을 뽑아 자결하려 하자 유방이 급히 말렸다.

"짐이 그냥 한 번 해본 말이거늘, 뭘 그리도 심각하게 받아들이시오."

얼마 후 유방은 특별히 태자를 연회에 불렀다. 태자가 어떤 인물인지를 자세히 살펴보기 위함이었다. 그때 상산사호가 태자와 함께 입궁했다. 유방은 머리와 수염이 눈처럼 흰 범상치 않은 노인 네 명이 태자와 함께 앉아 있는 것을 보고 깜짝 놀라 말했다.

"제가 몇 년 동안이나 어르신들을 모시려 하였지만 어르신들께선 늘 거절하셨습니다. 그런데 어찌 제 아들과는 왕래하시는 것입니까?"

사호는 입을 모아 대답했다.

"폐하께서는 사인(士人: 벼슬을 하지 않은 선비)을 괄시하시고 모욕을 주었습니다. 신들은 그 치욕을 견딜 수가 없어 폐하 앞에 나오지 않았지요. 그러나 태자께서는 어질고 너그러우며 사인을 아끼시니, 천하의 사인들이 모두 태자를 위해 충성할 날만을 기다리고 있사옵니다. 저희들이 먼 길을 마다하지 않고 온 것도 태자마마를 보좌하기 위해서이옵니다."

유방은 그 말을 듣고 감탄을 금치 못했다. 태자와 사호가 자리를 떠나려고 하자 유방은 척희를 불러 상산사호의 뒷모습을 가리키며 말했다.

"짐도 여의를 태자로 세우고 싶으나, 태자가 이미 보좌할 인물들을 다 갖추었으니 내칠 수가 없소."

척희는 그 말을 듣고 더 이상 희망이 없음을 깨닫고 슬픔에 잠겨 목숨을 끊으려 했다. 유방 역시 슬픔을 감추지 못하고 척희를 위해 '홍곡고비鴻鵠高飛'라는 슬프고 처량한 시를 지어 큰 소리로 불러주었다.

'큰 기러기 높이 나니 한 번에 천 리를 가고, 깃털이 풍성하여 온 세상을 뒤덮는구나. 온 세상을 뒤덮으니 어찌하면 좋을꼬? 연습용 화살이 있으나 쓸 데가 없구나.'

고조 12년(기원전 195년) 4월 갑진일甲辰日, 유방은 장락궁長樂宮에서 세상을 떠났다. 태자 유영은 황위를 이어 받아 혜제惠帝가 되었다. 유영이 나약하고 패기가 없었으므로 여치는 마음대로 정권을 휘둘렀다. 척희의 아들 여의는 조왕趙王으로 봉해졌고, 박 부인薄夫人과의 사이에서 낳은 아들인 유항劉恒은 대왕代王으로 봉해졌다. 다른 비빈들이 낳은 아들 중에서 유회劉恢는 양왕梁王으로, 유우劉友는 회양왕淮陽王으로, 유장劉長은 회남왕淮南王으로, 유건劉建은 연왕燕王으로 봉해졌다. 고조의 동생인 유교劉交는 초왕楚王으로 봉해졌으며, 고조 형의 아들인 유비劉濞는 오왕吳王으로 봉해졌다.

여치는 척희와 그녀의 아들 조왕 여의를 매우 미워하였으므로,

척희의 검은 머리를 모두 밀고 철 가락지를 그녀의 목에 걸어 목을 조이게 하였다. 그리고 척희가 궁에서 입던 옷을 벗기고 홍갈색 광목천으로 지은 촌아낙의 옷을 입혔다. 그리고 영항(永巷: 한나라 초기 비빈들을 유폐하던 곳)에 구금하고 하루 종일 방아 찧는 일을 하도록 하였다. 척희는 슬프고 분하여 울면서 방아를 찧을 때마다 '영항가永巷歌'를 불렀다.

'아들은 왕이나 어미는 노예로구나. 하루 종일 해질 때까지 방아를 찧지만 늘 죽음이 따라다니네! 3천 리를 떨어져 있으니 누구를 시켜 여의如意에게 알릴꼬!'

여치는 그 말을 듣고 노발대발했다.

"감히 아들 여의如意에게 기대려고?"

그 뜻인즉, '네가 감히 네 아들에 기대 천하를 뒤엎으려고?'였다. 한순간에 노래 속 애통함과 원통함을 호소하던 말들이 반역으로 뒤바뀌었다. 여치는 즉시 한단에 사람을 보내 조왕을 장안으로 불렀다. 조나라 재상 건평후建平侯 주창은 사자의 앞을 막아서며 대범하게 말했다.

"고조 황제께서 조왕을 내게 부탁하셨다. 조왕은 아직 어리나 태후께서 척 부인을 몹시 싫어하시니 조왕이 가면 함께 죽일 것이다. 난 조왕을 그렇게 죽게 할 순 없다. 게다가 조왕은 지금 병에 걸려 부름에 응할 수가 없다."

화가 머리끝까지 치민 여치는 사람을 보내 자신의 계획을 방해

한 주창을 먼저 장안으로 불러들인 후 다시 조왕 여의에게 장안으로 들어오라 명하였다. 착한 효혜 황제 유영이 먼저 조왕 여의가 장안으로 오고 있다는 소식을 들었다. 그는 태후가 평소 조왕을 미워하는 것을 잘 알고 있었기 때문에 친히 패상까지 가서 어린 조왕을 데려와 늘 곁에 두었다. 잠을 자든 먹든 늘 조왕을 곁에 그림자처럼 데리고 다녔던 것이다. 여치는 조왕을 죽이고 싶은 마음이 굴뚝같았지만 효혜 황제가 워낙 치밀하게 지키고 있었으므로 손을 쓸 수가 없었다.

혜제 원년(기원전 194년) 12월의 어느 날, 유영은 아침 일찍 일어나 활을 쏘려고 밖으로 나갔다. 조왕은 아직 어려 늦잠 자는 것을 좋아했으므로 함께 나가지 않았다. 이 소식을 들은 여치는 재빨리 수하를 보내 짐독鴆毒이 든 떡을 먹여 조왕을 독살하도록 하였다. 효제가 궁에 돌아왔을 때 조왕은 이미 죽어 있었다. 여의를 대신하여 회남왕 유우가 조왕으로 개봉되었다. 뒤이어 여치는 반항할 힘도 없는 척희에게 극도로 참담하고 잔인한 방법으로 패악을 드러냈다. 그녀는 척희의 두 팔과 다리를 자르고 유방을 도려내었다. 그리고 두 눈까지 파고 코와 귀를 베고 벙어리가 되는 약을 먹인 다음 척희를 인분통에 집어넣었다. 여치는 척희에게 '인체(人彘: 인간돼지)'라고 이름 붙였다. 사람들은 죄인을 갈기갈기 찢어 죽이는 능지처참을 가장 처참한 형벌인 '극형極刑'이라 불렀지만, 여치가 척희에게 가한 악랄한 짓에 비하면 그마저 우습게 보일 정도였다.

얼마 후 여치는 혜제를 불러 척희를 보여주었다. 혜제는 그 모습을 보고 모골이 송연하여 그것이 무엇인지 물어보았다. 여치는 그 피범벅이 되어 꿈틀거리는 물체가 바로 척희라고 알려주었다. 다음 날 척희는 죽고 말았다.

척희가 당한 일을 지척에서 목격하고 난 후 섬세하고 선량한 혜제는 너무 놀라고 무서웠다. 비통한 마음으로 자신의 거처에 돌아온 혜제는 사람을 시켜 여치에게 다음과 같은 말을 전했다.

"척 부인을 그런 몰골로 만드시다니, 그것은 사람이 할 수 없는 일이옵니다. 어머니의 아들인 저는 향후 천하를 다스릴 수 없을 것 같습니다."

그것은 고조의 아들로서 아버지께서 총애하던 비빈도 못 지켰는데, 천하는 어찌 다스리겠냐는 뜻이었다. 그 후 그때부터 혜제는 술과 주색에 빠져 퇴폐적인 생활을 하였고, 다시는 조정의 대소사를 묻지 않았으며, 모두 어머니인 여 태후의 뜻대로 내버려두었다고 한다.

혜제 2년(기원전 193년) 초 원왕元王 유교와 제 도혜왕齊 悼惠王 유비(고조 형의 장자)가 도성에 알현을 하러 왔다. 10월 어느 날 혜제와 제왕이 여 태후 앞에서 연회를 벌였을 때였다. 혜제는 제왕이 자신의 형인 것을 생각해 집안의 예법에 따라 그를 상석으로 앉혔다. 여 태후는 그것을 보고 화가 나서, 즉시 두 잔의 짐주鴆酒를 가져오라 명했다. 그리고 그 잔을 제 도혜왕 앞에 두고 자신을 축복하는 건

배를 제의했다. 제왕이 일어나자 혜제도 함께 일어나 술잔을 두 손으로 받쳐들었다. 제왕과 함께 잔을 비워 여 태후를 축복할 생각이었던 것이다. 깜짝 놀란 여 태후는 벌떡 일어나 혜제가 들고 있던 술잔을 뒤집어버렸다. 여 태후의 수상한 행동에 차마 잔을 비울 수 없었던 제왕은 술에 취한 척하며 그 자리를 떠나버렸다. 제왕이 장안에서 억류당할 위험에 처하자 제나라의 내리사內吏士가 제왕에게 좋은 방책을 일러주었다.

"태후마마의 마음속에는 효혜 황제와 노원 공주뿐입니다. 지금 왕께선 70여 개의 성을 가지셨으나 노원 공주는 겨우 식읍 몇 개만 가지셨습니다. 만약 왕께서 봉지 중에 군 하나를 태후께 바치시며 공주의 목욕용 식읍으로 쓰시라 하시면, 태후께서는 틀림없이 기뻐하실 것입니다. 그러면 왕께서도 아무런 걱정을 하시지 않아도 되실 것입니다."

제왕은 태후에게 성양군城陽郡을 바치며 공주를 왕태후라 높여 불렀다. 땅을 받고 기분이 좋아진 여 태후는 제왕의 거처에 연회를 베풀어 즐겁게 먹고 마신 후, 제왕을 봉지로 돌려보내주었다.

혜제 7년(기원전 188년) 8월, 24세의 유영은 결국 우울증으로 세상을 떠났다. 장사를 지내는 동안 여 태후는 마른 울음만 울 뿐, 눈물을 흘리지 않았다. 장량의 아들 장벽강張闢強은 당시 시중侍中의 신분으로 15살밖에 되지 않았지만, 승상인 진평에게 이렇게 말했다고 한다.

"태후께서는 하나밖에 없는 아들이 세상을 떠났는데도 마른 울음만 울 뿐 슬퍼하지 않으십니다. 그 이유가 무엇인지 아십니까?"

진평이 그 연유를 묻자, 장벽강이 대답했다.

"그것은 황제께 나이가 든 아들이 없기 때문이옵니다. 태후께서는 승상과 여러 대신들을 두려워하고 계시지요. 승상께서 태후께 여태呂台, 여산, 여록呂祿을 장군으로 삼아 남군과 북군을 통솔하게 하라 청하시고, 여 씨 집안사람들이 모두 궁에 들어와 일하고 정권을 잡게 한다면 태후께서도 안심하실 것입니다. 그러면 승상과 여러 대신들도 화를 모면할 수 있으실 것입니다."

승상이 장벽강의 말대로 하자 태후는 정말 만족스러워하였다. 그리고 그제서야 비통하게 울었다. 여 씨 집안사람들이 조정의 대권을 거머쥔 것도 그때부터 시작되었다. 여 태후는 대사면을 베풀었다. 9월 혜제를 안장한 후 태자 유공劉恭이 황위에 올라 황제가 되었다. 소제少帝 원년(기원전 187년) 이후 조정에서 발표되는 모든 호령은 모두 여 태후에게서 나온 것이었다. 심지어 여 태후가 조정에 나와 천자를 대신해 섭정하였다.

여 태후는 황제의 권력을 휘두르게 되자 대신들을 불러 모아 여 씨 성을 가진 자들을 제후왕으로 봉하는 게 어떻겠느냐며 우승상 왕릉에게 물었다. 그러자 왕릉이 대답했다.

"과거 선황제이신 고조 황제께서는 흰 말의 피로 대신들과 맹약을 맺으셨습니다. 앞으로 유 씨의 자손이 아닌 사람이 왕이 되면 천하 모든 사람이 함께 일어나 그를 멸하라고 하셨습니다. 그런데 지금 여 씨 성을 가진 사람들을 왕으로 세운다면 선황제와의 약속을 어기는 것이 되지 않겠습니까?"

여 태후는 반대에 부딪히자 화가 났다. 그래서 좌승상 진평과 강후絳侯 주발에게 물어보았다. 주발 등은 어쩔 수 없이 뜻을 굽히며 여 태후의 의견에 찬성했다.

"고조 황제께서는 천하를 평정하시고 자신의 자손들을 왕으로 봉하셨습니다. 지금은 태후께서 황제의 직권을 행사하고 계시니 형제인 여 씨 일가를 왕으로 봉하신다고 해서 아니 될 것은 없사옵니다."

그 대답을 듣자 여 태후는 근심걱정이 사라진 듯 속이 후련했다. 왕릉은 진평과 주발을 책망했다.

"선황제와 동물의 피를 나눠 마시며 삽혈의 맹세를 할 때 경들은 그 자리에 없었소? 고조 황제께서 승하하시고 태후께서 여 씨 자제들을 왕으로 봉하려 하시는데, 태후마마 멋대로 하도록 종용하며 아첨이나 하다니, 이는 당초의 맹약을 저버리는 짓이 아니오? 훗날 지하에 가서 고조 황제를 어찌 뵈려 이러시오?"

그러자 진평과 주발이 대답했다.

"바로 앞에서 막고 직언을 올리는 일에는 우리가 경만 못 합니다. 그러나 대권과 한나라 국토를 보호하고 유 씨 천하를 안정시키는 일에는 경이 우리만 못하실 것입니다."

왕릉은 아무 말도 할 수가 없었다. 여 태후는 자신의 뜻에 반하여, 강직하게 직언을 올린 왕릉을 파면하고, 황제의 태부로 임명하여 우승상으로서의 직권을 빼앗았다. 그러자 왕릉은 병을 핑계로 면직하고 집으로 돌아갔다.

여 태후는 좌승상인 진평을 우승상으로 세우고 벽양후辟陽侯 심이기審食其를 좌승상으로 임명했다. 하지만 심이기는 좌승상으로서의 일을 처리하는 것이 아니라, 낭중郎中처럼 궁중의 사무만 관리 감독하였다. 심이기의 이러한 처신은 오히려 자주 여 태후에게 접근하여 태후의 깊은 총애와 신임을 받았다. 그래서 자주 국사를 결정하기도 하고 공경대신들이 정무를 처리할 때도 모두 그의 허락을 받아야만 했다. 여 태후는 또 역후酈侯 여대의 돌아가신 아버지 여택呂澤에게 도무왕悼武王이라는 존호를 하사하였다. 이것은 여씨 일가를 제후로 봉하기 위한 첫걸음을 뗀 것이었다.

저항을 줄이기 위해 여 태후는 먼저 혜제의 후궁 비빈들이 낳은 몇몇 아들들을 왕으로 봉하여 선심을 쓴 후에 대신들에게는 여 씨들을 왕으로 추대하라 암시했다. 대신들은 역후 여대를 여왕呂王으로 세우자 건의했고, 태후는 이에 동의했다. 이어 건성후 여석지의 아들 여록을 호릉후胡陵侯로 삼고, 자신의 여동생인 여수呂嬃를 임광후臨光侯로 봉했다. 여타呂他는 유후兪侯, 여경시呂更始는 췌기후贅其侯, 여분呂忿은 여성후呂城侯에 봉했다.

한 효혜 황제 유영의 황후에게는 아들이 없었는데, 임신한 척

거짓말을 하고 후궁 비빈이 낳은 갓난아기 유공劉恭을 안고 자신이 낳은 것처럼 꾸미고, 아기의 생모를 죽인 뒤 그를 태자로 삼았다. 혜제가 세상을 떠난 후 이 아기가 황제로 옹립되었는데, 역사에서는 이 황제를 '전 소제前 少帝'라고 한다. 이후 전 소제는 철이 들 무렵, 자신의 생모가 살해를 당했으며, 자신은 장 황후의 친아들이 아니라는 사실을 알고 원망하였다.

"황후께선 어찌 내 친어머니를 죽이시고, 나를 아들로 삼으셨단 말이냐? 지금은 내 아직 어리나 어른이 되고 나면 이 원수를 모두 갚을 것이다!"

여 태후는 이 사실을 알고 어린 황제가 커서 난을 일으키지 않을까 걱정하였다. 그래서 그를 비밀리에 영항에 감금한 후, 대외적으로는 황제의 옥체에 병이 위중하므로 측근에 있는 대신들조차 만나지 못하게 하였다.

"천하를 차지하고 만민을 다스릴 사람은 하늘처럼 만물을 덮을 수 있어야 하며, 대지처럼 만물을 품을 수 있어야 하오. 황제가 즐겁고 사랑하는 마음으로 백성들을 위로해야, 백성들도 기뻐하며 높은 자나 낮은 자나 마음이 편안해지고 사이가 좋을 것이며, 천하도 편안히 다스림을 받게 될 것이오. 그러나 지금의 황제는 오랫동안 병에 걸려 차도가 없고, 정신까지 온전치 못하니 종묘에 제사를 올리거나 천하를 맡길 수 없게 되었소. 그러니 병약한 황제를 대신할 다른 사람을 찾아보시오."

대신들은 여 태후의 말 속에 숨은 뜻을 금세 이해하고 공손히 머리를 조아렸다.

"황태후께서 천하 백성과 종묘사직의 안정을 위해 깊이 고민했사오니, 소신들 머리를 조아려 명을 따르겠나이다."

태후는 황제를 폐위시킨 후 몰래 죽여버렸다. 5월 상산왕常山王 유의劉義를 황제로 삼고 이름을 유홍劉弘으로 바꾸었다. 역사에서는 이 황제를 일컬어 '후 소제後 少帝'라고 한다. 여 태후가 줄곧 황제의 직권을 행사했기 때문에 원년은 다시 바꾸지 않았다. 그리하여 『사기』나 『한서』에서는 일례 없이 「여후기呂后紀」를 따로 기록하였다. 이것은 사서에서는 특별한 사례로 후세에는 측천무후만이 이러한 특혜를 누렸을 뿐이다.

여 태후는 여 씨 일파를 제후왕으로 세우는 동시에 유 씨 집안 사람들이나, 여 씨 집안에 불만을 품었을 것으로 여겨지는 사람들을 대대적으로 박해하거나 그 일가까지 모두 제거해버렸다. 조왕 유우도 그중 하나였다. 유우의 왕후는 여 씨 집안의 여식이었으나, 유우는 그녀를 별로 좋아하지 않았고 다른 첩을 사랑하였다. 홀대받던 여 씨 여식은 분하고 창피한 마음에 여 태후를 찾아가 유우가 반역을 꾀했다며 중상모략했다. 심지어 유우가 이렇게 말했다고 꾸며냈다.

"여 씨 성을 가진 사람이 어찌 분봉 왕이 된단 말인가? 태후가 1백 살이 된 후에 반드시 그들을 다 멸할 것이오."

여 태후는 그 말에 크게 노하며 조왕을 도성으로 불러들였다. 조왕이 장안에 도착하자 여 태후는 그를 제후가 머무는 관저에 유폐하고 만나주지 않았다. 그리고 호위대에 명하여 그를 포위하고 먹을 것도 주지 말라는 엄명을 내렸다. 조왕의 신하들이 조왕에게 몰래 밥을 넣어주다가 잡혀 심문을 당했다. 조왕은 처참할 정도로 배가 고파 서러움을 실어 노래를 지어 불렀다.

“여 씨들이 권력을 잡으니 유 씨는 위험에 처하네. 왕을 협박하여 억지로 배필을 안겨주누나. 내 배필이 질투하여 나를 죄 있다 모함하였네. 여인의 중상모략에 나라가 어지러우나 윗사람은 알지도 못하는구나. 나의 충신은 어디 갔나? 어찌하여 나라를 잃었나? 들판에서 자결하고자 하니 하늘이여 공정히 판결하소서. 내 어찌 일찍 자결하지 않았던가, 후회막급이로구나. 왕으로서 굶어 죽으니 그 누가 불쌍타 하리오? 여 씨가 도를 저버렸으니 하늘이 복수해주리.”

조왕 유우는 갇혀서 결국에는 굶어 죽고 말았다. 여 태후는 사람들에게 대충 시체를 거두게 하여 평민의 예로 장례를 치렀는데, 유우는 장안성 밖 백성들의 무덤 곁에 묻혔다. 또 양왕 유회를 조왕으로 개봉하고 여산의 딸을 아내로 주어 왕후로 세웠다. 왕후를 따라온 관원들은 모두 여 씨 집안사람들로 권력을 마음대로 쥐고 흔들며 유회를 몰래 감시하며 그의 행동을 제약하고 위축시켰다. 유회에게는 총애하는 첩이 있었는데 황후의 명을 받은 자가 준 짐주를 마시고 죽었다. 사는 게 죽는 것만 못하다고 느낀 유회는 몇 달 후 스스로 목숨을 끊어 세상을 버렸다. 여 태후는 이 소식을 듣고 유회가 여자를 위해 선조들의 예와 가르침을 저버렸다 여기고, 그 후대의 왕위 계승권을 아예 없애버렸다. 또 유항에게 사자를 보내 대왕 유항을 조왕으로 개봉할 생각이라고 전했다. 그러나 유항은 이를 사양하며 조정을 위해 변경을 지키고 싶다는 뜻을 전했다. 태부 여산, 승상 진평 등은 무신후 여록이 여러 제후들 중에서 등급이 가장 높으므로 그를 조왕으로 세우자고 건의했다. 태후는 동의하며 이미 세상을 떠난 여록의 아버지 강후康侯를 조 소왕趙 昭王으로 추서했다. 9월 연 영왕燕 靈王 유건劉建이 세상을 떠났다. 그에게는 첩에게서 태어난 아들이 있었는데, 여 태후는 사람을 보내 그를 죽여 대를 끊어버리고, 여대의 아들 동평후東平侯 여통呂通을 연왕燕王으로 삼고, 여통의 동생 여장呂庄을 동평후로 삼았다.

여 태후는 추악하고 악랄한 만큼, 자기 죄에 대한 앙갚음을 예견하는 것도 어렵지 않았을 것이다. 참회의 마음 같은 것은 있을 턱도 없지만 늘 두려움은 떠나지 않았다. 조왕 유우가 관저에 갇혀 굶어 죽은 지 얼마 지나지 않아, 공교롭게도 일식이 일어나 온 세상이 낮에도 깜깜해졌다. 여 태후는 불안하고 답답해서 곁에 있던 친한 일족에게 이렇게 말했다.

"나 때문에 이런 일이 생겼을 것이네."

이듬해(기원전 180년) 3월 중순, 여 태후는 악귀와 재난을 쫓는 제를 올리고 돌아오는 길에 적도정積道亭을 지나게 되었다. 그때 갑자기 검은 개의 형상이 나타나 자신의 겨드랑이에 부딪치고 금세 사라져버렸다. 사람을 불러 점괘를 보니 조왕 유의의 망령이 한 짓이라 하였다. 그때부터 여 태후는 겨드랑이에서 통증을 느끼기 시작했는데, 결국 병이 되고 말았다.

7월 중순 병에 걸려 누운 여 태후의 병세는 날이 갈수록 악화되어 금방이라도 숨이 끊어질 것만 같았다. 여 태후는 마지막 남은 시간임을 알고 여록을 상장군으로 임명하여 북군을 통괄하게 하고, 여산은 남군을 장악해 관리하게 했다. 또 여산, 여록에게 마지막 당부도 잊지 않았다.

"당시 고조 황제는 천하를 평정한 후 대신들과 한 가지 맹약을 하였다. 유 씨 자제가 아닌 사람을 왕으로 세우면 천하에 모든 사람이 하나가 되어 그들을 없애버린다는 맹세였다. 지금 우리 여 씨 집안사람들이 모두 왕으로 봉해졌으니 조정 대신들의 마음에는 분명 갖가지 불만이 싹트고 있을 것이다. 내가 세상을 떠나면 황제는 아직 어리니 대신들이 난을 일으킬 것이므로, 너희들은 병권을 손에 꼭 쥐고 궁을 잘 지켜야 한다. 급히 장례부터 치른다고 설치다가는 오히려 당할 수가 있다."

며칠 후 여 태후는 세상을 떠났다. 그녀는 각 제후왕에게 황금 1천 근을 하사하고 천하 죄수들을 대사면하라는 조서를 남겨놓았다. 그리고 여산을 상국으로 임명하고, 여록의 딸을 황후로 삼게 하였다.

여 태후의 장례를 마친 후 여 씨 일가는 조정을 장악하고 난을 일으킬 음모에 대비했다. 하지만 고조 황제의 신하였던 주발, 관영 등은 두려움에 떨며 급히 일을 꾸미지는 못하였다. 그러나 기백이 넘치고 능력이 뛰어난 주허후朱虛侯 유장劉章은 제 애왕齊 哀王 유양劉襄의 동생으로 장안에서 살았는데, 아내가 여록의 딸 여장으로, 여 씨 집안의 음모를 알게 되었다. 유양은 자신도 주살당할 것이 두려워 그의 형인 제 애왕에게 사람을 보내 이 사실을 전했다. 형이 병사를 이끌고 서진하여 여 씨들을 죽이고 황제로 즉위하길 기대하면서, 그 자신은 조정에서 대신들을 모아 형을 도울 생각이었다.

제왕은 군대를 준비했지만 그의 승상인 소평召平이 이를 거역하고 나섰는데, 제왕이 소평을 죽이려 하였으나 소평이 먼저 병사를 이끌고 제왕을 포위 공격했다. 어쩔 수 없이 제왕은 소평을 죽이고 군대를 이끌고 동으로 진군하여 계략을 써 낭야왕琅邪王의 군대를 빼앗아 자신의 군대에 편입시킨 후 서쪽으로 진격했다. 제 애왕은 각 제후왕들에게 서찰을 써서 보냈다.

'고조 황제께서 천하를 평정하신 후 자신의 자제들을 왕으로 봉하셨고, 그때 제 도혜왕은 제나라에 봉해졌소. 도혜왕이 세상을 떠난 후 효혜 황제는 유후留侯 장량을 보내 나를 제나라 왕으로 봉하셨소. 효혜 황제께서 세상을 떠나시자 여 태후가 조정의 정권을 거머쥐었으며, 여 태후는 나이가 많고 정신이 혼미하여 여 씨 일가가 하자는 대로 명령을 반포하였소. 그들은 멋대로 소제를 폐위시키고 여 씨 사람들을 황제로 세웠으며, 그것으로도 모자라 3명의 조왕을 잇달아 죽였고, 또 양梁 · 조趙 · 연燕 3개의 유 씨 봉지를 폐지하고 여 씨에게 분봉하여주었소. 또 제나라 영지를 빼앗아 여呂, 낭야琅邪, 성양城陽 세 나라를 만들어 제나라를 넷으로 분리시키지 않았소. 모든 충신들이 간언을 올리고 반대했지만 태후는 여 씨 일가의 미혹에 빠져 귀조차 기울이지 않았소이다. 지금 태후께서 세상을 떠나셨으나 황제는 어려 천하를 다스릴 수 없으니 대신들과 제후들의 도움을 받아야 할 것이 분명하나, 여 씨들은 직권을 이용하여 조정을 제멋대로 움직이고 마음 내키는 대로 측근들을 뽑아 조정에 심고 있으며, 또 병사들을 모아 위세를 부리며 제후들과 충신들을 협박하고, 편리한 대로 어명을 지어내 천하에 공표하여 유 씨 종묘를 위태롭게 만들었소. 이번에 내가 군대를 이끌고 조정에 들어가는 것은 왕이 될 수 없는 자들을 주멸하기 위함임을 알리는 것이오.'

조정에 소식이 전해지자 상국 여산 등은 영음후潁陰侯 관영에게 군대를 주어 제나라 왕을 맞아 싸우도록 하였다. 형양滎陽에 도착한 관영은 즉시 장수들과 의논을 했다.

"여 씨 일가가 병권을 쥐고 관중을 지배하는 것은 유 씨 천하를 뒤집고 황위를 찬탈하려는 것이오. 그러니 지금 우리가 제나라 군대를 친다면 여 씨 세력만 도와주는 꼴이 될 것이오."

그들은 군대를 형양에 그대로 주둔시킨 후, 제나라 왕과 각지에서 오고 있던 제후들에게 사자를 보내 자신들의 군대와 연합하자는 뜻을 전했다. 여 씨가 난을 일으키면 함께 그들을 멸하자는 것이었다. 제나라 왕은 그 소식을 들은 후 군대를 이끌고 제나라 서부 변경으로 돌아가서 자신의 계획을 시행할 시기가 무르익기를 기다렸다.

조왕 여록과 양왕 여산은 각각 황성에 있는 위수衛戍 부대의 남군과 북군을 통솔하고 있었는데, 모두 여 씨 집안사람들이었다. 여록과 여산은 관중에서 반란을 일으킬 준비를 하고 있었다. 그러나 안으로는 주발과 유장 등이 두려웠고, 밖으로는 제나라와 초나라의 군대가 무서웠다. 또 영음후 관영이 여 씨 가문을 배반하는 것도 겁이 났다. 그들의 결론은 쉬이 나지 않았다. 그래서 관영의 군대와 제나라 병사들이 먼저 교전을 벌인 후에 반란을 일으키기로 약속했다.

당시 장안에는 소제의 동생이었던 제산왕濟山王 유태劉太와 회양왕 유무劉武, 상산왕 유조劉朝가 명목상 왕으로 봉해졌으나 봉지를 하사받지 못하고 아직 그곳에 머물고 있었고, 다른 조정의 제후와 대신들도 목숨도 지키기 힘든 위태로운 상황이었다.

강후 주발은 태위였지만 진영에 들어가 병권을 행사할 수가 없었다. 나이가 많은 곡주후曲周侯 역상은 병들어 있었는데, 마침 그의 아들 역기酈寄가 여록과 절친한 사이라는 것을 알게 된다. 주발은 진평과 의논하여 곡주후 역상의 아들 역기를 조왕 여록에게 보내 거짓말을 하게 할 참이었다. 역기는 여록을 찾아가 다음과 같이 말하였다.

"고조 황제께서 여 태후와 함께 천하를 평정하셨지 않았나? 유씨 집안의 아홉 왕과 여 씨 집안의 세 왕은 모두 대신들의 의견과 결정을 근거로 한 것이네. 제후들에게도 이 일을 통고하니 모두들 가장 적합한 의견이라며 동조했다네. 지금 태후께서 승하하셨으나 황제는 아직 어리신데 자네는 조왕의 관인을 가지고 있네. 이런 상황에서 자네가 속히 조나라로 돌아가 봉지를 지키지 않고 상장군의 신분으로 병사를 이끌고 장안에 주둔한다면 대신들과 제후들이 자네를 의심하지 않겠나? 그런데 왜 자네는 상장군의 관인과 군대를 태위께 돌려드리지 않는 건가? 자네가 군대를 돌려줄 때 양왕께도 상국의 관인을 반환하고 대신들과 맹약을 한 후 자신의 봉국으로 돌아가라고 하게. 그러면 제왕도 군대를 내놓을 것이고, 대신들도 모두 안정을 찾을 것이네. 그러면 자네도 근심 걱정 없이 사방 1천 리나 되는 봉지에서 왕으로 지낼 수 있지 않은가. 이것보다 더 오래도록 영화를 누릴 일이 또 어디 있겠나?"

여록은 역기의 말을 믿고 장군의 관인을 내놓고 군대를 태위에게 맡기기로 하였다. 그리고 사람을 보내 이 일을 여산과 여 씨 집안의 어른들에게 알렸다. 그러나 그들은 그것이 자신들에게 유리한지 불리한지를 놓고 또 의견이 통일되지 않아 결정을 내리지 못하고 망설이고 있었다.

그러나 여록은 역기를 믿었기 때문에 여전히 그와 함께 야외로 나가 사냥을 즐겼으며, 어느 날 고모 여수에게 갔을 때였다. 여수는 불같이 화를 내며 욕을 퍼부었다.

"너는 상장군으로서 군대를 내버려두었으니, 우리 여 씨 집안은 죽더라도 몸둘 곳조차 없겠구나."

그러면서 집안에 가지고 있는 금은보화와 진귀한 보석들을 모두 마당에 내던지며 말했다.

"이런 것들을 가지고 있으면 뭐에 쓰겠느냐? 어차피 다 남 좋은 일만 하겠구나!"

어사대부의 직무를 대행하던 평양후平陽侯 조굴曹窟은 상국 여산을 만나 정사를 논의했다. 그때 제나라에 사신으로 갔다 돌아온 낭중령郎中令 가수賈壽는 여산에게 불평하였다.

"진작 봉국으로 돌아가셨어야 합니다. 이제 가려 해도 가실 수 있겠습니까?"

그러더니 관영과 제나라, 초나라가 손을 잡고 여 씨 집안을 전멸시키려 계획하고 있다는 사실을 여산에게 보고하면서, 여산에게 어서 미앙궁未央宮으로 들어가 반란을 일으키라 재촉하였다. 조굴은 이 말을 듣고 즉시 승상 진평과 태위 주발을 찾아가 소식을 전했다.

주발은 양평후襄平侯 기통紀通에게 부절(符節: 돌이나 대나무 · 옥 따위로 만들어 신표로 삼던 물건으로 주로 사신들이 가지고 다녔다. 둘로 갈라서 하나는 조정에 보관하고 하나는 본인이 가지고 다니면서 신분의 증거로 사용했다. ≒부계)을 가져오라고 일렀다. 어명처럼 꾸며 북군이 태위의 지휘를 따르게 하기 위함이었다. 주발은 또 역기와 함께 접대를 담당하는 스님인 지객(知客: 외국 사자의 접대 관원) 유게劉揭를 먼저 보내 여록을 설득하게 했다.

"황제 폐하께서 태위에게 북군을 통솔하게 하시고, 왕야는 봉국으로 돌아가시라는 명을 내리셨습니다. 그러니 어서 상장군의 관인을 내놓으시고 이곳을 떠나시도록 하십시오. 어명을 따르지 않으면 큰 화를 입게 될 것이옵니다."

역기가 자신을 속이리라고는 상상도 하지 못했던 여록은 장군의 관인을 지객 유게에게 건네주고 병권은 태위 주발에게 넘겼다. 그러자 주발은 즉시 관인을 가지고 북군의 병영으로 들어가 전군을 향해 명을 내렸다.

"여 씨 집안을 옹호하는 자는 오른쪽 팔을 걷고 유 씨 집안을 옹호하는 자는 왼쪽 팔을 걷어올려라."

그러자 전 군의 병사들이 모두 왼쪽 팔을 걷어올려 유 씨 집안을 지키겠다는 뜻을 나타냈고, 주발은 북군을 손에 넣었다. 그러나 남군은 여전히 여 씨 집안의 손에 있었다. 조굴이 여산의 음모를 주발과 진평에게 알리자, 진평은 주허후 유장을 찾아 그에게 태위 주발을 돕도록 하였다. 주발은 유장에게 궁문을 지키게 한 후 조굴을 보내 위위衛尉에게 이렇게 통보하였다.

"상국 여산을 궁 안으로 들어가지 못하게 하라!"

그러나 여산은 여록이 이미 북군을 떠난 사실을 몰랐기 때문에 의연하게 미앙궁으로 들어가 반란을 일으키려고 하였는데, 궁문에서 저지당하자 그 앞만 서성이고 있었다. 조굴은 만약의 실패를 두려워하며 주발에게 이 사실을 고했으며, 주발 역시 여산을 죽이라고 대놓고 말하지는 못하고 대신 유장을 궁에 들여보내 살짝 암시를 주었다.

"어서 궁에 들어가 황제를 지키거라."

유장이 1천 명의 병사와 말을 이끌고 미앙궁으로 들어가니, 여산이 아직도 궁문 밖에서 배회하고 있는 것이 아닌가? 저녁 무렵 유장이 여산을 공격하자, 여산은 도망쳐버리고 때맞춰 광풍까지 불어와 여산을 따르던 관원들은 싸움은커녕 혼란에 빠져 도망하기에 바빴다.

유장은 병사들을 이끌고 여산을 따라잡아 낭중령 관청의 변소에서 여산을 죽였다. 유장이 여산을 죽인 것을 알고 황제는 알자謁者에게 부절을 가지고 유장을 찾아가 위문하라고 명했다. 그때 유장이 부절을 빼앗으려 했지만 알자는 쉽사리 내주지 않았다. 그러자 어쩔 수 없이 알자와 함께 마차에 올랐다. 알자가 가진 부절로 장락궁으로 들어간 유장은 궁에 들어가자마자 위위 여경시를 죽인 후 즉시 북군으로 돌아가 주발에게 이를 알렸다. 주발은 급히 일어나 유장에게 축하인사를 올렸다.

"저희가 걱정했던 것은 여산뿐이었습니다. 그런데 이미 그자가 죽었으니 이제 다 끝난 것이옵니다."

그리고 주발은 병사들을 여럿으로 나눠 여 씨 집안의 남자와 여자들을 모두 잡아들인 후 남녀노소를 막론하고 모두 죽여버렸다. 며칠 후 여록을 잡아다 목을 베었고 여수는 채찍에 맞아 죽었다. 또 사람을 보내 연왕 여통을 살해하고 노왕 장언을 폐위시켰다. 한때 명성이 자자했던 여 씨 집안이 순식간에 한 사람도 남지 않게 된 것이다.

漢書 들여다보기

남군, 북군은 한나라 금위군의 명칭으로 도성 장안성의 남부와 북부를 지켰기 때문에 붙여진 이름이었다. 남군은 위위가 통솔했는데 미앙궁뿐 아니라 위장락衛長樂, 건장建章, 감천甘泉 등의 궁도 함께 지켰다. 근위병들은 각 군郡에서 병역을 하던 백성 중에서 충당했기 때문에 매년 돌아가면서 복역했다. 북군은 초기 중위가 지휘했으나, 한 무제武帝 때부터 확충되어 장안성과 부근 지역까지 지키게 되었고, 군대와 함께 전쟁에도 참가하였다. 중위라는 호칭은 집금오執金吾로 바뀌었고, 더 이상 북군을 지휘하지 않게 되었다.

한 무제

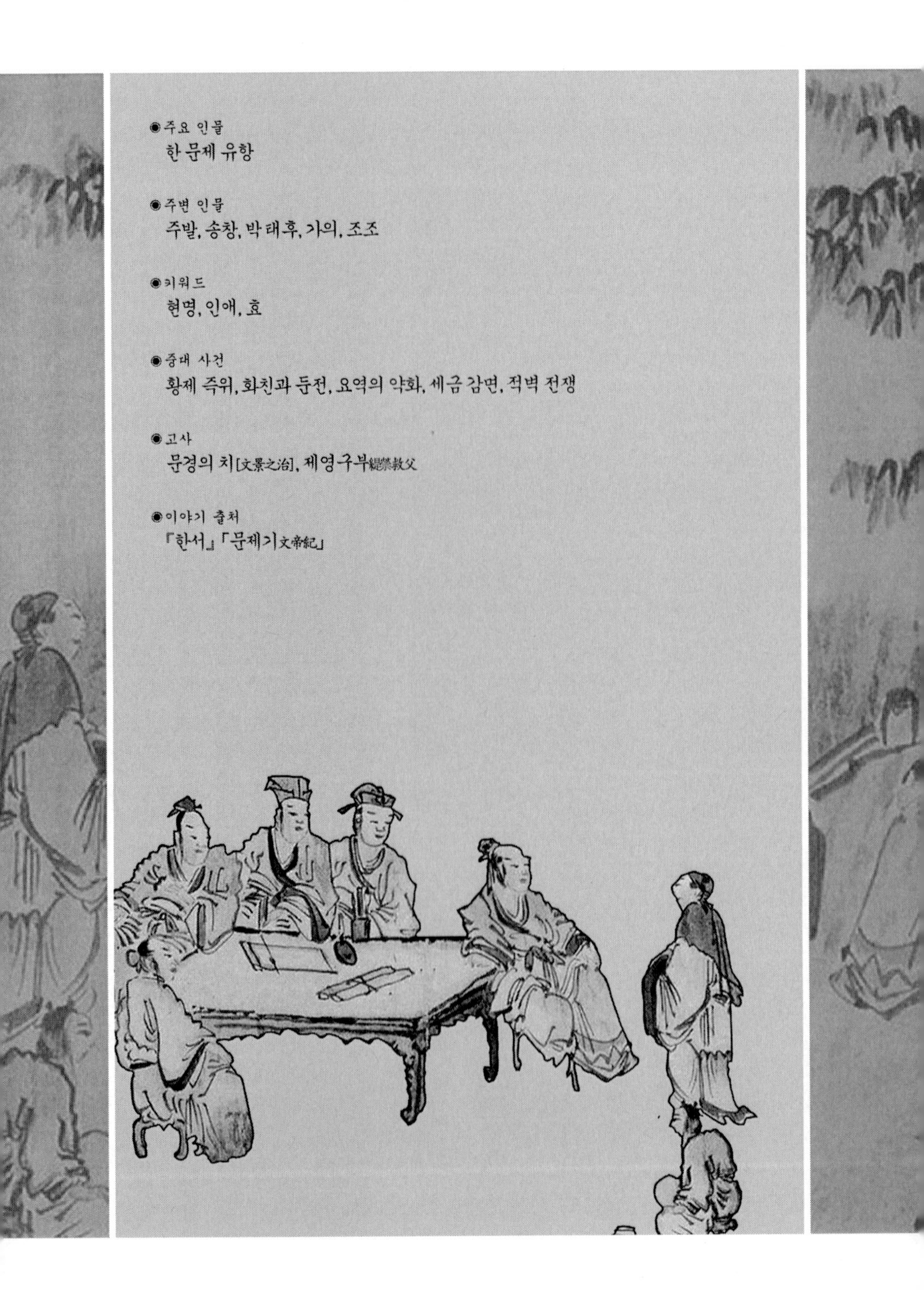

◉주요 인물

한 문제 유항

◉주변 인물

주발, 송창, 박 태후, 가의, 조조

◉키워드

현명, 인애, 효

◉중대 사건

황제 즉위, 화친과 둔전, 요역의 약화, 세금 감면, 적벽 전쟁

◉고사

문경의 치[文景之治], 제영구부緹縈救父

◉이야기 출처

『한서』「문제기文帝紀」

汉文帝

한 문제 : 어질고 바른 정치로 천하를 이롭게 하다

『한서』에는 '주나라 때는 성강成康이요, 한나라 때는 문경文景이니, 아름답구나'라는 구절이 나온다. 주나라와 한나라 두 왕조에서 수십 년간 이어진 태평성세를 찬양한 것이다. 성강지세成康之世의 상황이 어떠했는지는 기록이 별로 남아 있지 않아 뭐라 말할 수 없지만, 문경지치文景之治는 정치적인 업적이 뛰어나 역사서에서도 확실하게 기록하고 있다. 역사도 그들의 훌륭한 업적을 증명해주는 것이다. 통상적으로 '문경'이란 말은 좀 모호한 감이 있기는 하다.

사실 유학으로 악인을 교화하고 덕으로 천하를 이롭게 하여 태평성대를 이루었다는 표현이 가장 잘 어울리는 사람은 한 문제 유항이다. 또 그는 한나라 황실이 4백여 년 동안 존립할 수 있게 만든 중요한 인물이기도 하다. 반면에 그의 아들 경제景帝 유계劉啓는 문제의 남은 사업을 이어 받았을 뿐 특별한 업적을 이루지는 못하였다.

그는 한나라 고조 유방의 넷째 아들로 한 고조 4년(기원전 203년)에 태어났으며 한 문제 후원后元 7년(기원전 157년)에 세상을 떠났다. 유항의 어머니 박희薄姬는 위왕 표豹의 아름다운 후궁 중 하나였다. 그런데 당시 유명한 관상가 허부許負가 박희의 관상을 보고 천자를 낳을 상이라고 하는 것이 아닌가? 그 말에 현혹된 위왕 표는 자신이 한나라 황실을 배신하고 황제가 되면 천하를 손에 쥘 수 있을 것이라 믿었다. 그러나 위왕은 한나라 군대에게 격퇴당했고, 그 궁에 있던 후궁들은 모두 잡혀와서 유방의 첩이 되었다. 하지만 박희는 입궁한 지 1년이 넘도록 성은을 입지도 못했다. 그러나 박희와 함께 온 위왕의 후궁들 중에서 귀한 자리에 오르면 서로를 잊지 말자고 약속했던 관 부인管 夫人과 조자아趙子兒는 유방의 부름을 자주 받았다. 한 번은 두 사람이 유방의 시중을 들면서 웃고 떠들다가 무심결에 지난 약속을 언급했다. 그러자 유방은 박희를 불쌍히 여겨 자신의 잠자리로 불렀다. 잠들기 전 박희는 유방에게 이런 말을 했다.

"어젯밤 꿈을 꾸었사온데 푸른 용 한 마리가 제 배를 휘감았답니다."

유방은 미소를 지어보였다.

“귀한 징조로군. 내 당신의 뜻을 이뤄주리다.”

그 결과 박희는 회임하여 아들을 낳았는데, 그 아들이 바로 유항이다.

한 고조 11년(기원전 196년) 봄, 유방은 진희의 반란군을 진압하고 대나라 땅을 되찾은 후 8살이던 유항을 대의 왕으로 옹립하고 도성을 중도中都로 정했다. 박희는 아들을 낳은 후 유방에게 부름받는 일이 거의 없었는데, 이것이 오히려 그녀의 방패막이가 되었다. 유방이 죽은 후에도 그녀는 무사히 아들의 봉지로 보내져 대 태후代 太后까지 될 수 있었던 것이다.

유항이 대왕의 자리에 앉은 지 17년, 즉 고후高后 8년(기원전 180년) 7월, 천자 대신 섭정을 하던 태후 여치가 세상을 떠났다. 여 태후가 정권을 장악하고 있는 동안, 그녀는 여 씨 집안사람들을 왕으로 봉하고 조왕 유여의를 죽였으며, 유 씨 종실 사람들을 위험으로 내몰아 장안성을 혼란에 빠뜨렸다. 그러나 대나라는 편벽한 곳에 위치하고 땅이 척박해서 유 씨 제후왕 중 가장 세력이 미약했다. 게다가 유항은 겸손하고 성실하여 남과 다투지 않았고 시비를 불러일으키지도 않았다. 그래서 여 태후는 유항을 적으로 여기지도 않았다. 여 태후가 죽은 후 태위 주발과 승상 진평은 정변을 일으켜 여산을 두령으로 한 여 씨 일가를 모두 죽이는 동시에, 여 태후가 궁에서 비밀리에 키우며 유 씨 자손이라고 우기던 소제를 궁에서 내쫓아버렸다.

여 씨 일가를 모두 제거하고 궁도 깨끗이 쓸어버리고 나니 누구를 황제로 세울지가 문제로 대두되었다. 어떤 사람은 유방의 장손이자 제왕인 유양을 황제로 세워야 한다고 주장했지만, 진평 등이 반대했다.

"여 태후의 외척들이 악랄하고 흉악했기 때문에 사직이 이토록 위태로워졌던 것이오. 그런데 제왕의 어머니는 사駟 씨 집안사람으로, 사 씨 집안 역시 흉악하고 악독하오. 만약 제왕을 황제로 세우면 또 다른 여 씨를 부르는 꼴이 될 것이오."

또 어떤 사람이 회남왕 유장을 황제로 세우자고 했지만 대신들이 또 반대하고 나섰다.

"회남왕의 외가 역시 모두 악랄한 사람들이니, 회남왕을 황제로 세울 순 없소."

이때 태위 주발이 입을 열었다.

"그럼 대왕을 황제로 추대할 수밖에 없소. 대왕은 고조 황제의 아들이자 어질고 너그러우며, 그 어머니인 박희도 공손하며 선하지 않소."

주발이 말을 마치자 대신들도 만장일치로 찬성했다. 박희는 비천한 출신으로 일찍 아버지를 여의어 가족이라고는 남동생 하나뿐이었다. 그런데 인간지사 새옹지마라고, 이러한 불행이 복을 불러올 줄 누가 알았겠는가? 박희의 집안이 가난하고 가족이 없는데다, 유항이 유방의 살아 있는 아들 중 나이가 가장 많았기 때문에 황제의 보좌에 오를 기회를 얻게 된 것이다. 그가 바로 역사에서 말하는 한 효문제孝文帝이다. 이것은 그 자신만의 행운이라기보다는 어머니 박 씨의 행운이라고 말하는 것이 더 맞을 것이다.

자신의 처지에 만족하며 살고 있던 유항에게는 이것은 오히려 마른 하늘의 날벼락처럼 상상도 해보지 않은 일이었다. 그래서 마음의 준비가 전혀 되지 않은 상태에서 조정에서 보낸 사자가 오자 대신들과 낭중령 장무張武 등에게 어찌하면 좋을지 의견을 물어보았다. 그러자 장무 등 대신들은 이렇게 대답했다.

"조정 대신들은 모두 고조 황제께서 계실 때 대장을 지냈던 자들로 용병술에 능하고 음모도 매우 많습니다. 대신의 직위로만 만족할 만한 사람들이 아닙니다. 다만, 고조 황제와 여 태후의 위세가 두려워 참아왔을 것입니다. 그러나 여 태후께서 돌아가시자 여 씨 일가를 죽여 장안을 피바다로 만들었지 않습니까? 그러므로 지금 왕을 황제로 모시겠다고 말을 하더라도 쉬이 믿으셔서는 아니 될 것입니다. 그러니 병에 걸렸다 핑계를 대시고 상황이 변하는 것을 지켜보소서."

그러자 중위 송창이 나섰다.

"대신들의 의견은 옳지 않습니다. 진나라 말기 조정이 부패하였을 때 각국의 제후들과 영웅호걸들이 동시에 들고 일어났사옵니다. 당시 천하를 얻을 수 있다고 생각한 사람이 수없이 많았으나, 결국 천자의 보좌에 등극한 자는 유 씨뿐이었습니다. 그러니 황제가 되려던 호걸들의 꿈은 이미 다 깨어진 것이나 같습니다. 그런데 누가 감히 분에 넘치는 생각을 하겠습니까? 이것이 대신들의 의견이 옳지 않은 첫 번째 이유입니다. 둘째로 고조 황제께서는 유 씨 자손들을 왕으로 삼으시면서 봉지를 개 이빨 나듯 들쑥날쑥하게 배분하시어 서로를 견제하게 하셨습니다. 흔히들 말하는 반석처럼 단단한 종파를 만드신 것이지요. 그래서 세상 모든 사람들이 유 씨 가문의 강성한 세력을 믿고 그 앞에 무릎을 꿇었으니 이것이 두 번째 근거이옵니다. 한나라 왕조는 건립 후 진나라의 학정을 폐지하고 새로운 법령을 만들어 백성들에게 은덕을 베풀었습니다. 그 덕분에 백성들은 평화롭게 살며 즐겁게 일을 할 수 있게 되었지요. 민심이 모이는 곳은 함부로 흔들리지 않습니다. 이것이 그 세 번째 이유이옵니다. 게다가 여 태후는 자신의 위세를 이용해 여 씨 중 3명을 왕으로 세웠고, 정권을 틀어쥐고 제멋대로 휘둘렀습니다. 그러나 태위 주발이 부절을 가지고 북군에 들어가 팔을 걷어 보이라 하니 장수와 병사들은 모두 왼쪽 팔을 걷어붙여 여 씨를 등지고 유 씨에게 충성을 다하겠다는 뜻을 보였사옵니다. 그리고 마침내 여 씨 집안은 멸문지화를 당하고 말았습니다. 이것은 사람의 힘으로 된 것이 아니옵니다. 모두 하늘이 도왔기 때문에 가능한 것이었습니다. 그러니 지금 대신들이 반란을 일으키려고 해도 백성들은 그들을 따르지 않을 것입니다. 이런 상태에서 대신들이 한 마음으로 그들을 도울 수 있겠습니까? 게다가 지금 안으로는 주허후와 동모

후東牟侯 같은 친족 세력들이 버티고 있고, 밖으로는 강성한 오, 초, 회남, 양아 등 제후왕국들이 있사옵니다. 또한 고조 황제의 아들 중엔 회남왕과 왕, 두 분밖에 남아 있지 않습니다. 두 분 중에서도 왕께서는 회남왕보다 나이가 많고 어질며 사리에 밝으시다고 정평이 나 있사옵니다. 그래서 조정 대신들도 세상 인심을 따라 왕을 황제로 맞이하려는 것입니다. 그러니 그들의 뜻을 의심하지 마옵소서."

유항은 그래도 결정을 내리지 못하고 있었다. 그래서 어머니인 박희와 상의했다. 하지만 박희도 어찌해야 할지 알 수 없어 그냥 거북의 껍데기로 점을 쳐보기로 했다. 거북 껍데기에 횡으로 커다란 틈이 생겼다. 점괘는 '대횡경경 여위천왕 하계이광大橫庚庚 餘爲天王 夏啓以光'이라고 나왔다. 가로로 길게 뻗으니 얼마나 견고하고 강인하겠는가? '내가 천왕天王이 될 것이니 하계가 아버지의 유업을 이어받아 더 높이 빛을 낸 것처럼 되리라'는 뜻이었다. 유항은 이것을 보고 고개를 내저었다.

"나는 이미 왕이거늘 또 무슨 왕을 한다는 말이냐?"

그러자 점쟁이가 대답했다.

"점괘에서 말한 '천왕'은 천자를 일컫는 것이옵니다."

결국 유항은 그의 외숙부인 박소薄昭를 급히 황성으로 보내 주발 등을 만나보게 하였다. 그리고 상황을 파악한 후 마음 놓고 장안으로 들어갔다. 유항은 서쪽으로 두 번, 남쪽으로 세 번 천자의 자리에 앉을 수 없다 사양했지만, 제후들과 여러 대신들이 간곡히 청하고 추대하니 어쩔 수 없이 천자의 자리에 앉게 되었다. 한나라 왕조가 세워진 지 20여 년이 넘은 시간이었지만 사회경제 상황은 근본적으로 호전되지 않은 상태였다.

유항이 즉위한 이듬해(기원전 178년), 젊은 정론가 가의賈誼는 문제에게 상소를 올려 생산을 발전시켜야 하는 중요성에 대해 설명했다. 그는 한나라 초기에 국력이 약하고 백성들이 가난하던 상황을 먼저 설명하고, '창고에 곡식이 그득하면 예절을 알고, 의식주가 풍족하면 영욕을 안다'는 『관자管子』의 말을 인용했다.

백성들이 의식주가 풍족해야 자신의 본분을 지키게 되며 나라가 태평해진다는 것이었다. 문제는 가의의 건의를 받아들여 그해 바로 농업을 장려하는 조서를 내렸다. 농업은 건국의 근본으로서 백성들의 생명과 깊은 관계가 있으니 각급 관리들은 힘을 다해 농업 생산을 발전시키고, 전조(田租: 논밭에 대한 조세)를 절반으로 감면하라는 내용이었다. 그는 기존의 15분의 1을 세금으로 걷던 체제를 30분의 1만 내는 체제로 바꿨다. 이것은 농업 생산에 참여하려는 농민들의 적극성을 증대시키기 위한 정책이었다. 문제 3년(기원전 177년), 문제는 진양晋陽과 중도中都 백성들의 3년치 세금을 면제해주었다.

문제 12년(기원전 168년), 조조晁錯는 다시 문제에게 농업 생산에 존재하는 몇몇 문제들을 지적하며 농업 생산을 발전시킬 수 있는 의견을 내놓았다. 그는 사람은 하루라도 밥을 먹지 못하면 배를 곯게 되고, 1년 동안 옷을 짜 입지 못하면 추위에 떨게 된다고 하였다. 배를 곯아도 먹을 것을 얻지 못하고 추워도 옷을 얻지 못하면 자애로운 아버지라도 자식들을 지킬 수 없는데, 군왕이 무슨 수로 백성들을 지키겠는가? 그래서 그는 이렇게 말하였다.

"현명한 군주가 황위에 앉으면 백성들은 먹을 것과 입을 것을 얻게 됩니다. 그러나 그것은 조정이 나서서 먹을 것과 입을 것을 주었기 때문이 아니라, 조정이 생산을 장려하는 정책을 시행하였기에 얻은 혜택이옵니다. 전국은 이미 통일되었고 몇 년 동안 수해나 가뭄 등의 재해도 일어나지 않았습니다. 그런데 왜 백성들은 저축을 못하고 있습니까? 그것은 농업 생산을 제대로 하지 못했기 때문이옵니다."

그러면서 조조는 문제에게 지금 가장 급한 일은 농업 생산을 장려하는 것이라고 건의했다. '백성들이 농사일에 주력하게 하기 위해서는 필히 곡식을 귀하게 여겨야 한다. 누구든 양식을 조정에 바치는 자에게는 작위를 주고 죄와 형벌을 면해줄 수 있어야 한다. 그러면 부농은 작위를 얻게 되고 빈농은 돈을 벌게 되며 양식도 매점매석하지 않을 것이다. 양식을 바쳐 작위를 얻을 수 있다는 것은 양식이 여유가 있다는 뜻일 것이다. 그들이 잉여분의 양식을 정부에 공급한다면 빈농들의 세금 부담도 줄어들게 될 것이 아닌가?' 이것이야말로 '남는 것을 기부하여 부족한 것을 보충〔損有餘, 補不足:

노자의 도덕경 중]'하여 백성들을 이롭게 하는 정책일 것이다. 문제는 조조의 건의를 받아들여 양식을 국경의 요새나 소속된 군, 현에 갖다 바치면 조정에서 그에 상응하는 작위를 주겠노라 발표했다. 또 농민들의 전조의 절반을 감면해주라 명하였다. 문제 13년(기원전 167년), 유항은 다시 한 번 조서를 내렸다.

'농업은 천하의 근본이니 세상에 이보다 더 중요한 일은 없다. 그러나 지금 농민들은 힘겨운 농사일을 하면서 조세까지 부담하고 있다. 이처럼 농사에 전념하는 자와 상인을 동등하게 대하는 것은 본말이 전도된 것으로, 농업을 장려하는 방법이 완비되지 못하였음을 의미하는 것이 아니겠느냐? 그러므로 전조는 최대한 감면해 주는 것이 마땅할 것이니라.'

훗날 경제 때에 이르면 문제 때 30분의 1을 세금으로 내던 것이 한나라의 전조 규정으로 완전히 굳어진다.

한나라 초기에는 토지세를 걷으면서, 고조 4년(기원전 203년)부터 다시 인두세人頭稅, 즉 구산口算과 구부口賦를 받기 시작했다. 당시 규정에 따르면 7세에서 14세까지는 한 사람당 매년 구부로 20전錢을 바쳐야 했고, 15세에서 56세까지는 구산으로 매년 한 사람당 120전을 바쳐야 했다. 그러나 문제는 이 구산을 한 번에 40전으로 경감시켰다.

한나라 초기 요역徭役에는 병역兵役과 노역勞役이 있었는데, 모든 성년 남자라면 요역을 감당해야만 했다. 요역은 크게 세 가지로,

첫째는 정식으로 병역을 하는 정졸正卒, 둘째는 변경 지대를 지키거나 수도의 근위병이 되는 수졸戍卒이 있었다. 이 두 가지의 요역 기간은 1년이었다. 이것을 가지 않을 사람은 대신 돈을 내면 조정에서 사람을 고용해 대신 부역을 하게 해주었다. 그러나 그 액수가 매우 컸기 때문에 사람을 고용할 돈이 없는 사람은 자신이 직접 부역을 하는 수밖에 없었다. 세 번째는 각급 기관에서 부역하는 경졸更卒이었는데, 주로 치수 사업이나 수로 공사, 도로 공사, 보루 축조 등의 사업에 참여했다. 이것은 1년에 한 번, 한 달만 부역하면 되었다. 친히 가서 부역하는 사람은 '천경踐更'이라 하였으며, 대신 부역할 사람을 돈을 내고 고용하는 경우는 '과경過更'이라고 하였다. 과경을 하는 경우 매년 한 사람당 3백 전을 내도록 했다. 여기서도 알 수 있듯이 한나라의 요역 부담은 매우 큰 편이었다. 문제는 이러한 요역 부담을 줄여 경졸을 3년에 한 번으로 바꾸어 경감하였다.

유방이 천하를 통일한 후 농업을 중시하고 상업을 억제하는 중농억상 정책을 시행하긴 했지만, 그리 오래 가지는 못했다. 그래서 유항은 즉위 후 유방이 썼던 중농억상 정책을 다시 시행하였다. 이것은 상인들이 부유하여 토지를 병탄하는 것을 막고 농민들의 소득을 보호하기 위해 정한 법이었다. 상인들은 견직물로 만든 옷을 입을 수 없었고 마차나 말을 탈 수 없었으며 무기를 휴대하거나 관리가 될 수 없었다. 동시에 두 배에 달하는 인두세와 소득세를 내야 했다. 상인들이 농민들처럼 고생하지 않고도 수천 수백의 이윤을 남기는 것을 막아 사회안정과 건강한 발전을 보장하기 위한 것이었다. 문제는 요역과 세금을 줄이는 동시에 적전籍田을 만들어 직접 농사를 지음으로써 천하의 모범이 되었다. 문제 2년(기원전 178년), 유항은 황제의 장원을 개방하라 명한 후 조서를 내렸다.

'농업은 천하의 근본으로 적전을 개척하는 것은 마땅히 해야 할 일일 것이다. 나는 친히 앞장서서 농사를 지어 종묘에 제사할 곡식을 생산할 것이니라.'

농업 생산을 얼마나 중요하게 여기는지 보여주기 위해 문제는 황후와 함께 서주시대부터 천자가 '적전'하던 제도를 부활시켰다. 적전이란 천자가 춘경 시기 직접 농지에 나가 일함으로써 농사의 시작을 알리는 것을 일컫는다. 이러한 제도는 서주시대부터 계속 이어져왔다가 전국시대와 진나라 때 전란으로 인해 중단되었다. 문제 유항은 그것을 다시 회복시켰고, 훗날 한나라 역대 황제들은 모두 적전의 예를 행했다. 문제 13년, 유항은 다시 조서를 내렸다.

'나는 천하의 모범이 되어 밭에 나가 농사를 짓고, 어전御田의 작황을 가지고 제사의 예물로 사용할 것이다. 황후도 친히 뽕잎을 따고 누에를 쳐서 제사에 필요한 의복을 직접 만들 것이다.'

그러면서 황제가 직접 경작하고 황후가 직접 누에치는 것을 하나의 제도로 정하였다. 20여 년 동안 그 제도를 변함없이 지킨 것만 보아도 그가 농업 생산을 얼마나 중요하게 생각하였는지 알 수 있다.

유항은 형벌을 가볍게 하고 집행을 유예하였으며, 법과 규정을 간소화하는 정책을 실시하였다. 연좌법과 육형(肉刑: 육체에 가하던 체형) 및 비방 요언죄 등의 엄하고 가혹한 벌은 과거 폐지되었던 상태를 계속 유지했다. 즉위한 지 3년째 되던 해, 문제는 진나라 때부터 시행해오던 연좌법의 폐지를 명하였는데, 조령에는 이런 내용이 실려 있다.

"법령은 정치의 근거로서 포악한 세력을 막고 백성들을 옳은 길로 이끌기 위해 필요한 것이다. 그런데 지금은 죄를 범한 자들을 법으로 처벌하는 것에 그치지 않고 죄를 짓지 않은 부모와 처, 자식, 형제들까지 함께 벌하고 있다. 짐은 이러한 제도에 반대하니 이 문제에 대해 잘들 논의해보도록 하라."

그러나 연좌법이 백성들을 진압하고 협박하는 데는 더할 나위 없이 좋은 방법이었기 때문에 관련 관원들은 폐지를 원하지 않았다. 그래서 그들은 이런저런 핑계를 대면서 문제의 명령을 미루었다.

"백성들은 스스로를 구속할 수 없으니 법령을 제정하여 그들을 관리해야 하는 것이옵니다. 연좌법이 있는 것은 죄 없는 친족들이 범죄자와 함께 벌을 받게 함으로써, 백성들의 마음을 다스리고 함부로 죄를 짓지 못하도록 하기 위함이옵니다. 이 법은 오래도록 이어져온 것으로 옛것을 따르는 것이 마땅할 줄로 사료되옵니다."

그러나 문제는 그들의 말에 반박했다.

"법률이 공정해야 백성들은 충직하고 온후해진다고 들었소. 처벌 역시 백성들이 기꺼이 순응할 수 있는 것이어야 할 것이오. 그리고 백성을 관리하고 그들을 옳은 길로 인도하는 것은 관리의 직책이 아니오? 그런데 백성들을 옳은 길로 인도하지 못하면서 불공평한 법으로 백성들을 억누르기만 한다면 그들이 흉악하고 포악한 짓을 하도록 부추기는 것이 아니고 무엇이오? 이런 법을 범죄를 막는 일이라 할 수 있겠소? 이런 법령이 무엇이 좋다는 것인지 다시 잘 생각해보시오."

문제가 끝까지 뜻을 굽히지 않자 관리들이 굽힐 수밖에 없었다. 그래서 이렇게 아뢰었다.

"폐하께서 천하 백성들에게 큰 은혜를 베풀려고 하시니 그 공덕은 저희 신하들이 헤아릴 수 없을 정도이옵니다. 소신들은 폐하의 조서대로 죄인의 가족까지 벌하는 연좌법을 폐지하도록 하겠사옵니다."

그리하여 마침내 가족을 함께 처벌하는 연좌법이 폐지되어 죄를 지은 사람만 벌을 받게 되었다. 죄인의 부모나 처, 자식, 형제들까지 함께 벌을 받는 일은 사라지게 되었던 것이다.

한 문제 13년(기원전 167년) 5월, 제나라의 태창령太倉令 순우공淳于公이 죄를 지어 사지를 절단하는 벌을 구형받게 되자, 조정에서는 그를 체포해 장안으로 압송하려 했다. 슬하에 딸만 다섯을 두었던 순우공은 체포되어 떠나기 전 딸들을 보며 욕을 퍼부었다.

"딸만 낳고 아들을 못 낳았으니, 내가 위급한 순간에 아무런 도움도 받지 못하는구나. 이 쓸모없는 것들아!"

그의 막내딸인 제영緹縈은 겨우 9살이었지만, 슬피 울면서 장안까지 아버지를 따라왔다. 그리고 조정에 상소를 올렸다.

'제 아버지는 제나라의 관리로 그곳 사람들은 모두 아버지가 청렴결백하며 공정하다고 입을 모아 칭찬하였습니다. 그러나 이제 법을 어기셨으니 벌을 받아 마땅할 것입니다. 하지만 사람이 죽으면 다시 살아날 수 없고, 육형을 받으면 원래의 모습을 회복할 수 없다는 사실이 소녀 비통하고 또 비통하옵니다. 새롭게 태어날 기회조차 사라지는 것이 아닙니까? 그러하오니 소녀가 관아에 들어가 노비가 되어 아버지께서 받아야 할 형벌을 대신하여 속죄하겠습니다. 소녀의 아버지가 잘못을 고치고 새롭게 태어날 기회를 주시옵소서.'

순우공의 딸 제영이 올린 상서는 문제에게까지 올려졌다. 문제는 제영의 효심을 불쌍히 여겨 육형을 대신할 형벌을 생각해보도록 대신들에게 조서를 내렸다.

그러자 승상 장창張蒼과 어사대부 풍경馮敬 등이 육형을 징역과 태형(곤장으로 볼기를 치는 벌)으로 대치하였다. 또한 얼굴에 묵자를 새기는 벌은 머리를 빡빡 깎고 목에 쇠사슬을 거는 것으로 바꾸었으며, 남자는 복역을 하고 여자는 방아를 찧도록 하였다. 코를 잘라야 하는 벌은 채찍 3백 대로 바꾸었고, 왼쪽 다리를 자르는 벌은 채찍 5백 대로 바꿨다. 문제는 그들의 건의를 비준하였고, 그때부터 육형은 폐지되었다.

이것이 '제영구부緹縈救父'라는 유명한 고사로 지금까지도 전해지고 있다.

그 외에 신하들이 상서를 올려 자유롭게 의사를 피력하도록 하기 위해 문제는 비방 요언죄라는 죄목을 폐지하였다.

사회 생산성을 장려하고 중농억상, 요역과 세금의 경감, 형벌을 약화시키는 등 백성을 위한 조치들을 실시하니, 한 문제 후원 6년(기원전 158년), 전국은 집집마다 의식주의 부족함이 없게 되었으며, 도읍의 창고는 그득히 채워지고 관아의 창고에 재물이 남아도는 현상까지 나타났다. 사회가 발전하니 정권도 더욱 공고해질 수 있었다.

문제는 주변의 소수민족들에게 우호 정책을 썼다. 함부로 병사를 움직이지 않았고 다툼 없는 화목한 관계를 유지하려고 최선을 다했다. 여후 4년(기원전 184년) '금남월관시철기(禁南越關市鐵器: 남월과 철의 거래를 금지한 법)를 시행하자, 남월왕 조타趙佗는 스스로 존호를 높여 자신을 남월 무제武帝라 칭하며 군사를 보내 장사왕의 관할 지역과 남군南郡을 공격하고 남방의 강자로 황옥좌독(黃屋左纛: 황제의 가마)을 타고 한나라 황실과 대등한 지위를 주장하며 대립하고 있었다.

문제는 즉위 후 조정에서는 처음으로 조타의 고향 진정眞定의 지방관에게 조타 조상의 묘를 보수하라는 명을 내리고, 조타의 형제들을 만나 많은 재물과 귀한 신분을 주었다. 동시에 육가에게 출사를 명하면서 자신의 친필 서신도 함께 보냈다. 문제는 서신에서 오령(五嶺: 월성 · 도방 · 맹저 · 기전 · 대유 등으로 중국 호남성 · 강서성 남부와 광서성 · 광동성 북부 경계 지역) 이남은 그에게 맡길 테니 알아서 다스리라 하고 절대 간섭하지 않겠다는 뜻을 밝혔다. 그러나 중국의 황제는 단 한 사람뿐이니 조타가 스스로를 황제라고 칭한 것은 옳지 않다고 전했다. 문제는 양측이 전처럼 통상 사절을 왕래시키길 바라며 다시는 장사왕과 남군을 침범하지 말라고 당부했다. 조타는 황제의 칭호를 취소하고 장사왕과 남군을 침범했던 군대를 철수시키며 문제에게 답신을 보냈다.

'제가 남월에서 지낸 지도 이미 49년이나 되어 자손까지 있습니다. 그러나 그동안 한나라의 변방의 제후조차 되지 못하니 음식을 먹어도 맛을 느낄 수 없고 누워도 편하지가 않았습니다. 늘 불안한 마음뿐이었으나 이제 폐하께서 제 봉호를 회복시켜주시고 전처럼 통상 사절을 왕래케 하신다 하니 제 소원은 다 이루어진 것입니다. 그러니 다시는 스스로를 황제라 칭하지 않겠사옵니다.'

문제는 흉노에 대해서도 계속 화친 정책을 썼다. 흉노가 약속을 어기고 침범하면 변방의 주둔군들에게 수비를 강화하라고만 명할 뿐, 흉노족 경내에 대군을 보내 전쟁하는 일은 없었다. 백성들에게 괜한 피해를 줄까 걱정했기 때문이다. 한 문제 3년(기원전 177년) 5월, 흉노가 북지군北地郡을 침입해 하남 지역을 점거하고 노략질을 하였다. 문제는 처음으로 감천甘泉에 왕림했다. 6월, 문제는 특별히 변방 기마병 8만 5천 명을 고노高奴로 보냈다. 또 승상 영음후 관영에게 군대를 맡기며 흉노에 맞서라 명했다. 흉노 군대는 변경 후방으로 철수하였고, 문제는 다시 중위부의 말 타기와 활쏘기에 정통한 병사들을 위장군의 수하로 배치하여 장안에 주둔하게 하였다.

문제 14년(기원전 166년), 흉노족이 대규모로 쳐들어와 한나라 변경에 있는 군郡을 차지하고 북지 도위를 죽이는 일이 일어나, 형세가 매우 급박해졌다.

유항은 군사 10만 명을 징집하고 동양후東陽侯 장상여張相如를 대장군으로 삼고, 건성후 동혁 내사董赫內史 난포欒布를 장군으로 삼았다. 이들이 각각 농서隴西, 북지, 상군上郡에서 공격하니 흉노족은 도망쳤다. 이때는 한나라의 기운이 완전히 회복되지 않았고 창고도 채워지지 않은 때라 대군을 일으키면 국력 소모가 매우 큰 때였다. 유항은 대신들과 의논하여 한 고조 때의 화친 정책을 계승해 변경의 안보를 유지하기로 결정함으로써, 경제 발전과 나라의 내실을 기하는데 모든 힘을 집중하도록 하였다.

후원 2년(기원전 162년), 문제는 다시 조서를 내렸다.

'짐이 현명하지 못하여 멀리까지 은덕을 베풀지 못하였기에 외족들의 침입이 끊이지 않는 것이다. 변경 지역의 백성들이 안정된 생활을 할 수 없고, 내지의 백성들이 부지런히 일해도 편안하고 즐겁게 지낼 수 없으니, 이 모든 죄는 다 짐의 덕이 부족하여 멀리까지 미치지 못함에 있다. 최근 몇 년간 흉노는 잇달아 변경을 침범하여 적잖은 관리와 평민을 살해하였고, 변방의 관원과 방비를 보는 장수들도 짐의 뜻을 헤아리지 못해 짐의 과실을 더욱 가중시켰다. 오랫동안 재난이 그치지 않고 전쟁이 잇달아 발생하니 각 나라들이 어찌 안녕을 누릴 수 있으리오? 짐은 일찍 일어나고 늦게 잠자리에 들며 천하를 위해 부지런히 일하였으며, 만백성이 무섭고 불안한 것을 한시도 잊지 않고 고민하여, 파견한 사신들의 오고 가는 수레의 덮개가 앞뒤로 마주하고 도로 위에 수레 자국이 끊이지 않고 이어지게 하였으니, 이는 흉노의 선우에게 짐의 뜻을 전하기 위함이었다. 이제 흉노의 선우는 과거 화친의 자리로 되돌아왔으니, 국가의 안정과 백성들의 이익을 고려하여 작은 실수들은 서로 잊고 평화롭게 공존하는 바른 길을 가고자 한다. 형제와 같은 우의를 맺어 천하의 선량한 백성들을 보호할 것이다.'

흉노족은 문제의 진심이 전해지고 대군을 일으켜도 얻을 것이 없다는 것을 깨닫고 화친을 약속하며 한나라와 형제의 나라가 되었다.

그러나 한 문제 후원 6년(기원전 158년) 겨울, 흉노족은 또 대대적으로 변경 지방을 침략해왔다. 6만 대군이 상군과 운중군雲中郡에 흩어져 방화를 저지르고 약탈하며 남하하니, 변경 지대에서 급히 올린 봉화불이 한천과 장안까지 이어졌다.

문제는 이 소식을 듣고 즉시 두 개의 방어선을 구축했다. 중대부中大夫 영면令勉을 거기장군車騎將軍으로 임명해 비호구飛狐口를 수호하게 하고, 본래 초의 재상이었던 소의蘇意를 장군으로 삼아 구주산句注山에 주둔시켜 첫 번째 방어선을 구축했다. 장군 장무는 군대를 이끌고 북지군에 주둔하며 방비토록 하였다. 두 번째 방어선은 종정宗正 유예劉禮를 장군으로 삼아 패상을 지키게 하고, 축자후祝玆侯 서려徐厲를 장군으로 삼아 혁문赫門에 주둔시켜 구축했다. 또 하내수河內守 주아부周亞夫를 장군으로 삼아 세류細柳에 주둔하게 하여 흉노족이 장안에 침입하는 것을 막았다. 그리고 자신은 직접 순행을 나가 장수와 병사들을 시찰하고 위로하였으며, 군대를 철저하게 잘 다스렸던 세류 군영은 크게 칭찬하였다. 반면 방비가 허술한 패상 혁문 같은 군영은 질책하였다.

문제는 백성들을 변경 이남으로 이주시키자는 조조의 건의를 받아들여 일부 흉노족과 죄수, 평민들을 변경으로 이주시켜 주둔하게 하였다. 그리고 그들을 15편제로 조직하여 평소에도 훈련을 시킴으로써 전쟁이 발발하면 즉시 응전할 수 있도록 준비시켰다. 이것은 오랑캐를 막기 위한 정책이었으며, 변경 지대를 개발하여 주둔병이 농경에 종사하게 하는 둔전屯田의 효시가 되었다.

흉노와의 전쟁 능력을 강화시키기 위해 문제는 대규모로 말을 기르는 정책을 추진했다. '백성 중에 말이 한 필 있는 자는 복졸(復卒: 요역 면제)을 3인까지' 해주었으며, 서북 변경 지대에 36개의 말 사육장을 만들어 관노 3만 명이 전투용 말을 키우고 번식시키게 하였다. 이런 조치는 흉노의 대대적인 침입을 막는데 큰 효과를 보였으며, 훗날 무제가 흉노에 대규모 반격전을 치를 때 필요한 물품을 공급하는 역할을 했다.

한 문제 유항은 검소한 생활을 하기로도 매우 유명했다. 그는 24년간 재위에 있으면서 궁실이나 정원, 개와 말, 옷, 그리고 어용기구 등을 하나도 늘리지 않았다. 백성들에게 불편할 조치라면 즉시 취소하여 백성들의 이익을 증대시켰다. 한 번은 문제가 지붕이 없이 난간만 있는 노대露臺를 건축할 계획으로 장인을 불러 비용을 계산해보라 하였더니 1백 근에 달하는 황금이 필요하다는 것이 아닌가?

"황금 1백 근은 10가구의 가산家産에 상당하는 액수다. 선황제께서 남기신 궁전에서 살면서 제대로 지키지 못해 선황의 얼굴에 먹칠을 할까 늘 염려되었는데, 노대는 지어 무엇하리오!"

그는 늘 거친 견직물로 만든 옷을 입었다. 또 총애했던 신 부인慎 夫人까지도 땅에 끌리는 옷을 입지 못하게 했고, 침대나 방안에 치는 휘장에도 수를 놓지 못하게 했다. 검소한 생활 태도로 백성들의 모범이 되려는 것이었다.

문제는 자신의 능묘를 지을 때도 금 · 은 · 동 · 주석 등의 귀중한 금속으로 장식하는 것을 금하고 토기만을 사용하게 했다. 또 무덤을 높이 쌓지 못하게 함으로써 지출을 줄이고 백성들이 힘들지 않도록 했다. 후원 7년(기원전 157년) 6월, 문제는 미앙궁에서 46세의 나이로 세상을 떠났다.

한 문제는 중국 역사에 있어 정말 대단한 황제라고 할 수 있다. 무제 때 사학자 사마천司馬遷은 '한나라의 흥왕은 효문 40여 년까지 이어지니 덕이 넘치는구나德至盛也'라고 하였다. 한 문제의 넘치는 덕德이 과찬이 아니었음을 이야기한 것이다. 그래서 역사학자들은 '공은 한 고조보다 클 수 없고, 덕은 한 문제보다 더 높을 수 없다'고 칭송하였다.

漢書 들여다보기

황옥黃屋은 고대 제왕들의 전용 마차 덮개로 황색 명주로 만든 것이었다. 이후 황옥이란 말은 제왕의 권위를 일컫는 말이 되었다. 좌도左纛의 도는 고대 황제의 마차에 꽂는 장식물로서 소꼬리나 꿩의 꼬리깃으로 만든 것이었다. 이것은 마차의 왼편에 꽂았기 때문에 좌도라고도 불렸다.

중국 고대 마차

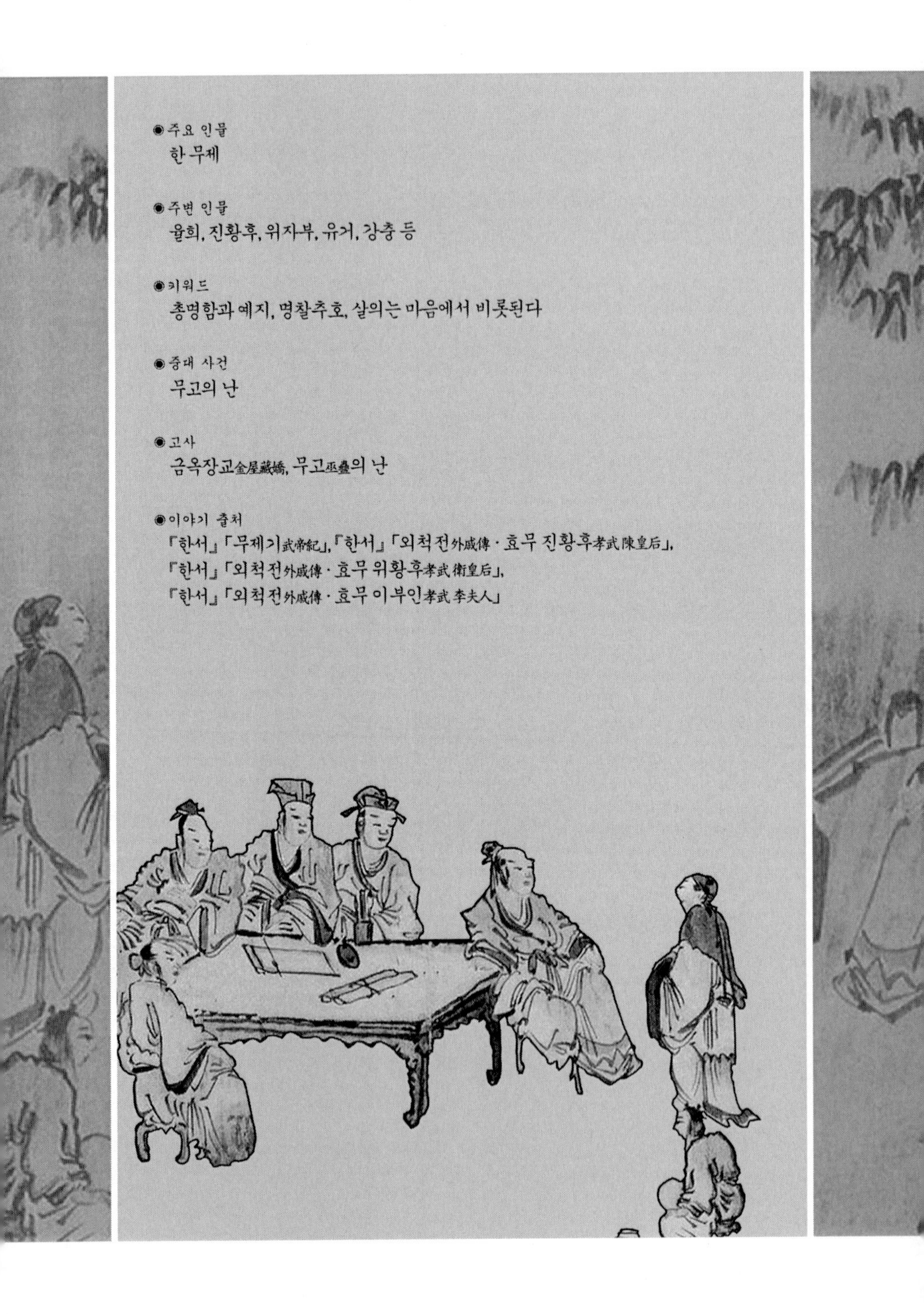

◉주요 인물
한 무제

◉주변 인물
율희, 진황후, 위자부, 유거, 강충 등

◉키워드
총명함과 예지, 명찰추호, 살의는 마음에서 비롯된다

◉중대 사건
무고의 난

◉고사
금옥장교金屋藏嬌, 무고巫蠱의 난

◉이야기 출처
『한서』「무제기武帝紀」, 『한서』「외척전外戚傳 · 효무 진황후孝武陳皇后」,
『한서』「외척전外戚傳 · 효무 위황후孝武衛皇后」,
『한서』「외척전外戚傳 · 효무 이부인孝武李夫人」

유철 : 한 무제

한 무제 유철의 출생에는 매우 드라마틱한 요소가 있다.

그의 어머니는 왕王 씨로 이미 다른 사람에게 시집가서 딸까지 둔 사람이었다. 그러나 그녀가 매우 귀한 사람이 될 것이라는 점괘가 나오자, 왕 씨의 어머니는 이를 기이하게 여기며 그녀를 다른 사람에게 새로 시집을 보냈는데, 그 사람이 바로 훗날 경제景帝가 된 태자 유계劉啓였다. 그때는 후대처럼 복잡한 보수적인 관념이 없었던 때였으므로 경제도 거리낌 없이 왕 씨를 총애했다. 그래서 왕 씨는 딸 셋과 아들 하나를 낳았다. 왕 씨는 유철을 가졌을 때 꿈에서 태양이 자신의 배로 들어오는 꿈을 꾸었고 유계에게 그 일을 고했다.

"정말 귀한 징조요!"

유계 역시 매우 놀라워했다.

유철이 태어날 무렵, 할아버지인 문제가 세상을 떠나면서 그의 아버지 유계가 황위를 계승하였다. 그때가 기원전 156년의 일이었다.

기원전 153년, 경제는 율희栗姬가 낳은 아들 유영劉榮을 태자로 세우고, 유철을 교동왕膠東王으로 봉했다. 경제의 누나인 유표劉嫖에게는 진아교陳阿嬌라는 딸이 있었는데, 유표는 자신의 딸을 태자인 유영과 맺어 친척끼리 겹사돈을 맺고 싶어 했다. 그러나 율희는 단정하여 유표가 황제에게 자꾸 아름다운 여인을 추천했던 것에 앙심을 품고 있다가, 순간 황제 누나임에도 체면을 완전히 깎아내리고 단칼에 거절해버렸다.

유표는 끓어오르는 화를 참지 못하고 즉시 유철에게 눈길을 돌렸다. 그리고 유철의 어머니인 왕 부인에게 제의했다. 왕 부인은 오로지 황후의 자리에 오를 생각밖에 없는 사람이었으니 이러한 상황에서 황제의 누나라는 막강한 후광이 생기는 기회를 마다할 리가 있겠는가? 『한무고사漢武故事』는 그 상황을 이렇게 묘사하고 있다. 유표는 어린 유철을 무릎에 앉히고 물어보았다. 누구를 색시로 맞고 싶은지 좌우로 늘어서 있던 1백여 명의 시녀들을 하나씩 가리켰다. 유철은 모두 싫다고 대답했다. 유표는 마지막으로 이렇게 물었다.

"아교는 어떠니?"

유철은 씩 웃으며 대답했다.

"좋아요. 아교를 색시로 맞으면 금으로 만든 집에 잘 모셔 놓을 거예요."

공주는 크게 기뻐했다. 이것이 바로 훌륭한 집에 미인을 감추어 둔다는 고사 '금옥장교金屋藏嬌'의 유래로 아내나 첩을 들인다는 뜻을 가지고 있다.

유표는 훌륭한 사위를 얻었으므로 날마다 동생인 황제에게 가서 율희를 비방하였고, 유철의 어머니 왕 부인이 마지막 쐐기를 박았다. 경제가 누나의 말을 듣고 율희를 미워할 무렵에 때맞춰, 왕 부인이 몰래 사람을 시켜 조정 대신들에게 율희를 황후에 봉해달라는 상소를 올리도록 책동한 것이었다. 황제 혼자 결정할 일에 사람들이 끼어든 것이다.

황제는 상소를 보고 크게 노하여 중신들을 죽이고, 태자도 폐위시켜 임강왕臨江王으로 봉해버렸다. 율희는 부끄러움과 화를 견디지 못하고 우울증으로 죽고 말았다. 그때가 기원전 151년이었다. 몇 달 후 유철이 태자로 봉해졌다. 이후 유철이 즉위하니 아교도 자연스럽게 황후의 자리에 앉았다.

그러나 진 황후(아교)는 자신의 어머니가 유철이 황위에 오르는 데 큰 공을 세웠음을 내세워 왕의 사랑을 독점하며 도도하게 굴었다. 심지어 황제 유철 앞에서도 그 체면을 생각지 않았고 사사건건 황제보다 잘난 척을 했던 것으로 추정된다. 주관이 뚜렷했던 유철이 이런 대접을 견딜 수 있었겠는가? 부부 사이에 금세 금이 생기기 시작했으나, 유철은 정치라는 큰 그림을 위해서 겉으로는 관계를 유지하는 척하며, 뒤로는 그의 누나인 평양 공주平陽公主의 거처에서 가기歌妓 위자부衛子夫와 몰래 정을 통하고 있었다. 이 사실을 알게 된 진 황후는 부끄러움을 견디지 못해 몇 번이나 죽느니 사느니 소란을 피웠고, 황후에 대한 유철의 미움도 더욱 커졌다. 기원전 130년, 유철은 아예 진아교를 황후에서 폐하고 장문궁長門宮에서 은거하도록 했다. 장문궁의 궁실은 적막하여 시간은 길게만 느껴졌고 홀로 외롭게 있으니 슬픈 마음만 커져갔다. 전하는 말에 따르면 아교는 이때 황금 1백 근을 내놓고 당시 부賦를 가장 잘 짓는다는 사마상여司馬相如에게 청해 「장문부長門賦」를 짓도록 했다고 한다. 부賦의 힘을 빌어서라도 황제의 마음을 되돌리려는 의도였을 것이다. 「장문부」의 내용은 다음과 같다.

'긴 소매 끌어당겨 나를 덮는다. 지난날의 잘못을 헤아려 보니 얼굴을 들고 자랑할 만한 것이 없어라. 그리하여 그리움에 침상에 눕노니.'

'어느덧 잠이 들어 꿈을 꾸니 마음은 임의 곁에 있는 듯하네. 조심스레 깨어나나 임은 보이지 않고 마음은 이미 떠나 사라진 것 같네.'

'밤은 아득하여 기나긴 세월과 같으니 울적한 내 마음 되돌릴 수 없어라.'

슬프고 아름다운 글이긴 하였지만 이러한 시로도 결국 유철의 마음을 돌이킬 수는 없었다.

(다시 본론으로 돌아와) 기원전 141년, 경제가 병으로 죽고 유철이 즉위하여 황제에 올랐을 때는 방년 16세였으니 심리적으로 질풍노도의 청소년기에 해당했다. 작고 사소한 일탈 행동까지도 그의 성장 과정에서는 반드시 겪어야 할 자극이었으며, 사서에는 이러한 내용이 분명하게 기록되어 있다.

19세가 되던 해 유철은 평복을 하고 궁 밖을 출입하였다. 하지만 그것은 백성들의 집을 찾아가 어려움을 알아보는 순행이 아니라, 오히려 막돼먹은 젊은이들과 패거리를 이뤄 토끼나 사슴 사냥을 하고 멀리 나가 떠들고 놀기 위함이었다. 어느 가을 밤, 그는 수많은 사람을 궁문 앞에 모아 떠들썩하게 길을 떠났다. 날이 밝을 무렵에는 이미 동남산冬南山 밑에 도착하여 돼지와 여우를 잡고 큰 곰을 잡았다. 또 농작물이 가득한 밭을 멋대로 짓밟고 다녔다. 이 모습을 본 백성들은 이를 갈며 욕을 해댔다. 유철이 제부 평양후의 명의를 빌렸기 때문에 현지 지방 관리들이 나와 그를 말렸다. 그러자 말을 탄 병사들이 관리들을 채찍으로 내리쳤다. 이들 관원들은 크게 노하여 많은 사람들을 이끌고 와 불량한 청년들을 잡아 가두었다. 어쩔 수 없는 상황에 몰린 황제가 증표를 꺼내 보여주고 간신히 풀려나기도 하였다. 그 후에도 역시 밤에 나갔다가 다음 날 낮에 돌아오는 것은 다반사, 점점 먼 곳까지 나가곤 하였다. 하룻

밤에 도성에서 35리나 떨어진 백곡柏谷까지 달려가 작은 객잔에서 묵는 일도 있었다. 그가 주인장에게 마실 것을 달라고 청하였지만 주인은 퉁명스럽게 대꾸했다.

"마실 물은 없지만 소변이라면 있소."

그러면서 유철의 일행이 도적이 아닐까 의심하며 젊은이들을 모아 공격할 태세를 갖췄다. 하지만 유철의 풍모가 뭔가 다르다는 것을 눈치챈 주모가 남편에게 술을 먹여 밧줄로 꽁꽁 묶어놓고 젊은이들은 집으로 돌려보내주었다.

그러나 불량한 자들과 사냥을 다녔다는 것만 가지고 한 무제 유철이 정사를 돌보지 않았다고 생각하는 것은 큰 오산이며, 그의 수준을 너무 낮게 평가한 처사이다.

그는 17세에 전한의 대학자로 불리던 동중서董仲舒를 선발하는 한편, 법가를 연구하고 여러 학설에 능통했던 현량들을 등용시키기도 하였다. 18세가 되던 해에는 그의 할머니(태황태후)가 쥐고 있던 정권을 되찾아와 유가의 옛 제도를 부활하여 천자를 숭상하도록 시도하였다. 이 일은 비록 실패로 끝났지만 유철이 정치에도 심혈을 기울였음을 알 수 있다.

그뿐 아니라 그는 훗날 위청衛青, 곽거병霍去病을 임용해 한나라를 지키기 위해 흉노와 전쟁을 일으켰고, 대승을 거두었다. 이것은 후대에서 돌이켜보아도 다시 보기 힘든 큰 승리였으며, 장건張騫을 서역으로 보내 서역과 통하는 비단길 '실크로드'를 열었다. 또 체제와 사상에서 대제국의 골격을 확립해 1천 년 동안 이어지도록 하였다.

그러나 한 무제는 술법을 부리는 방술方術에 깊이 빠져 있었다. 궁에서 태어난 어린 소년이 정권을 잡고 그토록 놀라운 업적을 이뤄낸 것은 하늘이 어느 정도 도왔기 때문에 가능했을 것이다. 정치적으로 하는 일마다 다 잘 되었던 것처럼 인간의 생명에 대한 하늘의 속박을 영원히 벗어날 수는 과연 없는 것인가? 그는 인간의 한계를 뛰어넘고자 하는 갈망이 더욱더 간절하고 격렬했다. 그래서 그는 휘하에 많은 방사(방술이라는 기술을 구사한 사람들로 도사로도 불렸다)를 거느렸다.

무제가 첫 번째 궁으로 데려온 방사는 이소군李少君이었다. 그는 아내도 자식도 없었지만 백발에 혈색이 좋은 얼굴을 가지고 있었다. 그는 자신이 어디에서 온 누구인지, 언제 태어났는지 말하지 않았고, 누가 물어봐도 늘 70살이라고만 대답했다. 그는 조왕신竈王神과 이야기할 수 있으며 곡물을 먹지 않고 초근목피만을 먹는 벽곡辟谷을 한다고도 하였다. 또 불로장생의 비법을 알고 있다며 떠들고 다녔다. 그가 다른 사람들과 이야기를 할 때는 기적 같은 일들을 일으켜 득도한 도사라는 감탄을 자아냈다.

한 번은 이소군이 무안후의 연회에 참석했을 때였다. 그 자리에는 아흔이 넘은 노인이 있었는데 이소군은 그 노인의 할아버지와 어디어디에 가서 사냥을 했었노라고 이야기했다. 그곳은 그 노인이 어렸을 때 할아버지를 따라갔던 곳이어서 함께한 사람들은 모두 그가 1백 살은 되었을 것이라며 놀라워했다. 이소군은 무제에게 이렇게 말했다.

"조왕신에게 제사를 지내면 귀신들을 부릴 수 있게 됩니다. 귀신을 부리면 단사丹砂를 황금으로 만들 수 있습지요. 황금으로 음식을 담을 그릇을 만들면 장수를 누릴 수 있으며, 장수를 누린 후에는 바다 위에 있는 전설의 산에서 신선을 만날 수도 있습니다. 그러면 죽지 않을 수 있답니다. 소신 일찍이 바다에 갔다가 신선 안기생安期生을 만난 적이 있사온데, 안기생은 제게 대추를 주었사옵니다. 오이(박)만한 것이었지요."

무제는 그에게 마음이 쏠리는 것을 참지 못하고 몇 번이나 금을 만들려고 시도하는 한편, 바다로 사람을 보내 신선을 찾게 하였다. 이소군이 병들어 죽자, 그가 신선이 되었다고 믿었을 정도였다. 훗날 무제가 믿고 아끼던 이 부인李夫人이 병으로 세상을 떠났다. 무제는 밤낮없이 그리움에 빠져 이별을 받아들이지 못하고 있었다. 제 지역에서 온 소옹少翁은 등촉을 밝히고 장막을 친 후에 술과 고기를 차려놓은 후 이 부인의 혼을 불러냈다. 그리고는 무제를 다른 장막에 앉혀놓고 나오지 못하게 하였는데, 무제는 멀리서 이 부인을 닮은 아름다운 여인이 천천히 다가왔다가 또 천천히 떠나는 것을 보며 슬픔에 겨워 시를 지었다.

"당신이 맞소? 아니오? 일어나 바라보고 있거늘, 어찌 그리 늦게 오시는 거요!"

소옹은 그 일로 무제의 총애를 받고 문성장군文成將軍으로 임명되었다. 무제는 소옹을 위해 궁실을 지은 후, 귀신을 그리고 제기를 마련해주어 천신이 강림하기를 기다렸다. 그러나 천신은 아무리 기다려도 나타나지 않았다. 소옹은 어쩔 수 없이 자신이 직접 비단에 글을 써서 소에게 몰래 먹였다. 그리고는 소의 배에 글이 들어 있다며 거짓말을 했다. 사람들이 소를 잡아보니 뱃속에서 정말 글이 나오는 것이 아닌가? 하지만 무제는 그 위에 적힌 글이 소옹의 필체인 것을 알아보았다. 심문해보니 소옹이 쓴 것이었다. 무제는 소옹을 몰래 죽여버렸다.

몇 년 후 소옹과 같은 스승을 모셨던 방사 난대欒大가 추천을 받아 궁에 들어왔다. 난대는 범속을 초월한 풍격을 가진데다 이전 사람들보다 더욱 대범하고 고집스러웠다. 그는 무제에게 이렇게 말했다.

"소신, 전에는 바다 위를 다니며 신선을 만났사옵니다. 그러나 신선은 제가 황제께서 보낸 사람이 아니라며 본체만체하였지요. 제 사부께서는 황금을 만들어낼 수 있으며 황하가 터진 곳을 막을 수 있다 하셨습니다. 또 불사의 약도 구할 수 있고 신선도 불러 모을 수 있다 하셨지요. 그러나 소신 문성장군이 간 길을 갈까 두렵사옵니다. 그것은 방사들의 입을 막는 일이니 그 누가 감히 방술을 입에 담을 수 있겠습니까?"

무제는 대답했다.

"문성은 말고기에 든 독을 먹고 죽은 것이오. 도사께서 정말 놀라운 기술을 가지고 있다면 내 무엇인들 못 드리겠소?"

이에 난대를 오리장군五利將軍에 임명하고 집과 시동 1천여 명을 주었다. 또 그가 가장 아끼는 위자부의 소생인 공주를 아내로 주고 혼수로 금 10만 근을 보내주었다. 난대는 황제를 만난 지 한 달만에 육인六印을 차고 귀한 몸이 되어 천하에 명성을 떨쳤다. 그 소문이 퍼지자 연해 지역에 있는 제나라와 연나라에서 신선을 불러올 수 있다고 장담하는 방사들이 수도인 장안으로 모여들었는데, 사람을 보내 난대를 조사한 무제는, 그가 허풍밖에 칠 줄 모르는 사기꾼임을 깨닫고 단칼에 죽여버렸다.

마지막으로 무제와 신선의 방술에 대해 이야기를 나눈 사람은 제나라 사람 공손경公孫卿이다. 그는 무제에게 황제黃帝에 대한 이야기를 들려주었다.

"황제가 형산衡山 밑에서 정(鼎: 발이 셋 달린 솥으로 은주시대에는 제기祭器로서 존중되었고 나라의 권위를 상징하기도 하였다)을 만드시자 하늘에서 용이 내려와 황제를 태우고 하늘에 올라갔다 하옵니다. 그때 함께 하늘에 오른 신하와 후궁들도 70여 명에 달한다 합니다. 다른 신하들은 용을 타지 못하여 용의 수염을 붙잡았지만 용의 수염이 끊어져서 떨어지고 말았습니다. 그때 황제의 활도 함께 떨어졌는데 황제만 하늘에 오르고 자신들은 오르지 못하자 용의 수염과 활을 붙잡고 엉엉 울었다 하옵니다. 그래서 그곳을 정호鼎湖라 이름 붙였고 활은 오호烏號라 부르게 되었지요."

무제는 그 말을 듣고 긴 한숨을 내쉬었다.

"아! 짐도 황제처럼 될 수 있다면 아내와 아이들도 헌신짝처럼 버릴 수 있을 터인데."

그리고는 공손경을 낭郎으로 모셨다. 기원전 110년, 무제는 태산에 가서 하늘과 땅에 제사를 지내는 봉선封禪을 행하였다. 이듬해, 큰 가뭄이 오자 무제는 고민에 빠져 공손경에게 물어보았다.

"황제 때는 봉선 후에 가뭄이 오면 3년간 가뭄이 그치지 않았습니다."

무제는 그 말을 믿고 전국에 그 사실을 통보했다.

평생 마음먹은 대로 다 이루고 살았던 무제도 말년에는 골육상잔이라는 가장 비참한 일을 겪었는데, 아마 이것은 그의 인생에서 유일하게 남는 한恨일 것이다.

무제가 29세가 되던 해, 위衛 황후는 아들 유거劉据를 낳았다. 당시 기준으로 보면 거의 중년의 나이에 아들을 얻은 것이다. 그래서 무제는 위 황후를 특별히 총애하며 유거를 태자로 삼았다.

유거는 인자하고 관대하며 친절하고 부지런하였다. 살육을 좋아하는 아버지 유철의 성격과는 전혀 달랐다. 그 후에도 무제가 4명의 아들을 더 얻게 되자 위 황후는 늘 살얼음판을 걷는 기분이었다. 그것을 눈치챈 무제는 손아래 처남 위청에게 이렇게 말했다.

"한나라 황실의 모든 일은 아직 시작 단계로, 사방에서 외환外患이 도사리고 있으니 짐이 제도를 바꾸지 않으면 후대에는 지킬 법이 없을 것이네. 군사를 보내 정벌하지 않으면 천하가 안녕을 누릴 수 없으니 백성들을 고생시킬 수밖에……. 만약 후대에서 짐이 한 일을 그대로 본받는다면 과거 진나라를 그대로 답습하는 꼴이 될 것이네. 태자는 돈후하고 충실하며 조용하니 천하를 안정시킬 수 있을 것이 아닌가? 이미 이루어진 가업을 발전시키기에 가장 적합한 사람을 찾는다면 태자 말고 또 누가 있겠나? 황후와 태자가 항상 불안해한다고 하나 짐은 다른 마음은 절대 품지 않을 것이네. 자네가 가서 짐의 마음을 잘 전해주게."

그 말을 전해들은 황후는 비녀를 뽑아 사죄했다. 태자는 때때로 아버지가 출병해 원정을 내보내면 충고를 하곤 했다. 그러면 무제는 웃으며 이렇게 대답했다.

"내가 이토록 피곤한 일을 하는 것은 네 노고를 덜어주려 함이니, 이것도 괜찮치 않느냐?"

여러 상황으로 볼 때 무제는 지혜로운 사람이었다. 그는 사리를 정확히 간파할 줄 알았고 아주 작은 것도 놓치지 않는 예리한 눈을 가지고 있었다. 게다가 사람들을 대할 때는 늘 사리에 맞게 대했으며 넓은 도량으로 포용해주었다.

무제는 자주 순행을 나가면서 궁과 조정의 중대한 일을 황후나 태자에게 맡기곤 하였는데, 돌아와서는 대략적인 결과만 묻고 별 다른 말은 하지 않았다고 한다. 무제는 엄히 법을 집행하였으나, 태자는 너그러웠기 때문에 아버지가 직접 처리한 사건도 종종 다시 처리하게 하여 밑에서 일을 처리하는 사람들을 괴롭게 만들었다. 황후는 태자에게 최대한 아버지의 뜻을 따르라고 충고했다. 무제는 그 사실을 알고 있었지만 오히려 황후를 나무라고 아들을 칭찬하였다. 한 번은 태자가 어머니에게 문안을 갔다가 한참 후에 나온 일이 있었다. 환관 소문蘇文은 그것을 보고 바로 무제에게 태자가 궁녀들을 희롱하였다고 고자질을 하였다. 그러자 무제는 태자의 궁녀를 2백 명으로 늘려주었다. 한 번은 무제가 몸이 좋지 않아 환관 상융常融을 보내 태자를 불러오게 했다.

"태자의 얼굴에 기쁜 기색이 역력했사옵니다."

상융은 이렇게 보고했지만 무제는 아무런 말도 하지 않았다. 태자가 도착했을 때도 무제는 화를 내지 않았다. 오히려 태자의 얼굴에 눈물 자국이 나있음에도 억지로 웃는 것을 눈치챘다. 무제는 진상을 눈치채고 상융의 목을 베었다. 위 황후는 조심성이 많은 사람으로 의심받을 일은 하지 않으려고 애를 썼다. 그래서 나이 들어 미색을 잃고 총애받지 못할 때도 사람들에게 예우를 받았다.

이토록 서로를 이해했던 부자지간이 극한으로 대립하고 상대를 죽여야만 하는 상황까지 가게 되었는데, 왜 그랬던 것일까? 이런 일에는 간신의 모함과 중상모략, 이간질이 있기 마련인데, 불행히도 이 비극을 만들어낸 사람은 수형도위(水衡都尉: 황제의 공원 및 황실의 재산을 관리하고 돈을 주조하는 일을 하는 사람)였던 강충江充이 가장 유력하다.

강충은 한단 사람이었다. 그의 여동생은 제후국 조나라 태자의 아내였기 때문에 그 역시 조왕 유팽조劉彭祖의 총애를 받았다. 그러나 훗날 조 태자는 강충이 부왕 앞에서 자신을 험담했을 것이라 의심하고 강충의 아버지와 형을 잡아다가 죽여버렸다. 강충은 황궁으로 몰래 들어가 무제에게 조 태자의 잘못을 낱낱이 고해바쳤다. 무제는 불같이 화를 내며 조 태자의 태자 자격을 박탈하였다. 조왕이 태자를 위해 상소까지 올리며 부탁하였지만 아무런 도움도 되지 못했다.

강충은 우람한 체격에 특별한 옷차림과 말재주로 첫 만남부터 무제의 신임을 받았다. 훗날 그는 직지수의 사자直指繡衣 使者에 임명되어 장안 일대의 관리들을 감사하는 일을 하였다. 그때는 황친이나 귀족의 친척, 고관대작들이 사치와 겉치레가 심했었다. 강충은 그들의 죄상을 하나하나 들춰내어 탄핵하였다. 심지어 무제의 고모, 즉 장모인 장長 공주가 규정을 어기고 황제만 다닐 수 있는 어도에서 마차를 타고가자 강충이 나서서 저지하고, 수행원을 모두 몰수해 궁으로 데리고 가버렸다. 한 번은 무제가 순행을 나갔을 때 태자가 사자를 보내 문안 인사를 올렸다. 사자는 마차를 타고 어도로 급히 달려오다가 강충에게 잡혀 감옥에 갇히게 되었다. 태자는 그 일을 알고 사람을 보내 말을 전했다.

“마차와 말은 상관없으나 아바마마께서 내가 수하를 엄히 다스리지 못했다는 것을 아시면 좋지 않을 것 같소. 그러니 그들을 보내주시오.”

그러나 강충은 태자의 말을 듣지 않고 그 일을 무제에게 아뢰었다. 무제는 그 일로 강충을 칭찬했다.

“신하라면 자네처럼 해야 할 것이야.”

그 일로 강충은 장안에 명성을 떨치게 되었다.

말년에 이르러 무제는 생리적이고 심리적인 요인이 더해져 성격이 점점 더 나빠졌다. 대부분의 전제주의 폭군이 나이가 들면 걸리는 ‘의심증’을 피해갈 수 없었던 것이다. 당시 대부분의 사람들은 무술巫術로 남을 저주하거나(=무고巫蠱) 나무 인형을 땅에 묻으면 누군가를 병들게 하거나 화를 입힐 수 있다고 믿었다. 무제는 병에 걸리게 되자 누군가 자신을 모해하는 것이 아닐까 더더욱 의심하게 되었다. 무제의 나이가 들어가자 강충은 이전에 태자에게 미움을 샀던 일이 떠올랐다. 훗날 태자가 황위에 오른 후 자신의 안위가 걱정되기 시작한 강충은 황제에게 병의 원인이 누군가 무술로 황제를 저주했기 때문이라고 고했다. 무제는 강충에게 철저히 조사하라고 명령했다.

강충은 무술로 저주하는 행위를 다스린다는 명목으로 무고하게 옥에 갇힌 수만 명의 사람을 죽여버렸다. 이 일로 황제가 강충을 더욱 신임하게 되자, 강충의 욕심은 더 커져갔다. 그는 애초 자신의 목적대로 무제에게 궁중에서도 무술의 기운이 느껴진다고 고하여 저주했던 물건을 찾는다며 황제가 앉는 옥좌를 망가뜨리는 등 제멋대로 행동해 황후와 태자궁은 더더욱 엉망이 되었다. 사서에는 함부로 땅을 팠다고 기록하고 있으며, 황후와 태자는 몸을 누일 곳조차 없었다고 한다. 물론 태자궁에서는 저주할 때 쓰는 수많은 나무 인형이 나왔음은 물론이고, 대역무도한 서찰도 나왔다. 많은 사람들이 부귀영화를 누리는 자리를 부러워하지만, 그들이 때론 더 큰 공격과 고난을 당하게 된다는 것은 잘 알지 못한다. 2천 년 후 궁에 들어가 이모자(二毛子: 청나라 말기 기독교인들을 일컫던 말)를 색출하던 권민(拳民: 의화단의 구성원을 부르는 말)이 궁녀들의 이마를 찍어 십자가 모양이 나오면 매국노라고 단정하였던 것처럼, 이 역시 방법은 달랐지만 같은 맥락의 일이라고 할 수 있을 것이다.

이때 무제는 도성에서 수백 리 떨어진 감천궁甘泉宮에서 요양을 하고 있었다. 황후와 태자는 사정을 알아보려고 사자를 보냈지만 황제는 얼굴조차 보여주지 않았다. 그의 곁에는 무제가 믿을 만한 사람이라고 여기는 인물들이 에워싸고 있었다. 이것 역시 독재자의 말년에 흔히 볼 수 있는 광경이다. 태자는 성에서 나가 아버지께 억울함을 호소하려 하였다. 그는 스승인 석덕石德을 불러 어찌하면 좋을지 물어보았다. 석덕은 이 사건이 터지면 자신도 제대로 땅에 묻히지 못할 것이라 여겨 태자에게 계책을 알려주었다.

"공손하公孫賀 승상과 두 공주님도 무고 사건으로 살해당하셨습니다. 그런데 이젠 태자궁에서까지 나무 인형이 나왔습니다. 지금도 저하께서 결백을 주장하시고 계시지만 폐하께선 얼굴조차 보여주려 하지 않으십니다. 죽음밖에 없다는 뜻일지도 모릅니다. 차라리 어명을 지어내셔서 강충 일파를 감옥에 가두시고, 그들이 거짓 음모를 꾸민 것을 밝혀내십시오. 진시황이 죽었을 때 태자 부소도 간신들에게 주살을 당했습니다. 그 일을 잘 생각해 보시옵소서."

유거가 대답했다.

"아들된 자로서 어찌 마음대로 사람을 죽인단 말입니까? 그냥 가서 아바마마를 뵈옵겠습니다."

그러나 강충이 계속 태자를 몰아붙이자, 태자도 더는 어쩔 수 없이 어명을 지어내 강충을 감옥에 가두었다. 그리고 태자가 직접 감옥에 가서 목을 베며 욕을 퍼부었다.

"조나라에서 온 악독한 놈! 조나라 부자를 해친 것만으로도 부족하더냐? 감히 나와 아버지까지 해하려 들다니?"

일을 마친 태자는 군대를 일으켰다. 사서의 기록을 보면 무제는 이때도 생각이 달라지지 않았다고 한다.

"태자는 죄가 두려운데다 강충에 대한 미움이 쌓여 그런 짓을 저지른 것이다."

그러면서 사자를 보내 태자를 불렀다. 사자는 죽음이 두려워 성에 들어가지도 않고 돌아와 보고했다.

"태자께선 이미 반역을 일으키셨습니다. 대신들의 목을 베려 하신다기에 소신도 도망쳐온 것입니다."

그러자 무제는 크게 노하며 승상에게 군대를 주어 태자를 죽이라고 명했다. 그리고 자신도 뒤따라 장안으로 돌아왔다. 부자간에 수만 명의 목숨을 앗아간 전투는 이렇게 일어난 것이다. 열흘간 싸움이 계속되니 죽은 사람의 피가 강을 이뤘고, 결국 태자의 군대가 패하고 말았다.

그 싸움은 규모가 대단하면서도 매우 복잡하여 여기서 간단하게 설명할 수는 없다. 그러나 깊이 생각해볼 가치가 있는 것은, 각급 관원들이 그 가운데서 어려운 선택을 하였다는 것이다. 싸움을 일으킨 사람은 태자와 황제로, 후자는 처음부터 모습을 드러내지 않아 생사를 확인할 수 없는 상황이었다. 양측이 모두 조정의 최고 주인이며 한눈에 잘잘못을 가릴 수도 없고, 눈에 보이는 표지도 없는 일이므로 관리들이 얼마나 난처했을지 족히 짐작이 갈 것이다. 승상 유굴모劉屈牦도 처음에는 섣불리 태자를 치지 못했지만, 무제가 엄히 꾸짖으며 군권을 위임하자 그제야 군사를 이끌고나갔다. 태자도 북군의 지휘관 임안任安에게 도움을 청했지만, 임안은 절개를 지키기 위해 진영으로 돌아가 문을 닫아걸고 나오지 않았는데, 수수방관했다는 죄목으로 허리를 자르는 요참腰斬을 당했다. 태자의 군이 패배하자 사직(司直: 부승상) 전인田仁은 태자와 무제가 부자지간임을 생각하여 급히 서두르지 않고 멀리 출타했다. 승상이 전인을 죽이려 하였지만 어사대부 폭승暴勝이 말렸다.

"사직은 2천 섬의 고위 관리이니 죽이더라도 먼저 황제께 여쭤봐야 할 것입니다."

무제는 그 일을 듣고 크게 노하며 전인을 요참하고 그 분노를 폭승에게 돌리니 폭승은 두려움에 자결을 하고 말았다.

이처럼 전통적인 중국의 정치 구조 속에서 중추적인 세력에 변화가 생기면 그 상황에 속한 대다수의 관리들은 어찌할 바를 몰라 상황을 지켜보면서 중추 세력들이 어떤 힘이나 기회로 인해 저절로 문제가 해결되기를 기다렸다. 자칫 섣부른 선택을 했다가는 화를 불러오는 경우가 많았기 때문이다. 이러한 행태는 방대한 관료 기구에 돌발적인 사건이 발생하게 되었을 때 신속히 대응하지 못하고, 통제력을 잃은 채 심각한 재난에 직면하는 것에 대한 대답이 될 수도 있다.

태자는 호(湖: 지금의 하남성 영보현靈寶縣 북쪽)로 도망간 후 천구리泉鳩里로 숨어들어갔다. 그가 기거하던 집주인은 가난했지만 매우 충성스러운 사람이라 짚신을 만들어 태자를 모셨다. 그러나 태자가 돈 많은 친구에게 돈을 빌리면서 비밀 거처가 탄로가 났다. 장안에서 도망친 지 20일 쯤 지났을 때 태자의 거처는 포위되었다. 태자 유거는 더 이상 도망칠 방법이 없자 목매달아 자살했고, 관군들이 문을 부수고 들어왔다. 집주인은 격투를 벌이다가 죽었으며, 그때 태자의 아들도 함께 해를 입었다. 관군 중 하나가 이미 죽어 있는 태자를 칼로 찔렀는데, 훗날 북지(지금의 감소성甘蘇省 경양현慶陽縣 서북쪽)의 태수로 임명되었다. 또 하나는 목을 맨 태자에게 달려가 시신을 내려주었는데, 그는 훗날 제후로 봉해졌다.

군사 반란이 진압되고 태자가 도망가 있는 동안에, 무제의 분노는 극에 달해 거의 미친 사람처럼 보였다. 대신들은 무서움에 떨며, 어찌할 바를 모르고 갈팡질팡했다. 그때 호관현(壺關縣: 지금의 산서山西)의 교육관 영호무令狐茂는 황제에게 위험을 무릅쓰고 상소문을 올렸다.

'태자는 폐하와 부자지간으로서 황위를 계승할 중임을 진 사람이옵니다. 그러나 폐하의 주위를 간신배들이 둘러싸 혈육의 정을 통할 수도 없었고, 태자께서 폐하를 뵈올 수도 없는 상황이었습니다. 거기에 난신들까지 협박을 하니 태자도 군사를 일으켰던 것이옵니다. 그것은 온전히 자신을 지키기 위한 행동으로, 그 점은 세상 사람들 모두 잘 알고 있습니다. 그러나 그 누구도 감히 말씀을 올리지 못하였으니 이 얼마나 비통한 일입니까?'

무제는 상소를 보고 마음이 흔들렸지만 분이 완전히 사그라진 것은 아니었다. 태자가 죽은 후 무술로 자신을 저주하였다며 서로를 모함하는 사건이 무수히 많았지만 아무리 조사해도 증거는 나오지 않았다. 무제는 마침내 무술의 허망함과 태자의 원통함을 알아차렸다. 이때 유방의 제묘祭廟 관리원이었던 전천추田千秋도 상소를 올렸다.

'아버지의 무기를 함부로 휘두른 아들은 채찍으로 다스리면 충분합니다. 실수로 사람을 죽인 천자의 아들에게는 어떤 벌을 내려야 하옵니까? 그러나 그 결과는 너무나 비참하였습니다. 이것은 백발의 노인이 꿈속에서 소신에게 한 말이옵니다.'

무제는 즉시 전천추를 궁으로 불렀다.

"부자지간의 일은 남이 쉽게 판단할 수 있는 문제가 아니니, 무엇이 잘못되었는지는 본인들 외에는 알 수가 없다. 그러니 자네가 들었다는 말도 분명 선조의 혼백이 일러주신 것일 것이다."

그는 천추를 지금의 장관에 해당하는 높은 관원으로 삼고 강충의 집안을 모조리 멸하였다. 그리고 소문을 회교橫橋 위에서 태워버리고 칼로 태자를 찔러 이루 말할 수 없는 영화를 누리던 북지태수는 이때 가족까지 몰살당하였다. 무제는 자식을 그리워한다는 뜻으로 사자궁思子宮을 짓고 귀래망사대歸來望思臺도 세웠다. 그 소식을 들은 사람들은 모두 함께 슬퍼하였다. 68세의 무제는 살 떨리는 불행한 일을 겪은 후 깊은 궁에 들어가 자신의 일생을 돌아보았다. 그러자 깊은 회환이 밀려들었다. 그는 신하들에게 이렇게 말했다.

"짐은 황제가 된 후 분별 없고 도리에 어긋나는 일을 많이 하여 천하의 근심을 더해주었다. 오늘부터 백성들을 힘들게 하고 재물을 낭비하는 일은 모두 중단할 것이다!"

전천추는 즉시 도사들에 관해 상소를 올렸고, 무제는 그 자리에서 도사들을 파면하였다. 그 뒤 그는 자주 사람들에게 한탄했다고 한다.

"지난날 내가 너무 어리석어 도사들의 방술에 속아 넘어갔었다. 세상에 신선이 어디 있단 말인가? 다 헛소리들일 뿐이다. 음식을 적게 먹고 약을 먹는 것은 몸을 조절하고 질병을 줄여줄 뿐인 것을……."

'사람이 죽을 때가 되면 그가 하는 말이 선해진다〔人之將死其言也善〕'는 말은 진정 진리이다. 기원전 87년, 한 무제는 병으로 죽고 말았다.

漢書 들여다보기

이 부인은 아름답고 춤 실력이 뛰어난 여인이었다. 그래서 그녀의 오라버니인 이연년李延年은 무제에게 이런 노래까지 불러 주었다고 한다.

"북방에 아름다운 여인이 있으니 당대에 견줄 자가 없구나. 한 번 보면 성이 기울고 두 번 보면 나라가 기운다네. 나라가 기우는 것을 어찌 모를까마는, 미인은 다시 얻기 어려워라."

이것은 이 부인을 노래한 것이었다.

한 무제 유철

◉주요 인물

유순

◉주변 인물

병길, 곽광, 위상, 허광한, 호한야 선우 등

◉키워드

너그러움과 인자함, 경제 발전, 형의 감량과 유예, 적재적소에 인재 기용

◉중대 사건

생산 발전, 서역도호부 설치, 호한야 선우의 한나라 복속, 즉위, 친정

◉고사

망자재배芒刺在背, 권세 있는 자를 두려워해 바늘방석에 앉은 듯하다

◉이야기 출처

『한서』「선제기宣帝紀」

刘询

유순 : 선제宣帝의 중흥

한나라를 중흥시킨 유명한 군주 한 선제 유순의 반평생은 고통스럽고 험난하여 소설적인 색채가 매우 짙다. 선제의 이런 경험들은 역대 제왕들 중에서는 쉬이 찾아볼 수 없는 것이다. 유순의 출신에 대해 이야기하려면 한 무제 때까지 거슬러 올라가야 한다.

정화征和 2년(기원전 91년), 강충은 무제가 말년에 의심이 많아지고 미신을 숭배하는 심리를 이용해 무고巫蠱하여 수많은 사건을 조작했다. 자기 목숨을 보전하기 위한 계략이었으나, 그로 인해 위기에 처한 태자는 황제의 조서를 조작하여 군대를 일으켜 위험에서 벗어나고자 했다. 당시 무제는 더위를 피해 감천궁에 가 있었는데, 태자가 모반했다는 소문을 믿고 승상 유굴모에게 군대를 이끌고가 태자를 진압하라는 명령을 내렸다. 이것이 바로 무제 부자의 골육상잔의 비극이 담겨 있는 유명한 '무고의 난〔巫蠱之難〕'이다. 그 결과 태자 유거는 비참하게 죽었고, 그의 두 아들 역시 함께 죽임을 당했으며, 태자궁의 태자비 사량제史良娣와 태자의 며느리 왕 부인 등도 살해당했는데, 태어난 지 몇 달 되지 않았던 황증손만 유일하게 목숨을 건져 강보에 쌓인 채 감옥에 갇히는 신세가 되었다. 황증손은 태자 유거의 장자로 왕 부인이 낳은 아이였다.

당시 장안 군저옥郡邸獄의 관리를 맡고 있던 정위감廷尉監 병길丙吉은 아직 피붙이인 황증손이 아무런 죄도 없이 그런 재난을 당한 것을 보자 안타까워했다. 게다가 태자는 다른 사람의 모함을 받아 그 지경까지 된 것이 아닌가?

이에 황증손을 더 동정하게 된 병길은 감옥에 있던 인정 많은 여자 죄수 호조胡組와 곽정경郭征卿을 선택해 교대로 황증손을 돌보며 젖을 물리게 했다. 황증손은 병에 걸려 몇 번이나 죽을 고비를 맞았지만 병길이 두 유모에게 세심히 돌보도록 당부하여, 잘 먹이고 입히며 의원까지 불러와 약을 먹인 덕분에 기적적으로 살아날 수 있었다. 병길은 몸이 약하고 병치레가 잦은 황증손에게 유병이劉病已라고 이름을 지어주었다.

병이가 4살이 되던 해, 즉 후원 2년(기원전 87년), 구름을 보고 길흉과 운세를 점치는 자가 장안의 옥에 천자의 기운이 있다고 하였다. 한 무제는 즉시 사자를 보내 옥중에 갇힌 죄수들을 모두 죽이라고 명하고 내알자령 곽양郭穰을 군저옥으로 보내 명을 집행하게 했다. 병길은 의분에 복받쳐 죽음을 무릅쓰고 옥문을 열지 않고 당당하게 말했다.

"황증손께서 이 옥에 계신다. 다른 사람이 무고한 죽임을 당한다고 해도 허락치 않겠지만, 하물며 황증손이 계신 곳이 아니더냐?"

두 사람은 날이 밝을 때까지 대치하였고, 곽양은 결국 무제에게 있는 그대로 보고했다. 1년 전 전천추가 태자의 억울함을 알리는 상소를 올린 후, 무제는 태자가 죄도 없이 해를 당했음을 알고 강충 일족을 멸하고 사자궁을 짓고 태자가 죽은 곳에 귀래망사대까지 세웠었다. 그런데 병길이 가혹한 형벌을 두려워하지 않고 사자를 들여보내지 않았음을 전해듣고 정신이 번쩍 나는 것 같았다.

"이는 하늘이 하신 일이로다!"

무제는 대사면을 공표했다. 4살이던 유병이도 사면을 받았지만 여전히 집으로 돌아가지 못했다. 병길은 호조와 곽정경을 고용하여 유병이를 키우게 하였다. 그리고 얼마 후에는 병이를 할머니인 사량제의 친정으로 보냈다.

얼마 후 무제는 황증손을 액정掖庭에서 머물게 하고, 조정에서 증손의 생활비를 대도록 하였다. 그리고 적을 종정부(宗正府: 중국 진나라 때부터 동진까지 황제의 친족이나 외척에 관한 사무를 맡아보던 곳. 진나라 때는 황실의 가족을 관리하였고, 전한 때는 9경의 하나로 인정 받았다)로 옮기라는 명령을 내렸다. 액정은 후궁과 비빈들이 거주하던 곳으로 환관이 관리하고 있었다. 당시 액정령이던 장하張賀는 다행히도 과거에 태자 유거를 모시던 사람으로, 장하는 태자가 자신에게 베풀었던 은혜를 잊지 않았고, 가족을 모두 잃고 혼자만 살아남은 어린 황증손이 불쌍하기도 하여 특별히 더 정성껏 돌보았다. 그리고 사비를 들여 황증손에게 학문을 가르쳤다. 황증손은 그 덕분에 체계적으로 『시경詩經』, 『논어論語』, 『효경孝經』 등 유가 경전을 배울 수 있었다.

황증손이 혼인할 나이가 되자 허광한許廣漢의 딸을 아내로 맞도록 해주었는데, 이 사람이 바로 훗날의 허 황후이다. 얼마 후 황증손 유병이는 허광한의 도움으로 장안 상관尙冠에 배치되었다. 황증손은 어려서부터 고통스럽고 질곡 많은 삶을 경험한데다 재능과 학식이 뛰어났고 협객을 좋아했기 때문에, 백성들의 질고와 고난, 인간의 간사함, 이치(吏治: 수령의 치적)에 대해 매우 잘 알았다.

전한 후원 2년(기원전 87년), 한 무제가 세상을 떠났다. 임종 전 그는 곽광霍光을 대사마 대장군으로 삼았고, 김일제金日磾를 거기장군으로 임명했다. 그와 함께 좌장군左將軍 상관걸上官傑, 어사대부 상홍양桑弘羊 등에게 8세인 소제昭帝를 보좌하도록 하고, 조정의 큰일은 곽광이 결정하도록 하였다.

원평 원년(元平元年, 기원전 74년) 4월, 21세 밖에 안 된 소제가 죽고 말았다. 소제에게는 후사가 없었고, 무제의 여섯 아들 중 남은 사람은 광릉왕廣陵王 유서劉胥뿐이었다. 하지만 곽광은 유서가 행실이 단정치 못해 무제에게 기용당하지 못했으므로 이제 와서 군주로 세우는 것은 적합하지 않다고 생각하였다. 마침 이때 한 낭관郎官이 상소를 올렸다.

"사직에 유익한 일이라면 나이 많은 자를 버리고 어린 자를 세워도 무방할 것이옵니다. 광릉왕 같은 사람은 종묘를 이어받을 수 없사옵니다."

곽광은 그 말이 마음에 쏙 들어 얼마 후 그 낭관을 구강 태수九江太守로 선발했다. 곽광은 승상 양창楊敞과 함께 태후의 거처를 찾아가 황태후의 동의를 얻은 후 창읍왕昌邑王 유하劉賀를 황제로 옹립했다. 그러나 유하는 황위에 앉은 직후부터 방탕한 생활을 했다. 소제의 장례 기간에도 소식(素食: 채식)을 하지 않았고 슬픈 기색조차 없었다. 하루 종일 악기를 타고 노래하며 춤을 추며 여색을 탐하는 등 궁중의 유희를 즐겼다. 또 자신의 측근 세력을 이곳저곳에 멋대로 심어놓아 곽광 등 세도가들의 이익을 침범했다. 그러자 곽광은 대신들과 손을 잡고 유하를 폐위시켰다.

유하가 폐위된 후 곽광 등은 황위를 계승할 적당한 인물을 찾아 사방을 헤맸다. 그들이 망설이며 결정을 내리지 못하고 있을 때 병길이 유병이를 추천하였다. 유병이는 효심이 강하고 검소하며 경학에 통달한 뛰어난 인재일 뿐 아니라, 성격이 온화하고 점잖으니 새로운 군주로 모시기에 적합하다는 것이었다. 그러자 곽광은 황태후에게 아뢰었다.

"효무 황제(무제)께서 생전에 증손 병이를 액정에서 키우라고 명하였사온데, 그가 이미 18세가 되었다 하옵니다. 그는 일찍부터 스승에게 『시경』, 『논어』, 『효경』을 배웠고 검소함을 몸소 실천하고, 인자함과 너그러움으로 사람들을 대하니 소제의 큰 뜻을 이어받고 종묘를 계승하기에 합당하며 백성들의 좋은 아비가 될 것이옵니다."

황태후가 동의하자 곽광은 즉시 종정 유덕劉德 등을 황증손이 살고 있는 상관리로 보내 영접하게 했다. 그들은 유병이를 종정부로 데려갔다가 다시 미앙궁으로 데려와 황태후를 알현토록 하였다. 황증손이 일개 평민 출신에서 바로 황위를 계승받는 상황을 만들지 않기 위해 황태후는 유병이를 일단 양무후陽武侯로 임명하였으며, 며칠이 지나자 곽광이 황제의 용포와 옥새를 받들고 한 고조 유방의 위패 앞에 서서 유병이의 즉위식을 거행하였다. 그가 바로 한 효선제漢 孝宣帝로, 원평 원년(기원전 74년) 7월의 일이었다.

한 선제의 즉위는 무제 때부터 조정을 좌지우지하던 대장군 곽광이 힘이 없고 약한 선제를 황제로 세운 것은 당시의 정치적 국면을 고려해 연출한 것이었다. 다른 제후들을 황제로 삼기에는 모두 자신의 세력을 가지고 있어 제어하기가 힘들 것이므로, 정권을 독점하고 싶은 곽광에게는 탐탁치 않았는데, 친인척 하나 없이 하층민으로 전락한 황증손만큼 조건이 딱 맞는 사람은 없었다. 첫째로 그는 정치적인 배경이 없었으며 측근 세력도 가지고 있지 못했다. 즉위한 후에도 곽광의 권세에 기대야만 황제의 자리를 지킬 수 있을 것이다. 둘째로 그는 아직 나이가 어렸다. 18세면 성인이긴 했지만 정치적으로는 경험이 부족한 나이가 아닌가? 곽광은 새로운 군주가 젊고 조정을 잘 모른다는 것을 빌미로 계속 대권을 거머쥘 수 있으리라 생각했다.

선제는 즉위 후 이름을 유순劉詢으로 바꾸고 원년을 본시本始로 삼고 조강지처인 허許 씨를 황후로 임명했다. 본시 원년(기원전 73년)부터 지절地節 2년(기원전 68년) 3월, 곽광이 병으로 죽을 때까지 5년 동안 선제는 이름뿐인 황제였고, 실권은 대장군 곽광의 손에 있었다. 조정의 대소사는 모두 곽광에게 먼저 보고한 후에야 천자에게 보고되었다. 곽광이 조정에 나오면 황제도 자세를 단정히 하고 옷매무새를 바로잡으며 겸허한 자세로 받들었을 정도였으며, 선제는 측근 세력이 없었으므로 곽광의 명을 따라야만 황제의 자리를 지킬 수 있었다.

지절 2년(기원전 68년), 곽광이 병으로 죽자 선제는 특별히 그를 제왕의 예로 장례를 치르도록 윤허하였다. 곽광이 죽은 후 선제는 직접 조정을 다스렸지만 곽광의 세력은 여전히 조정에 뿌리 깊이 박혀 있었다.

선제는 곽광이 죽은 후에도 형의 손자인 곽산霍山을 낙평후樂平侯에 봉하고, 봉차도위奉車都尉로서 상서尙書 일을 보게 했다. 곽산의 동생은 관양후冠陽侯로 봉하고, 곽광의 아들 곽우霍禹를 박육후博陸侯로 삼고 우장군右將軍에 봉했다. 제후로 봉하면 식읍만 주고 실권은 주지 않는 것이 관례였지만 이들은 예외였다. 상서성尙書省은 중앙의 최고 결책 기관으로 모든 상주문을 받고 결정을 내리는 곳이었고, 우장군은 군사적으로 가장 높은 장수로서 병권을 쥐는 자리였다. 황제의 이런 결정은 정치적으로 엄청난 금기를 범하는 일이며, 위험한 일이었다. 이때 조정 대신 위상魏相이 황제의 결정에 반대하며, 평은후 허광한과 함께 상주문을 올렸다.

'『춘추春秋』는 대대로 경卿의 자리를 세습하는 것을 풍자하고, 송나라에 삼대를 이어 대부를 지낸 집안을 비난하였습니다. 그런데 황제께서는 곽광이 죽은 후에도 그의 아들을 대장군으로 봉하고 형제의 손자들까지 조정의 요직에 앉히셨습니다. 게다가 곽광의 부인인 현顯과 그 딸은 궁중과 밀접히 왕래하고, 그들은 교만하고 사치스러우며 행위가 방탕하나 아무런 속박도 받지 않고 있으니, 권력을 줄여 한나라 황실의 든든한 기초를 다지는 것이 옳을 줄로 아뢰옵니다.'

선제는 그 상주문을 읽고 조정에도 곽 씨 집안을 반대하는 사람이 있다는 것을 비로소 알게 되었고, 즉시 위상을 급사중給事中으로 임명하고 절대적으로 신임했다.

선제는 그제서야 공개적으로 곽 씨 집안을 멀리 하고, 어사대부 위상과 장인인 평은후 허광한을 중용했다. 또 그들이 언제든지 궁에 출입하여 조정의 일을 논의할 수 있도록 허락하였다. 곽산이 상서의 일을 보고 있기는 했지만, 선제가 백성과 관리들에게 특별한 사정이 있다면, 비밀 상소를 올리도록 널리 선언하여 상서를 통하지 않고도 대신들이 궁에 들어와 황제를 알현할 수 있는 통로를 마련했다. 곽 씨 집안은 그 결정으로 기득권을 잃게 되진 않을까 두려워하였다.

곽광이 살아 있을 때 그의 아내 곽현은 어린 딸 곽성군霍成君을 황후로 만들 계획을 세우고, 허 황후가 회임하자, 의원 순우연淳于衍을 매수해 허 황후에게 독약을 먹였는데, 곽광이 죽은 후 이 일의 진상이 밝혀지고, 선제도 알게 되면서 곽 씨 집안을 더욱 멀리했다.

그는 곽광의 사위이자 미앙궁의 위위衛尉인 범명우范明友에게서 도요장군度遼將軍의 관인을 거두었다. 또 셋째 사위 조평趙平에게서 기도위騎都尉의 관인을 회수했다. 이어 곽광의 외종질 사위인 급사중 광록대부 장삭張朔을 촉군蜀郡의 태수로 삼아 장안 밖으로 내보냈고, 둘째 사위 중랑장中郎將 · 우림감羽林監 임승任勝을 안정安定 군수로 보내고, 손녀 사위 중랑장中郎將 왕한王漢을 무위武威 군수로 보냈다. 군권을 쥐고 있던 곽 씨 집안의 근친들을 장안 밖으로 뿔뿔이 흩은 후 곽우를 대사마로 다시 임명하였으나, 그가 대사마 대장군의 관모를 쓰지 못하게 하는 것은 물론 관인도 주지 않았다. 또 그의 우장군 직무도 빼앗았다. 장낙궁 위위로 있던 곽광의 큰 사위 등광한鄧廣漢도 소부少府로 강등시켰다. 어쨌든 기마병과 우림군을 호령하는 자리나, 동서東西 양 궁의 위위와 주둔병을 관리하는 관직은 모두 황제의 장인과 외조부인 허, 사史 양쪽 집안에서 차지하여 곽 씨 집안의 병권이 황제에게로 모두 넘어왔다. 곽 씨 집안의 가세가 급격히 기울어지자 곽산은 이렇게 불평하였다.

"아직 대장군의 무덤을 덮은 흙도 다 마르지 않았는데 황상께서는 곽 씨 집안사람들을 멀리 하시고 허 씨와 사 씨 집안을 총애하여 온 집안의 관인까지 다 빼앗으셨으니 죽으란 말이 아니고 무엇입니까?"

이후 곽우와 곽산, 곽운은 곽현이 허 황후를 독살하려 했다는 사실을 알고 나서야 사태의 심각성을 깨닫고, 황제가 자신의 근친들을 장안 밖으로 내보내고 병권을 빼앗은 이유를 알게 되었다. 그들은 그 일이 공론화되어 곽 씨 집안이 멸문지화를 당하기 전에 엄청난 음모를 꾸몄다. 태후로 하여금 선제의 외조모인 박평군을 위해 연회를 열도록 부추겼고, 소승상召丞相 위상과 평은후 허광한 등을 연회에 초대한 후, 범명우와 등광한에게 태후의 명령을 가장하여 위상과 허광한의 목을 벤 다음, 선제를 폐위하고 곽우를 황제에 앉히려는 것이었다.

그러나 음모를 거행하기도 전에 선제는 곽산을 현토玄菟의 태수로 임명했고, 태중대부 임선任宣을 대군代郡의 태수로 이동시켰다. 그런데 이때 곽산이 궁중의 기밀 문건을 누설하여 죄를 짓게 되자,

곽현은 성서城西에 있는 저택과 1천 필의 말을 바쳐 곽산의 죄를 사해달라는 상소를 올렸다. 그러나 선제는 아무런 회답도 하지 않았는데, 이때 곽 씨 집안의 음모까지 탄로나고 말았다. 곽운, 곽산, 범명우는 처벌이 두려워 차례로 자살했고, 곽현, 곽우, 등광한 등은 체포되었다. 곽우는 요참되었고 곽현과 그녀의 딸들과 모든 형제들은 모두 거리에서 목을 베인 후 시체는 그대로 버려지는 벌을 받았다. 오직 곽 황후만이 목숨만 부지한 채 폐위당하여 소대궁昭臺宮에 유폐되었다. 곽 씨 사건에 연루되어 죽임을 당한 집안만 1천여 가구에 달했다. 이때부터 선제가 친정을 펼칠 수 있는 길이 마련되었다.

선제는 친정을 시작한 후 한나라 무제 때부터 굳어진 내조內朝만 중시하고 외조外朝를 경히 여겼던 전통을 바꾸었다. 무제는 많은 권력을 자신의 손에 쥐기 위해 실력이 뛰어난 새로운 인재들을 기용해 자신의 믿을 만한 수하로 삼았는데, 이들은 관직이 높지 않고 '천자의 빈객'이라는 현량들이었으며 '내조관內朝官'의 신분에 해당되었고, 무제가 허락한 엄청난 권력을 부여받았다. 일을 할 때도 황제의 직속으로 그들을 통해서 정책과 집행할 각종 명령을 결정했다.

또한, 여러 대신들의 수장이자 황제를 보좌하고 전국의 정무를 총관하는 승상을 중심으로 한 행정체계의 관리들은 '외조관'으로 그 역할은 그리 중요하지 않게 되어 그저 대기 인력에 불과했지만 선제 때에는 오랜 관습을 깨고 조정의 두 수장인 승상과 어사대부를 매우 신중하게 선발하여 나라를 다스리는데 보좌진으로 삼았고 어사대부를 승상의 '대기 인력'으로 두었다. 위상을 승상으로 삼으면 병길을 어사대부로 두고, 병길을 승상으로 삼으면 황패黃霸를 어사대부로 두었다. 또 황패를 승상으로 삼으면 우정국于定國을 어사대부로, 우정국을 승상으로 삼으면 진만년陳萬年을 어사대부로 삼았다. 한 사람이 물러나면 다음 사람이 바로 이어받는 체제를 정착시킨 것이다. 그들은 모두 직무에 충실했기 때문에 선제 때의 승상들은 모두 아름다운 끝맺음을 하였다.

당시 조정 관리의 선택은 각급 관리들이 층층이 선발하거나 주로 각 지방관이 매년 현량과 방정方正, 효제孝悌에서 각각 한 명씩 뽑으면 조정에서 관직을 내리는 구조였다.

예를 들어, 본시 원년(기원전 73년)에는 각 군국郡國에서 문학 성적이 뛰어난 사람을 한 명씩 선발했으며, 본시 4년(기원전 70년)에는 각 지역에서 현량과 방정을 한 사람씩 천거했다. 선제 때 유명했던 승상 위상은 현량으로 선발됐다가 무릉령茂陵令으로 임명되어 벼슬길에 오른 경우였다.

선제는 특별히 척사(刺史: 한, 당 시대 주州의 장관)와 군수의 임용을 중시했다.

"백성이 편히 지내며 즐겁게 일할 수 있는 것은 근심 걱정이 없기 때문이다. 짐과 함께 청렴결백하게 정무를 처리할 수 있는 자들은 2천 섬의 녹봉을 받는 군수들뿐이다."

그래서 선제는 조정에서 척사와 군수를 임명할 때 직접 대상자들을 만났으며, 그들의 정치적 업적을 정확하게 심사할 수 있도록 그들 스스로 '임기 책임장'을 쓰도록 하고 임기가 끝나면 책임장의 내용을 이행하지 못한 경우 강등이나 면직 처분을, 우수한 업적을 낸 자들에게는 표창이나 파격적인 선발을 감행했다. 이처럼 직책에 맞는 책임을 지도록 하는 제도가 바로 역사서에서 말하는 '순명책실循名責實'이다. 선제는 특히 하급 관리들 중에서 우수한 인재를 선발해 군수와 같은 고급 관리에 임명하려고 애썼다. 예를 들면, 윤옹귀尹翁歸는 일찍이 옥졸이었으나 훗날 동해東海 태수가 되었고, 한연수韓延壽는 처음엔 군문학郡文學이었으나 훗날 낙양 태수가 되었다. 장창張敞은 향유질鄕有秩과 태수의 하급 졸개였지만, 경조윤(京兆尹: 장안을 지키고 다스리는 관리)까지 올랐다.

선제는 하급 관리들에게 매우 너그러웠는데, 이는 그가 어린 시절 하급 관리들과 많이 접했기 때문이었다.

"하급 관리들이 하는 일은 모두 힘들고 거친 일이지만 받아가는 봉록은 매우 적소. 그러니 그들에게 백성을 착취하지 못하게 하는 것은 매우 어려운 일이오. 그러므로 1백 섬 이하의 봉록을 받는 관리들에게 15섬을 더 주도록 하시오."

선제는 많은 상을 내려 인심을 얻었다. 귀족 관리뿐 아니라 일반 백성에까지 이르도록 상을 베풀었다. 본기는 그가 재위한 25년 동안 스무 차례나 대대적인 상을 내렸으며, 때론 1년에 상을 3번까지도 내렸다고 기록하고 있다. 각 계층의 백성들에게는 봉황이나 신작神爵, 기린麒麟 등 영험한 동물이 나타났다는 이유로 상을 내렸고, 위로는 왕공 귀족부터 아래로는 홀아비나 과부 등 외로운 사람에게까지 큰 상을 내렸다. 제후에게는 황금이나 보물을 내렸으며 백성에게는 대부분 허작虛爵을 내렸다.

본시 4년(기원전 70년), 선제는 조서를 내렸다. '태관령太官令은 황제의 주방을 축소하고 생축의 도살을 줄일 것이며, 악부樂府는 악인樂人을 감원하여 그들이 고향에 돌아가 농사를 짓게 하라. 승상부터 도관영승(都官令丞: 장안의 각 부처에 있는 영승)까지는 어떻게든 풍작을 이뤄내 곡식을 많이 거두어 장안 관창으로 수송하라'고 명했다. 그렇게 모인 곡식을 빈민들에게 빌려주어 굶주린 백성들을 돕기 위함이었다. 평민 중에서 수레나 마차로 곡물을 실어 관내로 수송하는 사람은 검사를 면제받을 수 있는 통행증을 주었다.

지절 3년(기원전 67년), 선제는 변경의 거기장군과 우장군의 주둔병을 고향으로 돌려보내 농사를 짓게 하였다. 같은 해 전국의 소금값을 내려 오랜 세월 비싼 소금값으로 고통받던 백성들의 부담을 덜어주었다.

또한, 선제는 몇 번이나 국유지를 땅이 없는 빈민들에게 빌려주고 일할 수 있는 소와 씨앗까지 빌려준다는 조서를 반포했다. 또 군현 관리들이 직무를 게을리하지 못하도록 성실한 관리를 임명하였다. 각 지역(군국)에서는 유민이 돌아오면 관아에서 땅을 주고 종자를 빌려주게 하는 한편, 숙식을 해결해주기도 하였다. 나라의 땅을 빌려준 것이었지만 훗날 임대 기간이 길어지자 나라에서는 땅을 회수하지 않았다. 대신 매년 조세를 내도록 제도를 개편했다. 그 덕분에 땅을 빌린 빈농들은 자작농이 되었고 생산성도 더욱더 높아졌다.

본시 원년(기원전 73년), 전국적으로 그 해의 조세를 면제해주었다. 본시 3년, 큰 기근이 발생하자 재난 지역 백성들에게는 세금을 면제해주었고, 장안 일대 백성 중에서 다른 지역으로 식량을 구하러 간 사람은 세금뿐 아니라 요역도 면제해주었다. 이듬해 전국 49개 군국에서 지진이 발생하자 그해 재난 지역의 모든 조세와 요역을 면제해주었다.

지절 4년(기원전 66년), 선제는 조부모나 부모가 세상을 떠난 집안의 자녀, 손자의 요역을 면제해주어 그들이 효를 다하며 집안 어르신들의 장례를 마무리하도록 해주었다.

신작神爵 원년(기원전 61년), 선제는 행차하여 하동河東에 잠시 머물렀는데, 그 후 자신이 지났던 군현들에게 그해의 전조를 면제해주었다. 감로甘露 2년(기원전 52년), 전국적으로 성년에게 거두던 산부를 30전으로 감면시켜주었다(한나라 초기 산부는 매년 1인당 120전이었으나, 문제 때 40전으로 감면해주었다. 하지만 무제 때 다시 120전이 되었고 수변비(戍邊費:변경 수비비)의 명목으로 30전을 더 거두었다).

선제가 대대적으로 변화를 모색하자 각급 지방 관원들도 농업과 양잠업을 크게 장려하여, 농업 생산의 증대를 급선무로 여겼다. 선제는 또 자주 대신들을 전국으로 순시를 내보내고 농업 생산을 관리들의 심사 항목 중 하나로 삼았다. 그는 농업 전문가 채규蔡葵를 권농사勸農使로 임명하여 전국을 순시하며 농업 생산을 지도하도록 했다.

친정을 실시한 후 특히 농업을 중시했던 선제는 여러 가지 농업 보호 및 발전 정책을 시행하였고, 다년간의 노력 끝에 어느 정도 효과도 거두었다.

원강元康 4년(기원전 63년), 전국적으로 풍작을 거두어 곡물 가격이 크게 떨어져 곡물 1섬에 5천 전에 거래되었는데, 이는 한나라 역사상 가장 낮은 가격이었다. 곡물 가격이 너무 낮아 농민들이 손해보는 것을 막기 위해 대사농중승大司農中丞 경수창耿壽昌은 풍년으로 곡물 가격이 떨어지면 적당한 가격으로 곡물을 사들였고, 기근이 오면 원가로 곡물을 내다 파는 상평창常平倉을 만들었다. 선제는 경수창의 이런 업적을 크게 치하하며 그를 관내후關內侯로 삼았다.

편벽하고 빈곤한 지역의 재력과 물력을 증가시키기 위해 선제는 여러 차례 부호들을 이러한 지역으로 이주시켰다. 본시 원년 선제는 각 군현과 제후국의 관리와 백성들을 모집하여 재산이 1백만 섬 이상 되는 사람을 평릉平陵으로 이주하도록 했다. 평릉은 한 소제가 묻힌 곳이었다. 이듬해 봄, 선제는 또 천자가 개인적으로 재물을 넣어두는 수형전水衡錢의 재물을 평릉으로 이주한 사람들에게 하사해 큰 저택을 짓도록 해주었다. 많은 부호들이 이주하자 평릉은 순식간에 번성해졌다. 원강 원년(기원전 65년), 두현杜縣을 두릉杜陵으로 개명한 선제는 승상, 장군, 제후, 관리 등 2천 섬의 봉록을 받는 사람들을 이주시켰다. 1백만 섬 이상의 가산을 가진 사람들로 두릉을 채우게 한 것이다. 그들의 동기가 무엇이든 부호들을 빈곤 지역으로 이주시켜 현지의 경제를 발전시키고, 번영시킨 방법은 매우 놀라운 성과를 거두었다.

선제는 관리들에게 백성들에게 가혹한 정치를 펼치지 말고 너그럽고 인자하게 대하라고 여러 차례 요구했다. 그럼에도 불구하고 지방 관리들이 겉으로는 명을 따르는 척하면서 뒤로는 교묘한 명목을 만들어 백성들에게 여전히 가혹하게 굴었는데, 선제는 이를 막기 위해 원강 4년과 오봉五鳳 4년(기원전 54년), 여러 차례 조정의 중신들을 지방으로 내려보내 면밀히 조사하게 하는 한편, 우수한 인재를 선발하기도 하고, 특히 법에 근거한 공평한 법 집행을 강조하였다.

사예교위司隸校尉 개관요蓋寬饒, 경조윤 조광한趙廣漢, 좌풍익左馮翊 한연수, 평통후平通侯 양운楊惲 등은 당시 지위가 높은 관리였지만 모두 중죄를 지어 사형에 처해졌는가 하면, 가혹한 법 폐지와 억울한 옥사의 사건 심리에도 여러 차례 직접 참여했다고 한다. 지절 3년(기원전 67년), 선제는 정위평廷尉平이라는 관직을 만들어 형벌과 징역, 사건의 평가와 재심리를 담당하도록 하여, 법 집행이 합당하게 이루어지도록 제도적인 기틀을 마련하였다.

지절 4년(기원전 66년)에는 부부, 부자, 조부모와 손자를 함께 벌하는 연좌제를 폐지하고, 죄를 지은 사람의 직계가족이 그를 숨겨주어도 벌을 받지 않도록 해주었다. 선제는 이것이 인륜과 혈육의 정에 더 부합한 행동이라 여겼으며, 재위 기간 동안 10번 가량 전국적인 대사면을 실시했다. 이것은 황제의 넓은 아량과 어린 시절 겪었던 감옥 생활의 경험이 이러한 결정에 어느 정도 영향을 미쳤을 것이다.

선제 재위 때에 있었던 또 한 가지 중대한 사건은 바로 호한야呼韓邪 선우單于 계후산稽侯珊이 한나라에 복속된 일이다. 선제가 막 즉위했을 무렵 흉노는 오손烏孫을 침략했다. 오손은 흉노를 감당해낼 수 없게 되자 한나라에 원조를 요청했다. 본시 2년(기원전 72년), 선제는 어사대부 전광명田廣明을 기연祁連 장군으로 삼아 4만여 명의 기마병, 도요장군 범명우, 전 장군 한증韓增, 후장군 조충국趙充國은 포류蒲類장군으로, 운중云中 태수 전순田順으로 호아장군을 삼아 각각 3만여 기병을 통솔하게 하고, 서하西河, 장액張掖, 운중, 주천酒泉, 오원五原에서 2천여 리 떨어진 곳까지 보내 흉노족을 정벌하였다. 또한 5만여 명의 기마병을 이끈 오손은 흉노족의 서쪽에서 치고 들어갔다. 20만 대군이 흉노족을 압박해 들어간 것이다. 흉노족은 그 소문에 간담이 서늘해져 노인과 어린이를 도피시키고 가축들을 몰고 멀리 나가 숨겼다. 대규모의 전쟁이 끝난 후 흉노족 중 죽거나 다쳐 떠난 자와 멀리 보내거나 죽은 동물이 부지기수였다고 한다.

그해 겨울 흉노의 호연제壺衍鞮 선우는 1만 명의 기병을 이끌고 다시 오손을 공격했으나, 때마침 큰 눈이 내려 백성과 가축들이 얼어 죽어 살아 돌아온 자는 10분의 1에 불과하였다. 그 기회를 틈타 이웃 나라들은 흉노를 공격하였다. 정령丁令은 북쪽을 공격했고, 오환烏桓은 동쪽을, 오손은 서쪽을 치고 들어갔다. 흉노는 백성과 가축에 이르기까지 엄청난 손실을 입고 속국들도 와해되거나 오히려 흉노를 공격하기도 하였으니 국력이 날로 쇠약해졌다.

신작 2년(기원전 60년) 당시 재위에 있던 허려권거虛閭權渠 선우가 세상을 떠나자 그의 아들인 계후산이 다음 선우를 계승하였으나, 전거 알씨顓渠閼氏와 그 동생 도융기都隆奇는 제멋대로 우현왕右賢王 도기당屠耆當을 악연구제握衍朐鞮 선우로 세우고 그를 제거하려 하자, 계후산은 장인 오선모烏禪慕가 살고 있는 북지(北地: 북쪽 지역)로 도망쳤다. 계후산은 워낙 재능이 뛰어난데다 선우의 후예였기 때문에 북쪽 흉노 귀족들의 존경과 지지를 받았다. 그러나 악연구제는 포악한데다 살육을 일삼아 흉노족 내부에서도 백성들의 불만과 반대를 불러일으켰다.

신작 4년(기원전 58년), 북쪽 지역의 흉노 귀족과 오선모는 그 틈을 타 계후산을 호한야 선우로 옹립시키고, 즉시 악연구제에 대한 공격을 감행했다. 악연구제는 안으로는 민심을 잃고 밖으로는 도와줄 사람이 없어 결국 스스로 목숨을 끊었다. 호한야 선우가 선우정單于庭으로 돌아와 정국을 정비하고 생산을 회복하고자 하였으나, 우현왕에게로 도망갔던 도육기가 다시 악연구제의 사촌형 일축왕日逐王을 도기 선우로 삼고 군대를 일으켜 호한야를 공격해왔다. 미처 손쓸 틈이 없었던 호한야는 전쟁에서 패하고 도망쳤다. 그러나 승리한 도기도, 힘 있는 통치를 베풀지 못하고 중상모략만 믿고 함부로 사람을 죽여 여기저기서 그를 배신하고, 스스로 선우로 칭하는 자들이 많았다.

서쪽은 호게呼揭 선우, 동쪽은 차리車犁 선우와 오적烏藉 선우가 급조되었고, 도기 선우와 호한야 선우가 이미 있었으니, 역사상 '다섯 선우의 대립'이 극에 달했는데, 그때가 바로 오봉 원년(기원전 57년)이었다. 다섯 선우가 한 부족씩을 이끌고 서로 싸우니 전쟁이 멈추지 않았고 수도 없이 많은 사람이 죽어나가고 남은 가축은 구경조차 하기 힘들었다. 백성들은 배고픔에 허덕이다 사람을 잡아먹는 처참한 지경이었으나, 호한야 선우의 형인 좌현왕左賢王 호도오사呼屠吾斯가 또다시 동쪽에서 스스로를 질지골도후郅支骨都侯 선우라 칭하고 일어난 것이 아닌가? 질지골도후 선우는 군대를 일으켜 호한야 선우를 치고 선우정과 고비 사막 왼쪽의 광활한 지역을 점령하였다.

호한야 선우가 토벌에 실패하면서 흉노족 조정에서는 격렬한 논쟁이 벌어졌고, 결국 한나라의 신하가 되자는 결론을 내렸다. 감로 원년(기원전 53년), 호한야 선우는 우현왕 수루거당銖婁渠當을 한나라 조정에 보내 한나라를 형님의 나라로 모시도록 하였다. 감로 2년 겨울, 호한야 선우는 오원새五原塞에서 머리를 조아렸다. 나라의 보물을 손에 들고 이듬해 정월 장안으로 가서 한나라 황제를 배알하겠다는 뜻을 표한 것이다. 그러자 선제는 관련 부서에서 예를 의논해 정하라는 조서를 내렸다. 관련 대신들은 모두 제후를 접대하는 예보다는 한 단계 낮은 예로 대하자고 했지만, 선제는 그 자리에서 결단을 내렸다.

"빈객의 예로 대접하되 예우는 제후왕보다 높게 하라."

감로 3년 정월, 한 선제는 거기도위 한창韓昌을 특사로 보내 오원군에서 선우를 영접하게 하였다. 그리고 선우가 지나게 될 오원, 삭방, 서하, 상군, 북지, 풍익, 장안에 이르는 군에서는 2천 명의 기병이 길가에 쭉 늘어서 도열함으로써 수비와 함께 호한야 선우에 대한 환영 의사를 표하였다. 호한야 선우 계후산은 자신을 왕이 아닌 속국의 신하인 번신藩臣으로 낮추었고 선제 역시 예의로서 호한야 선우를 대하며, 자신을 알현할 때는 이름을 따로 말할 필요 없이 번신으로 하라는 조서를 내렸다. 그리고 '흉노 선우 옥새'를 하사하여 그가 흉노에서 가장 고귀한 자임을 인정해주었다. 또 호한야 선우에게 관모와 옷, 마차와 말, 안장과 활, 황금과 비단 등의 물품도 하사했다.

그날 저녁 호한야 선우는 장안 장평관長平館에서 머물렀다. 황궁에서 장평관까지 오는 동안 한나라 황실의 백무대관과 흉노의 측근들은 물론, 곳곳에서 온 오랑캐 부족의 우두머리, 제후 등 수만 명의 사람들이 거리에 늘어서 그를 영접했다. 선제도 특별히 그와 함께 걸어나와 성대한 예로써 대접했다. 2월, 호한야 선우 계후산은 본국으로 돌아갔는데, 떠나기 전 광록새光祿塞에서 기거하면서 위급한 사태가 발생하면 자신이 한나라의 수항성受降城을 지키겠다는 뜻을 전했다. 선제는 그의 청을 받아들여 장락위위長樂衛尉 고창후高昌侯 동충董忠과 거기도위 한창 등에게 1만6천여 명의 기병을 보내 호한야 선우를 호송해주도록 하였다. 선제는 정치 · 군사적으로 호한야 선우를 지지했을 뿐 아니라 경제적으로도 대대적인 지원을 아끼지 않아, 몇 차례 보낸 미곡이 총 3만4천 휘斛에 달했다고 한다. 호한야 선우를 적대시했던 질지골도후 선우는 대세가 상대에게로 기울자 호한야 선우에게 더 이상 상대가 안될 것이라 여겨 스스로 군대를 이끌고 서쪽으로 멀리 떠나버렸다. 그때부터 흉노족도 안정을 찾을 수 있었다.

신작 2년(기원전 60년), 흉노의 일축왕 선현탄先賢撣의 무리가 한나라에 귀속되었다. 일축왕은 당시 서역 대부분의 지역에 영향력을 행사했던 사람이다. 게다가 당시 한나라 군대는 서역의 문호인 차사車師를 점령하고 있었기 때문에, 선제는 그 유리한 기회를 이용해 이듬해에는 서역에 도호부都護府를 설치하였다. 그리고 서역 업무에 능숙한 정길鄭吉을 '선선(鄯善: 한나라 때 서역 제국의 하나)의 서쪽을 지키는 사자'로 임명해 선선 서남쪽을 관리하도록 하였다. 그래서 이를 '도호'라고 불렀다. 그 후 '서역도호'는 한나라 왕조에서 서역의 군사 정치 업무를 관리하는 전권을 위임받아 파견된 최고 장관으로 정식 벼슬의 명칭이 되었다. 서역도호는 흉노에서 과거 서역에 파견했던 동복도위僮僕都尉를 대체한 것으로 도호부는 오루성烏壘城에 설치했다. 서역도호가 관할했던 '나라'의 범위는 초기 36개였지만, 훗날 분열을 거치면서 애평哀平 때에는 50여 개로 늘어났다. 이들 소국들은 계속 기존의 이름을 사용했으나 실제적으로는 내지의 군현과 차이가 없었고, 서역도호관의 녹봉도 2천 섬으로 내지의 군수와 비슷하였다.

한나라 왕조의 법령은 서역도호부 성립 후에는 이곳에서도 실시되었다. 반고는 한 왕조의 서역 개척과 경영은 장건張騫 때 시작되어 정길에서 결실을 맺었으며, 총 80년의 세월이 걸렸다고 평가하였다.

황룡黃龍 원년(기원전 49년), 선제가 붕어했다. 그의 나이 44세로 재위한 지 25년째 되는 해였다. 한 무제가 매년 정복 전쟁으로 백성들의 힘을 다 소진하였을 때, 소제가 즉위하여 10여 년간 회복을 도모했었다. 그 뒤를 이어 즉위한 선제는 일련의 조치들을 통해 농업 생산을 회복시켰고 겸손히 신하들의 간언을 채택하였으며, 잘못된 송사를 바로잡고 처벌을 완화하였다.

그는 재위 기간 동안 적절하게 인재를 활용했기 때문에 각급 관리들이 모두 직무를 다했으며, 백성들도 편안한 생활을 하며 자신들의 일을 성실히 했다고 한다. 전쟁이 적어 농업 경제가 빠른 속도로 발전하였고, 상업과 수공업도 발달했다. 선제 때 장인들의 기술은 원제元帝나 성제成帝 때 만든 공예품보다 정교하기 그지없다. 소제와 선제가 근 40년간 백성들의 부담을 줄이고 나라의 힘을 회복시키면서, 무제 말년 잠시 정체되었던 한나라의 경제는 다시 중흥을 맞이하게 되었다. 이런 이유로 역사에서는 이 시기를 일컬어 '소선중흥기昭宣中興期'이라고 한다.

漢書 들여다보기

알자謁者는 춘추전국시대부터 생겨난 벼슬의 명칭으로 진·한 때에도 이 벼슬은 계속 유지되었다. 그들은 주로 천자의 명령을 전하는 임무를 맡았다.

유순

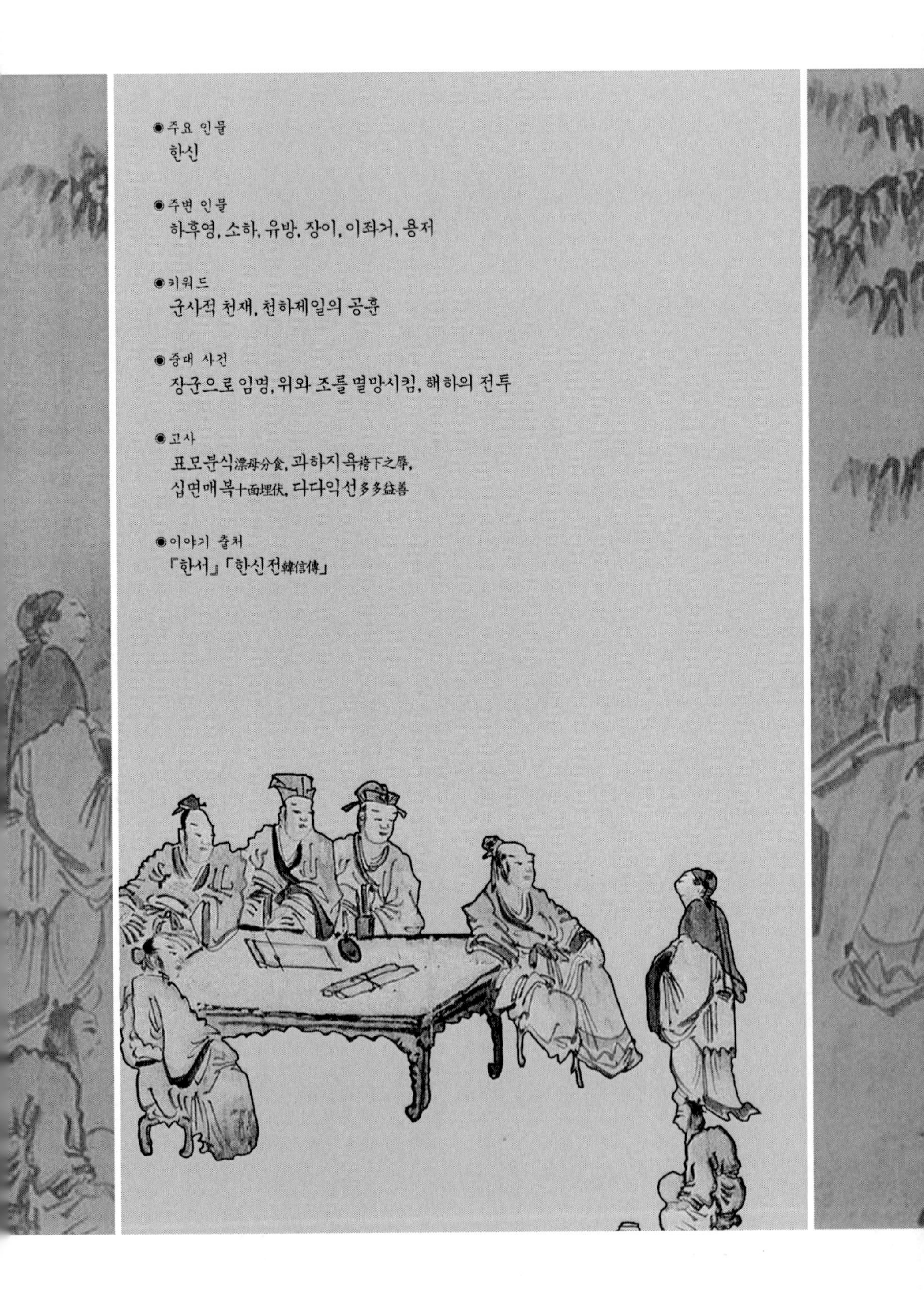

◉주요 인물
한신

◉주변 인물
하후영, 소하, 유방, 장이, 이좌거, 용저

◉키워드
군사적 천재, 천하제일의 공훈

◉중대 사건
장군으로 임명, 위와 조를 멸망시킴, 해하의 전투

◉고사
표모분식漂母分食, 과하지욕袴下之辱,
십면매복十面埋伏, 다다익선多多益善

◉이야기 출처
『한서』「한신전韓信傳」

韓信

한신 : 한나라의 개국공신

회음淮陰 사람 한신은 어려서 아버지를 잃고, 훗날 어머니마저 가난과 병마 속에서 여의고 말았다. 집안이 너무 곤궁한데다 관리로 추천받을 만한 훌륭한 행실도 없었고 생계를 꾸릴 줄도 몰라, 이웃들에게 밥을 얻어먹으며 살았다. 빈한한 한신이 가장 많이 찾아갔던 집은 남창 정장南昌亭長의 집이었다. 하지만 너무 자주 찾아오는 한신이 귀찮아진 정장의 아내는 일부러 밥 먹는 시간을 바꿔 날이 밝자마자 아침을 먹었다. 그래서 한신이 도착할 때쯤엔 이미 식사가 끝난 뒤였다. 그 뒤로 한신은 정장의 집에 가지 않았다. 하루는 한신이 물가에서 고기를 잡고 있는데 배가 너무 고파서 식은땀을 줄줄 흘렸다. 그때 옆에서 비단을 빨던 아주머니가 빨래하는 열흘 동안 한신에게 먹을거리를 나누어주자

〔漂母分食〕 한신이 감동하여 말했다.

"나중에 이 은혜를 꼭 몇 배로 갚겠습니다."

하지만 아주머니는 사내대장부가 제 몸 하나도 건사하지 못하는 것이 불쌍해서 남는 밥을 나누어준 것이니 보답 같은 것은 바라지 않는다고 하였다.

어느 날 어린 한신이 저잣거리를 걷고 있을 때 한 악동이 많은 사람들 앞에서 일부러 한신의 길을 막아섰다.

"한신, 넌 덩치가 크고 검을 차고 다니는데, 겁장이가 아니라면 어디 그 검으로 내 가슴을 찔러보라구. 그런 배짱이 없다면 넌 내 가랑이 밑으로 기어가거라, 그렇지 않으면 오늘이 네 제삿날이 될 줄 알아라!"

한신은 손에 검을 쥐고 그 악동을 쳐다봤다. 그리곤 두 말 없이 소년의 가랑이 사이로 기어갔다. 거리의 사람들이 비웃었지만 한신은 아무 일도 없었다는 듯 유유히 사라졌다. 훗날 한신이 공을 세워 이름을 날리자 '가랑이 밑을 긴다'는 '과하지욕袴下之辱', 혹은 '과하장군'이라는 말이 알려졌는데, 큰 일을 이루기 위해 치욕을 참는 사람의 대명사로 사용되었다.

어느덧 시간이 흘렀을 때 한신은 항량이 강동의 젊은 병사 8천 명을 이끌고 서쪽으로 강을 건너갔다는 소식을 들었다. 그는 불타는 가슴을 안고 항량을 찾아갔으나 전혀 눈에 띄는 인물이 아니었다. 항량이 정도에서 전사한 후 한신은 계속 항우의 부대에 남아 있었지만 보초를 서는 병사의 곁을 호위하는 창 든 낭중의 자리에 배치받았을 뿐이었다. 이 기간 동안 한신은 몇 번이나 항우에게 계략을 짜 올렸지만 항우는 들은 척도 하지 않았다. 이후 항우의 군대가 관중에 입성하고 유방이 한왕에 봉해지자 한신은 유방에 몸을 의탁하게 되었다. 하지만 곡창의 회계인 연호連敖일만 볼 뿐 이름을 알릴 기회는 좀처럼 오지 않았다. 한 번은 한신이 군법을 어겨 공범 13명과 함께 목이 달아나는 사태가 벌어졌다. 망나니의 칼이 자신의 면전에 이르자 한신은 참수대를 보고 있는 등공 하후영을 향해 소리를 질렀다.

"한왕께선 천하를 차지하려 하지 않으십니까? 그런데 왜 장수의 목을 베려 하십니까?"

하후영은 깜짝 놀라 한신의 모습을 자세히 살폈다. 출중한 외모에 비범한 기개가 느껴졌다. 하후영은 즉시 한신을 풀어주라 명했다. 그는 한신과 이야기를 나눈 후 생각지도 못한 수확에 기뻐하며 즉시 소하와 유방에게 그를 추천했다. 유방은 한신을 치속 도위로 임명했지만 특별히 중요하게 쓰지는 않았다. 그러나 다행이었던 것은 인재를 볼 줄 알았던 소하가 한신과 교분을 쌓으면서 남들과 비교할 수 없는 한신의 놀라운 재능을 알아보았고, 그를 유방에게 여러 차례 추천하였다. 그러나 유방은 소하만큼 주의를 기울이지 않았다. 유방이 한왕으로 봉해져 함양에서 한중으로 이동할 때 고향이 산동이었던 수많은 병사들이 유방을 따라가지 않으려고 탈주를 감행했다. 그때 한신도 한나라 진영을 떠났다. 소하가 그 소식을 듣고 유방에게 보고조차 하지 못한 채 급히 혼자 말을 타고 밤낮없이 한신을 쫓아갔는데, 누군가 오해하여 소하가 도망쳤다고 유방에게 알리자, 유방은 그 말에 한동안 정신을 차리지 못했다. 며칠 후 소하가 돌아와 유방을 알현했다. 유방은 마음이 놓이면서도 화가 나서 욕을 퍼부으며 물었다.

"어디를 간 것이냐?"

한신을 잡으러 갔었다는 소하의 대답에 유방은 의심과 분노가 한꺼번에 밀려와 호통을 쳤다.

"누굴 속이려는 게냐? 장수들 중에서 도망친 사람만 벌써 수십 명이거늘, 그중에 한신을 잡으러 갔다고?"

소하가 대답했다.

"다른 장수들은 도망을 쳐도 대세에 큰 영향을 주지 않으니 따라갈 필요가 없었사옵니다. 그러나 한신은 이 땅에 둘도 없는 자이므로 다시는 이런 자를 찾을 수 없을 것이옵니다. 그래서 죽음을 무릅쓰고 그를 다시 데리고 왔습니다. 주군께서 한중에만 뜻이 있다면 한신은 필요 없겠지만, 천하를 손에 넣으실 생각이라면 한신 외에 그런 중임을 맡을 자가 없을 것이옵니다."

유방은 반신반의했지만 소하의 체면을 생각해서 마지못해 약속했다.

"그럼, 내 그를 장군으로 임명하겠소."

소하가 보통 장군으로는 그를 잡을 수 없을 것이라고 대답하자, 유방은 이를 갈며 대답했다.

“그럼, 대장군은 어떻소?”

소하는 고개를 조아려 감사 인사를 했다. 유방은 한신을 불러오도록 사람을 보내려 했지만 소하가 말렸다.

“대장군을 모시는 것은 어린아이를 부르는 것과는 전혀 다릅니다. 그렇게 대충하셔서는 아니 됩니다. 좋은 날, 좋은 시를 택하여 재단을 마련하고 장군을 모시는 성대한 의식을 치르시는 것이 좋을 듯하옵니다.”

유방이 정중하게 의식까지 치르며 대장군을 모신다고 하자, 장수들은 저마다 자신이 가장 적합한 사람이라 생각하며 우쭐해하다가 한신이 대장군으로 임명되자, 모두들 깜짝 놀랐다. 한신을 대장군으로 삼은 후에도 확신이 없었던 유방은 한신을 시험해보고 싶어 안달이 날 지경이었다.

“소 승상이 여러 차례 자네를 추천했었네. 어디 지금의 시국이 어떠한지, 우리가 어떤 책략을 써야 할지 설명해보게!”

한신은 바로 대답하지 않고 유방에게 반문했다.

“지금 한나라 군대가 동쪽으로 진격해 천하를 거머쥐려 한다면 가장 큰 적은 항우겠습니까?”

유방이 대답했다.

“그렇다네.”

한신이 다시 물었다.

"주군께서 직접 비교해보십시오. 주군께선 용맹함과 인자함, 결단력이 항우와 비슷하다고 보십니까?"

잠시 생각에 잠겨 있던 유방이 한숨을 내쉬었다.

"난 항우만 못하네."

이렇게 한신은 몇 개의 단도직입적인 질문으로 유방의 오만한 심리를 꺾어버리고 자신의 약점을 정확히 인식하도록 했다. 그 후 한신은 간단명료하게 유방과 항우의 장단점을 분석하고 단점을 장점으로 바꿀 수 있는 방법을 알려주었다.

"주군께서는 영명하시나 자신에 대해 너무 모르십니다. 소신도 그 점에 있어서는 군주께서 항우보다 못하시다 보옵니다. 소신 항우의 부대에도 있었기 때문에 그에 대해 잘 알고 있습니다. 항왕이 호통을 치면 수많은 사람들이 놀라서 벌벌 떨지만, 항왕은 지혜롭고 능력 있는 인재를 쓸 줄 모릅니다. 그러니 그 실력은 범부의 용기에 지나지 않습니다. 그는 평소 부하들에게 다정하게 말을 건네며 깊은 관심을 쏟습니다. 누구든 병에 걸리거나 다치면 눈물을 흘리며 밥과 물을 가져다 줄 정도지요. 이것은 하찮은 인정에 불과합니다. 그러나 누군가 큰 공을 세우면 관인을 자기 손에 쥐고 주물럭거리며 그 공을 나누려 하지 않고 약속을 지키지도 않으며 측근들만을 제후로 삼으니, 사람들의 불만이 많습니다. 게다가 의제를 내쫓고 앞장서서 옛 군주를 배반하니 여러 제후들이 이를 본받아 마음대로 땅을 빼앗아 스스로를 왕이라 칭하고 천하가 안녕을 누리지 못하고 있습니다. 항왕은 일단 공격했다 하면 그 지역을 제멋대로 도륙하니 그 잔인함에 천하 백성들이 모두 그를 미워합니다. 다만, 그의 난폭함이 두려워 울분을 참고 있으며, 항왕이 패왕이라 불리나 민심을 잃었으니 강해 보여도 쉬이 약해질 것입니다. 그러니 주군께서는 그 반대로만 하시면 됩니다. 과감하게 천하의 용사들을 기용한다면 누군들 멸하지 못하겠습니까? 천하의 성읍과 봉지를 공로가 있는 대신에게 주신다면 누군들 복종하지 않겠습니까? 인의를 외치는 자들을 부추기시고 간절히 동쪽으로 돌아가길 바라는 군사들의 마음을 이용하신다면 강한 적인들 어찌 아군을 막을 수 있겠습니까?"

잠깐의 대화였지만 한신의 이야기는 유방의 마음에 쏙 들었다. 심지어는 '왜 이제야 한신을 만났나?' 하는 아쉬움까지 들었다.

한신은 계속 말을 이어갔다.

"항우는 삼진을 분봉할 때 과거 진나라의 패장들을 왕으로 삼았으나, 그들의 휘하에서 셀 수도 없는 젊은이들이 죽어갔습니다. 세 사람이 항우에게 투항했을 때도 20만 명의 부하는 항우에게 생매장을 당했지만, 그들 세 사람은 목숨을 보존하였습니다. 그래서 진나라의 노인들은 항우에 대한 미움이 뼛속까지 사무쳐 있습니다. 그런데도 그 세 사람을 삼진의 왕으로 세웠으니 백성들이 절대 동의하지 않을 것이옵니다. 하지만 주군께서는 무관으로 들어가신

후 군대의 규율을 엄히 하여 추호의 실수도 없었으며 진나라의 가혹한 법령도 폐지하셨고, 약법삼장을 제안하시어 현지 백성들은 주군께서 그곳의 왕이 되어주시기를 바랄 것이며, 회왕과 제후들의 약속대로 한다 해도 주군께서 과거 진나라 땅의 새 왕이 되셔야 하지 않습니까? 이 점은 관중의 백성들도 다 알고 있습니다. 지금 주군께서 당연히 얻어야 할 직위를 잃고 한중으로 밀려나시니 관중의 백성들도 모두 이를 원통하게 생각하고 있사옵니다. 그러니 주군께서 군사를 일으키시겠다고 결정을 내리시면 삼진 지역은 격문 하나만 띄워도 곧 평정될 것이옵니다."

한신은 이렇게 항우와 유방의 심리부터 행동까지 장단점을 분석하며, 단점을 보완하고 장점을 최대한 살릴 구체적인 방법까지 알려주었다. 이것은 한신의 실력에 대한 유방의 의심을 말끔히 제거해주었을 뿐 아니라, 동쪽으로 진군하려는 유방의 결심도 굳건히 다져주는 계기가 되었다. 천하의 일을 한 마디로 정리할 수 있었던 것은 한신의 정치적인 통찰력과 군사적인 재능이 뒷받침되었기 때문이었다.

유방과 한신의 이 역사적인 만남으로 유방은 믿을 수 있는 군사적인 천재를 얻었고, 한신은 자신의 재능을 마음껏 펼칠 수 있는 지위와 기회를 얻었으므로, 두 사람 모두에게 큰 행운이었다고 할 수 있다.

유방은 즉시 한신의 계략을 이용해 잔도를 복구하는 척하면서 몰래 진창을 넘어 보계寶鷄 일대로 나아갔다. 즉, 한중의 옛길로 공격하지 않고 한중의 험준한 정북쪽으로 출정했던 것이다. 그 덕분에 생각보다 훨씬 더 빨리 삼진 지역을 되찾을 수 있었다.

이어서 항우가 직접 군대를 이끌고 제나라를 정벌하러 나간 틈을 타, 대군을 이끌고 함곡관을 지나 곧장 항우의 도읍이 있던 팽성을 공격하여 점령했다. 그러나 항우가 그 소식을 듣고 회군하여 팽성을 되찾았고, 유방은 대패하여 숨돌릴 틈도 없이 형양까지 도망을 쳤다. 이때부터 몇 년간 유방과 항우의 대치가 이어지는 동안 한신은 명을 받고 홀로 북쪽 지역의 한 부대를 이끌고가 영토를 확장시켰다. 첫 번째 싸움은 황하 동쪽 강변에 있는 위나라로 쳐들어갔다. 위왕은 강력한 군대를 배치하여 임진을 굳게 지킴으로써 한나라 군대가 황하를 건너오지 못하도록 하였다. 한신은 지형을 관찰한 후 상대방의 계략을 역이용하여 상대를 공격하는 장계취계를 썼다. 많은 군사들이 황하를 건너 임진을 공격할 것처럼 위장한 다음 몰래 상류에 있는 하양으로 군사를 보내, 그곳에서 넓은 나무통을 이용해 몰래 황하를 건넌 후, 위나라의 도성인 안읍安邑을 공격하고 위왕을 포로로 잡았던 것이다. 병사를 어찌나 신속, 정확하게 움직였는지, 유방과 그 부하 장수들이 입을 다물지 못했다고 한다.

얼마 후 유방은 다시 장이張耳와 한신을 북으로 출정시켰고, 그들은 너무나 쉽게 대 지역을 함락시켰다. 전황을 보고받고 유방은 속으로 놀라면서 또 다른 문제가 생기지 않도록 준비할 작전을 세웠다. 즉시 한신의 정예부대는 형양 일대로 보내 유방의 지휘를 기다리게 하고, 5만 명의 늙은 패잔병만 한신에게 주어 동쪽의 조나라를 치라는 명을 내린 것이다.

한나라 장군이 자신들을 공격할 것이란 말을 들은 조왕과 성안군成安君 진여陳余는 한신의 부대가 조나라에 들어오기 위해서는 반드시 지나야 하는 정형구井陘口에 군대를 집결시켰는데, 20만 대군이나 되었다. 조나라의 광무군廣武君 이좌거李左車는 진여에게 이렇게 건의했다.

"한신은 위나라와 대나라를 함락시키고 승리의 여세를 몰아 조나라로 쳐들어오고 있습니다. 정예부대이니 막을 수가 없겠지요. 그러나 한나라 군대는 먼 거리를 행군했으니 양식이 매우 부족할 것입니다. 게다가 정형구는 산길이 험준하고 좁아 수레가 오갈 수 없으니 군량미를 공급하는 수송부대는 멀리 부대의 후방에 배치되어 있을 것입니다. 제게 3만 명의 병사를 주시면 지름길로 가서 한나라의 군량미가 들어가는 것을 막고 퇴로를 단단히 차단하겠습니다. 장군께서는 정형구로 가셔서 골짜기가 깊고 절벽이 높은 유리한 지형을 찾아 굳게 수비만 하십시오. 그러면 한나라 군대는 진격도 후퇴도 하지 못할 것입니다. 곡식이 끊어지면 군사들은 싸우지 않아도 스스로 무너질 것이니, 그때 저희가 불시에 습격한다면 한신과 장이도 쉽게 잡을 수 있지 않겠습니까?"

진여는 병서만 달달 외웠기 때문에 전쟁을 지휘하는 법 따위는 잘 몰랐으므로, 이좌거의 건의를 듣고 분명하게 말했다.

"병법에서 말하기를 적보다 10배가 많으면 포위할 것이요, 2배가 많으면 공격하라 했네. 지금 한나라 병사들은 몇 만이라고 하지만 사실은 몇천 명에 불과하네. 게다가 먼 길을 오느라 이미 힘이 다 소진되었을 것이네. 이렇듯 피곤에 지친 병사들도 정면으로 공격하지 못한다면 앞으로 더 강한 적을 만났을 때 어찌 승리하겠는가?"

이렇게 이좌거의 현명한 의견은 한마디로 묵살되고 말았다. 한신은 진여가 정면으로 맞설 것이라는 소식을 들은 후, 군대를 이끌고 정형구로 갔다. 부대가 정형구에서 30리쯤 떨어진 곳에 도착하자, 그 자리에 주둔하라는 명을 내린 후, 밤이 되자 한신은 2천 명의 기마병을 선발하여 한 사람마다 붉은 깃발을 들게 한 다음, 몰래 산으로 올라가 관목 숲에 숨어 있도록 했다. 새벽 무렵 한신은 모든 병사들을 깨우고 사병들에게 먹을 것을 조금 먹였다. 그리고 진여의 부대를 멸하고 나서 아침식사를 제대로 하자고 소리쳤다. 한신이 출발 명령을 내렸다. 부하 무관들은 전쟁을 마치고 식사를 하자는 말이 영 믿기지 않았지만 감히 토를 달지는 않았다.

한신은 1만 명의 병사를 선두 부대로 삼아 정형구를 나가 동쪽에 있는 강을 건넌 후 강의 동쪽 기슭에 배수진을 쳤다. 진여는 그 모습을 보고 한신은 기본적인 군사 상식도 없다고 비웃었다. 이어서 한신은 대장의 깃발을 펼치고 의장대의 북을 울렸다. 시끌벅적하게 정형구를 통과하자, 한신의 부대가 거의 다 온 것을 지켜본 진여는 조나라 군대에게 출정을 명령했다. 두 나라의 군대는 강 동쪽 기슭에서 필사적인 결투를 벌였다. 한참 동안 싸운 후 한신의 부대는 뒤로 후퇴했고, 여기저기 버려진 무기들이 보였다. 그러자 진여는 조나라 군대를 총출동시켰다. 한신이 이끄는 한나라 군대를 일거에 섬멸하려는 속셈이었다.

이때 등 뒤에 강이 있는 한신의 부대는 퇴로가 없으니 죽을힘을 다해 조나라 군사들을 막아냈다. 진여의 부대는 결국 한 발자국도 전진할 수 없었다. 양쪽 진영이 격렬하게 전투를 벌이고 있는 시각, 전날 밤 산 위에 매복했던 2천 명의 한나라 기병은 날듯이 말을 달려 조나라 진영으로 쳐들어가 조나라의 푸른색 깃발을 뽑고 한나라의 붉은 기를 조의 진영에 꽂았다. 한나라와 몇 시간째 격전을 벌이던 조나라는 더 이상 이길 희망이 없자 군사를 철수시키려고 했다. 그러나 자신의 진영에 한나라의 붉은 깃발이 가득 꽂혀 있는 것이 아닌가? 순간 군대는 혼란에 빠졌다. 조의 진영이 함락되고 사령관이 사로잡혔다고 생각한 것이다. 한신은 그 기세를 몰아 군사를 지휘해 협공했다. 조나라 군사들은 뿔뿔이 흩어졌고 진여는 그 자리에서 목숨을 잃었다. 조나라 왕 헐歇은 한나라 군의 포로가 되었다.

전투가 끝나자 한신은 주연을 베풀어 공을 축하했다. 수하의 장수들은 한신에게 축하주를 올리며 가르침을 구했다.

“병서에서는 진을 칠 때는 오른쪽이나 뒤로 산을 끼고, 앞이나 왼편에는 강이나 호수가 오게 해 앞으로 공격하고 뒤로 지키라고 하고 있습니다. 그러나 장군께서는 저희에게 배수진을 치게 하셨는데, 그 연유가 무엇입니까?”

한신이 웃으며 대답했다.

“자네들은 병서를 자세히 읽지 않았구먼. 병서에는 ‘목숨이 위태로워지면 살아날 것이요, 멸망할 자리에 내몰리면 다시 일어날 것이라陷之死地而後生, 置之亡地而後存’는 책략도 있네. 사실 우리 한나라군은 정예병을 주군께서 데리고 가셨기 때문에 전투 경험이 없는 신병들이 대부분인 오합지졸들로 적군과 전투를 벌일 형편이었으니 이런 병사들이 죽을 각오를 하고, 각자의 전투력을 충분히 발휘하여 싸우려면 배수진을 칠 수밖에 없었네. 안 그랬다면 그들은 모두 도망쳐버렸을 것이네.”

장수들은 그 말을 듣고 마음속으로부터 한신의 실력에 무릎을 꿇었다.

한신은 이미 이좌거가 흔히 볼 수 없는 지략이 뛰어난 인재라는 사실을 알고 있었다. 그래서 전쟁을 벌이기 전 현상금까지 내걸어 그를 생포해오라는 명령을 내렸다. 과연 전투가 끝나자 한 병사가 이좌거를 한신의 장막으로 데리고 와 상금을 받아갔다. 한신은 이좌거를 보자마자 황급히 그 속박을 풀어주고 상석에 앉게 했다. 스승을 모시는 예로 모시며 겸허히 이좌거의 가르침을 구한 것이다.

한신이 먼저 입을 열었다.

"저는 장이 장군과 함께 위나라와 조나라를 쳤던 기세를 몰아 대와 연을 치려고 합니다. 그런 다음 제나라를 공격하려 하는데 어떻게 하는 것이 좋겠습니까?"

이좌거는 한 번 사양했지만 한신이 너무나 간절히 가르침을 구하자 마지못해 대답했다.

"장군은 지혜와 용기로 위나라를 치고 위왕 표를 생포했으며, 대나라 상국인 하열夏說을 생포하셨습니다. 또 하루 만에 조나라 20만 대군을 정형구에서 무찌르시고 진여를 죽였으며, 조왕 헐을 생포하여 세상에 널리 그 이름과 위엄을 알리셨지요. 이제 사람들은 모두 장군의 지휘를 받고 싶어 하니, 이것이 장군의 장점입니다. 그러나 한나라 군대는 먼 거리를 행군하였고 연이어 전쟁을 치른 터라 기력이 쇠진하여 있습니다. 그러니 또다시 큰 전쟁을 치르기란 어려울 것입니다. 장군께서 이토록 피로에 지친 군대를 이끌고 성벽이 견고한 연나라군을 공격하셨다가 함락시키지 못하시면 어찌되겠습니까? 오랫동안 성밖에서 기다리다가 군량미의 공급이 어려워질 테니 정예병만 상하지 않겠습니까? 연나라를 정복하지 못하면 제나라는 더욱더 격렬히 저항하여 두 나라와의 전쟁은 길어질 수밖에 없을 것입니다. 그러면 초나라와 한나라의 대립구도에 큰 영향을 끼칠 것이니 이것이 지금 장군의 문제이옵니다. 제가 들으니 용병술에 능한 사람은 자신의 단점으로 적의 장점을 치지 않으며, 자신의 우위를 가지고 적의 열세를 친다고 하였습니다."

이좌거의 말을 귀 기울여 듣던 한신은 즉시 물어보았다.

"장군이 보시기엔 어떻습니까?"

이좌거가 대답했다.

"지금 장군의 상황에 맞춰 병사들이 갑옷을 벗고 쉬게 하십시오. 조나라에서 민심을 수습하여 백성들의 지지를 받게 하고, 병사들에게 상을 후히 내려 부대의 전투력을 회복시키십시오. 그리고 군대의 일부를 연나라 국경 지대에 주둔시켜 금방이라도 전쟁을 벌일 것 같은 기세를 보인 다음, 사자에게 한나라군은 백전백승의 기세와 용기가 있으나 연나라에 창검을 휘두르고 싶지 않다는 서찰을 들려 보내시면, 연나라는 한나라군의 위압 앞에 저항하지 못하고 얌전히 복속해올 것입니다. 연나라가 투항하면 제나라도 그 소문을 듣고 놀라 전쟁도 하기 전에 항복하겠지요. 이것이 바로 병법에서 말하는 여론을 만들고 실제로 행동하는 이치이옵니다."

한신은 이좌거의 건의에 크게 감복했다. 그는 즉시 이좌거의 건의대로 연나라를 공격할 계획을 취소하고 사자를 보내 연나라에 항복을 권했다. 연나라는 한신이 국경에 군사들을 배치하여 금방이라도 쳐들어올 기세를 보이자 과연 한나라에 항복을 선언했다.

한신이 조나라를 치고 연나라의 항복을 받아내자, 유방은 그에게 제나라로 진격하라는 명령을 내렸다. 동시에 역이기를 보내 제나라 왕 전광이 항복하도록 설득했다. 한신의 군대가 제나라를 향해 가고 있을 때 역이기가 제나라 왕을 설득했다. 한신은 제나라 왕 전광이 이미 한나라에 항복했다는 말을 듣고 군대를 남하하여 한왕 유방과 함께 초를 공격하려고 했다. 그러나 변사 괴통蒯通이 한신을 만류했다.

"장군께서는 명을 받아 제나라를 공격하러 가시는 길입니다. 한왕께서 동시에 역이기를 사신으로 보내 제를 설득하게 하셨지만, 장군께 공격을 중단하라고 명령하시진 않았습니다. 그런데 왜 진군을 멈추십니까? 역이기는 일개 유생으로 세 치 혀를 가지고 제나라 70여 개 성을 항복시켰습니다. 그러나 장군께서는 수만의 대군을 이끌고 1년 동안 조나라 50여 개 성만을 수복시켰을 뿐입니다. 몇 년이나 장군으로 계시며 고생스럽게 공을 세우셨는데, 그것이 일개 유생의 공보다 못해서야 되겠습니까?"

그 말에 일리가 있다고 여긴 한신은 시기심에 사로잡혔다. 그는 괴통의 말을 받아들여 군사들에게 계속 제나라를 향해 진군하라는 명을 내렸다. 역이기가 항복을 설득한 후라 제나라 왕 전광은 경계를 소홀히 하고 있었다. 한신은 그 틈에 신속히 제나라 경내로 들어가 임치성臨淄 아래까지 쳐들어갔다.

한신의 군대가 쳐들어온 것을 본 제나라 왕 전광은 역이기가 자기를 속였다고 오해하여 그를 팽형(烹刑: 사람을 삶아 죽이는 형벌)에 처한 후 군대를 이끌고 고밀高密로 도망하면서 초나라에 원조를 요청했다. 또한, 군대를 모아 한신을 남북으로 협공할 준비를 했다. 항우는 즉시 대장군 용저龍且에게 20만 대군을 내주며 북쪽으로 진군해 급히 제나라를 구하라 명했다. 이때 누군가 용저에게 계략을 일러주었다.

"한나라 군대는 멀리서부터 전쟁을 벌여 계속 승리를 거두었으니 정면 대결은 옳지 않습니다. 제나라와 초나라 병사들은 모두 본토에서 전쟁을 하고 있으니 조금만 불리해져도 자신의 고향으로 도망가려 할 것이옵니다. 지금 가장 좋은 전투법은 성을 굳게 지키고 응전하지 않으면서, 제나라 왕이 측근들을 각지로 보내 자신이 무사하다는 것을 전한 후 초나라의 원군이 곧 도착할 것이라 알리면 됩니다. 그러면 군사들의 사기가 고무되어 한신과 맞설 수 있을 것이옵니다. 게다가 한신의 부대는 2천 리를 달려 낯선 제나라 땅에 와 있습니다. 만약 제나라 각지에서 모두 들고 일어난다면 한나라 군대는 군량미의 공급이 끊겨, 전쟁을 하기도 전에 항복해올 것입니다."

용저는 남의 말을 듣지 않는 외골수였고 그 계략에도 동의하지 않았다.

"내 평소 한신에 대해 잘 아는데 그자는 상대하기 어려운 자가 아니다. 게다가 나는 항왕의 명령을 받고 제나라를 구하러 온 사람이거늘, 전쟁을 치르지 않고 한신의 투항을 받아낸다면 그것을 공로라 할 수 있겠느냐? 전쟁을 해서 승리를 거두면 한신을 제나라에서 패하게 할 뿐 아니라 제나라의 영토 절반도 점령할 수 있을 터인데, 어째서 성만 굳게 지키라는 것이냐?"

그래서 용저는 유하濰河의 동쪽 기슭에 진을 짜고 강 서편에 주둔한 한신과 결전을 벌일 준비를 했다.

이때 한신은 앞뒤로 적의 공격을 받아 굉장히 불리한 상황이었다. 그러나 용저가 강 건너편에 진을 치는 것을 보자 순간 좋은 생각이 떠올랐다. 그는 장병들에게 밤새도록 1만여 개의 주머니를 만들게 하여 모래를 가득 담아 유하의 상류를 막고 기마병들을 강가의 갈대숲에 매복시킨 다음, 하류의 물이 얕은 틈을 타 부대를 이끌고 강을 건너 용저를 공격했다. 막 접전이 시작되자 한나라 군대는 패한 척하며 후퇴하였다. 용저는 그 모습에 우쭐해져서 좌우의 측근들에게 말했다.

"내 진작부터 한신이 겁쟁이인 줄 알았다. 저것 보아라. 아직 싸움을 제대로 시작하지도 않았는데 벌써부터 꽁무니부터 빼지 않느냐?"

그러면서 전군에게 강을 건너라는 명령을 내렸다. 한신의 군대를 유하 서편 기슭에서 전멸시킬 요량이었다. 한신은 용저가 맨 앞에서 진군하는 것을 보고 적군이 반쯤 유하를 건너왔을 때 상류의 모래주머니를 모두 빼내라는 명을 내렸다. 강물은 무섭게 포효하면서 쏟아져내렸다. 용저의 군대는 세찬 물살에 둘로 나뉘었다. 물에 빠지거나 강을 건넌 쪽은 퇴로가 막혀버렸다. 한신은 즉시 군대 방향을 돌려 기습하라 명하였다. 거기에 복병들까지 사방에서 나오자 초나라 군대는 대패했고 용저도 그 자리에서 죽고 말았다. 유하 동편 기슭에 갇혀버린 초나라 군대 역시 뿔뿔이 흩어 졌고, 제왕 전광은 도망치다가 포로로 잡혔다.

그렇게 거의 모든 제나라 땅이 한신에게 점령되었다. 한신이 역이기의 안위를 생각하지 않고 제나라를 공격했지만 유방은 화를 내기는커녕 오히려 박수를 보냈다. 잠깐의 동맹보다는 영원한 점령이 훨씬 나았기 때문이다. 역이기는 목숨을 잃었지만 급할 때는 자기 자식도 버릴 수 있는 유방이었으니 미안한 마음이나 있었겠는가?

한편, 한신은 제나라를 친 후 자신이 세운 큰 공을 믿고 제나라 왕으로 봉해지기를 기다리며 전쟁 지원을 미루고 있었다. 그러자 형양에서 항우와 힘겨운 전투를 벌이고 있던 유방은 불같이 화를 냈다. 유방은 해하에서 한신과 팽월이 원군을 보내지 않아 고릉에서 패배의 쓴맛을 봐야만 했다. 유방이 장량의 말을 듣고 급히 두 사람에게 큰 상을 내려 한신이 승리한 지역의 초나라 땅을 더 분봉하여 주고 난 후에야 한신은 해하로 군사를 보내 항우를 포위했다. 이 일로 유방은 한신에 대한 미움을 키우고, 한신은 부리기 힘든 사람이라는 인상을 갖게 되었다. 그러나 큰 적이 눈앞에 있고 승패가 판가름 나지 않은데다, 한신이 군권을 손에 쥐고 있었기 때문에 급한 대로 한신의 비위를 맞추었다. 유방이 비록 화를 꾹 참고 아무 말도 하지 않았지만, 사실은 한신의 재앙은 그때부터 이미 싹을 틔우고 있었다고 할 수 있다.

한신은 정예병이 다 빠진 비주력 부대만을 이끌고 동진한 지 1년 4개월 만에 위, 대, 조, 연, 제 다섯 나라의 할거 세력을 멸하거나 항복시켰고, 동쪽으로 2천여 리나 진군하여 황하 이북의 대부분을 통일시켰다. 초나라와 한나라의 힘의 구도가 확실하게 뒤바뀌었으며 항우를 전략적으로 포위하고, 초한 전쟁의 결말을 앞당기는 중요한 역할을 해냈다. 옛 사람들은 '한나라가 천하를 얻은 것은 모두 한신의 공'이라고 평가했다. 또 한신을 '1백만 대군을 쳐서 이기고 무너뜨릴' 군사적 천재라고 찬양했다. 한 고조 유방 역시 자신은 한신과는 비교도 되지 않는다며 한신의 능력을 높이 샀을 정도였다. 명나라 학자 '모곤茅坤'은 한신을 '병가의 신선[兵家之仙]'이라고 칭송했다.

제나라를 평정한 한신은 그 위상이 더욱더 높아졌다. 세력이 비등비등했던 초와 한 사이에서 한신이 어디로 기우느냐에 따라 힘의 균형이 깨질 정도의 실력과 지위를 갖게 되었다. 그가 한나라를 배신하면 초는 승리할 것이요, 한신이 초나라로 가면 한나라는 망할 것이다. 또 천하를 삼분하여 스스로 제왕이 될 수도 있었다. 그러자 항우가 먼저 한신에게 무섭武涉을 보내 다시 초나라로 돌아오라고 꾀었다. 이어서 한신의 책사인 괴통은 한나라를 배신하고 스스로 왕이 되라고 설득했고, 무섭은 한신에게 항우의 신하였던 옛정을 상기시키고, 유방은 신의를 지키지 않는 사람이며, 초나라와 한나라 중 누가 승리 하느냐는 한신의 행보에 달려 있다는 등, 장황설을 늘어놓으며 설득하였다. 그는 한신에게 초나라로 돌아오지 않을 것이라면 유방을 따르지 말고, 자신을 위해 군사를 모아 제 3의 입장에 서라고 충고하였다. 괴통은 공이 많으면 군주에게 미움을 받을 위험도 크다고 설득하면서, 제나라에서 승리하면 한신이 천하를 손에 넣을 수도 있을 것이라고 책동하였다. 그러나 한신은 자신을 알아봐준 은혜와 자신을 돌봐주었던 정을 생각해 한나라를 배신하지 않았다.

한 고조 4년(기원전 202년) 11월, 한신은 군대를 이끌고 남하하여 항우의 후방 팽성을 습격했다. 그리고는 군대를 돌려 서진하여 유방과 합류한 후 50만 대군을 이끌고 해하에서 결전을 벌였다. 한신은 10만도 안 되는 초나라 군대를 포위 공격하고, 철벽같은 포위를 뚫고 나온 항우를 패배시켜 스스로 목숨을 끊게 만들었다. 항우의 짧고도 휘황했던 패왕의 일생이 막을 내리고, 5년의 초한 전쟁도 한왕 유방의 승리로 일단락되었다.

장기적으로 보면 유방은 한신을 굳게 믿고 신뢰하면서도 의심과 시기를 버리지 못했다. 어쩔 수 없이 높은 자리에 앉혔지만 늘 마음을 놓을 수가 없었던 것이다. 그래서 몇 번이나 한신 수하의 정예병들을 데려와, 한신의 병력이 확충되는 것을 방지했다. 한신이 정형구에서 배수의 진을 친 것도 유방이 그의 정예병들을 형양으로 데리고 가 수하에 노련한 병사가 없었기 때문에 별 수 없이 썼던 책략이었다.

그 옛날 한왕 3년(기원전 204년) 6월, 성복에서 도망친 유방은 성고로 탈출한 후 군사를 추려 날이 밝기도 전 한신, 장이의 군영으로 들어갔다. 그리고는 자신이 한왕이 보낸 사자라며 한신이 깨어나기 전 그 병권을 빼앗았다. 그리고 그의 군대를 마음대로 공현鞏縣과 백마진白馬津의 지원군으로 보내버렸다. 그리고 오늘날 해하의 전쟁이 끝나고 한나라 군대가 정도에 모이자 유방은 다시 한 번 '급습'을 감행한다. 아무도 예상하지 못했을 때 한신의 군영으로 잠입해 그의 관인을 벗기고 부절과 병권을 박탈해버린 것이다. 그리고 조서를 내려 한신을 제왕에서 초왕으로 봉해 회북 지역을 지키게 하는 한편, 비邳를 도읍으로 정해주었다. 이렇게 유방은 처음 한신에게 분봉해주었던 물자가 풍부하고 백성들이 풍요로운 제나라 지역을 나중에 더 나눠주기로 약속했던 회북 지역과 마음대로 바꿔버렸다. 이런 행동에는 한신이 군사를 모아 세력을 키우지 못하도록 방지하고, 한신의 세력을 약화시키려는 유방의 마음이 드러나 있다.

한신은 쓸쓸한 마음으로 봉지로 향했다. 그러나 초나라 비로 돌아가고 보니 어쨌든 자신은 공을 세워 초나라 왕이 된 신분이 아니던가? 금의환향한 한신은 기쁜 마음으로 은혜와 원수를 갚았다. 그 옛날 자신에게 밥을 주었던 빨래하는 아낙에게는 천금을 주어 보답하고, 당시 자신을 모욕하며 가랑이 밑으로 기어가게 했던 그 불량소년을 불러서 초나라 중위로 삼았다. 그러면서 한신은 부하에게 이렇게 말했다고 한다.

"옛날 이 사람이 날 모욕했을 때 내가 죽이지 않았던 것은 죽일 만한 명목이 없었기 때문에 참았던 것뿐이네. 그래서 오늘의 성과를 거둘 수 있었던 것이지."

한신은 매번 순행을 나갈 때마다 제후왕의 규정대로 위풍당당하게 행차하는 것을 좋아했다. 군대를 좌우로 세우고 수천 명의 사람과 말을 대동했으며, 앞에서는 호령하고 뒤에서는 호위하며 비단 깃발로 태양을 가리게 하였다. 이러한 행동은 그가 모반을 준비한다고 모함할 때 뒷받침할 증거가 되었고, 한 고조의 의심과 경계를 더욱 키우는 근거가 되었다. 그는 또 의리를 매우 중시해서 유방이 잡으려던 항우의 수하 종리매鐘離昧를 몰래 숨겨주었다. 한 고조 6년(기원전 201년) 10월, 한신은 '모반'했다는 모함을 받았다. 유방은 진평의 계획대로 운몽택雲夢澤이라는 호수에 순행을 나가는 척하며 제후들을 진현으로 모으고 한신을 유인해 체포할 작정이었다.

특사의 통보를 받은 한신은 유방이 두려워 종리매에게 자결할 것을 부탁했지만, 결국 이것은 한신이 의지하던 힘만 잃는 결과를 낳았다. 한신이 종리매의 머리를 가지고 진현으로 나아가자, 유방은 바로 그를 체포했다. 한신은 길게 탄식했다.

"옛사람 말이 틀린 게 하나도 없구나. 교활한 토끼가 죽으면 사냥개는 잡아먹히고, 높이 나는 새가 사라지면 좋은 활도 광에 넣어지며, 적국이 망하면 모신도 망한다더니 천하의 주인이 이미 정해졌으니 내가 죽을 날이 오는 것도 당연하구나."

유방은 변명을 늘어놓았다.

"내가 자네를 해치려는 것이 아니라, 누군가 자네가 모반을 꾀했다고 밀고를 했기 때문이네."

당시 유방은 증거가 부족하여 한신을 낙양으로 압송하기는 했지만, 늘 변고가 일어날까 걱정하여 불안해했다. 한신은 사형을 면했으나 회음후로 강등되어 조정에서 장량과 함께 병서를 수정하는 일을 하게 되었다.

한신은 초왕에서 회음후로 신분이 급격하게 떨어져 과거 자신이 부리던 부하들과 지위가 같게 되자 도무지 얼굴을 들고 다닐 수가 없었다. 한신은 자신의 군사적 재능에 대한 자부심도 매우 컸는데, 한 번은 유방과 한담을 나누다가 장수들의 능력을 비교하는 대화를 하였다. 유방이 자신은 몇 명의 병사를 이끌 수 있겠느냐고 물었는데, 한신은 유방에게 '10만 명을 이끌 만한 수준'이라고 하면서 자신에게는 많으면 많을수록 좋다[多多益善]는 것이 아닌가? 유방은 불쾌한 마음을 감추지 못했다.

"다다익선이라면서 왜 짐에게 잡혔소?"

한신이 대답했다.

"폐하께서는 군사들을 통솔할 줄은 모르시나 장수들을 잘 다루시지 않습니까? 그것이 제가 폐하께 잡힌 이유이옵니다. 게다가 폐하께서는 인력이 아닌 하늘의 도우심을 받는 분이 아니십니까."

한신은 어떻게든 말 실수를 만회하려 하였지만 이미 마음이 상한 유방에게는 그리 큰 효과가 없었다.

한 고조 11년(기원전 196년) 대나라 상국이었던 진희가 반란을 일으켜 스스로 왕이 되려고 했다. 유방은 직접 대군을 이끌고 북쪽으로 가 난을 진압했다. 마침 이때 한신의 종이었던 난설이 동생을 시켜 여후에게 서찰을 보냈다. 한신과 진희가 결탁하여 함께 모반을 꾀했다는 내용으로, 진희가 거록 군수로 임명되었을 때 한신이 진희의 손을 잡고 모의를 했다는 것이었다.

"자네의 관할 구역은 이 땅의 정예병들이 모여 있는 곳이고, 자네는 폐하께서 가장 아끼시는 신하이니, 만약 누군가 자네가 반역을 도모했다고 말해도 폐하께서는 믿지 않으실 것이네. 그러나 누군가가 자네가 두 번째로 반란을 꾀했다고 하면 폐하께선 의심하실 것이고, 세 번째로 자네가 모반을 꾀했다고 말하면 폐하께서는 크게 노하시며 군대를 이끌고 친히 정벌하러 오실 것이네. 그러니 자네는 한 번에 거사를 치를 수 있도록 준비를 잘 해두게."

또 한신은 진희가 유방에게 의심을 받으면 자신이 안에서 반란을 돕겠다고 했다는 내용까지 첨부되었다. 그러나 유방이 단번에 직접 정벌을 나서자 한신은 진희와 다시 약속하였는데, 그 모반 계획이란 '가신들과 함께 날이 어두워지면 가짜 조서를 전해 각 관부에 있는 죄수와 노비들을 사면한 뒤, 그 무리를 이끌고 여후와 태자 유영을 습격한다'는 것이었다.

사실 이것은 매우 황당무계한 소리였다. 진희는 그리 대단한 인물이 아닌데다가, 한신이 진희를 잘 알지도 못하는데 어떻게 서로 모반을 약속하겠는가? 수중에 병사와 장수도 없고, 석방시킨 관노와 죄수 몇 명으로 황궁을 공격할 수 있다니, 모략이 뛰어난 한신이 어찌 그런 어리석은 짓을 하겠는가? 이것은 분명 모함이었고, 증거라고 하기에도 너무 부족할 만큼 상식 밖의 소리였다. 그러나 이 서찰은 여후의 마음에 꼭 들었다. 여후는 급히 소하를 불러 비밀스럽게 한신을 죽일 계획을 짰다. 일단 여후는 어두운 밤 심복 하나를 몰래 성밖으로 내보내 북쪽 지역을 요란하게 돌게 한 후, 다음 날 다시 장안으로 돌아오게 했다. 유방이 승리를 거뒀다는 승전보를 알리는 사람인양 꾸민 것이다. 여러 대신들이 하나, 둘 입궁하여 조정에 축하인사를 올렸지만 한신은 병을 핑계로 나가지 않았다. 어쩔 수 없이 소하가 직접 나서서 한신을 속여 여후의 거처인 장락궁까지 데리고 왔다.

한신이 나타나자 여후가 무사들에게 한신을 잡으라고 명했고, 미처 손도 못 써보고 잡힌 한신은 진희와 결탁해 모반을 꾀했다는 죄목으로 궁중의 종실鐘室에서 목이 베여 죽고 삼족까지 몰살되었다.

안타깝도다! 한신이여. 한나라를 위해 당대 최고의 공을 세운 뛰어난 장수가 공을 세운 후에는 여후의 손에 죽다니. 죽기 전 그는 회한에 젖어 한탄하였다.

"그때 괴통의 충고를 물리지만 않았어도 오늘처럼 무모하게 여자의 함정에 빠지는 일은 없었을 텐데. 이것이 하늘의 뜻이 아니고 무엇이리요?"

후대에 한신의 파란만장한 인생을 한 문장으로 압축했다.

'한 명의 지기知己 때문에 살고 죽고, 두 여인 때문에 살고 죽는구나.'

여기서 지기란 소하를 말하며, 두 여인이란 빨래하는 아낙과 여후를 가리킨다.

유방은 한신이 여후의 계략으로 죽임을 당했을 때 자신이 직접 죽인 것은 아니었으나 한신이 죽었다는 소식을 듣고도 여후를 나무라지 않았고, '기쁨 반 슬픔 반'으로 슬쩍 물어보았다고 한다.

"한신이 죽으면서 무슨 말을 남겼느냐?"

유방은 한신이 죽자 앓던 이가 빠진 것처럼 후련했을 것이나, 한신의 공이 워낙 컸으므로 조금 불쌍히 여겼을 것이다. 또한 괴통에게는 과거에 한신에게 한나라를 배신하고 스스로 왕이 되라고 했다는 사실에 대한 죄를 물어 팽형에 처해졌는데, 그는 억울하다고 소리를 질렀다.

"진나라가 사슴을 잃으니 모든 사람이 그 사슴을 쫓았습니다. 다만, 능력이 출중하고 재빠른 사람이 먼저 그 사슴을 잡은 것일 뿐, 사람마다 저 마다의 주인이 있는 법이니, 소신은 제 주인이신 한신에게 충성을 다했을 뿐이옵니다. 그때는 폐하를 알지 못했고, 천하의 호걸들이 모두 일어나고 영웅들이 구름처럼 몰려오지 않았습니까? 그들은 힘이 부족하여 천하를 차지하지 못했을 뿐, 그렇다고 그들을 다 죽이시겠습니까?"

그 말을 들은 유방은 괴통을 놓아주었다.

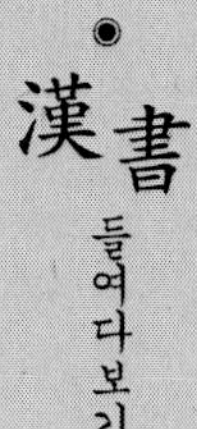

후대 사람들은 한 마디 말로 한신의 인생을 요약했다.

'한 명의 지기 때문에 살고 죽고, 두 여인 때문에 살고 죽는구나.'

한신

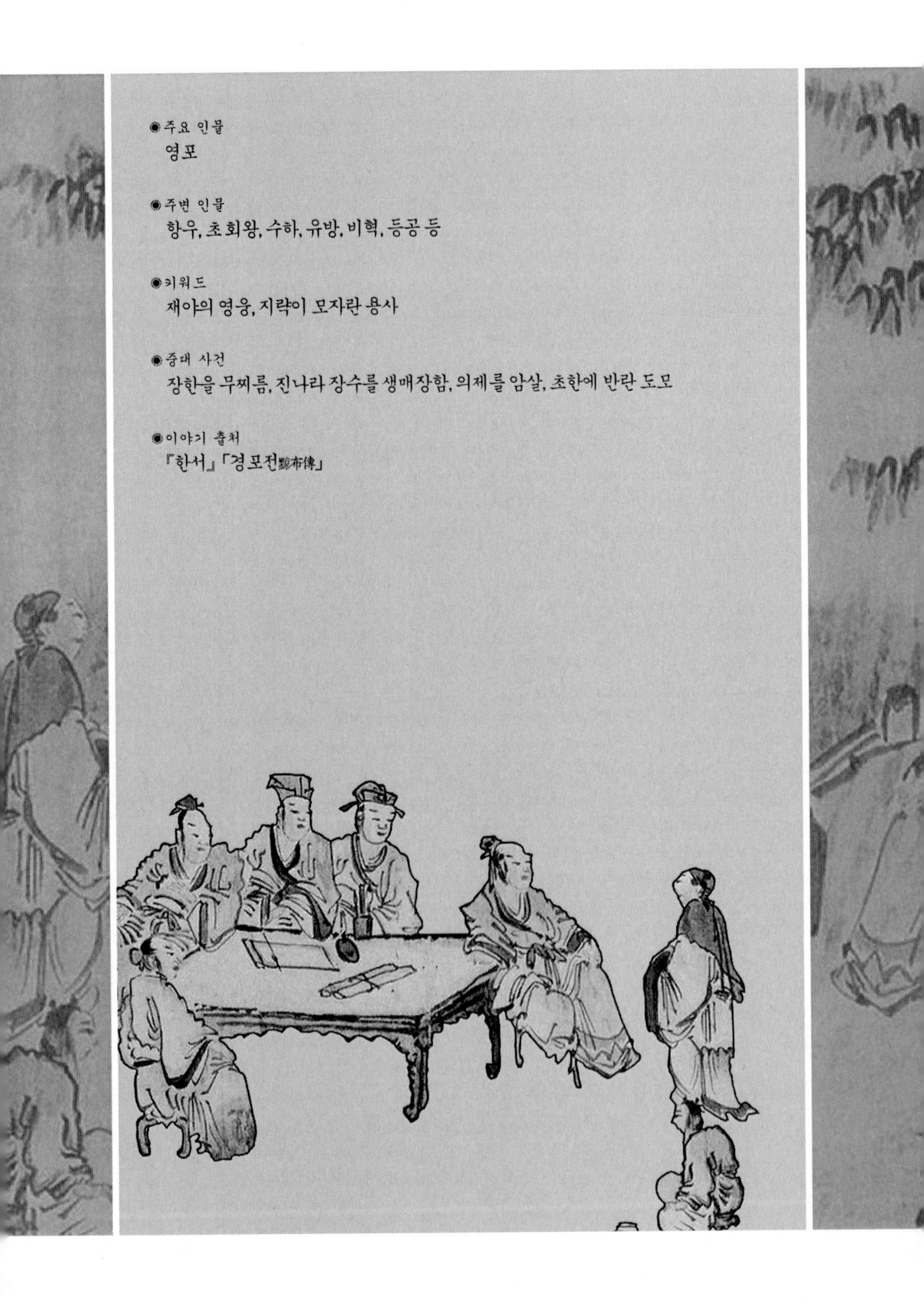

◉주요 인물

영포

◉주변 인물

항우, 초 회왕, 수하, 유방, 비혁, 등공 등

◉키워드

재야의 영웅, 지략이 모자란 용사

◉중대 사건

장한을 무찌름, 진나라 장수를 생매장함, 의제를 암살, 초한에 반란 도모

◉이야기 출처

『한서』 「경포전黥布傳」

英布

영포 : 일약 부상한 재야의 영웅

경포黥布는 육현(六縣: 지금의 안휘성安徽省 육안六安 동북 지역) 사람으로 원래 성은 영英이었다. 그는 진나라 때까지는 평민이었다. 그런데 그가 아직 어릴 때 관상을 보는 사람이 그를 보고 이런 말을 했다고 한다.

"자넨 앞으로 형벌을 받겠지만, 그 뒤로는 왕이라 불리게 될 게야."

훗날 장년이 되었을 때 영포는 점쟁이의 말처럼 진나라의 법을 어겨 경형(黥刑: 죄인의 이마나 팔뚝, 귓전에 먹실로 죄명을 써넣던 형벌)을 받았다. 그래서 그를 경포라고 부르기도 했다. 벌을 받게 된 경포는 오히려 기뻐하며 말했다.

"내 관상을 본 사람이 내가 벌을 받은 후에는 왕으로 봉해진다고 하였는데, 그 점쟁이 정말 용하군, 용해!"

그 말을 들은 사람들은 말도 안 되는 소리라 생각하며 웃어넘기거나, 세상 물정을 모른다고 비웃었다. 경포는 판결을 받은 후 부역을 하러 여산으로 보내졌다. 여산에는 죄수들이 몇십만 명이나 있었는데 경포는 그들의 두목이나 호걸들과 왕래하며 지냈다. 그리고 얼마 후에는 이 사람들을 이끌고 장강 지역으로 도망쳤다. 그리고 파양鄱陽의 호수 일대에서 떼를 지어 남의 집을 약탈하고 재물을 훔치며 도적질을 했다.

진승이 봉기를 일으키자 경포는 파현番縣 현령 오예吳芮를 찾아가 자신의 부하들과 함께 진에 대항하며 몇천 명의 사병들을 규합했다. 파현의 현령은 경포의 무한한 발전 가능성을 알아보고 자신의 딸을 그에게 시집보냈다. 얼마 후 진승이 살해당하자 진나라 장군인 장한이 대대적으로 반격해왔다.

이때 의군의 장수인 여신 등은 많은 적을 감당할 수 없어 부대를 이끌고 경포의 군과 합류하였다. 그리고 청파淸波에서 진나라 군대의 좌, 우 교위를 격퇴시켰다. 경포는 항량이 강동 회계를 차지하고 장강을 건너 서진한다는 소식을 들었다. 항량의 세력이 워낙 강한데다 항 씨 집안이 대대손손 초나라의 장수였던 것을 생각하여, 경포는 포蒲 장군과 함께 부대를 이끌고 항량에게 몸을 의탁하였다.

오광의 부하 진가는 진승이 실패했다는 소식을 듣고 초나라 경구를 초왕으로 옹립하고 평성平城의 동쪽에 주둔하며 항량의 군대가 서진하는 것을 저지했다. 항량은 영포(=경포)를 선봉으로 진가를 공격하여 호릉(지금의 동어대東魚臺)에서 죽였다.

진이세 2년(기원전 208년) 6월, 항량은 진왕이 확실히 죽었다는 소식을 듣고 설현薛縣에서 초 회왕의 손자인 심을 초 회왕으로 옹립하고, 자신을 무신군으로, 영포를 당양군當陽君으로 봉했다. 7월 항량은 동아東阿에서 진나라 장수 장한과 싸워 이기자 승리의 여세를 몰아 장한의 군대를 추격했고, 복양에서 다시 한 번 대승을 거두었다.

진나라 군대를 동쪽 지역의 중요 요지인 정도에서 격파한 항량은 교만해져 적을 우습게 보기 시작했다. 그리고 결국 전장에서 패하고 목숨을 잃었다. 회왕이 도읍을 팽성으로 옮기자 각지에 흩어져 있던 의군의 힘도 모두 그곳으로 규합되었다. 그러나 진나라 군대는 정도를 빼앗은 후 군대를 이끌고 북으로 진격해 조왕 헐의 부대를 거록에서 포위했다. 형세가 매우 급박해지자 조나라는 몇 번이나 사람을 보내 구원병을 요청했다. 초 회왕은 즉시 각지에 흩어져 있던 제후들을 소집하여 송의를 상장군으로, 범증을 말장군으로, 항우를 차장군으로 삼고, 영포와 포 장군도 장군으로 삼아, 송의에게 북에 있는 조나라를 구원하도록 북상할 것을 명하였다.

송의의 군대는 안양에 도착한 후 진영을 마련했지만 40여 일을 미루며 먼저 진과 조나라가 싸우도록 내버려두었다가 어부지리를 취할 속셈으로 진공하지 않았다. 항우는 분개하여 송의가 조나라와 힘을 합쳐 진을 치지 않고 적이 지칠 때까지 기다린다는 핑계로 무작정 시간을 끄는 것은 앉아서 기회를 놓치는 짓이고, 병사들을 고려하지 않은 일이므로 사직에 맞지 않는 신하라고 비난을 퍼부었다. 항우는 분노가 극에 달해 단칼에 송의를 베고 회왕에게 보고하였다. 회왕은 어쩔 수 없이 항우를 상장군으로 임명하고, 영포와 포 장군의 두 부대를 항우의 지휘 하에 배속시켰는데, 영포는 2만 명의 군사를 거느리고 장수漳水를 건너 거록을 공격하여 몇 번이나 우위를 차지했다. 동시에 항우는 직접 전 병력을 이끌고 안양에서 북상하며 진의 주력부대를 쳤다.

항우의 군대는 강을 건넌 후 솥을 부수고 타고온 배를 태워 가라앉히고 한 사람당 딱 사흘치 양식만 챙겼다. 이 '파부침주'를 통해 진나라 군대와 목숨을 건 싸움을 하겠다는 결의를 보인 것이다. 항우의 대군은 진나라 군대와 9번이나 격렬한 전투를 벌여 적의 군량미를 수송하는 도로를 차단해버렸다. 결국 진나라 주력부대는 대패했고, 장한 등의 장수들이 항우에게 투항했다. 이 중요한 전쟁에서 영포는 용맹함과 뛰어난 싸움 기술을 발휘하여 적은 병사로 많은 적을 쳐부수고 최고가 되었다.

기원전 206년 11월, 항우는 군대를 이끌고 서진하여 신안(지금의 하남성 면지澠池)에 도착하였다. 항우가 이끄는 60만 병사들 중에서 20만 명이 장한과 함께 투항한 진나라 군사들이었다. 항우는 진나라 병사들이 진에 대한 미련이 남아 중요한 순간에 배신할지도 모른다고 의심하여 그들을 모조리 신안 외곽 남쪽에 생매장시켜버렸다. 항우는 진나라 병사들을 생매장한 후 군대를 이끌고 바로 함곡관으로 향했다. 관중에 있던 유방은 항우가 군대를 이끌고 진격해온다는 말을 듣고 신하들의 건의를 받아들여 함곡관을 봉쇄하여, 항우가 관문 안으로 들어오지 못하도록 하였다. 관문 안으로 들어갈 수 없게 된 항우는 대노하며 영포 등의 장수들을 샛길로 진군시켜 함곡관의 수비군을 없애버리고 관중으로 들어갈 길을 열고, 영포를 선봉장으로 함양에 들어간 후 마음대로 약탈과 방화를 저질렀다.

그 불이 얼마나 컸던지 함양의 불은 3달 동안 꺼지지 않았다고 한다. 항우는 스스로를 '서초 패왕'이라 칭하며 초 회왕에게 의제라는 칭호를 주었다. 그리고 제후들을 제멋대로 책봉하고, 영포를 구강왕九江王으로 봉한 후 육현에 도읍을 정했다.

한 원년(기원전 206년) 4월, 제후들은 항왕의 진영을 떠나 각자 자신의 봉지로 향했다. 얼마 후 의제는 장사로 천도하라는 요구에 시달렸는데, 장사로 가는 길목에서 비밀리에 죽여 없애라는 명이 내려졌다. 그해 8월, 영포는 장수들을 보내 의제를 공격하였고, 침현까지 의제를 추격하여 죽여버렸다.

항우가 제후들을 마음대로 봉하자 제후들이 이곳저곳에서 할거하여 전쟁을 일으켰다. 한왕 2년(기원전 205년), 제나라 귀족이었던 전영은 제후로 봉해지지 않자, 초나라에 대항하며 스스로를 제왕으로 칭했다. 항우는 제나라를 치면서 구강왕 영포에게 함께 출병하라는 명령을 내렸으나 영포는 병을 핑계로 나가지 않고, 대신 장수 한 명을 골라 몇천 명의 군사만 붙여 보내주었다. 이어 유방이 팽성에서 항우에게 포위되었지만 영포는 또 병을 핑계로 초나라를 돕지 않았다.

항우는 영포의 행동이 몹시 마음에 들지 않았다. 그래서 몇 번이나 사자를 보내 영포를 나무라며 직접 만나서 이야기하자고 청했다. 그때 항우는 북으로는 제와 조가 버티고 있고, 서쪽에는 한나라 병사들이 도사리고 있어서 가까이에 의지할 사람이라곤 구강왕 영포뿐이었고, 그의 재능을 높이 샀기 때문에 어떻게든 영포를 곁에 두고 싶었다. 그래서 영포에게 화가 머리 끝까지 치밀어도 직접적으로 행동을 취하지는 않았다.

한왕 3년(기원전 204년) 유방의 군대가 팽성에서 패배해 뿔뿔이 흩어졌으나 유방은 한 번의 참패로 낙담하거나 실망하지 않았다. 도망치던 유방이 양梁의 경내를 지나 우현虞縣에 도착했을 때 장량이 건의했다.

"한나라에 한신이 있으나 영포, 팽월을 얻는다면 초나라를 확실히 이길 수 있사옵니다. 게다가 지금 항우는 영포에게 화가 나 있으니 지금이야말로 천재일우가 아니겠습니까?"

급한 마음에 불같이 화를 내며 유방은 좌우에 있는 사람들을 둘러보며 불평을 터뜨렸다.

"쓸모없는 인간들! 천하의 큰일을 함께 의논할 사람이 하나도 없지 않은가?"

그러자 알자 수하隨何가 앞으로 나와 말했다.

"폐하께서 말씀하시는 천하의 큰일이 무엇인지 모르겠사옵니다. 소신들에게 말씀해주시겠습니까?"

유방이 대답했다.

"지금 항우는 제나라를 치고 있어 정신이 없으니, 이때 누군가 나 대신 구강왕 영포를 찾아가 설득하여 항우를 배신하고 초나라 병력을 이끌고 오게 한다면, 몇 달간 항우를 제나라에 묶어둘 수 있지 않겠나? 그러면 나는 항우에게 승리를 거두고 천하를 얻을 자신이 있네."

유방의 말을 들은 수하는 자진하여 나서며 20명을 이끌고 회남으로 가서 영포를 설득하겠다고 하였다. 그러나 도착 후 꼬박 사흘이 지났지만 영포를 만날 수가 없었다. 수하는 애가 타서 회남의 태재에게 이렇게 말했다.

"주군께서 절 만나려 하지 않으시는 것은 초나라가 강대하고 한나라는 약하다고 여기시기 때문일 것입니다. 그러나 그것이 바로 제가 이곳에 온 이유입니다. 왕을 만났을 때 제가 한 말이 일리가 있고 왕의 마음에 드신다면 더 바랄 게 없습니다. 그러나 만약 제 말이 틀렸다면 저희 20명 모두 회남 광장에서 목을 베어 죽이시고,

왕께서 한나라를 버리고 초나라와 한편이라는 것을 확실히 보이실 수 있습니다. 어떻습니까?"

태재가 수하의 말을 영포에게 아뢰자, 영포가 수하를 만나주었다.

수하가 입을 열었다.

"저는 속으로 늘 이상하다고 생각해왔습니다. 왕께선 왜 그리 초나라를 가까이 하십니까?"

영포가 대답했다.

"신하의 예절로서 항왕을 모시는 것뿐일세."

수하가 다시 말했다.

"폐하와 항왕은 모두 제후이시거늘, 스스로를 항왕의 신하라 자청하시는군요. 그것은 초나라가 강대하니 항왕에게 나라를 맡겨도 될 것이라 믿으시기 때문일 것입니다. 요즘 항왕은 제나라를 공격하며 친히 성벽을 쌓을 기구를 등에 지고, 병사들보다 앞장서서 전력투구한다고 하옵니다. 이런 상황에서 항왕의 신하라면 왕께서도 당연히 모든 군대를 친히 통솔하여 초나라군의 선봉이 되어야 하지 않습니까? 그러나 지금 왕께서는 4천 명의 군사만 초나라의 원군으로 보내셨습니다. 진정한 신하라면 회남국의 전 부대를 동원해 회하를 건너고 밤낮 없이 달려가 팽성 일대에서 전쟁을 하셔야 하지 않습니까? 1만 명이 넘는 군대와 말을 가지고 계시면서 회하 건너에 보낸 사람이 한 사람도 없으니 어느 쪽이 이기든 수수방관하시겠다는 뜻이 아니옵니까? 자기 나라를 다른 사람에게 맡겨두고 그리하는 것이 옳다고 여기십니까? 왕께서 겉으로는 초나라에 귀속된 듯 행동하시지만 실제로는 자신의 힘에 의지해 천하를 얻으려 한다는 것을 누구라도 다 알 것이옵니다. 그러나 소신이 보기에 이리하는 것은 왕께 전혀 유리한 일이 되지 못할 것입니다."

수하는 계속 말을 이어갔다.

"왕께서는 초나라에 진정으로 복속되지도 않으셨으나 초나라를 등지려 하지도 않으십니다. 물론 그것은 한나라 왕실은 약하니 의지할 필요가 없다 생각하시겠지요. 그러나 사실 초나라와 한나라 중 누가 크고 작은지는 겉으로 보이는 것처럼 그리 분명하지 않습니다. 비록 초나라 병력이 강성하기는 하나, 불의한 일을 많이 자행하며 제후들의 맹약을 저버렸고 의제마저 죽였으므로, 세상 사람들은 모두 속으로 초나라를 반대하고 있지만 초왕은 선악을 분별하지 못한 채 몇 번의 승리에 도취되어 스스로를 대단하게 여기고 있습니다. 지금 한왕은 제후들과 연합하여 성복, 형양으로 회군하여 촉군, 한중군漢中郡의 양식을 운송해 쓰고 있습니다. 또 참호를 깊이 파서 진지를 더욱 견고히 하고 있으며 병사들을 보내 변경의 요새들을 지키고 있습니다. 그러나 초나라군은 어떻습니까? 겉으로는 강해 보이지만 실제로는 약하기 그지없으며, 사방이 숙적으로 둘러싸여 있습니다. 게다가 지금 항왕은 적국 깊숙이 들어가 부대를 돌리려고 하면 중간에 양 나라에 갇힐 것이며, 성을 공격하려고 해도 당장 승리를 거둘 수 없고, 성을 포위하려고 하여도 버틸 재간이 없지요. 양식 문제를 해결하려고 해도 노약자와 부상병들만 가지고 1천 리 밖에서 양식을 옮겨 오는 일이 쉽겠습니까? 이렇듯 공격해도 성을 차지할 수 없고 후퇴하려 해도 빠져나올 수가 없는 상황이지만, 초나라군이 의지할 곳이나 있습니까? 백 번 양보해서 초나라군이 한나라를 쳐서 승리를 거둔다 하더라도, 초나라 제후들은 위험에 빠지는 것이 두려워 서로 힘을 합쳐 항왕에 맞설 것이옵니다. 이렇게 보면 초나라의 강대함은 장점이 아니요, 도리어 천하의 저항만 불러일으키는 단점임이 분명하고 초나라가 한나라만 못한 것도 명백한 일인데, 왕께서는 한나라에는 오지 않으시고 풍전등화와 같은 위태로운 초나라에 몸을 의지하려 하시니 정말 왕의 뜻을 모르겠사옵니다. 소신 회남의 병력이 초나라를 멸망시킬 수 있다고 생각지는 않습니다. 그러나 왕께서 지금 초나라에 등을 돌리신다면 항왕은 제나라에 발이 묶일 것이옵니다. 그가 제나라에서 몇 달만 머무른다면, 한왕께서는 천하를 통일할 수 있으실 것이니, 그러면 훗날 한왕께서 회남왕으로 삼으실 것이옵니다. 그러니 심사숙고 하시옵소서."

영포는 수하의 말에 일리가 있다고 여겨 비밀리에 초나라를 배신하고 한나라에 복속하기로 약속하였다. 하지만 그 사실을 감히 알리지는 못했다. 당시 항우의 사자도 회남에 들어와 영포에게 어서 구원병을 보내달라 재촉하고 있었다. 수하는 바로 초나라 사자의 거처로 찾아가 단도직입적으로 말했다.

"구강왕께서는 이미 한왕께 귀순하셨소. 그런데 무슨 이유로 초나라가 파병을 요청하는 것이오?"

영포도 깜짝 놀랐고, 초나라 사자는 너무 놀라 급히 일어나 그 자리에서 빠져나갔다. 수하는 그 틈을 빌어 영포에게 말했다.

"초나라를 배신하고 한나라에 귀순할 결심을 하셨다면 당장 저 초나라 사자를 죽이십시오. 저자가 돌아가게 두어서는 아니 됩니다. 그리고 한시라도 빨리 병사를 출병시켜 한나라와 힘을 합쳐 싸워주십시오."

그러자 영포는 바로 초나라 사자를 죽이고 군대를 일으켜 초나라를 공격하였다. 수하의 용기와 입담 앞에 영포도 마침내 한나라에 투항하였다. 초나라는 항성과 용저를 보내 회남을 공격하게 하였고, 몇 달 후 영포의 군대가 패배하자 항우가 자신을 죽일까 두려워 수하 몇 명만 대동하고 몰래 한나라로 피신했다.

한왕은 영포가 왔을 때 침상에 웅크리고 앉아 발을 씻고 있었기 때문에 엉겁결에 수하가 맞이하게 되었다. 푸대접을 받은 것 같아 화가 치민 영포는 한나라로 온 것이 후회되어 자결이라도 하고 싶은 심정이었다.

그러나 밖으로 나와 한왕이 정해준 거처에 들어가보니 휘장과 용기, 음식들이 모두 한왕의 것과 같은 것이 아닌가? 뜻밖의 융숭한 대접에 그의 분노와 후회도 기쁨으로 변하였다. 영포는 생활이 어느 정도 자리를 잡자 사람을 구강으로 보내 자신의 아내와 자녀, 수하들을 데려오려고 했다. 그러나 항우가 먼저 손을 써 항백으로 하여금 구강의 흩어진 병사들을 규합하고, 영포의 아내와 자식들을 모두 죽여버리도록 하였다. 그래도 영포의 사자는 곳곳을 다니며 영포의 벗들과 근신들을 여럿 찾아냈으며, 몇천 명의 남은 병사들을 이끌고 한나라로 돌아왔다. 한왕은 기뻐하며 영포에게 더 많은 사병을 붙여주고 함께 북진해 성복으로 갔다. 한왕 4년(기원전 203년) 7월, 유방은 영포를 회남왕으로 봉하고 함께 항우를 공격하였다.

한왕 5년, 영포는 사람을 구강으로 보내 여러 개의 현을 점령했고, 한왕 6년에는 다시 유가와 함께 구강으로 들어가 초나라 대사마인 주은周殷이 한나라에 투항하도록 설득했다. 주은은 초나라를 배신하고 한군과 함께 초나라를 공격하였다. 해하에서 초나라군은 무너지고 말았다.

항우가 죽자 천하가 조용해졌다. 유방은 주연을 베풀고 공과 상을 논하는 자리에서 수하의 공을 폄하하여 세상물정에 어두운 책벌레가 천하를 차지하는데 무슨 쓸모가 있냐는 것이었다. 수하는 인정할 수가 없어 무릎을 꿇고 한왕에게 따져 물었다.

"과거 폐하께서 병사들을 이끌고 팽성을 공격하시고 항우가 제나라에 있을 때, 폐하께서 5만 명의 보병과 5천 명의 기마병으로 회남국을 차지하실 수 있었겠습니까?"

유방이 대답했다.

"차지할 수 없었겠지."

수하가 다시 입을 열었다.

"그러나 폐하께서는 제게 20명만 붙여 회남으로 보내셨고, 영포에게 간 저는 바로 폐하의 뜻을 이루어드렸으니, 제 공로는 5만 명의 보병과 5천 명의 기마병보다 큰 것이 아니옵니까? 소신을 두고 세상 물정도 모르는 책벌레가 무슨 쓸모가 있냐고 하신 말씀을 어찌 설명하시겠습니까?"

유방은 자신의 잘못을 깨닫고 멋쩍은 표정으로 사방을 둘러보며 수하에게 말했다.

"내 자네의 공을 다시 생각해봄세."

그리고는 수하를 호군중위護軍中尉로 임명하였다. 호군중위란 진평이 역임했던 참모장과 같은 직책이었다. 영포에게는 신표를 쪼개 회남왕으로 봉하고 도읍을 육현으로 정해주었고 구강, 노강盧江, 형산, 예장군豫章郡의 땅도 모두 영포에게 주었다.

한왕 11년(기원전 196년), 여후가 회음후 한신을 죽였다는 소식이 전해지자 영포의 마음에도 불안의 그림자가 드리워졌다. 3달 후에는 양왕 팽월도 주살당했다. 일벌백계의 효과를 거두기 위해 유방은 팽월의 시체를 갈아서 제후들에게 나눠주었다. 그것이 회남국으로 보내졌을 때 영포는 사냥을 하고 있었다. 그 피비린내 나는 '상賞'을 받아든 영포는 너무 놀라 몰래 군대를 모으고 근처 군현의 동정을 살피며 만약에 대비했다.

마침 영포의 애첩이 병에 걸려 의원을 찾아갔는데, 의원의 집과 중대부 비혁賁赫의 집은 서로 마주보고 있었다. 이 애첩이 여러 차례 의원을 찾아가자 비혁은 영포에게 예를 표하기 위해 많은 예물을 영포의 애첩에게 주었다. 애첩은 비혁에게 매우 좋은 인상을 받았고 영포와 담소를 나누다가 비혁의 충직함과 진실함을 칭찬하자, 영포는 불쾌했다.

"비혁이란 자를 어디서 알았소?"

애첩은 있는 그대로 이야기했다. 영포는 애첩이 비혁과 정을 통했을 것이라 의심하고 분개했다. 그 소식을 들은 비혁은 겁에 질려 아프다는 핑계로 문밖 출입을 삼가고 집 안에만 숨어 있었다. 그 모습에 비혁이 찔리는 것이 있다고 확신하게 된 영포가 비혁을 잡아들이려 하자, 비혁은 목숨을 보전하기 위해 자기가 먼저 영포가 반란을 꾀했다는 고자질로 선수를 치려고 몰래 역거驛車를 타고 장안으로 향했다.

영포는 즉시 사람을 보내 비혁을 죽이려 했지만 놓치고 말았다. 장안에 도착한 비혁은 영포가 모반의 낌새를 보였다며, 반란이 일어나기 전 그를 주살해야 한다고 상소를 올렸다. 고조는 비혁의 상소를 보고 소 상국과 의논했다.

소하가 말했다.

"영포가 그런 일을 했을 리 없습니다. 아무래도 원수가 그를 모함하려 꾸민 짓 같으니 먼저 비혁을 잡아들인 후 사람을 보내 몰래 영포의 집을 조사하게 하십시오."

영포는 비혁의 고자질로 고조에게 자신의 모반 계획이 탄로났으니 불안해서 견딜 수가 없었고, 고조가 사자를 보내 조사를 시작하자, 영포는 비혁의 집안을 몰살시키고 아예 반란군을 일으켰다. 영포의 반란 소식이 들려오자 고조는 즉시 비혁을 석방해 장군으로 삼았다.

조정에서 물러나온 여음후汝陰侯 등공은 과거 초나라의 영윤令尹을 불러 이 일에 관해 물어보았다.

"영포가 모반을 꾀한 것도 당연한 일이었으니 이상히 여기실 것이 없사옵니다."

영윤의 말뜻을 알 수 없었던 등공이 다시 물었다.

"황상께서 그에게 봉지를 하사해 왕으로 삼으시고 작위를 내려 높여주셨네. 1만 대의 병거를 가진 대국의 주인이 되게 해주셨단 말일세. 그런데 뭣하러 반란을 일으킨단 말인가?"

영윤이 그 답을 일러주었다.

"작년에는 팽월이 주살되었고, 재작년에는 한신이 주살되었으니, 이제 남은 사람은 영포 하나뿐이옵니다. 이 세 사람은 같은 공을 세운 인물들이 아니옵니까? 영포는 그 화가 자신에게도 미칠 것이 뻔하니 목숨이라도 지켜보고자 모반을 일으켰을 것입니다. 그런데 무엇이 이상합니까?"

등공은 그 말에 일리가 있다고 생각해 유방에게 아뢰었다.

"제게 문객이 하나 있사온데 과거 초나라의 영윤이었던 설공薛公이옵니다. 이 사람의 책략이 매우 뛰어나니 영포의 일에 관해 설공에게 물으시면 될 것이옵니다."

그러자 고조는 설공을 불러 그 의견을 물었다.

"영포가 반란을 일으킨 것은 이상할 게 없습니다. 지금 영포에게는 3가지 방안이 있습니다. 그가 상책을 쓸 경우, 산동 지역은 더 이상 한나라 땅이 아닐 것이오나 그가 중책을 쓸 경우, 누가 이기고 질지는 알 수 없게 되겠지요. 그가 하책을 쓰면 폐하께서는 아무 걱정 없이 쉬실 수 있으실 것이옵니다."

황제가 물었다.

"상책이란 무엇인가?"

설공이 대답했다.

"동쪽으로 진군해 오나라를 쳐서 취하고 서쪽으로는 초나라를 빼앗으며, 제나라를 병탄하는 것이옵니다. 또 노나라 땅을 빼앗은 뒤 연과 조, 두 나라에 서신을 보내 그곳의 수비를 강화하는 것이지요. 그러면 한나라는 산동 지역을 잃게 될 것이옵니다."

황제가 다시 물었다.

"그럼 중책이란 무엇인가?"

설공이 대답했다.

"영포가 동쪽으로 진군해 오나라를 치고 서쪽으로 초나라를 점령한 후, 한나라를 병합하고 위나라를 공격하는 것입니다. 그리고 다시 오창의 양식을 차지한 후 성곡의 요도를 막아버린다면 누가 이기고 누가 질지 알 수 없게 되겠지요."

황제가 다시 물었다.

"그럼 하책이란 무엇인가?"

설공이 말했다.

"영포가 동으로 오나라를 치고 서쪽으로는 채나라를 친 후, 귀중한 물건을 남월에 보내고 자신만 장사로 돌아오는 것입니다. 그러면 폐하께서는 아무런 걱정 없이 편안히 주무실 수 있을 것이며, 한나라도 평안할 것이옵니다."

유방이 급히 '영포가 어떤 계책을 쓸 것 같은가'를 묻자, 설공은 '하책을 쓸 것'이라고 답하였다.

이상하게 여긴 유방이 다시 물었다.

"어째서 상책과 중책을 두고 하책을 쓸 것이라고 생각하느냐?"

설공이 대답했다.

"영포는 본래 여산의 죄수였습니다. 그가 비록 지금 대국의 왕이 되었다고는 하나 이는 모두 자기 자신을 위한 것일 뿐이옵니다. 자신의 안위만 생각할 뿐, 백성과 자손 후대의 이익까지는 생각하지 못할 것이니 하책을 쓸 것이라 아뢴 것이옵니다."

유방은 안도의 한숨을 내쉬며 설공을 천호후千戶侯로 삼고, 아들인 유장을 회남왕으로 삼았다. 유방은 노년의 나이에도 불구하고 갑옷을 입고 군대를 이끌고 직접 전방으로 나가 영포를 토벌했다. 처음 영포가 반란을 준비하며 수하에 있던 장수들에게 이런 말을 했다고 한다.

"황제는 나이가 많고 전쟁에 질렸을 테니 어가를 타고 친히 정벌을 나오지는 않을 걸세. 만약 다른 장수들을 보낸다면 나와 필적할 만한 장수들은 한신과 팽월뿐이지만, 지금 그 두 사람은 모두 죽었지 않나? 다른 놈들은 모두 한방에 쓰러질 것이니 걱정할 필요도 없네."

그래서 반란을 일으켰을 때도 그 사실만 굳게 믿고 전혀 두려워하지 않았다고 한다. 그리고 그는 설공이 예상한 것처럼 동진해서 형국荊國을 쳤는데, 형왕 유가劉賈는 도망치다가 부릉富陵에서 죽고 말았다. 영포가 회하를 건너 초나라를 공격하자, 초나라는 부대를 세 갈래 길로 나눠 보내 서로 도우며 영포의 허를 찔러 승리를 얻으려 하였다. 누군가 초나라 장군에게 조언했다.

"영포는 용병술에 능하니 절대 우습게 봐서는 안 됩니다. 게다가 각 제후들은 자신의 땅에서 전쟁을 벌이니 병법대로라면 사병들이 쉬이 흩어질 것입니다. 지금 장군께서 군대를 셋으로 나눈다면 영포가 그중 하나만 쳐서 무너뜨려도 다른 두 부대는 각자 살 길을 찾아 도망갈 것입니다. 그러니 서로 돕는 것은 어림도 없을 것이옵니다."

그러나 초나라 장군은 듣지 않았다. 과연 영포가 세 부대 중 하나를 치자 다른 두 부대는 순식간에 와해되어 뿔뿔이 흩어졌다.

영포는 초나라를 친 후 서쪽으로 밀고 나가 기현蘄縣의 서쪽에서 한 고조의 부대와 마주쳤다. 영포의 부대는 훈련이 잘된 정예병들이었기 때문에 고조는 용성庸城을 굳게 지키며 정면 대결을 피했다. 용성의 성벽 위에 선 유방은 그 옛날 항우처럼 진을 펼쳐놓은 영포를 보자 속에서 화가 치밀어올라 견딜 수가 없었다. 유방과 영포는 서로가 보일 정도로 멀지 않은 거리에 있었는데, 유방은 멀리서 영포에게 소리 질렀다.

"내 너를 그토록 후대했거늘 모반은 왜 일으킨 것이냐?"

영포가 신속하고 시원스럽게 맞받아쳤다.

"황제나 되어볼까 한다!"

유방은 버럭 소리를 지르며 성 문을 열고 병사들을 내보내 엄청난 싸움이 벌어졌다. 결국 반군들은 대패해서 도망했고, 패잔병들은 조수(洮水: 지금의 장강 중하류와 회하 유역)에서 뿔뿔이 흩어졌다. 영포는 1백여 명의 군사들과 강남으로 도망쳤고, 유방은 전투 중에 빗나간 화살에 맞았다. 이때 장사 애왕哀王은 영포에게 사람을 보내 함께 도망가자며 남월로 유인하였다. 영포는 그 말을 그대로 믿고 그와 함께 파양(番陽: 지금의 강서성 파양현波陽縣 동쪽)까지 따라갔다. 그러나 파양 사람들은 기회를 봐 영포를 죽여버렸다.

영포는 팽월처럼 겁을 먹고 움츠러들기는커녕 목숨을 걸고 한판 싸움을 벌였다. 비록 재능과 실력이 부족해 전쟁에서 패하고 목숨도 잃었지만, 멍하니 있다가 가족이 몰살당한 팽월보다는 훨씬 통쾌한 길을 택한 것이다. 특히 유방이 무엇 때문에 반란을 일으켰냐고 물어봤을 때도 영포는 두려워하지 않고 당당하게 말했다. 그냥 황제나 되어볼까 한다고…….

이 얼마나 용맹한 모습인가?

漢書 들여다보기

유방은 거만하고 무례하게 사람을 대하고 걸핏하면 욕을 퍼부었다. 그가 위왕 표에게 사람을 보내 투항을 권유했을 때 실패한 것도 그것 때문이었다. 위왕은 투항을 권유받았을 때 단호하게 거절하며 이렇게 말했다.

"한왕은 거만하여 걸핏하면 사람들을 모욕하는 인간이다. 제후와 군신들을 노예처럼 욕하고 질책하는 자를 난 다시는 보고 싶지가 않다."

위왕 표

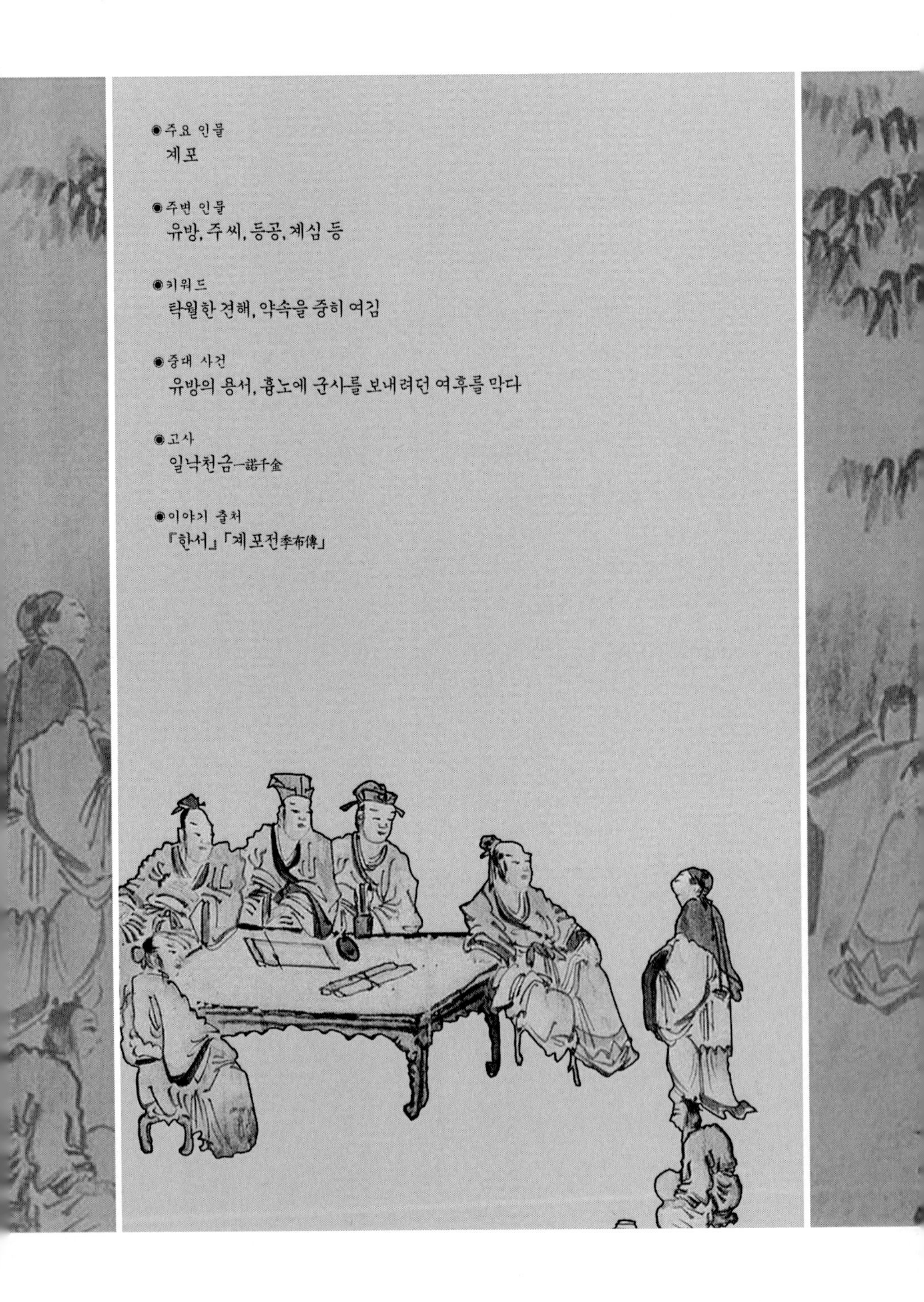

◉주요 인물
계포

◉주변 인물
유방, 주씨, 등공, 계심 등

◉키워드
탁월한 견해, 약속을 중히 여김

◉중대 사건
유방의 용서, 흉노에 군사를 보내려던 여후를 막다

◉고사
일낙천금一諾千金

◉이야기 출처
『한서』「계포전季布傳」

季布

계포 : 탁월한 견해와 약속을 중히 여기는 마음

계포는 초楚 지역 출신으로 의기를 과시하고 불의를 보면 참지 못하기로 꽤나 유명한 사람이었다. 항우는 그에게 군대를 맡겨 몇 번이나 한왕 유방을 궁지로 몰았다. 항우가 죽자 계포에 대한 미움이 뼛속까지 사무친 유방은, 그를 잡아오는 자에게 천금의 현상금을 내걸고 겁 없이 계포를 숨겨주는 자는 삼족을 멸한다는 엄명도 함께 내렸다. 계포는 복양의 주周 씨 집에 숨었는데, 집주인이 말했다.

"한나라에서 현상금까지 내걸고 급히 장군을 쫓고 있으니 조만간 저희 집까지 올 것입니다. 장군께서 제 말을 듣겠다고 하시면 제가 감히 계략을 하나 내놓겠습니다. 그러나 제 말을 따를 수 없다 하시면 제가 먼저 목숨을 끊겠습니다."

계포가 그의 뜻을 따르겠다고 하자 집주인은 그의 머리를 다 밀어버리고 쇠로 만든 고리로 목을 묶어 결이 거친 명주옷을 입히고 덮개가 달린 수레에 태운 후 주 씨 집안의 노비 수 십 명과 함께 노魯지역의 주朱 씨 집으로 팔았다. 그가 계포인 것을 알아본 주 씨는 그를 사서 장원으로 보냈다. 그런 다음 낙양으로 가서 여음후 등공을 만나 물었다.

"계포가 대체 무슨 큰 죄를 지었기에 황상께서 이리도 급히 그를 찾으시는 것입니까?"

등공이 대답했다.

"계포는 항우를 대신해 몇 번이나 황상을 궁지로 내몰았네. 그때 한이 많이 맺히셔서 계포를 잡으려 안달이 나신 게지."

주 씨가 말했다.

"나리는 계포가 어떤 사람이라 생각하십니까?"

등공이 대답했다.

"아주 재능이 많은 사람이지."

주 씨가 다시 입을 열었다.

"신하로서 주인을 위해 충성을 다하는 것은 당연한 일이 아닙니까? 계포가 항우에게 충성을 다한 것도 자신의 본분이었기 때문입니다. 그렇게 치면 항우의 신하를 모두 죽여도 된다는 말씀이십니까? 지금 황상께서는 천하를 얻으신 지 얼마 되지 않았습니다. 그런데 사적인 원한으로 누군가를 잡으려 하시니, 천하 사람들에게 폐하의 도량이 좁다는 것만 떠벌리는 꼴이 아닙니까? 게다가 계포처럼 현명하고 능력 있는 사람이 남월에라도 몸을 의탁한다면 어찌합니까? 사사로운 감정 때문에 적국에만 좋은 일을 해주는 꼴이 될 것입니다. 오자서가 초 평왕의 시체를 때렸던 상황이 다시 재현될 수도 있단 말입니다. 그런데 왜 나리께서는 황상께 그런 말씀을 아뢰지 않으십니까?"

여음후 등공은 주 씨가 의협심이 강한 협객으로 계포도 분명 그가 숨겨주었으리라 생각하며, 유방에게 그 말을 아뢰겠다고 약속했다. 등공은 기회가 되자 주 씨의 의견을 유방에게 아뢰었고, 유방은 그 말도 일리가 있다고 여겨 계포를 사면했다. 사람들은 상황에 따라 허리를 굽힐 줄 아는 계포의 지혜를 칭찬하고, 주 씨도 그로 인해 이름을 날렸다. 계포는 황상에게 부름을 받자 자신의 죄를 인정했고, 황제는 그를 시위관侍衛官으로 임명하였다.

한 혜제 때 계포가 중랑장의 자리에 있을 때 묵돌 선우冒頓單于가 사절단을 통해 여 태후에게 서찰을 보내왔다.

'나는 외로운 군주로 북방의 황량한 초원에서 태어나 자랐소. 소와 말이 떼지어 다니는 벌판에서 자라면서 국경을 넘어 중국의 내지를 유람하고 싶었던 게 한두 번이 아니었소. 당신은 남편과 사별하였으니 빈 방을 지키기가 힘이 들 것이오. 우리 두 사람 모두 행복하지 않으니 차라리 함께 만나 기쁨을 누립시다. 서로 가진 것으로 가지지 못한 것을 채워주면 좋지 않겠소?'

여 태후는 저속하고 외설적인 서찰을 보고 피를 토할 지경이었다. 조정의 대신들도 격분하며 흉노 사절의 목을 베고 군대를 보내 흉노를 치자고 입을 모았다. 상장군 번쾌는 더더욱 화가 나서 하명을 요청했다.

"소신이 10만 명의 군사를 이끌고 흉노를 싹 쓸어버리겠사옵니다."

다른 장수들도 모두 여 태후의 눈에 들기 위해 동의하고 나섰다. 오직 계포만이 번쾌를 질책하며 말했다.

"마마, 번쾌를 사형에 처하소서. 과거 고조 황제께서 40만 명의 대군을 이끌고 흉노를 쳤을 때 평성에서 포위되었던 일을 기억하십니까? 그때 번쾌는 상장군이었지만 속수무책으로 바라만 볼 뿐 포위를 풀지 못하였습니다. 그런데 지금 10만 명의 군대를 이끌고가 흉노를 쓸어버리겠다고 하니, 가당키나 한 소리입니까? 이것은 마마를 기만하는 짓이옵니다. 진나라도 흉노를 치려고 군대를 일으켰다가 진승의 난이 일어나, 그 상처가 다 아물지도 않았는데 번쾌는 아첨이나 하며 다시 천하에 동란을 일으키려 하고 있사옵니다. 게다가 흉노는 야만한 족속으로 짐승이나 다름없으며, 그자들이 칭송을 한다고 기뻐하거나, 흉악한 말을 한다고 노여워할 필요가 전혀 없사옵니다."

대전의 장수들은 그 말을 듣고 모두 겁에 질렸다. 여 태후가 모두 조정에서 물러가라는 명령을 내려 더 이상 흉노의 일을 입에 담지 않았다.

한 문제 때 계포는 하동河東 군수를 역임하였다. 누군가 계포의 재능을 칭찬하자, 문제는 계포를 불러 어사대부로 삼고자 했다. 그런데 또 다른 사람이 계포는 용기와 힘은 있으나 술에 취하면 제멋대로이니 가까이 두기에는 좋지 않다고 아뢰는 것이 아닌가? 계포는 장안으로 들어와 객잔에서 한 달을 머물렀지만 막상 황제를 만나니 다시 원래 있던 곳으로 가라는 소리만 들었다. 그러자 계포가 진언을 올렸다.

"소신 아무런 공로도 없으나 황상의 신임을 받아 하동에서 군수로 있사옵니다. 폐하께서 연유도 없이 소신을 부르셨으니, 이는 누군가 소신을 칭찬하여 폐하를 기만했기 때문일 것이옵니다. 그런데 소신이 장안으로 왔으나 아무런 직무도 받지 못하고 다시 원래 지역으로 돌아가게 되었으니, 이는 분명 누군가 폐하 앞에서 소신을 헐뜯었기 때문일 것입니다. 폐하께서 한 사람의 칭찬 때문에 소신을 부르시고, 또 어떤 이의 비방 때문에 소신을 돌려보내시니, 천하에 식견 있는 자들이 이 일을 듣고 폐하의 깊이를 가늠하게 될까 두렵사옵니다."

부끄러움에 한참 동안 할 말을 찾지 못하던 문제는 마지못해 이렇게 말했다.

"하동은 짐이 수족처럼 아끼는 지역이라 경을 불렀던 것이오."

계포는 황제에게 작별을 고하고 다시 하동 군수의 자리로 돌아갔다.

계포의 동생 계심季心 역시 관중에서 의협심이 강한 자로 누구보다도 유명한 사람이었다. 그는 사람을 대할 때도 겸허하고 신중한 태도를 잃지 않았으며 의로운 일을 많이 했기 때문에 방원 몇천 리에 있는 선비들이 서로 그를 위해 목숨을 바치고자 하였다. 이렇듯 계심은 의협심을 가진 자로 명성을 떨쳤고, 계포는 약속을 중히 여겨 두 형제가 모두 관중에서 함께 유명세를 누렸다.

漢書 들여다보기

계포의 일화와 대조되는 매우 교훈적인 이야기가 하나 있다. 계포의 숙부인 정공丁公은 항우의 장수로서 유방을 팽성 서쪽까지 추격해갔다. 정공이 바짝 뒤쫓아오자 궁지에 몰린 유방은 고개를 돌려 정공에게 말했다.

"현명한 사람들끼리 서로 죽여야만 하겠소?"

정공은 그 말을 듣고 군대를 이끌고 되돌아갔다. 항왕이 죽은 후 유방은 자신을 알현하러 온 정공의 목을 베라고 하였다.

"정공은 항왕의 신하로서 충성을 다하지 않아 항왕이 천하를 잃게 만들었다. 짐은 후세 사람들이 정공의 뒤를 따르지 않도록 본을 보인 것이다!"

항왕

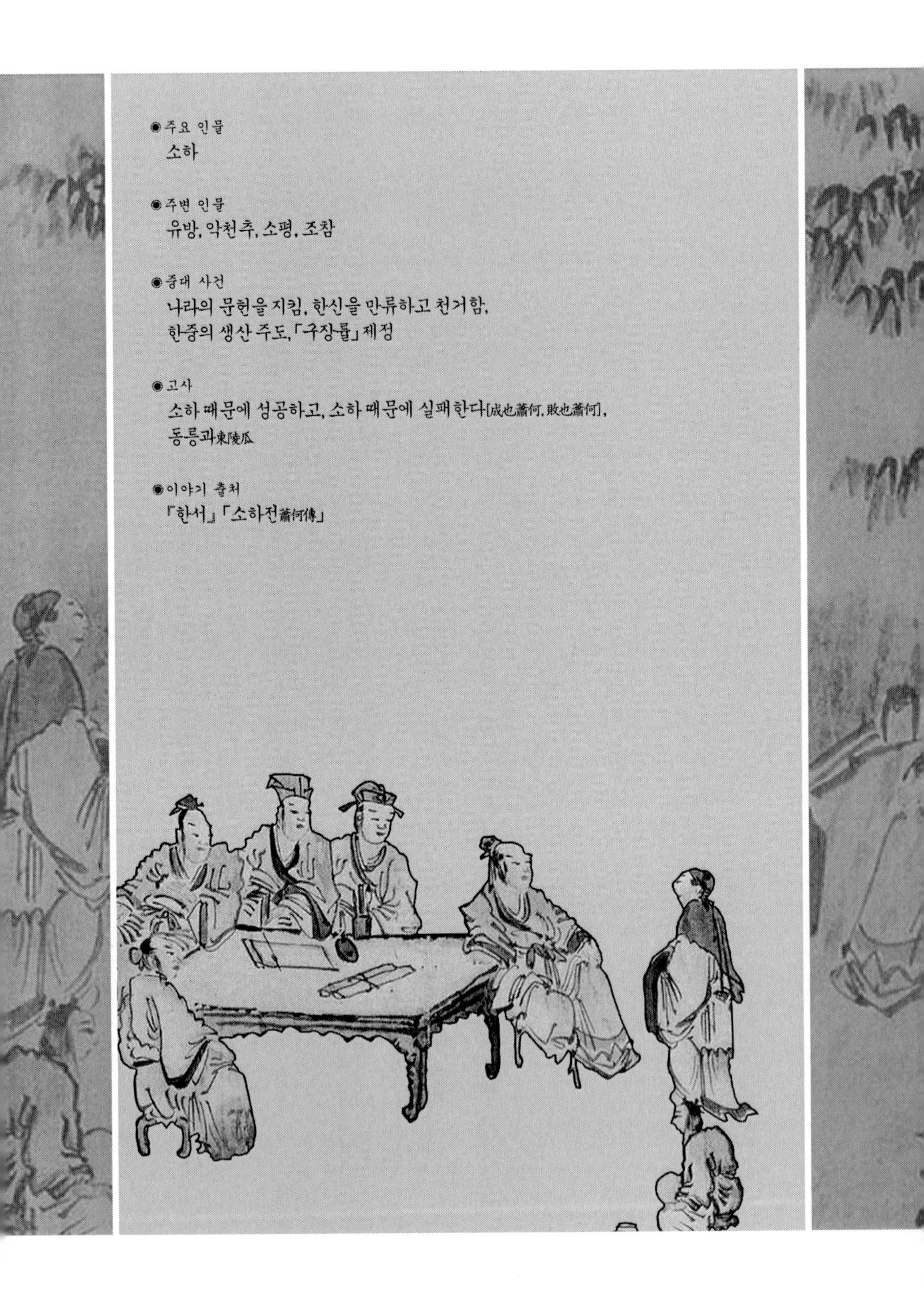

◉주요 인물
소하

◉주변 인물
유방, 악천추, 소평, 조참

◉중대 사건
나라의 문헌을 지킴, 한신을 만류하고 천거함,
한중의 생산 주도, 「구장률」 제정

◉고사
소하 때문에 성공하고, 소하 때문에 실패한다[成也蕭何, 敗也蕭何],
동릉과東陵瓜

◉이야기 출처
『한서』「소하전蕭何傳」

蕭何

소하 : 근면함으로 제일의 재상이 된 사람

소하는 패현 풍읍(지금의 강소 풍현豊縣) 사람으로 법률과 조문에 능통했으며 공정하며 온화하여 고의적으로 법을 이용하여 남을 해하지 않았다고 한다. 그는 일찍이 패현의 공조功曹로서 관리들의 공적과 과실을 조사하고 기록하는 일을 맡았다.

소하와 유방은 동향 사람이었는데, 유방이 평민일 때부터 소하는 자신의 직권을 이용하여 몇 번이나 유방을 비호하였다. 훗날 유방은 사수의 정장이 되어서도 자주 소하의 도움을 받았다. 한 번은 유방이 부역할 농민들을 함양으로 송환하는 일을 맡자 관리들이 여비를 모아주었는데, 다른 사람들은 3백 전을 낼 때 소하는 5백 전이나 냈던 것이다.

아직 진나라일 때 한 감군어사監郡御史가 사수군에 시찰을 나오자, 소하가 옆에서 일을 돕게 되었는데 워낙 맡은 일들을 절차에 맞게 잘 처리하여 사수의 관리로 뽑히게 되었고 물론 공무 심사에서도 으뜸으로 평가받았다. 감군어사는 소하를 도성인 함양으로 배치할 것을 조정에 청하려 했지만 소하는 몇 번이나 사양하며 가지 않았다.

유방이 군대를 일으켜 패현의 현장이 되었을 때에도 소하는 오직 한 마음으로 유방을 도와 일상적인 사무들을 처리했다. 그 후 유방이 군대를 이끌고 함양으로 들어가자 다른 장수들은 앞다투어 황실의 창고로 들어가 재물과 진귀한 보물들을 챙기기에 바빴지만, 소하만은 가장 먼저 궁으로 들어가 승상과 어사부의 모든 법령 문서, 지리 도감, 호적부 등 문헌 자료들을 찾아 잘 보관해두었다고 한다.

훗날 항우가 관중에 들어와 지나는 곳마다 파괴하고, 함양에 불을 질러 층층이 지었던 진나라 황궁도 모두 불타버렸다. 그 불은 어찌나 컸던지 3달 동안 불탔으나 유방이 중국 전역의 산천과 요새, 호구 수, 토지의 비옥함과 척박함, 재물과 물자의 분포, 백성들의 생활 상태 등을 잘 알 수 있었던 것은 소하가 당시 진의 문서와 도감들을 온전하게 잘 보관해두었기 때문이었다.

한왕 원년(기원전 206년) 정월, 항우가 스스로를 서초 패왕으로 칭하고 팽성을 도읍으로 삼았다. 이어서 그는 천하를 크게 나누고, 유방을 한왕으로 봉한 후 서남쪽에 치우친 파巴, 촉, 한중 등지를 관할하게 하였다. 당시 이곳은 사실 진나라에서 유배 보낸 죄수들이 머무르던 곳으로 산이 높고 길이 험준해 빈곤하고 황폐한 곳이었다. 유방은 자신의 봉지에 대해 불만과 참을 수 없는 분노를 느껴 당장 항우와 맞붙어 싸우고 싶었으나 항우와 싸우는 것은 계란으로 바위치기처럼 제 무덤을 파는 일이니 주발, 관영, 번쾌 등의 장수들은 입을 모아 유방을 만류했다. 유방이 어찌할지 마음을 정하지 못하자 소하가 나서서 한중의 왕에 머무는 것이 억울하시겠지만, 죽을 길을 찾아가는 것보다는 훨씬 나을 것이라고 그를 만류했다.

유방이 물었다.

"내가 죽을 길을 찾아간다는 말인가?"

소하가 대답했다.

"지금 우리의 실력은 항우에 훨씬 못 미치니 함부로 공격했다가는 백전백패일 것이 뻔하며, 이것이 죽을 길을 찾는 것이 아니고 무엇이겠습니까? 『주서周書』에는 '하늘이 주는 것을 취하지 않으면 그 허물을 받는다〔天與不取反受其咎〕'는 말이 있사옵니다. 또 예부터 천하〔天河〕를 '천한天漢'이라 불렀으니, 주군께서 한왕으로 봉해지신 것도 '한'과 '천'이 만나는 일이 아니옵니까? 게다가 고대 현명한 군주, 즉 상商의 탕湯이나 주周나라 무왕武王과 같은 분들은 형세가 불리할 때는 폭군인 하夏의 걸왕桀王과 은殷의 주왕紂王에게 잠시 고개를 숙이고 때를 기다렸사옵니다. 그리고 결국 백성들의 신임을 얻어 1백 년의 대업을 이루었지요. 소신, 주군께서도 이들 현명한 군주들처럼 지금의 치욕을 참으시고 때를 기다려 한왕의 자리에 앉으시길 청하옵니다. 한중에서 백성들을 잘 돌보고, 인재들을 모아 파와 촉을 잘 다스리신 후에 돌아와 관중을 수복하신다면 천하를 통일하실 수 있으실 것이옵니다."

유방은 그 말에 깊이 동의하여 한중으로 갈 결심을 하고, 소하를 승상으로 임명했다. 유방이 한중을 다스리는 동안 소하는 유방을 위해 떠나려던 한신을 만류해 붙잡았고 유방에게 추천하였다. 만약 한신의 도움이 없었다면 유방은 항우를 무찌르고 천하를 얻지 못했을 것이다.

유방이 몰래 진창을 건너가 관중을 차지하자, 소하는 승상의 신분으로 한중 남정(南鄭: 지금의 섬서 한중)에 남아 파와 촉 지역을 관리하고 백성들이 생산에 힘쓰도록 장려하였다. 그리고 세금을 거두어 전방에 나가 있는 군대에 필요한 양식과 재물을 공급해주었다. 한왕 2년(기원전 205년), 유방은 대군을 이끌고 관동에서 나가 항우를 공격했다. 소하는 관중에서 태자를 섬기며 약양(櫟陽: 지금의 섬서 임동臨潼 동북쪽)에 주둔해 있었다. 그는 법령과 규율의 제정을 주관하고 종묘와 사직 및 각종 업무처리 기구를 건설하여 관중이 유방의 든든한 후방이자 뒷받침이 되도록 만들었다. 소하는 성실하고 신중하여 무슨 일을 하든지 모두 유방에게 보고했고, 유방의 허락이 떨어져야만 일을 처리했고, 지체할 수 없는 긴박한 상황이 발생하면 상황에 맞게 일을 처리한 후 다시 유방에게 상세하게 보고했다. 형양과 성복에서 대치전이 벌어졌을 때 유방은 몇 번이나 항우에게 패해 줄행랑을 치며 군대를 잃었다. 그러나 소하가 관중에서 군사와 군량미를 마련해 끊임없이 전방으로 조달해주었기 때문에 유방은 군량미와 병사들을 충분히 확보할 수가 있었다. 유방도 소하가 얼마나 중요한 존재인지 잘 알고 소하에게 관중의 모든 일을 처리할 수 있는 전권을 주었으나, 군웅이 천하를 다투던 시절이었기 때문에 유방은 능력 있는 사람에 대한 의심을 버리지 못했다. 한왕 3년(기원전 204년), 유방이 항우의 군대와 경현京縣, 색정(索亭: 경현과 색정은 모두 지금의 하남성 형양 경내에 있다)에서 승부가 나지 않는 지루한 대치전을 펼치고 있을 때도, 유방은 여러 차례 관중으로 사람을 보내 소하를 위로하였다. 포鮑 씨 성을 가진 모사 하나가 소하에게 말했다.

"작열하는 태양과 비바람에 시달리고, 바람을 맞으며 길에서 주무시는 한왕께서 계속해서 사람을 보내 나리를 위로하시니, 무언가 바뀐 것 같지 않사옵니까? 소인이 보기에 주군께서는 나리에 대해 마음을 놓지 못하는 것이니 나리께서는 친족들 중에서 전쟁에 나가 싸울 수 있는 사람은 모두 군대로 보내 병역을 하게 하면 한왕께서도 나리를 의심하지 않으실 것이옵니다."

사리 분별이 빠른 소하는 즉시 집안에서 싸움을 할 수 있는 사람은 모두 전방으로 보냈고, 유방은 매우 흡족해하였다.

한왕 5년(기원전 202년), 유방이 항우를 무찌른 후 황제가 되어 개국공신들에게 상을 주려고 하자 모두들 한 치의 양보도 없는 논쟁이 벌어졌다. 결국 1년이 넘도록 누구의 공로가 큰지 여전히 결론을 내지 못하고 있었다. 결국 유방이 황제의 권위로 결정을 내려, 소하의 공을 으뜸으로 치고 그를 찬(酇: 지금의 하남성 영성 서남쪽)의 제후인 찬후酇侯로 봉하고, 가장 많은 식읍을 하사했다. 그러나 공신들은 유방의 뜻에 동의할 수 없었다.

"저희는 쇠로 만든 투구를 쓰고 몸에는 철갑을 두르고, 날카로운 칼을 들고 위험한 전쟁터에 나가 생사를 넘나드는 전쟁을 했사옵니다. 이중에는 1백여 차례의 전쟁에 참여한 이도 있고, 적은 사람도 수십 차례의 전쟁에 나가 땅을 차지하였으니 저마다의 공이 모두 다르옵니다. 그러나 소하는 전장에서 땀 한 방울 흘린 적도, 위험을 감수한 적도 없사옵니다. 그저 붓이나 놀리며 의견이나 냈을 뿐이거늘 어찌하여 저희보다 더 큰 상을 하사하십니까?"

유방이 대답했다.

"사냥을 할 때 들짐승을 쫓는 것은 사냥개지만, 사냥개가 들짐승이 있는 곳을 찾도록 지시하는 것은 사냥꾼이네. 지금 자네들이 들짐승을 잡았으니 사냥개의 공과 같네. 그러나 소하는 사냥개를 풀어 목표물을 알려주는 사냥꾼과 같네. 게다가 자네들은 대부분 홀몸으로 날 따랐고, 많아봤자 서너 명의 식구를 데리고 와 날 따랐네. 그러나 소하는 그 집안에서 수 십 명의 사람을 전방으로 보내 전투에 참여하게 했네. 이러한 공이 자네들과 비교가 된다고 보는가?"

공신들은 유방의 비꼬는 말을 듣고서도 더 이상 아무 말도 하지 못했다. 공신들에게 상을 내리는 일을 마치고 나자 지위를 정하는 일이 남았다. 모두들 앞다투어 말했다.

"평양후 조참은 전투에서 늘 용맹하게 앞장섰으며 몸에 70개가 넘는 상처가 있사옵니다. 또 함락한 성과 토지도 가장 많으니 공으로 쳐도 으뜸이 아닙니까? 응당 가장 높은 자리에 앉게 해야 할 것이옵니다."

유방이 소하를 가장 높은 지위에 앉히고 싶어했지만, 한 차례 공신들의 말에 반박을 하였으니 차마 나서지 못하자, 그때 관내후關內侯 악천추鄂千秋가 유방의 속내를 꿰뚫어 보고 앞장서 말하기 시작했다.

"여러 대신들의 의견은 옳지 않소. 조참이 성과 땅을 차지하는 공을 세웠다고는 하나 그것은 일순간, 한 지역의 일이 아니오? 그러나 소하의 공은 그 누구와도 비교할 수가 없소. 항우와 5년간 전쟁을 치르면서 황상께서는 수많은 병사를 잃으셨고, 또 많은 군량미가 필요했소. 몇 번이나 전군이 몰살당할 위기에 처하는 긴박한 상황도 많았소. 그때마다 소하는 알아서 힘을 규합하여 병력과 군량미를 전방에 보내주었고 관중에서 공고한 근거지를 마련한 덕에 폐하께서는 마음놓고 다시 공격을 하실 수 있으셨소. 이는 만세토록 영원할 공로가 아니오? 그런데 한순간의 공로를 만세토록 영원할 공로 위에 두겠단 말이오? 내가 볼 때 소하의 지위가 으뜸이요, 조참의 지위가 두 번째여야 하오."

유방이 즉시 악천추의 의견에 동의하자 다른 사람도 더 이상 토를 달지 못했다. 그래서 소하의 지위를 으뜸으로 정해, 혼자만 검을 차고 신발을 신은 채 조정에 나올 수 있고, 황제 앞에서도 예의에 따라 빠른 걸음으로 앞으로 나가지 않아도 되었다. 소하의 가족 중 부모, 자식, 형제 등 10명이 넘는 사람이 식읍과 상을 하사받았다. 훗날 2천 호의 식읍을 더 내려 주었다. 옛날 유방이 부역해야 할 농민들을 함양으로 데리고 갈 때 소하가 남들보다 2백 전을 더 보태주었던 것에 대한 보답이었다. 유방은 덧붙여 악천추를 칭찬하여 안평후安平侯로 봉하고 계속해서 관내후의 식읍도 향유하도록 해주었다.

"현명하고 능력 있는 사람을 추천한 사람은 큰 상을 받아야 한다. 소하의 공로가 가장 컸지만 여러 대신들이 깨닫지 못하고 있을 때, 악군이 나서 이를 분명히 밝혀주었다."

한 고조 10년(기원전 197년), 유방은 친히 군대를 이끌고 한단으로 진희의 반란을 진압하러 떠났고 얼마 지나지 않아 한신은 날조된 죄명을 뒤집어쓰고 여후의 음모 속에 죽었다. 사실 한신의 죽음은 여후가 계획하고 소하가 속여 이뤄진 일이었다. 과거 한신을 추천한 사람도 소하였지만, 한신을 죽게 만든 사람도 소하였다. 그래서

'소하 때문에 성공하고, 소하 때문에 실패한다[成也蕭何, 敗也蕭何]'는 말이 나왔다. 유방은 즉시 사람을 관중으로 보내 소하를 상국으로 삼고 식읍을 5천 호나 더해주고 5백 명의 병사들과 도위 하나를 보내 상국의 호위병으로 삼았다. 수많은 관원들이 소하를 찾아와 축하했지만, 평민이었던 소평召平만이 조문의 예를 갖추고 소하를 찾아왔다. 소평은 본래 진나라의 동릉후東陵侯였으나 진이 멸망한 후 장안성 동쪽 지역에 은거하며 오이를 심으며 살고 있었다. 그의 오이는 특별히 달고 맛있어 사람들은 그 오이를 '동릉과東陵瓜'라고 불렀다. 그는 소하에게 이렇게 말했다.

"나리의 화禍는 이제부터 시작이옵니다. 황제께서는 전방에서 전투를 하며 생명의 위협을 받고 계시고, 나리는 편안하게 조정에서 무엇을 잃을 위험이 하나도 없지만, 도리어 폐하께서 봉읍을 더해주시고 호위병까지 보내주신 것은 한신이 모반을 꾀하려다 진압을 당하자 이제 나리를 의심하시기 때문이옵니다. 나리께 호위부대를 붙여주신 것도 나리를 총애해서가 아니라 감시하기 위한 것이니 폐하의 상을 단호하게 거절하십시오. 상을 받을 수 없다고 말씀하시고 도리어 가산을 모두 바쳐 군대를 지원하겠다고 하십시오. 그러면 황제께서 나리에 대한 의심을 거두실 것이옵니다."

소하가 소평이 일러준 대로 일을 처리하자, 유방은 매우 흡족해했다.

한 고조 12년(기원전 195년), 유방은 직접 출정해 경포의 난을 평정했고, 소하는 여전히 성실하게 관중을 다스리며 백성들을 위로하고 가산을 가져다가 군대를 지원하였다. 그러나 유방은 몇 번이나 관중으로 사람을 보내 상국이 무슨 일을 하고 있는지 물었다. 이때 한 모사가 소하에게 충고했다.

"나리의 집안이 멸문지화를 당할 날도 멀지 않았사옵니다. 나리는 지금 상국의 자리에 앉아계시며 공로도 으뜸이시거늘, 아직도 뭘 더 얻으실 것이 남았습니까? 나리께서 관중에 들어와 어느덧 10여 년이 되었고, 백성들은 모두 진심으로 나리를 옹호하고 있지요. 그런데도 나리께서는 여전히 게으름을 피우지 않고 백성들을 위하시니, 백성들이 나리를 존경하며 더욱 흠모할 뿐입니다. 그래서 황제께서 계속 사람을 보내 나리의 상황을 물으시는 것은, 나리의 명망이 너무 높아져 관중에서 황제의 지위가 흔들릴까 두려운 것이니 나리께서는 전답과 집을 많이 사십시오. 특히 싼값이나 외상으로 사들여 나리의 명성을 실추시키고, 백성들이 황제께 나리를 고발하는 상소를 올리게 한다면 황제께서 마음을 놓으실 것이옵니다."

소하는 곧바로 이해하고 즉시 모사의 말대로 했다.

유방은 경포를 제거하고 승리의 행진을 하는 도중에 백성들이 길을 막고 상소를 올리며 소하가 권세를 이용해 싼값으로 자신들의 전답과 집을 사들였다며, 그 액수가 수천만에 달한다고 고발했다. 유방이 궁으로 돌아오자 소하가 알현하러 왔다. 유방은 웃으면서 소하를 힐책했다.

"상국으로서 백성들에게 그런 이익을 취해서야 되겠소?"

백성들의 고소장 한 뭉치를 소하에게 던져주며 말했다.

"경이 직접 백성들에게 사죄하시오!"

소하는 그때를 놓치지 않고 백성들을 위해 간청했다.

"장안은 경작지가 적고 인구가 많사옵니다. 상림원上林苑에 놀고 있는 땅이 많아 황폐해졌사오니 백성들이 들어가 경작할 수 있도록 윤허하여주소서. 농작물이 익으면 백성들은 그 과실만 거두고 짚은 남겨두어 짐승들이 먹게 할 것이옵니다. 그러면 일거양득이 아니옵니까?"

유방은 화가 나서 버럭 소리를 질렀다.

"상인들에게 뇌물을 많이 받았나보군! 그렇지 않고서야 어찌 내 상림원을 그들에게 주라 하겠는가?"

정위에게 소하를 감옥에 가두고 손과 발에 쇠고랑과 족쇄를 채우라는 명을 내렸다. 며칠이 지났을 때 왕王 씨 성을 가진 위위가 유방의 시중을 들면서 슬쩍 물어보았다.

"소 상국께서 얼마나 큰 죄를 범하셨기에 가두셨습니까?"

유방이 대답했다.

"이사李斯가 진시황을 보좌할 때 공이 있으면 모두 군주에게 돌리고 과실이 있을 때는 모두 자신이 감당했다고 했다. 그런데 소 상국은 간사한 상인들의 뇌물을 받고 백성들을 위해 짐의 상림원을 달라고 청하니, 그런 식으로 백성들의 마음을 사려는 것이 아니냐? 그래서 상국을 가두고 그 죄를 묻는 것이다."

그러자 왕 위위가 유방에게 간언했다.

"자신의 직권 내에서 백성들을 생각하는 것은 승상의 당연한 책임입니다. 그런데 그것을 가지고 상국이 상인들의 뇌물을 받았다고 의심하시다니요? 과거 폐하께서 항우와 형양에서 몇 년 동안 전쟁을 벌이셨고, 최근에도 계속 군대를 이끌고 출정하시며 반란을 진압하셨습니다. 이때 관중을 지키던 상국이 조금만 마음을 달리 먹었어도 함곡관 서편의 땅이 폐하의 것이 아닐 수도 있었습니다. 그러나 소 상국은 그런 시기에도 자신을 위해 이익을 취하지 않았사옵니다. 그런데 지금 이 상황에서 상인들의 얼마 안 되는 뇌물을 탐하였겠습니까? 게다가 진시황은 자신의 과실을 알려도 듣지 못해 천하를 잃은 것이온데, 이사가 진시황 대신 그 과실을 책임진 것을 본받을 가치나 있습니까? 어째서 승상을 그런 천박한 사람이라 의심하십니까?"

왕 위위의 말을 들은 유방은 기분이 썩 좋지 않았지만 옳은 말이었기 때문에 그날로 사자를 보내 소하를 사면하고 석방하였다. 소하는 연로한 나이였고 신발을 신고 대전에 나와도 된다는 유방의 허락도 받았었지만, 신발을 벗고 맨발로 유방 앞에 나가 엎드려 사죄했다.

유방이 말했다.

"상국은 그런 예를 차릴 필요가 없소. 백성들을 위해 상림원을 청한 것인데 나는 그 청을 들어주기는커녕 경을 가두었으니, 내가 바로 하의 걸과 상의 주와 같은 폭군이라는 것을 보여준 꼴이 되어 버렸소. 백성들이 내 과실을 알게 되었단 말이오. 상국이야말로 진정 현명한 재상이오."

소하와 조참은 본래 매우 교분이 두터운 사이였지만 공을 평가한 이후 그리 좋은 사이를 유지하지는 못했다. 아마도 조참이 전쟁터에 나가 세운 공이 많음에도 불구하고 소하보다 못한 상을 받았기 때문에 둘 사이에 금이 간 탓일 것이다. 그러나 소하가 위중한 병에 걸렸을 때 유방의 아들 한 효혜 황제가 병문안을 왔을 때 이런 일이 있었다.

"상국께서 행여 세상을 떠나신다면 누가 상국을 대신할 수 있겠습니까?"

효혜 황제의 물음에 소하가 대답했다.

"신하를 가장 잘 아는 사람은 군주뿐이지요."

효혜 황제가 조참에 대해 다시 묻자 소하는 고개를 끄덕였다.

"폐하께서 가장 훌륭한 인재를 얻으셨으니, 소신 죽어도 여한이 없사옵니다!"

소하는 이처럼 공정하고 사심이 없는 사람이었다.

소하는 생전에 전답을 살 때도 빈궁하고 편벽한 지역의 것을 샀고, 집을 지을 때도 담을 치지 않았다.

"후대의 자손들이 지혜롭고 능력이 있다면 나를 본받아 검소하게 살 것이고, 설령 그들이 능력이 없다 하여도 이런 것은 권세 있는 자들이 빼앗으려 들지 않을 것 아니냐."

소하는 유방이 천하를 차지하고 다스리는데 큰 도움을 주었던 '후방의 장관'이자, 법률을 엄하고 공정하게 실행한 인재였다. 한 왕조가 건립된 이후에 유방이 제정했던 삼장육법만으로는 불충한 사람을 다스릴 수가 없었다. 그래서 유방은 소하에게 다시 법을 제정하도록 명했다. 소하는 진나라 법을 취사선택하여 새로운 법령인 「구장률九章律」을 만들었다. 이것은 도율盜律, 적률賊律, 수율囚律, 포율捕律, 잡률雜律, 구율具律 외에 호율(戶律: 혼인, 부세), 흥률(興律: 천흥, 요역 등), 구율(廐律: 우마의 사육에 관한 일) 등 3편을 덧붙인 것이다. 「구장률」은 이회(李悝: 전국 때의 정치가)의 『법경法經』과 진나라의 법을 기초로 하여 제정한 한나라의 법률로, 한나라 이후 역대 법률이 대부분 이를 원본으로 삼았기 때문에 매우 중요한 의의를 갖는다. 그래서 「구장률」은 법령의 원조라 불리며 100대에 걸쳐서도 변하지 않을 도리가 되었다.

한 혜제 2년(기원전 193년), 한 시대를 풍미했던 재상 소하는 병으로 세상을 떠났고, 문종후文終侯라는 시호를 하사받았다.

漢書 들여다보기

시호는 고대 제왕이나 제후, 경대부卿大夫나 지위가 있는 사람이 죽은 후에 그 사람의 생전 업적과 행실에 따라 조정에서 하사했던 칭호였다. 관 뚜껑을 덮은 후 가장 마지막에 드러나는 그 사람의 최종 가치 평가라고도 할 수 있다.

유금은관(鎏金銀棺)

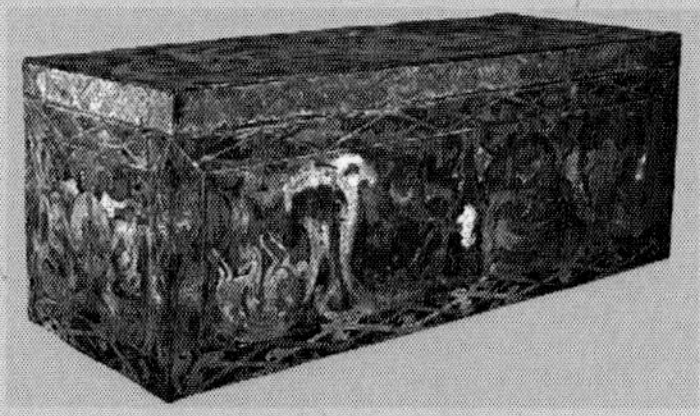

흑지채회관(黑地彩繪棺)

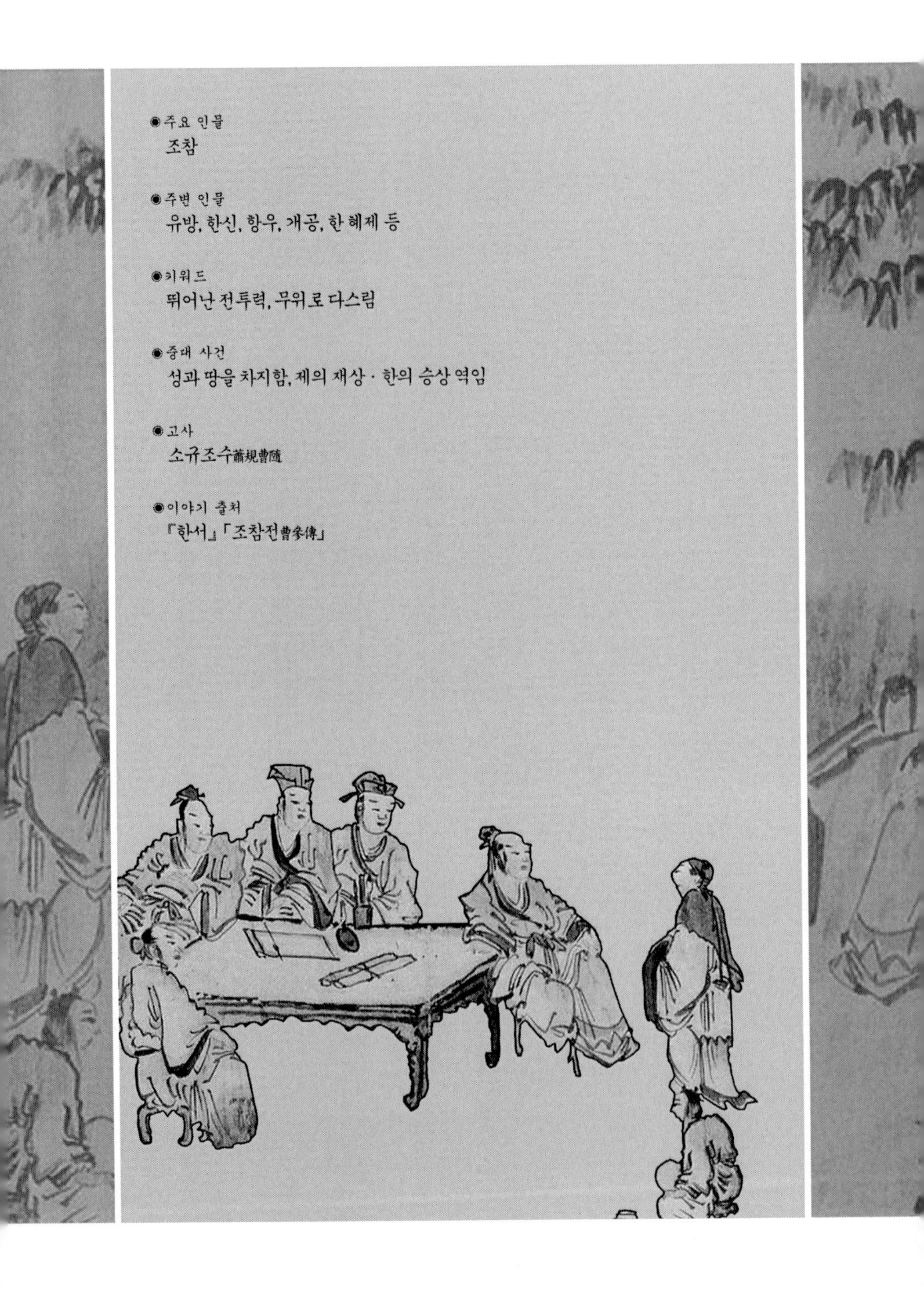

◉주요 인물
조참

◉주변 인물
유방, 한신, 항우, 개공, 한 혜제 등

◉키워드
뛰어난 전투력, 무위로 다스림

◉중대 사건
성과 땅을 차지함, 제의 재상 · 한의 승상 역임

◉고사
소규조수蕭規曹隨

◉이야기 출처
『한서』「조참전曹參傳」

曹參

조참 : 도교를 숭상한 개국공신

조참도 역시 패현 사람으로 유방과 동향일 뿐 아니라 소하의 동료였다. 소하가 패현의 주리主吏로 있을 때 조참은 패현의 옥연獄掾이었다. 옥연이란 지금의 현縣 정부 고급 관리나 현縣 공안국의 국장과 맞먹는 지위로 현에서 제법 권세가 있었다.

한 고조가 패공이 되어 군사를 일으켰을 때 조참은 중연中涓의 신분으로 고조를 따르며 군대를 이끌고 호릉, 방여를 공격하였다. 또 진나라 군감軍監의 부대를 쳐서 적군을 크게 물리쳤다. 그는 동쪽으로는 설현을 차지하고 설현 외성 서쪽에서 사수 군수의 군대를 격퇴시켰다. 곧이어 말머리를 돌려 다시 한 번 호릉을 공격해 점령하였다. 그 후 방여, 풍읍이 위왕에 투항하자 다시 한 번 방여와 풍읍을 차례로 공격하였다. 용맹하게 잘 싸운 것에 대한 상으로 패공은 조참에게 칠대부七大夫라는 작위를 내려주었다. 이후 조참은 탕현碭縣의 동편에서 진나라 군대를 공격해 궤멸시켜 탕현과 호부狐父, 기현祁縣과 같은 유리한 고지를 점령했다. 그는 하읍 서쪽 지역, 장한의 거기부대, 원척爰戚과 항부를 쳤고, 앞장서서 성루를 타고 올라가 오대부五大夫로 진급했다. 그는 북쪽으로 동아를 원조해 장한의 군대를 치고 진현을 함락시켰으며, 그대로 복양까지 추격해갔다. 정도를 쳐서 임제臨濟를 차지했으며, 남쪽으로는 옹구를 도우러 갔다가 진나라 군대를 쳐부수었다. 진나라 장군 이유도 조참에게 죽었고, 진나라군의 군후軍候 한 사람도 조참에게 포로로 잡혔다. 이때 진나라 장군 장한은 항량의 부대를 쳐서 이기고 항량을 죽였다. 패공과 항우는 저항할 힘이 없어 군대를 이끌고 동쪽으로 돌아갔다.

초 회왕은 패공을 탕군장으로 임명하여 탕군의 군대를 이끌게 하였다. 패공은 명령을 받자마자 조참을 집백執帛으로 임명하고 건성군建成君이라 불렀다. 얼마 후 유방은 조참을 척현戚縣의 현령으로 진급시키고 탕현을 그에게 주었다. 그 후 조참은 패공과 함께 동군東郡 군위郡尉의 부대를 공격하여 성무成武 남쪽에서 적군을 무찔렀다. 성양成陽 남쪽에서 왕리王離의 군대를 공격해 승리를 거둔 그는 강리杠里까지 쫓아가 왕리의 군대를 쳐부수고, 여세를 몰아 계속 추격하여 개봉까지 진격하였다. 기회를 보아 조분趙賁의 군대를 공격해 개봉 성안에 밀어 넣고 포위해버렸다. 서쪽으로는 진나라 장군 양웅을 곡우에서 공격하고 다시 한 번 승리를 거두었으며, 진나라의 사마와 어사 한 명씩을 포로로 사로잡았다. 조참은 집규執珪로 진급했다. 그 후 또 패공과 함께 양무陽武를 치고 환원轘轅과 구 씨緱氏를 차지하고 황하의 나루터를 봉쇄했다. 패공과 함께 남진하여 주현犨縣을 공격하고 남양 군수 여기와 양성 외성 동쪽에서 교전을 벌여 적군의 진열을 깨고 완성을 차지했다. 여기마저 포로로 잡아 남양군을 완전히 평정하였다. 또 패공과 함께 서진하여 무관과 요관嶢關을 차지했다. 그 후 계속 전진하여 남전 남쪽에서 진나라군을 정면으로 공격하고, 밤을 틈타 남전 북쪽에서 진나라 군대를 습격해 대승을 거두었다. 그렇게 그들은 함양으로 들어갔고 진나라는 멸망했다.

관중에 들어간 항우가 패공을 한왕으로 삼자, 한왕은 조참을 건성후로 봉했다. 조참은 한왕을 따라 한중으로 가서 장군으로 진급했다. 그 후 한나라 군대는 겉으로는 잔도를 수리하는 척하면서 몰래 진창을 건너가는 작전을 폈다. 조참은 한왕을 따라 삼진을 평정하고 하변下辯, 고도故道, 옹현雍縣, 태현邰縣 등지를 점령하였다. 또 장평의 군대를 호치好畤의 남쪽에서 공격해 무찌르고 호치를 포위해 양향壤鄕을 차지했으며, 양향의 동편과 고약高櫟 일대에서 삼진의 군대를 쳐서 적군을 무찔렀다. 곧이어 다시 한 번 장평을 포위했지만 장평은 호치에서 포위를 뚫고 도망쳤다. 그러자 조참은 기세를 몰아 조분과 내사內史를 지키는 군대를 공격해 승리를 거두었다. 그 후 그는 유방과 함께 동진해 함양을 쳐서 점령했고, 한왕은 함양을 신성新城이라고 개명하였다.

조참은 일찍이 군대를 이끌고 경릉景陵을 20일 동안이나 주둔하여 지킨 적이 있었다. 그때 삼진에서는 장평 등을 보내 조참을 공격하게 하였으나, 조참은 맞서 싸워 적을 크게 무찔렀고, 한왕은 조참에게 영진寧秦을 식읍으로 주었다. 조참은 장군의 신분으로 군사들을 이끌고 나가 장한을 폐구에서 포위했고, 중위의 신분으로 한왕을 따라가 진관晉關으로 들어갔다. 하내에 가서는 수무修武를 차지했고 위진圍津에서 황하를 건넌 후 동진해서 용저와 항타項他를 폐구에서 공격해 쳐부수었다. 동쪽으로는 탕현과 소현蕭縣, 팽성을 공격해 차지하였다. 한왕의 한나라 군대는 항우의 군대를 공격했지만 대패하여 도망치는 신세가 되었으나, 조참은 중위의 신분으로 옹구를 포위해 빼앗았다. 한나라 장군 왕무王武와 정처程處가 각각 외황과 연 지역에서 반란을 일으키자 조참이 진압했다. 주천후柱天侯가 연지에서 반란을 일으키자 조참은 다시 진격해 반군을 무찌르고 연지를 수복했다. 곤양昆陽에서 우영羽嬰을 치고 엽현까지 추격했다. 군사를 돌려 무강武强을 공격했고, 그 기세를 몰아 형양까지 쳐들어갔다. 한중에서 장군·중위가 된 후 한왕을 따라 여러 제후들과 항우를 공격하다가 팽성에서 패배해 형양으로 돌아올 때까지 2년 동안, 조참은 대적할 사람이 없이 가는 곳마다 승리를 거두었다.

한왕 2년(기원전 205년) 조참은 대리 좌승상으로 임명되어 군대를 이끌고 관중으로 들어갔다. 한 달이 조금 지났을 때 위왕 표가 반란을 일으키자 조참은 대리 좌승상의 신분으로 한신과 함께 동진했고, 동장東張에서 위나라 장군 손속孫遬을 공격하여 적군을 크게 물리쳤다. 여세를 몰아 안읍을 공격하고 위장군 왕양王襄을 포로로 잡았고, 곡양曲陽에서 위왕을 공격해 무원武垣까지 추격한 후 생포했다. 평양平陽을 점령했고, 위왕의 어머니와 처첩, 자녀들을 포로로 삼아 위 지역을 완전히 평정하여 52개의 성읍을 얻었다. 한왕은 조참에게 그가 차지한 평양을 식읍으로 주었다.

이어서 한신과 함께 조나라 상국인 하설의 군대를 오현鄔縣의 동쪽 지역에서 공격하여 적군을 무찌르고 하설을 죽였다. 한신은 장이와 함께 군대를 이끌고 정형으로 내려가 성안군을 공격하는 동시에 조참에게 회군하여 조나라의 별장 척 장군을 오현의 성안에 포위하라고 명령했다. 척 장군은 포위를 뚫고 도망갔지만 조참은 추격해서 죽여버렸다. 조참은 군대를 이끌고 오창에 있는 한나라 진영으로 갔다. 이때 한신은 조나라를 손에 넣고 상국이 되었으며 동진하여 제나라를 공격하고 있었다. 조참은 우승상의 신분으로 한신에게 예속되어 제나라 역하歷下의 군대를 궤멸시키고 임치를 점령했다. 회군하여 제북군濟北郡을 평정하고 저현著縣, 탑음漯陰, 격현鬲縣, 노현盧縣을 쳤다. 얼마 후 한신과 함께 용저의 군대를 공격해 적군을 크게 처부수고 용저를 죽인 후, 그의 부장 주란周蘭을 포로로 잡았다. 그리하여 제 지역을 평정하고 70여 개의 현을 차지했다. 한신은 제왕으로 봉해진 후 군사를 이끌고 진현으로 가서 한왕과 합류한 후 함께 항우를 공격했다. 그러나 조참은 제齊 지역에 남아 항복하지 않은 제나라 지역을 계속해서 평정해나갔다.

항우가 죽은 후 천하가 평정되었고 한왕은 황제가 되어 한 고조가 되었다. 한신은 초왕으로 봉해졌고 제 지역도 군으로 구획해 넣었다. 조참은 한나라 승상의 인장을 반납했다. 고조는 장자 유비를 제왕으로 봉하고 조참을 제나라의 상국으로 임명했다. 고조 6년(기원전 201년) 제후들에게 작위를 상으로 하사한 후 조정과 제후들은 각각 신표를 반으로 나눠 가짐으로써 증표를 삼아 그들의 작위가 대대로 이어지도록 하였다. 조참의 식읍은 평양으로 1만 630호였다. 봉호는 평양후였고 이전에 하사받았던 식읍은 제해졌다.

제나라 상국이 된 후에도 조참은 나라를 위해 전장에 나갔다. 대 지역에서 반란이 일어났을 때 조참은 군사를 이끌고 진희의 부장인 장춘張春의 부대를 공격해 승리를 거두었고, 영포가 다시 반란을 일으켰을 때도 제 도혜왕을 수행하며 보병과 기병 12만 명을 이끌고 나가 고조와 합류해 영포의 군대를 공격하고 반군을 대파했다.

조참의 전공戰功은 매우 뛰어났다. 그는 총 2개의 제후국과 122개의 현을 함락시켰으며 2명의 제후 왕과 3명의 제후국 승상, 6명의 장군을 포로로 잡았다. 또 대막오大莫敖와 군수, 사마, 군후, 어사를 각각 한 사람씩 사로잡았다.

한 효혜 황제 원년(기원전 194년), 제후국에서 상국을 폐지하라는 명이 떨어지자, 조정에서는 조참을 제나라 승상으로 재임명했다.

제나라의 승상으로 있으면서 조참은 제나라 70개의 성읍을 모두 관리했다. 당시는 천하가 통일된 지 얼마 되지 않은 데다 제나라 도혜왕이 아직 어렸기 때문에, 조참은 왕을 더 잘 보필하기 위해 경내에 있는 모든 장로와 학자들을 불러 민생을 안정시킬 방법에 대해 물었다. 그러나 본래 제나라에는 유생이 1백여 명에 달했고 의견이 분분한데다 서로 자신의 말이 맞는다고 주장하는 통에 조참은 누구를 따르지 알 수 없는 상황이 되었다.

훗날 조참은 교서膠西에 사는 개공蓋公이라는 사람이 도교 학설에 정통하다는 말을 듣고 사람을 보내 많은 예물을 전하며 그를 청해왔다.

"나라를 다스리는 가장 좋은 길은 거리낌 없이 자연에 모든 것을 맡겨두는 무위無爲를 숭상하는 것이오. 백성들이 스스로 안정을 찾도록 하는 것이지요."

개공은 여러 가지 자신의 관점을 증명하며 모든 이치를 하나씩 분명하게 일러주었다. 조참은 개공의 가르침에 감탄해 자신의 본채를 내어주며 머물게 하였다. 조참은 도교 사상을 근간으로 나라를 다스렸다. 그가 제나라 승상으로 있던 9년 동안 백성들은 편안하고도 즐거운 생활을 했기 때문에 모든 사람들이 그를 현명한 승상이라 칭송하였다.

한 효혜 황제 2년, 상국이었던 소하가 세상을 떠났다. 조참은 그 소식을 듣고 곁에 있는 수행원들에게 어서 행장을 꾸려 출발할 준비를 하라고 명했다.

"난 곧 조정에 들어가 상국이 될 것이다."

그가 이렇게 말하고 얼마 지나지 않아 조정에서 과연 사자를 보내 조참을 청해갔다. 조참은 제나라를 떠나면서 자신의 후임 승상에게 당부했다.

"제나라의 감옥은 위협의 수단으로만 쓸 뿐, 거기에 너무 큰 기대를 걸지 말게. 형벌을 내릴 때는 신중하게 생각하여 함부로 형을 집행하지 않도록 하게. 그러나 감옥을 완전히 없애서도 안 되네. 죄인이 아무리 적어도 감옥을 없애서는 안 돼."

후임 재상이 이해가 안 된다는 듯 물었다.

"대인께서는 곧 떠나실 몸이시니 그간 승상으로 계시면서 축적한 많은 경험을 제게 알려주십시오. 나라를 다스릴 때 그것보다 더 중요한 것은 무엇입니까?"

조참이 대답했다.

"사실 그것이 가장 중요한 경험이라네. 감옥은 악을 벌하고 선을 드높이기 위해 있는 것이니 아주 중요한 존재거든. 만약 자네가 감옥을 적절하게 이용하지 못하거나, 감옥을 없애버리면 죄인이 어디로 가겠나? 그러니 감옥을 가장 중요하게 생각하게."

조참은 소하를 대신하여 한나라의 상국이 되자, 군국郡國의 관리 중에서 글솜씨가 뛰어나면서 충직한 사람을 물색했다. 그리고 적절한 인재를 찾자마자 그를 불러 자신의 보좌로 임명했다. 그리고 관리들이 쓰는 언어나 문자의 세심한 부분까지 살펴 철저히 연구하도록 하였다. 그리고 명예만 쫓는 사람은 관직을 박탈하고 내쫓아버렸다.

조참은 '무위'로 다스리는 것을 숭상했고 소하의 법도를 그대로 이어받았기 때문에 긴급하게 처리할 일이 없었다. 그래서 밤낮없이 술을 마시며 즐겼다. 경대부 이하의 각급 관리부터 빈객들은 조참이 아무 일도 하지 않는 것을 보고 그에게 진언을 올리며 충고하려고 했다. 그러나 일단 손님이 오면 조참은 깔끔하고 맛 좋은 술을 꺼내 그들의 입을 막았다. 얼마 후 손님들이 다시 충고를 하려고 하면 조참은 다시 술을 권해 마시게 했다. 손님이 취해서 떠날 때까지 입을 열어 충고할 기회를 완전히 차단해버린 것이다. 사람들은 그의 모습에 서서히 적응해갔고, 조참을 따라 술을 마시며 향락을 누렸다.

상국의 저택 후원은 관리들의 숙소와 접해 있었는데, 관리들은 하루 종일 숙소에서 몸을 가누지 못할 정도로 술을 마시며 노래를 불러 매우 시끄러웠다. 후원에서 지내던 조참의 수행 관리들은 조용히 쉴 수가 없어 짜증을 냈으나 어찌할 도리가 없었다. 그래서 그들은 후원을 거닐며 쉬라는 명목으로 조참을 불러 관리들이 술을 마시고 노래하며 소리 지르는 것을 듣게 하였다. 수행 관리들은 상국이 관리들을 불러다가 벌을 주길 바랐지만, 조참은 오히려 수행 관리들에게 술을 가져오라 하여 술자리를 베풀었다. 그리고 마음껏 마시고 노래를 불러 관리들에게 화답했다.

조참은 일을 크게 만드는 것을 좋아하지 않았기 때문에 다른 사람에게 작은 과실이 있으면 최대한 덮어주고 숨겨주려 하였다. 그래서 상국의 관저는 조용하고 평화로웠으며 천하도 태평했다.

조참의 아들 조줄曹茁은 중대부였다. 한 혜제는 조참이 정치를 돌보지 않는 것이 영 이해가 되지 않고 답답했다.

'날 우습게 보는 것은 아니겠지?'

그래서 조줄을 불러 말했다.

"자네 집에 가거든 자네 부친에게 여쭤보게. 선황제께서 군신들을 떠나 저 세상으로 가신 지 아직 얼마 되지 않았고 황제도 아직 젊은데, 부친께서는 상국으로서 매일 술만 마시고 보고를 하지 않으시니, 대체 무엇을 근간으로 하여 나라의 큰일을 보시는 것인지 말이야."

휴일에 집으로 돌아간 조줄은 짬을 내어 아버지를 모셨다. 그러면서 혜제가 당부했던 말을 자신의 생각인양 조참에게 전하며 충고를 덧붙였다. 그러나 그 말을 들은 조참은 크게 노하며 조줄을 2백여 대나 때리는 것이 아닌가?

"당장 궁에 들어가 황제나 모시거라. 천하의 일은 네 녀석이 운

운할 것이 아니야."

조회 시간이 되자 혜제는 조참을 나무랐다.

"어째서 조줄을 벌하신 것이오? 조줄이 그런 말을 한 것은 짐의 명령 때문이었소."

조참은 관모를 벗고 사죄하며 대답했다.

"폐하, 한 번 생각해보십시오. 폐하와 고조 황제 중 누가 더 현명하고 용맹합니까?"

황제가 대답했다.

"짐이 선황제와 비교나 되겠소?"

조참이 다시 입을 열었다.

"폐하께서는 소신과 소하 중에 누구의 재능이 더 뛰어난 것 같으십니까?"

황제가 대답했다.

"경이 소하 승상만은 못한 것 같소."

조참이 다시 말했다.

"폐하의 말씀이 옳습니다. 고조 황제와 소하가 천하를 평정하고, 정확하고 틀림없는 법령을 제정하지 않았습니까? 그러니 폐하께서는 옷을 길게 늘어뜨려 공수하시고, 저희 조정 대신들은 각자의 직분만 다하며 기존의 법도를 잘못 없이 그대로 행하면 되는 것이옵니다."

혜제가 이마를 치며 말했다.

"좋소. 이제야 알겠소. 더 이상 설명하지 않아도 되오."

조참은 3년간 한나라의 상국으로 지냈다. 혜제 5년(기원전 190년), 조참은 세상을 떠났고 의후懿侯라는 시호를 얻었다. 아들인 조줄은 그의 제후직을 계승했다. 백성들은 조참을 이렇게 찬양했다.

"소하가 분명하고 확실한 법도를 제정하니 조참이 그 법을 지키며 바꾸지 않았네. 청정하고 무위의 정책을 시행하니 백성들이 안녕을 누리며 평안하구나."

이것이 바로 우리가 흔히 말하는 '소규조수蕭規曹隨'라는 성어의 의미이다. 조참이 도교의 얽매임이 없는 청정함과 자연 그대로 두는 무위 사상을 제창하니, 한나라 초기 문제와 경제는 이 사상을 따라 나라를 통치하였다.

漢書 들여다보기

중연은 고대 제왕의 측근에 있던 시종관侍從官으로, 훗날에는 군주의 곁에 있는 측근을 가리키는 뜻으로 사용되었다. 집백과 집규도 춘추전국시대 관직 명칭이었으나, 집규는 초나라에서는 가장 높은 작위였다.

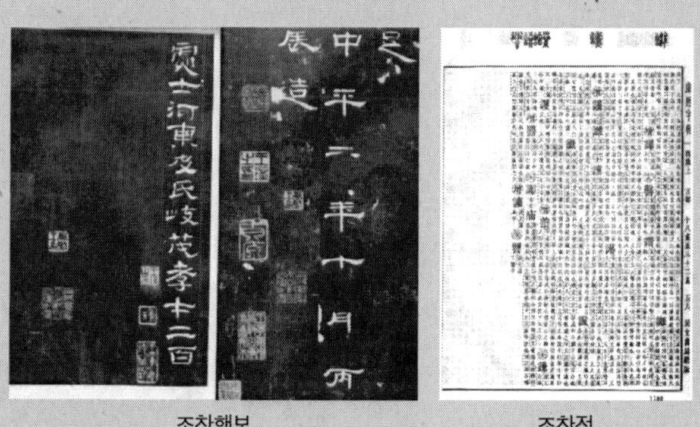

조참행보　　조참전

◉ 주요 인물
장량

◉ 주변 인물
진시황, 이상노인圯上老人, 유방, 항우, 항백, 번쾌

◉ 키워드
풍부한 지략, 나라를 안정시킴, 겸손함과 지혜

◉ 중대 사건
박랑사博浪沙의 암살, 유방에게 의탁, 완성 함락 건의, 홍문연
육국 후손의 분봉 저지, 한신의 분봉을 청함, 항우 추격 건의

◉ 고사
박랑사추博浪沙椎, 이교圯橋의 약속, 운주유악運籌帷幄,
화소잔도火燒棧道, 하읍지모下邑之謀

◉ 이야기 출처
『한서』「장량전張良傳」

張良

장량 : 장막 속의 작전 계획

장량의 자는 자방子房으로 전국시대 말기 한韓나라의 성부(城父: 지금의 안휘성 호박현 동남쪽) 출신이다. 그는 귀족 출신이었는데, 할아버지인 희개지姬開地는 한韓나라의 소후昭侯와 선혜왕宣惠王, 양애왕襄哀王 삼대에 걸쳐 재상을 지낸 사람이었다. 그의 아버지 희평姬平은 한 이왕釐王과 도혜왕悼惠王 때 재상을 지냈다. 희평이 세상을 떠나고 20년 후 진나라는 한나라를 멸망시켰다. 당시 한창 혈기 왕성한 때였던 장량은 한나라를 위한 복수만을 생각했다. 집안에서 거느린 하인들의 수가 여전히 3백여 명에 달했지만, 그는 동생이 죽은 후에도 당시의 예속에 따라 성대한 장례를 치르지 않고, 오히려 가산을 전부 들여 자객을 찾았다. 진나라 왕을 암살하기 위해서였다. 훗날 그는 한 자객을 기용해

120근이나 나가는 엄청난 크기의 쇠뭉치를 만들었다. 진시황이 순행을 나오자 장량과 자객은 양무 박랑사(博浪沙: 지금의 하남 원양原陽 동남쪽)에 몰래 매복하고 있다가 진시황을 급습했다. 그러나 쇠뭉치는 진시황 대신 수행원의 수레를 맞혔다. 진시황은 진노하며 전국 방방곡곡을 뒤져 범인을 잡아오라 명했다. 그래서 장량은 이름을 바꾸고 하비下邳로 도망가 숨었다. 장량은 할 일이 없을 때마다 하비의 다리에 나가 산책을 즐겼다. 한 번은 백발노인이 거친 질감의 짧은 옷을 입고 장량의 앞을 지나가다가 고의로 신발을 다리 밑으로 떨어뜨렸다. 그러더니 장량에게 소리를 질렀다.

"여보게 젊은이, 내려가서 저 신발 좀 주워다주게."

장량은 화가 치밀어올라 주먹을 휘둘러 노인을 흠씬 두들겨 패주고 싶었다. 그러나 상대방이 노인인 것을 보고 억지로 화를 누르며 다리 밑에 내려가 신발을 가지고 올라왔다. 그런데 이게 웬일인가? 노인은 물에서 구해줬더니 보따리 내놓으라는 격으로 황당한 부탁을 했다.

"신발 좀 신겨주게."

장량은 이왕 시작한 거 끝까지 해보리라 생각했다. 그래서 무릎을 꿇고 노인에게 신발을 신겨주었다. 노인은 발을 뻗고 신발을 다 신겨주기까지를 기다렸다가 미소를 띠며 아무렇지도 않은 듯 가버렸다. 장량은 너무 황당해서 자기도 모르게 노인이 가는 쪽을 멍하니 바라보았다. 노인은 1리도 못 가서 다시 돌아와 말했다.

“자네 같은 사람이라면 가르쳐도 되겠어. 닷새 후 동이 틀 무렵 여기서 나와 만나세.”

장량은 노인이 뭔가 특별하다는 것을 느끼고 공손한 태도로 약속했다. 닷새째가 되는 날 아침 일찍 장량은 다리로 나왔다. 그러나 노인은 한참을 기다린 듯 장량을 나무랐다.

“어른하고 약속을 해놓고 늦게 오다니, 이게 말이 되느냐? 닷새 후에 더 일찍 나오너라.”

다시 닷새째가 되는 날 장량은 날이 밝기도 전에 다리로 나갔지만, 노인은 이미 도착해 있었다. 노인은 또 다시 장량을 야단치더니 닷새 후에 다시 만나자고 하였다. 순식간에 닷새가 지나갔다. 장량은 한밤중에 다리 어귀에 나가 기다렸다. 잠시 후 노인도 왔다. 그제야 노인은 기분 좋게 말했다.

“이제 좀 말이 되는구나.”

그러면서 책을 한 권 꺼내며 말했다.

“이 책을 읽으면 황제의 스승이 될 수 있을 게다.”

그러더니 훌쩍 가버리는 것이 아닌가? 노인이 준 것은 『태공병법太公兵法』이라는 책이었다. 사실 그 노인은 숲 속에 은거한다는 고사高士 황석공黃石公으로, ‘이상노인圯上老人’이라고도 불렸다. 노인이 뭔가 평범치 않다고 느꼈던 장량은 그 책을 열심히 연구하여 많은 지혜를 얻었다.

장량은 하비에서 머무는 동안 의로운 일을 많이 했다. 사람을 죽였던 항백도 한동안 장량의 집에서 숨어 지냈다고 한다.

그렇게 10년이 지나고 진승, 오광이 봉기를 일으키자 장량도 1백여 명의 젊은이들을 모아 깃발을 치켜들고 봉기를 일으켰다. 그러나 세력이 미미해 유지(留地: 지금의 패현 동남쪽)에서 스스로 초왕의 대리로 일어난 경구에게 몸을 의탁하려고 반쯤 갔을 때, 하비 일대에서 병사를 모으고 말을 사던 유방과 우연히 마주쳤고, 장량은 유방의 수하로 들어갔다. 유방은 장량을 말을 주관하는 군관으로 임명했다. 장량은 몇 번이나 『태공병법』의 용병술을 이용하여 유방에게 계책을 짜주었고, 유방은 그의 의견을 매번 겸손히 받아들였다. 그러나 장량이 다른 사람에게 『태공병법』에 대해 이야기하면 대부분의 사람들이 그 뜻을 깨닫지 못했다. 그래서 장량은 감격에 겨워 말했다.

"패공이 흔히 말하는 타고난 인재인가 보군!"

그래서 경구에게 가려던 계획을 접고 유방이 천하를 창건하는 일을 보좌할 결심을 굳혔다.

진이세 2년(기원전 208년) 6월, 항량은 과거 초 회왕의 손자 심을 왕으로 세운 후 다시 회왕이라는 칭호를 주었다. 같은 해 9월 항량은 설현에서 모든 군대의 수령들을 모아 의논하였다. 그래서 장량은 항량에게 건의를 올렸다.

"대인께서는 이미 초왕의 후대를 옹립하셨습니다. 한韓나라의 공자 중 횡양군橫陽君 한성韓成은 현명하고 능력이 출중하니 왕으로 세우기 적합할 것입니다. 그를 왕으로 세워 우방을 늘리시고 서로를 지원하게 하소서."

항량은 그 건의에 따라 한성을 찾아 한왕으로 세웠다. 장량은 한왕의 사도(司徒: 승상에 상당하는 직위)로 임명되었다. 장량과 한왕은 항량의 뜻에 따라 1천여 명의 병력을 이끌고 서쪽으로 진군해 한나라의 옛 땅을 수복하고자 했으나, 그곳에 있던 진나라 군대의 병력이 강했기 때문에 성을 여러 개 빼앗았다가 다시 진나라 군대에게 빼앗기곤 했다. 한왕 한성과 장량은 영천潁川 일대에서 진나라군과 계속해서 공방전을 벌였다.

진이세 2년, 초 회왕은 항우와 유방에게 각기 다른 길로 진군해 진나라 도성인 함양을 치라는 명령을 내리고 제후와 장수들과 맹세했다.

"누구든지 먼저 함곡관에 입성하면 그 사람을 관중의 왕으로 삼을 것이오."

장량과 한왕이 이미 영천 일대에서 전쟁을 벌이고 있었기 때문에 유방은 영천과 남양으로 갈 수 있었고, 무관에서 관중을 공격해 진입했다. 진이세 2년(기원전 208년) 7월, 유방은 군대를 이끌고 영천을 함락시킨 후 장량, 한왕과 합류해 한韓나라 지역 수십 개의 성읍을 차지하고 진나라 장수 양웅의 군대를 격퇴하였다. 유방은 한왕에게 옛 도읍지였던 양적陽翟을 지키게 하고 자신은 장량과 함께 군대를 이끌고 남하했다. 9월, 유방은 군대를 이끌고 진나라군과 남양에서 대규모의 전쟁을 벌여 남양 태수를 완성까지 퇴각시켰다. 완성은 난공불락의 요새였기 때문에, 하루 빨리 진을 멸하고 싶던 유방은 완성을 돌아 계속 서진하여 무관을 차지하고자 했다. 유방이 장량에게 그 가능성을 묻자, 장량은 문제를 분석하며 설명했다.

"첫째, 지금 완성을 치지 않으면 완성은 뒤에서 공격해올 것이요, 강대한 진의 세력은 앞에서 버틸 터이니 우리가 갈 길은 더욱 위험해질 것이옵니다. 완성을 돌아 바로 진나라 수도로 가면 앞뒤로 적을 안는 형세로 몰리게 될 터이니 절대 적합하지 않습니다. 둘째, 지금 주군의 병력은 매우 적어 진나라 군대와 싸워 승패를 겨루기 힘든 상황입니다. 셋째 완성은 진나라의 전략적 요충지 중 하나이니 우리가 지금 완성을 점령하면 관중에 들어가기는 식은 죽 먹기가 될 것이옵니다. 그러나 완성을 그대로 두면 후환이 매우 클 것이니, 이는 용병에서는 피해야 하는 일이옵니다."

장량은 유방에게 전략을 써서 완성을 차지하고 승리할 계책을 일러주었다. 유방은 겸허히 장량의 의견을 수용했다. 유방은 즉시 깃발을 바꾼 후 몰래 되돌아가 여명이 밝아오기 전 완성을 겹겹이 포위했다. 남양 군수는 형세가 불리하자 유방에게 투항했다. 유방은 손쉽게 완성을 차지하여 후환을 없애고, 남양 군수의 도움을 받아 완성에서 군사와 말을 모집하고 군량미를 충당해 세력을 키웠다. 완성은 인구가 많고 부유한 지역으로 유방의 군대는 순식간에

2만여 명으로 불어났고 군량미도 충분해졌다.

유방은 많은 군대와 말을 이끌고 계속 서진하였고, 가는 곳마다 초목처럼 적군들을 쓰러뜨리고 짧은 시간 내에 진나라 성 10여 개를 함락시켰다. 이렇게 유방의 의군이 순풍에 돛단 듯 승승장구하고 있을 때, 북쪽에서 오던 항우는 진나라 대장군 장한과 거록에서 격렬한 전투가 벌어졌고 결국 장한은 항우에게 패배하여 투항했다. 진나라군은 양쪽에서 공격당했고 기둥같은 주력군까지 대패하여 금방이라도 무너질 듯이 위태로왔다. 이것은 유방의 순조로운 관중 입성의 좋은 계기가 되었다. 장량의 건의로 유방은 군의 규율을 엄히 하여 어디를 가든지 약탈을 금하고 백성들의 안정을 도모했다. 그러자 진나라 수비대들도 하나둘 투항해왔다. 같은 해 11월, 유방은 군대를 이끌고가 무관을 쳐부순 후 진나라의 중심인 함양까지 쳐들어갔다. 12월에 그는 요관에 도착했다. 요관은 요산嶢山에 있는 천연 요새로 함양의 전략적 요충지이고, 마지막 요충지였기 때문에 진나라 군대는 그곳에 최강의 부대를 주둔시켜두었다. 유방은 2만 명의 병력을 이끌고 요관의 수비군을 공격하려 했지만 장량이 만류하였다.

"진나라 군대는 매우 강대하니 우습게보아선 아니 됩니다. 소인이 들으니 그곳 수비군 장군이 백정의 자식으로 시정잡배는 돈 앞에서 쉽게 흔들리는 법이오니 주군께서는 잠시 요새에서 군대를 멈추시고 기다리십시오. 대신 사람과 말의 일부를 먼저 보내시어

5만 명이 쓸 부뚜막과 기구들을 만들고 산 위에는 깃발을 많이 꽂아 군대가 많은 척 속이는 동시에, 역이기에게 많은 재물과 보화를 주어 적장을 포섭토록 하십시오."

유방은 매우 기뻐하며 장량의 계략대로 실행했다. 진나라 장수가 산 위를 바라보니 온 산이 한나라 병사로 뒤덮인 것처럼 보였다. 그러나 사실 여부를 알 수 없으니 일단 겁부터 먹었다. 게다가 많은 재물을 보고 마음이 동하여 유방과 연합해 함양을 치기로 약속하였다.

유방은 즉시 진나라 군대와 연합해 관문 안으로 들어가려고 하나 장량은 책략가다운 침착함으로 유방에게 충고했다.

"약속은 진나라 장수들이 반란을 일으키고자 이뤄진 일일 뿐, 병사들까지 복종할지는 알 수 없사옵니다. 사병들이 따르지 않는다면 저희에게는 큰 해가 되지 않겠습니까? 그러니 적군이 마비되어 있을 때 습격하십시오."

유방은 적당한 때를 기다렸다가 군대를 이끌고 진나라 군대를 공격해 적군을 크게 무찔렀다. 그들을 남전까지 추격해 다시 한 번 교전을 벌였고, 진나라군은 완전히 와해되어 뿔뿔이 흩어졌다. 유방의 군대는 계속해서 패상까지 진격해 진나라 수도 함양까지 돌진했다. 진나라 왕자 영은 전쟁도 수비도 불가능했으므로 성문을 열고 투항했다. 그토록 거대한 진나라 왕조가 결국 멸망하고 만 것이다. 전란을 겪으면서도 진나라 왕궁은 여전히 화려하고 휘황찬

란했다. 궁실의 휘장과 개와 말, 각양각색의 진귀한 보물들이 쌓여 있고, 눈부시게 아름다운 수천에 달하는 궁녀들이 줄지어 늘어서 있었다. 유방은 원래부터 향락을 좋아하는 사람이라 즉시 그 '포근한 품에' 머리를 처박고, 그곳에서 늙어 죽을 수 있기를 간절히 바랐다. 그리고 진귀한 보석과 미녀들을 모두 자신의 품에 안았다.

유방의 짧은 소견을 보고 번쾌는 화를 냈다.

"주군께서는 그저 부호로서 삶을 끝내실 것입니까? 아니면 천하를 차지하실 것입니까?"

유방이 대답했다.

"물론 천하를 차지하고 싶다."

번쾌가 말했다.

"오늘 궁에 들어오고 보니 궁실과 휘장, 각양각색의 진귀한 보물들이 정말 셀 수 없을 정도로 많더이다. 후궁에 들어가니 아름다운 여인들이 1천여 명이나 되더군요. 이런 보물과 미녀야말로 진나라가 천하를 잃는 큰 화근이었습니다. 그러니 주군께서도 어서 진나라 궁실을 떠나 패상의 군영으로 돌아가시지요."

그러나 유방은 쉽사리 움직이려 하지 않았다. 그러자 장량이 다시 진언했다.

"진나라가 대역무도하고 너그러운 정치를 펼치지 못하여 주군께서 여기에 계실 수 있는 것입니다. 만약 주공께서 천하를 위해 폭군을 제하실 것이라면 소박한 옷과 음식으로 생활하며, 검소함을 근본으로 삼아야 할 것이옵니다. 그런데 지금 진나라 땅에 들어온 지 얼마나 되었다고 벌써부터 향락에 젖으시다니요. 주왕紂王을 도와 잔악한 일을 한다더니, 이것이야말로 진시황을 도와 악한 일을 하는 꼴이 아닙니까? 그런 자를 어찌 의로운 군주라 부르겠습니까? 게다가 충언은 귀에 거슬리나 행하기에 유익하고, 양약은 입에 쓰나 병을 낫게 한다는 말도 있지 않습니까? 주군께서 번쾌의 충언을 귀담아 들으시길 바라옵니다."

유방은 그제야 진나라 궁실과 창고, 재물들을 봉한 후, 아쉬운 마음을 안고 패상으로 회군하였다.

한 달 후, 항우는 40만 대군을 이끌고 관중에 당도하였으나, 유방이 먼저 함곡관에 들어갔으며 궁문을 굳게 닫고 있다는 소식을 듣고 불같이 화를 냈다. 수하에 있던 대장군 영포에게 관문을 부수로 진입하라는 명령을 내리고, 자신은 홍문 일대에 주둔하여 며칠간 휴식을 취한 후 유방과 승패를 가르는 결전을 벌일 계획을 세우고 있었다.

유방은 상의도 하지 않고 제멋대로 군사를 늘려 함곡관을 수비하게 하였는데, 장량은 항우가 공격해온다는 소식을 듣고 누가 그런 계략을 내놓았는지 추궁하자, 유방은 '잔챙이가 지금 나를 탓하는구나!'라고 대답했다. 잔챙이란 소인小人으로 얼마 전까지만 해도 유방에게 인정받던 모사가 순식간에 비천한 소인이 된 것이다. 장량과 항우의 숙부 항백은 옛 친구였다. 항우가 유방을 치기

전날 밤, 항백이 몰래 패공의 진영으로 장량을 찾아왔다. 그리고 장량에게 자신과 함께 도망가자고 제의하였다. 그러자 장량은 이렇게 말했다.

"나는 한왕을 대신해 패공을 호송하고 있네. 그런데 지금 상황이 위급하다고 도망간다면 도의를 저버린 것이 아닌가?"

그는 곧 이러한 급한 상황을 유방에게 일러주었다. 유방은 깜짝 놀라 장량에게 어쩌면 좋겠느냐고 물었다. 장량은 상황에 맞는 근본적인 해결 방법을 일러주었다. 밖으로 나간 장량은 항백을 억지로 장막 안에 들여보내 유방을 만나게 했다. 항백에게는 자신은 항왕을 배신할 생각이 전혀 없다고 분명히 말하면서, 유방에게는 그를 형님을 모시듯 깍듯이 모시라고 당부한 것이다. 항백이 들어오자 유방은 몇 번이나 술을 올리며 말끝마다 형님이라고 불렀다. 그리고 자식들을 맺어주어 사돈이 되자며 완곡한 어조로 말했다.

"함곡관에 들어온 후 저는 추호의 사심도 품지 않았습니다. 멋대로 재물을 취하지 않았고 관리와 백성들을 조사해 기록한 후, 창고를 봉해 항우 장군께서 오시기만 기다렸지요. 그래서 장수들을 보내 관문을 지키며 반란군들이 함부로 드나들어 변고가 일어나는 것을 막고, 밤낮없이 장군께서 오시기만 기다렸는데 어찌 두 마음을 품을 수 있겠습니까? 형님께서 제 마음을 좀 전해주십시오."

항백은 원래 주관이 없는 사람인데다가, 유방과 장량이 구구절절 설명을 늘어놓자 그 말을 모두 사실로 믿어버렸다. 그는 오히려 유방에게 이렇게 말했다.

"내일 아침 일찍 항우를 찾아가 사죄하시게."

그는 홍문으로 돌아가자마자 항우를 찾아가 설득하였다.

"유방이 먼저 관중에 들어와 네가 함곡관으로 들어올 수 있도록 길을 마련해두었으니 이는 큰 공을 세운 것이 아니냐. 그런데도 유방을 공격한다면 이는 불의한 짓이다."

항백의 설득으로 일촉즉발의 국면도 잠시 완화되었다. 다음 날 유방은 1백여 명의 측근을 데리고 홍문으로 갔다. 그는 항우를 보자마자 이렇게 말했다.

"저는 장군과 힘을 합쳐 진을 공격해왔습니다. 장군께서 황하 이북 지역에서 전쟁을 벌이실 때, 전 황하 이남에서 전쟁을 치렀습죠. 소인도 제가 먼저 관중에 들어와 진나라를 치게 될 줄은 상상하지 못한 일이며, 또한, 어느 부끄러움을 모르는 소인배가 장군 앞에서 저를 비방했다니, 분명 장군과 제 사이를 이간질하려는 수작일 것입니다."

유방의 이 말은 과연 효과가 있어서 분위기를 훨씬 부드럽게 만들었고, 순식간에 항우가 유방을 신임하게 되었다. 항우는 연회를 베풀어 유방을 후히 대접했다. 연회 자리에서 항우의 모사인 범증은 몇 번이나 항우에게 유방을 죽이라는 명을 내리라 신호를 보냈다. 그러나 항우는 계속 망설이기만 할 뿐 결단을 내리지 못했다. 범증은 연회장에서 나가 무사인 항장을 부른 후, 그에게 검무를 추며 흥을 돋운 후에 기회를 봐 유방을 찌르라는 명을 내렸다. 항백은 범증의 속셈을 눈치채고 항장과 함께 검무를 추면서 유방을 보호했다. 장량은 수상한 낌새를 눈치채고 번쾌를 불러 호위를 부탁하며 말했다.

"항장이 검무를 추는 것은 패공을 노리기 때문이네."

번쾌는 그 말을 듣고 검과 방패를 들고 장막 안으로 뛰어 들어갔다. 분노에 찬 눈으로 항우를 노려보니 머리카락까지 꼿꼿이 섰다. 항우가 매우 당황하여 술을 권하자, 번쾌는 단숨에 들이켜버렸다. 항우가 더 마실 수 있겠느냐고 묻자 번쾌가 대답했다.

"신하된 자로서 죽음도 두렵지 않거늘 어찌 술을 사양하겠습니까? 과거 진나라가 범이나 이리처럼 흉포하여 함부로 백성과 관리들을 죽여 곳곳에서 반란이 일어난 것입니다. 회왕과 제후들도 먼저 진을 무너뜨리고 함양에 들어오는 자가 왕이 될 것이라고 약속을 하였습니다. 그러나 패공께서는 먼저 함양에 들어오셨음에도 아무 것도 취하지 않으셨고, 도리어 궁실 문을 봉하고 항왕 당신을 기다리기 위해서 패상으로 모두 회군하셨습니다. 장수를 보내 관문을 지킨 것도 만일의 사태를 대비한 것이니, 이토록 고생하며 큰 공을 세웠는데 제후로 봉하지 않고, 도리어 말도 안 되는 뜬소문을 믿고 공신을 죽이려 하시다니, 이는 진의 전철을 밟는 짓으로 의롭지 못한 일이옵니다."

항우는 번쾌의 격양된 말에 순간 겁에 질려 아무런 대꾸도 하지 못하고, 그저 번쾌에게 자리를 권할 뿐이었다. 번쾌는 장량의 옆에 앉았다. 유방은 분위기가 많이 부드러워진 것을 보고 변소에 다녀오겠다는 핑계를 대며 번쾌, 장량을 불러 함께 나갔다. 유방은 몰래 도망치고 싶었지만, 작별인사도 하지 않고 떠난다면 예의에 어긋난 것이 아닌가 하여 망설였다. 번쾌는 다시 한 번 그의 사려 깊고 결단력 있는 모습을 보여주었다.

"큰일을 이루기 위해서는 작은 것을 버릴 줄 알아야 하며, 중요한 예를 지킬 때 소소한 예는 말하지 않는 법입니다. 지금 상대가 칼자루를 쥐고 있으니 우리는 물고기에 불과한데, 작별 인사가 웬 말입니까?"

그러자 유방은 장량에게 뒷일을 부탁한 후, 번쾌와 세 측근의 보호를 받으며 지름길을 통해 패상의 군영으로 돌아왔다. 장량은 유방이 군영에 도착했을 즈음 연회장에 들어가 유방 대신 작별인사를 했다.

"패공께서 술이 너무 과하여 친히 작별을 고하지 못하셨습니다. 하여 소신 장량, 백옥 한 쌍을 삼가 항왕께 바치나이다. 또 옥투玉斗 한 쌍을 범 장군께 바치옵니다."

항우는 어쩔 수 없어 백옥을 받아 자리에 놓았다. 그러나 범증은 분개하여 검을 뽑아 옥투를 쳐서 쪼개며 아쉬움의 탄식을 했다.

"아! 이 무지한 애송이를 보좌하면 무엇하겠는가? 앞으로 항왕의 천하를 빼앗을 자는 패공 유방일 것이다! 우리가 패공의 포로가 될 날도 머지않았구나."

유방이 범의 아가리 같은 홍문에서 간신히 빠져나오긴 했지만, 항우의 의심은 완전히 해소시키지 못했다. 한 고조 원년(기원전 206년) 정월, 항우는 자신의 강한 힘만 믿고 제멋대로 팽성(지금의 강소 서주)을 도읍으로 정하고, 스스로를 서초 패왕으로 봉했다. 동시에 천하를 나누어 18명의 제후를 세웠다. 초 회왕이 먼저 함양을 함락시키는 사람을 관중의 왕으로 삼겠다고 약속했으니, 유방이 관중의 왕이 되는 것이 마땅한 일이었다. 그러나 항우는 관중을 3등분하여 진나라 출신이자, 자신에게 투항한 3명의 장군에게 주었다. 그리고 유방을 한왕으로 봉하고 파와 촉, 두 지역을 관할하게 하였다. 물론 유방은 항우의 처사에 큰 불만을 느끼고 군대를 일으켜 항우를 치고자 했지만, 그의 대신과 장수들이 거듭 만류하여 간신히 풍파를 잠재울 수 있었다.

장량의 공적이 뛰어났기 때문에 유방은 그에게 황금 1백 일鎰과 진주 2되斗를 하사했다. 장량은 상으로 받은 황금과 진주를 모두 항백에게 주며 유방에게 한중 지역도 좀 더 주도록 항우를 설득해 달라고 부탁하였다. 항백의 거듭되는 설득으로 항우는 유방에게 한중을 더 분봉하였는데, 이로써 유방은 진령(秦嶺: 중국 중부를 가로지르는 산맥) 이남의 파와 촉, 한중 지역을 점거하게 되었다. 4월, 장량은 유방을 포중褒中까지 배웅했다. 가는 내내 지세가 험준하고 곳곳에 깎아지른 듯한 절벽이 있어 높은 곳에 나 있는 잔도 외에 다른 길이 없었다. 그래서 장량은 유방에게 한나라군이 다 지나고 나면 잔도를 불태우라고 건의했다. 다른 군대의 습격을 막는 동시에 동쪽으로 진군할 뜻이 없다는 것을 분명히 보여 항우의 의심을 해소시키려는 것이었다. 이것이 역사에서 전해오는 '화소잔도火燒棧道'의 계책이다.

장량은 다시 한韓으로 돌아왔다. 한왕 성은 장량이 유방을 따라다녔다는 이유로 봉지로 가지 못하게 하고 항우를 따라 동쪽으로 가게 하였다. 장량은 항우에게 말했다.

"한왕이 잔도를 태워버린 것으로 봐서 동쪽으로 돌아올 마음은 없는 듯하옵니다."

한동안 휴식을 취하며 군대를 정비한 유방은 잔도를 보수하는 척하며 몰래 진창을 넘어 삼진을 평정했다. 항우는 유방이 벌써 관중 지역을 병탄했다는 소식을 듣고 크게 노하며 군대를 보내 유방을 치려고 했다. 장량은 즉시 항우에게 서신을 보냈다.

"한왕이 관중으로 들어오려고 한 것은 잘못이옵니다. 그러나 그것은 사실 과거 회왕과 했던 약속이 아니옵니까? 그러니 더 이상 동으로 나오지는 않을 것입니다."

그리고는 제왕 전영이 반란을 꾀했다는 일을 항우에게 알렸다. 제나라가 조나라와 연합해 초나라를 멸하려 한다는 것이다. 항우는 장량의 말을 곧이곧대로 믿고 서쪽은 걱정할 것이 없다 여기고 병력을 동쪽에 있는 제나라 땅으로 집중시켰다. 항우는 한왕 성이 충성스럽지 못하다고 생각해서 그를 일개 제후로 강등시켰고, 얼마 후에는 팽성에서 죽여버렸다. 장량은 어쩔 수 없이 도망쳐서 유방에게 몸을 의탁했고, 유방은 그를 성신후成信侯에 봉하였다.

한왕 2년(기원전 205년) 봄, 유방은 상산왕 장이를 비롯한 5명의 제후를 굴복시키고 56만 명의 병력을 얻어 세력을 크게 키웠다. 같은 해 4월에는 초를 친 후, 곧바로 초나라의 황궁인 팽성을 공격하여 팽성을 점거한 후 득의양양해져서 전처럼 부지런히 정사를 돌보지 않았다가, 갑자기 항우가 군대를 돌려 맹공격을 퍼붓자 순식간에 무너졌다. 유방은 몇십 명의 기마병과 함께 간신히 포위를 뚫고 탈출해 하읍으로 피했다. 유방은 말에서 내리면서 수하에게 함곡관 동편의 땅을 보며, 그와 함께 나라를 세우는 사람에게 상으로 하사할 것이라고 말했다. 그러자 장량이 진언을 올렸다.

"구강왕 영포는 초나라의 맹장이나 항우와 사이가 좋지 않습니다. 팽월과 제왕 전영이 양나라 지역에서 초에 대항해 일어났으니, 이 두 사람을 이용해 지금의 위급한 형세를 벗어나야만 하옵니다. 주군을 위해 이런 막중한 임무를 감당할 사람은 한신뿐이옵니다. 만약 관동의 땅을 누군가에게 주시려거든 그 세 사람에게 주십시오. 그 세 사람이 온 힘을 다해 돕는다면 항우도 거뜬히 물리칠 수 있을 것이옵니다."

이것이 그 유명한 '하읍의 계책〔下邑之謀〕'이다. 유방은 장량의 계획대로 즉시 수하를 보내 구강왕 영포를 설득했고, 또 다른 사람을 보내 팽월과 연합했으며, 위왕 표가 한나라에 반기를 들자 한신에게 위왕을 공격해달라고 부탁했다. 그리고 그 기세를 몰아 연과 대, 조, 제 지역을 모두 함락시켰다.

한왕 2년 5월, 유방은 형양으로 퇴각해 남은 병사들을 모집했다. 소하가 관중에서 때맞춰 대규모의 병력과 물자를 이송해주어 한나라 군대를 다시 일으킬 수 있었다. 한왕 3년(기원전 204년), 초 항우는 군대를 이끌고 와 형양에서 유방을 포위하고, 몇 번씩이나 한나라 군대의 양식과 원군이 오는 길을 가로막았다. 한나라 진영은 나날이 양식이 부족하여 점점 버틸 수 없는 상황이 되었다. 이때 역이기가 계략을 내놓았다.

"과거 상의 탕왕은 하의 걸왕을 치고 하 왕조의 자손에게 기杞나라를 주었으며, 주 무왕은 상의 주왕을 멸할 때 상왕조의 자손을 송宋의 제후로 삼았사옵니다. 그런데 진나라 왕실은 덕과 도의를 저버리며 제후들의 나라를 침범하고 육국을 멸하여 자손들이 설 자리가 없게 된 것입니다. 폐하께서 다시 육국의 후손들에게 폐하의 인장을 하사하신다면, 제후국들의 군신과 백성들은 폐하의 은덕에 크게 감동할 것입니다. 그리고 너나할 것 없이 폐하의 덕을 앙모하여 폐하의 백성이 되려 할 것이옵니다. 덕을 널리 펼치시면 폐하께서는 남면하여 황제가 되실 것이며, 천하의 패주라 불리실 터이니, 초왕 역시 옷매무새를 가다듬고 공손히 폐하를 알현할 것이옵니다."

한왕이 대답했다.

"좋은 생각이군. 어서 인장을 파서 직접 가지고 떠나라."

역이기가 떠나기 전, 장량이 밖에서 한왕을 알현하려고 들어왔다. 마침 밥을 먹고 있던 한왕이 장량을 보고 물었다.

"자방은 앞쪽으로 오시오. 어떤 사람이 내게 초나라의 힘을 약화시킬 좋은 방도를 일러주었소."

그러면서 역이기의 말을 그대로 장량에게 옮기며 물었다.

"자방, 선생이 보기엔 어떻소?"

장량이 되물었다.

"대체 누가 그런 계책을 낸 것입니까? 이제 폐하의 대업은 끝났습니다."

한왕이 놀라 장량을 바라보자 그가 대답했다.

"소신, 폐하 앞에 있는 젓가락으로 지금의 형세를 그려보겠사옵니다. 과거 상나라의 탕이 하나라의 걸왕을 토벌하며 하왕조의 자손에게 기나라를 준 것은 자신이 하나라 걸왕을 사지로 몰 수 있다 생각했기 때문이옵니다. 폐하께서는 항우를 사지로 내몰 수 있으십니까?"

한왕이 그렇지 않다고 하자, 장량이 말을 이었다.

"그것이 바로 육국의 후손을 제후로 봉할 수 없는 첫 번째 이유이옵니다. 주 무왕이 상의 주왕을 멸하며 상의 후손을 송나라의 제후로 세운 것은 자신이 주왕의 머리를 취할 힘이 있었기 때문이옵니다. 폐하께서는 항우의 머리를 취할 자신이 있으신지요? 그것이 제후로 봉할 수 없는 두 번째 이유이옵니다. 무왕은 은과 상의 도읍에 들어가면서 상용(商容: 노자의 스승, 주왕에게 직언하다 쫓겨남)의 집에 그를 기리는 표지를 세워주었고, 감옥에 있는 기자箕子를 석방시켰으며, 비간의 묘를 더 높이 쌓았사옵니다. 폐하께선 지금 성인들의 무덤을 더 높이 하고 현자의 덕을 표창하며 지혜로운 사람에게 경의를 표하실 수 있으십니까? 이것이 제후를 봉할 수 없는 세 번째 이유이옵니다. 주 무왕은 거교鉅橋 곡식창고의 곡식과 녹대鹿臺의 금은보화를 가져다가 가난한 백성들에게 나눠주었습니다. 폐하께서는 창고를 열어 재물과 양식을 빈곤한 백성들에게 나누어주실 수 있으십니까? 그것이 제후로 봉할 수 없는 네 번째 이유이옵니다. 상왕조가 멸망하자 주 무왕은 전차를 보통 수레로 바꾸고, 병기를 모아 호랑이 가죽으로 덮어서 더 이상 무기를 쓰지 않겠노라 천하에 공표했다 하옵니다. 폐하께서는 지금 무武를 버리고 문치文治를 시행하시며 다시는 병기를 사용하지 않으실 수 있으시옵니까? 이것이 제후로 봉할 수 없는 다섯 번째 이유이옵니다. 주 무왕은 군마를 화산華山 이남에 두어 더 이상 쓰지 않겠다는 뜻을 보였다 하옵니다. 지금 폐하께서는 군마를 쉬게 하시며 다시는 쓰지 않으실 수 있으십니까? 이것이 제후로 봉할 수 없는 여섯 번째 이유이옵니다. 주 무왕은 군대에 군량미를 나르는 소[牛]를 도림桃林의 북쪽에 방목하게 함으로써 다시는 군대에 필요한 물자를 운송하지 않겠다는 뜻을 보였사옵니다. 지금 폐하께서는 소를 풀어 쉬게 하며 군대에 쓸 물자를 나르지 않으실 수 있사옵니까? 이것이 제후로 봉할 수 없는 일곱 번째 이유이옵니다. 게다가 천하의 유사游士들이 부모와 처자식, 조상의 묘를 등지고 벗을 버려둔 채 주군을 따라다니는 것은 조금의 봉지라도 하사받기 위함이옵니다. 그러데 한, 위, 연, 조, 제, 초 육국의 후손들을 제후로 세우면 천하의 유사들은 각자 옛군주에게로 다시 돌아가 섬기며, 처자식과 부모, 벗과 조상의 무덤이 있는 고향으로 돌아가려고 할 것입니다. 그러면 폐하께서는 누구와 함께 천하를 점령하시겠습니까? 이것이 제후를 봉할 수 없는 여덟 번째 이유이옵니다. 게다가 지금 초나라의 힘이 막강하니 폐하께서 세우신 육국의 후손들이 다시 초나라에게 굴복한다면 폐하께서 어찌 그들을 다시 신하로 만드시겠습니까? 그러니 그자가 아뢴 계책을 썼다가는 폐하의 대업도 끝나고 말 것이옵니다."

한왕은 밥을 먹기는커녕 오히려 입 안에 넣었던 음식을 내뱉으며 욕을 퍼부었다.

"아무 것도 모르는 글쟁이 때문에 나의 대업을 망칠 뻔했구나!"

그러면서 즉시 그 인장들을 불태워 없애라 명을 내렸다.

한왕 2년 5월부터 유방은 형양에서 항우에게 포위되었지만, 한신은 북쪽에서 파죽지세로 거침없는 승리를 거두고 있었다. 한왕 4년(기원전 203년), 초나라 군대는 매복하고 있다가 쇠뇌로 유방의 가슴을 명중시켰다. 유방은 진중에서 '가슴을 다쳤지만 발을 부여잡고[傷胸捫足]' 크게 소리질렀다.

"적군이 내 발을 맞혔다!"

유방은 재빠르게 초나라 군대를 속였지만 흉부의 상처는 금방 완쾌될 수 없는 것이었다. 이때 한신은 제나라 전체의 항복을 받아낸 후 유방에게 자신을 제나라의 대리왕으로 세워달라고 청하는 상소를 올렸다.

'제나라는 간교하고 변덕스러워 끊임없이 변심하고, 남쪽으로는 초나라를 맞대고 있사오니, 대리왕을 세워 미리 이를 차단하지 않으면 쉬이 안정되지 않을 것이옵니다. 소신이 제나라의 대리왕이 되면 형세에 매우 유리할 것이옵니다.'

유방은 그 글을 읽고 격분했다.

"나는 지금 이곳에 발이 묶여 당장 와서 도와주기는커녕, 감히 스스로를 왕으로 봉해달라고 청하다니?"

장량과 진평은 급히 유방의 발을 밟으며 속삭였다.

"저희는 지금 매우 불리한 형세에 놓여 상황이 너무나 위급하거늘 한신이 왕이 되는 것을 어찌 막을 수 있겠습니까? 차라리 이 기회에 그를 왕으로 봉해 후히 대접하여 제나라를 잘 지키게 하십시오. 그렇지 않으면 생각지도 못한 일이 생길지도 모르옵니다."

유방은 정말 특이하고 변덕이 심한 사람다웠다. 그는 즉시 자신의 실수를 깨닫고 금방 말을 바꾸었다.

"대장부가 제후들을 평정했으면 왕이 되려 해야지, 대리왕은 무슨 대리왕인고!" 하며 장량을 보내 한신에게 제왕의 인장을 주고, 그의 정예부대 병사들을 데려와 초나라 군대를 공격하였다.

한신을 안정시키자, 한신과 팽월이 외각에서 초나라 군대를 포위해 습격하였다. 유방은 장량의 계책을 실행하여 항우의 대장군인 영포를 수하로 끌여들여 초나라의 군대를 더욱 혼란에 빠뜨렸다. 혼란의 시간이 길어지자 초나라 군대는 피곤에 지치고 양식도 떨어져갔으며, 한나라 군대는 점점 강성해지고 양식도 많아졌다. 항우는 두려움과 불안함에 시달리다가 한왕 4년 8월, 유방과 평화협정을 맺고, 홍구鴻溝를 경계로 삼아 서쪽은 한나라 땅으로, 동쪽은 초나라 땅으로 정했다. 홍구는 장강長江처럼 큰 강은 아니었지만 초한이 계속 전쟁을 벌인 까닭에 매우 유명해졌다. 그래서 후세 사람들은 중재하기 힘든 '분계선'을 비유할 때 '홍구처럼 긋다(劃若鴻溝)'라는 표현을 썼다.

거의 3년이나 되는 힘겨루기로 초나라 군대는 힘이 바닥난 상태였고, 한나라 군대도 피로에 지쳐 있었다. 유방은 아버지와 아내를 데리고 관중으로 돌아가 잠시 쉬면서 군대를 정비하고자 하였다. 그러나 장량과 진평이 급히 충언을 올렸다.

"지금 한나라군은 천하의 절반이 넘는 땅을 손에 넣었으며 제후들도 대부분 한나라에 복속되었사옵니다. 항우가 화친을 맺자고 한 것은 초나라 군대가 너무 지치고 약해졌기 때문입니다. 그러니 지금 초나라를 멸하여야 합니다. 만약 이 기회를 놓친다면 호랑이 새끼를 키우는 꼴이 될 것이옵니다."

유방은 정신이 번쩍 났다. 그는 서쪽으로 돌아가려던 생각을 접고 한신, 팽월과 함께 초나라 군대를 포위해 공격하기로 약속을 했지만, 한신과 팽월은 왕으로 봉해질 때 경계가 분명히 정해지지 않은 상태였으므로, 유방이 항우를 공격하는 것을 도우려 들지 않았다. 장량은 그 미묘한 낌새를 눈치채고 유방에게 이해관계를 설명하였다.

유방은 고립된 상황에서 얼른 빠져나가고 싶은 생각뿐이어서, 진陣지역 동쪽부터 연해 지역까지를 제왕 한신에게 봉해주고, 휴양睢陽 이북에서부터 곡성까지를 양왕 팽월에게 봉해주었다. 그러자 얼마 후 한신과 팽월은 군대를 이끌고 한군을 도왔다. 사방에서 공격을 퍼붓자 항우는 군대를 이끌고 해하로 퇴각했다. 하지만 그곳에서 한나라 군대에 또 겹겹이 포위를 당하고 말았다. 장량은 밤에 병사들에게 초나라 노래, 즉 초나라 민요를 부르도록 시켰다. 사방에서 처량하고 한스러운 초나라 노래가 들려오자 초나라 군대의 사기는 땅에 떨어졌고 수많은 병사들이 어두운 밤을 틈타 몰래 도망쳐버렸다. 서초 패왕 항우는 참패할 수밖에 없었고, 더 이상 어찌할 방책이 없었으므로 오강에서 스스로 목숨을 끊어버렸다. 5년이나 이어졌던 초한의 전쟁이 마침내 유방의 승리로 막을 내린 것이다.

한왕 5년(기원전 202년) 2월, 유방은 정식으로 황제가 되었다. 그러나 황도를 어디로 정해야 할지 결정을 내릴 수가 없었다. 유방의 곁을 지켰던 심복과 대신들이 대부분 산동 출신이었기 때문에 모두들 낙양을 수도로 정하자고 건의하였다. 그들은 낙양이 동쪽으로는 성고가 있고 서쪽으로는 요산과 면지를 접하고 있으며, 북으로는 황하가 있을 뿐 아니라, 남쪽으로는 이하伊河, 낙하洛河를 향하고 있으니 견고하고 믿을 만하다고 주장하였다. 유방 역시 그 의견에 동의하고 싶었다. 그러나 누경은 유방에게 관중을 수도로 삼아야 한다며, 관중의 지세가 얼마나 험준하고 중요한지를 설명하였다. 어디를 수도로 정할지는 국가의 안위와 관계되는 중요한 일이었으므로 장량 역시 누경의 주장에 동의했다.

"비록 낙양이 사방이 에워싸인 천혜의 요새이기는 하나 그 중심 지역이 너무 좁아 몇백 리에도 못 미치옵니다. 땅은 척박하고 사방이 적으로 둘러싸여 있으나 무력을 사용하기도 힘이 듭니다. 그러나 관중은 동쪽으로는 요산과 함곡관이 있으며 서쪽으로는 농산隴山과 촉산이 있고, 중심 지역이 탁 트인 데다 기름진 땅이 1천 리에 달하옵니다. 남쪽으로는 파촉의 풍부한 자원과 농산품이 있으며, 북쪽으로는 목축에 유리한 초원이 있사옵니다. 3면의 험준한 요새와 지형은 방비에 유리하니 동쪽의 제후만 막으면 되옵니다. 만약 제후가 반란을 일으키면 물 흐르는 대로 따라가기만 해도 군대와 군수 물자를 운송할 수 있습니다. 이것이 흔히 말하는 철옹성이며 풍요롭고 홍한 나라이옵니다. 누경의 주장이 매우 옳은 것이지요."

장량이 이렇게 설명하자 유방은 즉시 뜻을 바꿔 관중을 수도로 정하기로 하고 그해 8월 정식으로 도읍을 관중 지역의 장안으로 옮겼다.

한 고조 6년(기원전 201년) 정월, 유방은 대대적으로 공신들에게 분봉했다. 장량은 초한 전쟁에서 유방에게 4가지의 중요한 계책을 내놓았었다.

첫째는 육국의 후예를 제후로 봉했을 때의 폐단을 하나하나 설명함으로써 육국의 후예를 제후로 봉하려던 유방의 생각을 바꿔놓은 것이요, 둘째는 한신이 제나라의 대리왕으로 임명해달라고 청했을 때, 제때 유방을 설득해 한신이 속히 출병할 수 있도록 한 것이었다. 셋째는 홍구를 분계선으로 정한 후 유방을 설득해 관중으로 돌아가지 않게 한 것이요, 넷째는 고릉에서 패배했을 때 유방을 설득해 초나라 땅을 한신과 팽월에게 주게 함으로써 항우와의 전쟁에 그들의 힘을 보탠 것이었다. 이 4가지 중요한 계책은 모두 전체적인 전쟁 국면에 매우 큰 영향을 끼쳤다. 또한 해하에서 전투를 벌일 때 한나라 군대에게 초나라 노래를 가르쳐 부르게 함으로써 초나라 군사들의 마음을 흩트려놓았다. 이는 정치적인 공세로 군사적 공격을 도와 놀라운 효과를 거둔 사건이었다. 그래서 유방은 공신들에게 분봉할 때 장량에게 3만 호의 식읍을 하사하며 말했다.

“장막 안에서 전략을 짜고 계획해 1천 리 밖의 승리를 결정하니, 이것이 바로 자방의 공이로다. 그러니 제나라 땅에서 3만 호를 골라 식읍으로 삼게나.”

그러나 장량은 굳이 사양하며 받지 않았다.

“소신이 옛날 하비에서 군대를 일으켰을 때 유현에서 폐하와 합류하게 된 것은 하늘이 소신을 폐하께 보내셨기 때문이옵니다. 폐하께서 소신의 계책을 쓰셨을 때도 우연히 잘 맞아떨어졌던 것이지요. 소신은 유현을 분봉받는 것으로 족하오니, 3만 호는 받을 수 없나이다.”

그러자 유방은 장량을 유후로 봉하고 소하와 함께 분봉받게 했다. 그러나 당시 분봉받은 공신은 20명 정도 뿐이었다. 다른 사람들은 밤낮으로 공로를 다투며 결정을 내리지 못해 상도 받지 못하고 있었다. 유방이 낙양의 남궁에서 지낼 때, 천교에 올라가면 수많은 장수들이 삼삼오오 무리를 지어 모래 바닥에 앉아 밀담을 나누는 모습이 자주 눈에 들어왔다. 그들이 무엇을 논의하는지 궁금해진 유방은 장량에게 물어보았다.

“아직 모르고 계셨사옵니까? 저들은 지금 모반을 꾀하고 있사옵니다.”

유방은 놀랍고 또 화가 났다.

“천하가 안정된 지 대체 얼마나 되었다고 분별없이 모반을 꾀한단 말이냐? 대체 그 이유가 무엇이더냐?”

장량이 설명했다.

"폐하께선 평민의 신분으로 군대를 일으키셨고, 저들의 도움으로 천하를 차지하시고, 지금 폐하는 귀하신 천자의 몸이 되었으나, 분봉을 받은 자는 폐하께서 가까이 하시고 아끼시는 소하와 조참과 같은 옛 친구들 뿐이고, 폐하께서는 원한을 품었던 사람들은 모두 죽여버리셨습니다. 지금 군리가 공로를 평가하나 분봉하기에는 천하의 땅이 심히 부족합니다. 그러니 저들은 폐하께 상을 받지도 못하고 도리어 과거의 과실로 인해 의심을 받고 살해될까 두려워하고 있습니다. 그래서 함께 모여 모반을 꾀하는 것이지요."

유방은 초조하고 근심어린 목소리로 어찌하면 좋을지 물었다. 그러자 장량이 유방에게 질문했다.

"폐하께서 평소 미워하셨던 사람 중에 모든 대신들이 다 알 정도로 심히 미워한 사람은 누구였습니까?"

유방이 대답했다.

"옹치와 나는 원한이 깊네. 아주 오래되었지. 옹치는 몇 번이나 내게 곤욕을 치르게 했으므로 줄곧 죽이고 싶다 생각했었네. 그러나 그의 공이 너무 커서 차마 죽이지 못하였네."

장량이 말했다.

"그렇다면 어서 옹치부터 분봉하십시오. 그럼 대신들은 폐하께서 가장 싫어하는 사람에게도 상을 내리시는 것을 보고 마음을 놓을 것이옵니다."

그래서 유방은 군신들을 불러 큰 연회를 베풀고 그 자리에서 옹치를 십방후什方侯로 봉했다. 그리고 경상어사卿相御史들에게 하루 속히 분봉을 마치라 재촉했다. 주연에 참석한 후 대신들은 모두 기뻐하며 이렇게 말했다고 한다.

"옹치가 제후로 봉해졌거늘 우리가 걱정할 게 무엇인가?"

장량의 보좌로 유방이 황성이 있는 장안으로 들어가고, 군신들은 공로에 맞는 상을 받고 나자 천하는 안정되었다. 그러자 장량은 병치레가 잦다는 핑계를 대고 집안에서 두문불출하며 오곡을 끊는 벽곡辟穀을 하며 도인법(導引法: 도교 양생법의 일종)으로 몸을 가볍게 하는 기술을 익혔다.

한 고조 10년(기원전 197년), 유방은 여후의 아들, 태자 유영을 폐하고 사랑하는 척 부인의 아들 조왕 유의를 태자로 삼고 싶어 했다. 수많은 대신들이 이를 막으려 했지만 유방의 뜻을 꺾기에는 어려움이 있었다. 여후는 애가 탔지만 어찌해야 할지 묘책을 찾을 수가 없었다. 그러자 누군가 장량을 협박해 계책을 얻으라고 일러주었는데, 그 즉시 장량을 찾아갔다. 과연 장량의 계책은 효과가 있어 유영은 황태자의 자리를 지킬 수 있었다. 이 또한 나라를 안정시킨 장량의 공일 것이다. 유방이 세상을 떠난 후 여후는 장량이 도와주었던 고마움을 생각하여 장량에게 정상적인 음식을 먹도록 간곡하게 권하였다.

"한 번 뿐인 인생, 화살같이 빠르게 지나가거늘 무엇하러 고생을 사서 한단 말이오!"

장량은 벽곡을 중단하고 억지로 음식을 먹었다고 한다.

장량은 한 효혜 황제 6년(기원전 189년), 병으로 세상을 떠났고, 문성후文成侯라는 시호를 받았다. 그의 아들 장불의張不疑가 제후의 자리를 계승했으나, 한 효문제 5년(기원전 175년), 불경죄를 범하여 분봉받은 땅을 몰수당하였다.

漢書 들여다보기

번쾌의 아내는 여후의 여동생인 여수였다. 그래서 그는 다른 장수들보다 유방과 더 가까이 지냈다. 영포가 반란을 일으켰을 때 유방은 병에 걸려 아무도 만나려 하지 않았다. 오직 번쾌만이 문을 밀고 바로 들어가 눈물을 흘리며 간언을 올렸다.

"폐하와 함께 풍읍과 패현에서 군대를 일으키고 천하를 제패했을 때의 기세가 얼마나 대단하셨습니까? 그런데 이제 천하를 다 얻었사온데 폐하께서 어찌 한 명의 환관만 만나시다니요. 조고趙高가 권력을 독점했던 일을 모르신단 말이옵니까?"

유방은 그 말을 듣고 웃으며 털고 일어났다고 한다.

번쾌

◉ 주요 인물

진평

◉ 주변 인물

유방, 장부, 주발, 관영, 한신, 여후 등

◉ 키워드

놀라운 지혜와 음모

◉ 중대 사건

운몽 행차 계략, 평성의 포위 해제, 여 씨 일족 제거

◉ 고사

도수미금盜嫂昧金, 진평분육陳平分肉

◉ 이야기 출처

『한서』「진평전陳平傳」

陳平

진평 : 놀라운 지혜와 음모

한나라 초기의 문신이자 무장으로, 수두룩한 고관들 중에서 지략이 뛰어나고 판단이 정확하기로 유명한 사람하면 가장 먼저 장량을 꼽을 것이며, 그 뒤를 이을 사람이 바로 진평이다. 장량의 책략은 대부분 '장막 안에서 계획하여 1천 리 밖의 승리를 이끌어내는' 거시적인 전략 조달로, 정정당당하고 공명정대한 정치가와 군사가의 풍모를 보이고 있다. 예를 들어, 한 원년(기원전 206년) 유방이 한왕으로 봉해졌을 때, 장량은 모든 잔도를 태워 유방이 동쪽으로 돌아갈 뜻이 없음을 믿도록 하는 계책으로 항우를 안심시켰고, 관중으로 진군할 수 있는 시간을 벌어 근거지를 개척하게 만들었다. 그리하여 유방은 제업의 든든한 기초를 다질 수 있었다. 한왕 4년(기원전 203년), 항우와 유방이 홍구를 경계로 하여 천하를 나누고 서로 침범하지 않기로 화친의 조약을 맺은 후, 항우가 군대를 이끌고 동쪽으로 돌아가자 유방도 서쪽에 있는 관중으로 돌아가 안주하려 하였으나, 장량의 설득으로 다시 말머리를 돌려 항우를 추격하여 해하에서 결정적인 승리를 거두었다.

장량에 비하면 진평의 지략은 한수 아래여서, 장량의 전략가적인 지혜와 용기, 멀리 내다볼 줄 아는 탁월한 식견보다는 모자랐지만 유방이 전국을 평정한 후 위기를 모면하고 정권을 다진 것은 진평의 전술과 국부적인 중요한 문제를 처리할 때 지혜와 음모가 뛰어났기 때문이었다. 장량과 진평 두 사람은 모두 도가의 이치를 좋아했지만, 그들은 사상면에서 매우 큰 차이를 보였다. 장량은 말년에 '무위無爲' 사상을 철저히 따랐고, 진평은 평생 성공을 위해 단호히 밀고나가며 종횡가(縱橫家: 전국시대 정치적 책략으로 국제 외교에서 활약한 유세객들)적인 면모를 강하게 보였다.

양무현陽武縣 호유향戶牖鄕 사람인 진평은 어려서 집안이 가난했지만 책 읽는 것을 매우 좋아하였다. 그의 집엔 30묘(畝: 중국의 전답을 세는 단위, 시대별로 1묘의 단위가 달랐음)의 전답이 있었는데, 그것으로 형인 진백陳伯과 함께 생활했다. 진백은 날마다 경작에 전념했으나, 진평이 나가서 공부하는 것은 나무라지 않았다. 진평은 우람한 체격에 용모가 출중해 그 근동에서는 보기 드문 '호남'이었다. 누군가 진평에게 물었다.

"자네는 대체 뭘 먹기에 몸이 그렇게 옹골진가?"

진평의 형수는 그가 아니꼬와서 냉랭하게 비꼬았다.

"뱃속 가득 쭉정이랑 겨로 가득 차 있을 걸요! 저렇게 먹기만 하고 일은 하지 않는 도련님은 차라리 없는 게 나아요."

훗날 진백이 그 일을 듣고 그의 아내를 친정으로 내쫓아버렸다고 한다.

시간이 흘러 진평의 혼기가 꽉 찼는데, 부잣집에서는 그에게 딸을 주려하지 않았고 가난한 집 여식과 혼례를 올리기에는 창피했다. 그래서 진평은 원하는 짝을 찾지 못하고 시간만 보냈다. 당시 호유향에 장부張負라는 부호가 살고 있었는데 그의 손녀는 5번 시집을 갔고, 5번 모두 남편이 죽었다. 사람들은 그 여자에게 살이 껴서 남편이 죽는다고 말하며 아무도 그녀에게 청혼하지 않았다. 그런데 진평은 그녀를 아내로 맞고 싶었다. 그래서 장부가 주도하는 장례가 생기면 진평은, 늘 가장 먼저 달려가서 가장 늦게 왔다고 한다. 장부는 진평의 우람한 체격과 빼어난 용모, 적당한 말씨와 분명한 일처리를 지켜보다가, 어느 날 진평의 뒤를 따라 그의 집으로 가보았다. 진평의 집은 성벽에 가까운 골목에 인접해 있었는데, 입구에는 낡은 삿자리가 문 대신 걸려 있었다. 그러나 문 밖에는 고귀한 신분의 사람들이 마차를 세웠던 바퀴 자국이 나 있었다. 장부는 집에 돌아온 후 몇 번이나 생각한 끝에 그의 아들인 장중張仲에게 진평에게 손녀를 짝지어주고 싶다고 말했다.

장중은 아연실색하며 진평은 집도 가난하고 일도 하지 않아 온 마을 사람들이 하릴없는 놈이라고 손가락질하는데 굳이 그에게 주려 하느냐고 하자, 장부가 대답했다.

"세상에 진평처럼 빼어난 용모를 가지고 오랫동안 빈천했던 사람이 있었더냐?"

결국 장부는 손녀를 진평에게 아내로 주었다. 진평의 집이 가난했기 때문에 장부는 그에게 재물을 빌려주어 약혼 예물을 보내게 했다. 그리고 술과 고기 살 돈을 주어 아내를 맞이하도록 하였다. 손녀가 시집가기 전 장부는 손녀를 앉혀놓고 당부했다.

"진평이 가난하다고 불손한 태도를 보여 아녀자의 도를 저버려서는 아니 되느니라. 그리고 진평의 형과 형수를 대할 때는 네 부모 대하듯 해야 하느니라."

진평은 장 씨 집안 여식을 아내로 맞은 후, 살림이 넉넉해져 널리 벗을 사귀었다. 한 번은 마을에서 조왕신에게 제사를 지내고 난 후 진평이 제사에 쓴 고기를 나누는 일을 맡았는데 매우 공평하게 나눴다고 한다. 그래서 그 지역의 어른들은 모두 진평을 칭찬하였다. 그러나 본래 큰 포부를 가지고 있었던 진평은 그 말을 듣고 한탄했다.

"앞으로 내가 나라의 일을 관장하여 천하를 다스리게 된다면 이 고기를 나누었던 것처럼 잘할 수 있을 터인데……."

진이세 원년(기원전 209년), 진승과 오광이 봉기를 일으켜 '장초張

楚' 정권을 세웠다. 진승은 부장 주시에게 군대를 이끌고 나가 위 지역을 빼앗으라고 명령했다. 주시는 위의 공자 구咎를 위왕으로 삼고 자신은 위나라 재상이 되었다. 진이세 2년(기원전 208년) 6월, 위왕 구와 진나라 장군 장한이 임치에서 맞붙었다. 그렇게 천하가 어지러울 때 진평은 형인 진백에게 작별을 고하고 몇몇 젊은이들과 함께 임치로 갔다. 위왕은 진평을 태복太僕으로 임명하여 수레와 말을 관리하게 했다. 진평은 몇 번이나 위왕에게 계책을 바쳤지만 위왕은 그 의견을 받아들이지 않았고, 사람들은 진평을 헐뜯고 비방까지 하여 그는 도망치고 말았다. 얼마 후 위왕의 군대는 장한의 군대가 맹공세를 퍼붓자 전멸했다. 주시는 진나라 군대에게 살해당했고 위왕 구는 분신자살하였다.

진이세 3년(기원전 207년), 겨울에 항우는 황하 북쪽으로 건너 올라가 진에 반격을 가하고 거록에 포위되어 있던 조왕 헐을 구하고자 하였다. 그때 진평은 항우의 명성을 들어온 터라 그를 찾아가 그 유명한 거록 전쟁에 참전했다. 그리고 항우를 따라 진나라를 치고 관중으로 들어갔다. 항우는 진평에게 경 일급卿 一級의 작위를 내려주었다. 한 원년(기원전 206년) 2월, 항우는 스스로를 서초 패왕으로 세우고 팽성을 도읍으로 정했다. 동시에 천하를 크게 나눠 유방을 한왕으로 봉했다. 같은 해 4월, 유방과 항우가 각각 자신의 봉지로 갔다. 그러나 얼마 지나지 않아 유방은 군대를 이끌고 몰래 진창을 넘어 한중에서 관중으로 진군해 들어가, 삼진을 목표로 계속 동진했다. 은왕殷王 사마앙司馬卬은 항우를 배신하고 유방에게 투항했고, 그 소식을 들은 항우는 대노하며 진평을 신무군信武君에 봉하여, 위왕 구가 초나라에 남겨둔 부하들을 이끌고 앞으로 나가 정벌하라는 명을 내렸다. 진평이 금세 은왕을 항복시키고 승전보를 울리자, 항우는 진평을 도위로 임명하며 황금 20일鎰을 하사했다. 얼마 후 유방이 군대를 이끌고 다시 은왕의 영지를 차지했다. 사마앙은 전세가 불리해지자 도움을 요청하여 항우가 군대를 더 많이 보내주었지만, 사마앙은 번쾌에게 생포되어 한왕에게 잡혀갔다. 한왕 유방은 친히 사마앙을 묶은 줄을 풀어주었는데, 은왕은 감동하여 다시 한 번 한왕에게 항복했다. 사마앙이 계속 배신하자 화가 난 항우는 분노를 진평에게 돌리며, 은나라 지역을 평정했던 장수와 군관들을 모두 참수하려고 했다. 진평은 죽임을 당할까 두려워 항우가 하사했던 황금과 관인을 잘 싼 다음, 사람을 시켜 항왕에게 보냈다. 그리고 자신은 홀몸으로 검만 든 채 도망쳤다. 황하를 건너 배가 중류쯤 왔을 때 사공은 진평의 건장한 체구와 잘생긴 얼굴, 비범한 기품을 보고 몰래 도망친 군관일 것이란 생각이 들자, 순간 그를 죽이고 보물을 훔치려고 하였다. 진평은 사공의 수상한 눈빛에서 그의 꿍꿍이를 눈치채고 옷을 벗어 상반신을 다 드러낸 채 삿대로 배 젓는 것을 도와주었다. 사공은 진평에게 아무것도 없음을 보고 강도짓을 그만두었다.

유방이 인재를 알아본다는 말을 오래전부터 들어왔기 때문에 진평은 수무로 가서 한나라군으로 들어갔다. 위무지魏無知의 소개로 진평은 수무에 도착한 날 바로 한왕 유방을 만날 수 있었다. 두 사람이 함께 앉아 천하 대업을 이야기하니 말이 정말 잘 통했다. 유방은 진평에게 초나라 군대에서 관직이 무엇이었는지를 물었고, 진평은 도위였다고 대답했다. 그러자 유방은 즉시 진평을 도위로 임명해 자신의 마차를 호위하는 일을 맡겼다. 또 각부 장수들의 일을 감독, 지휘하게 했다. 한나라의 모든 장수들은 그 소식을 듣고 왈가왈부 말이 많았다.

"대왕께서 방금 초나라군의 한 탈영병을 얻으셨는데 그의 실력은 보지도 않으시고 함께 마차를 타셨다네. 게다가 그놈에게 우리 노장들을 감독하라 명하셨다네."

한왕은 그런 불만의 소리가 들려와도 미동도 하지 않았다. 오히려 진평을 더 가까이 하며 그와 함께 항왕을 정벌했다. 팽성에 도착한 한나라 군대는 초나라 군대에 패배했다. 한왕은 군대를 이끌고 회군하면서 흩어진 병사들을 다시 모아 형양으로 갔다. 그 후 진평을 아장亞將으로 임명하고 한왕 신(韓王 信: 한韓 양왕襄王의 후손, 한신과 이름이 같아 구분하기 위해 한왕 신이라 함)에게 예속시켜 광무에 주둔시켰다.

주발, 관영 등은 모두 진평을 비방하였다.

"진평이 건장하고 단정하게 생겼지만 모자를 장식하는 고운 옥에 불과하지. 그 녀석의 뱃속은 괴상한 계략들로 가득할 게야. 진평이 고향에 있을 때 그 형수랑 사통했다는 말도 들리더군. 위왕을 섬기다 몸을 의탁할 수 없게 되자 도망쳐서 초왕에게 항복했고. 또 초왕이 별 볼일 없자 한나라 군대로 온 거라네. 그런데 폐하께선 그를 신임하시며 장수들을 감시 감독하게 하시다니. 진평은 장수들에게 돈을 받는다고 하더군. 돈을 많이 준 사람은 좋은 관직에 앉게 되고, 돈을 적게 준 사람은 형편없는 일을 준다네. 진평은 그저 변덕스러운 난신일 뿐이라는 걸 대왕께서 속히 알아차리셔야 할 텐데……."

이것이 바로 후대 사람들이 진평의 행위를 '도수미금(盜嫂昧金: 형수를 빼앗고 금을 탐하다)'으로 악평하게 된 유래이다. 유방은 많은 사람들이 계속해서 진평을 비방하자 그를 의심하기 시작했다. 그래서 위무지를 불러 질책했지만, 도리어 이런 대답만 들었다.

"소신은 그의 재능을 보고 소개한 것이온데, 폐하께서는 그의 품행에 관한 이야기만 들으셨군요. 만약 어떤 사람이 사랑하는 여인과 약속을 지키고자 강물이 불어도 다리를 붙잡고 있다 죽은 미생尾生이나, 계모를 극진히 받들었으나 학대를 받고 쫓겨나 죽은 은나라 고종의 아들 효기孝己처럼 훌륭한 품행을 가졌지만 전쟁의 승패에는 아무런 쓸모도 없다면 폐하께서 그들을 쓰시겠습니까? 초나라와 한나라가 계속 대치하는 상황에서 소신 책사를 소개한다면 그의 책략이 나라에 유익할 것인가를 생각할 뿐이옵니다. 형수와 정을 통했든 뇌물을 받았든 의심할 필요가 없지 않사옵니까?"

그러자 유방은 다시 한 번 진평을 불러 따져 물었다.

"위왕과 잘 맞지 않아 그를 떠나 초왕을 섬기더니 이제는 나를 수행하고 있다. 신용을 지키는 사람이 이처럼 3가지 마음을 먹을 수 있단 말인가?"

진평이 대답했다.

"소신 위왕을 섬길 때, 위왕께서는 소신의 주장을 전혀 받아들이지 않으셨사옵니다. 그래서 위왕을 떠나 항왕을 모셨던 것입니다. 항왕은 사람을 믿지 못하는 분이시라 오로지 항 씨 성을 가진 집안사람이나 아내의 형제들만을 신임하셨습니다. 아무리 놀라운 계략을 짜 바친다 하여도 크게 쓰임 받을 수 없었습니다. 그래서 초나라 군대를 떠났사옵니다. 그러나 왕께서는 사람을 잘 쓰신다 하여 이렇게 투항한 것이옵니다. 소신 처음부터 빈손으로 왔으니 돈을 받지 않으면 무엇으로 살겠습니까? 소신의 계략이 쓸 만하다면 써주십시오. 그러나 그럴 가치가 없다면 소신 가지고 있던 재물을 모두 창고에 넣어 봉인하십시오. 소신이 떠나든 남든 소신의 뜻대로 할 것이옵니다."

유방은 그 말을 들은 후 즉시 진평에게 사과하고 오히려 큰 상을 내려주었다. 그리고 그를 호군도위護軍都尉로 진급시키고 모든 장수들을 그의 감독 아래 두었다. 그 이후로는 장수들도 아무런 불평을 하지 않았다.

한왕 3년(기원전 204년) 4월, 초한 전쟁은 가장 중요하고 격렬한 순간을 맞았다. 초나라군은 한나라군의 원군과 군량미가 오는 길을 모두 차단해 유방을 근 1년간 형양성에 묶어놓았다. 유방은 아무런 계책도 쓰지 못하고 형양 서쪽의 땅을 초나라군에게 주며 화친을 요청하였으나, 항우는 유방의 배신이 두려워 유방을 형양성에서 죽게 만들 작정이었으니, 유방의 강화 요구를 받아들일 리가 없었다. 이토록 상황이 위급해지자 속이 타는 유방이 진평에게 말했다.

"천하가 이토록 어지러우니 대체 언제쯤 안정을 되찾겠나?"

진평이 대답했다.

"항왕은 사람들을 공경하고 아끼기 때문에 절개 있고 예의바른 인사들은 대부분 그에게 투항하고 있습니다만, 논공행상으로 관직과 식읍을 하사할 때 항우는 매우 인색합니다. 그래서 그를 따르던 인사들이 종종 그에게 등을 돌립니다. 대왕께서는 오만하시고 예의를 지키지 않으시고, 함부로 사람을 모욕하시어 절개 있는 인사들이 왕께 귀순하지 않지만, 공이 있는 사람에게는 관직과 식읍을 기꺼이 하사하시니 절개나 예를 중시하지 않는 자들 대부분이 한나라로 귀의하고 있습니다. 누구든 상대의 단점을 제하고 그 장점만 받아들인다면 천하는 그의 휘하에 들어올 것이옵니다. 그러나 초나라는 혼란을 야기할 요인이 있사옵니다. 항왕의 곁에는 범증과 종리매鍾離昧, 용저, 주은과 같은 강직한 신하들이 있다 하나 그것도 몇 사람에 불과하옵니다. 폐하께서 몇만 근의 황금을 들여 반간계를 쓰십시오. 초나라 군주와 신하를 이간질하여 서로를 의심하게 하시면 의심 많은 항왕은 분명 그 모함하는 말을 믿을 것이옵니다. 그러면 그 내부에서 다툼이 일어 서로를 죽이려 할 것입니다. 그때 우리가 공격해 들어가면 초나라 군대도 자연스레 섬멸될 것이옵니다."

진평의 말을 옳다고 여긴 유방은, 즉시 4만 근의 황금을 진평에게 주며 알아서 잘 사용하도록 하였다. 그러면서 그가 어디에 돈을 썼는지 전혀 묻지 않았다.

진평은 황금으로 초나라 장군을 매수해 헛소문을 퍼뜨렸다. 범증과 종리매 등이 큰 공을 세웠음에도 왕으로 봉해지지 못하자 한나라 군대와 손을 잡아 항왕을 멸하고 초나라 땅을 나눠 각자 왕이 되려 한다는 내용이었다. 워낙 귀가 얇았던 항우는 그 말을 듣자마자 의심이 일어 한왕 유방에게 사자를 보내 진위 여부를 알아보려 하였다. 한왕은 풍성한 요리를 준비해 시종에게 들려보내, 초나라 사자를 만나면 깜짝 놀란 척하며 말하라고 시켰다.

"아부亞夫의 사자인 줄 알았는데 항왕의 사자셨구려."

그리고는 그 풍성하고 맛있는 요리들을 급히 물리고 형편없는 요리들로 초나라 사자를 대접하게 했다. 초나라 사자는 모욕을 당하자 그 분노를 참을 수 없어 즉시 초나라 진영으로 돌아가 자신이 겪은 일을 항우에게 낱낱이 고했다. 그때부터 항우는 범증을 더 의심했고, 종리매에 대한 불신도 커졌다. 당시 전쟁의 형세는 항왕에게 매우 유리한 상황이었기 때문에 범증은 승리의 여세를 몰아 즉시 형양성을 차지하자고 건의했다. 그러나 항우는 그의 말을 믿지 않았기 때문에 들은 척도 하지 않았다. 범증은 주군이 자신을 의심하는 것을 보고 절망과 분노어린 목소리로 항우에게 말했다.

"대업의 성패는 이미 정해졌으니 주군께서는 이제 알아서 하십시오. 그리고 소신은 이제 이 늙은 몸뚱이를 가지고 고향에 돌아가 쉬고 싶사오니 갈 수 있도록 윤허하여 주십시오."

범증은 항우가 어떻게든 자신을 붙잡을 줄 알았는데, 너무나 매정하게 허락을 하자, 낙담하여 갑옷을 벗고 농사를 지으러 돌아갔다. 돌아가는 길 내내 원망과 슬픔에 휩싸였던 범증은 팽성에 도착하기도 전에 등에 독창이 생겨 끝내 죽고 말았다.

한왕 3년(기원전 204년) 정월, 진평은 동쪽을 치겠다고 떠들며 서쪽을 치는 계책을 썼다. 장군 기신紀信을 유방처럼 꾸며 캄캄한 밤에 한왕의 가마에 태워 크게 소리치게 하였다.

"성 안에 양식이 다 떨어졌으니 한왕이 투항한다!"

그리고 2천 명의 여자에게 갑옷을 입혀 무기를 들고 형양성 동문에서 초나라군과 맞서 싸우게 한 후, 진평과 유방 등 수십 명은 행렬을 최대한 간소화한 다음 서문으로 빠져나가 관중으로 도망쳤다. 항우는 성 안에 유방이 보이지 않자 계략에 넘어갔음을 알아차리고 노발대발하여, 수레를 모두 불태워 기신을 산 채로 타 죽게 만들었다.

한 고조 4년(기원전 203년) 8월, 유방은 항우에게 포로로 잡힌 아버지와 아내를 되찾아오기 위해 양측이 전쟁을 멈추고 화친하자고 청하였다. 항우는 앞뒤로 적에게 둘러싸인 상황이었기 때문에 기꺼이 유방의 제의에 응했다. 양측은 홍구를 경계로 하여 천하를 둘로 나누자고 약속했다. 홍구의 서쪽은 한왕이 갖도록 하고 동쪽은 항왕이 갖기로 한 것이다. 이것이 바로 '초하한계(楚河漢界: 초나라와 한나라의 경계를 가르는 강)'의 유래이다. 그 후 양측은 전쟁을 그치고 항우는 군대를 이끌고 동쪽으로 돌아가고, 유방 역시 군대를 이끌고 서쪽으로 돌아가려 하였다. 그러나 장량과 진평, 두 책략가는 뛰어난 통찰력으로 함께 진언을 올려 유방에게 즉시 군대를 항우에게로 보내 추격하도록 하였다. 한 고조 5년(기원전 202년) 12월, 유방, 한신, 팽월 등은 각지에서 대군을 이끌고 나와 초나라 군대를 해하(지금의 안휘성 영벽靈璧 동남쪽)에서 포위하였다. 그 후 한신의 '십면매복(十面埋伏: 비파 곡명)' 책략을 이용하여 초나라 군대를 모두 섬멸시켰다. 항우는 오강으로 도망친 후 스스로 목숨을 끊어 혼란한 세상을 호령하던 일생을 마감했다.

한 고조 5년(기원전 202년) 2월, 유방은 사수汜水 북쪽에서 황제의 자리에 올라 한나라 왕조를 건립하였다. 한 고조 6년(기원전 201년), 유방은 초왕 한신의 모반 계획을 듣고, 측근에 있는 장수들에게 어찌하면 좋을지 물었지만 용기만 있을 뿐 지혜가 없었던 그들은 어리석은 계책만 내놓았다.

"즉시 군대를 보내 그놈을 생매장시키시옵소서."

유방은 대답도 하지 않고 진평에게 다시 물었지만 진평은 계속 대답을 거부했다. 유방이 3번을 묻자 진평이 비로소 입을 열어 물었다.

"한신이 모반을 꾀했다고 상소를 올린 일을 밖에 있는 사람들도 알고 있사옵니까?"

아무도 모른다고 답하자 진평이 한신 본인은 알고 있는지를 다시 묻자 유방이 고개를 저었다. 진평은 잠시 말없이 생각하더니 다시 유방에게 물었다.

"폐하의 정예부대와 한신의 초를 비교하면 누가 더 강하겠사옵니까?"

유방이 비교할 수도 없다고 답하자, 진평이 다시 물었다.

"폐하의 장수들이 군대를 이끌고 전쟁을 하면 한신보다 더 잘하겠사옵니까?"

유방이 대답했다.

"한신을 따를 만한 장수는 없지."

그제야 진평이 설명을 시작했다.

"지금 폐하의 군대는 초의 정예부대에 미치지 못하며, 군사를 부리는 장수들도 모두 한신만 못하옵니다. 그러니 지금 군대를 일으켜 공격한다면 도리어 한신이 군대를 이끌고 반항하도록 부추기는 꼴이 될 것입니다. 그리하는 것은 폐하께 너무 위험하지 않겠사옵니까?"

유방은 애가 타서 물었다.

"그럼 어쩌면 좋단 말이냐?"

진평이 대답했다.

"고대 천자는 자주 천하를 돌아보며 제후들을 만났사옵니다. 남방에 운몽이라는 호수가 있사오니 폐하께서는 운몽에 행차하시는 척하여 진현에서 제후들을 만나소서. 진현에는 초나라의 서쪽 경계가 있사오니 천자의 평화로운 행차라면, 한신도 교외로 나가 폐하를 알현할 것이옵니다. 그러면 용사 한 사람만 있어도 한신을 잡을 수 있으시지요."

유방은 진평의 계략이 매우 뛰어나다고 여겨 그대로 실행했다. 그가 진현에 도착하기도 전 초왕 한신이 교외의 큰 길로 그를 맞으러 나왔다. 고조가 미리 준비해뒀던 무사는 한신이 도착한 것을 보자마자 즉시 그를 붙잡아 줄로 묶고 수행원들의 수레에 태웠다. 한신은 소리를 질렀다.

"과연 사람들의 말대로구나! 교활한 토끼가 죽으면 사냥개는 잡아먹히고, 새가 다 날아가버리면 좋은 활도 창고에 던져지며, 적국이 멸망하면 책사도 목숨을 잃는다더니……. 천하가 이미 평정되었으니 나도 죽어 없어지는 것이 마땅하구나!"

고조 황제는 고개를 돌려 한신에게 이렇게 말했다.

"그렇게 소리 지르지 말게. 자네가 모반을 꾀한 일이 확실히 드러나지 않겠는가?"

무사에게 한신의 양손을 뒤로 결박하게 했다. 그 후 고조는 진현에서 제후들을 만났고 초 지역을 전부 진압했다.

유방은 장안에 돌아온 후 한신을 사면하고 회음후로 임명하였다. 그리고 다른 공신들과 신표를 반으로 나눠 봉지를 나누고 진평을 호유후로 임명하였다. 그러나 진평은 완곡히 사양하였는데,

"이것은 신하 한 사람의 공만으로 된 일이 아니오니 작위와 봉록을 함부로 받을 수는 없나이다."

고조는 그 뜻을 알아차리지 못하고 물었다.

"내 자네의 책략을 써서 적을 무찌르고 승리를 거두었거늘, 자네 공이 아니면 누구의 공이란 말인가?"

진평이 대답했다.

"소신이 당시에 위무지의 추천이 없었다면 공을 세울 수 있었겠사옵니까?"

유방은 진평의 말을 듣고 칭찬을 아끼지 않았다.

"자네는 정말 올챙이 시절을 잊지 않는 사람이로구만."

그러면서 위무지에게 큰 상을 내리게 하였다.

한 고조 6년(기원전 201년), 가을, 묵돌 선우가 군대를 이끌고 와 마읍에 있는 한왕 신을 포위하자, 한왕 신이 투항하였다. 이어 한왕 신과 묵돌 선우는 군사를 연합하였고, 한 고조 7년(기원전 200년), 진양을 공격했다. 한 고조 유방은 그 소식을 듣고 같은 해 겨울, 직

접 30만 대군을 이끌고 흉노를 토벌하러 갔다. 묵돌 선우는 자신의 정예병을 숨겨놓은 뒤 힘이 모자라 도망치는 척하면서 한나라 군대를 미혹시켜, 한나라군이 평성까지 따라 들어오자 갑자기 40만 정예병들이 평성 백등산(白登山: 지금의 산서성山西省 대동大同 동남쪽)에서 포위하여 주력군과 연락을 끊어놓았다. 유방이 포위된 지 이레째 되는 날, 때는 겨울이라 큰 비와 눈이 내려 유방의 군대는 10명 중 2, 3명은 낙오하고 말았다. 거기에다가 양식과 구원병까지 공급받지 못하자 배고픔과 고통을 견디다 못한 사졸들이 노래를 불렀다.

"평성에 닥친 화는 너무나 극심하며 이레 동안 먹지도 못하니 활조차 당길 힘이 없구나!"

한나라 군대는 전투 능력을 상실하고 언제든 섬멸당할 수 있는 곤궁한 상황에 빠져버렸다. 이렇게 급박한 상황에서 또 한 번 진평은 놀라운 계략을 바쳐 유방을 포위에서 벗어나게 하였다. 사서는 평성에서 유방이 구사일생으로 탈출할 때를 기록하며 '그 계획이 비밀스러우니 그 소식을 들은 자가 없었다'고 기록하고 있다. 그러나 세상에 비밀은 없는 법, '낮 말은 새가 듣고, 밤 말은 쥐가 듣는다' 하지 않던가? 서한 말년 환담桓譚의 『신론新論』은 이 사건을 이렇게 기록하고 있다. 유방이 포위되었을 때 진평은 절세미녀의 그림과 많은 금은보화를 준비한 후 담력과 식견이 있고 말재주도 뛰어난 사신에게 주어 몰래 산 아래로 내려보냈다. 그는 흉노의 병사를 매수해 흉노의 왕비인 연 씨(閼氏: 흉노 선우의 정비, 황후와 같음)를 몰래 만났다. 한나라 사자는 연 씨를 만나자 금은보화부터 전하고 입을 열었다.

"지금 저희 황제께서는 포위되어 아주 위험한 상황에 처하셔서 선우와 화친하시려고 하십니다. 마마께서 선우께 말씀을 잘 올리신다는 것을 잘 알고 있습니다. 만약 선우께서 허락하지 않으시면 이 그림을 드릴 테니 좀 올려주십시오. 한나라 제일의 미녀 그림이온데 선우께 바치겠사옵니다."

연 씨는 그림을 열어보고 순간 깜짝 놀랐다. 그림 속의 미녀는 절세미인으로 얼굴이 꽃과 같고 그 자태가 달처럼 우아했다. 아무리 봐도 자신은 비교도 되지 않았다.

'한나라 사자가 이 미녀를 선우에게 바치면 앞으로 황제는 이 여인만 총애하실 것이다.'

순간 연 씨의 마음에 질투심이 일어나 급히 한나라 사자에게 말했다.

"돌아가서 황제께 전하십시오. 어떻게든 선우께서 군대를 물리도록 하겠습니다."

연 씨는 즉시 선우를 찾아가 말했다.

"한나라와 흉노족은 서로를 너무 몰아붙여서는 아니 되옵니다. 한나라의 땅을 빼앗는다 하여도 오랫동안 그 땅을 지킬 수는 없지 않은가요? 게다가 한나라 황제는 신령한 힘이 보호하고 있사오니 심사숙고 하시옵소서."

묵돌 선우는 한참을 생각한 후 마침내 포위를 풀어 한나라 군대와 말이 남쪽으로 돌아갈 수 있도록 해주었다. 그날 밤 하늘에 짙은 안개가 뒤덮여 있어 적군과 아군을 구분하기가 힘들었으므로, 진평은 한나라 군사들을 둥그렇게 세우고 강궁强弓에 날카로운 활을 끼워놓도록 했다. 위험한 상황이 되면 모든 군사가 한꺼번에 활을 쏠 수 있도록 준비해두었으며, 이렇게 하여 한나라 군대는 한 줄씩 포위가 풀린 곳으로 안전하게 빠져나갈 수 있었다. 이 사건은 한나라 말기 응소應劭가 쓴 『한서음의漢書音義』에도 기록되어 있으니 환담이 쓴 글이 거짓은 아닌 듯하다. 다만, 그 계책이 천박하고 졸렬했기 때문에 다른 사람들의 웃음거리가 되고, 한나라 천자의 위엄이 손상될까 두려워 숨겼던 것이다.

백등산의 포위에서 벗어난 유방은 군대를 회군하는 길에 곡역曲逆을 지나다가 곡역 성루에 올라갔다. 성 내의 집과 건물들이 매우 커서 감탄이 절로 나왔다.

"정말 웅장하고 장려한 현성이로구나! 내 천하를 다 다녀봤다만 낙양성과 더불어 경치가 가장 좋구나!"

그러면서 고개를 돌려 어사에게 물었다.

"곡역의 호구는 얼마나 되는가?"

어사가 대답했다.

"진나라 때에는 3만여 가구에 달했으나 최근 빈번한 전쟁으로 많은 사람들이 숨거나 도망을 갔습니다. 남은 수는 5천 가구 정도지요."

유방은 즉시 어사에게 명령을 내려 진평을 곡역후로 봉하고 현 전체를 모두 그에게 식읍으로 주었다. 그 대신 이전에 호유향의 제후로 봉했던 것은 취소하였다. 그러나 당시 건국 공신 중에서 한 현의 세를 모두 받는 사람은 진평 한 사람 뿐이었다.

한 고조 12년(기원전 195년), 유방은 영포의 반란군을 격퇴하고 황성으로 개선하여 왔다. 그가 부상당한 몸으로 천천히 장안으로 들어갔을 때 또 다시 연왕燕王 노관盧綰이 반란을 일으켰다는 소식이 들려왔다. 유방은 번쾌를 상국의 신분으로 전방으로 내보내 정벌하게 했다. 번쾌가 떠나자 누군가 유방에게 번쾌를 모함했다. 번쾌가 여 씨와 결탁해 황제가 하늘의 부름을 받으면 군대를 일으켜 척희와 조왕 여의를 죽일 것이라는 내용이었다. 유방은 그 말을 듣자 불같이 화를 냈다.

"번쾌가 내가 중한 병에 걸린 것을 알고, 하루 빨리 죽기만을 바랐단 말이냐!"

그리고 즉시 군의 장군을 바꾸려고 하였다. 그러나 많은 군사들이 번쾌의 손 안에 있었기 때문에 자칫 잘못했다가는 자신이 도리어 위험해질 수도 있었다. 그래서 그는 다시 한 번 진평의 계책을 썼다. 진평을 번쾌의 진영으로 보내 상을 내린다는 조서를 전하되, 마차에 강후 주발을 몰래 태우고 가 번쾌의 진영에 도착하면 그 자리에서 번쾌의 목을 베도록 하는 것이었다. 그리고 주발에게 번쾌의 직무를 맡기기로 하였다. 마차가 중간쯤 갔을 때 진평과 주발 두 사람은 의논을 하다가 번쾌의 신분이 남다르다는 데 생각이 미쳤다. 그는 황제의 오랜 벗인데다 여후의 동생인 여수의 남편이었던 것이다. 게다가 큰 공을 세운 개국공신이었다. 지금은 황제가 순간적인 분노 때문에 그를 죽이려고 하지만 훗날에 후회라도 하면 어쩐단 말인가? 그래서 번쾌를 산 채로 잡아다가 황궁으로 압송해 황제가 알아서 하도록 맡기기로 결론을 내렸다. 그래서 두 사람은 군영에 들어가지 않고 만남을 준비하였다. 그리고는 황제가 내린 부절을 꺼내 번쾌에게 명을 전했다. 번쾌는 어명을 따라 즉시 두 손을 뒤로 결박하고 호송 마차에 탔다. 그리고 역로驛路를 따라 장안으로 압송되었다. 강후 주발은 번쾌를 대신해 장군이 되어 부대를 이끌고 연 지역을 진압하였다.

진평은 황성으로 돌아가던 중 고조 황제의 승하 소식을 들었다. 그는 여수가 모함하는 말을 하여 여후가 화를 낼까 두려워 전갈을 전하는 마차를 타고 호송 마차보다 먼저 황성으로 들어갔다. 황궁으로 가는 길에 진평은 조정의 사자를 만났다. 그는 진평과 관영에게 형양에 주둔하며 지키라고 명령하였다. 진평은 명령을 받고 즉시 마차를 달려 황궁으로 들어갔다. 슬프고 애통하게 통곡하면서 고조 황제의 관 앞으로 나가더니 여후에게 황제가 시킨 일에 대해 보고하였다. 여후와 여수는 번쾌가 아직 살아 있다는 말을 듣고 마음을 놓았다. 여후는 진평이 통곡하느라 얼굴이 눈물, 콧물 범벅이 된 것을 보고 순간 측은한 생각이 들었다.

"수고했소. 그만 나가서 쉬시오."

세상사를 꿰뚫고 있었던 진평은 자신을 중상 모략하는 말이 나올까 두려워 여후에게 숙위宿衛를 자신이 맡도록 간곡히 청하였다. 여후는 그를 낭중령으로 임명하며 말했다.

"이제부터 지금의 황제를 잘 보좌하고 가르치시오."

그 후 여수의 중상모략은 어떤 효과도 발하지 못했다. 번쾌는 장안으로 압송된 후 즉시 사면되고 과거의 작위와 봉읍을 다시 되찾았다.

한 고조 유방의 병이 위독했을 때 여후는 이렇게 물었다.

"폐하께서 1백 세가 넘으신 후 소 상국이 죽으면 누가 그 중책을 맡을 수 있겠습니까?"

유방이 대답했다.

"조참이라면 그 중책을 맡을 수 있을 거요."

여후가 또 묻기를 조참 후에는 누가 그 일을 맡을 수 있느냐고 하자 유방이 대답했다.

"왕릉이 그 일을 할 수 있을 거요. 왕릉은 충직하고 정직하니 진평의 보좌가 필요하오. 그러나 진평도 홀로 그 중임을 맡을 수 없을 테니 주발을 태위로 삼으시오. 주발은 관대하고 진중하며 학문이 부족하나 유 씨 천하를 안정시킬 수 있을 것이오."

소하가 죽은 후 여후는 고조의 유지에 따라 조참을 승상으로 임명했다.

한 혜제 5년(기원전 190년) 8월, 상국 조참이 세상을 떠났다. 여 태후는 고조의 유언을 되짚어보았다. 그는 진평이 번뜩이는 계략만 많을 뿐 홀로 그 상국의 직을 감당할 수는 없을 테니 충직하고 온후한 신하를 곁에 붙여주어 조절하라고 했었다. 그래서 한 혜제 6년(기원전 189년) 10월, 안국후 왕릉을 우승상으로 임명하고 곡역후 진평을 좌승상으로 임명하였다. 효혜 황제가 세상을 떠나자 여 태후는 조정에 나와 멋대로 정권을 휘두르며 여 씨 자손들을 왕으로 삼고자 했다. 그래서 우승상 왕릉에게 의견을 물으니, 왕릉은 반대 의견을 내놓았다.

"아니 되옵니다. 그것은 선황제의 유지를 저버리는 일이 아니옵니까? 선황께서는 일찍이 유 씨 성이 아닌 자가 왕이 되면 천하가 모두 일어나 그를 죽이라 하셨사옵니다."

여 태후는 그 말을 듣고 속에서 불이 이는 것만 같았다. 곧 바로 진평에게 물으니 진평이 바로 대답하였다.

"과거 고조 황제께서 천하를 평정하셨기 때문에 유 씨 자제들을 왕으로 삼으신 것 아니옵니까? 허나 지금은 태후께서 정권을 쥐고 계시니 여 씨 자손들을 왕으로 삼는 것도 안 되는 일은 아닐 것이옵니다."

여 태후는 그 말을 듣고 기뻐하였다.

여 태후는 왕릉이 너무 미웠으므로 겉으로는 직위를 높여주는 척하면서 그를 이빨 빠진 호랑이로 만들어버렸다. 그를 황제의 태부로 임명해 실질적으로는 조정에서 왕릉의 재상으로서의 권력까지 빼앗은 것이다. 왕릉은 화를 삭이지 못하고 병을 핑계로 관직에서 물러났다. 그리고 문을 꽉 걸어 잠그고 끝까지 조정에 나가지 않았다. 그리고 10년 후 세상을 떠났다.

왕릉의 우승상직을 빼앗은 여 태후는 진평을 우승상으로, 벽양후 심이기를 좌승상으로 임명했다. 좌승상은 정무를 볼 장소가 따로 없었기 때문에 늘 궁중에서 정무를 봐야 했다. 사실 심이기 역시 패현 사람이었다. 당시 한나라군이 팽성에서 패해 서쪽으로 모두 흩어졌을 때, 초나라 군대가 유방의 아버지와 황후를 인질로 데려갔다. 그때 심이기는 가신의 신분으로 황후를 섬겼다. 이후 유방이 항우를 물리친 후 심이기는 제후로 임명되었고 황후의 총애를 받았다. 그런 그가 좌승상이 되어 궁중에 머무르자 관원들은 모두 그를 통해 정사를 결정하려 하였다. 진평은 황제보다 신하가 더 강해진 세태와 여 태후처럼 독하고 악랄한 사람이 계속 자신을 믿지 못하는 것을 보고, 자칫 잘못했다가는 죽을 수도 있다는 생각을 했다. 그래서 날마다 집에서 주색에 빠져 마음껏 향락을 즐겼다. 관리들이 상소를 올려도 모두 좌승상 심이기가 처리하도록 하였다. 여수는 과거에 진평의 음모로 인하여 번쾌가 체포당했던 일에 앙심을 품고 몇 번이나 여 태후에게 진평의 일을 고자질하였다. 진평이 승상의 신분으로 정무는 돌보지 않고 술과 여자만 밝힌다는 내용이었다. 여 태후는 진평의 행동을 지켜보며 속으로는 오히려 쾌재를 불렀다. 한 번은 아예 여수 앞에서 진평에게 이렇게 말했다.

"어린 아이와 여자의 혀는 절대 믿어서는 안 된다는 말이 있소. 그러니 경과 나의 관계가 어떠한가만 생각하면 될 뿐, 다른 사람이 뭐라고 모함하든 걱정하지 마시오."

진평은 아무렇지도 않은 척했지만 사실은 무거운 짐을 벗은 것처럼 마음이 홀가분해졌다.

기원전 180년, 여 태후가 병으로 세상을 떠나자, 진평과 주발, 즉 장군과 재상은 손을 잡고 일거에 여 씨 세력을 모두 제거했다. 그리고 조정의 대신들과 함께 대왕 유항을 황제의 자리에 앉혔다. 그가 바로 역사적으로 유명한 한 문제이다.

문제는 즉위 후, 태위 주발이 직접 여 씨 일가를 죽였으니 공로가 더 크다고 생각했다. 진평은 우승상의 관직을 주발에게 양보하고자 병을 핑계로 휴가를 청했다. 문제는 진평이 병에 걸렸다고 하자 이상히 여겨 물어보았다.

"선황제 때 주발의 공로는 저만 못하였사옵니다. 그러나 주발이 여 씨 세력들을 모두 주멸했으니 이제 저의 공로가 주발만 못하게 되었지요. 소신 우승상의 자리를 주발에게 양보하고자 하옵니다."

진평의 대답에 문제는 강후 주발을 우승상으로 임명하고 가장 높은 직위를 주었다. 진평은 좌승상으로 내려가 두 번째가 되었다.

대신 진평에게는 황금 1천 근을 상으로 주고 식읍도 3천 호나 더 내려주었다.

문제도 시간이 지나자 국사에 점점 익숙해져갔다. 한 번은 조회에서 문제가 우승상 주발에게 물었다.

"이 땅에서 1년 동안 발생하는 심리와 판결 소송 안건은 얼마나 되오?"

주발은 사죄하며 답했다.

"소신은 잘 모르옵니다."

문제가 다시 물었다.

"한나라의 지세 수입과 지출은 각각 얼마나 되오?"

주발은 다시 한 번 사죄하며 모른다고 대답했다. 너무 긴장해서 등줄기로 진땀이 흘러내렸고, 제대로 답변을 못하는 자신의 모습이 너무나 부끄럽게 느껴졌다. 문제는 마음이 상한 채 좌승상인 진평에게 같은 내용을 물었다. 진평은 한 치의 망설임도 없이 바로 대답했다.

"그런 일은 모두 주관하는 관리가 있사옵니다."

문제가 다시 물었다.

"주관하는 관리란 누구를 말함이오?"

"판결에 관한 일을 묻고자 하신다면 정위에게 그 일을 하문하시거나 힐책하시면 될 것이오, 지세에 관한 일을 묻고 싶으시면 치속내사治粟內史에게 물으시면 될 것이옵니다."

진평의 대답에 문제는 노기 띤 얼굴로 물었다.

"각 부처마다 일을 주관하는 관리가 다 있다면 경들은 대체 무슨 일을 한단 말이오?"

진평은 머리를 조아리며 사죄했다.

"황공무지로소이다! 폐하께서는 소신들의 재주와 지혜가 범속함을 모르셔서 이토록 분에 넘치는 재상의 자리에 앉히셨사옵니까? 재상의 직책은 위로는 천자를 보좌해 음양을 조절하고 사계절에 따르게 하는 것이요, 안으로는 백성들을 가까이하여 경대부들이 그들의 직책을 다하게 하는 것이옵니다."

문제는 그 말을 듣고 진평을 크게 칭찬했다. 우승상 주발은 너무나 면구해서 조정에서 물러나온 후 진평을 원망했다.

"왜 평소에 진작 내게 대답할 말을 일러주지 않았소?"

진평은 웃으며 대답했다.

"승상의 자리에 있으면서 승상의 직책이 무엇인지도 모르셨단 말이오? 폐하께서 장안에 도적들의 수가 얼마나 되는지 물으시면 그 정확한 수를 아뢸 생각이셨소?"

그제야 주발은 자신의 재능이 진평에게 크게 미치지 못함을 깨달았다. 얼마 후 주발은 병을 핑계로 우승상의 직무를 면해달라고 청해 진평 홀로 전권을 가진 승상의 자리에 앉게 되었다.

문제 2년(기원전 178년) 10월, 진평이 병으로 세상을 떠나자 문제는 '헌후獻侯'라는 시호를 내려주었다. 그리고 그의 아들인 공후恭

侯 진매陳買가 제후의 작위를 세습하였다. 진매가 작위를 물려받고 2년 만에 세상을 떠나자, 그의 아들인 간후簡侯 진회陳恢가 그를 대신해 제후의 자리에 앉았다. 진회는 제후의 자리에 앉은 지 23년 후 세상을 떠났고, 그의 아들 진하陳何가 그 자리를 물려받았다. 진하는 23년간 그 자리를 지켰으나 다른 사람의 아내를 빼앗는 죄를 저질러 사형에 처해졌고 봉국도 빼앗겨버렸다.

漢書 들여다보기

역사에는 놀라울 정도로 비슷한 사건들이 많이 일어난다. 한 고조 유방이 백등산에서 포위되고 1천 년 뒤에 비슷한 사건이 다시 재현되었다. 명나라 영종英宗은 환관 왕진王振의 꾐에 넘어가 직접 정벌에 나섰다. 그러나 토목보土木堡에서 포위를 당하고 영종은 와라[瓦剌: 오이라트]에서 포로가 되고 만다. 명나라의 50만 대군은 대부분 그곳에서 목숨을 잃었고 기력이 쇠락하였다. 이것이 바로 '토목의 변'이다.

토목의 변

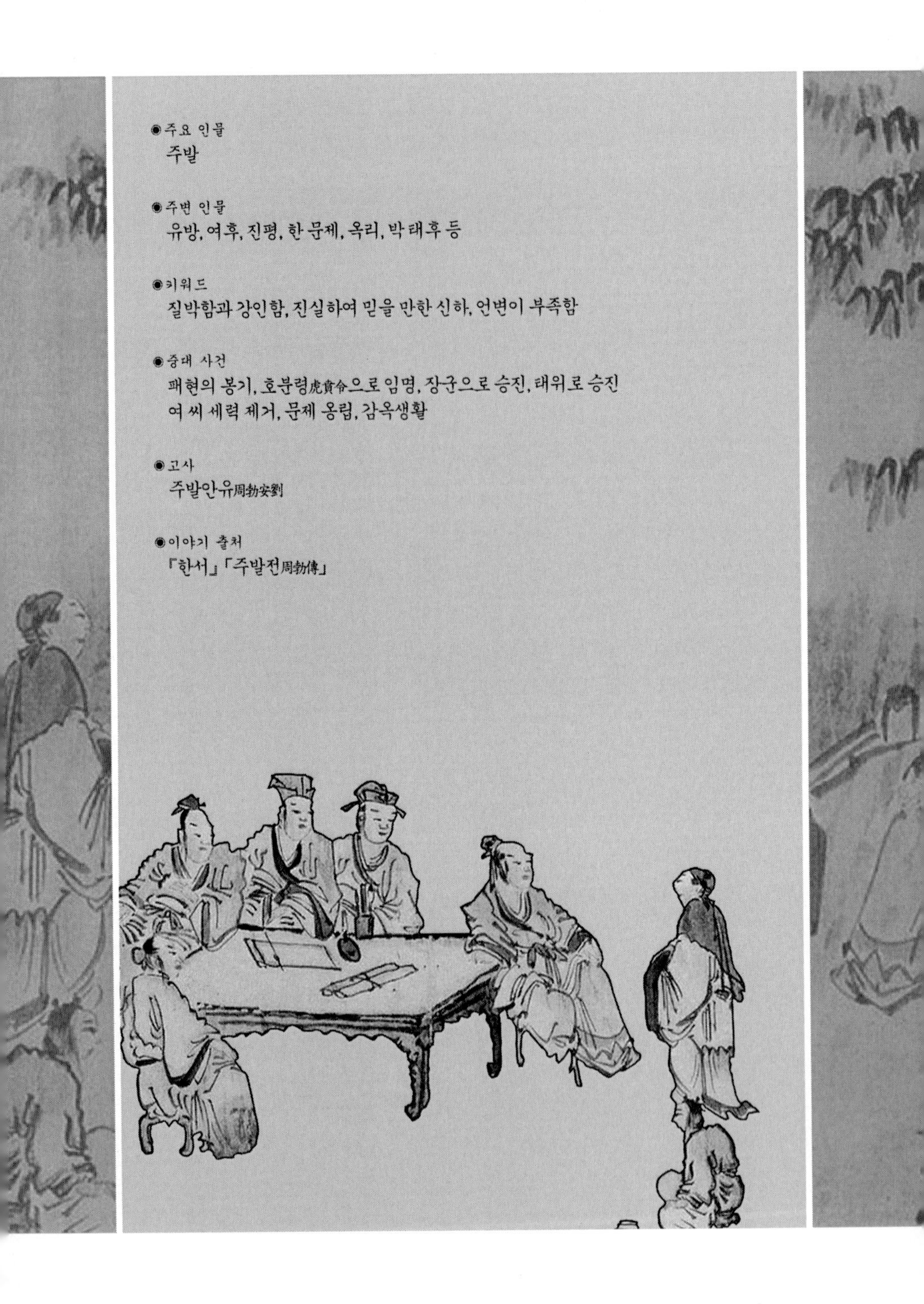

◉ 주요 인물
주발

◉ 주변 인물
유방, 여후, 진평, 한 문제, 옥리, 박 태후 등

◉ 키워드
질박함과 강인함, 진실하여 믿을 만한 신하, 언변이 부족함

◉ 중대 사건
패현의 봉기, 호분령虎賁令으로 임명, 장군으로 승진, 태위로 승진
여 씨 세력 제거, 문제 옹립, 감옥생활

◉ 고사
주발안유周勃安劉

◉ 이야기 출처
『한서』「주발전周勃傳」

周勃

주발 : 질박하고 강인한 태위

주발의 조상은 권현卷縣 사람이었으나, 훗날 패현으로 이주해 생활하였다. 주발은 일찍부터 누에 채반을 짜서 생계를 유지했고, 가끔씩 장례를 치르는 집에서 퉁소를 불어주고 밥을 얻어먹었다. 그는 체격이 건장하고 힘이 넘쳐 당기는 것조차도 힘이 든다는 강궁도 잘 당겼다.

진이세 원년(기원전 209년) 7월, 진승과 오광이 장대를 높이 들고 반란을 일으켰다. 곧이어 전국 각지에서 군웅들이 일어나 화답했고, 유방은 패현을 공격한 후 스스로 패공이 되었다. 이때 주발은 중연의 신분으로 유방을 따르며 호릉을 공격하여 방여를 함락시켰다. 방여가 반란을 일으키자 주발은 전투에 참가하여 적군을 격퇴하였다. 풍읍을 공격하여 탕군 동편에서 진나라 군대를 쳤으나 물리치지 못하고 결국 군대를 이끌고 유현, 소현으로 돌아갔다. 다시 한 번 탕현을 공격해서 성을 차지하였다. 하읍을 공격할 때 그는 가장 앞에서 성루에 올랐기 때문에 유방은 주발에게 오대부의 작위를 하사했다.

유방이 진나라 장군 장한의 거기부대를 칠 때 주발은 군대를 이끌고 맨 뒤에서 따랐다. 위 지역을 평정하고 원척과 동민東緡을 공격한 후 율현까지 밀고 들어갔는데 가는 곳마다 승리를 거두었다. 설상齧桑을 공격할 때 주발은 최선봉에 나서 성에 올랐다. 또 동아성 아래에서 진나라 군대를 공격하여 적군을 크게 물리치고 복양까지 쫓아가 견성甄城을 함락시켰다. 관현關縣과 정도현을 공격하고 완구현宛朐縣을 빼앗은 후 단부현單父縣의 현령을 생포했다. 밤에 임치를 습격하여 차지했고 다시 장현張縣을 공격하였다. 그의 부대는 선봉대로서 권현까지 가서 성지를 함락시켰다. 옹구성 아래서 진나라 장수 이유의 부대를 쳤다. 개봉으로 진공했을 때 그의 부대가 앞다투듯 전진했기 때문에 성 아래에 도착한 군사가 다른 부대보다 훨씬 많았다.

그 후 장한은 항량이 이끄는 초나라 군대를 대파하고 항량을 죽였다. 패공과 항우는 군대를 이끌고 동진해 장군으로 돌아갔다. 패현에서 봉기를 일으켰을 때부터 탕군에 돌아오기까지 1년 2개월 동안 주발은 용맹한 장수로서 뛰어난 전투 능력을 보여주었다. 초회왕은 패공을 안무후安武侯로 임명하고 탕군의 지휘관으로 삼았다. 패공은 주발을 호분령虎賁令으로 임명하여 주발은 호분령의 신분으로 패공을 따르며 곳곳에서 성을 공격하고 땅을 빼앗아 마침내 남전에서 진나라 군대를 격퇴하고 함양으로 들어가 진왕조는 멸망했다.

항우는 함양에 들어온 후 패공을 한왕에 봉했다. 한왕은 주발에게 위무후威武侯라는 작위를 하사했다. 주발은 한왕을 따라 한중으로 들어갔고, 한왕은 주발을 장군으로 임명한 후 회군해 삼진을 평정했다. 그 후 주발은 몇 번이나 큰 공을 세웠다. 괴리槐里나 호치를 함락시켜 큰 공을 세웠고, 함양에서 조분과 내사 보保의 군대를 쳐서 또 큰 공을 세웠다. 북쪽으로는 칠현漆縣을 치고 장평章平과 요앙姚卬의 군대를 공격했으며 서쪽으로는 견현汧縣을 평정했다. 다시 회군하여 미성郿城과 빈양頻陽을 쳤고, 장한을 폐구에서 포위한 후 서현西縣의 현승縣丞이 이끄는 수비군들을 격퇴하였고, 도파盜巴의 부대를 대파시켰다. 다시 상규上邽를 공격하고 동쪽으로는 요관을 지켰다. 그리고 방향을 바꿔 항우를 공격하였고, 항우가 죽자 주발은 여세를 몰아 동쪽으로 초나라 지역의 사수와 동해 2군을 평정해 22개의 현을 함락시켰다. 회군하여 낙양雒陽과 약양을 지켰다. 고조는 종리현鍾離縣을 그와 영음후 관영에게 주어 함께 식읍으로 삼게 하였다. 그는 또 장군의 신분으로 고조를 따라 반란을 일으킨 연왕 장도臧荼를 토벌하고 역현성 아래서 장도의 부대를 흩어버렸다. 그는 사병들을 이끌고 치도馳道에서 반군과 맞서 싸워 매우 큰 공을 세웠다. 고조 6년(기원전 201년), 유방은 주발에게 제후의 작위를 주고 그 증거로 부절을 나눠 그 작위를 대대로 세습하게 하였다. 강현을 식읍으로 하사하여 8천 180가구의 부세를 받게 했고 강후라고 불렀다.

같은 해 주발은 장군의 신분으로 고조를 따라 대代 지역에서 반란을 일으킨 한왕 신을 토벌하고 곽인현霍人縣 사람들의 항복을 받아내었고, 또 가장 먼저 무천武泉에 도착하여 흉노의 기마병들을 물리치고 무천 북쪽 지역에서 적을 쳐부수었다. 회군할 때 태원군의 6개 도시의 항복을 받았고, 진양성 아래서 한왕 신과 흉노 기마병들을 쳐서 무너뜨리고 진양성을 차지했다. 그리고 사석硰石에서 한왕 신의 군대를 대파하고 패잔병을 80리까지 추격하였다. 다시 말머리를 돌려 누번樓煩의 성 3개를 빼앗고 기세를 몰아 평성 일대에 있는 흉노 기마병들을 공격하였다. 그가 이끄는 군대는 치도에서 흉노족의 기마병을 막고 반격해 가장 큰 공을 세웠다. 주발은 이로 인해 태위까지 오르게 되었다.

고조 10년(기원전 197년), 주발은 군대를 이끌고 반란군 장수인 진희를 토벌하고 마읍 현성을 섬멸하였다. 그의 보병은 진희의 장군 승마치乘馬絺의 목을 베었다. 또 한왕 신과 진희, 조리趙利의 군을 누번에서 공격하여 큰 승리를 거두고, 진희의 부장인 안문雁門 군수 혼圂을 생포한 후, 그 기세를 몰아 운중군을 공격하고 군수 속遬과 승상 기사箕肆, 장군 훈勛을 생포한 후, 안문군의 17개 현과 운중군의 12개 현을 평정하였다. 계속해서 영구에서 진희를 쳐서 그의 부대를 섬멸하고 진희의 목을 베었으며, 그의 승상인 정종程縱과 장군 진무陳武, 도위 고사高肆를 포로로 삼았다. 그리고 대군의 9현을 평정하였다.

한 고조 12년(기원전 195년), 연왕 노관이 반란을 일으켰다. 주발은 상국의 신분으로 번쾌를 대신해 부대를 이끌고 계현薊縣을 쳐서 노관의 대장인 저抵와 승상 안偃, 군수 형陘과 태위 약弱, 어사대부 시施를 생포했으며, 도시 전체를 쓸어버렸다. 상란上蘭에서 노관의 군대를 크게 무찌르고 저양沮陽에서 노관을 섬멸한 후 장성까지 추격해갔다. 상곡군上谷郡의 12현, 우북평군右北平郡 16현, 요서遼西·요동遼東 두 군郡의 29현, 어양군漁陽郡의 22현을 모두 평정한 것이다. 그 실적을 모두 계산해보면 그는 고조 황제를 따르는 동안 상국 1명, 승상 2명, 장군과 2천 섬의 관리 각각 3명을 포로로 삼았다. 그리고 홀로 2대대를 무너뜨리고 3개의 성을 함락시켰으며 5개의 군과 79개 현을 평정했으며, 또 승상과 대장을 1명씩 생포했다.

한 고조 12년(기원전 195년), 유방은 화살에 맞았던 상처가 재발되어 곧 죽을 지경이 되었다. 그러자 여후가 유방에게 물어 보았다.

"폐하, 1백 년 후에 소 상국이 세상을 떠나면 누가 그를 대신할 수 있겠습니까?"

유방이 대답했다.

"조참이 할 수 있을 거요."

여후가 다시 물었다.

"조참 후에는 누가 좋을까요?"

유방이 대답했다.

"왕릉이 할 수 있을 거요. 그러나 그는 무모하고 강직하니 진평이 옆에서 돕도록 하시오. 진평은 지략이 넘치지만 혼자 힘으론 부족할 테니 주발을 함께 쓰는 게 좋을 거요. 주발은 분별력이 있고 인정이 많으나 글재주는 부족하오. 그러나 유 씨 천하를 안정시킬 사람은 바로 주발일 거요[周勃安劉]. 그러니 주발을 태위로 임명하시오."

여후는 그 후의 일을 묻고자 했으나 유방이 말을 막았다.

"앞으로의 일은 당신도 모를 것이오."

그때가 되면 당신도 죽을 것이라는 뜻이었다.

주발은 질박하고 강인하며 충실하고 믿을 만했기 때문에 유방은 그를 매우 신임하며 중임도 맡길 만하다고 생각했다. 그러나 주발은 현실적인 사람으로 글로만 떠드는 예절을 좋아하지 않았다. 그는 유생과 세객說客들을 만날 때마다 늘 거드름을 피우며 동쪽을 향해 앉았다. 또 유생과 세객들이 일장 연설을 늘어놓을 때마다 중간에 말을 끊으며 나무랐다.

"경전이나 고사를 끌어와 이리저리 돌리지 말고 단도직입적으로 말해보시오."

이것만 봐도 주발의 성격을 짐작할 수 있을 것이다.

주발이 연 지역의 반란을 진압하고 장안으로 돌아왔을 때 유방은 이미 세상을 떠나고 없었다. 그는 여러 제후들의 신분으로 효혜 황제를 보좌하였다. 효혜 황제 6년(기원전 189년), 조정은 관리로서 태위의 등급을 정했고, 주발을 태위로 임명해 병권을 맡겼다.

10년 후, 여 태후가 세상을 떠났다. 여록은 조왕의 신분으로 한 왕조의 상장군을 역임하고 있었고, 여산은 여왕의 신분으로 한 상국이었지만 조정을 마음대로 휘저으며 유 씨 천하를 뒤엎으려 하고 있었다. 그때 주발은 태위였지만 군영의 대문 앞으로 들어갈 수조차 없었고, 진평은 한 왕조의 승상이었으나 정무를 보고 국가의 대소사를 물어볼 수가 없었다. 과거 주발이 진평을 비방했던 일로 두 사람은 사이가 좋지 않았다. 훗날 육가가 진평을 설득했다.

"천하가 안정되면 승상을 조심해야 하며 천하가 위태로우면 대장군을 주의해야 하옵니다. 승상과 장군이 화목하고 협력하면 사대부들도 잘 따르며 가까이 지낼 것이요, 사대부가 잘 따르면 천하에 변란이 일어나도 대권은 흩어지지 않을 것이옵니다. 나라를 위해 생각하옵소서. 이 나라의 안위는 승상과 태위 두 분의 손에 달려 있사옵니다."

즉, 다 기울어가는 유 씨 왕권을 다시 세우려면 진평과 주발 두 사람이 서로 힘을 합쳐야만 한다는 내용이었다. 육가의 설득으로 주발과 진평은 마침내 장상화(將相和: 장군과 승상의 화해)를 이룰 수 있었다. 이렇게 마음과 힘을 하나로 합친 두 사람은 여 씨 세력들을 완전히 제거했다. 주발은 진평 등의 대신들과 의논하여 어디서 왔는지도 모르는 가짜 유 씨의 핏줄인 한 소제를 폐위시키고, 대代지역에서 한 고조의 넷째 아들 대왕 유항을 모셔와 황제로 삼았다. 이 사람이 바로 역사적으로 유명한 한 효문제이다. 이때부터 중국역사는 '문경의 치[文景之治]'의 태평한 시대로 들어간다.

한 문제는 즉위 후, 여 씨 세력들을 제거한 주발의 공을 인정하여 우승상으로 봉하고 황금 5천 근을 하사했다. 그리고 식읍을 1만 호 더 내려주었다. 한 달이 조금 지났을 무렵 누군가 주발에게 충고했다.

"나리께서는 여 씨 일가를 멸하시고 대왕을 모셔와 황제로 삼아, 온 천하에 명망을 날리셨사옵니다. 풍성한 상을 받으셨고 존귀한 자리에 앉아 황제의 총애를 받게 되셨지요. 이렇게 오래 지내시다가는 나리께 큰 화가 미칠까 염려되옵니다."

워낙 사리에 밝았던 주발은 과거 선인들이 겪었던 일들을 기억하며 두려운 마음이 생겼다. 그래서 우승상의 자리에서 물러나고 승상의 인장을 반납할 수 있도록 해달라 청했다. 문제는 그의 사직의사를 받아들였다. 1년이 조금 넘은 후 승상 진평이 세상을 떠나자 문제는 다시 한 번 주발에게 승상의 자리를 맡겼다. 10여 개월 후 문제가 주발에게 말했다.

"얼마 전 짐이 제후들은 모두 자신의 봉국으로 돌아가라 조서를 내렸으나 아직도 가지 않은 자들이 있소. 승상은 짐이 중히 여기는 자이니 솔선수범하여 봉국으로 돌아가시오."

주발은 승상의 직무를 내려놓고 봉국인 강현絳縣으로 돌아갔다. 1년이 넘어, 하동군의 군수와 군위가 여러 현을 순시하다 강현까지 오면, 강후 주발은 자신이 해를 당할까 두려워 갑옷과 투구를 걸치고 집안사람들에게 무기를 들린 후 군수와 군위를 만났다고 한다. 그 후 누군가 이 일을 두고 조정에 주발이 모반을 꾀했다는 상소를 올렸다. 문제는 그 사건을 정위가 심리하도록 맡겼고, 정위는 그 일을 장안 쪽에서 알아서 하도록 맡겼다. 주발은 결국 체포되어 옥에 갇혔고, 장안의 감옥으로 끌려가 심문을 받았다. 주발은 겁에 질려 혀가 굳고 말을 더듬게 되어 답변할 말을 찾지 못했다. 옥리는 공문판의 뒷면에 '공주가 증인이 됨'이란 글자를 적어 그에게 보였다. 여기서 공주란 한 문제의 딸이자 주발의 큰 아들 주승지周勝之의 아내였다. 그래서 옥리는 주발에게 자백서를 쓸 때 공주를 증인으로 삼으라고 일러준 것이다. 거기에다 평소 주발이 문제에게 받은 상을 박소에게 주곤 했기 때문에, 사건의 심리가 거세지자 박소는 박 태후를 찾아가 주발의 사정을 아뢰었다. 박 태후 역시 주발이 반란을 일으켰다는 말을 믿을 수 없었다. 문제가 박 태후에게 문안 인사를 올리러 오자, 박 태후는 노하며 모서(冒絮: 두건의 일종)를 문제에게 집어던졌다.

"강후는 과거 황제의 옥새를 손에 쥐고 북군을 통솔하고 있을 때도 모반을 꾀하지 않았거늘, 강현처럼 자그마한 동네에 살면서 어찌 모반을 꾀한단 말이오?"

문제는 강후가 옥중에서 보낸 자술서를 보았기 때문에 즉시 사죄했다.

"그렇지 않아도 방금 조사가 완료되었사온데 강후는 아무 죄도 없었사옵니다. 그러니 곧 석방할 것이옵니다."

그리고 사자에게 부절을 들려 보내 강후를 사면시키고 그의 작위와 식읍을 회복시켜주었다. 강후는 옥에서 나온 후 탄식했다.

"내 일찍이 1백만 대군을 이끌었건만 일개 옥리가 이리 무서운 줄은 처음 알았구나!"

강후는 다시 봉지로 돌아갔다. 그리고 한 문제 11년(기원전 169년), 세상을 떠나 '무후武侯'라는 시호를 하사받았다.

漢書 들여다보기

박소는 박 태후의 남동생, 즉 문제의 외숙부였다. 한 문제 유항의 모친 박 태후는 유방의 총애를 받지 못하면서 아들을 황제로 만든 여인이다. 박희는 출신이 미천하고 부모는 요절하여 처지가 비참했다. 유일한 혈육은 박소밖에 없어 세력을 이룰 수도 없었다. 그래서 공신들은 유항을 황제로 삼으면 외척이 득세하지 못할 것이라 여겨, 황제가 될 수 있었으니 화가 오히려 복이 되었다.

한 문제 유항

◉주요 인물
주아부

◉주변 인물
허부, 한 문제, 조섭, 등도위, 양효왕

◉키워드
군대를 엄히 다스림, 대쪽 같은 심성, 현명한 이를 예로써 대함

◉중대 사건
세류에서 군대를 다스림, 오초의 반란 진압

◉고사
세류노군細柳勞軍

◉이야기 출처
『한서』「주발·주아부전周勃·周亞夫傳」

周亞夫

주아부 : 칠국의 난을 평정한 세류의 명장

문제와 경제가 다스리던 문경지치 시절, 문무를 겸비하여 진정한 군사가이자, 정치가라고 불릴 만한 사람은 주아부 한 사람뿐이었을 것이다. 주아부의 아버지인 주발이 죽자, 주아부의 큰 형인 주승지가 강후의 작위를 계승했다. 당시 주아부는 하내군河內郡에서 군수로 지내고 있었는데 한때 이름을 날렸던 점쟁이 허부許負가 그에게 이런 말을 했다고 한다.

"나리는 3년 후에 제후로 봉해질 것입니다. 그리고 8년 후 대장군과 승상이 되어 이 나라의 대권을 쥘 것이옵니다. 존귀한 자리에 앉아 중임을 맡으며 군신들 중에서 첫손가락에 꼽히는 사람이 되는 것이지요. 그러나 안타깝게도 그 후로 9년 뒤, 나리께서는 굶어 죽고 말 것입니다."

주아부는 웃으며 대답했다.

"형님께서 아버지의 작위를 이어받아 제후가 되었는데 그게 무슨 소리인가? 설령 형님이 돌아가신다 하더라도 그 아들이 작위를 이어받을 터, 내 차례나 오기나 하겠는가? 그리고 정말 때가 되어 자네가 말한 것처럼 내 존귀한 자리에 앉아 부귀영화를 누린다면 어찌 굶어 죽을 수 있겠는가? 잘 좀 설명해주게."

허부는 주아부의 입을 가리키며 말했다.

"나리의 얼굴에 곧은 줄이 입 안으로 들어가고 있으니 굶어 죽을 상이옵니다."

공교롭게도 3년 후, 주승지가 사람을 죽이는 죄를 지어 봉국이 취소되었다. 한 문제는 주발의 아들 중 가장 현명하고 능력 있는 사람을 선발하고자 했고, 사람들은 주아부를 추천했다. 그리하여 하내 군수였던 주아부는 문제 12년(기원전 168), 조후條侯로 책봉되어 주발의 작위를 계승했다.

한 문제 후원 6년(기원전 158년) 겨울, 흉노족이 대거 침입해왔다. 6만 명의 군대를 둘로 나누어 상군과 운중군으로 남하해 내려오면서 방화와 약탈을 저지르니, 변경에서 위급함을 알리는 봉화의 불길은 감천과 장안까지 길게 이어졌다. 그 소식을 들은 문제는 즉시 2개의 방어선을 구축했다. 첫 번째 방어선으로 중대부 영면令勉을 거기장군으로 삼아 비호구에 주둔시키고, 초의 재상이었던 소의蘇意를 장군으로 임명해 구주산句注山을 지키게 했다. 장군 장무張武

는 군대를 이끌고 북지군을 지켰다. 두 번째 방어선은 종정宗正 유예劉禮를 장군으로 삼아 패상을 지키게 하고, 축자후祝茲侯 서려徐厲를 장군으로 삼아 극문棘門을 수비하게 하였다. 하내 군수 주아부를 장군으로 삼아 세류細柳에 주둔시키며 흉노족이 장안으로 침범하는 것을 방비토록 하였다.

문제는 각 군영의 사기를 북돋아주기 위해 친히 각 주둔지를 찾아가 시찰하며 위로했다. 그는 먼저 패상과 극문을 방문하였는데, 진영의 문이 활짝 열렸고 문제의 마차도 아무런 막힘없이 통과할 수 있었다. 장수와 병사들은 말과 마차의 앞뒤로 서서 문제를 맞이하고 또 배웅했다. 그렇지만 세류 군영에 도착하자 상황은 완전히 반대였다. 멀리서 마차가 다가오는 것이 보이자 세류의 장수와 병사들은 갑옷과 투구를 갖춰 입고 무기를 손에 들어 경비를 삼엄하게 함으로써 적군을 맞이할 태세를 갖추었다. 문제는 먼저 사자를 보내 천자가 도착할 것이라고 알렸다. 그러나 군영의 문을 지키던 도위는 '군중에서는 장군의 명을 따르며 천자의 조서도 듣지 않는다'는 이유를 대며 문제가 먼저 보낸 의장대를 군영문 밖에 세워두었다. 잠시 후 황제의 마차가 도착했지만 여전히 군영 안으로 들여보내지 않았다. 어쩔 수 없이 문제는 사자에게 부절을 들려 보내 주아부에게 말을 전하게 했다.

"짐은 군영에 들어가 장병들을 위로하고자 하네."

주아부는 그제야 명을 내려 군영 문을 열게 했다. 문을 지키던 호위 군사들은 큰 소리로 아뢰었다.

"장군께서 군영 안에서는 마차가 달리는 것을 금하셨사옵니다."

문제는 사람에게 말고삐를 들리고 천천히 군영으로 들어갔다. 중군의 장막 앞에 도착하자 주아부는 무기를 든 채로 문제에게 두 손을 맞잡고 인사를 올렸다.

"소신 갑옷을 입고 있어 무릎을 꿇어 예를 표하지 못하고 군중의 예절로 배알하오니 용서하소서."

크게 감동받은 문제는 정중하게 허리를 굽혀 마차 앞에 있는 횡목에 기댄 후 군대를 향해 경의를 표했다. 또 사람을 시켜 주아부에게 말을 전했다.

"황상께서 장군을 위로하시며 장군께 경의를 표하셨소."

위문을 마친 문제가 병영을 나서자 수행하던 신하들은 모두 주아부의 그런 '무례'한 거동에 놀라워했으나, 문제는 다른 진영들과 비교하면서 감격했다.

"아, 주아부야말로 진정한 장군이로구나! 그에 비하면 앞서 들렀던 패상과 극문의 군대는 애들 장난에 불과하다. 돌연 적군이 습격하면 그들이 어찌 포로가 되지 않겠는가? 그러나 주아부의 군대는 적군이 함부로 넘보지 못하리라."

세류에서 주아부가 군대를 다스린 방법은 후세에 미담으로 전해졌고, 그가 견지했던 원칙, 즉 '군중에서는 장군의 명을 따르며 천자의 조서도 듣지 않는다'는 말은 군대를 다스리는 모범이 되었다.

한 달이 넘자 세 지역의 방위군이 모두 철수해 돌아왔다. 주아부는 한 문제에게 중위로 임명되어 황성의 치안과 호위를 담당하게 되었다. 후원 7년(기원전 157년), 문제가 붕어했다. 임종 전 문제는 태자 유계劉啓에게 당부했다.

"만약 한나라에 위급한 일이 생기면 주아부에게 중임을 맡기어라. 그는 군대를 이끌 수도 있느니라."

경제는 즉위 후, 즉시 주아부를 거기장군으로 임명했다.

경제 3년(기원전 154년), 오왕吳王 유비劉濞, 초왕 유무劉戊, 교서왕 유앙劉卬, 교동왕 유웅거劉雄渠, 제남왕濟南王 유벽광劉辟光, 치천왕菑川王 유현劉賢, 조왕 유수劉遂는 '조조를 쳐서 군주의 곁을 청소한다'는 명목으로 대규모의 반란을 일으켰다. 경제는 순간 어찌할 바를 몰라 손을 쓰지 못하였는데, 원앙袁盎의 건의만 듣고 조조를 요참해 오·초 반군들의 기분을 맞춰주고 칠국을 철군시키려고 하자, 유비는 철군하기는커녕 '군주의 곁을 청소한다'는 허울을 벗어버리고 스스로를 공공연히 '동제東帝'라고 부르며 중앙 정부로 계속 진군해왔다. 반란의 뜻을 천하에 알린 것이다. 경제는 그제야 꿈에서 깨어난 듯 반란을 진압할 뜻을 세웠다. 그는 주아부에게 중위로서 태위의 직무를 대행하도록 한 후, 36명의 장군을 이끌고 동진해 오초군吳楚軍을 치게 했다. 그리고 곡주후曲周侯 역기酈寄는 군대를 이끌고 조나라를 치게 했고, 장군 난포는 교동, 교서, 제남, 치천 네 나라를 쳐서 제나라의 포위를 풀도록 했다. 두영竇嬰을 대장군으로 임명해 형양에서 군대를 주둔시켰다가 각지에서 오는 부대들을 지원하며 협공을 펼치도록 했다.

주아부는 대군을 이끌고 형양으로 진군했다. 패상에 도착했을 때 조섭趙涉이라는 사람이 길을 막고 주아부에게 물었다.

"장군께서 오초를 쳐서 이기시면 종묘가 안녕을 누리게 될 것이오, 패하시면 천하가 위험에 빠질 것이옵니다. 그러니 소인의 생각을 좀 들어보시겠사옵니까?"

주아부는 이야기를 듣는다고 큰 문제가 되지는 않을 것 같아 마차에서 내려 공손히 조섭을 모셨다. 그러자 조섭은 즉시 그의 생각을 털어놓았다.

"오왕은 본래부터 부유했기 때문에 오래전부터 간신히 목숨을 건진 도망자들을 거두었습니다. 그는 장군께서 동진하신다는 사실을 알면 첩자를 효산崤山과 면지澠池 일대로 보내 정탐할 것이옵니다. 군사를 놀릴 때는 빠르면 빠를수록 좋은 것이거늘, 장군께서는 어찌하여 우편의 길로 가지 않으십니까? 우측으로는 남전, 무관을 지나 곧바로 낙양으로 갈 수 있지 않사옵니까? 하루 이틀 더 걸리긴 하겠지만 바로 무기고로 들어갈 수 있으니 북을 치면서 진군하여 군대의 위엄을 널리 떨칠 수 있을 것이옵니다. 그러면 제후의 군대들은 갑자기 나타난 한나라군이 하늘에서 떨어졌다고 생각할 것이옵니다."

주아부는 적의 허점을 치고 들어가 적군의 뒤통수를 치자는 조섭의 책략을 받아들여 먼 길을 돌아 낙양으로 들어갔다. 신속히 무기고를 점령하고 오창을 제압하니 아군의 무기와 군량미 걱정까지 덜 수 있었다. 또 장병들을 보내 효산과 면지 사이의 산길을 뒤져 수많은 오나라군의 복병들을 찾아냈다. 그러자 주아부는 조섭을 호군護軍으로 임명했다. 이어서 군대를 이끌고 동진해 형양에서 다른 장수들과 합류했다. 형양은 중원의 전략적 요지였다. 형양을 손에 넣자 황도의 문을 지킬 수 있게 되었고, 동쪽에 있는 제 지역의 각국과 북쪽의 조나라와 중원에서 회합하려던 오초의 음모도 물거품이 되어 버렸다. 전략적으로 주도권을 잡게 된 것이다.

곧이어 주아부는 군대를 이끌고 동남쪽으로 진군했다. 회양을 지날 때 부친의 옛 부하였던 등鄧 도위에게 전쟁과 방어의 계략에 대해 물었다.

"오초의 반란군을 진압하려면 어떤 전략을 써야 합니까?"

등 도위가 대답했다.

"지금 오나라군은 기세등등해서 날뛰고 있으니 이를 가로막기란 쉽지 않을 것이옵니다. 그러니 잠시 동안은 그들과 전면전을 펼치진 마십시오. 그러나 오초 군대는 조급하다는 단점이 있습니다. 오랫동안 버티지 못한다는 것이지요. 차라리 부대를 이끌고 동북쪽에 있는 북창읍 일대에 진지를 지어 방어하십시오. 그리고 잠시 양 지역을 오나라 군대에게 맡겨버리십시오. 그러면 오왕은 정예부대를 모아 양나라를 공격할 것입니다. 그러면 양나라 군대는 목숨을 걸고 저항하겠지요. 장군께선 견고한 방어시설을 마련하는 한편, 경기병을 보내 회수와 사수의 강 입구를 막고 오나라 군대의 양식이 들어오는 통로를 막아버리십시오. 오군과 양군이 약해졌을 무렵엔 오군의 양식도 바닥이 날 것이옵니다. 그러나 후방에서 공급도 끊길 터이니, 그때 강력한 병력으로 피곤에 지친 오군을 치시면 되옵니다. 그러면 오왕의 군대를 완전히 섬멸할 수 있을 것이옵니다."

주아부는 그의 건의를 받아들여 즉시 사람을 보내 경제에게 보고했다.

"오초의 반란군은 민첩하고 용맹해 무서운 기세로 공격해오고 있으니 지금은 잠시 정면 대결을 피하는 것이 좋겠사옵니다. 그러니 소신 그들이 양나라를 공격해도 간섭하지 않을 수 있도록 윤허해주십시오. 그러면 군대를 보내 그들의 양식 수송로를 끊고 일거에 섬멸하겠나이다."

경제는 주아부의 계획을 허락했다.

오왕 유비는 현자를 모시고 사람의 재능을 파악해 기용하는 주아부와는 정반대의 사람이었다. 그가 군대를 일으켰을 때 대장군 전록백田祿伯은 군사를 나눠 출정하자고 건의하며 군사 5만은 장강과 회하를 따라 올려보내 회남, 장사를 수복하고, 그 후 무관으로 들어가 장안 부근에서 오왕의 군대와 합류하게 하자고 계책을 내놓았다. 사실 무관은 주아부가 동진해 낙양으로 가는 통로였기 때문에 전록백이 먼저 그 길을 통과했다면 장안의 운명은 위태로워졌을 것이다. 그러나 오 태자는 전록백의 의견에 반대하고 나섰다.

"폐하께서는 모반을 도모하시며 출병하신 것이옵니다. 그런데 부하에게 군대를 주어 따로 가게 하셨다가 그들이 배반이라도 하면 어찌하옵니까?"

또 다른 젊은 장수 환桓 장군은 쌍방의 장단점을 비교 분석하며 오왕 유비에게 건의했다.

"오나라는 보병이 많으니 험준한 지역에서의 전쟁이 유리하나, 한나라 군대는 기병이 많으니 평원에서 전쟁을 하기에 유리하옵니다. 그러니 우리가 지나는 모든 성과 해자에는 눈길을 주지 마시고 곧장 낙양으로 가서 무기고와 오창을 차지하십시오. 효산과 황하의 험준한 지형을 이용해 제후들을 호령하시면 관중으로는 들어가지 않아도 천하를 얻을 수 있게 될 것이옵니다. 그러나 성읍을 함락하는 것을 중시한다면 패하고 말 것이옵니다."

이것은 가운데 있는 지역을 훌쩍 뛰어넘어 곧바로 황룡(황제)를 칠 수 있는 매우 고명한 전략이었다. 그러나 유비는 일언지하에 거절하였다. 오군은 망설이다가 양도梁都와 창읍 사이에서 길이 막혀 끌려가는 입장이 되었고, 결국 패배로 마감하고 말았다.

'양나라를 오에 맡기자'는 등 도위의 전략은 양나라로 오초의 병력을 유인해 묶어둔 후, 기병을 보내 반군의 양식 수송로를 끊어 스스로 멸망하게 한 책략이었다. 양나라는 세력이 큰 제후국이었다. 비옥한 땅으로 북으로는 태산이 있고, 서로는 고양高陽까지 이르렀는데, 성이 40여 개나 되었고 큰 현도 매우 많았다. 양 효왕孝王 유무劉武는 경제와 같은 어머니에게서 난 형제로 평소 두竇 태후의 큰 사랑을 받고 있었다. 그리고 칠국이 난을 일으켰을 때 양 효왕 유무는 조정 편에 서서 반군의 공격에 저항했다.

반군이 전 병력을 동원해 양나라 도읍인 수양睢陽을 공격했을 때 양 효왕은 몇 번이나 주아부에게 구원을 요청했다. 그러나 주아부는 이미 정했던 작전 방침에 따라 창읍을 굳게 지키며 양왕을 돕지 않았다. 양 효왕은 황궁으로 사자를 보내 주아부를 고발하며 경제에게 구원을 요청했다. 비록 주아부의 전략을 이미 허락하긴 했지만, 막상 동생이 공격을 받고 있단 소식을 들으니 마음이 영 편치가 않았다. 그래서 경제는 기존의 전략을 생각지 않고 주아부에게 군대를 보내 도우라는 명령을 내렸다. 그러나 궁극적인 승리를 위해 주아부는 경제의 명령을 따르지 않았고, 오히려 한韓의 장군 궁고후弓高侯 퇴당頹當을 불러 경기대를 이끌고 회하와 사수의 교류지점으로 가라고 명령했다. 오초 반군의 후방을 돌아 군량미를 보급하는 선을 차단하라는 것이었다. 발등에 불이 떨어진 양나라는 한안국韓安國, 장우張羽를 장군으로 삼아 오나라군과 목숨을 건 결전을 벌였다. 오군은 심한 타격을 입어 서쪽으로 밀고나갈 수가 없게 되었다. 그 후 오랫동안 공격해도 함락하지 못하자 수양을 포기하고 동북으로 방향을 틀어 곧바로 창읍으로 들어갔다. 한나라 주력군과 결판을 낼 참이었던 것이다. 그러나 주아부는 태산처럼 굳은 마음으로 오초군의 도발에도 응전하지 않았다. 어느 깊은 밤, 주아부의 군 진영에서 갑작스레 소동이 일어났다. 병사들은 놀라서 어찌할 바를 몰랐고, 심지어 주아부의 막사 앞에서까지 소란을 피웠다. 그러나 주아부는 흔들림 없이 숙면을 취했다. 잠시 후 군영은 조용해졌다. 그 혼란은 사병들 간의 마찰 때문에 생긴 것이었다. 반군은 후방의 보급선이 끊어져 양식이 공급되지 못한데다 앞뒤로 적군에 둘러싸여 말과 사람 모두 배고픔과 피로에 지친 상태가 되었다. 그들은 어떻게든 이기고픈 마음에 동쪽을 공격한다 말하면서 서쪽을 공격하는 최후의 전술도 불사했다. 반군은 시끌벅적하게 한나라 군영의 동남쪽을 공격하는 척했지만 주아부는 이미 그 계책을 알아차리고 부대에게 동남쪽을 방어하는 척하면서 서북쪽을 방어하도록 했다. 생각지도 못한 공격에 반군은 손조차 쓰지 못했다. 반군은 패배를 맛보고 사기가 완전히 꺾여 황급히 철수하였다. 반군이 퇴각하는 것을 본 주아부는 즉시 정예 병력을 총동원해 추격하여 반군을 낙화유수처럼 흩어버렸다.

오왕 유비와 몇천 명의 군사는 단도丹徒로 도망쳤고 주아부는 승리의 여세를 몰아 반군을 맹추격했다. 오초군 대부분의 관병이 포로로 사로잡혔다. 그 후 오왕의 머리에 1천금의 현상금을 걸었다. 한 달이 좀 지났을 때 오왕을 따라 반란에 가담했던 동월 사람이 대세가 이미 기운 것을 보고 유비를 죽이고 그 머리를 들고 상을 받으러 왔다. 초왕은 전쟁에서 패한 후 스스로 목숨을 끊어버렸다. 이와 동시에 북쪽의 전장에서 교동, 교서, 제남, 치천 네 나라의 부대는 조나라를 포위 공격했지만 함락시키지 못했다. 난포가 원군을 이끌고 도착해 안팎으로 공격하니 네 나라도 격퇴되었다. 제왕은 일찍부터 오왕과 약속을 했기 때문에 죄가 두려워 자결했다. 교서왕 유앙과 그의 태후, 태자도 모두 자결했다. 교동왕과 제남왕, 치천왕은 한나라군에 죽임을 당했다. 조나라 군대는 역기가 이끄는 한나라 군대와 대치하고 있었는데, 제나라를 친 난포가 역기를 도우러 왔다. 한단邯鄲에 지원군이 투입되어 성이 넘어가자 조왕 유수는 스스로 목숨을 끊었다. 반란에 참여했던 제북왕濟北王은 양왕에게 사면을 받을 수 있도록 말을 잘 해달라고 부탁했다. 오초칠국의 난은 이렇게 3달 만에 진압되었다.

전쟁 후 여러 장군들은 모두 주아부가 오나라가 양나라를 치도록 내버려둔 전략이 매우 정확한 처사였다고 생각했다. 양의 도읍인 수양성은 난공불락의 성인데다 방비가 튼튼해 반군의 힘을 소모시켜 적군에게 큰 타격을 주었기 때문이다. 동시에 창읍에 군을 주둔시키고 굳게 지킨 전략은 오초군이 수양을 공격하면서도 측면이나 후방에서 공격을 받을지도 모른다는 두려움을 갖게 만들어, 양군의 적극성과 실력을 최대한 발휘하게 하는 역할을 했다. 비록 양나라에 원군을 보내지 않았지만, 실질적으로는 양군을 전략적으로 도와주는 방법이었던 것이다. 그러나 양 효왕 유무는 주아부가 자신이 죽을 지경이 되었는데도 도와주지 않았던 것을 늘 마음에 담고 있었다. 그래서 그 후 매번 궁에 들어가 황제를 알현할 때마다 경제와 두 태후 앞에서 주아부를 비방했다.

주아부가 승리하여 돌아오자 경제는 그를 정식 태위로 임명했다. 칠국의 난을 평정하고 5년 째 되던 해 그는 승상으로 승진했다. 주아부는 군대를 엄히 다스렸을 뿐 아니라 권력을 두려워하지 않고 직언을 하며 도리에 맞게 모든 일을 처리하고자 했다. 경제와 의견이 대립되는 것도 두려워하지 않았고, 태후의 눈치도 살피지 않았다.

경제 7년(기원전 150년), 경제는 율栗 태자 유영劉榮을 폐위시켜 임강왕臨江王으로 임명하고 교동왕 유철劉徹을 태자로 삼고자 했다. 그러자 주아부는 벌떡 일어나 강력히 반대하며 율 태자 편을 들었다. 그러나 성공을 거두지 못했고, 그때부터 경제는 자신의 뜻에 부합하지 않는 중신을 멀리하기 시작했다.

두 태후는 경제에게 왕 황후의 오라비인 왕신王信을 제후로 봉하는 게 어떻겠냐며 건의했다. 경제가 주아부에게 의견을 묻자 주아부는 한 치의 망설임도 없이 대답했다.

"일찍이 고조 황제께서는 유 씨 성을 가지지 않은 자는 왕으로 봉할 수 없고, 공을 세우지 않은 자는 제후로 봉할 수 없다고 하셨사옵니다. 왕신이 황후마마의 오라비이긴 하나 공을 세우지도 않았는데 제후로 봉한다면 조상들의 규례를 저버리는 것이 아니겠습니까?"

경제는 그 말을 듣고 아무런 대꾸도 하지 않았다. 그 문제는 일단 보류할 수밖에 없었던 것이다.

경제 중원中元 3년(기원전 147년), 흉노왕 서로徐盧를 비롯한 5명이 한나라로 투항해왔다. 경제는 이런 일이 많이 생기도록 장려하기 위해 그들을 제후로 봉하려고 했다. 그러자 승상인 주아부가 나서 날카롭게 지적했다.

"그들은 자신의 군주를 배신하고 폐하께 투항해온 자이옵니다. 그런 배신자들에게 작위를 내리신다면, 훗날 절개를 지키지 않는 신하가 생겼을 때 어찌 다스리시겠사옵니까?"

그러나 경제는 주아부가 지나치게 고지식하고 진부해서 그런 말을 하는 것이라며 서로 일행을 계속 제후로 봉하려는 계획을 거두지 않았다. 주아부는 사죄하며 병에 걸렸다고 말하고 그 자리에서 물러났다. 경제는 그 기회를 이용해 주아부를 승상의 자리에서 물러나게 했다.

얼마 후 경제는 다시 궁으로 주아부를 불러 음식을 상으로 내렸다. 그러나 주아부의 자리에는 커다란 고기가 놓여 있었는데 칼질도 되어 있지 않았고 심지어 젓가락도 없었다. 주아부는 그것을 보자 속에서 화가 끓어올랐다. 그가 고개를 돌려 연회를 주관하는 관리에게 젓가락을 달라고 하자, 경제가 웃으며 끼어들었다.

"무슨 불만이라도 있으시오?"

주아부는 황급히 모자를 벗어 사죄했지만 속에서는 더욱 부아가 치밀어올랐다. 경제가 주아부에게 일어나라고 하자, 주아부는 빠른 걸음으로 궁을 나가버렸다. 경제는 떠나가는 주아부의 뒷모습을 바라보며 말했다.

"저토록 분을 내며 불만을 품으니 어린 군주를 보좌할 수는 없겠구나."

주아부는 신임을 완전히 잃어버린 것이다.

얼마 지나지 않았을 무렵, 주아부의 아들이 상방(尙方:궁중의 음식과 기물을 만들고 주관하던 부처)의 기물을 만들던 관리에게서 황실에서 순장할 때 쓰던 갑옷과 방패 5백 개를 사서 주아부에게 주었다. 그러나 갑옷과 방패를 나르던 일꾼은 주아부의 아들이 품삯을 주지 않은 것에 분을 품고 홧김에 고자질을 했다. 황실의 기물을 몰래 사들인 것임을 알았기 때문에 그가 모반을 꾀했다고 상소를 올린 것이다. 그 사건에는 주아부까지 연루된 것처럼 꾸며져 있었다. 고발문을 본 경제는 즉시 담당 관리에게 심문을 맡겼다. 관리는 문서의 죄상에 따라 주아부를 심문했지만, 주아부는 한사코 대답하지 않았다. 그 소식을 들은 경제는 불같이 화를 냈다.

"그런 쓸모없는 관리들은 필요 없다!"

그리고는 주아부를 정위에게 보내 죄를 물으라는 명을 내렸다. 정위가 주아부에게 모반죄로 추궁하자 주아부가 대답했다.

"우리 집안에서 사들인 병기는 모두 순장에 쓸 것이거늘, 모반이 웬 말이더냐?"

경제의 암시를 받아 심문에 참여하던 관리는 시비를 제대로 가리지 않고 주아부에게 이렇게 말했다.

"생전에 이 땅에서 모반을 꾀하지 않았더라도 사후에 지하에서 모반을 하려고 하셨군요."

그야말로 억지로 죄상을 갖다 붙인 꼴이었다. 주아부는 체포되었을 때 자결하려고 했지만 그의 부인이 말려 죽지 못했었다. 그런데 관리들이 자신을 모함하며 자백을 강요하자 주아부는 모든 음식을 거부함으로써 자신의 결백을 주장했다. 닷새 후, 한 세대를 풍미했던 명장이자 중신인 주아부는 피를 토하며 죽었다. 경제는 즉시 주아부의 작위와 식읍을 취소하고 왕신을 개후蓋侯로 봉했다.

漢書 들여다보기

중대부中大夫는 고대 관직명으로, 옛날 주 왕실과 제후국들이 경卿 이하에 두었던 상대부와 중대부, 하대부 중 하나였다. 그러나 한나라 때는 전문적으로 대처 방안을 고문해주는 관리로 변화되었다.

주아부

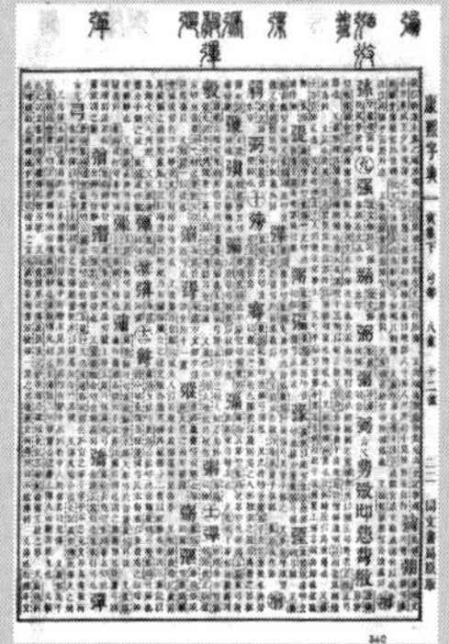
주아부전

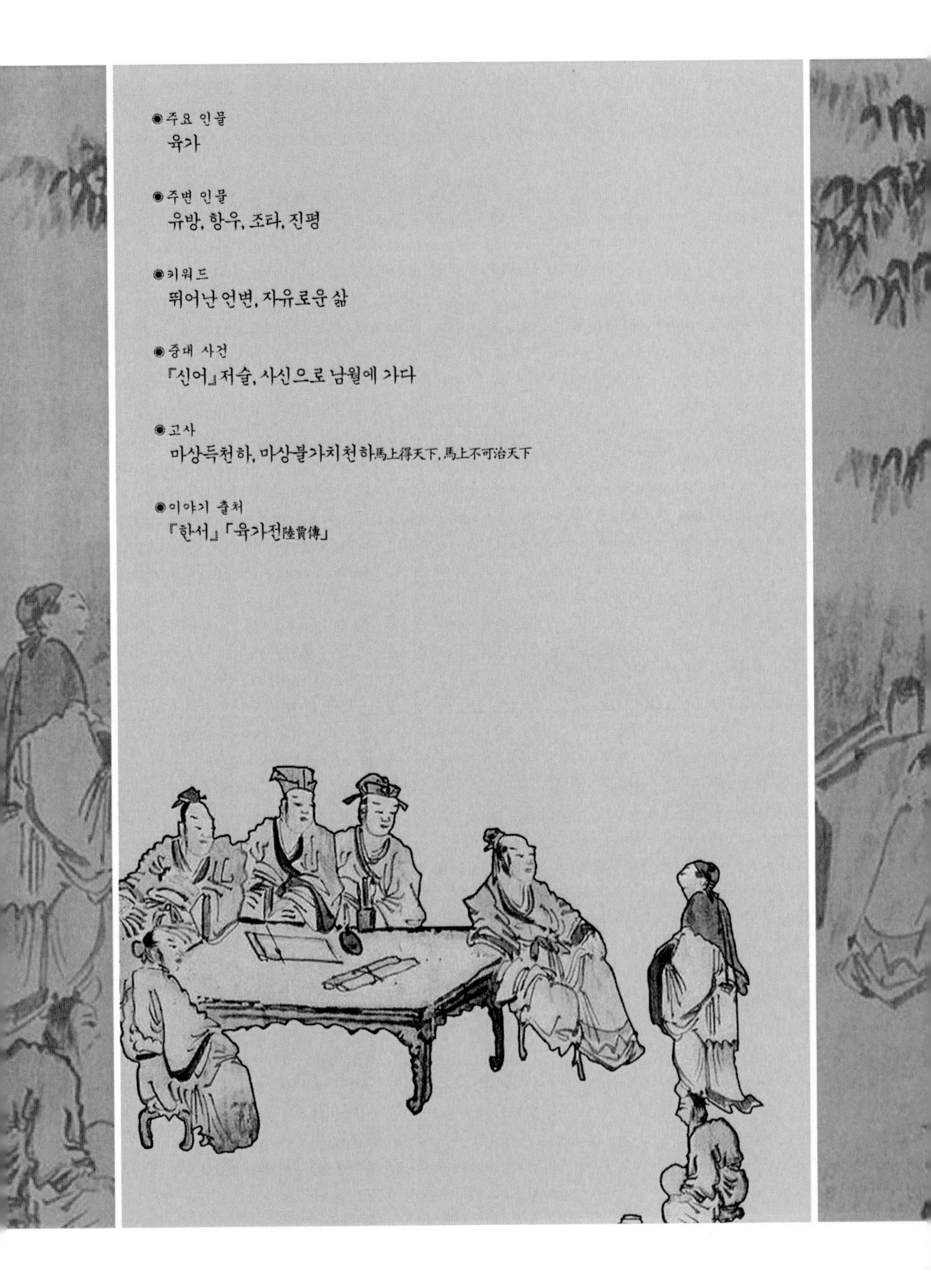

◉주요 인물
육가

◉주변 인물
유방, 항우, 조타, 진평

◉키워드
뛰어난 언변, 자유로운 삶

◉중대 사건
『신어』 저술, 사신으로 남월에 가다

◉고사
마상득천하, 마상불가치천하馬上得天下, 馬上不可治天下

◉이야기 출처
『한서』「육가전陸賈傳」

陆贾

육가 : '말 아래서 천하 통치'의 주창자

『사서四書』에 육가는 언변이 매우 뛰어난 사람으로 묘사되고 있지만, 그의 공은 짧은 한 마디 말에 있는 것일지도 모른다.

초楚 출신이었던 육가는 진나라 말기 혼란스러운 시절, 객客의 신분으로 유방을 따랐던 사람이다. '객'이란 당시 매우 특수한 사람으로 주군을 따르되 군신 관계라는 명분이 없던, 스승과 친구 사이 정도의 신분을 가진 자유로운 존재들이었다. 한때 항우는 유방의 가족들을 포로로 잡아갔었는데, 항우가 패배했을 때 유방은 육가를 보내 가족을 찾아오도록 항우와 협상토록 하였다. 그러나 불쌍한 육가가 세 치 혀를 놀리며 아무리 설득해도 항우는 허락하지 않았다. 훗날 유방이 후공侯公을 보내 항우와 담판을 짓게 하자, 항우는 제의를 받아들여 유방의 부모와 아내, 자녀를 돌려보냈다. 그 덕분에 후공은 평국군平國君으로 임명되었고, 육가는 유방을 도와 오랜 전쟁에 참여했음에도 작은 공하나 세우지 못한 신세였다.

유방이 황제가 된 후, 육가가 유가 경전인 『시경』과 『서경』을 자주 칭송하자, 유방은 크게 화를 내며 욕을 퍼부었다.

"자네 주인의 천하는 말 위에서 얻은 것이거늘, 그런 낡은 책들이 무슨 필요가 있단 말이냐?"

그러자 육가가 대답했다.

"말 위에서 얻은 천하라고, 말 위에서 다스릴 수가 있사옵니까馬上得天下, 馬上不可治天下? 과거 탕과 무는 모두 그 군주를 거역해 천하를 빼앗았으나 도리에 따라 나라를 다스렸던 사람들이었습니다. 문무를 함께 사용했을 때 그 나라가 오래갈 수 있었습니다. 그러나 오왕吳王 부차夫差, 진晋나라 지백智伯은 모두 무를 숭상하여 나라를 망하게 하였으며, 진秦나라 역시 강력한 힘만 굳게 믿다가 결국 멸망하였지요. 만약 진나라가 손에 넣은 천하에서 의義와 인仁을 행했다면, 지금 황상께서 천하를 얻으실 수 있었겠사옵니까?"

유방은 육가의 말에 기분이 상했지만 자신의 잘못을 느끼며 부끄러워했다. 그래서 육가에게 이렇게 명령했다.

"그렇다면 자네는 진이 어찌해서 천하를 잃었는지, 짐이 어찌하여 천하를 얻을 수 있었는지를 써보도록 하게."

육가는 12편의 글을 지었는데 1편이 완성될 때마다 유방에게 올렸다. 이것이 바로 『신어』가 탄생된 배경이다.

육가는 두 번이나 남월에 사신으로 나가 큰 공을 세우고 돌아왔다. 당시 조타는 남방 지역에서 할거하여 스스로를 왕으로 세웠다. 유방은 육가에게 남월왕의 인장을 들려보냈으나, 조타는 매우 오만한 태도로 육가 앞에서 다리를 뻗고 앉는 무례함을 보였다. 그러자 육가는 조타를 나무랐다.

"당신은 본래 내지 사람으로 친척과 형제, 조상들의 묘까지 모두 진정(眞定: 지금의 석가장石家莊)에 있소. 그런데 지금 이 자그마한 남월 땅을 가지고 한나라 천자에게 맞서다니, 곧 큰 화가 몰아닥칠 것이오. 얼마 전까지는 천하가 어지러워 많은 영웅호걸들이 일어나, 군웅들이 진나라가 놓친 사슴(정권)을 차지하려 애를 쓰는 상황이었고, 결국 한왕께서 가장 먼저 관중에 들어가 함양을 차지하였소. 항우는 약속을 저버리고 스스로 서초 패왕이 되었으나 가장 강성하면 무엇하겠소? 결국 5년 만에 한왕에게 진압당하고 말았으니 한나라 천자가 이룬 업적은 인간의 힘이 아니라, 하늘의 뜻이었단 말이오. 지금 한나라 천자께서 백성들의 고난을 살피시어, 전쟁을 피하시려고 내게 왕의 인장을 들려보내셨소. 일이 이리 되었으면 교외로 나와 사신을 영접하며 스스로를 신하라고 청해야 하지 않겠소? 만약 한나라에서 당신의 오만함을 알게 된다면 당신 조상들의 무덤은 파헤쳐질 것이고, 가족들도 모두 몰살을 당할 것이오. 그리고 비장裨將이 10만 명의 병사를 이끌고 온다면 당신을 죽이는 것도 식은 죽 먹기겠지."

그 말에 깜짝 놀란 조타는 예로써 육가를 맞았다. 조타는 또 육가에게 자신과 유방을 비교하면 어떤지 물었다.

"황제께서는 천하를 통일하시니, 한의 인구는 이제 1억 명이 넘으며 그 땅도 1만 리里에 달하오. 천하의 비옥한 땅을 차지하고 만물이 풍성하니, 이는 반고盤古께서 천지를 창조한 이래 볼 수 없었던 것이오. 그러나 당신은 1만여 명의 오랑캐들을 이끌며 험준한 지역을 점거하고 있소. 한나라의 군 하나밖에 안 되는 땅을 가지고 어찌 한나라와 비교할 수 있단 말이오?"

육가의 대답에 조타는 크게 웃으며 말했다.

"이곳에는 그런 말을 할 만한 사람이 없었는데, 선생께서 오시니 이토록 귀한 말씀을 듣습니다."

그는 수개월 동안 큰 연회를 베풀어 육가를 대접했고, 육가가 떠날 때는 진귀한 선물들을 잔뜩 선물했다. 육가는 한나라의 남월왕 인장을 조타에게 주며 조타가 스스로를 신하로 인정하고 한나라를 따르겠다는 약속을 받아냈다. 육가가 장안으로 돌아오자 유방은 크게 기뻐하며, 그를 중대부로 임명했다. 육가가 두 번째로 남월에 간 것은 문제 때였다. 유방이 죽고 여 태후가 권력을 장악한 후, 한나라는 남월에게 철기 판매를 금지하였는데, 조타는 군사를 일으켜 한나라 변경의 관문들을 공격했다. 한나라 군대가 조타의 군대를 막지 못하자 기고만장해진 그는 스스로를 황제라 칭하며 한나라에 대항했다. 그러나 문제는 천하를 안정시키기 위해, 오히려 조타의 고향에 그의 조상들의 무덤을 정리하고 세시歲時 때마다 제를 올리도록 하였다. 그런 후 육가를 다시 사신으로 남월에 보내자, 조타는 육가가 온 것을 보고 즉시 사죄하며 계속 번신藩臣의 약속을 지켜, 그때부터 남쪽 변경에서는 아무런 일도 일어나지 않았다.

유방이 죽은 후 여 태후가 권력을 장악하자 육가는 매우 특이한 행동을 보였다. 당시 조정에는 여 씨의 측근들이 많아 그들과 대립하기엔 불리하다고 여긴 육가는 병을 핑계로 관직에서 물러났다. 그는 남월에서 받아온 예물들을 팔아 1천금을 마련하여, 다섯 아들에게 공평하게 나누어준 후 자신은 네 필의 말이 끄는 높은 마차를 타고 기녀들과 시종들, 금자金子 몇백 냥兩이 나가는 보검을 들고 아들의 집을 차례로 돌며 먹고 지냈다. 그는 아들들에게 이렇게 말했다.

"내가 오면 술과 음식을 충분히 내놓거라. 열흘 후 나는 다른 집으로 갈 것이다. 내가 누구의 집에서 죽든, 그 사람은 내가 가지고 다니는 재물을 다 얻게 될 것이다."

그는 그렇게 자유로운 나날을 누렸다. 이때 우승상 진평은 유씨 천하를 회복할 방안을 놓고 고민하고 있었다. 어느 날 육가가 갑자기 진평의 집으로 찾아왔다. 진평은 깊은 생각에 잠겨 육가가 오는 것도 모르고 있었다.

육가가 인기척을 하며 입을 열었다.

"대인께서는 상국의 몸으로 식읍이 3만 호에 달하는 제후이시니 최고의 부귀영화를 누리신다 해도 과언이 아닐 것입니다. 그러니 다른 욕망이 있겠습니까? 유 씨 천하를 회복할 계획을 세우시느라 그리 고심했던 게지요."

진평이 반색하며 어찌할지를 묻자 육가가 답하였다.

"천하가 안정되었을 땐 상국을 주의하고, 천하가 위험할 때는 장군을 조심하라 하였습니다. 장군과 재상이 화목하면 부하들이 모두 명령을 따르는 법이지요. 수하들이 명령에 순종하면 아무리 큰 변란이 일어나도 권력은 분산되지 않는 법입니다. 지금 병권을 쥔 태위 주발과 제가 사이가 아주 좋거늘, 어째서 태위와 교분을 쌓으려 하지 않으시는 것입니까?"

진평은 육가의 말에 동의하며 즉시 금 5백 근을 보내 태위 주발의 생일을 축하했다. 두 사람 사이는 다시 아주 친밀해졌고, 결국 여 씨 세력까지 제거할 수 있게 되었다. 진평은 육가에게 노비 1백 명과 마차와 말 50승, 5백만 전을 더 내려주었고, 육가의 명성도 드높아졌다.

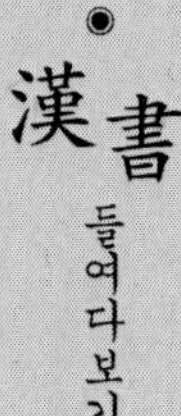

태중대부太中大夫는 의견을 관장하는 관원으로 진시황이 만든 직급이었다. 그 후 이 관직은 문산관文散官이 되었으나, 청나라 때에는 이 관직이 없었다.

육가

진시황

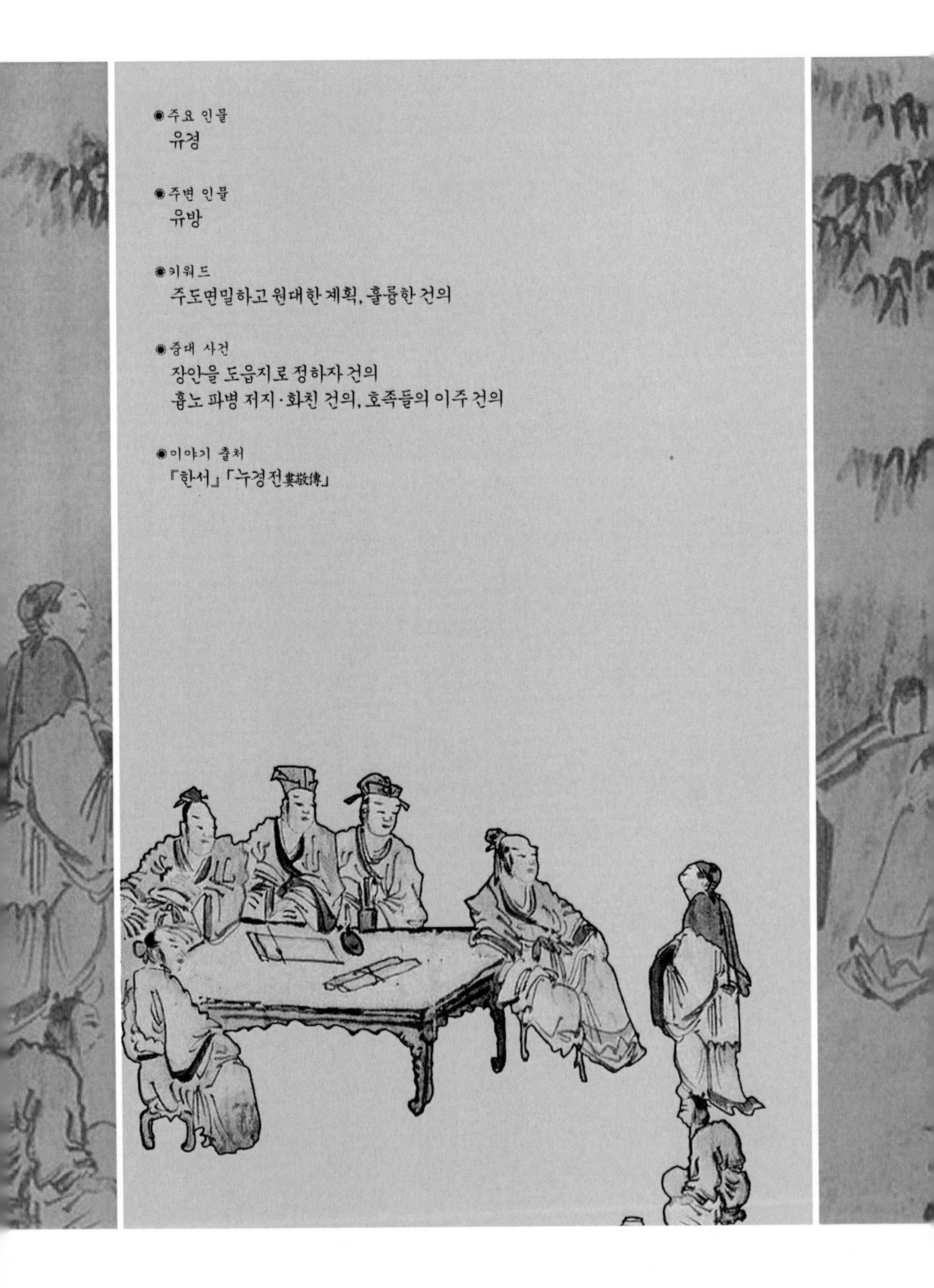

◉주요 인물
유경

◉주변 인물
유방

◉키워드
주도면밀하고 원대한 계획, 훌륭한 건의

◉중대 사건
장안을 도읍지로 정하자 건의
흉노 파병 저지·화친 건의, 호족들의 이주 건의

◉이야기 출처
『한서』「누경전婁敬傳」

劉敬

유경 : 조귀와 견줄 만한 건의자

누경은 제齊나라 사람으로 훗날 유방이 유劉 씨 성을 하사해 유경이라 불린 사람이다. 그는 본래 변방의 수자리〔戍卒〕였으나, 후방의 병참 보급병으로 수레를 끄는 역할을 했다. 한 고조 5년(기원전 202년), 그는 농서隴西를 지키라는 명령을 받고 대오를 따라 낙양을 지나갔다. 당시 유방은 낙양에 있으면서 그 지역을 도성으로 정하려고 하였다. 그러자 누경은 작은 마차의 횡목에 매어 있던 밧줄을 풀어 같은 제 지역 출신인 우虞 장군을 찾아갔다. 누경은 앞에서 수레를 끌었는데, 낡은 베옷을 입고 있었다. 우장군은 그에게 화려한 옷을 주려고 했지만 누경은 사양하였다.

"내가 비단옷을 입고 있으면 비단옷을 입고 폐하를 뵈옵겠지만, 그냥 베옷을 입고 폐하를 알현할 것이네."

우장군이 유방에게 들어가 보고했다. 유방이 그를 부르며 상으로 식사를 내렸다. 잠시 후 유방이 누경에게 묻자 누경이 입을 열었다.

"낙양을 황성으로 삼고자 하시니, 주나라와 명망을 견주려 하십니까? 그러나 폐하께서 이 나라의 정권을 차지하신 방법은 주나라와는 다르옵니다. 주나라의 조상인 후직은 당唐의 요왕堯王에게 태邰나라를 봉지로 받았고, 십대가 넘는 세월 동안 그 지역에서 의로운 정치를 펼치고 선을 베풀었사옵니다. 공유公劉는 하의 걸왕을 피해 빈豳으로 도망을 갔었지요. 주 태왕은 적이 자주 침범하자 가축들을 이끌고 빈나라를 떠나 기岐지역으로 갔지만, 그의 부족들은 서로 경쟁하듯 태왕을 따라왔습니다. 주 문왕이 서방 제후들의 우두머리가 되어 우와 예, 두 나라의 분쟁을 가라앉히고 나서야 여망, 백이가 저 멀리 해변에서 와서 그를 따랐사옵니다. 주 무왕이 상의 주왕을 치고 맹진孟津 기슭까지 밀어붙이고 8백 명의 제후들과 합류하였고, 결국 은殷왕조는 멸망하였습니다. 또, 주 성왕이 즉위하자 주공과 같은 사람들이 그를 보좌하며 낙읍(낙양)을 주나라 성으로 삼았습니다. 이곳이 각지 제후들이 공물과 세금을 바치러 올 때 거리가 모두 비슷하여 천하의 중심이라 여겼던 것이지요. 군주는 덕행만 있으면 천하를 통치할 수 있으며 덕행이 없으면 나라가 망한다고 생각하였습니다. 이곳에 도성을 정한 목적은 주 황실이 어진 정치로 백성들을 단결시키려 한 것이지, 험준한 지세를 본 것이 아니옵니다. 그리하여 후손들이 사치스러워져서 제멋대로 굴고 백성들을 학대하게 만들었지요. 주 황실이 강성할 때는 천하가 평화로웠고, 사방의 외족들이 그 명성과 위엄을 바라며 그 도의를 사모하였고, 주의 은덕을 기리며 함께 천자를 섬기려 하였습니다. 그러나 주나라가 쇠퇴하자 관중 지역은 서주와 동주 두 소국으로 나뉘었고, 알현하러 오는 제후들도 없어지니 주나라의 통치도 힘을 잃었사옵니다. 이것은 도덕이 부족해서가 아니라 형세가 약해졌기 때문이옵니다. 지금 폐하께서는 패현 풍읍에서 군을 일으켜 사병 3천 명을 모아 계속 전쟁을 치루어 오셨사옵니다. 그리하여 촉군과 한중군을 석권하고 진 지역에 있던 삼국을 평정해 항우와 형양에서 전쟁을 벌이셨지요. 그리하여 성고의 이 험준한 요새를 차지하셨지만 70번의 큰 전쟁과, 40여 차례의 작은 싸움을 벌여 수많은 백성들이 피를 흘리며 비참하게 죽어갔습니다. 그런데 성강成康시대보다 더 낫다고 하시니, 소인은 말이 되지 않는다 생각되옵니다. 게다가 진 지역은 화산을 등에 지고 황하를 앞으로 안았으며, 사방에 요새가 병풍처럼 둘러져 있습니다. 갑작스러운 위급 상황이 발생하여도 1백만여 명의 군대를 언제든 동원할 수 있는 곳이지요. 만약 폐하께서 지금 진나라가 가지고 있던 그 기초를 차지하시고, 그 비옥한 토지를 잘 사용하신다면 천연의 곡창을 가지셨다 할 수 있을 것이옵니다. 폐하께서 함곡관에 들어가 그곳을 도성으로 정하신다면 진나라의 옛 지역은 폐하의 것이 될 것이니, 이것이야말로 천하의 목을 죄고 그의 등을 치는 일이 되지 않겠습니까?"

한 고조는 대신들에게 의견을 물었지만, 대신들은 모두 산동 지역 사람들이었기 때문에 너도나도 반대했다. 주나라는 수백 년간 천하를 통치했지만 진나라는 2대에 멸망하고 말았다며, 주나라의 수도인 낙양으로 정하는 것이 낫다고 떠들어댄 것이다. 그러나 유후留侯가 명확하게 함곡관을 수도로 정하는 것이 더 낫다고 설명하자, 유방의 마차는 그날 즉시 서쪽으로 방향을 틀어 함양으로 들어갔다.

"본래 진나라에 도성을 정하자 건의한 사람은 누경이니, '누'가 이제 '유'이니라."

유방은 이렇게 말하면서 누경에게 유 씨 성을 하사하였으며, 낭중으로 임명하고 봉춘군奉春君으로 봉했다.

한 고조 7년(기원전 200년), 한왕 신이 반란을 일으키자, 한 고조는 친히 군대를 이끌고가서 진압하였다. 진양晋陽에 도착했을 때 한왕 신과 흉노가 함께 한 황실을 공격하려 한다는 말을 들은 유방은 대노하며 흉노족에 사신을 보냈다. 흉노는 몰래 정예병들과 비대한 소와 말을 숨겨 두고 늙고 약한 병사들과 비쩍 마른 생축만 사자에게 보여주었다. 사자는 계략에 넘어가 흉노를 공격해도 될 것이라고 보고했다. 유방이 유경을 보내 흉노족을 살펴보게 하니, 그는 전혀 다른 보고를 했다.

"두 나라가 서로 공격하려면 자신의 잘난 점을 자랑하고 보이는 것이 마땅할 것이옵니다. 그런데 소인이 그곳에 가보니 비쩍 마른 생축과 늙고 약한 병사들만 보였습니다. 이는 분명 약한 척 꾸며놓고 기마병을 매복시켜 승리를 얻으려는 수작일 것이옵니다. 그러니 흉노를 공격하지 마옵소서."

이때 한나라의 군대는 구주산을 넘어 20만 대군이 이미 동원된 상태였다. 유방은 유경의 말을 듣기는커녕 버럭 화를 내며 그에게 욕을 퍼부었다.

"제나라의 바보 같은 놈! 그 잘난 입으로 관직을 얻더니, 이제는 말도 안 되는 소리로 내 군을 막으려 드는구나."

그러면서 족쇄와 수갑을 채워 유경을 광무廣武에 구금하라고 명령했다. 그리고는 계속 전진해 평성까지 갔다. 흉노족은 과연 돌격부대를 출동시켜 유방을 백등산에서 포위했고, 이레가 지나서야 간신히 그 포위를 풀어주었다. 유방은 광무에 돌아와 유경을 사면하며 말했다.

"자네의 말을 듣지 않아 평성에서 포위당하고 말았네. 내 이미 흉노를 공격해도 된다던 사신을 죽여버렸다네."

그러면서 유경에게 식읍 2천 호를 하사하고 관내후라는 관직을 주고, 건신후建信侯로 봉했다.

유방이 평성에서 철군하자 한왕 신은 흉노로 망명했다. 이때 묵돌이 선우가 되면서 병력이 강대해졌는데, 사수射手만 30만 명이나 되었다. 그들은 여러 차례 북방의 변경을 침범해왔다. 유방은 수심에 잠겨 유경에게 어찌하면 좋을지 물었다. 그러자 유경이 이렇게 아뢰었다.

"천하가 정해진 지 얼마 되지 않아 병사들도 전쟁에 지쳐 있으니 무력으로 정복하는 것은 불가하옵니다. 묵돌은 아버지를 죽이고 스스로 선우가 되었고, 수많은 처자를 아내로 삼고 무력을 이용하여 위엄을 떨치고 있으니 인의나 도덕으로 설득할 수는 없을 것이옵니다. 그러니 그들이 자자손손 한나라의 신하가 될 수 있는 책략을 써야 하옵니다. 그러나 폐하께서 그리 하실 수 있겠사옵니까?"

유방이 '그 방법이 통하기만 한다면 못 할 것이 있겠나? 대체 그 방도가 무엇인가?'를 묻자, 유경이 다시 입을 열었다.

"황후마마께서 낳으신 첫째 공주마마를 그에게 시집보내시고 후한 예물을 보내시는 것이옵니다. 그것을 알면 묵돌 같은 야만족은 공주마마를 높이 떠받들고 사랑하며 흉노의 황후인 연 씨로 삼으실 것이옵니다. 아들을 낳으면 분명 태자로 삼아 선우의 자리를 잇게 할 것입니다. 왜 그러겠습니까? 한 황실의 후한 선물을 더 얻기 위함이겠지요. 폐하께서는 매년 정한 시간에 한 황실에서는 풍족한 것이나 그에게는 부족한 것을 보내 위로하십시오. 그러면서 세객을 보내 예절로 권하고 설득하시는 것입니다. 묵돌이 살아 있으면 폐하의 사위가 될 것이요, 그가 죽으면 외손자께서 선우가 되지 않겠습니까? 외손자가 외조부와 동등한 권력을 얻으려고 했다는 말을 들은 적이 있으십니까? 저희 군대는 전쟁을 하지 않고도 그들을 서서히 심복으로 만들 수 있사옵니다. 만약 폐하께서 공주마마를 보내기가 아까워 황족의 여자나 후궁 중에서 하나를 뽑아 공주인 척 보내신다면, 훗날 그자가 사실을 알게 되었을 때는 그 여인을 가까이하지 않지 않을 터이니 아무런 이익도 없을 것이옵니다."

유방이 허락하여, 첫째 공주를 보내려고 했다. 그러나 여 태후는 밤낮없이 울며 말렸다.

"제겐 태자와 딸 하나뿐이지 않습니까? 그런데 어찌하여 그 아이를 흉노족에게 버리라 하십니까?"

유방은 어쩔 수 없어 첫째 공주를 보내지 못하고 궁녀 중에 하나를 선택해 첫째 공주인양 선우에게 시집보냈다. 그리고 유경을 보내 화친의 맹약을 체결하게 했다.

흉노에서 돌아온 유경이 유방에게 건의했다.

"흉노의 백양白羊과 누번樓煩, 두 왕은 장안에서 70리 밖에 떨어지지 않은 곳에 있사옵니다. 무장을 가볍게 한 기병들은 하룻밤낮이면 진중秦中까지 들어올 수 있는 거리지요. 그러나 진중은 최근 많이 파괴된 데다 거주하는 사람이 적은데, 토지는 비옥하니 백성들을 이주시켜 그곳을 강하게 하시옵소서. 또한 제후들이 군대를 일으키는 것도 제나라의 전田 씨 세력이나 초나라의 소昭, 굴屈, 경

景 세 집안에서나 가능할 뿐, 다른 사람들에게는 호소력이 전혀 없사옵니다. 폐하께서 관중에 도성을 정하시기는 하였지만 인력이 많이 모자라옵니다. 북쪽으로는 흉노와 가까이 있고 동쪽으로는 육국의 왕족이 큰 힘을 가지고 있으니 일단 변고가 일어나면 폐하께서는 편히 쉬실 수가 없을 것이옵니다. 그러니 제나라 출신의 전씨 가문들과 초나라의 소, 굴, 경의 세 집안, 연, 조, 한韓, 위魏나라의 후손들을 이주시키십시오. 그리고 명문 호걸들을 관중으로 이주해오게 하옵소서. 큰 변고가 없을 때는 그들이 흉노를 막을 것이오며, 제후가 변란을 일으키면 그들을 이끌고 동쪽을 정벌하면 될 것이옵니다. 이것은 중앙의 정권을 강화하고 지방의 세력을 약화하는 책략이옵니다."

유방은 그 의견에 탄복하며 매우 기쁜 마음으로 허락했다. 그리고는 유경을 보내 그가 언급했던 10만여 명의 사람을 관중으로 이주하도록 했다. 그리고 이때부터 관중은 번영과 발전의 길을 걷게 되었다.

◉

漢書 들여다보기

조귀는 춘추시대 노나라의 평범한 무사였다. 노魯 장공莊公이 군대를 이끌고 제나라와 전쟁을 할 때, 그는 자발적으로 나서 장공과 함께 장작長勺의 전쟁에 참여했다. 그는 '북을 한 번 울리면 사기가 진작되고 두 번 울리면 사기가 꺾이며, 세 번째가 되면 고갈된다'는 말로 장공을 가르치며 제나라 군대가 북이 세 번 울릴 때까지 기다리게 했다. 그 후 일거에 진공하니 장공은 큰 승리를 거두었다. 훗날 제나라와 노나라가 만날 때, 조귀는 검을 들고 따라가 제나라 군주를 협박해 동맹을 이뤄내고 잃어버렸던 땅을 되찾았다고 한다.

조귀

◉주요 인물
숙손통

◉주변 인물
호해, 유방

◉키워드
민첩한 임기응변

◉중대 사건
조정의 예의 제정

◉이야기 출처
『한서』「숙손통전叔孫通傳」

叔孫通

숙손통 : 시대에 맞는 재빠른 임기응변

'유가의 관을 쓴 자는 몸을 상하는 일이 많다[儒冠多誤身]'는 말은 많은 사람들에게 진리로 여겨졌다. 그러나 숙손통의 일생을 보면 꼭 그렇지만은 않다는 것을 알 수 있을 것이다.

숙손통은 설(지금의 산동성 등현 남쪽 지역) 사람이며 진나라 때의 문학으로 황제의 부름을 기다리던 박사博士였다. 몇 년 후 진승이 장대를 높이 들고 봉기를 일으키자 누군가 그 소식을 황제에게 아뢰었다. 호해(胡亥: 진시황의 막내 아들)는 조정에 나와 박사와 유생들에게 물었다.

"초나라가 군대를 일으켰으니 어찌하면 좋겠습니까?"

30명이 조금 넘는 유생과 박사들은 대답했다.

"초나라가 군대를 일으켰다는 것은 반란이오니 즉시 군대를 일으켜 진멸해야 하옵니다."

그러자 호해는 불같이 화를 냈다. 유생과 박사들은 영문을 몰라 하며 숙손통이 앞으로 나오는 것만 바라보았다.

"모두 틀리셨소. 지금 천하는 한 가족이 되어 무기들이 모두 사라졌으며, 명군께서 위에 계시니 관리마다 자신의 직무를 다해 사방이 태평성대를 누리고 있잖소. 그런데 반란이 일어나다니 말이나 되오? 그저 쥐새끼 같은 도적놈들의 일일 테니 논의할 필요도 없소. 그런 놈들은 지방 관리들이 처리하게 하면 될 것인데 걱정할 게 뭐 있겠소?

호해는 기뻐하며 모반이 일어났다고 말한 유생과 박사들을 모두 감옥에 가두고, 도적이라고 말했던 자들은 파면시켰다. 대신 숙손통에게 비단과 옷을 하사하며 박사로 모셨다. 궁에서 나오자 여러 유생들이 숙손통에게 어떻게 그런 아첨하는 말로 영합할 수 있느냐고 물었다.

"자네들이 몰라서 그런 것이네. 그리 말하지 않았다면 나는 분명 호랑이 입에 들어갔을 게야."

이렇게 대답한 그는 즉시 고향으로 뛰어갔다. 이때 그의 고향은 이미 초에 항복한 상태였다. 항량이 왔을 때 숙손통은 모반을 일으킨 부대를 따라가다가 유방의 수하에 들어가게 되었고, 1백여 명의 제자까지 거두게 되었다. 이때 그는 유방에게 전쟁 실력이 뛰어난 유능한 장수들만 추천해 제자들의 원성이 자자했다. 그러자 숙손통이 말했다.

"지금은 전쟁 때이거늘 너희들이 무슨 쓸모가 있느냐? 지금은 장수들을 먼저 천거해야 하느니라. 끈기 있게 기다리거라. 절대 너희를 잊지 않을 터이니."

성격이 제멋대로인 유방은 황제의 자리에 오른 후 진나라의 예의를 모두 폐지해버렸다. 군신들은 위아래도 모른 채 술을 마시며 서로 제 공이 더 크다 다투었고, 술에 취하면 고래고래 소리를 지르며 검을 뽑아 들고 기둥을 마구 쑤셔놓아 유방을 견딜 수 없게 만들었다. 그러나 유방은 뭐라고 할 수도 없는 입장이었다. 그때 숙손통은 기회를 엿보아 황제에게 건의하였다.

"유생들이 천하를 취하며 진군할 때는 큰 도움이 되지 않으나 공적을 지키기에는 유리할 것이옵니다. 소신 예약의 분위기가 농후한 노魯 지역으로 가서 유생들을 불러 모아 새로운 예의를 제정하고 싶사옵니다."

유방이 물었다.

"너무 어렵지 않겠는가?"

숙손통이 대답했다.

"오제五帝는 악樂을 새롭게 하셨고 세 왕은 예禮를 새롭게 하였사옵니다. '예'란 시대와 상황에 맞게 변화해야 하는 것이므로, 소신 고대 예법에 진나라의 예의를 더해 새로운 방안을 만들고자 하옵니다."

유방이 대답했다.

"그럼 어디 시험 삼아 간단하게 만들어보게. 짐이 할 수 있도록 만들면 될 것이네."

숙손통은 노 지역으로 달려가 30여 명의 유생들을 모았다. 2명의 유생은 숙손통을 따를 수 없다며 거절했다.

"선생께서 모셨던 무신 주인만 10명으로, 늘 그 앞에서 아첨을 하셨다고 들었습니다. 게다가 예악禮樂은 덕을 1백 년간 쌓은 후에야 흥해지는 것입니다. 지금 천하가 평정된 지 얼마 되지 않아 죽은 사람은 장사도 치르지 못하였고, 부상자들도 회복되지 않았는데, 예를 만들 틈이나 있겠습니까? 선생의 행동은 고대의 가르침과 맞지 않으니 그만 가시지요."

숙손통은 그 말을 듣고 혀를 찼다.

"정말 시골 구석의 유생답군. 시대의 흐름도 읽지 못하다니!"

숙손통은 유생들을 야외로 데리고 가 예의를 연습시켰다. 한 달 후 숙손통을 찾아온 유방이 말했다.

"이 정도의 예라면 나도 할 수 있겠군."

그 말이 떨어지자 숙손통의 마음도 편안해졌다. 이에 군신들이 모두 함께 그 예의를 배웠다.

기원전 200년, 장락궁이 건설되었다. 10월 약속한 날짜가 되자 군신들이 모두 황제를 알현하고자 나왔다. 이날은 전과 달리 알자가 모든 대신들을 인도하여 궁으로 들었고, 뜰에는 수많은 호위병들이 대오를 맞춰 늘어서 있어 위엄이 넘쳤다. 장수들은 서쪽을 향해 서고 문관들은 동쪽을 향해 섰으며 순서에 따라 명을 전하는 사람을 몇 명이나 배치해두었다. 그제야 유방은 마차를 타고 나왔고, 백무대관은 미늘창을 들고 경계태세를 갖추니 그 소리에 지붕이 날아갈 지경이었다. 예를 마치고 술을 베푸니 사람들은 모두 자리에 앉아 술을 마셨으나, 감히 고개를 들어 바라보지 못하고 그 서열에 따라 유방에게 술을 올렸다. 예의대로 행하지 않는 관리가 있으면 어사가 눈짓을 보내 뜰에서 나가게 하였다. 황제를 알현하는 동안 단 한 사람도 떠들거나 무례를 범하지 않았다. 유방도 마음이 편안하였다.

"이제야 황제로서의 존엄이 어떤 것인지 알겠군!"

그러면서 숙손통을 봉상奉常으로 임명하고 황금 5백 근을 하사하였으며, 그의 제자 실悉을 관리로 삼았다. 제자들은 모두 기뻐하며 칭송했다.

"숙손통이야말로 진정한 성인이다. 당대에 필요한 것이 무엇인지 꿰뚫어보고 있지 않은가?"

이후 숙손통은 태자의 태부太傅가 되었다. 유방은 이미 세웠던 태자를 폐위하려고 했지만 숙손통이 만류했다.

"과거 진晋의 헌공은 여희를 총애하여 태자를 폐위함으로써 진나라는 수십 년간 혼란에 빠져버렸습니다. 진秦나라는 일찍부터 부소를 태자로 세워두지 않아 호해가 거짓 유서로 황제가 되게 만들었고, 결국 그로 인해 멸망하였습니다. 이것은 폐하께서도 친히 목도하신 일이 아니옵니까? 태자께서 어질고 효성스럽다는 것은 천하가 모두 아는 사실이온데, 어찌 함부로 바꿀 수 있단 말입니까? 정히 태자를 바꾸시려거든 소신을 먼저 죽이시옵소서."

유방이 대답했다.

"내 자네 말을 들음세."

훗날 유방은 태자와 장량이 불러온 훌륭한 빈객들이 함께 어울리는 것을 보고 태자를 바꿀 생각을 완전히 버렸다고 한다.

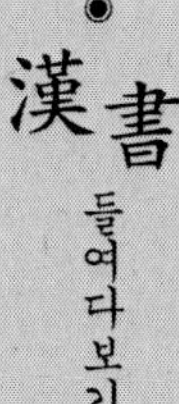

漢書 들여다보기

봉상은 종묘의 예를 관장하는 관리로 훗날의 태상太常과 같다.

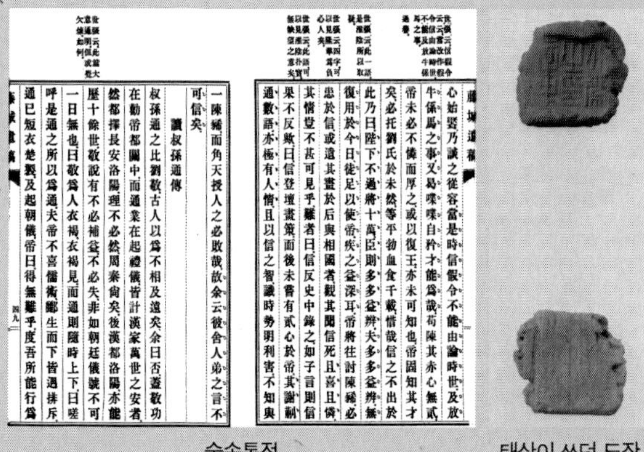

心始娶乃誠之從容當是時信假令不能由論時世及放
牛係馬之事乂曷喋喋自矜才能爲哉苟陳其赤心無貳
帝未必不憐而厚之或以復王亦未可知也帝固知其才
矣必托劉氏於未然等乎物血食千載惜哉信之不出於
此乃曰陛下不過將十萬臣則多多益辨夫多多益辨無
復用於今日徒足以使帝疾之益深耳帝將往討陳豨必
患於信或遺其書於后與相國者觀其聞信死且喜且憐
其情豈不甚可見乎讒者曰信反史中錄之如子言則信
果不反歟曰信登壇畫策而後未嘗有貳心於帝其謝蒯
通數語亦極有人情且以信之智識時勢明利害不知與

一陳豨而角天授人之必敗哉故余云彼舍人弟之言不
可信矣

讀叔孫通傳

叔孫通之比劉敬古人以爲不相及遠矣余曰否蓋敬功
在勸帝都關中而通業在起禮儀皆計漢家萬世之安者
然都擇長安洛陽理不必然周秦尙矣後漢都洛陽亦能
歷十餘世敬說有不必補益不必失非如朝廷儀號不可
一日無也曰敬爲人衣褐衣褐見而通則隨時上下曰嗟
呼是通之所以爲通夫帝不喜儒術鄙生而下皆遇排斥
通已短衣楚製及起朝儀帝曰得無難乎度吾所能行爲

四九

숙손통전

태상이 쓰던 도장

◉주요 인물
원앙

◉주변 인물
주발, 회남왕, 신도가, 조조, 두영 등

◉키워드
세상사를 꿰뚫는 통찰력, 진심어린 충언

◉중대 사건
회남왕에게 바친 진언, 신도가를 설득, 조조를 설득해 죽임, 암살당함

◉이야기 출처
『한서』「원앙전袁盎傳」

원앙 : 세상사를 꿰뚫는 통찰력과 진심어린 충언

원앙의 자는 앙盎, 이름은 사絲이다. 그의 아버지는 동료들과 강도짓을 한 후 안릉으로 이주했다. 여 태후 때 원앙은 여록의 가신으로 지냈었다. 그리고 한 문제가 즉위하자 원앙의 형인 원쾌袁噲의 추천으로 낭중이 되었다.

강후 주발이 승상으로 있던 시절, 주발은 퇴정 후 빠른 걸음으로 성큼성큼 걸어나왔다. 그러나 황제는 공손하고 조심스러운 태도로 주발을 대하며 친히 배웅까지 하는 것이 아닌가?

"폐하께서는 승상을 어떤 분이라 생각하십니까?"

원앙의 물음에 황제가 대답했다.

"승상은 이 나라의 중신重臣이네."

그러자 원앙이 반박했다.

"강후께서는 일반적으로 말하는 공신功臣일 뿐, 이 나라의 중신은 아니옵니다. 나라의 중신이란 주상主上과 화와 복, 존망을 함께 하는 자를 말합니다. 여 태후께서 다스리실 때 여 씨 세력들이 정권을 장악하고 멋대로 왕을 봉하였습니다. 비록 유 씨 천하가 끊어지지는 않았으나 실가닥처럼 가느다란 명맥만 유지했을 뿐이옵니다. 그때 강후께서는 태위로서 병권을 차지하고 계셨지만 이를 바로잡지 못하였사옵니다. 여 태후께서 승하하시고 대신들이 모두 여 씨 세력에 반대하고 일어섰을 때, 태위께서 군대를 손에 넣고 있었으므로 마침 그 일을 성공시킬 수 있었던 것이지요. 그래서 강후께서는 일반적으로 말하는 공신이긴 하지만 나라의 중신은 아니라고 말씀드린 것이옵니다. 만약 승상께서 주상께 오만한 기색을 보이고, 폐하께서 또 겸손히 양보하는 모습을 보이신다면 신하와 주상은 모두 예절을 저버리는 것이옵니다. 그러니 그런 태도를 보이지 마시옵소서."

그 후 조회에서 황상은 점점 더 위엄을 갖추었고 승상은 점점 황제를 두려워하게 되었다. 그러자 강후가 원앙을 책망했다.

"네놈 형과 내가 어떤 사이냐? 그런데 네 놈이 조정에서 날 비방하다니?"

그러나 원앙은 끝까지 잘못했다고 말하지 않았다. 강후가 승상의 자리에서 쫓겨나 봉국으로 돌아가게 되었을 때, 봉지의 누군가가 상소를 올려 강후가 모반을 꾀했다고 고발하는 사건이 일어났다. 강후는 결국 불려가 감옥에 갇히는 신세가 되었지만 황족과 삼공구경 중 어느 누구도 그의 편을 들어 변명하지 않았다. 오직 원앙만이 강후가 무죄라고 말하였다. 강후가 석방되는데 원앙의 도움이 가장 큰 힘이 되었다. 그때부터 강후는 원앙과 지기知己로서 절친하게 지냈다.

회남왕淮南王 유장劉長은 황제를 알현하러 오는 길에 벽양후 심이기를 죽여버리고 거만하고 난폭하게 행동했다. 원앙은 황제에게 충언을 올렸다.

"제후가 너무 교만하고 난폭해지면 화가 생기기 마련이니, 마땅히 그 잘못을 다스리고 봉지의 일부를 빼앗아야 할 것이옵니다."

그러나 황제는 원앙의 충언에 귀 기울이지 않았으므로, 회남왕은 더욱더 기고만장해졌다. 극포후棘蒲侯 시무柴武의 태자가 반란을 꾀한 일이 발각되어 심문하고 처벌하는 과정에서 회남왕이 연루되어 있다는 사실이 드러났다. 황제는 회남왕을 불러 죄인을 가두는 수레에 태워 촉군으로 추방해버렸다. 이때 중랑장의 자리에 있던 원앙은 황제를 만류했다.

"그동안 계속 회남왕께서 멋대로 행동하시도록 내버려두셨기 때문에 지금 이 지경까지 오게 된 것이옵니다. 그런데 이제 와서 돌연 이리 큰 벌을 내리시다니요. 성정이 고집스러운 회남왕이 가는 길에 찬바람이라도 맞아 병에 걸려 돌아가시기라도 하면 어찌합니까? 세상 사람들이 폐하께선 회남왕을 품을 만한 아량도 없다고 욕을 할 것입니다. 동생을 죽게 만들었다는 오명을 쓰고 싶으십니까?"

그러나 문제는 그 말조차 듣지 않았다.

회남왕은 옹현에 도착한 후 병으로 죽고 말았다. 그 소식이 전해지자 문제는 밥도 먹지 못하며 슬피 통곡하였다. 원앙이 황제 앞에 나가 머리를 조아리며 사죄하자, 문제가 탄식했다.

"경의 말을 듣지 않아 이런 일이 생긴 것이네."

"폐하, 이제 그만 마음을 푸시옵소서. 이미 지나간 일이온데, 후회한들 무엇하겠습니까? 게다가 폐하께서는 세상 사람들보다 뛰어난 행동을 3가지나 하였사오니, 이번 일로 폐하의 명예가 실추되는 일은 없을 것이옵니다."

원앙이 이렇게 아뢰니 문제가 그 3가지가 무엇인지를 묻자, 원앙이 대답했다.

"폐하께서 대나라에 계실 때 태후께서는 3년 동안 병에 시달리셨사옵니다. 그때 폐하께서는 잠도 자지 않고 옷도 벗지 않은 채 태후마마를 돌보셨사옵니다. 약을 올릴 때도 반드시 먼저 맛을 보신 후에야 태후마마께 올려드리셨지요. 과거 훌륭한 효자로 유명했던 증삼曾參은 평민의 신분임에도 효를 행하기 어려웠거늘, 폐하께서는 국왕의 신분으로 그런 효를 보이시지 않으셨습니까? 폐하께서는 효를 다하는 면에서는 증삼보다 더 뛰어나시옵니다. 또한 여 씨 일가가 정권을 장악하니 대신들이 멋대로 결정을 내리곤 하였습니다. 그러나 폐하께서는 대나라에서 6마리의 말이 끄는 역거를 타고 생사화복을 예측할 수 없는 도성으로 달려오셨사옵니다. 그것은 맹분孟賁이나 하육夏育과 같은 용사들보다 더 용맹한 행동이었지요. 그리고 폐하께서는 대왕의 관저에 도착하신 후 서쪽을 향하고 앉으셔서 두 번을 사양하셨고, 또 남쪽을 향하고 앉으셔서 3번이나 천자의 자리를 사양하셨사옵니다. 허유許由는 단 한 번만 사양하였을 뿐이온데 폐하께서는 5번이나 천하를 사양하셨던 것이지요. 이는 허유보다 4번이나 더 많이 사양하신 것이옵니다. 게다가 폐하께서 회남왕을 추방하셨던 것도 회남왕이 고생하시면서 스스로 잘못을 뉘우치기를 바라셨기 때문이 아니옵니까? 다만, 관리들이 제대로 호위하지 못해 회남왕께서 병으로 돌아가신 것이옵니다."

황제는 그제야 마음을 놓으며 이제 어떻게 하면 좋을지를 물으니, 원앙이 답했다.

"회남왕에게는 3명의 아들이 있사오니 폐하의 뜻에 맞도록 하시옵소서."

문제는 회남왕의 3명의 아들을 모두 왕으로 봉했다. 그때부터 원앙의 이름이 조정에서 드높아졌다.

원앙은 늘 큰 이치를 들먹이며 흥분하거나 목소리를 높였다. 환관 조담趙談은 황제에게 총애를 받자 원앙을 질투하고 해치려 하였다. 시종 무관 기병으로서 늘 부절을 들고 황제를 호위하던 조카

원종袁種이 원앙에게 말했다.

"그자와 싸우시려거든 아예 조정에서 그자에게 모욕을 주십시오. 그자가 비방하는 말을 해도 소용없도록 말입니다."

한 문제가 외출을 할 때 조담이 함께 마차에 올랐다. 그러자 원앙은 마차 앞에 엎드려 말했다.

"천자와 함께 높은 마차를 탈 수 있는 자는 모두 나라의 영웅호걸이라 하였사옵니다. 아무리 한나라에 인재가 부족하다 하더라도 몸이 온전치 못한 사람과 같은 마차를 타셔야 되겠사옵니까?"

그러자 문제는 웃으며 조담을 마차에서 내리도록 하였다. 조담은 울면서 마차에서 내렸다.

한 문제는 패릉霸陵에서 산을 오른 후 서쪽에서부터 말고삐를 놓은 채 산비탈을 따라 질주하려고 했다. 원앙은 말을 타고 마차 곁에 바짝 붙어 말고삐를 꼭 붙들었다. 문제의 호기로운 행동에 원앙이 아뢰었다.

"소신, 천금을 가진 사람은 앉을 때도 처마 가까이에 앉지 않고, 집안에 백금을 숨겨놓은 사람은 누대에 있는 난간에도 기대지 않으며, 현명한 군주는 위험을 무릅쓰고 일을 성취하지 않는다 들었사옵니다. 그런데 폐하께서는 마차를 끄는 6마리 말의 고삐를 놓은 채 산을 달려 내려가시겠다 하시니, 혹시라도 말들이 놀라 마차가 부서지면 어찌하옵니까? 폐하께서 스스로를 그리 가벼이 보시면 고조 황제와 태후마마를 뵐 낯이 있겠사옵니까?"

그제야 문제는 뜻을 굽혔다.

어느 날 문제는 황후와 신 부인愼夫人을 대동하고 상림원에 갔다. 궁중에서도 문제는 황후와 신 부인을 같은 줄에 앉게 했었기 때문에, 상림원에 도착해서 자리에 앉으려 하자 낭서郎署의 장관이 그간의 방식대로 좌석을 배치했다. 그때 원앙은 신 부인의 자리를 조금 더 뒤로 물려놓았다. 신 부인은 화가 나서 앉지 않았다. 황제도 화가 나서 벌떡 일어났다. 원앙은 그 기회에 앞으로 나서 의견을 고하였다.

"소신, 예로부터 지위고하가 정확할 때 위아래가 서로 화목하다 들었사옵니다. 폐하께서는 이미 황후마마를 세우셨으니 신 부인께서는 그저 첩실이 아니십니까? 첩실이 황제와 나란히 하는 것이 가당키나 한 일이옵니까? 이처럼 위아래 순서를 없이 하신다면 신 부인을 총애하시는 것이 아니라 도리어 화를 불러오는 일이 될 것이옵니다. 인체(인간돼지)의 이야기를 들어보지 못하셨습니까?"

문제는 잠에서 깨어난 사람처럼 깨달음을 얻고 기뻐하였다. 그리고 신 부인을 불러 원앙이 한 말을 전해주었다. 신 부인은 원앙에게 황금 50근을 하사하여 고마움을 표하였다. 그러나 원앙은 여러 차례 직언을 올린 까닭에 황제의 위엄을 해쳤으므로 더 이상 조정에 머물 수 없는 신세가 되었다. 결국 그는 농서의 도위로 좌천되었으나, 진심으로 병사들을 아끼니, 병사들이 그를 위해 너도나도 목숨을 바칠 만큼 충성을 보였다. 그는 제나라 승상으로 승진했다가 다시 오나라의 승상이 되었다. 제나라를 떠날 때 원종이 원앙에게 말했다.

"오왕은 오랫동안 거만하고 난폭했기 때문에 그곳에는 간사한 자들이 많을 것이옵니다. 그런 상황에서 바로 그들의 죄를 적발하고 벌하려 하신다면, 그들은 숙부님을 모함하는 상서를 올리거나 날카로운 검으로 해하려 들 것이옵니다. 남방의 땅은 생산력이 떨어지고 습하니 날마다 술을 많이 드십시오. 별 다른 일이 없으면 오왕이 모반을 꾀하지 않도록 때때로 충언만 올리시면 될 것이옵니다. 이리하시면 요행히 화를 벗어나실 수도 있겠지요."

원앙은 원종의 말에 동의해 그대로 행동했다. 그러자 오왕은 원앙에게 특별 대우를 해주었다.

휴가를 얻어 집으로 돌아오던 원앙은 승상인 신도가申屠嘉와 마주쳤다. 원앙은 마차에서 내려 예를 표했지만 승상은 마차 위에서 원앙에게 감사의 뜻만 전했다. 집으로 돌아간 원앙은 부끄럽고 분해서 승상이 사는 곳을 찾아가 단독으로 만나기를 청했다. 승상은 한참이 지나서야 원앙을 만나 말하였다.

"공적인 일로 찾아온 것이라면 관아로 찾아가 그곳의 관리와 의논하면 될 것이오. 그러면 나도 대인의 의견을 윗분께 아뢰도록 하겠소. 그러나 사적인 일이라면 그만 돌아가시오. 난 개인적인 청탁은 받지 않소."

원앙은 벌떡 일어나 승상을 타일렀다.

“대인은 승상으로서 스스로를 평가해보시오. 자신을 강후, 진평과 비교해봤을 때 어떤 것 같으시오?”

승상이 대답했다.

“난 그분들과 비교도 되지 않소.”

원앙이 다시 입을 열었다.

“맞소. 대인은 스스로 그분들과 비교도 되지 않는다 하였소. 진평과 강후는 고조 황제를 도와 천하를 평정하고 장군과 재상이 되었으며, 여 씨 세력을 제거하여 유 씨 천하를 지키셨소. 그러나 대인은 강궁을 가진 용맹한 병사들을 짓밟아 대장으로 진급했고, 공을 쌓아 회양의 군수가 되었지만 놀라운 계략을 내놓지도 못하였고, 성과 땅을 차지하는 전공을 세우지도 못하였소. 게다가 황제께서는 대나라에서 황궁으로 들어오거나, 조회 때마다 낭관郎官이 상소문을 가지고 아뢰면 늘 마차를 세우고 내려서 그들의 의견을 들으셨소. 쓸 수 없는 의견은 그냥 두셨고, 쓸 만한 의견이 있으면 바로 받아들이셨소. 그 이유가 무엇이겠소? 그리하여 천하의 현명하고 능력 있는 사인과 관리들을 모으기 위함이었소. 황제께서는 날마다 당신께서 듣지 못한 일들을 들으시고 과거 알지 못했던 도리를 깨달아 날마다 영명해지고 계시오. 그런데 승상은 세상 사람들의 입을 막고 나날이 어리석어지고 있소. 영명하신 군주께서 우매한 승상을 책망하신다면, 화를 입을 날도 멀지 않을 것이오.”

신도가는 깜짝 놀라 원앙에게 두 번 절을 올리며 말했다.

"나는 비루하고 용속한 사람으로 총기가 없소이다. 그러니 장군께서 잘 좀 가르쳐주시오."

그리고는 원앙을 내실로 불러 앉히고 극빈으로서 대접했다.

원앙은 조조를 매우 싫어했었다. 조조가 오면 원앙은 떠났고 원앙이 있으면 조조가 자리를 뜰 정도였다. 두 사람은 함께 이야기를 나눈 적도 없었다. 한 문제가 세상을 떠나고 경제가 즉위하자 어사대부에 오른 조조는 관리들을 보내 원앙이 오왕의 재물을 받은 일이 있는지 조사하였으며 벌을 내렸다. 그러자 경제는 원앙의 벌을 면제하는 대신 평민으로 강등시킨다는 조서를 내렸다. 오초에서 반란이 일어났다는 소식이 전해지자 조조가 승사丞史에게 말했다.

"원앙이 오왕에게 많은 재물을 받고 그의 편을 들며 절대 반란을 일으키지 않을 사람이라고 하였소. 그러나 오왕은 결국 반란을 일으켰잖소. 어서 원앙을 벌하시오. 그자는 반란의 음모를 다 알고 있을 것이오."

승사가 대답했다.

"밝혀진 것이 없는데 원앙을 벌한다면 반란의 음모만 중단시키는 꼴이 될 것입니다. 지금 반군이 서진하고 있으니 원앙을 벌한들 무엇하겠습니까? 게다가 원앙에게 음모가 있을 리 없습니다."

조조는 한참을 망설였다. 누군가 그 일을 원앙에게 알렸는데, 두려움에 사로잡힌 원앙은 밤에 몰래 두영을 찾아가 오왕이 반란을 일으킨 원인에 대해 일러주었다. 그리고 황제 앞에서 직접 말할 수 있게 해달라고 청했다. 두영이 궁에 들어가 경제에게 보고하자, 경제가 원앙을 궁으로 불러들였다. 조조도 그 자리에 있었다. 원앙이 황제에게 곁에 있는 사람들을 내보내고 단 둘이 이야기를 하게 해달라 청하니 조조도 어쩔 수 없이 밖으로 나가야만 했다. 원앙은 오왕이 모반을 일으킨 것이 조조 때문이니, 조조를 죽여 오왕에게 사과하면 오왕도 군대를 되돌릴 것이라고 아뢰었다. 그러자 경제는 원앙을 태상으로 임명하고 두영을 대장군으로 삼았다.

조조가 살해당한 후 원앙은 태상의 신분으로 오나라에 갔다. 오왕은 원앙을 장령으로 삼으려 했지만 원앙이 거절하자, 오왕은 원앙을 죽일 결심으로 도위 한 사람에게 5백 명의 병사를 붙여주며 원앙을 군중에서 지키도록 했다. 원앙이 오나라에서 승상으로 있을 때 한 종사從吏가 원앙의 하녀와 몰래 정을 통했던 일이 있었다. 그때 원앙은 그 사실을 알고도 폭로하지 않았을 뿐 아니라 전과 같이 다정하게 대해주었다. 누군가 종사에게 일러주었다.

"승상께서 자네가 하녀와 간통한 일을 알고 계시다네."

종사는 너무 무서워서 도망쳐버렸다. 원앙은 직접 마차를 타고 종사를 따라가 그에게 하녀를 내주었고, 계속 종사의 일을 보게 했다. 원앙이 사신으로 오나라에 왔다가 연금되었을 때, 종사는 원앙을 연금하는 교위사마校尉司馬의 자리에 있었다. 그는 자신의 모든 행장을 팔아 20섬의 술을 사왔다. 마침 당시 날씨가 매우 추웠고 병사들도 배고프고 목이 말라 술을 원하고 있었다. 모두 술에 취하자 사마는 깊은 어둠 속에 원앙을 깨우고 말하였다.

"나리, 어서 가십시오. 오왕이 내일 나리를 죽일 것이옵니다."

원앙은 그 말을 믿지 않고 연유를 묻자, 사마가 대답했다.

"소인, 본래 종사로 나리의 하녀와 간통했던 자이옵니다."

원앙은 그제야 깜짝 놀라 감사 인사를 했다.

"자네도 부모님이 계시지 않나? 내 자네를 연루시킬 순 없네."

사마가 말했다.

"그냥 도망가시면 되옵니다. 소인도 곧 도망쳐 부모님을 숨길 터이니 아무 걱정마옵소서!"

그러면서 칼을 꺼내 군영의 장막을 찢어 원앙이 곧장 빠져나갈 수 있도록 해주었다. 사마와 원앙은 양 갈래로 나뉘어 갔다. 원앙은 절모(節旄: 황제가 임명의 표시로 출정하는 장군이나 외교사절에게 주었던 깃발)를 가슴에 품고 막대에 몸을 지탱하며 70리를 걸었다. 날이 밝을 무렵 양나라의 기마병을 만나 말을 타고 날듯이 도망쳐 조정으로 돌아갈 수 있었다.

오초의 반란군이 격퇴당한 후 경제는 초 원왕楚 元王의 아들 평육후平陸侯 유예를 초왕으로 임명하고 원앙을 초나라 재상으로 삼았으나 원앙이 상소를 올려도 받아들여지지 않았다. 원앙은 병을 핑계로 자리에서 물러나 집안에서 한가로이 지냈다. 마을 사람들과 어울리며 유흥을 즐기고 닭싸움이나 개싸움을 구경했다. 낙양 사람 극맹劇孟이 원앙을 찾아오자, 원앙은 후히 대접해주었다. 안릉에 한 부자가 원앙에게 말했다.

"극맹은 노름꾼이라던데, 어째서 그자와 어울리시오?"

그러나 원앙이 말했다.

"극맹이 노름꾼이긴 하나 그 어머니께서 돌아가시니 장례를 위해 타지에서 1천 대가 넘는 마차가 왔다고 합니다. 그건 극맹이란 자가 남들보다 뛰어난 무언가가 있다는 말이지요. 사람이라면 언제나 급할 때가 있지 않겠습니까? 제게 급한 일이 생기면 이 세상에서 기댈 수 있는 사람은 계심과 극맹 뿐입니다. 늘 뒤에 수십 명의 말 탄 무사들을 데리고 다니시지만, 급한 일이 생겼을 때 믿고 의지할 자가 있으십니까?"

원앙은 그렇게 그 부자를 책망하고는 더 이상 그와 왕래하지 않았다. 천자와 제후, 고관대작들은 그 이야기를 들은 후 원앙을 더 높이 추앙했다.

원앙은 집에서 한가로운 날을 보내고 있었지만, 경제는 때마다 사람을 보내 그에게 책략 등을 물어보았다. 양왕 유무가 황위를 이어받을 계승자가 되려 하자 원앙이 진언을 올렸다.

"그것은 불가하옵니다. 과거 송 선공宋宣公이 아들을 태자로 세우지 않고 동생을 세웠다가 오대에 걸쳐 난이 그치지 않았던 일을 모르시옵니까? 그러니 작은 것을 참지 못하면 대의를 해하고 화근을 불러일으키는 것이옵니다. 게다가 『춘추春秋』에도 아들에게 황위를 물려주는 것이 옳다고 적혀 있지 않사옵니까?"

양왕은 그때부터 원앙을 미워하고 원망하여 측근인 양승羊勝, 공손궤公孫詭 등과 원앙을 암살할 음모를 짰다. 그리고 암살할 자객을 관중에 보내어 원앙이 어떤 사람인지를 묻자 너도나도 원앙을 칭송하는 것이 아닌가? 자객은 원앙을 찾아가 말했다.

"소인 양왕의 금전을 받고 나리를 암살하러 왔사옵니다. 그러나 나리께서는 매우 훌륭한 분이시니 나리를 베지 못하겠나이다. 그러나 앞으로 수많은 무리가 나리를 암살하러 올 터이니 늘 경계하도록 하시지요."

원앙은 그 말을 듣고 울적해서 점쟁이를 찾아가 길흉을 점쳐보았다. 그날 집으로 돌아오다 안릉 외성 입구에서 뒤를 따르던 양나라 자객에게 찔려 죽었다.

漢書 들여다보기

낭중은 진나라 때부터 있었던 관직으로 한나라에서 그대로 이어받은 것이다. 낭중령(훗날 광록훈이 됨)에 속하는 관직으로 수레와 말, 문을 맡아 관리하며 안으로는 시위대의 일을, 밖으로는 전쟁에 관한 일을 보았다. 진晋에서 남북조시대에는 상서尙書의 말단 장관이었으며, 수隋·당唐나라부터 청淸나라까지는 각 부에 낭중을 두어 그 사무를 나누어 관리하게 하였다. 이들은 상서, 시랑, 승 이하의 고급 관원이 되었다.

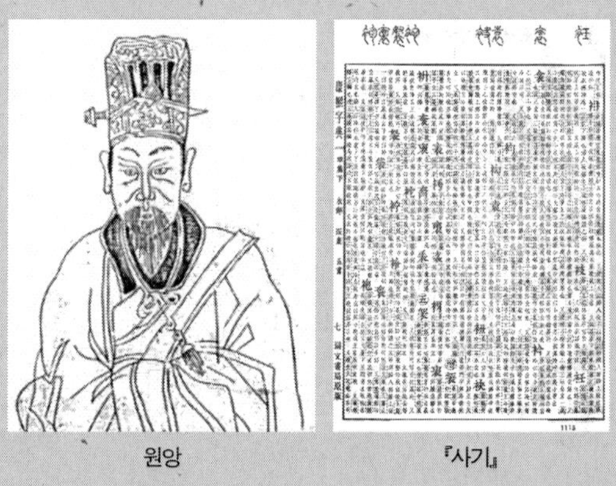

원앙 『사기』

◉주요 인물
조조

◉주변 인물
한 경제, 유비, 신도가, 두영, 원앙

◉키워드
엄하고 강직함, 날카로운 안목, 정치가

◉중대 사건
전쟁 건의, 백성을 모아 변경을 지킴, 귀속, 삭번

◉고사
지낭智囊, 청군측清君側

◉이야기 출처
『한서』「조조전鼂錯傳」

조조 : 희생양

조조는 영천(지금의 하남 우현) 사람으로 일찍이 지현軹縣에서 장회張恢 선생의 문하에서 신불해申不害와 상앙商鞅, 법가의 사상을 배웠고, 낙양 사람 송맹宋孟, 유예도 동학이었다. 그는 문헌과 고적에 통달하여 훗날 태상장고太常掌故가 되었다.

조조는 엄격하고 강직하며 모진 사람이었다. 한 문제 때 조정에서는 『상서』를 연구하는 사람이 없었는데, 제남에 사는 복伏 선생이란 사람이 진나라 시절의 박사로 『상서』에 능통하다는 말이 있었다. 그러나 그는 이미 90세가 넘어 관직에 임명할 수가 없었다. 그래서 문제는 태상에게 명을 내려 사람을 보내 복 선생에게 『상서』를 배워오도록 지시했다. 그때 태상은 조조를 보냈는데, 『상서』를 배운 후 조조는 문제와 함께 나라의 폐단을 근절하고 발전시킬 방법과 나라와 백성을 이롭게 할 방안 등을 의논할 때, 『상서』의 내용을 인용하여 설명하곤 했다. 조조는 문제 분석 능력과 말재주가 뛰어났기 때문에 태자에게 큰 사랑을 받았고, 태자는 그를 지혜의 주머니란 뜻으로 '지낭智囊'이라 불렀다.

문제가 재위에 있던 시절, 조조는 당시 사회가 직면하고 있는 흉노의 침입, 상인의 토지 점거, 제후왕의 세력 팽창 등을 해결할 방법을 상소문으로 작성해 올렸다. 그 내용은 전쟁, 백성들을 모아 변경을 수비하는 법, 농사를 장려해 나라의 근본을 튼튼히 하는 일, 삭번削藩 등에 관한 것이었다. 이 「언병사소言兵事疏」에서 조조는 한나라와 흉노가 전쟁을 하는 방법을 설명하며 두 나라의 장단점을 비교하였다. 그는 흉노족은 기마와 사격에 능하고 산간 지역의 전쟁에 유리하며 어려움을 잘 견디는 반면, 한나라 군대는 평지에서 짧은 병기나 검, 창 등을 가지고 싸움을 벌이는 진지전陣地戰에 강하다고 적었다. 또한 그는 소수 민족에게 단단한 갑옷과 솜옷, 강한 활과 날카로운 화살을 주어 변경의 기마병으로 삼는다면 흉노의 기마병과 맞서는 데 유리할 것이라고 건의하는 한편, 백성들을 변경으로 이주시키고, 조를 바친 사람에게 작위를 주며, 죄를 면제해주는 등의 내용을 건의했다. 또 「모민도새하募民徒塞下」에서는 백성을 모아 변경 요새로 이주시키는 것은 오랑캐를 억제할 수 있는 변경 수비 제도의 개혁으로, 변경으로 이주해 수비하는 노비나 죄인, 평민을 십오편제로 나눠 평소에는 훈련하고, 유사시에는 적에게 맞서도록 하는 것이었다. 이것은 모두 문제에게 받아들여졌다. 그는 또 한나라 초기 농업 분야의 문제를 지적하며 「논귀속소論貴粟疏」를 적어 조정에 올렸다. 농업 생산의 중요성을 먼저 언급한 후 당시 상인들이 농민의 땅을 병탄하고, 농민들이 파산하여 떠돌이가 되는 상황들을 실제 사례를 들어 분석한 후, 구체적인 건의 사항을 열거했다.

'사람은 추위와 배고픔이 극심하면 염치를 모르게 되옵니다. 배가 고프나 먹을 것을 얻지 못하고 추워도 옷을 지어 입지 못하면 자애로운 어미라도 그 자식을 지킬 수 없거늘, 군주가 그들을 어찌 지킬 수 있겠사옵니까? 현명한 군주는 그 사실을 깨닫고 백성들이 농업과 누에치기에 힘쓰도록 다스려야 하옵니다.'

아주 실질적인 내용을 아뢴 것이다. 그 후 평양후 조굴曹窋 등이 연명하여 조조를 천거하니 현량賢良이 되었고, 대책(응시자가 황제의 치국에 대한 물음에 대해 답했던 책략)에서 장원하여 중대부에 오르게 되었다. 한나라는 군현제를 실시하기는 했지만 동시에 여러 제후국들을 가지고 있었는데, 당시 몇몇 지역의 제후국들은 이미 그 세력이 너무 커서 다스리기 힘든 상황이었다. 그래서 조조는 몇 번이나 문제에게 조서를 올려 제후들의 봉지를 삭감하고 속국의 세력을 제한하며, 법령을 개정하는 방안 등을 아뢰었다. 문제나 태자도 조조의 주장에 크게 동의했지만 원앙과 여러 공신들은 모두 조조에게 반감을 가지고 있었다.

경제는 황위에 앉자마자 조조를 내사內史로 임명했다. 조조는 몇 번이나 단독으로 황제를 알현하기를 청해 나라를 다스리는 방도에 대한 자신의 견해를 설명했다. 경제는 그의 건의에 만족했을 뿐 아니라 그의 모든 제안을 받아들여 수많은 법령을 수정했다. 조조에 대한 경제의 총애는 구경에 대한 애정보다 훨씬 더 컸다. 승상 신도가는 조조에게 불만이 많았지만 해를 가할 수는 없었다. 당시 내사부는 태상묘太上廟 담 밖의 공터 위에 있었는데, 공터 밖으로도 담이 둘러쳐 있었다. 바깥쪽 담의 문은 동쪽으로 열리기 때문에 드나들기가 매우 불편하였다. 그래서 조조는 사람을 불러 담에 구멍을 뚫어 남쪽으로 두짝문을 달아 사용했다. 신도가는 그 말을 들은 후 크게 노하며 조조를 주살할 것을 청하는 상소문을 써 그를 사지로 내몰고자 했다. 조조는 그날 밤 즉시 황제를 단독 알현할 것을 청하여 한 발 앞서 그 사건에 대해 있는 그대로 아뢰었다. 신도가는 조조가 제멋대로 태상묘의 남쪽 담을 헐고 문을 만든 일을 고발하는 상소를 올리며 조조를 사형에 집행해야한다고 주장했다. 그러나 경제는 조조의 편을 들었다.

"그것은 태상묘의 담이 아니라 담 바깥으로 두른 담이 아니오? 그것은 법에 저촉되지 않으니 범법이라 할 수 없소."

신도가는 민망했지만 자신의 잘못이라 어쩔 수 없이 머리를 조아리며 사죄했다. 그는 퇴청한 후 이를 갈며 장사長史에게 말했다.

"그놈을 죽이기 전에 황상께 보고를 하는 것이 아니었는데, 괜히 먼저 상소를 올려 그놈한테 당하고 말았구나. 내가 너무 어리석었다."

신도가는 결국 화를 이기지 못해 병에 걸려 죽어버렸고, 그로 인해 조조는 더더욱 존귀해졌다. 조조가 어사대부로 진급되었을 때 오왕을 비롯한 제후들의 세력이 점점 기세등등해지자, 조조는 사태의 심각성을 경제에게 알리고, 제후들의 토지를 삭감하고 그들의 변군邊郡을 빼앗으라고 청했다.

'지금 그들의 봉지를 빼앗으면 그들은 반란을 일으킬지도 모릅니다. 그러나 그들의 땅을 빼앗지 않아도 반란이 일어날 것이옵니다. 지금 그들의 봉지를 급작스럽게 삭감하면 모반을 일으킬 수도 있지만 그 해가 크지 않을 것이나, 그대로 두어 훗날 일어나는 모반은 그 피해가 막심할 것이옵니다.'

조조는 예리한 안목으로 오왕이 30년간 모반의 기회만 노리며 고심해왔다는 사실을 꿰뚫어보았다. 경제는 삼공구경과 제후, 황족들을 모아 조조의 '삭번'에 관한 건의를 논의했다. 모두들 함부로 의견을 내놓지 못했지만, 외척인 두영은 반대하여 조조와의 사이가 벌어졌다. 경제는 기원전 154년에 삭번을 실시했다. 초왕 유무는 부 태후의 상을 치르는 동안 여자와 동숙해서 동해군과 설군을 삭감당했다. 조왕 유수는 죄를 지어 상산군을 빼앗겼다. 교서왕 유앙은 조정의 작위를 파는 사기 행각을 벌여 6개 현을 빼앗겼다. 조조가 다시 한 번 법령 30장을 수정하자, 제후들은 모두 반대하며 조조에 대한 증오가 컸다. 조조의 아버지는 그 소식을 듣고 고향인 영천에서 올라와 조조를 타일렀다.

"황제께서 즉위하신 지 얼마 되지 않았는데 네가 권력을 장악해 정무를 처리하고, 제후들의 세력을 약화하여 혈육지간을 소원하게 만드니 원망이 크지 않느냐? 이게 대체 어찌된 일이냐?"

조조는 그것은 당연한 일로 그렇지 않으면 천자께서는 존경을 받지 못하고 나라도 안녕을 누릴 수 없다고 하자, 조조의 아버지는 유 씨 천하는 안정을 찾을지 몰라도 조 씨 집안은 위험에 처했음을 직감하고 독약을 먹고 스스로 목숨을 끊었다.

조조의 아버지가 죽고 열흘 남짓 지났을 무렵, 오와 초 등 일곱 나라가 반란을 일으켰다. 이것이 바로 역사에서 말하는 '오초칠국의 난'이다. 그들은 '조조를 주살하여 군주의 주변을 깨끗이 하자〔請誅晁錯, 以淸君側〕'는 명분으로 대대적으로 부대를 이끌고 기세등등하게 서진해왔다.

경제는 당황해서 어찌할 바를 몰랐고, 조조는 반란군을 진압하는 길 외에 다른 수가 없으니 경제에게 친히 정벌에 나서라고 건의했다. 마침 이때 조조와 대립하던 원앙이 찾아오자, 경제가 원앙에게 질문했다.

"경은 과거 오나라의 승상이었으니 그들의 상황에 대해 잘 아시지 않소? 그들이 조정에 대항해 반란을 일으킨 연유가 무엇이오? 좋은 방법은 없겠소?"

원앙이 그들이 당장 철군하게 할 방도가 있다고 답하자, 경제가 다시 물었다.

"오왕은 산에서 캐낸 동으로 동전을 만들고 바닷물을 끓여 소금을 만들어 천하의 영웅호걸들을 끌어모아, 백발이 된 지금 반란을 일으켰소. 주도면밀한 계획이 없으면 경거망동하지 않았을 터, 어째서 경은 그들이 큰일을 이루지 못할 것이라 말하는 것이오?"

원앙이 대답했다.

"오왕을 찾아온 사람들은 영웅호걸이 아니라, 동과 소금으로 이득을 취했사옵니다. 진정한 영웅호걸이라면 그가 법을 어기고 난을 일으키도록 내버려두지 않았을 것이옵니다. 오왕을 찾아간 사람들은 건달과 무뢰배들, 나쁜 짓을 하고 숨어다니는 도망자들 뿐이옵니다. 그러니 서로 결탁하여 감히 모반을 꾀한 것이지요."

그러자 조조가 끼어들어 원앙의 말이 매우 옳다고 하자, 경제가 다시 그들의 군대를 물릴 좋은 방도가 없느냐고 다시 묻자, 원앙이 대답했다.

"소신 곁에 있는 사람들을 물리시길 청하옵니다."

경제는 곁에 있는 사람들을 물리고 조조만 곁에 두었다. 원앙은 다시 청했다.

"소신이 황상께 아뢰는 말을 신하가 들어서는 아니 되옵니다."

그러자 경제는 조조에게도 물러나 있으라고 했다. 그제야 원앙은 반란을 일으킨 사람들의 서신을 꺼내 보였다.

"오, 초 등 제후왕들은 공개적으로 이러한 서찰을 보내왔사옵니다. '고조 황제께서 유 씨 성을 가진 자제들을 왕으로 삼으시고 그들에게 땅을 나누어주셨다. 그런데 지금 간신 조조가 죄명을 만들어 제후들의 땅을 삭감하였다.' 그들이 모반을 일으킨 것도 조조를 죽이기 위함이니, 그들의 땅을 빼앗지만 않는다면 곧 철군할 것이옵니다. 소신에게 있는 책략은 단 하나, 조조를 죽이고 사신을 보내 오초칠국의 죄를 면해주는 것이옵니다. 그리고 그들의 땅을 삭감하지 않겠다고 약속하시고, 삭감했던 땅을 돌려주시옵소서. 그러면 칠국은 군대를 되돌리고 천하는 안녕을 누리게 될 것이옵니다."

경제는 한참을 고민하다가 대답했다.

"짐이 아끼는 신하를 쳐서 칠국의 군대를 돌리겠소."

이렇게 오직 한마음으로 한나라를 지키려고 했던 조조는 말 한마디 하지 못하고 어이없이 몸이 두동강 나는 요참을 당하고 말았다. 그리고 조조의 어머니와 아내, 아들 딸, 집안사람 수십 명이 모두 죽임을 당했다.

조조와 그 가족 수십 명의 목숨을 희생시킨 경제는 즉시 원앙을 태상으로 임명하고 오왕의 동생 덕후德侯 유통劉通을 종정(宗正: 황족의 일을 맡아보는 사람)으로 삼아 오나라에 사신으로 보냈다. 오나라에 도착한 후 유통은 먼저 오왕 유비를 만나 천자의 명을 받으라 전했다. 그러나 유비는 크게 웃어젖히며, 황위를 찬탈하려는 더러운 야심을 여실히 드러냈다.

"나는 이미 동제가 되었거늘 누구에게 절을 하란 말이냐?"

전방에서 돌아온 알자복사謁者僕射인 등공鄧公이 경제에게 상황을 보고했다. 경제가 물었다.

"조조가 살해당했다는 소식이 전해지니 전방에 있던 오와 초의 군대가 물러나는 기색을 보이던가?"

등공이 대답했다.

"오왕이 모반을 꾀한 지 이미 수십 년이옵니다. 이번엔 다만 봉지가 삭감되었으니 조조를 살해한다는 것을 핑계로 모반을 일으킨 것일 뿐이지요. 그의 뜻은 조조 한 사람을 죽이는 것뿐만 아니라 천하를 차지하는 데 있사옵니다. 하여 소신 이제는 천하의 사대부士大夫들이 입을 닫고 진언을 올리지 못할까 걱정되옵니다."

경제가 다급하게 무슨 뜻인가를 되묻자, 등공이 아뢰었다.

"조조는 제후들이 강대해져 조정의 다스림을 받지 않을까 염려하였기에 제후들의 봉지를 삭감하라 청했던 것이옵니다. 그로써 제후들의 세력을 약화시키고 중앙의 지위를 강화하기 위해서였지요. 이러한 건의는 조정을 만대 동안 이롭게 할 큰일이었습니다. 그러나 계획이 시행된 지 얼마 되지도 않았는데 죽임을 당하고 말았습니다. 폐하의 이번 처사는 충신들의 입을 봉하는 것이요, 오왕과 함께 반란을 도모한 역도들의 복수를 해준 꼴이니, 그것은 옳지 않은 일이옵니다."

경제는 한참 동안 말이 없다가 간신히 입을 떼었다.

"경의 말이 맞소. 나도 그 일을 매우 후회하고 있소."

그리고는 등공을 성양중위城陽中尉로 임명했다.

오초칠국의 난은 결국 진압되었고, '문경의 치'의 태평성대도 계속 이어졌다. 그러나 조조는 영원히 사라지고 없었다.

漢書 들여다보기

한 문제 때에도 조조처럼 예리한 정치적 안목을 가지고 있던 정치가가 있었다. 중앙집권을 강화하고 흉노에게 반격을 가하자는 주장을 했던 인물로, 그의 이름은 '가의賈誼'였다. 가의는 어려서부터 재능이 뛰어났지만 사람들에게 비방을 받아 중용되지 못했고, 양 회왕의 죽음으로 인해 자책하다가 우울증으로 세상을 떠나고 말았다.

가의

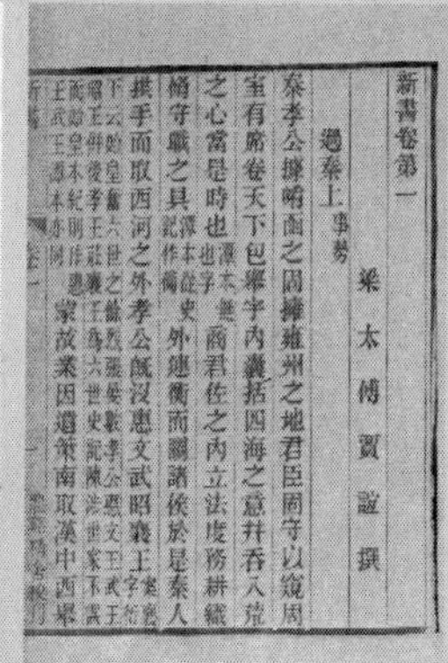

新書卷第一

梁太傅賈誼撰

過秦上 事勢

秦孝公據殽函之固擁雍州之地君臣固守以窺周室有席卷天下包舉宇內囊括四海之意并吞八荒之心當是時也 商君佐之內立法度務耕織脩守戰之具 外連衡而鬭諸侯於是秦人拱手而取西河之外孝公既沒惠文武昭襄王 蒙故業因遺策南取漢中西舉

가의찬가자신서

◉주요 인물
장석지

◉주변 인물
원앙, 한 문제, 한 경제

◉키워드
천추의 명신, 공정한 법 집행

◉중대 사건
태자의 죄 추궁, 마차를 놀라게 한 자를 벌하다

◉이야기 출처
『한서』「장석지전張釋之傳」

張釋之

장석지 : 공정한 법 집행자

법은 마땅히 공정하게 집행되어야 한다. 설사 법이 공정하지 못해도 그 법을 집행하는 사람이 충분히 공정하다면 인간 세상에는 정의가 바로 설 수 있을 것이다. 이 사실은 장석지에게서 충분히 느낄 수 있다.

장석지의 자는 계季로, 남양南陽 도양(堵陽: 지금의 하남성 방성方城 동쪽 지역) 사람이다. 그는 형과 함께 살다가 가산을 바쳐서 기마병 금위관禁衛官이 되고 한 문제의 시중을 들게 되었다. 그러나 그의 관운官運은 그리 좋지 못했다. 10년 동안 진급 한 번 못했을 뿐 아니라 이름조차 알리지 못했다. 장석지는 낙심하여 한탄했다.

"이제 그만두어야겠습니다. 형님의 재산만 헛되이 날려버렸습니다."

그러나 중랑장 원앙은 장석지의 재능을 알아보고 온갖 방법을 동원하여 그를 황제의 시중을 드는 알자의 자리에 앉혀주었다. 장석지에게도 황제를 만날 기회가 온 것이다. 그때 장석지는 진나라와 한나라를 비교하여 진나라가 실패한 점과 한나라가 잘 하고 있는 점을 설명했다. 문제는 그 이후로 그의 견해가 마음에 들어 장석지를 알자복사로 임명했다.

한 번은 장석지가 문제를 따라 황가의 원유園囿에 갔을 때 주위를 거닐고 있었다. 문제는 곁에 있던 원유 관리자 상림위上林尉에게 몇 가지 물어보았다. 그런데 황제의 질문에 상림위는 계속 모른다는 대답을 하며 꿀 먹은 벙어리처럼 아무 말도 못하는 것이 아닌가? 그러자 호랑이 우리를 관리하던 관리원이 대신 대답을 하였다. 문제가 여러 가지 질문을 해도 그 관리원은 막힘 없이 술술 대답을 했다. 문제는 매우 만족해하며 칭찬했다.

"관리된 자라면 당연히 이래야 하는 법. 상림위는 너무 부족하구나!"

그리고는 즉시 장석지에게 명해 관리원에게 관직을 내리도록 했다. 그때 장석지가 갑자기 황제에게 물었다.

"폐하, 주발과 장상여를 어찌 생각하십니까?"

문제가 충직하고 온후하다고 대답하자 장석지가 말을 이었다.

"두 분은 할 말이 있어도 하지 못하셨고, 언변이 서툴지만 진실

되옵니다. 쉴 새 없이 말 재주가 뛰어난 관리원이 그분들과 비교나 되겠습니까? 진나라가 기용했던 관리들은 소장만 잘 쓰던 도필리刀筆吏들로 무슨 일을 하든 엄히 조사하고 따져 물었기에 겉치레에만 치중하고 본질을 무시하게 된 것이 온데, 그래서 나라까지 무너져버렸습니다. 지금 폐하께서 말재주가 뛰어난 자를 들어 쓰시려 하시니, 세상 사람들이 실속 없이 말재주만 가지고 다툴까 걱정되옵니다."

문제는 장석지의 말에 큰 깨달음을 얻고 관리원에게 내리려던 관직을 거두었다. 돌아오는 길에 문제는 장석지를 마차로 불러 진나라가 멸망한 까닭이 무엇인지를 물었다. 장석지는 사실 그대로 대답했다. 궁에 도착하자 문제는 장석지를 공거령公車令으로 임명하였다.

문제가 장석지를 공거령으로 임명하였으나 그를 진정으로 중시하게 된 것은 그 이후의 일이었다. 그때 장석지의 직책은 궁문을 지키는 것이었는데, 규정에 따르면 사람이 탄 마차는 궁문을 지날 때는 반드시 사람이 마차에서 내려야 했다. 그러나 어느 날, 황태자와 양왕은 함께 마차를 타고 조정에 나가면서 궁문을 지나갔지만 마차에서 내리지 않았다. 장석지는 바로 쫓아가 태자와 양왕이 대전으로 들지 못하게 했다. 그리고 상소를 올려 두 사람의 불경함을 폭로했다. 문제는 직접 나서 스스로를 나무라며 아들을 엄히 가르치지 못한 것을 인정했다. 태후가 조서를 내려 태자와 양왕의 불경죄를 사면해준 뒤 그 일은 마무리되었다. 이후 문제는 장석지를 여러 차례 승진시켜 중대부까지 올려놓았다.

한 번은 장석지가 황제를 따라 패릉에 갔을 때였다. 인간의 삶과 죽음에 대한 생각에 잠겼다가 울적해진 문제는 신 부인이 연주하는 슬瑟을 들으며 긴 한숨을 내쉬었다.

"아! 북산의 돌로 관을 만든다면 사람이 움직일 수 없으리라!"

모두들 문제의 말에 맞장구를 쳤지만 장석지는 달랐다.

"그 안에 누군가가 원하는 보물이 있다면 산으로 만들어도 틈이 생길 것이나, 그 안에 보물이 들어 있지 않다면 돌로 만든 관이 아니더라도 사람이 움직일까 걱정할 것은 없을 것이옵니다."

문제는 고개를 끄덕이며 그 말에 동조했다. 그리고 장석지를 사법을 관리하는 정위로 선발했다. 장석지는 정위의 자리에서 길이길이 남을 명신으로서의 풍모를 확실하게 보여주었다. 한 번은 황제가 성 안을 순행하고 중위교中渭橋를 지날 때, 어떤 사람이 갑자기 다리 밑에서 뛰어나와 어가를 이끄는 말을 놀라게 하고 말았다. 그는 정위에게 잡혀왔을 때 이렇게 진술했다. 길을 걷고 있었는데 황제가 곧 지나갈 것이란 소리가 들려 다리 밑에 숨어 한참을 기다렸고, 황제가 이미 지나갔을 것이라 여겨 밖으로 나왔는데 뭔가 이상한 느낌이 들어, 서둘러 도망치려다가 어가를 놀라게 했던 것이었다. 장 정위는 사실을 확인하고 법에 따라 약간의 벌금만 내게 하였는데, 문제가 불같이 화를 냈다.

"그자가 짐의 말을 놀라게 했거늘! 짐의 말이 순했기에 망정이지, 안 그랬다면 짐은 이미 크게 다쳤을 것이다. 그런데 정위는 어찌 벌금만 조금 매기고 말았다는 것이냐?"

용안에 노한 기색이 역력했고 그 뜻도 분명해 보였다. 그러나 장석지는 문제의 말을 반박했다.

"법이란 천자와 천하 백성 모두의 것이옵니다. 오늘 일은 법에 따라 그리 판결하는 것이 옳습니다. 만약 거기에 벌을 더 중하게 한다면 법은 백성들의 신임을 받지 못하게 될 것이옵니다. 폐하께서 그 자리에서 그자를 죽이셨다면 모를 일이오나, 이제는 정위인 저에게 넘어온 사건이 아니옵니까? 정위는 천하를 공평하게 관리해야 하옵니다. 소신이 공평하지 못하면 법은 그 공평함을 잃게 될 것이며, 백성들도 어찌할 바를 모르게 될 것이옵니다. 그러니 폐하께서도 감찰하여 주시옵소서."

한참 후 문제가 입을 열었다.

"정위의 말이 옳다!"

그 후 누군가 한 고조의 사당에서 옥고리를 훔치는 일이 생겼다. 문제는 그 사건을 장석지에게 맡겼다. 장석지는 법에 따라 그자의 목을 베기로 했다. 문제는 대노하였다.

"대체 어떤 놈이 하늘 무서운 줄 모르고 선황제의 사당에서 도적질을 한단 말이냐? 그의 온 집안을 죽여 없애야 마땅하거늘, 어째서 법을 들먹이며 짐에게 대드는 것이냐?"

장석지가 대답했다.

"법이 그리 규정하였으니 그리 할 수밖에 없사옵니다. 만약 폐하께서 지금 그자의 가족에게까지 죄를 물으신다면, 훗날 누군가 고조 황제의 묘를 도굴할 경우에 더 중한 벌을 내리실 수가 있으시겠사옵니까?"

문제와 태후는 의논 끝에 정위의 판결을 비준해주었다.

문제가 죽은 후 태자 경제가 즉위했다. 장석지는 경제의 보복이 두려워 관직에서 물러나고자 했다. 그래서 왕생王生의 계책을 이용해 경제에게 사과하니 경제도 장석지를 벌하지 않았다. 1년 쯤 후 경제는 그를 제후의 속지로 보내 회남의 재상으로 삼았으며, 장석지는 훗날 생을 다하고 죽음을 맞이하였다. 그러나 장석지의 아들 장지張摯는 대부의 자리까지 올랐으나 파면되었는데, 그는 아주 정직하여 세상의 환심을 살 줄 몰랐고 타협할 줄 몰랐기 때문에 그 후 다시는 관직에 오르지 못하였다.

◉

漢書 들여다보기

중랑장은 진나라 때 설치한 관직을 한나라에서 그대로 이어받은 것이다. 황제의 호위로는 오관五官, 좌左, 우右, 삼서三署가 있었는데, 각각 중랑장을 두고 통솔하게 하였다. 이들은 광록훈 소속으로 오관 중랑장이란 명칭을 사용하였다. 이들은 장군 다음에 가는 지위였다.

장석지

장석지사

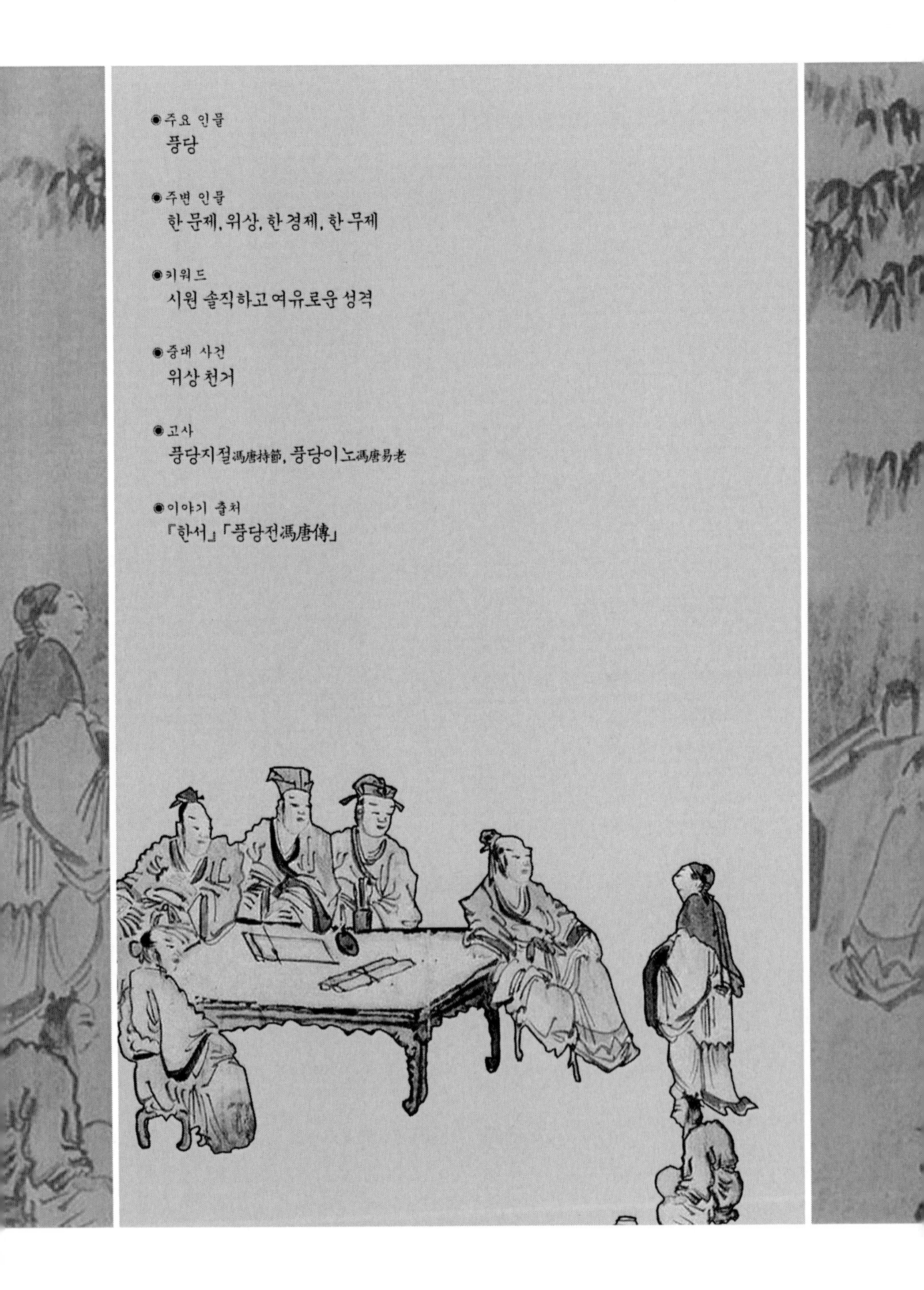

◉주요 인물

풍당

◉주변 인물

한 문제, 위상, 한 경제, 한 무제

◉키워드

시원 솔직하고 여유로운 성격

◉중대 사건

위상 천거

◉고사

풍당지절馮唐持節, 풍당이노馮唐易老

◉이야기 출처

『한서』「풍당전馮唐傳」

馮唐

풍당 : 장수에 관해 논하다

풍당의 조부와 부친은 모두 군대를 이끌던 장수였다. 그의 할아버지는 조나라 사람이었지만 그의 아버지 때에 조나라에서 대(代: 지금의 하북성 울현蔚縣 동북 지역) 지역으로 이주하였다. 한나라 건립 후 온 가족이 다시 한 번 안릉(지금의 섬서성 함양 동쪽 지역)으로 이주하였다. 효행으로 이름을 날린 풍당은 낭중서장으로 천거되어 한 문제를 섬겼다.

하루는 어가를 타고 낭서郞署를 지나던 문제가 풍당에게 어떻게 낭서의 관리가 되었는가, 집은 어디에 있는가를 물었다. 풍당은 있는 그대로 자신의 이야기를 아뢰었다.

풍당의 이야기를 듣고서 문제가 말했다.

"짐이 대 지역에서 지낼 때 상식감尙食監이었던 고거高祛가 몇 번이나 내게 조나라 장수 이제李齊의 어진 덕행을 칭찬하였네. 거록 대전에서 보여준 그의 군사적인 재능에 대해서도 여러 번 들려주었지. 그래서 요즘도 매번 수라상을 받을 때마다 격렬했던 거록 대전의 광경이 생각난다네. 그대의 어르신들께서 이제라는 사람을 아시던가?"

풍당이 대답했다.

"군대를 이끄는 장수로서 그의 재능은 염파와 이목李牧에 미치지 못하옵니다."

문제가 물었다.

"그리 말하는 이유가 무엇인가?"

풍당이 대답했다.

"저희 조부님께서 조나라에 계실 때 백부장百夫長이셨는데, 이목과 아주 절친한 벗이셨사옵니다. 제 부친께서는 과거 대나라의 상국으로 계시면서 이제와 사이가 아주 좋으셨지요. 그래서 소신도 그들 두 사람이 어떠한지 잘 알고 있사옵니다."

풍당이 문제에게 염파와 이목의 군사적인 재능을 들려주니 문제는 매우 기뻐하며 무릎을 탁 쳤다.

"아! 안타깝구려. 염파와 이목 같은 장수들을 갖지 못하다니. 그들만 있었어도 그깟 흉노족쯤은 얘깃거리도 안 되었을 텐데……."

그러자 풍당이 말했다.

"소신 감히 한 말씀 여쭙겠사옵니다. 폐하께서는 염파와 이목 같은 장수를 얻으셨더라도 임용하지는 못하셨을 것이옵니다."

한참 흥이 나던 문제는 찬물을 끼얹는 풍당의 말에 화가 치밀어, 벌떡 일어나 궁으로 돌아가버렸다. 그리고 한참 후 풍당을 불러 나무랐다.

"많은 사람들 앞에서 내 체면을 깎아내리다니. 적당한 기회를 보아 말할 수는 없었느냐?"

풍당은 송구한 마음으로 대답했다.

"소신 거침없이 말하는 성격이라 삼가지 못하였나이다."

그때 흉노족이 대거 조나(朝那: 지금의 영하寧夏 고원 동남쪽)를 침범해 북지군 도위 손앙孫卬을 죽이니, 문제는 매우 걱정스러웠다. 그래서 하루는 풍당을 불러 물었다.

"그땐 어째서 짐이 염파와 이목 같은 자를 임용하지 못했을 것이라 한 것이오?"

풍당이 대답했다.

"상고시대 국왕은 대장군에게 출정을 명한 후, 장군이 떠날 때가 되면 공손히 몸을 숙여 수레바퀴를 밀면서 이렇게 말했다고 하옵니다. '국문國門 안의 일은 내가 알아서 할 것이니, 국문 밖의 일은 장군께서 알아서 해주시오. 공로와 작위, 상의 크고 작음은 모두 장군이 결정하고, 돌아와서 내게 말해주시오.' 이것은 입으로만 한 말이 아니었사옵니다. 저희 조부께서 말씀하시길 이목이 조나라 장군으로 변경에 주둔하며 지킬 때 군중의 교역 시장에서 받은 모든 조세를 장수들에게 상금으로 주었다고 하옵니다. 그러나 조정에서는 그것을 어디에 썼는지 조사하거나 관여하지 않았고, 그에게 임무를 맡기며 반드시 완수해야 한다고만 말했다 하옵니다. 그래서 이목 장군은 그의 지혜와 재능을 충분히 발휘할 수 있었습니다. 선발에서 합격한 전차가 1천3백 대였고 궁사가 탈 말만 3천여 필에 달했으며, 용맹한 보병 정예부대가 10만 명이나 되었습니다. 이 부대를 이끌고 북쪽에서 흉노족의 선우를 쫓아냈으며 동호東胡를 공격해 담림澹林을 멸망시켰지요. 서쪽으로는 강력한 진을 압박하고 남쪽으로는 한韓나라, 위魏나라에 맞섰고요. 그때 조나라는 패주霸主나 다름없었사옵니다. 그 후 조왕 천遷이 즉위하였는데, 그의 어미는 가녀歌女였습니다. 조왕 천은 신임하던 신하 곽개郭開의 중상모략만을 믿고 이목을 주살하고 안취顔聚가 그 자리를 대신하게 하였지요. 그래서 군대는 패하고 병사들은 도망갔으며 조나라도 진나라에게 멸망당했던 것이옵니다. 소신, 요즘 듣자오니 위상魏尙이 운중에서 군수로 지낼 때 시장에서 거래되는 세금을 모두 장수들에게 상을 내리는데 쓰고, 자신의 급료까지 털어 닷새에 한 번씩 소 한 마리를 잡아 막부의 빈객들과 하속 군리, 문하의 사인舍人들을 대접한다고 들었사옵니다. 그래서 흉노족들이 멀리 도망가고 감히 운중 변경으로는 접근하지 못하고 있다고 하옵니다. 흉노족이 침입해왔을 때 위상이 군대를 이끌고 맞서 적들이 낙화유수처럼 죽어나갔다고는 하나, 실상 위상의 부하 사졸들은 모두 일반 백성들의 자식으로 농촌에서 군대에 들어왔으니 척적(尺籍:군령을 기록하는 것)이나 오부五符가 무엇인지나 알았겠사옵니까? 그러나 그들은 날마다 분투해 전투에 참가하였으며, 적군의 목을 베고 포로를 사로잡았사옵니다. 그러나 오직 적당하지 않았던 한 가지는 상부에 보고할 때의 일로, 도필리(문서 담당 하급 관리)가 법령을 들먹이며 그들을 제재하였을 뿐만 아니라, 도필리는 멋대로 날조한 법령을 가지고 집행을 한 결과 장수들은 공을 세우고도 상을 받을 수 없게 되었다 하옵니다. 소신 우매하여 그런지 모르오나, 폐하의 법령이 억지로 결점을 찾아내는 데 쓰이는 것으로 보았사옵니다. 상은 너무 가볍고 벌은 너무 무거웠지요. 게다가 운중 군수 위상이 전투에서 죽인 적군의 수가 상부에 보고된 것과 다르다는 이유로 폐하께서는 그를 형리에게 보내어 죄까지 물으셨습니다. 그의 봉작을 박탈하며 1년간 징역을 살게 하셨지요. 겨우 적장의 머릿수 여섯을 더 보고했다는 이유로 말입니다. 이것만 보더라도 폐하께서는 염파와 이목 같은 장수를 중용하지는 못하실 것 같지 않사옵니까?"

문제는 풍당의 말을 기쁜 마음으로 받아들이고, 그날 바로 풍당에게 부절馮唐持節을 들려보내 위상을 사면토록 하였다. 그리고 위상을 다시 운중 군수로 임명하고 풍당을 거기도위로 기용해 중위의 수하와 각 군국의 수하에 있는 거사車士를 관리하게 했다.

10년 후 즉위한 경제는 풍당을 초나라의 재상으로 임명해 파견하였다.

무제 때, 풍당은 현량으로 다시 천거되어 올라갔지만, 이미 관리가 되기에는 늦은 아흔이 넘은 나이였기 때문에 그의 아들 풍수馮遂를 낭관으로 추천하였다.

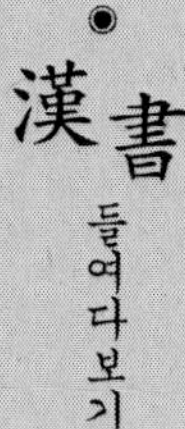

풍당은 인재가 넘쳐나던 전한 때에 그리 중요한 인물은 아니었다. 그러나 그의 인생은 후세에 뜻을 이루지 못한 사람들의 동정과 연민을 자아냈다. 그래서 사람들은 그를 기구한 운명을 토로하는 전형으로 묘사한다. 당唐나라의 인재 왕발王勃은 유명한 「등왕각서滕王閣序」에서 이렇게 한탄하였다.

'아아, 시운이 고르지 않고 운명이 평탄하지 않으니, 풍당은 (등용되기 전) 쉬이 늙고 이광은 (공이 있어도) 쉬이 봉함을 받지 못하는구나!'

풍당

왕발

◉주요 인물
급암

◉주변 인물
한 무제, 엄조, 장탕, 위청

◉키워드
강직함과 자부심, 서슴없는 직언, 뚜렷한 개성

◉중대 사건
부절을 들고 곡식을 풀다, 황제의 체면을 깎다

◉고사
후래거상後來居上

◉이야기 출처
『한서』「급암전汲黯傳」

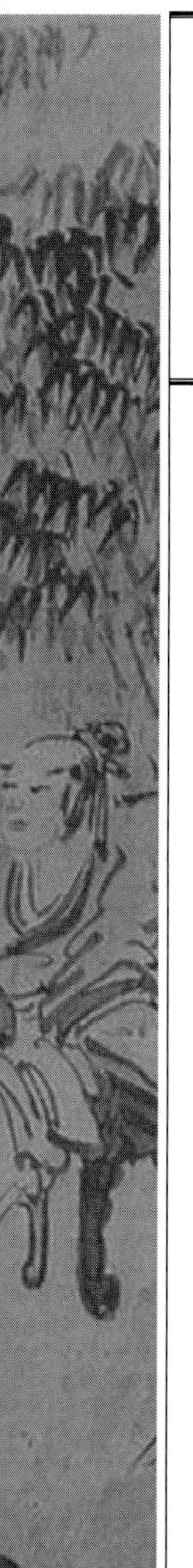

汲黯

급암 : 바보스러울 정도의 우직함

급암은 『한서』에는 장석지와 하나의 열전에 나란히 기록되어 있다. 역사가의 눈에 두 사람이 비슷하게 보였기 때문이리라. 후대 사람들이 보기에 장석지는 도리와 정의를 위해 애쓰며 천자의 권위도 두려워하지 않은 천추의 명신으로서 손색이 없는 사람이었다고 할 수 있다. 그러나 급암은 똑같이 용감하게 비평을 하고 서슴없이 직언을 행하였으나, 바보스러울 정도로 우직하여 충신은커녕 천자의 노여움을 사고 말았다.

급암은 복양 사람으로 한 무제 때의 알자였다. 한 번은 동월東粵에서 내전이 일어나자, 무제가 급암을 보내 시찰하고 처리하라 명하였다. 급암은 오(吳: 지금의 소주蘇州) 지역까지 갔다가 기분이 상해 다시 되돌아와 보고했다.

"월나라 사람들끼리 싸우는 것은 그들 지역의 풍습이니 천자의 사자가 수고할 만한 일이 아니옵니다."

또 한 번은 하내(河內: 지금의 하남성 심양沁陽)에서 불이 나 1천여 가구가 피해를 입었는데, 그 피해의 현장 조사와 처리를 위해 무제가 급암을 파견했다. 사고 현장에 다녀온 급암은 이렇게 보고했다.

"그것은 집안에서 난 불이 대청까지 번진 것으로 크게 걱정할 만한 일이 아니었사옵니다. 소신 가는 길에 살펴보니 1만여 가구에 달하는 백성들이 가뭄과 홍수로 식량이 없어 부자지간에 먹을 것을 두고 다투는 일까지 발생했사옵니다. 소신이 명령을 전하시라 주신 부절을 써서 양식이 저장된 국고를 열어 백성들을 구제하였사오니, 거짓 어명을 전한 죄를 벌하여주소서."

한나라 법률에 따르면 그 벌은 저잣거리에 시체를 전시할, 즉 목을 베일 만한 죄였다. 그러나 유철은 급암을 용서하는 한편, 그를 형양령으로 선발해주었다. 그러나 급암은 실질적인 사무를 맡은 관원이 되는 것에 창피함을 느껴 병을 핑계로 사퇴하고 집으로 돌아가버렸다.

무제는 그 소식을 듣고 다시 그를 불러 중대부로 임명하였으나, 몇 번이나 서슴없이 진언을 올렸던 탓에 그는 오랫동안 조정에 머무르지 못하고 결국 동해 태수로 보내졌다. 동해 태수로 있던 시절, 그는 잦은 병치레로 문 밖에 나오지 않고 집 안에서 편히 휴식을 취했으며, 직접 관리를 뽑거나, 가혹한 요구를 하지 않으니 해를 거듭할수록 동해는 태평해졌다. 얼마 후 무제는 다시 그를 불러 주작도위主爵都尉로 임명하여 구경의 하나로 삼았다. 그는 정사를 돌볼 때도 전과 다름없이 일을 처리했다. 그는 다른 사람의 실수를 보면 그 자리에서 바로 지적하곤 했다. 성격이 잘 맞는 사람에게는 온화한 표정을 지었지만, 잘 맞지 않는 사람을 보면 불쾌한 기색이 얼굴에 드러났다. 그래서 사인士人들은 그에게 몸을 의탁하지 않았다. 그러나 그는 협객을 좋아하고 절개를 중시해 고결하게 행동했다. 간언을 할 때도 주인의 위엄이 깎이는 것도 상관하지 않았기 때문에 모두들 그의 강직함을 인정했다.

급암이 황제의 용안에 먹칠을 한 가장 전형적인 사건이 하나 있다. 황제가 문학文學과 유생들을 접견하면서 어질고 의로운 정치를 펼치겠다는 포부를 밝히자 갑자기 급암이 끼어들어 황제의 모순된 행동을 아뢰었던 것이다.

"폐하의 마음은 사욕이 가득하시나 겉으로는 인과 의를 말씀하시니, 어찌 요순과 같은 황제가 되실 수 있겠사옵니까?"

유철은 급암의 이 한 마디 말에 얼굴색이 변하며 그 자리를 박차고 나가버렸다. 군신들은 급암을 걱정했지만 막상 그는 의연하였다.

"천자께서 삼공구경과 보좌할 신하를 두신 것이 빈말과 아첨하는 말로 시류에 영합하여 천자를 불의로 인도하게 하기 위함인가? 일단 그 자리에 앉은 이상 목숨을 잃게 되더라도 조정이 치욕을 당하도록 둘 수는 없네."

무제는 그 일이 있은 후 측근에게 이렇게 말했다고 한다.

"너무 과하도다! 급암은 정말 앞뒤로 꽉 막힌 바보가 아닌가!"

넘치게 과한 직언으로 윗사람을 거스르는 자를 황제가 어찌 곱게 볼 수 있겠는가?

한 번은 황제가 엄조嚴助에게 물었다.

"급암은 어떠한 사람인가?"

그러자 엄조는 이렇게 대답했다.

"급암에게 관직을 주어 일을 맡긴다면 다른 사람들보다 잘 하지는 못할 것이옵니다. 그러나 그에게 어린 군주少主를 보좌하며 이미 정해진 틀을 지키게 한다면 고대 용사인 분賁과 육育이 협박을 한다 하더라도 절대 굴복하지 않고 소임을 다할 것이옵니다."

그 말에 무제는 탄복했다.

"그렇지. 예로부터 사직의 신하라면 급암과 같았으니, 그를 가까이 하는 것이 마땅하지."

대장군 위청衛青이 황제를 만나러 오면, 황제는 변소에서도 그를 맞았다. 승상 공손홍公孫弘이 황제를 만나러 오면 황제는 때때로 예법을 잊고 관을 벗은 채로 만나기도 했다. 그러나 급암이 만나러 오면 황제는 반드시 의관을 정제한 후에야 그를 만났다. 한 번은 급암이 무제에게 보고할 것이 있어 찾아오자, 관모를 벗고 있던 무제는 급암을 보고 깜짝 놀라 휘장 안으로 뛰어들어갔다. 그리고는 사람을 시켜 급암의 상주에 동의한다는 말을 전했다.

위청은 당시 가장 관직이 높았고 그 누나는 황후였으니 사람들은 모두 그의 뜻에 맞추려고 애를 썼다. 그러나 급암만은 그를 대등한 지위나 예로써 대했다.

누군가 급암에게 충고했다.

"조심하시오. 그렇게 무례하게 굴다간 큰일 나오."

그러자 급암이 대꾸했다.

"대장군에게 나 같은 적수가 있어야 사람들도 그를 더 존경하는 법이 아닌가?"

위청은 그 일을 듣고 더더욱 급암을 존중해주었다. 회남왕이 모반을 일으킬 때도 오직 급암 한 사람만을 두려워해 이렇게 말했다고 한다.

"급암은 직간을 아끼지 않고 죽어도 의를 지키며 절개를 지킬 것이다. 그러나 공손홍과 같은 자들을 움직이는 것은 손바닥 뒤집는 것보다 더 쉬울 게야."

장탕張湯이 법을 개정해 정위의 자리에 오르자 급암은 매우 못마땅해 하며 장탕의 면전에 대고 물었다.

"자네는 높은 관직에 앉았으면서도 위로는 선황제의 공훈과 업적을 계승하지 못했고, 아래로는 세상의 사악한 마음을 변화시켜 태평성대를 이루었다거나 감옥이 텅텅 비게 하지도 못했네. 그런데 뭐가 잘났다고 고조 황제의 법령을 마음대로 바꾸고 난리인가?

결국 후손이 끊어지고 말 걸세."

또 장탕이 율령과 조문에 연연하는 것도 눈에 거슬려 크게 호통을 쳤다.

"도필리는 삼공구경이 될 수 없다고 하더니 과연 그 말이 맞구나! 천하를 그런 자에게 맡긴다면 백성들도 살아가기 힘들 것이 아닌가."

급암이 처음 구경이 되었을 때 공손홍과 장탕은 모두 하급 관리에 불과하였는데, 훗날 공손홍은 승상이 되고 장탕은 정위가 되어 급암의 윗자리에 앉게 되었다. 이렇게 되면 급암도 아무 생각이 없을 수는 없는 상황이었을 것이다.

한 번은 황제에게 이렇게 말했다.

"폐하께서는 사람을 땔감을 쌓듯이 쓰십니다. 나중에 온 자가 위에 놓이니 말입니다."

그러자 무제가 대답했다.

"사람은 역시 배운 게 있어야 하는 법. 급암은 날이 갈수록 어리석은 말만 하지 않는가!"

훗날 흉노에서 왕이 투항해오자, 한 왕조는 수레車 2만 승을 보내주려 했다. 그러나 나라에 돈이 없었기 때문에 백성들에게 말을 빌려야만 했다. 그러자 백성 중 일부가 말을 숨겼고, 이 때문에 말이 부족하게 되었다. 무제는 화가 나서 장안령長安令을 참수하려고 했지만 급암이 나서서 만류하였다.

“장안령은 아무런 죄도 없으니 소인 한 사람만 참수하시옵소서. 그러면 백성들이 말을 바칠 것이옵니다. 게다가 흉노에서 투항해오면 천천히 대접하면 될 것이온데, 오랑캐를 기쁘게 하겠다고 천하를 이토록 어지럽게 하고 이 땅을 피폐하게 할 필요가 있사옵니까?”

흉노에서 투항한 사람이 오자 장안의 저잣거리에는 그들과 거래를 하는 사람들이 나타났다. 당시 법에 의하면 이들 백성은 모두 죽어 마땅한 죄를 지은 것이었다. 급암은 무제를 찾아가 아뢰었다.

“흉노족이 쳐들어오자 우리 한나라는 군대를 일으켜 반격을 하였습니다. 그 때문에 죽고 다친 자가 부지기수요, 그 비용도 몇백만은 족히 들었사옵니다. 그러니 투항해온 흉노족 들을 노비로 삼아 전쟁에서 사상자를 낸 집안에 하사하소서. 지금 당장 그리하실 수 없다면, 적어도 법을 잘 모르는 백성들을 잡아다가 죽이지는 마옵소서.”

그러나 무제는 허락하지 않았다. 수개월 후, 급암은 작은 일로 법을 어겼고, 마침 대사면이 있어서 관직만 잃고 목숨을 구했다. 그래서 수년 동안 고향으로 돌아가 은거생활을 하면서 지냈다.

훗날 나라에서 오수전五銖錢을 찍어내자 백성들은 가짜 돈을 찍어냈다. 특히 초 지역이 가장 심했다. 그러자 무제는 가짜 돈 문제 해결을 위해 급암을 회양의 태수로 임명하였는데 급암은 좋아하는 기색이 전혀 보이지 않고, 오히려 눈물로 청하였다.

"소신 궁정을 출입하며 남들이 빠뜨린 부분을 보충하는 일을 하는 것이 평생의 원이옵니다."

그러나 무제는 허락하지 않았고, 급암은 10년 후 회양에서 생을 마감하였다.

漢書 들여다보기

맹분孟賁은 전국시대의 용사로 살아 있는 소의 뿔을 뽑아버릴 정도였다고 한다. 하육夏育 역시 전국시대의 용사로 1천 균(鈞: 1균은 30근)을 들 수 있었다고 전해진다.

맹분

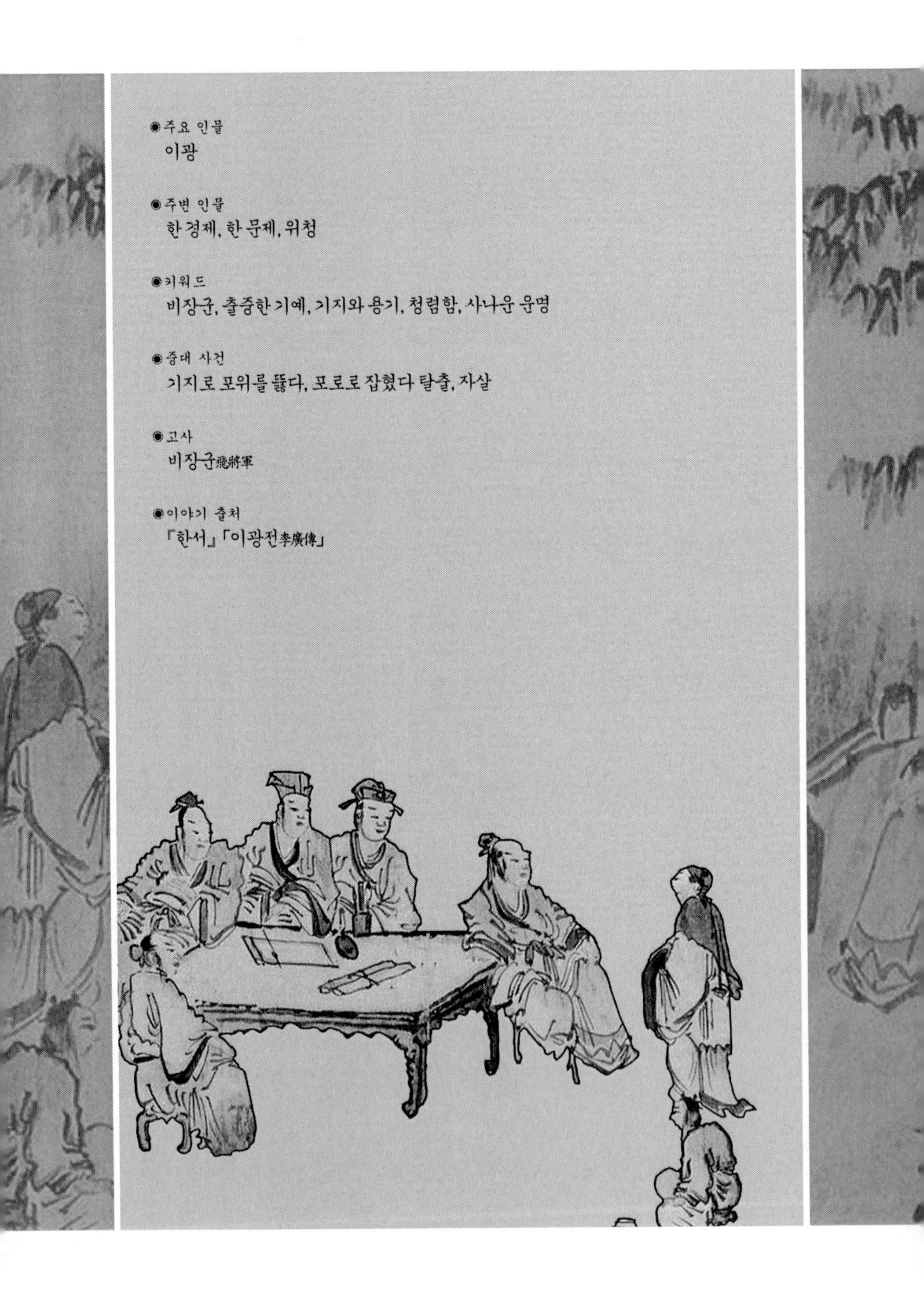

◉주요 인물
이광

◉주변 인물
한 경제, 한 문제, 위청

◉키워드
비장군, 출중한 기예, 기지와 용기, 청렴함, 사나운 운명

◉중대 사건
기지로 포위를 뚫다, 포로로 잡혔다 탈출, 자살

◉고사
비장군飛將軍

◉이야기 출처
『한서』「이광전李廣傳」

李广

이광 : 오랜 세월 회자될 비장군

당시唐詩에 이런 구절이 있다.

'진나라의 밝은 달 한나라의 관문을 비추고秦時明月漢時關,
만 리 길을 나선 사람들 아직 돌아오지 않네萬里長征人未還.
만약 용성에 비장군이 계셨더라면但使龍城飛將在
오랑캐의 말들도 음산을 넘지 못하였을 것을不敎胡馬度陰山.'

용성의 비장군이란 바로 이광을 가리킨다. 후세 사람들에게 그는 살아 움직이는 만리장성과 같은 든든한 존재였기 때문에, 수많은 문인과 백성들은 그에게 변방의 적을 막고 변경을 평정하여 나라와 백성들을 지켜달라는 간절한 소원을 빌곤 하였다.

이광은 농서 성기(成紀: 지금의 감숙성甘肅省 진안秦安) 사람이다. 그의 집안은 대대로 활 쏘는 법을 전수해왔기 때문에 이광에게 활쏘기란 일종의 취미이자 그의 '가업'이었다.

한 문제 14년(기원전 166년), 흉노족이 변경 지역으로 물밀듯이 밀고 내려오자, 이광은 일반 병사의 신분으로 전쟁에 나가 적에 맞서 싸웠다.

전쟁 중 그는 뛰어난 기마술과 궁술로 쏘는 족족 명중시켜 가장 많은 적을 죽였다. 이 뛰어난 전적으로 그는 중랑장으로 임명되어 황제를 측근에서 모시게 되었다. 이광은 자주 문제를 모시고 사냥을 나갔다. 그가 앞장서서 맹수와 격투를 벌이는 모습을 보며 문제는 매우 아쉬워했다.

"이광, 안타깝게도 자네는 정말 때를 잘못 만났군! 고조 황제께서 천하를 두고 다투시던 때 태어났더라면 천하를 누비며 1만 호의 식읍을 거느린 제후가 될 수도 있었을 텐데."

문제와 경제 당시는 문경치지라 하여 천하가 태평했다고는 하나, 북방의 흉노족이 자주 침입해왔고 소란을 일으키며 백성들을 납치하고 가축들을 약탈해갔다. 그래서 한나라 황실은 이 성가신 흉노족과 자주 전쟁을 벌여야만 했다. 그때 이광은 자신의 무예를 마음껏 쓸 곳을 찾아냈다.

한 경제 때, 한 번은 이광이 1백여 명의 기마병을 이끌고 3명의 흉노족을 추격한 일이 있었다. 그는 2명을 활로 쏴 죽이고 한 사람을 생포하였으므로, 모든 것을 마무리하고 막 철군하려고 할 때 갑자기 수천 명의 흉노족 기마병들이 구름처럼 나타났다. 그러자 한나라 병사들은 깜짝 놀라 재빨리 도망가려고 했다. 그때 이광이 병사들을 향해 입을 열었다.

"지금 우리는 대군에서 몇십 리 떨어진 곳에 있다. 그런데 이대로 도망치면 흉노족들이 우리를 계속 따라올 것이 아니냐? 저들이 쫓아오면서 활을 마구 쏘아댄다면 우린 모두 활에 맞아 죽을 것이다. 그러나 우리가 꼼짝도 하지 않는다면 저 놈들은 우리가 대군이 보낸 미끼라고 생각해서 함부로 공격하지 못할 것이다."

그리고 그는 병사들에게 흉노족을 마주하며 전진하라는 과감한 명령을 내렸다. 흉노 기마병에서 2리쯤 떨어진 곳에 다다르자 이광은 멈추라는 명을 내렸다. 말에서 내린 그는 안장을 풀어 말에서 내리고 풀밭에 앉아 휴식을 취했다. 부하들은 마음이 다급해져서 물었다.

"적군이 저리 가까이 있는데 안장까지 내렸다가 놈들이 공격이라도 해오면 어찌합니까?"

이광이 대답했다.

"우리가 말안장을 내리고 쉬고 있으면 적군들은 영문을 몰라 섣불리 공격해오지 않을 것이다."

이광의 예상은 적중했다. 흉노족들은 멀찌감치 떨어져서 이광 일행이 말에서 내려서 쉬는 것을 바라보기만 하는 것이었다. 그들은 적군에서 던진 미끼가 아닐까 의심스러워 하며 말고삐를 단단히 부여잡고 감히 공격해오지 못하였다. 백마를 탄 흉노족 장군이 달려와 상황을 염탐하려 했지만, 이광이 즉시 말을 타고 마주 나가 활 한 방으로 쏴 죽여버렸다.

다시 원래 자리로 돌아온 이광은 병사들에게 모두 풀밭에 누워 쉬라고 명령했다. 날은 서서히 저물어갔다. 흉노족은 줄곧 한나라 군대가 매복해 있을 것이라 생각했으므로 공격하지 못하다가 깊은 밤이 되어서야 조용히 퇴각했다. 날이 밝자 이광 일행은 흉노족이 이미 떠난 것을 알게 되었다.

"흉노족이 모두 물러갔다!"

가슴을 짓누르던 커다란 돌덩이가 사라지자 서로의 어깨를 두드리며 말했다.

"정말 위험했지!"

그리고는 말을 돌려 군영으로 돌아갔다.

이광은 궁술이 뛰어날 뿐 아니라, 앞에서 말한 것처럼 기지와 용기도 겸비했기 때문에 한나라의 황제들은 모두 그를 신임했다. 변경 어느 곳에서든 긴박한 상황이 발생하면 모두 그를 보냈기 때문에 그는 농서, 북지, 안문, 운중 등 여러 변경 지역의 태수를 역임했다. 그가 가는 곳마다 흉노족들은 소문만 들어도 질겁해서 도망을 쳤다. 이광의 '비장군'이라는 별명도 흉노족들이 지어준 것이라고 한다.

이광은 매우 청렴해서 조정에서 상을 받으면 즉시 그의 부하들에게 모두 나누어주었다. 그의 집안에서는 여분의 재물을 찾아볼 수 없었고, 이광 역시 가산에 대해 묻는 일이 전혀 없었다. 이광은 병사들을 자신의 자식처럼 아꼈다. 그가 군대를 이끌고 행군하다 보면 수원이 부족하고 양식이 끊긴 곳에 갈 때도 있었다. 만약 그 때 물을 찾게 되면 이광은 모든 병사가 다 물을 마시기 전까지 물 한 방울 입에 대지 않았고, 식량을 찾아도 모든 병사가 다 먹기 전까지는 자신은 맛조차 보지 않았다.

전투력을 높이기 위해 역대 명장들은 군율을 엄히 하고 법령을 든든히 했지만, 이광은 정반대의 모습을 보여주었다. 그는 병사들에게 매우 관대해서 지나치리만큼 엄격한 요구는 하지 않았다. 행군할 때도 군대의 편제를 짜지 않았고 전투 대형을 짜지도 않았다. 늘 물과 풀이 풍부한 곳에 주둔해 병사들이 먹고 지내기에 불편함이 없도록 했다. 밤에는 요란하게 징을 울려 시간을 알리거나 보초를 세워 적을 방비하게 하는 일도 없었다.

막부는 모든 공문과 장부를 간소화했고 자주 군대를 훈련시키지도 않았다. 그래서 이광의 장막 하에 있는 병사들은 늘 편안하고 즐거웠으며, 모두 이광을 높이 추앙해 그를 위해 죽을힘을 다했다. 이렇게 그가 모든 군율과 법령, 규율과 규칙은 간소화했음에도 불구하고 위험에 처하는 일은 극히 드물었다.

흉노족들은 이광을 매우 두려워해 늘 그를 생포할 기회만 노렸다. 그리고 한 무제 때 안문관 전쟁에서 흉노족은 적은 수로 한나라 대군을 물리치고 사전에 파놓았던 함정으로 마침내 이광을 유인하는데 성공했다.

이광은 적군을 쫓는데 정신이 팔려 평평한 초원에 함정이 파져 있으리라고는 상상도 하지 못했다. 한참의 추격전 끝에 '휙' 하는 소리가 들리며 이광이 말과 함께 함정에 빠졌다. 흉노족에게 생포된 것이다.

흉노족은 이광이 도망칠까 두려워 그를 밧줄로 엮어 만든 커다란 망태기에 넣고 말 2마리 사이에 걸어놓았다. 그를 선우에게 데려가 공을 치하받을 생각이었던 것이다.

이광은 망태기 속에 웅크리고 눈을 꼭 감고 죽은 척했다. 그렇게 한참을 잡혀가던 그는 살짝 눈을 뜨고 몰래 옆에 있는 흉노 기마병이 타고 있는 준마를 바라보았다. 그리고 갑자기 잉어가 풀쩍 뛰어오르듯 망태기 속에서 벌떡 일어나 그 준마 위에 올라탔다. 말 위에 앉아 있던 흉노족 병사를 말 아래로 밀쳐내면서 그의 활도 빼앗았다. 그리고는 말 등에다 있는 힘껏 채찍질을 하며 사력을 다해 도망쳤다. 몇백 명의 흉노 기마병들이 따라오자 이광은 연달아 활을 쏘아 몇 명을 명중시키고 안전하게 관내로 돌아왔다.

이광은 평생 흉노족과 전쟁을 했는데, 크고 작은 전쟁을 합쳐 모두 70번이 넘었다고 한다. 이광이 살았던 기간에는 한나라 변경의 관문은 강철로 장성을 세운 것처럼 튼튼하고 견실했다. 그러나 이광은 이렇게 혁혁한 전공을 세웠음에도 불구하고 아부를 잘하지 못했기 때문에 제후에 봉해지지는 못했다.

이광이 60세가 되던 해, 대장군 위청과 곽거병霍去病이 대군을 이끌고 흉노로 쳐들어갔다. 이광은 그 소식을 듣고 무제를 찾아가 함께 가게 해달라고 청했다. 무제는 이광의 나이가 너무 많다 여겨 허락하지 않았다. 그러나 이광은 포기하지 않았고, 몇 번이나 간절히 청한 끝에 마침내 무제의 허락을 받아냈다. 그러나 무제는 비밀스럽게 위청에게 명을 전했다. 이광의 나이가 많고 운이 좋지 못하니 일을 그르치지 않도록 중임은 맡기지 말란 것이었다.

과연 전쟁이 시작되자 위청은 선봉으로 나가 선우와 맞서 싸우겠다는 이광의 청을 무시했다. 그리고 이광에게 멀고도 황량한 길로 우회해 마지막에 자신과 합류해서 선우를 포위하자고 했다. 그러나 이광의 군대는 길 안내자도 없었고, 길도 좋지 않아 순식간에 길을 잃게 되었다. 이것은 군율을 어기는 행동이었다.

군법에 따르면 전쟁 시 길을 잃는 것은 매우 큰 죄였다. 위청은 상소를 올려 황제에게 그 상황을 보고하는 한편, 사람을 보내 이광을 불러와 죄를 물었다. 이광은 더 이상 이런 치욕적인 심문과 대질, 질책을 당하고 싶지 않았으므로 비통함 속에 스스로 목숨을 끊고 말았다.

이광이 자결했다는 소식이 전해지자 병사들은 물론이고 남녀노소를 막론한 모든 백성들이 대성통곡했다고 한다.

이광은 비분하게 죽어갔지만 그의 빛나는 이름은 후세에 널리 전해졌고, 여러 시인들에 의해 회고되었다.

'그 전쟁터의 고통을 보지 못했으나 오늘까지 이 장군을 기억하누나君不見沙場征戰苦, 至今猶記李將軍!'

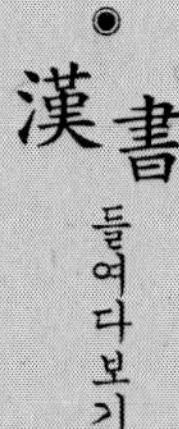

후세에 이광을 노래한 시문은 매우 많다. 이 책 429페이지에 인용한 시는 당나라 왕창령王昌齡이 지은 「출새出塞」라는 작품이고, 436페이지에 인용한 것은 당나라 시인 고적高適의 「연가행燕歌行」이다.

이광

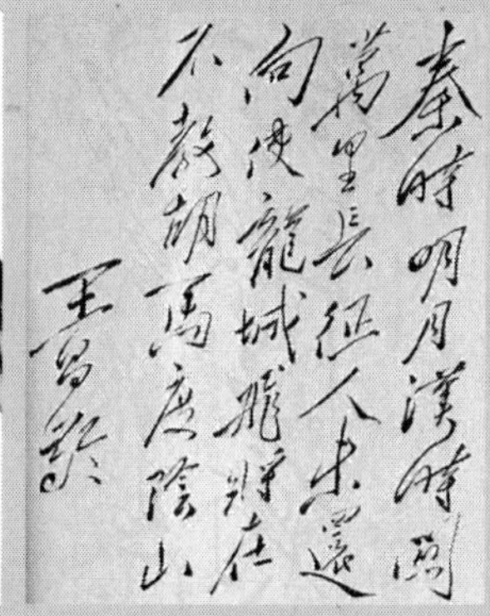

왕창령 「출새」

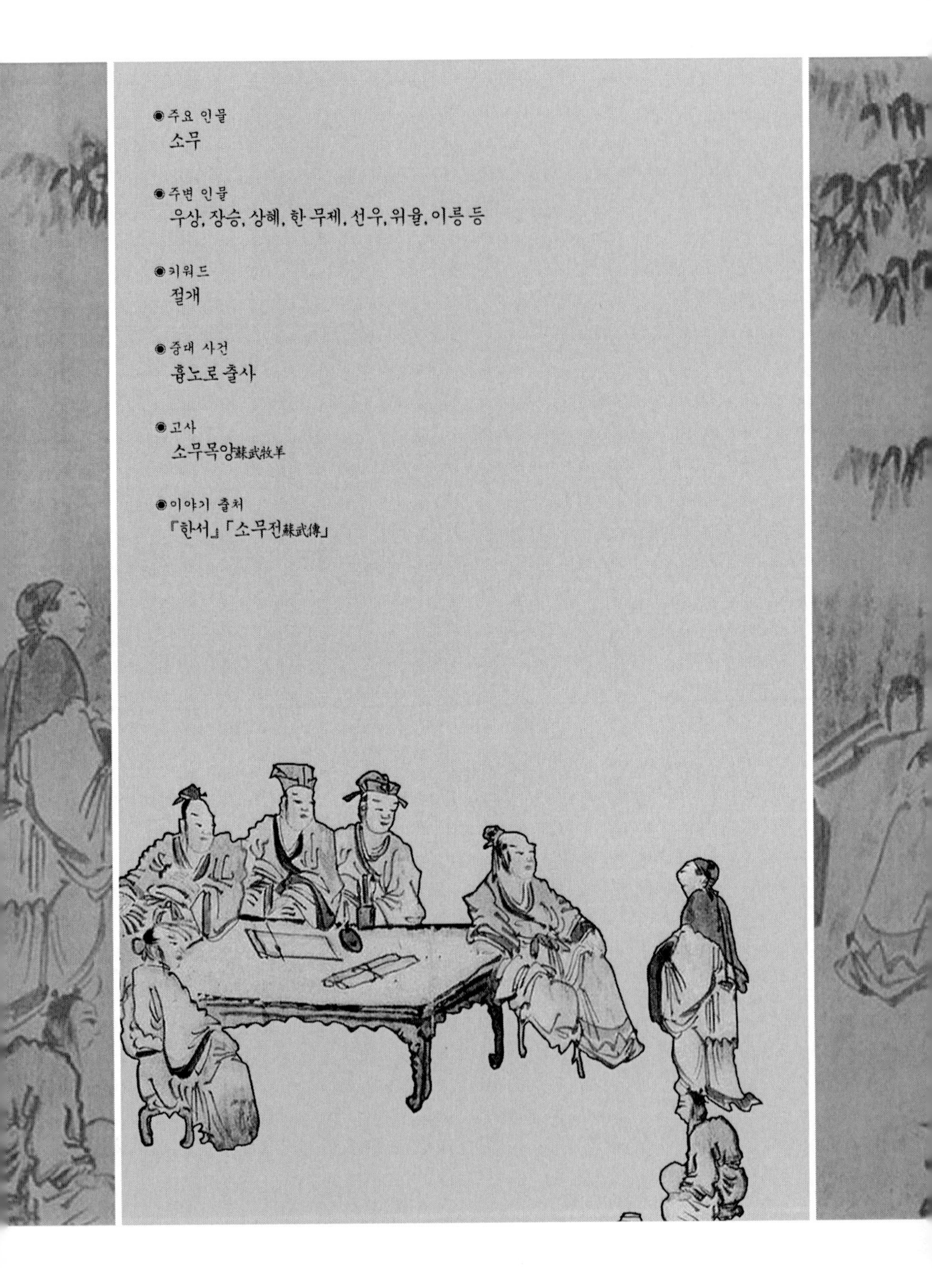

◉주요 인물
소무

◉주변 인물
우상, 장승, 상혜, 한 무제, 선우, 위율, 이릉 등

◉키워드
절개

◉중대 사건
흉노로 출사

◉고사
소무목양蘇武牧羊

◉이야기 출처
『한서』「소무전蘇武傳」

苏武

소무 : 이국땅에서도 꺾이지 않은 절개

소무의 자는 자경子卿으로 두릉(杜陵: 지금의 섬서 서안) 사람이다. 그의 아버지인 소건蘇建은 여러 차례 대장군 위청을 따라 흉노로 출정해 평릉후로 임명되었고, 대군의 태수까지 올랐었다. 소무의 삼형제는 일찍부터 그 아버지가 2천 섬을 받는 관원이었던 덕분에 낭郎에 임명되어 황제를 모셨다. 소무는 점차 관직이 올라 안장과 말, 사냥매와 사냥개, 사냥을 관리하는 이중구감移中廐監까지 올랐다. 당시 한나라 조정에서는 몇 년째 군대를 보내 흉노족을 공격하던 터라, 양국의 사자들이 수차례 오가며 서로의 군사 상황을 정탐하곤 했다. 이때 흉노족은 한의 사절을 억류했는데 그들이 억류한 한나라 사절은 곽길郭吉, 노충국路充國 등 제후 10여 명쯤 되었다. 한나라 역시 그에 대한 보복으로 흉노족이 보내온 사절을 억류하기 시작하면서 맞대응했다. 천한天漢 원년(기원전 100년), 막 선우의 자리에 오른 차제후且鞮侯는 한나라 군대가 습격해올까 걱정되어 이렇게 선포했다.

"나는 손아래 사람이거늘, 어찌 어른 뻘인 한나라 천자에게 대항할 수 있겠는가?"

그러면서 한나라 사절인 노충국 등을 모두 한나라로 돌려보내 우호적인 태도를 보였다. 한 무제는 사리에 밝은 차제후 선우의 태도가 마음에 들어 소무를 중랑장으로 임명하고 모절(旄節: 사신의 의장 중 하나)을 주어 한나라에 구류되어 있던 흉노 사절들을 호송하는 임무를 맡겼다. 가는 길에 선우에게 귀중한 예물과 선우의 호의에 감사를 전하라는 당부도 잊지 않았다. 소무는 부중랑장 장승張勝과 임시 수행원 상혜常惠와 같은 장수들, 근위병, 정찰병까지 모두 1백여 명을 모아 함께 출발했다. 흉노에 도착한 소무가 선우에게 예물을 전하자 선우는 거만하고 난폭했는데, 한나라의 상상처럼 회심한 것이 아니었다.

선우가 사자를 시켜 소무 일행의 귀국을 호송하려고 할 때, 구왕緱王과 장수長水의 우상虞常 등이 흉노 내부에서 반란을 일으키는 사건이 발생했다. 구왕은 곤사왕昆邪王 누나의 아들로 곤사왕과 함께 한나라에 투항했고, 훗날 착야후浞野侯를 따라 흉노를 토벌하러 왔다가 패해 다시 흉노로 투항한 사람이었다. 그들은 위율衛律의 수하에 있는 한나라에서 투항해온 군사들과 밀약을 했다. 선우의 어머니 연 씨를 납치한 후 한나라로 되돌아가기로 한 것이다. 이때 공교롭게도 소무 등이 흉노에 왔다. 우상은 한나라 신하로 있을 때 부사副使인 장승과 절친한 관계였기 때문에 몰래 장승을 찾아와 말했다.

"황상께서 위율을 몹시 증오하신다 들었네. 내 조정을 위해 몰래 활과 쇠뇌를 매복시켜두었다가 그자를 쏴 죽이겠네. 내 어머니와 형제들이 모두 한나라 영내에 있으니 황상께서 상을 내리시면 좋겠군."

장승은 그의 청을 받아들이고 약간의 재물도 주었다. 한 달 조금 넘게 지났을 때 선우는 연 씨와 아이들을 집에 둔 채 사냥을 나갔다. 우상 등 70여 명이 막 거사를 벌이려던 찰나, 패거리 중 하나가 밤에 몰래 도망쳐 흉노에게 이 비밀을 알렸다. 선우는 즉시 군사를 동원해 진압했고, 구왕 등은 전사했다. 우상은 산 채로 잡혔다.

선우는 위율에게 이번 반란 사건을 처리하라고 명령했다. 장승은 우상과 몰래 나누었던 이야기가 폭로될까 두려워 그간의 모든 경과를 소무에게 털어놓았다.

"상황이 이 지경까지 왔다면 분명 나까지 연루될 것이다. 그러나 내가 대 한나라의 사절로서 끌려가 심문을 당한다면 나라 망신이 아니겠는가? 치욕을 당하고 죽느니 차라리 스스로 목숨을 끊어 나라에 보답하는 것이 나을 것이다."

소무가 그 자리에서 자결하려고 하자 장승과 상혜가 함께 소무를 말렸다. 그들의 예상대로 우상은 장승과 공모한 사실을 자백했다. 크게 노한 선우는 한나라 사자들을 죽이려고 했다. 그때 좌윤질자左尹秩訾가 입을 열었다.

"위율을 해하려 했다고 죽여버리면 선우를 모해하려 할 때 더 엄한 벌을 내릴 수 있겠사옵니까? 가장 좋은 방법은 그들을 우리 흉노로 투항시키는 것이옵니다."

그래서 선우는 위율을 보내 소무에게 심문에 응하라고 전했다. 소무는 상혜 등에게 말했다.

"절개를 잃고 군왕의 명을 더럽혔으니 살아 있어도 본국으로 돌아가 한나라 조정을 뵐 면목이 없네."

그러면서 검을 뽑아 자기 몸을 찔렀다. 위율은 깜짝 놀라 소무를 안아 부축하고 빠른 말을 타고 가 의원을 불러오게 했다. 의원은 땅에 구덩이를 하나 파고 약한 불을 피운 후 소무의 얼굴이 구덩이를 향하도록 엎드려 눕혔다. 그리고 가볍게 등을 두드려 어혈이 흘러나오게 했다. 소무는 이미 숨이 끊어졌었지만 의원이 한참 동안 응급치료를 한 덕분에 다시 숨을 쉬게 되었다. 상혜 등은 울면서 소무를 들것에 메고 군영으로 돌아왔다. 선우는 소무가 보여준 기개와 절개에 크게 감복하여 아침저녁으로 사람을 보내 소무의 상태를 물었다. 그러나 장승은 감옥에 갇히는 신세가 되었다.

소무가 서서히 회복되자, 선우는 사자를 보내 우상을 심리하는 자리에 나오라고 통고했다. 그 기회에 소무를 협박해 항복을 받아낼 생각으로, 위율은 소무 앞에서 검으로 우상을 죽인 후 장승에게 말했다.

"너는 한나라의 사절로서 선우의 측근을 살해하려 하였으니 죽어 마땅하다. 그러나 선우께서 명을 내리시어 투항하면 죄를 면해주겠다고 하셨다."

장승은 죽음의 위협을 견디지 못하고 즉시 무릎을 꿇고 투항했다. 위율은 또 소무에게 말했다.

"부사절이 죄를 지었으므로 사절로서 함께 벌을 받는 것이 마땅하오!"

그러자 소무가 대답했다.

"난 저들의 음모에 가담조차 하지 않았소. 게다가 난 그의 가족도 아니거늘 연좌한다는 게 말이 되오?"

위율이 검을 들어 소무를 겨누자 소무는 고개를 꼿꼿이 세우며 꿈쩍도 하지 않았다.

"소군, 나 위율은 과거 한나라를 버리고 흉노에 투항했소. 운 좋게도 선우의 하해와 같은 은혜를 입어 작위를 하사받고 제후로 봉함도 받았소. 군사를 수만이나 거느리게 되었고 소와 말이 온 산을 뒤덮을 정도요. 소군께서 오늘 투항하신다면 내일은 나와 같은 영화를 누리게 될 것이오. 그러나 아무 이유 없이 그 피와 살로 초원을 살찌운들 누가 소군의 마음을 헤아려주겠소?"

위율의 설득에도 소무는 아랑곳하지 않았다.

"만약 소군께서 내 충고를 듣고 투항하신다면 내 소군과 의형제를 맺겠소. 그러나 지금 내 말을 듣지 않으면 앞으로 날 만날 수 없을 것이오."

소무는 불같이 화를 내며 위율에게 호통을 쳤다.

"대 한나라의 신하로서 너는 배은망덕하게 황상을 배반하고 가족들을 버린 채 흉노에 투항해 포로가 되었다. 그런데 내 너를 만나 무엇하겠느냐? 남월왕은 한나라 사절을 죽여 전국이 아홉 군으로 나뉘는 벌을 받았고, 완왕宛王은 한나라 사절을 죽여 그 머리가 궁의 북문에 달렸다. 너는 내가 투항하지 않을 것을 분명히 알고 있으면서도 한나라와 흉노의 전쟁을 부추기는구나! 흉노의 멸망은 나를 죽이는 순간부터 시작될 것이다!"

위율은 소무가 절대 굴복하지 않을 것임을 절감하였고, 선우는 그럴수록 소무가 더 욕심이 났다. 소무가 커다란 토굴 속에 먹고 마실 것 하나 없이 구금당했을 때 폭설이 내렸다. 소무는 쌓인 눈을 먹고 모전을 씹어 삼켰다. 그렇게 며칠이 지났으나 굶어 죽지 않았다. 흉노족은 이를 매우 신기하게 여겨 소무를 북해(지금의 바이칼호) 부근의 인적 드문 곳으로 홀로 보내 숫양을 치도록 하고 숫양이 새끼를 낳으면 본국으로 돌려보내겠다고 말했다. 흉노족이 양식을 주지 않아 그는 들쥐가 숨겨놓은 북해 벌판의 야생 열매로 허기를 채웠다. 소무는 양을 칠 때나 잠을 잘 때나 한나라 모절을 절대 손에서 놓지 않았다. 그래서 모절에 달려 있던 장식의 끝부분이 모두 닳아 떨어져버렸다. 그렇게 5, 6년이 지났을 무렵 선우의 동생 어간왕於軒王이 북해에 사냥을 하러 왔었는데, 소무가 그물과 밧줄을 짜고 활과 쇠뇌를 바로 잡을 줄 알았기 때문에 어간왕은 그를 매우 신임하여 의복과 먹을 것을 내려주었다. 3년쯤 지났을 때 어간왕은 중병을 얻었으나, 다시 소무에게 말과 소와 양, 주락酒酪을 담을 단지와 지붕이 둥근 장막을 보내주었다. 어간왕이 죽은 후 그의 부하들도 모두 떠나가고, 그해 겨울 정령丁令 사람들이 소무의 소와 양을 훔쳐가 소무는 다시 곤경에 빠졌다.

과거 소무와 이릉은 같은 시중이었으나, 소무가 흉노에 사절로 간 다음 해 이릉이 전쟁에 패하여 흉노에 투항해왔다. 그러나 이릉은 차마 소무를 찾아가지 못하였다. 선우는 어느 정도 시간이 흐른 후 이릉을 북해로 보내 술자리와 가무를 베풀어 소무를 대접하게 했다.

"선우께서 우리의 교분이 두터웠음을 듣고 날 보내 자네를 설득하라 하셨네. 이 황량하고 인적 드문 곳에서 괜한 고생은 그만 하게. 이제 한나라로 돌아갈 가능성이 없지 않은가? 이제 조정에 대한 충심과 성실을 더 이상 표현할 방법도 없지 않는가? 과거 자네의 큰 형님께서 봉거도위(奉車都尉: 천자의 측근에서 마차나 수레를 함께 타는 관직)로 임명되어 황제 폐하께서 타신 마차를 끌고 대전 계단까지 갔다가 기둥에 부딪혀 끌채가 부러지는 바람에 대불경죄를 저질렀다고 고발당해 스스로 검을 뽑아 자결해야만 했지. 그러나 조정에서는 2백만의 장례비용만을 상으로 내렸을 뿐이었네. 자네 동생 유경孺卿이 황상께서 하동의 토지 신께 제사하러 가는 길을 호위한 일이 있었는데, 말을 탄 환관과 황문부마黃門駙馬가 배 위에서 싸움을 벌이다 환관이 부마를 떠밀어 익사당하자, 환관은 도망을 쳤고 황상께서는 유경에게 잡아오라는 명을 내렸으나 유경은 환관을 잡지 못하고 두려움에 독약을 먹고 스스로 목숨을 끊었네. 내가 흉노를 치려고 출정할 때 자네 어머니께서는 불행히도 세상을 떠나 내가 양릉陽陵까지 상여를 따라가 모시었네. 자네 부인은 아직 젊어 이미 재가를 하였다 하고, 집안에는 2명의 누이와 자네 두 딸과 아들 하나만이 남아 있었지. 그런데 이미 10여 년이 넘게 지났으니 그들의 생사조차 모르지 않나? 인생은 새벽이슬과 같거늘, 뭐 하러 이리 오랜 시간 스스로를 괴롭게 하는가? 그리고 지금 황상께서 연로하셔서 법령이 변화무쌍하니, 아무런 죄도 없이 온 가족이 죽임을 당한 대신들의 집안만도 수십 가구에 달하네. 지금 한 나라에서는 화와 복을 그 누구도 헤아릴 수 없게 되었거늘, 누구를 위해 충성을 다하며 절개를 지킨단 말인가? 그러니 제발 나 이릉의 충고를 듣고 고집을 꺾게."

소무가 대답했다.

"우리 소 씨 집안 부자는 아무런 덕과 공이 없음에도 황제께 신임을 받아 장군의 자리에 오르고 통후通侯로 봉해졌네. 우리 삼형제는 황제 폐하의 근신近臣이 되어 늘 조정을 위해 죽을 수 있길 바랐었네. 그런데 지금 이 목숨을 바쳐 나라에 충성을 다할 기회가 왔으니, 도끼가 날 찍고 뜨거운 솥에 던져져 삶아 죽을지라도 나는 기꺼이 충성을 다할 것이네. 신하가 군주를 모시는 것은 자식이 그 아버지를 모시는 것과 같은 법. 아들이 아버지를 위해 죽는다면 여한이 있겠는가? 그러니 더는 그런 말씀 마시게."

이릉은 소무와 며칠간 술을 마신 후 다시 운을 뗐다.

"자경, 내 말을 좀 듣게."

소무가 대답했다.

"나는 진작부터 필시 내가 죽을 것임을 알았네. 선우가 내게 투항을 강요할 것이라면 오늘의 즐거움이 끝난 후 자네 앞에서 죽도록 해주게."

이릉은 소무의 그 뜨거운 충정을 보고 길게 탄식했다.

"아! 진정한 충의지사로다! 그에 비하면 나와 위율의 죄악은 하늘에 사무치는 것과 같구나!"

그렇게 말하며 하염없이 눈물을 흘렸다. 이릉은 눈물로 옷섶을 적시며 소무에게 작별을 고했다. 이릉은 소무에게 직접 선물을 주기가 부끄러워 아내를 통해 몇십 마리의 소와 양을 보냈다. 훗날 이릉이 다시 북해를 찾아와 소무에게 말했다.

"변경에서 운중군의 포로 하나를 생포했는데 태수 이하의 관리와 백성들이 모두 흰색의 상복을 입었다 하더군. 황상께서 승하하셨기 때문이겠지."

그 말을 들은 소무는 남쪽을 향해 붉은 피를 토하며 통곡했다. 밤낮을 울면서 황제를 몇 달이나 추모하였다.

소제昭帝가 즉위하고 수년 후, 흉노와 한나라는 화해하고 통혼通婚하였다. 한나라는 사람을 보내 소무와 한나라 사절들을 찾았지만, 흉노족은 소무가 이미 죽었다고 거짓말을 했다. 한나라 사절이 다시 흉노에 도착하자 상혜는 자신을 지키는 사람들에게 부탁해 그날 밤 바로 한나라 사자를 만나 그동안 그들이 흉노에서 겪은 일들을 자세하게 들려주며 선우에게 해야 할 말도 알려주었다. '천자께서 상림원에서 사냥을 하실 때 커다란 기러기를 한 마리 잡았는데 발에 비단으로 쓴 서찰이 발견되었다, 소무와 그 일행이 지금 어느 호수 근처에 있다는 내용이었다'는 것이었다. 한나라 사자는 매우 기뻐하였고, 선우는 뜨끔해 했다. 그는 어쩔 수 없이 한나라 사자에게 사과하며 진실을 털어놓았다.

이릉은 연회를 베풀어 소무를 축하해주었다.

"이제 영광스럽게 본국으로 돌아가시게 되었군. 절개를 굽히지 않았던 자네의 명성은 흉노족 사이에서도 널리 전해질 것이네. 나 이릉은 나약하고 무능하나 한나라 조정에서 내 모든 죄를 사면하고 노모의 바람을 이뤄주신다면, 어쩌면 조말曹沫이 가읍柯邑에서 맹약을 맺은 것과 같을지도 모르겠군. 난 지금까지 그것을 아침저녁으로 되새기고 있네. 그러나 지금 한나라 조정은 나의 가족과 친지를 모두 죽여 인간 세상에서 겪을 수 있는 최대의 치욕을 느끼게 했으니, 이제 무엇을 더 바랄 수 있겠나? 모든 것이 다 끝난 마당에 이런 이야기를 한 것도 자네만이라도 내 마음을 알아줬으면 하는 심정에서였네. 나는 이미 타국의 사람이 되었으니 이리 헤어지면 영원히 다시 만날 수 없겠군."

말을 마친 이릉은 춤을 추며 노래를 불렀다.

"1만 리를 행군해 사막을 넘어, 군주를 위해 군대를 이끌고 흉노를 치네. 앞뒤로 길이 없으니 칼과 활도 상하고, 군대가 전멸하니 명성도 몰락하는구나. 노모께서 이미 돌아가셨으니 은혜를 보답하고 싶어도 갈 곳이 없네."

이릉은 눈물범벅이 되어 소무에게 작별을 고했다. 선우는 소무의 옛 수하들을 모았다. 투항하거나 이미 세상을 떠난 사람을 제외하고 소무를 따라 돌아간 사람은 9명으로 흉노에 사절로 올 때의 10분의 1도 안 되는 숫자였다.

소무는 시원始元 6년(기원전 81년) 봄, 장안으로 돌아왔다. 소제는 소무에게 소와 돼지, 양 한 마리씩을 제물로 드리며 무제의 능묘와 종묘에 제사하라는 명을 내렸다. 그리고 소무를 전속국典屬國으로 임명하고 봉록을 2천 섬으로 정했다. 2백만의 재물과 공전公田 1경頃, 저택 한 채도 하사했다. 상혜, 서성徐聖, 조종근趙終根은 모두 중랑으로 임명되었고, 비단 2백 필을 상으로 하사받았다. 다른 6명은 나이가 너무 많아 퇴직하고 고향으로 돌아갔다. 그들에게는 재물 10만 전을 상으로 내렸고 평생 노역을 면제해주었다. 상혜는 훗날 우장군에 올랐고, 제후로까지 봉해졌다. 소무가 흉노에 구류된 시간은 19년이었다. 한창 힘이 넘치는 장년 시절에 사절로 떠나 세상 시름을 다 겪은 후 백발의 모습으로 돌아온 것이다.

소무가 한나라로 돌아온 이듬해, 상관걸上官桀과 상관안上官安 두 부자가 상홍양桑弘羊과 연왕燕王, 개주(蓋主: 개장 공주)와 연합해 모반을 꾀했다. 소무의 아들 소원蘇元도 상관안의 음모에 동참해 사형을 언도받았다. 처음 상관걸과 상관안은 대장군 곽광과 정권 다툼을 했기 때문에 곽광의 과실을 자주 연왕에게 알려 그가 황제에게 상소를 올려 고발하도록 책동했던 것이다. 그러나 그들은 연왕의 모반으로 모두 처형당했다. 그 후에도 조정에서는 모반의 공모자를 색출하려고 애썼다. 소무가 상관걸, 상홍양의 교분이 매우 두터웠지만, 연왕은 그를 옹호해 오히려 그의 관직이 낮다고 수차례 상소를 올리기까지 했다. 정위는 소무의 아들이 직접적으로 모반에 가담했기 때문에 소무를 처형해야 한다고 상주문을 냈다. 그러나 곽광은 정위의 상주문을 한편에 둔 채 소무를 해직시키는 선에서 그만두었다.

몇 년이 지난 후 소제가 죽었다. 소무는 2천 섬을 받는 관직까지 올라 선제宣帝의 황제 옹립에 참여했다. 그 덕분에 작위로 관내후를 받았고 식읍이 3백 호에 달하게 되었다. 한참이 지난 후 위장군衛將軍 장안세張安世가 선제에게 소무를 추천하며 그가 조정의 예의와 법도에 정통하고, 명을 받잡고 사신으로 갔을 때도 황제의 명을 저버리지 않아 선황제가 유언 중에도 그를 언급하였던 사실을 아뢰었다. 그러자 선제는 소무를 불러 환자서宦者署에서 황제가 다시 부르기를 기다리도록 했다. 여러 차례 소무를 만나본 선제는 그를 우조 전속국右曹 典屬國으로 삼았다.

소무가 인격이 훌륭하고 절개가 곧은 신하였기 때문에 그에게는 매달 초하루와 보름, 두 번 천자를 알현하도록 허락했고, '제주祭酒'로 존경받으며 총애를 배로 받았다. 소무는 하사받은 상을 모두 자신의 형제와 과거 벗들에게 나누어주어 자신의 집에는 하나도 남겨두지 않았다. 황후의 아버지인 평은후와 선제의 숙부 평창후平昌侯와 악창후樂昌侯, 거기장군 한증韓增, 승상 위상魏相, 어사대부 병길丙吉은 모두 소무를 매우 공경했다. 소무가 늙자 그의 아들이 모반 사건에 연루되어 죽은 것을 불쌍히 여긴 선제는 좌우에 있는 측근들에게 물어보았다.

"소무가 흉노에서 오랜 세월을 지냈는데 아들은 없는가?"

소무는 평은후를 통해 선제에게 말을 전했다.

"과거 흉노에 유배되었을 때 흉노족 여인을 만났는데, 그 사이에서 아들을 하나 낳아 통국通國이라 이름 지었사옵니다. 근래 들리는 소문에 한나라의 사신들이 금과 은, 비단을 가지고 가면 아들을 보내줄 수 있다 하였다 하옵니다."

황제는 그 청을 받아들였다. 후에 통국이 사자들을 따라 한나라로 돌아오자 황제는 그를 낭으로 임명하고, 소무 동생의 아들을 우조右曹로 삼았다. 소무는 여든이 넘은 나이까지 살다가 신작神爵 2년(기원전 60년), 병으로 세상을 떠났다.

◉

漢書 들여다보기

「소무목양蘇武牧羊」이란 노래가 있는데, 이는 신해혁명 3, 4년 후 생겨난 것이다. 워낙 가슴 절절한 노래였기 때문에 널리 불렸다. 소무가 북해 근방에서 양을 치니 눈밭에 하늘도 꽁꽁 얼어붙었네. / 19년 동안이나 잡혀 있으니 목이 마르면 눈을 먹고 배가 고프면 모전을 씹고, / 밤이 오면 외로이 홀로 잠을 청했네. / 심중에 오직 한나라 사직을 품으니 꿈에서도 고향의 산을 그리워했네. [중략]

소무목양

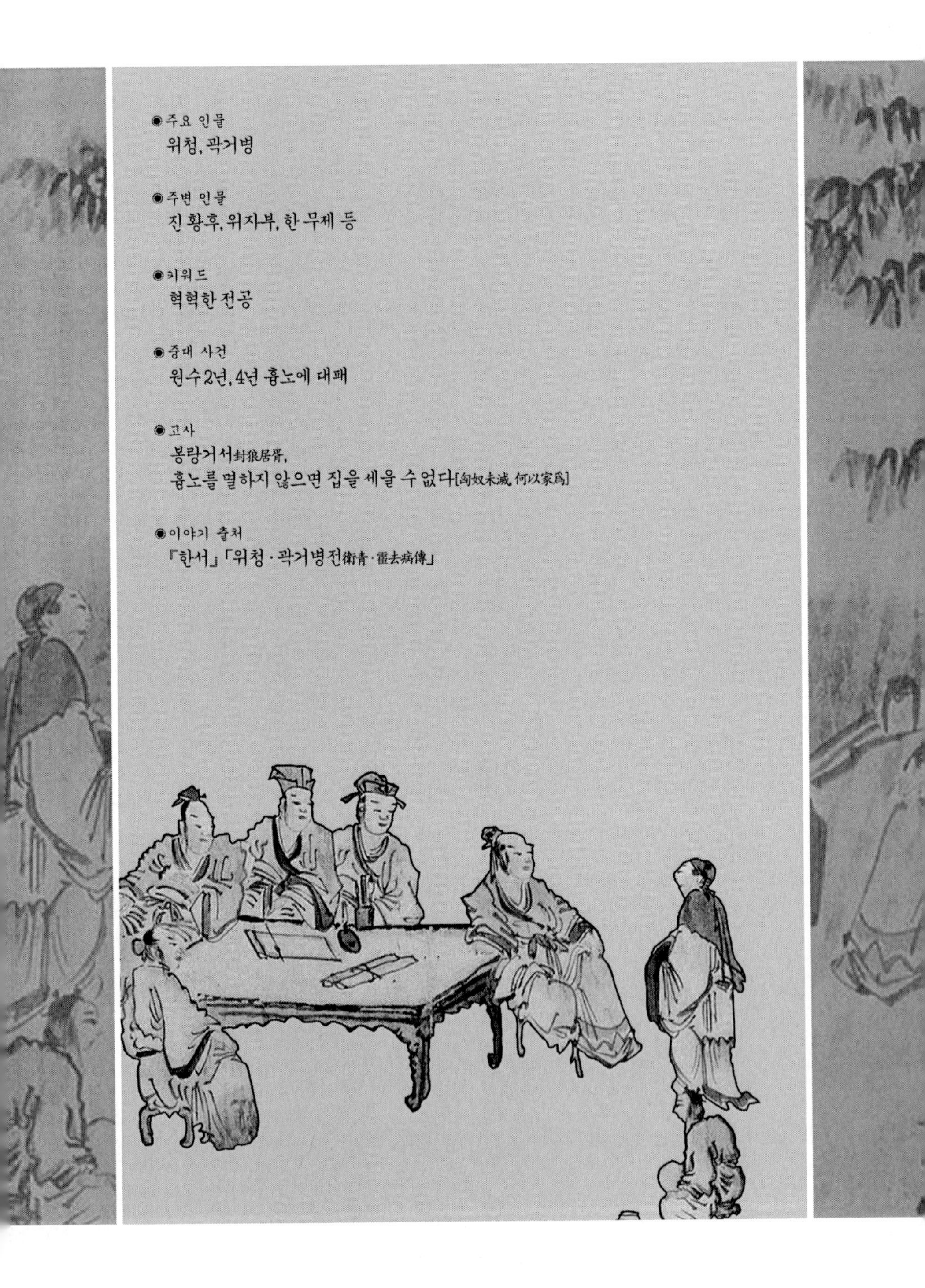

◉주요 인물
위청, 곽거병

◉주변 인물
진 황후, 위자부, 한 무제 등

◉키워드
혁혁한 전공

◉중대 사건
원수2년, 4년 흉노에 대패

◉고사
봉랑거서封狼居胥,
흉노를 멸하지 않으면 집을 세울 수 없다[匈奴未滅, 何以家爲]

◉이야기 출처
『한서』「위청 · 곽거병전衛青·霍去病傳」

衛青 霍去病

위청, 곽거병 : 놀라운 공을 세운 장수들

이광은 뛰어난 전쟁 논리로 이름을 날린 것에 비해 전쟁 중에 공을 많이 세우진 못했다. 반면 황제 집안의 권속이라는 그리 영예롭지 않은 신분이었던 위청과 곽거병은 여러 차례 놀라운 공을 세워 그 명성을 널리 날렸다.

위청의 아버지 정계鄭季는 하급 관리의 신분으로 평양후 조수曹壽의 집에서 일했다. 그때 위衛 씨 성을 가진 시녀와 정을 통해 위청을 낳았다. 위 씨 여인은 원래 위장군衛長君과 위자부衛子夫라는 아들과 딸을 둔 사람이었다. 위청은 사생아로, 정 씨 집안 사람들에게 대접도 받지 못한 채 하루 종일 양이나 치며 온갖 고생을 다했다. 당시 누군가 그의 관상을 봐주며 귀인이니 훗날 제후로 봉해질 것이라고 말하자, 위청은 이렇게 대답했다.

"내 평생 매질 당하지 않고 욕이나 먹지 않으면 충분한데, 제후 자리를 바랄 수나 있겠습니까?"

훗날 위자부는 한 무제의 총애를 받아 진陳 황후의 질투의 대상이 되었다. 위자부가 부인夫人의 자리에 올랐을 때 위청은 태중대부太中大夫가 되었다. 원광元光 6년(기원전 129년) 무제는 위청을 거기장군에 임명하고, 이광, 공손오 등에게 각각 군대를 맡겨 흉노로 출정하게 했다. 이 전쟁에서 아무도 공을 세우지 못했지만, 오직 위청만이 적군 7백여 명을 죽여후(侯: 고대 작위 중 두 번째)로 봉해졌다. 군사적 공적을 세우는 데 첫발을 내딛은 것이다. 이듬해 위자부가 아들을 낳아 황후로 봉해졌다. 그해 가을 위청은 3만 명의 기마병을 이끌고 안문으로 나가 흉노를 공격해 수천 명의 머리를 베어왔다. 이듬해에는 다시 운중으로 나가 농서에 도착해 수천 명의 포로를 사로잡고 1백만 마리의 생축을 잡아왔다. 또 백양, 누번왕 등을 격퇴시키고 황하 이남 지역을 빼앗아 삭방군朔方郡으로 삼았다. 무제는 3천8백 호를 위청에게 하사하며 장평후長平侯로 임명했다. 그러나 흉노는 계속해서 한나라 변경을 침략해 수많은 사람들을 죽여버렸다.

원삭元朔 5년(기원전 124년) 봄, 위청은 3만 명의 기마병을 이끌고 다시 한 번 흉노로 출정했다. 그때 흉노의 우현왕右賢王은 한나라 군대가 습격하리라고 예상하지 못했기 때문에 술을 마시고 만취해 있었다. 한나라 군대는 밤에 흉노 진영을 습격해 승리를 거두었고,

우현왕은 애첩 한 명과 1백여 명의 기마병만을 이끌고 포위를 뚫고 북쪽으로 도망쳤다. 한나라의 경기도위輕騎都尉 곽성郭成 등이 수백 리를 쫓아갔지만 우현왕을 잡지는 못했다. 한나라군이 변경 지역에 도착하자 무제는 사자를 보내 위청을 대장군으로 삼고 8천 7백 호의 식읍을 더 하사했고 여러 장수들에게도 상을 내리고 강보에 싸인 위청의 아들까지도 제후로 봉해주었다.

이듬해 봄, 위청은 이광 등을 이끌고 정양定襄으로 가 수천 명의 목을 베었다. 한 달쯤 지나서 다시 출병해 1만여 명을 베었다. 그러나 소건, 조신趙信은 3천여 명의 기마병을 이끌고 나갔다가 흉노 대군과 맞닥뜨려 하루 이상을 고전하고는 결국 군사 대부분을 잃었다. 소건의 부하들은 모두 섬멸당해 소건 홀로 도망쳐왔다. 위청이 수하들에게 소건이 무슨 죄에 해당하는지 물었다. 의랑議郞 주패周霸가 대답했다.

"소건은 군대를 버리고 도망쳐 왔으니 참수하여 장군의 위엄을 보이는 것이 마땅할 것입니다."

그러자 위청이 말했다.

"그것은 옳지 않네. 내 비록 장수의 목을 벨 수 있는 직책이기는 하나, 그 권한을 천자께 돌려드려 신하된 자는 권력을 독점해서는 안 된다는 것을 보이는 것이 더 좋지 않겠나?"

모두들 찬성하자, 위청은 소건을 구금했다. 그해 위청의 군사 전황은 그리 좋지 못했다. 그러나 곽거병은 첫 출병에서 경기병 8

백 명을 이끌고 위청의 주력 부대를 떠나 수백 리를 진격하였고, 2천여 명을 죽이고 포로로 삼아 황제의 극찬을 들었다. 그해 곽거병은 제후로 봉해졌다.

곽거병의 출신도 위청과 비슷했다. 그는 위청과 동모이부同母異父 누나인 위소아衛少兒의 아들이었다. 그러니까 위청은 곽거병의 숙부가 된다. 일찍이 곽중유霍仲孺는 위소아와 몰래 정을 통해 곽거병을 낳았다. 훗날 위자부의 신분이 고귀해지자 위소아는 진장陳掌이라는 관리에게 시집을 갔다. 곽거병은 황후의 외조카의 신분으로 18세에 시중이 되었다. 곽거병은 표요교위票姚校尉가 되었다가 관군후冠軍侯로 봉해졌고, 다시 표기장군票騎將軍으로 임명되었다. 순열荀悅은 『한기漢紀』에서 곽거병을 표요票鷂라고 기록했는데, 안사고顔師古는 표요에 대해 강하고 날쌘 외모라고 주석을 달았다. 즉, 표요는 재빠르고 날쌔게 비행하는 새 종류로 곽거병에게 매우 적합해 보인다.

원수元狩 2년(기원전 121년), 곽거병은 표기장군으로서 1만 명의 기마병을 이끌고 농서로 가 대승을 거두었다. 그해 여름 곽거병과 공손오, 이광 등이 출사했다. 이광은 부하 중 절반 이상이 목숨을 잃었고, 또 그만큼의 흉노족을 죽여 그 전쟁에서 공과 과실이 같았지만, 곽거병은 다시 큰 공을 세웠다. 흉노족 선우는 수하의 혼야왕渾邪王이 여러 차례 전쟁에서 패하자 분노해서 그를 불러 죽이려 했다. 그러자 혼야왕은 한나라에 투항하려 했고, 무제는 곽거병을 보내 그를 맞이하게 했다. 한나라 군대를 보자 많은 장수들이 투항을 거부했다. 곽거병은 흉노군으로 뛰어들어가 투항하지 않으려는 약 8천여 명을 베고 수만 명의 투항을 받아냈다. 그해 흉노족에서는 이런 슬픈 노래까지 만들어졌다.

"기연산祁連山에서 내가 망하니 내 육축六畜이 불지 않고, 언지산焉支山에서 나를 잃으니 내 여인들의 낯빛이 사라지네."

본래 언지산에서 생산되는 붉은 염료는 당시 흉노 여인들이 쓰던 고급 화장품인데, 연지臙脂도 여기서 유래되었다. 혼야왕이 바친 땅은 지금의 하서 회랑〔河西走廊〕 지대이다.

원수 4년(기원전 119년) 봄, 위청과 곽거병은 각각 5만 명의 기마병을 이끌고 다시 흉노로 출정했다. 이 전쟁에서 흉노족은 투항해온 조신의 말을 듣고 한나라의 운송 수준이 낙후해 보급품을 보충하는 것이 매우 어려우리라 생각했다. 워낙 진지가 멀어 오래 행군할 것이니 한나라 군사들이 피곤할 때 공격하면 된다고 여긴 것이다. 그러나 이게 웬일인가? 용맹하고 전쟁에 능란한 위청은 정예병을 이끌고 여러 어려움을 극복하며 머나먼 사막을 건너왔고, 경기병을 이끌고 조신성(趙信城: 지금의 몽고蒙古 항애산杭愛山 남쪽 부근)까지 추격해 흉노족 창고에 비축되어 있던 양식을 빼앗고 1만여 명의 목을 벤 후 성을 불태우고 돌아왔다. 곽거병은 그 전쟁에서 국경 2천 리 밖으로 나가 가벼운 수레와 준마를 끌고 큰 사막을 넘어 낭거서산狼居胥山에서 봉제封祭를 올리고 고연산姑衍山에서 선제禪祭

를 올린 후 사막을 행군했다. 그곳에서 포로 7만여 명을 죽이고 선우와 그의 궁정을 고비 이북까지 몰아냈다.

위청은 젊은 시절의 경험으로 매우 침착하고 겸손하였다. 어느 해 그가 전쟁에서 돌아오니 공과 실이 같았다. 그때는 왕 부인이 황제에게 매우 총애를 받는 상황이었다. 그때 영승甯乘이 위청에게 말했다.

"지금 나리께서는 공로가 크지 않음에도 1만 호의 식읍을 받았고 세 아들 모두 제후가 되었습니다. 이는 나리의 누님이신 위자부께서 총애를 받았기 때문이고, 지금은 왕 부인이 총애를 받고 있지만, 그 종친들은 아직 부귀를 누리지 못하고 있으니 천금을 왕 부인 어머님의 생신 선물로 드리십시오."

위청은 영승의 말에 따라 금 5백 근을 왕 부인의 어머니에게 보냈다. 무제는 그 일을 듣고 크게 기뻐하며 영승을 동해도위東海都尉로 선발했다. 한 번은 소건이 위청에게 말했다.

"천하의 사대부들은 높은 자리에 큰 권력까지 가진 장군을 칭송하지 않습니다. 그러니 고대 명장들을 본받아 현자들을 모아 인재를 천거해 명성을 널리 떨치소서."

위청이 대답했다.

"위기魏其, 무안후武安侯가 빈객을 후대한 뒤로 천자께서는 이를 갈며 그를 증오하셨소. 사대부를 가까이 하고 현자를 모으며 품성이 좋지 못한 자를 없애는 것은 천자의 권리요. 신하된 자는 법을 지키면 충분한 것이오."

물론 그 역시 큰 교훈을 얻었다. 일찍이 무제는 지방 세력을 약화시키기 위해 부호들을 무릉茂陵으로 이주시켰다. 그때 대협大俠 곽해郭海는 명성이 높아 집안에 여유 재산이 없음에도 불구하고 이주 명단에 들어가게 되었다. 위청은 황제를 찾아가 사정을 말했지만 무제는 딱 잘라 대답했다.

"일개 평민인 백성을 위해 대장군이 나서서 사정을 하는데, 어찌 돈이 없다 할 수 있겠소?"

위청은 그때 자신이 할 수 있는 일만 해야 한다는 것을 깨닫고 더더욱 행동을 조심했다. 그에 비해 곽거병은 제멋대로에 거침이 없었으며, 전쟁을 할 때도 고대 병법에 대해서는 배우지 않아 무지했다. 한 번은 무제가 오자吳子와 손자병법孫子兵法을 곽거병에게 가르치려고 하자, 그는 단칼에 거절했다.

"전쟁은 계획과 책략이면 충분하오니 고대 병법을 배울 필요는 없사옵니다."

그러나 곽거병은 나라의 대업만은 마음에 품고 있었다. 한 무제는 곽거병을 위해 집을 짓다가 곽거병을 불러 보여주었다. 그때 곽거병이 대답했다.

"흉노를 멸하기 전에는 집을 세울 수 없사옵니다."

이 격양된 말은 1천 년이 지난 후에도 깊은 영향을 미쳤다. 민첩하고 용맹하며 과감했고 걱정이나 망설임이 없었으나 병사와 선비를 아끼지 않았다. 그는 출정할 때도 지나치게 많은 양식을 챙겨가서 군대가 철군할 때도 음식이 남았지만, 그의 병사들은 배불리 먹지 못할 때가 많았다. 변경 밖에서 병사들은 먹지 못하고 피곤에 지쳐 있을 때도 곽거병은 임시 구장球場을 짓고 공을 차게 해 유흥을 즐겼다. 손자병법은 '병사를 아기처럼 돌보면 함께 깊은 계곡을 건널 수 있고, 병사를 사랑하는 자식처럼 보면 그와 함께 죽음도 불사한다'고 적고 있다. 그러나 곽거병은 정반대의 사례로서 세상의 모든 일이 천편일률적이지 않음을 알 수 있다.

원수 6년(기원전 117년), 곽거병이 병으로 죽으니 그의 나이 겨우 스물 셋이었다. 무제는 그의 공적을 기념하기 위해 기연산의 모양을 본떠 그를 위한 무덤을 지어주었다. 11년 후 위청이 죽었으나 그의 향년이 몇 년이었는지는 모른다.

漢書 들여다보기

진 황후는 한 무제가 과거 '아교를 얻으면 금으로 만든 집을 지어 살게 하겠다'고 했던 그 아교('금옥장교'란 사자성어도 여기서 나왔다)의 대상이다. 그녀는 한 무제의 사촌 여동생으로 그녀의 어머니는 한 무제의 고모이다.

기병용騎兵俑

진 황후

◉ 주요 인물
동중서

◉ 주변 인물
한 무제, 주부안, 여보서, 공손홍

◉ 키워드
대유大儒, 청렴 정직

◉ 중대 사건
백가百家를 배척하고 유가儒家 만을 중시하다

◉ 고사
삼년불규원三年不窺園

◉ 이야기 출처
『한서』「동중서전董仲舒傳」

董仲舒

동중서 : 유가로 통일된 사상을 수립한 대유학자

걸출한 시대에 자신만의 철학이 빠질 수 없는 법이다. 동중서는 광천(廣川 : 지금의 하북 경현景縣 서남쪽) 출신으로 문제에서 무제에 이르는 시기의 한나라 유학의 대가였다. 그는 어려서부터 연구에 힘썼고 『춘추공양전春秋公羊傳』을 연구해 이름을 날렸다. 그 후 「천인삼책天人三策」이란 상주문을 써서 무제에게 올려 상을 받았고, 『춘추번로春秋繁露』라는 책을 저술하였다. 그의 사상은 『춘추春秋』를 기초로 음양오행陰陽五行을 융합한 것으로 옛 유가 사상을 천명하고 선양해 한나라 유교의 문을 열고 그 기초를 다졌다.

동중서는 수많은 학생들을 거느렸으며, 유명한 사학자 사마천도 그에게 배웠다. 장막을 치고 학생들을 가르치는데, 학생들은 실력의 깊이에 따라 서로 학문을 전수하므로 그의 얼굴조차 보지 못한 제자도 있었다. 동중서는 3년 동안 창밖에 있는 정원을 한 번도 내다보지 않아 '목불규원目不窺園'이란 성어까지 생겨났다.

무제는 즉위 후 현량방정과賢良方正科를 실시해 천하의 인재를 불러모았다. 동중서는 현량의 신분으로 「천인삼책天人三策」이라는 세 가지 대책으로 무제의 인정을 받았다. 사람이 옳은 마음으로 일하면 하늘도 응한다는 '천인감응天人感應'과, 군주의 권력은 하늘이 내리신 것이라는 '군권신수君權神授', 군주가 잘못하면 하늘이 꾸짖는다는 '천견론天譴論'으로, '백가百家를 배척하고 유가儒家만을 중시'해야 한다는 사상이다.

한 무제는 첫 번째 조서에서 이렇게 물었다.

"하夏, 상商, 주周 세 나라는 하늘의 명을 받았다는데, 그들이 근거로 한 부명符命, 즉 하늘이 제왕에게 내린 징조는 무엇이오? 천지간 재이災異가 생기는 원인은 또 무엇이오?"

동중서는 대책 중에서 '천견론'을 들어 대답했다.

"소신 『춘추』를 보며 이전의 역사들을 살펴보니 하늘과 인간사는 서로 연관되어 있고, 천명은 두려운 것임을 알게 되었사옵니다. 나라를 제대로 다스리지 못하면 하늘은 여러 재난을 일으켜 세인들에게 경고하고 견책하였사옵니다. 그래도 세인들이 잘못을 뉘우치지 않으면 하늘은 여러 괴이한 일들을 일으켜 인간들을 두렵게 하여 경고했사옵니다. 그래도 달라지지 않으면 하늘은 패망의 징조를 잇달아 보냈사옵니다. 하늘은 너그러운 군왕의 마음을 가지고 있어 인간 세상의 재난과 변란을 저지하려 함을 알 수 있사옵니다."

동중서는 또 나라를 오랫동안 태평하게 하려면 반드시 유교의 '예악을 통한 교화'를 실현해야 한다고 주장했다.

"무릇 군주란 하늘의 뜻을 이어받아 인간 세상에서 일하는 자로, 덕으로 백성을 교화해야 하옵니다. 형벌을 남용해서는 아니 되며, 형벌은 치세에 적합하지 않사옵니다."

그래서 그는 '교화敎化'를 통해 천하를 다스려야 한다고 건의했다. 백성을 교화하기 위해서는 장안에 태학太學을 세우고 지방에는 상서庠序를 세워야 한다고 주장했다. 이어서 그는 진나라가 법가 사상에 의거해 나라를 다스렸던 폐단을 지적하면서, 진나라 역사를 살펴보면 법령이 많아지면 간사한 자도 많아진다는 사실을 증명해준다고 주장했다.

동중서의 첫 번째 대책은 당시 한나라 조정이 정치적으로나 사상적으로 봉건 통치를 공고히 하려던 계획에 부합했고, 당시 정치적 최고 수장이었던 한나라 무제의 마음에 꼭 들었다. 그래서 무제는 두 번째 조서를 내려 동중서에게 정치적 견해를 글로 써서 '짐의 뜻'으로 공표하라고 명령했다. 과분한 황제의 총애에 몸둘 바를 모르던 동중서는 급히 두 번째 대책을 써냈다. 그는 진일보하여 삼대(하, 상, 주)에 걸친 역사적 경험을 정리했다. 그리고 진 왕조가 형법으로 천하를 다스렸던 것을 지적하며, 도를 넘어선 세금 징수는 간사한 자가 끊이지 않는다는 교훈을 얻고, 덕으로 다스리는 인재를 배양하기 위해 다시 한 번 태학을 설립해 교화의 근본으로 삼아야 한다고 건의했다. 그는 황제가 자세히 묻자, 출중한 인재를 얻는다면 세 왕조 중 가장 뛰어난 치세를 펼칠 수 있으리라 말하는 한편, 황제의 명성도 요, 순 시대보다 더 칭송받을 수 있게 될 것이라 하였다.

무제는 이 2가지 대책을 모두 칭찬하면서, 특히 천인감응 사상을 가장 마음에 들어했다.

"짐은 하늘의 일을 잘 말하는 사람이 인간의 일을 증명할 수 있고, 고대의 일을 잘 아는 사람이 현재에 영향을 줄 수 있다 들었소. 그래서 짐이 하늘과 사람이 상응하는 일에 대해 물었고, 역사에서 교훈을 얻었으니 앞으로 모든 일과 행위를 바로 잡을 것이오. 대부께서 나라를 다스리는 이치에 대해 말씀하시며 역사적으로 치세가 어지러웠던 원인을 일러주었으나, 다시 한 번 확실하게 설명해주시오. 짐이 직접 그것을 읽고 생각해보겠소."

세 번째 대책에서 동중서는 몇 년 동안 깊이 생각했던 자신의 철학적 관점과 정치사상을 정중하게 제시했다.

'도(道, 이치)의 큰 근원은 하늘에서 나옵니다. 하늘이 변하지 않으면 도 역시 변하지 않는 것이옵니다.'

그는 한 무제가 불변하는 하늘의 이치인 도를 끝까지 견지하기를 소망했다. 불변하는 하늘의 도 아래서 군주와 신하, 아버지와 아들, 남편과 아내, 형제가 엄격하고도 질서정연한 존비尊卑 관계를 수립하고, 귀천의 차이를 주어 조정의 자리와 의복을 다르게 하며, 향당鄕黨에 서열을 만들어 영원한 봉건 질서를 지켜나가야 한다는 내용이었다.

그는 또 무제에게 정치적으로 통일된 사상을 제시하였다. 고금을 막론하고 『춘추』의 대일통大一統은 천지의 윤리 경전으로 통하는 것이며, 또 제왕은 통일된 총 원칙 하에서 사상을 통일해야 한다고 주장했다. 유가의 육경六經인 『예기』, 『악기』, 『서경』, 『시경』, 『역경』, 『춘추』와 공자의 사상 이외의 학설은 없애고 금지하여, 다시는 존재하지 못하도록 해야 한다는 것을 강조하였다.

동중서는 『춘추』의 대일통 원칙에서 출발하여 황제의 지고무상의 권력을 보호하고, 유가의 사상을 이용하여 봉건 통치 질서를 유지하고자 했다. 봉건 사회의 발전에서 동중서의 사상적 원칙은 봉건 중앙 집권 제도를 강화시켰을 뿐 아니라, 종법제의 기초 위에 봉건 지주 경제를 발전시키려던 요구에 잘 부합하였다. 이것은 무제가 동중서의 3가지 대책을 받아들일 수 있었던 근본적인 이유이기도 하다.

동중서의 '천인삼책'이 아주 마음에 들었던 무제는, 동중서를 일반 박사에서 강도江都의 재상으로 임명했다. 강도왕 유비劉非는 무제의 이복형으로 제멋대로였고, 교만하고 사치스러우며 방종하고 방탕하였으나, 동중서가 황제까지도 인정하는 대유학자인 것을 알고 매우 존중했다. 얼마 후 무제는 다시 조서를 내려 전국에 공자의 사상을 널리 알리고 학당을 위한 관청을 만들고 주군州郡에서 청렴한 인재를 천거하였는데, 유교 숭상 정책은 한 무제 때 사상 영역에서 매우 중요한 특징으로, 앞으로의 봉건 사회에 매우 깊은 영향을 남기게 된다.

동중서는 『춘추』에 대해 저술한 몇십 편의 글과 무제에게 올렸던 상소(천인삼책) 외에 『공양동중서치옥公羊董仲舒治獄』 16편과 『춘추번로繁露』 82편(현존하는 것은 79편이다), 그리고 『치옥(治獄: 춘추결옥이라고도 불림)』 16편을 편찬하였고, 유가의 경전, 특히 『춘추』의 정신과 사례를 판결의 근거로 삼았다.

동중서는 처음으로 '춘추결옥春秋決獄'을 제창한 유학자로 『춘추』의 내용을 근거로 범죄 여부를 판가름하고, 『춘추』 정신에 부합하지 않거나 위배되는 행위는, 그것이 위법이 아니거나 그것을 심판할 만한 법률 조항이 없을지라도 범죄로 판결하도록 했다. 또 법률 규정에 따르면 가벼운 형벌을 받고 끝날 일도 『춘추』의 정신에 위배되면 중형을 받기도 하였으므로, 『춘추』의 의미를 기준으로 삼아야 함을 강조하면서 그 마음가짐에 따라 죄를 논하는 '논심정죄論心定罪'를 주장한 것이다. '춘추결옥'은 유가 사상을 봉건 심판의 지도 사상으로 삼자고 주장한 것이지만, 사실상 유가 경전을 법률화한 것이나 다름없었다.

『춘추번로』에서 동중서는 한 발 더 나아가 천인합일天人合一, 군권신수, 양존음비陽尊陰卑 및 삼강오상三綱五常 등의 사상 체계를 보여주었다. 우주관은 '하늘과 사람이 함께 한다〔천인상여天人相與〕'는 '천인합일'설을 주장하고, 하늘과 사람은 서로 통하는 것으로 하늘은 의지가 있는 최고의 인격신人格神으로 자신의 형상을 따라 사람을 창조했다고 생각했다.

예를 들어, 하늘에 태양과 달이 있듯이 사람에게는 눈이 있고, 땅에는 산과 강이 있듯이 인간에게는 골격과 혈관이 있다는 것이다. 인간의 도덕적 품행과 희로애락, 나라의 경사와 흉사, 형벌 역시 모두 하늘의 각기 다른 것들과 밀접한 관계가 있어서, 인간의 품행은 천리天理의 변화에서 오는 것이며, 인간이 좋아하고 싫어하는 것은 하늘의 따뜻하고 찬 기후 변화에서 비롯되고, 또 사람의 기쁨과 노여움 등의 감정은 하늘의 겨울과 여름의 변화에서 오는 것이라 믿었다. '하늘과 사람이 함께 한다'는 신학 목적론에서 출발해 군권君權, 즉 황제의 권한은 신이 내린다는 이론으로 이어졌다. 황제는 지고무상의 존재로 인간 세상의 생사를 주관할 권리를 가졌으니, 무조건적으로 황제에게 충성을 다하고 복종해야 한다는 것이다. 군주는 위엄과 덕, 권력을 한 몸에 가지며, 다른 사람에게는 나눌 수 없는 것이라고 주장했다. 또한, '군주를 악하다 하지 못하고, 신하를 선하다 하지 못하며, 선은 모두 군주에게 돌리고, 악은 모두 신하에게 돌린다'는 논리를 펼쳐 법가적인 냄새를 강하게 풍기기도 했지만, 진일보된 '천견론'을 제시하여 음양재이陰陽災異로서 황제를 경계하였다. 그는 군주가 직권을 남용하고 백성들의 이익을 해치면 하늘의 꾸지람을 받게 될 것이라는 것이었다. 가벼운 경우에는 가뭄이나 홍수와 같은 재난을 내려 경고할 것이나, 경고에도 잘못을 되돌리지 않으면 하늘은 더욱 기이한 일이 일어나도록 할 것이며, 산사태나 지진처럼 더 강한 벌로 경고한다. 재이의 경고에도 죄를 뉘우치지 않으면 큰 환란이 닥쳐온다는 재이설은 미신에 가까워 보인다. 그러나 황제가 절대 권력을 쥐고 어떤 제한도 받지 않던 봉건 사회에서는, 하늘의 뜻을 들어 군주를 경계하고 간언해 황권을 제한하는 것이 가장 근거 있고 효과적이며 간단한 방법이었다고 할 수 있을 것이다.

동중서는 또 음양오행 학설을 받아들이고, 거기에 약간의 억지를 더해 양존음비론과 삼강오상론이란 학설을 내놓았다. 그는 하늘에는 음陰과 양陽이라는 두 기가 있는데 각자의 역할이 다르다고 주장했다. 양은 주로 살리고 음은 주로 죽이는 것이며, 양은 주로 덕을 의미하고, 음은 주로 형벌을 의미한다. 양은 광명을 나타내고, 음은 흑암을 나타내며, 양은 온난함을, 음은 한랭을 의미한다. 양은 주는 것을, 음은 빼앗는 것을 의미하고, 양은 기쁨을, 음은 우울함을, 양은 너그러움을, 음은 위맹威猛을 의미한다고 하는 등 매우 다양했다.

그는 이 이론에서 하늘은 살리는 것을 좋아하고 죽이는 것을 싫어하며 덕을 좋아하고 형벌을 싫어하니 양을 높이고 음을 낮춰야 한다고 주장했다. 이런 억지스러운 출발에서 동중서는 임금과 신하, 아버지와 아들, 남편과 아내 사이도 음양의 이치를 따라야 한다고 주장했다. 군주는 양이요, 신하는 음이며, 아버지는 양이요, 아들은 음이고, 남편은 양이요, 아내는 음이라는 것이었다. 이런 논리에서 군주를 높이고 신하를 낮추며〔君尊臣卑〕, 아버지를 높이고 아들을 낮추며〔父尊子卑〕, 남편을 높이고 아내를 낮춘다〔夫尊妻卑〕는 결론을 도출하였으니, 군위신강君爲臣綱, 부위자강父爲子綱, 부위처강夫爲妻綱이란 삼강론三綱論을 내놓았다. 그는 '왕도의 삼강은 하늘에 구한다'고 주장하였다. 이렇게 인간 세상의 봉건 논리 관계와 정치 관계의 신학화 및 신성화를 이루었으며 침범할 수 없는 권위성을 부여했던 것이다. 군신과 부자, 부부 관계를 조정하기 위해 동중서는 군주된 자는 '인의예지신'이라는 오상五常의 도리를 반드시 정비해야 한다고 강조하여, 중국 사회를 수천 년간 통치해온 '삼강오상'의 정치 논리적 학설은 이렇게 동중서를 통해 완벽한 체계를 갖추었다.

동중서는 이론적으로 '춘추결옥'과 '재이' 등의 학설을 제시했을 뿐 아니라, 몸소 이를 실천하려고 애썼다.

건원建元 6년(기원전 135년), 요동의 고조 사당과 장릉長陵의 고원高圓 편전에서 잇달아 화재가 발생했다. 동중서는 이것이 '재이'라 여기고 다음과 같은 상소를 작성하여 무제에게 올리고자 하였다.

'고조 황제의 사당과 고원의 화재는 평범하지 않은 일로, 하늘이 황제 폐하께 그 뜻을 전한 것이옵니다. 한 왕조가 진나라의 폭정을 답습해 나라가 아직 어진 정치로 다스려지지 못했음에도, 황족과 친족, 근신들에게서 사치스럽고 방탕하며 음란하고 방자한 잔혹한 행위들이 나타나고 있지 않습니까? 폐하께서는 필히 이들을 엄벌로 다스리시고, 과감히 결단하시어 안팎의 일부 제후와 대신들을 주살하소서. 그리 하지 않으면 천하는 제대로 다스려지지 못할 것이옵니다.'

그러나 무슨 일인지는 알 수 없으나, 이 상소문은 계속 황제에게 올라가지 못하였다. 인생에서는 공교로울 정도로 놀라운 우연이 일어나기도 한다. 한 번은 주부언主父偃이 동중서를 찾아왔다가 그 상소문을 보고, 상소문에서 비난하고 있는 '근신'에 자신도 포함된다고 여겨 불만을 품게 되었다. 그래서 그 상소문을 훔쳐 무제에게 갖다 바쳤다. 무제는 몇 사람을 불러 모아 의논하였는데, 동중서의 제자 여보서呂步舒는 스승의 글을 읽어보지도 않고 '매우 어리석은 짓'이라며 호되게 비판을 가하였다. 동중서는 그 일로 사형을 언도받았지만 요행히 무제에게 사면을 받았다. 그때부터 그는 감히 재이설을 실제 정치에 대입시키지 못하였다.

동중서에 대한 『한서』의 기록을 보면, 무제 때 '세상사에 정통하고 성문법을 익혀 깨우치고 관리의 일을 고쳐 쓴' 3명의 '기록할 만한 관리' 중의 하나로 꼽고 있다. 그러나 역사서에는 이런 평가에 대한 구체적인 증명 자료는 제시되어 있지 않다. 이것은 그의 인품과 성격과 관계가 있다. 그는 청렴하고 정직한 성격으로 세상에 영합하거나 아부할 줄 몰랐으며, 당시 또 다른 유가 학자 공손홍과는 확연한 대비를 이루고 있다.

공손홍 역시 『춘추』를 연구한 학자로 학식과 견해는 동중서와 거의 비슷하다. 그러나 그는 동중서처럼 학자형의 유학자라기보다는 관료형의 인물이었다. 그는 속이고 꾸미며 포장하여 군주의 취향에 맞추어 한 무제에게 큰 쓰임을 받았다. 현량을 뽑고 얼마 후 그는 구경이라는 높은 자리까지 올랐으며, 곧이어 재상으로 임명되고 제후로까지 봉해졌다. 동중서는 공손홍이 상부의 비위를 맞추는 것을 비판하였는데, 이는 '겉으로는 너그러우나 속으로는 꽁한' 성격을 가진 공손홍의 미움과 복수심을 불러일으키고 말았다. 그때 마침 2천 섬을 받는 관리들에게 매우 엄한 교서왕에게 재상이 부족하다는 말이 들려왔다. 공손홍은 즉시 무제에게 말했다.

"동중서만이 교서의 재상을 할 수 있사옵니다."

그리하여 동중서는 어쩔 수 없이 험악한 제후국으로 가 관직을 맡았다. 교서왕 유단劉端 역시 무제의 이복형이었으나 음험하고 괴팍하기가 강도왕보다 더 심했다. 그나마 이 우둔하고 포악한 왕도 동중서가 보통 속리俗吏가 아니라 매우 보기 드문 대유학자라는 것을 알았으므로 잘 돌봐주었다. 동중서는 하늘과 사람에 통달한 사람이라 교서가 평범하지 않은 땅이니 오래 머물면 좋지 않음을 잘 알고, 서둘러 병을 핑계로 황급히 사직하고 집으로 돌아와 학문 연마와 저술로 나날을 보냈다. 그러나 조정에서는 의논할 만한 큰 일이 생기면 사자를 보내 동중서의 의견을 물었다. 그 후 연로해진 동중서는 집에서 병으로 생을 마감했다.

漢書 들여다보기

유가의 창시자인 공자는 『춘추』를 극진하리만치 숭상했다. 『사기』에는 공자가 『춘추』를 수정하면서 넣을 것은 넣고, 뺄 것은 뺐다고 기록하고 있다. 또 공자는 '후세 중에 구(丘: 공자의 이름)를 아는 사람은 『춘추』로서 알 것이오, 구를 탓하는 사람도 『춘추』로서 할 것이다'라고 하였으며, '『춘추』의 올바른 이치는 천하의 난신과 도적들을 두려워하게 한다'고 말했다.

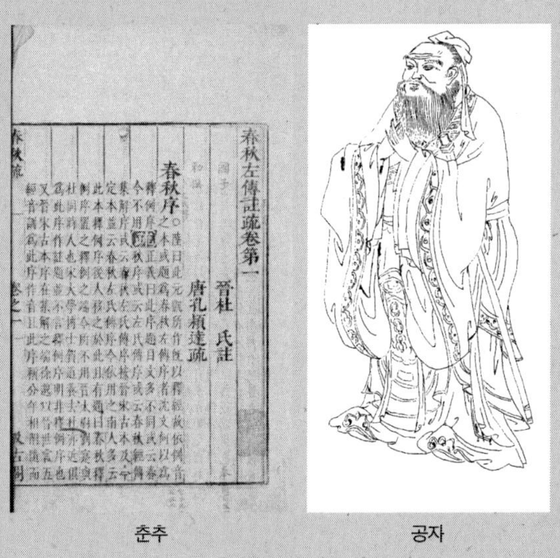

춘추　　공자

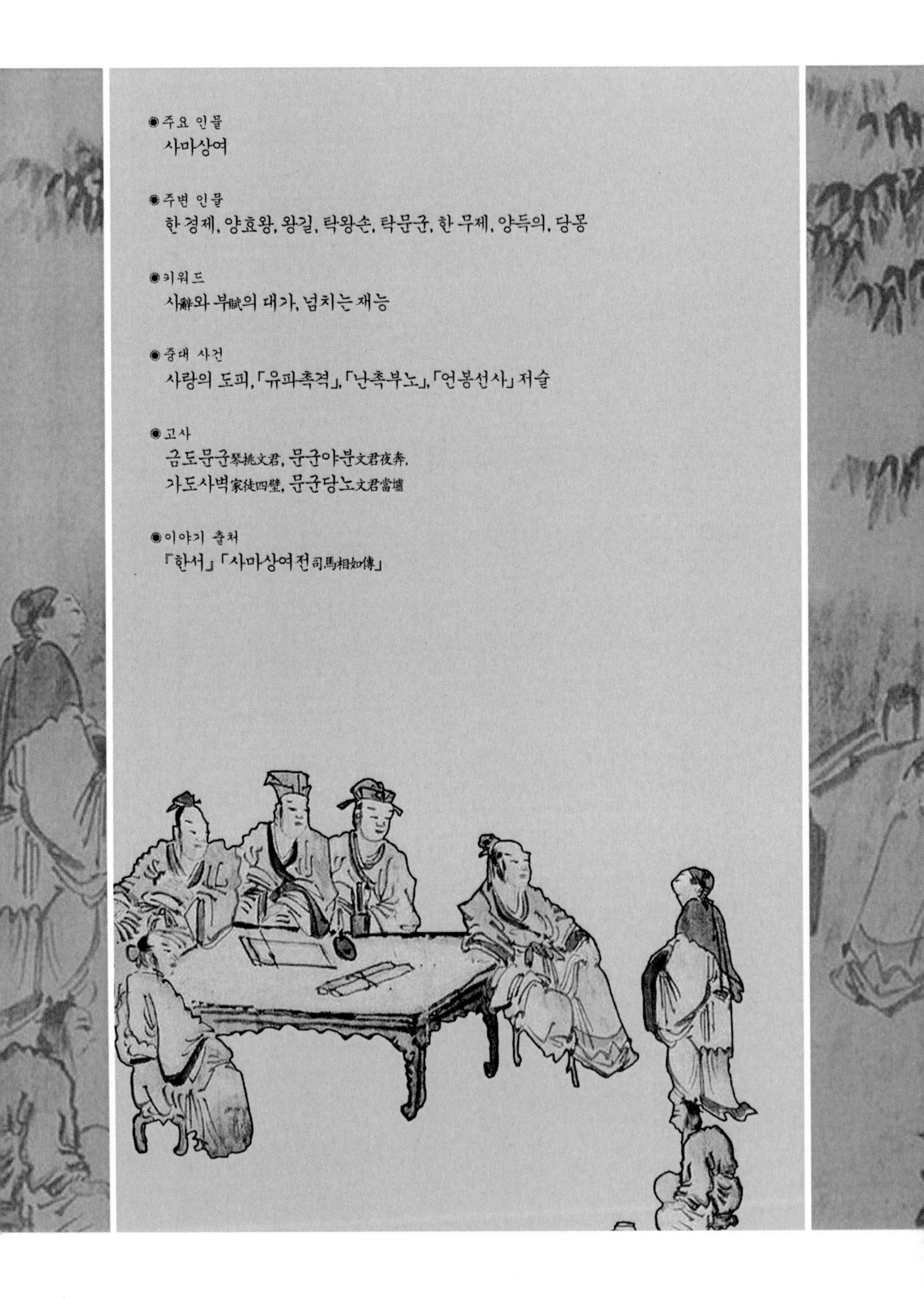

◉ 주요 인물
사마상여

◉ 주변 인물
한 경제, 양효왕, 왕길, 탁왕손, 탁문군, 한 무제, 양득의, 당몽

◉ 키워드
시辭와 부賦의 대가, 넘치는 재능

◉ 중대 사건
사랑의 도피, 「유파촉격」, 「난촉부노」, 「언봉선사」 저술

◉ 고사
금도문군琴挑文君, 문군야분文君夜奔,
가도사벽家徒四壁, 문군당노文君當壚

◉ 이야기 출처
『한서』 「사마상여전司馬相如傳」

司馬 相如

사마상여 : 팔방미인

사마상여는 현재 일반 사람들에게는 걸출한 문학가로 알려져 있다. 구체적으로 말하면 그는 한나라 사辭와 부賦의 가장 큰 성과를 나타낸 대표 인물이다. 그러나 그가 스스로 생각하기를 문학은 그의 가장 높은 이상일 뿐, 그의 전부라고 생각하지는 않은 듯하다. 사실 그는 진정한 팔방미인이었기 때문이다.

사마상여(기원전 179~118)의 자는 장경長卿으로 성도成都 사람이다. 그는 어려서 견자(犬子: 개똥이)라고 불렸는데 글을 즐겨 읽고 검술을 좋아했다. 그는 전국시대 인상여藺相如의 위인됨을 동경했기 때문에 훗날 사마상여라고 개명했다.

부잣집에서 태어난 그는, 집안에서 10만 전을 내주어 낭관의 자리에 올랐다. 그러나 자신은 그런 직무에 별로 흥미를 느끼지 못했다. 이 젊은 청년은 문학에서 놀라운 업적을 이루고 싶어 했지만, 그 당시 그의 일상은 무기상시武騎常侍의 임무를 맡아 늘 황제의 사냥에 쓰이는 짐승들을 길들이며 육박전을 벌이는 날이 허다했다. 그러나 그가 모시던 한 경제는 사와 부를 매우 좋아했으므로, 재능을 발휘하지 못하는 절망감을 배로 느끼게 만들었다. 훗날 양梁 효왕孝王이 글재주가 뛰어난 문인들인 추양鄒陽, 매승枚乘, 장기莊忌 등을 거느리고 황성에 황제를 알현하러 왔다.

사마상여는 단번에 그들에게 마음이 사로잡혀 밤낮없이 함께 어울리며 대화를 나누며 최고의 기쁨을 맛보았다. 병을 핑계로 관직에서 물러난 후 빈객으로 양 효왕을 다시 찾아간 사마상여는 몇 년 동안이나 옛 친구들과 문학에 관한 이야기를 나누면서 「자허부子虛賦」를 지었다.

양 효왕이 죽은 후 빈객들은 살던 나무를 잃은 원숭이들처럼 각지로 뿔뿔이 흩어졌는데, 그때 사마상여의 나이 35세였다. 그가 성도로 돌아와보니 고향집은 완전히 몰락해 그에게 밥을 차려줄 사람조차도 없었다. 그러나 사마상여는 전혀 개의치 않았다. 다음의 이야기는 그가 아주 '사랑스러운' 사랑의 '무뢰배'라는 것을 여실히 보여준다. 당시 임공(臨邛: 지금의 사천 공래邛崍)의 현령이었던 왕길王吉과 사마상여는 어려서부터 절친한 친구였다. 그들은 어릴 적 이런 약속을 했었다.

"사마장경, 네가 뜻을 이루지 못하거든 꼭 날 찾아와."

사마상여는 그래서 정말로 임공으로 갔고, 왕길은 진심으로 그를 맞아주었다. 그리고 하루에 한 번씩 꼭 그를 보러 왔다. 당시 임공성에는 부호들이 많이 있었는데, 그중 탁왕손卓王孫은 수하에 거느린 종복만 8백여 명이었고, 정정程鄭의 집안은 수백 명에 달했다고 한다. 그들은 오늘날의 부자와 같은 '고질병'이 하나 있었는데, 바로 지방 관리에게 아부하며 절친하게 지내는 것이었다. 그래서 이 두 사람은 사마상여를 식사에 초대하면서 현령 왕길도 함께 오도록 했다.

사마상여는 진작부터 갈 마음이 있었지만, 자신의 위신을 높이기 위해 몇 번이나 사양을 하였는데, 초대한 사람들의 마음이 오히려 타들어갈 지경이었다.

대청 가득 모였던 1백여 명의 손님이 차려 놓은 음식을 차마 먹지 못해 배를 곯는 상황이 되고 말았다. 많은 사람들이 현령 왕길의 눈치만 봤지만, 왕길 또한 먼저 식사를 하지 않았다. 결국 사람들은 하인을 보내 사마상여를 다시 청했다.

정오가 되어 왕길이 직접 찾아가자 어느 정도 체면치레를 했다고 생각한 사마상여는, 왕길과 같은 마차를 타고 연회에 참석했다. 큰 세계를 경험했던 사마상여는 그 우아한 풍모와 넘치는 기개로 모든 사람들의 기를 죽여버렸다. 탁왕손에게는 탁문군卓文君이라는 딸이 있었는데 그 즈음 과부가 되어 있었다. 당시에는 수절에 대한 진부한 관념이 없었기 때문에 유명한 손님이 찾아오면 창가에 기대 몰래 내다보곤 하였다. 사마상여는 일찍부터 탁문군의 아름다운 미모와 뛰어난 음악적 재능을 소문으로 들어왔었다. 사마상여는 연회에서 사람들의 간곡한 요청이 있기도 하고, 왕길에 대한 진한 우정도 표현하고 싶어서 자신의 장기인 금琴을 켜며 두 곡이나 노래를 불렀다. 그러나 그 곡의 가사는 그날의 분위기와는 너무 딴판이었다.

"봉황鳳凰, 봉황, 고향으로 돌아가라. 세상을 떠돌며 네 짝을 찾아. 아름다운 여인이 이곳에 있으나 머나먼 그리움이 내 심장을 파고드네. 어찌 원앙과 같이 만날까."

탁문군은 그 노래가 자신을 향한 것임을 알고 마음이 동했고, 혹시나 사마상여와 맺어지지 못하면 어쩌나 하는 생각까지 들었지만, 사실 이 탕아는 생계도 이어갈 수 없는 속 빈 강정이었다. 그러나 사마상여는 금을 켜며 몰래 마음을 전하는 데 만족하지 않았다. 그래서 그는 더 효과적인 수법을 썼다. 탁문군의 시종에게 뇌물을 주어 연서를 주고받으며 탁문군에게 접근했다. 안타깝게도 그 연서는 기록으로 전해지지 않았는데, 부와 사의 대가가 직접 쓴 연서가 전해졌다면 얼마나 많은 사람들의 심금을 울렸을 것인가? 탁문군은 사마상여의 이런 공세에 빠져 몸까지 주고 말았다. 그리고 부모에게 상황을 알리지도 않고 야반도주하여 사마상여의 품으로 가버렸다.

애정 문제에 대해서는 어떤 짓을 해도 사랑에 눈이 멀어 그런 것이라고 치부하기 때문에 그 누구도 비난을 할 수 없을 것이다. 그러나 사마상여는 혼인 후에도 남다른 삶을 살았다. 그때 사마상여가 탁문군과 신바람나서 성도의 고향으로 도망쳐왔으나 남은 것은 가도사벽家徒四壁, 즉 사방의 벽뿐이었다. 여인의 들뜬 마음도 냉수를 끼얹은 듯 확 식어버리고 말았다. 어느 정도 시간이 지나자 곤궁한 생활을 견딜 수가 없었던 탁문군은 인편을 보내 아버지에게 돈을 보내달라고 청했다. 탁왕손은 자신을 찾아온 사람에게 불같이 화를 냈다.

"그리 못난 짓을 한 딸을 죽이지 않는 것만도 이미 자애를 베푼 것이다. 돈은 한 푼도 줄 수가 없다!"

탁문군은 그 말을 듣고 매우 상심했다. 그러나 달리 방법이 없었다. 또 어느 정도 시간이 흐르자 탁문군은 더 이상 견딜 수가 없어 사마상여에게 말했다.

"서방님께서 저와 함께 임공에 가시면 제가 형제들에게 돈을 좀 꾸어볼게요. 그게 여기서 사는 것보다는 낫지 않겠어요? 여기서 기다리고만 있으면 뭐합니까?"

체면을 중시하는 남자가 이런 말을 들었다면 자기를 무시하는 짓이 아니냐며 매우 언짢아했을 것이다. 그러나 사마상여는 잠시 생각에 잠겨 있더니 손을 휘저으며 말했다.

"갑시다!"

그 후 그가 보여준 행동은 탁문군보다 더 심한 것이었다. 임공에 도착하자 일단 집안의 수레와 말을 팔아치우고 그 돈으로 밑천을 마련하여 술집을 열었다. 술집에서 손님들을 맞이하며 최고의 술시중 드는 기녀가 바로 당시 가장 부자였던 탁왕손의 딸 탁문군이었던 것이다. 그리고 탁왕손의 사위인 사마상여는 세 조각의 천으로 기워 만든 볼썽사나운 반바지를 입고 여러 하인들 틈에서 일하며, 설거지를 거들었다.

탁왕손은 그 두 사람 때문에 도무지 얼굴을 들고 나갈 수가 없었다. 임공시에는 널리 소문이 퍼졌다. 아마 많은 사람들은 그 근동에서 가장 부잣집 딸이 곤궁하게 사는 모습을 구경하기 위해 상여의 술집을 찾아가 술을 마셨을 것이다. 탁왕손의 친척과 종친들은 탁왕손을 설득하기 시작했다.

"자네는 아들 하나에 딸 둘 뿐이지 않은가. 돈이 없는 것도 아니고. 탁문군과 이미 정도 통하였으니 그 녀석에게 있을지도 모르는 재능이라도 생각해주게. 저 지경까지 내몰 필요까지 뭐 있겠나?"

탁왕손은 어쩔 수 없어 탁문군에게 종 1백 명과 1백만 전을 주고 혼수와 옷도 넉넉히 보내주었다. 사마상여와 탁문군은 바로 술집을 처분하고 성도로 돌아가 밭과 집을 사들이고 부유한 생활을 누렸다.

사마상여는 훗날 중앙 궁정으로 들어갔다. 그러나 그가 벼슬길에 나가게 되었던 것도 황제의 개를 키우던 동향 사람의 추천을 받은 덕분이었다. 당시 무제는 포위하여 사냥하는 것을 즐겼기 때문에, 궁중에 구감狗監이란 직책을 만들어 전문적으로 사냥개를 관리하도록 했다. 그의 이름은 양득의楊得意로 성도 사람이었다. 하루는 무제가 「자허부」를 읽다가 억누를 수 없는 감동에 찬탄했다.

"아, 이런 자와 함께 할 수 있다면 얼마나 좋을까!"

그러자 양득의가 아뢰었다.

"그 글은 소인의 동향 사람 사마상여가 자신이 쓴 것이라 하였사옵니다."

무제는 깜짝 놀라 즉시 사마상여를 불러 물었다.

"소인이 쓴 글이 맞사옵니다. 그러나 거기 쓴 글은 제후들의 일을 쓴 것으로 그리 기뻐할 것이 못되옵니다. 소신 지금 천자의 수렵과 원유에 관한 부를 지을 수도 있습니다."

무제는 붓과 종이를 대령하게 했고, 사마상여는 그 자리에서 바로 부를 써내려갔다. 화려하고 과장된 글 속에 백성을 사랑하고 정치에 힘쓰는 천자의 모습이 담겨 있었다. 이것은 전한 때 문학을 통해 황제를 찬양했던 첫 작품이었다. 무제는 그 글을 읽고 크게 기뻐하며 사마상여를 낭, 즉 궁중의 시위관으로 두었다.

수년 후 당몽唐蒙이 군대를 이끌고 나가 서남의 편벽한 땅을 개발하였는데, 파촉에서 군사 수천 명과 운송부대 1만여 명을 징집하였을 뿐만 아니라 지방 수령까지도 엄한 군법으로 다스려 목이 날아간 사람까지 나왔다. 파촉의 백성들은 두려움에 떨며 불안감에 휩싸였다. 무제는 그 일을 알고 사마상여에게 당몽을 비난하는 글을 쓰도록 했다. 그리고 백성들을 위로하고 진정시킬 포고문을 써붙이게 했다.

사마상여는 그의 놀라운 글재주를 이용해 「유파촉격諭巴蜀檄」을 써냈다. 처음에는 중국 변경 일대의 오랑캐들을 하나씩 열거한 후 그들이 왜 중토中土에서 병사들에게 귀순해오는지 설명했다. 그런 다음 서남쪽 부족들이 목을 길게 빼고 바람을 향해 의를 바라는 것을 칭찬했다. 이어서 교묘한 말로 불복종하는 자들을 제거한 후 공에 따른 상을 내려야 하지만, 서남부 부족이 너무 멀리 떨어져 있기 때문에 당몽이 직접 가서 위문하는 것이라고 밝혔다. 또 가는 길에 위험한 일이 도사릴 수 있기 때문에 파촉 두 지역에서 5백 명이 넘는 호위병들을 모집한 것이니 전쟁에 투입되는 일은 없을 것이라고 설명했다. 군법에 따라 일을 처리하고 운송대 1만 명을 보내는 것은 절대 황제의 뜻이 아니라는 부연 설명을 특별히 덧붙였다. 그러나 설령 그렇다 할지라도 당사자들이 도망가거나 칼이나 창을 휘두르는 것은 신하된 자로서 할 수 없는 일이라고 경고했다. 몇 마디 말로 정부의 뜻을 그럴듯하게 포장한 글이었지만, 한 번 더 살펴보면 꾸지람과 국가의 위엄이 담겨 있음을 느낄 수 있다. 온화하게 권유한 후에 강한 멸시와 살기를 드러내 보이기도 하였다.

동중서와 함께 이 '유파촉격'을 가지고 파촉으로 출발하여 백성들에게 황제의 뜻을 전한 후, 나라를 위해 수고하고 목숨을 바친 수많은 사람들을 높이 평가하면서, 나라에서 땅을 주거나 공적을 기억하여 그에 상응하는 보상을 해주기 때문에 현인과 군자들이 창자가 쏟아지는 고통을 당해도 후회하지 않는 것이라 밝혔다. 그런데 너희 지역은 어찌 자신의 목숨만 생각하고, 나라의 대의는 생각지 않느냐? 그런 사람은 죽을 때도 우둔하게 죽을 것이요, 그 부모까지 수치스럽게 할 것이니, 죽임을 당해도 마땅할 것이라고 꾸짖었다.

그때 사마상여는 이미 녹봉 2천 섬을 받는 중랑장이었고, 황제가 직접 파견한 관리였기 때문에 그로서는 더욱더 영예스러웠다. 그가 촉 지역에 도착하자 태수 이하의 모든 관리들이 교외까지 나와 그를 맞이했고, 현령은 쇠뇌와 화살을 들고 앞에서 길을 안내했다. 상황이 이러하니 탁왕손도 이제는 낯이 섰다. 그는 기쁜 마음에 다시 재산을 분배해 탁문군에게도 다른 형제들과 똑같이 나눠주었다. 이때 사마상여는 서남 지역의 광활한 지역을 한나라로 복속시켰는데 서쪽으로는 말沫, 약수若水를, 남 장가(牂牁: 치소治所는 지금의 귀주貴州 황평黃平 서쪽)까지 뻗어나가 한 왕조의 영토 확장에 역사적인 공헌을 한 것이다.

그러나 들어가는 돈과, 대규모의 영토 확장에 관한 조정과 백성들 사이의 생각은 매우 달랐다. 사마상여가 특사로서 성도를 지나자, 지방의 장로들은 너도나도 나와 서남 지역을 차지하는 것은 아무런 의미도 없다고 주장했다. 사마상여도 자기만의 생각이 있었다. 그것은 그가 사색해서 얻어낸 결론이자, 황제의 취향을 헤아려 생각해낸 것이었다. 그러나 문헌에는 그 증거가 충분하게 기록되어 있지 않기 때문에 후대에서 판단하기에는 어려움이 있다. 그러나 사마상여의 이런 견해는 재미도 있거니와 새로운 의미가 있으므로 우리가 깊이 새겨볼 만하다.

사마상여의 이런 관점은 한 무제 원광元光 6년(기원전 129년)에 지었던 「난촉부노難蜀父老」에 집중적으로 드러나 있다. 그는 이 글에서 한 무제 때의 주류와 통치 사상을 표현하였다.

이것은 황제에게 보이기 위해 쓴 것이나, 본래 의도는 당시 국책에 대한 수많은 사람들의 질문에 답하기 위함이었다. 그래서 문장의 첫머리에는 촉 지역의 늙은이들의 입을 빌어 수많은 사람들의 질문을 모두 털어놓는다. 이 질문들의 내용은 2가지 내용을 벗어나지 않았다. 첫 번째는 고대 관례대로 한다면 천자는 오랑캐가 완전히 등을 돌리지 않도록 구슬리기만 하면 그만이 아닌가, 그런데 왜 그들을 한나라 안으로 끌어들이려 하느냐는 질문이었다. 두 번째는 엄청난 비용이 들고 백성들의 고통이 날로 심해진다는 것이었다. '인자한 자는 덕이 아니면 행하지 않고, 강한 자는 불의가 아니면 힘을 쓰지 않는 법'이거늘, 내지 백성들을 빈곤하게 만들면서까지 서남부 부락을 끌어들이는 무의미한 짓을 할 필요가 있는 것인가라는 것이었다. 사마상여는 먼저 교묘하게 반문을 던졌다. 만약 한나라가 촌부의 말대로 일을 처리한다면 촉 지역은 지금의 모습으로 변화할 수 있었겠는가? 그러나 이런 식으로는 그 속에 담긴 진정한 의미를 발견하기는 어렵다. 그러니 대략적으로 설명해보겠다.

먼저 사마상여는 '비상非常'이라는 개념을 제시했다. 즉, '비상'이라는 것은 보통 사람들이 이해할 수 없는 개념이다. 그래서 '비상'한 일을 하고 나면 백성들은 극심한 두려움에 사로잡히지만, 대업을 이루고 성과가 나타나면 천하는 평온해지고 만백성이 기뻐하게 된다. 이것이 백성들이 처음부터 기뻐할 수 없는 이유이다. 그러나 한나라 왕조의 실력은 강대하고 사방을 위로하고 있지 않은가? 이렇게 천천히 설명하니 상앙 시대의 성급하고 모진 느낌과는 달리 여유와 대범함이 느껴진다. 그럼 현재의 '비상'이란 무엇인가? 사마상여는 이렇게 설명했다.

현군이 즉위한 후에 글과 풍속에만 매여 제자리걸음만 하고 앞으로 나아가지 않는다면 당장에는 호평을 받을지는 모르나, 그것이 옳은 일인가? 현군이라면 탁월한 사상으로 제왕의 업적을 창조하고 전하며, 오랜 세월 이어질 거시적인 계획들을 거침없이 내놓아야 한다. 그래야 영명한 군주의 풍모를 갖추지 않겠는가? 게다가 고 시조에서도 일찍이 말하기를 '온 천하에 왕의 땅이 아닌 곳이 없고, 온 나라에 왕의 신하가 아닌 사람이 없다'고 하지 않았던가? 지금 왕의 은택이 미치지 않는 곳이 있다면 현군은 이를 부끄럽게 생각해야 한다. 또한 사마상여는 매우 대범한 추측을 한다.

그들 이민족 국가는 인의와 법도가 없어 백성들의 원망이 자자하다. 그래서 그들은 중국의 문명이 그들의 괴로움에서 구해주기를 가뭄에 단비 기다리듯하고 있다. 그들의 갈망이 이토록 절박하여 흉포하고 비뚤어진 사람이라도 눈물을 흘릴 것이거늘, 하물며 황제이시겠는가? 그러니 우리는 아낌없이 국고를 열고 병사들을 모아 북으로는 흉노를 토벌하고 남으로는 백월百越을 가르쳐야 한다. 그러면 천하가 함께 번영하고 자유로워지는 대동大同을 이루게 될 것이요, 나라 안팎으로 하나가 되니 최고의 경지에 도달하지 않겠는가? 그러니 백성들이 조금 고생스럽더라도, 이 위대한 업적을 위해 희생하지 못할 것이 무엇인가? 사마상여는 촉 지역의 노인들이 깨달음을 얻어 충심으로 당시의 성덕聖德에게 복종하는 것처럼 쓰고 있다. 그리고 백성들이 고생스럽더라도 자발적으로 나서서 충성을 다하려 한다고 설명했다.

사마상여는 또 마지막으로 자신이 죽을 때를 생각한 '최고의 예측'으로 훗날을 대비하였다. 그때 그는 이미 당뇨병으로 관직에서 물러나 장안 부근에 있는 무릉茂陵에서 평화롭게 살고 있었다. 하루는 한 무제가 이 자랑스러운 문신이 생각나 분부를 내렸다.

"사마상여의 병이 중하다 하니 사람을 보내 그의 저작들을 가지고 오는 것이 마땅하지 않겠나? 그대로 뒀다가 유실되어버린다면 이 얼마나 아까운 일인고?"

그래서 사자 소충所忠을 보냈지만 상여는 이미 죽었고, 집안에는 책이 전혀 없었다. 탁문군이 말했다.

"부군께서는 책을 가지고 계신 적이 없사옵니다. 부군께서 책을 다 쓰시면 늘 사람이 와서 가지고 갔지요. 다만, 부군이 돌아가시기 전 책을 한 권 써주면서 황궁에서 사자가 오면 전하라 하였습니다. 그 외에 다른 책은 없습니다."

탁문군이 준 「언봉선사言封禪事」를 받은 천자는 그것을 매우 특별하게 여겼다. 그 유서는 먼저 선왕들의 놀라운 공로와 업적들을 회고하였는데, 그것은 무제의 공덕이 선왕들보다 부족하지 않음을 이야기하기 위함이었다. 그리고 봉선(封禪: 과거 중국에서 천자가 흙으로 단을 쌓고 하늘과 땅에 제사를 지내던 의식) 의식을 통해 황제의 최고 지위를 보여주지 않으면 안 된다고 밝혔다. 그는 글을 통해 한나라와 황제의 은덕이 사방의 오랑캐들에게까지 뻗어간 것을 칭송하였는데, 모두 공과 덕을 찬양하는 내용이었다. 「언봉선사」의 사상은 유교 사상에 완전히 위배되는 것이었다. 유교는 마음속에 하, 상, 주를 도달할 수 없는 영원한 이상으로 바라보고 있었기 때문이다. 그래서 지금의 한나라 치세가 충분히 원만하다고 인정하게 되면 발전할 동력을 잃게 되어 사상이 굳어버리고 망하게 될 것이라고 생각했다. 물론 사마상여는 유학자로서 한순간도 살지 않았기 때문에 그런 것에는 신경 쓰지도 않았다. 그러나 과거와 현재를 함께 놓고, 지금이 고대보다 훨씬 낫다고 논증한 사마상여의 글은 역사적 전통을 존중하는 중국에서는, 당대 군주에게 가장 뜨거운 찬양과 지지를 보내는 것을 의미했다. 그러니 무제가 감동하고 감사하지 않을 수 있겠는가? 게다가 다른 사람이 그토록 자신을 칭송해주는데 자아도취되지 않을 사람이 누가 있겠는가?

사마상여가 죽고 5년 후 무제는 토지신에게 제사를 지내기 시작했고, 8년 후에는 태산에서 봉선 의식을 거행하였다.

漢書 들여다보기

사마상여는 뛰어난 글재주는 있었지만, 변론에는 그리 능통하지 못했다. 말을 더듬는 버릇이 있었기 때문이다.

사마상여

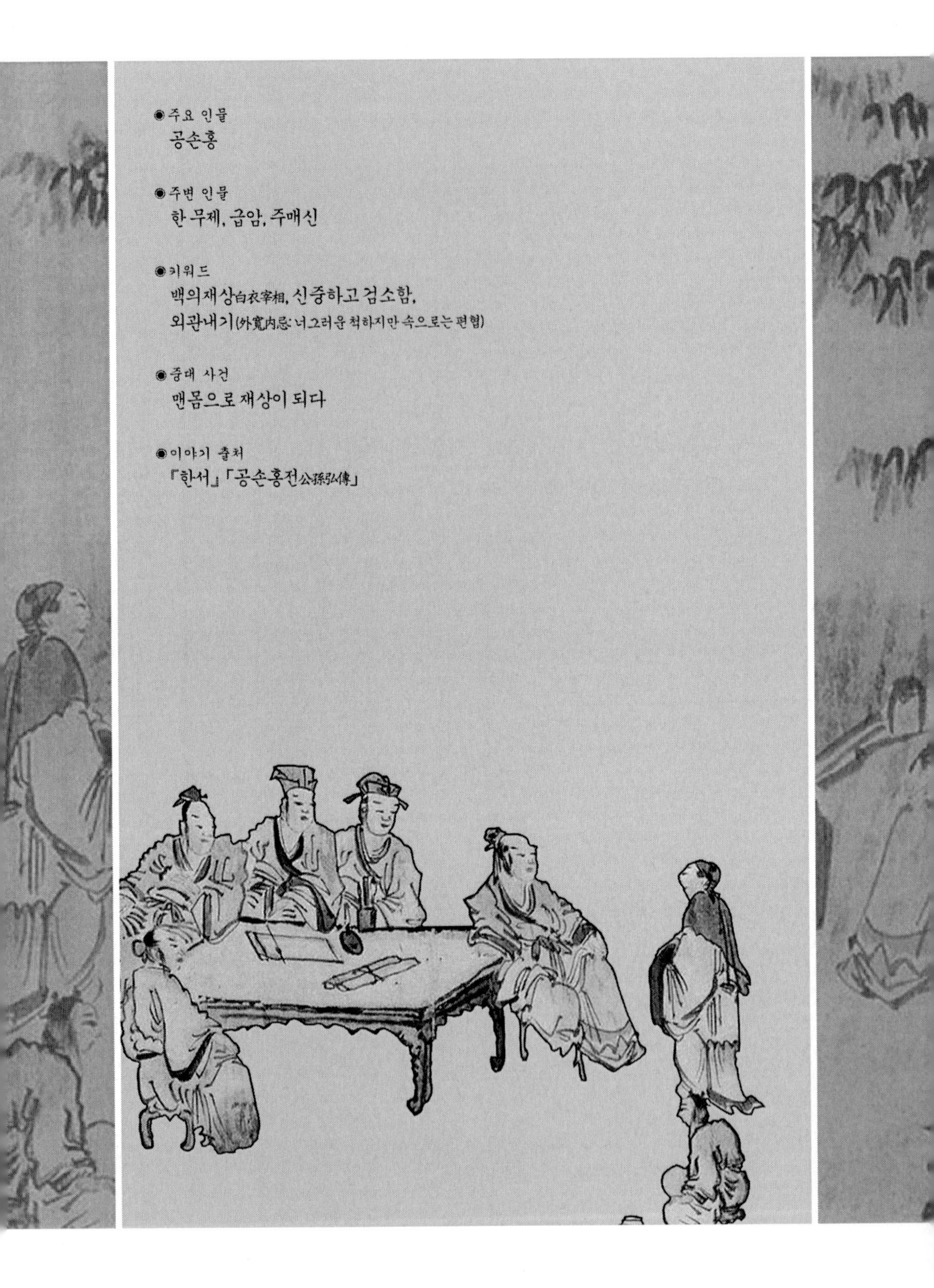

◉주요 인물

공손홍

◉주변 인물

한 무제, 급암, 주매신

◉키워드

백의재상白衣宰相, 신중하고 검소함,

외관내기(外寬內忌: 너그러운 척하지만 속으로는 편협)

◉중대 사건

맨몸으로 재상이 되다

◉이야기 출처

『한서』「공손홍전公孫弘傳」

公孫弘

공손홍 : 약삭빠른 정객, 작위도 받기 전 승상이 되다

전한의 건국에서 무제 때까지, 수많은 분야에서 근본적인 변화가 나타났는데 그중 하나가 작위가 없는 승상 공손홍의 부상이었다.

한나라 초기에는 보통 제후나 그들의 후예 중에서 재상을 뽑았는데, 소하와 조참, 왕릉, 진평, 주발, 주아부 등이 모두 그런 예이다. 그러나 무제 때 큰 변화가 일어났는데, 공손홍의 입신양명은 매우 특별한 경우다. 그는 치천淄川 설薛의 사람으로 숙손통과 동향이다. 가난한 집안 출신으로 젊은 시절 옥리를 지냈으나 죄를 지어 파직되었고 돼지를 몰아 생계를 꾸렸다. 40세가 넘어서야 『춘추』를 배우기 시작했고 60세에 박사가 되었다. 그러나 뜻밖에도 그는 흉노에 사신으로 나갔다가 황제의 뜻을 거역하게 되어 다시 파직되는 고통을 겪었으며, 70세가 되었을 때야 인생에 서광이 비치기 시작했다. 그는 대책(옛날, 과거 응시자가 황제의 치국에 관한 물음에 대답한 책략)에서 가장 좋은 성적을 거두었는데, 용모도 출중하여 다시 박사로 임명되어 금마문金馬門에서 황제의 부름을 기다릴 수 있게 되었다. 황제가 언제든 그를 불러 자문을 구하면 달려갈 수가 있게 된 것이다. 4년 후에는 어사대부가 되었고 75세의 나이에 재상이 되었다. 본래 승상은 제후들이 역임했던 자리였지만, 공손홍은 아무런 공도 세우지 못하였으나, 그야말로 '맨손'으로 재상의 자리에 올랐다. 무제는 또 그를 평진후平津侯로 봉하여 '승상봉후丞相封侯'가 되었다. 즉, 승상이 된 후 제후로 봉해지는 선례가 만들어지게 되었다.

공손홍은 대책 시 1년 내에 풍속을 개량할 수 있다고 허풍을 떨었지만, 실제 정무에서는 그리 큰 재간을 발휘하지는 못했다. 그리고 그의 사고방식은 편협한 유교 일파에 묶여 있어 서남의 변경을 확장하는 것에 동의하지 않았다. 공손홍의 이런 관점은 무제의 시각과는 상이하여 합의를 이끌어내지 못했음에도 불구하고, 매번 조회에 나가 나라의 큰일을 의논할 때마다 그가 몇 가지 방안과 이유를 내놓고 황제가 스스로 선택하게 했다는 점은 매우 의미심장하다. 자신의 관점을 고집하지 않았고 대전에서 논쟁을 벌이지도 않았다. 무제는 공손홍의 이러한 점을 매우 마음에 들어 했다. 공손홍은 너그럽고 조심스러운데다 말재주까지 뛰어났고, 『춘추』를 읽었기 때문에 행정 업무에 대해서도 잘 알았다. 또 그는 모든 일에 그럴 듯한 명목을 잘 갖다 붙였고 이론으로 현실을 해석하고 포장하는 능력이 탁월했다.

공손홍은 황제에게 상주를 올릴 때도 아주 전략적이었다. 예를 들어 급암과 함께 상주를 올리면, 급암이 먼저 말하게 둔 후 공손홍이 옆에서 부추기는 식이었기 때문에 늘 황제의 동의를 받아냈다. 그래서 점점 그의 지위도 높아졌다. 심지어 그는 다른 삼공구경과 어떤 정책에 대해 상주를 올리기로 약속했다가도 분위기가 심상치 않으면 즉시 말을 바꿔 황제의 뜻에 맞춰주었다. 그래서 급암이 공손홍에게 대놓고 질책한 적도 있었다.

"제 지역 사람들은 교활하고 무정하다더니, 나와 말을 맞춰놓고서 또 이렇게 배신을 한 것이오? 그 역시 불충하다는 표시가 아니오?"

황제가 그 일에 대해 공손홍에게 물었다.

"급암의 질책을 받은 적이 있소?"

그러자 공손홍은 이렇게 대답했다.

"소신을 아는 사람들은 소신을 충신이라 여기고, 소신을 모르는 자들은 소신을 불충한 자라 생각하옵니다."

황제는 그 말을 듣고 마음 깊이 동의했다. 누구든 황제에게 가서 공손홍의 험담을 하면, 황제는 공손홍을 더 신임했다.

공손홍이 어사대부로 승진했을 때 한나라는 북쪽 지역에 삭방朔

方을 건설하며 계속해서 새로운 강토를 개척하고 있었다. 공손홍은 변방의 영토 확장은 본국의 재산을 무의미한 곳에 소모하는 일이니 그만두어야 한다고 몇 번이나 직언을 올렸다. 그러자 무제는 주매신朱買臣 등을 불러 공손홍과 논박하게 했다. 그들은 10가지를 두고 논쟁을 벌였지만 공손홍은 한 가지에서도 이기지 못했다. 그러자 즉시 공손홍은 자신의 생각을 바꿔 황제의 뜻에 순종했고, 황제는 다시 그를 높이 평가했다.

한 번은 참다 못한 급암이 황제에게 공손홍의 잘잘못을 고해바쳤다.

"그는 삼공의 하나로 누구보다 많은 봉록을 받고 있음에도 불구하고 아직도 거친 천으로 만든 이불을 덮고 사는 것은 위선적이옵니다."

무제는 공손홍에게 사실 여부를 물어보았다.

"급암의 말이 맞사옵니다. 그리고 구경 중에서 소신과 관계가 가장 좋은 사람이 바로 급암이지요. 그래서 그리 쉽게 소신의 약점을 알아챈 것이옵니다. 고관이 그런 이불을 덮는다면 거짓된 마음으로 명예를 탐할 가능성이 크옵니다. 그러나 소신이 들으니, 고대의 관중은 매우 사치스러웠으나 제나라가 패주가 되도록 보좌하였고, 안영은 검소하고 절약하였으나 나라를 매우 태평하게 만들었다 들었사옵니다. 겉만 보고 함부로 판단하기 어렵다는 것이지요. 어찌되었든 급암과 같이 정직한 사람이 없다면 폐하께서 어디서 그런 보고를 들으시겠사옵니까?"

공손홍의 대답에서 겸양의 자세를 본 무제는 그를 더욱더 중시하였다.

원삭 연간, 공손홍은 마침내 설택薛澤을 대신해서 승상에 올랐는데, 공을 세우지 않고 맨몸으로 재상이 되는 첫 번째 선례가 되었다.

그러나 공손홍의 신중하고도 너그러운 성격은 확실히 '잊어주는 것'을 용납하지는 않았다. 또한 그는 높은 관직에 앉았어도 계속해서 검소하고 소박하게 지냈다. 매끼 고기나 생선 요리 하나와 거친 조밥만 놓고 먹었고, 모든 봉록과 수입은 옛 친구들과 빈객들에게 주어 집안에는 남기지 않았다.

공손홍은 객실〔賓館〕을 짓고 집안 대문을 열어 현사들을 초빙해 나라의 일을 함께 의논했다. 겸허하고 관대해 사람들이 모두 칭송하였다. 훗날 그의 후임 승상이 오니 현사들을 들였던 객실은 사람들이 떠나 텅 비었고, 좀 더 시간이 지나자 마구간과 노비들의 거처로 사용되었다.

그러나 공손홍도 사람이었다. 세상에 완벽한 사람은 없다고 하지 않던가? 그의 너그럽고 관대함이란, 겉으로는 너그러운 척해도 속으로 꿍한 면을 가지고 있었다. 그는 자신에게 잘못한 사람에게 겉으로는 아무렇지 않은 듯 참고 있다가, 그들이 어려움에 처하면 불난 집에 부채질하는 행태를 보여 되갚아주었다. 주부언이 살해당하고, 동중서가 강등된 것도 모두 그의 머리에서 나온 생각이었다.

그는 어사, 승상으로 6년을 지내고 80세가 되었을 때 승상의 자리에서 죽었다. 그의 아들 공손도公孫度가 제후의 자리를 이어받았고 산양 태수山陽太守를 역임하였다.

漢書 들여다보기

금마문은 한나라 궁문의 이름으로 학사들이 자문이 필요한 황제가 불러주기를 기다렸던 곳이다. 문 옆에 동으로 만든 말이 있어 '금마문'이란 이름이 붙여졌으며, 때론 줄여서 '금문'이라고 불리기도 했다.

금마문

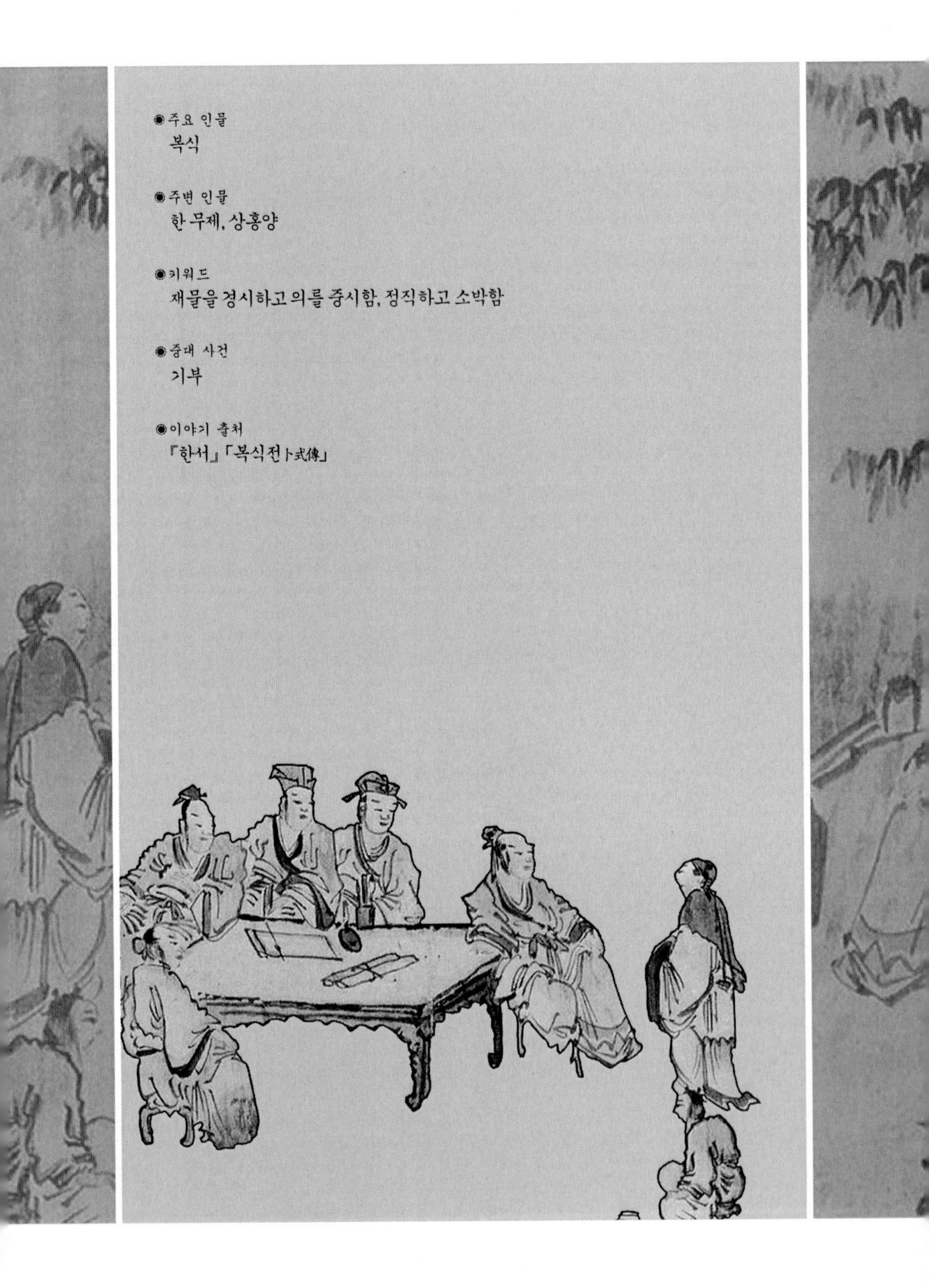

◉주요 인물
복식

◉주변 인물
한 무제, 상홍양

◉키워드
재물을 경시하고 의를 중시함, 정직하고 소박함

◉중대 사건
기부

◉이야기 출처
『한서』「복식전卜式傳」

卜式

복식 : 재물을 경히 보는 충직함

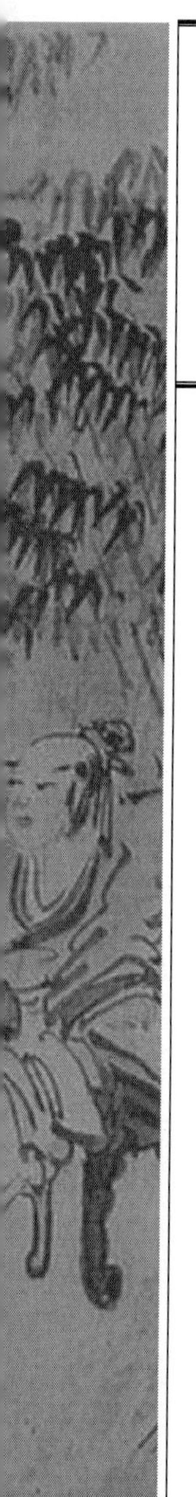

한 무제 때 복식은 매우 특별한 사람이었다.

복식은 하남(河南: 지금의 내몽고 하투河套) 사람으로 온 집안의 모든 농지와 목축을 전담하여 관리하였다. 그에게는 동생이 하나 있었는데, 동생이 다 자라자 그는 밭과 집, 재물을 모두 동생에게 주고 자신은 1백여 마리의 양만 이끌고 산으로 들어가 방목하였다.

10여 년 후 복식은 다시 부자가 되었다. 그러나 그의 동생은 먹고 놀기만 했는지 가산을 모두 탕진해버리고 몹시 궁핍한 생활을 하고 있었다. 그러자 복식은 다시 수많은 재산을 동생에게 나눠주었다.

이때 한나라와 흉노 간에 전쟁이 일어났다. 복식은 상소문을 올려 가산의 절반을 군비로 바치고 싶다고 아뢰었다. 무제는 사자를 보내 물어보았다.

"관직에 오르고 싶소?"

복식이 대답했다.

"어려서부터 양을 쳤기 때문에 관직에 대해 잘 알지 못하니 관직은 싫습니다."

사자가 다시 물었다.

"그럼 상소할 억울한 일이라도 있소?"

복식이 대답했다.

"소인은 본래 남들과 다투지 않는 성격인데다, 가난하고 힘들 때는 고향 사람들과 서로 형제처럼 도와주므로 불평할 일이 없사옵니다."

사자가 물었다.

"그럼 대체 이유가 뭐요?"

복식이 대답했다.

"천자께서 흉노를 치려하시니 소신 힘이 있으면 힘을 보태고, 재물이 있으면 재물을 보태야 흉노를 멸할 수 있다 생각하였사옵니다."

사자가 궁으로 돌아와 그대로 보고하자 무제는 매우 기이하게 여겨 승상인 공손홍에게 그의 생각을 물어보았다. 그러자 공손홍이 말하였다.

"복식의 행동은 인지상정에 어긋나오니 그의 재물을 받으셔서는 아니 될 것이옵니다."

그러나 복식의 진심은 의심할 수 없을 정도로 분명했다. 몇 년 후 혼야왕이 투항하자 한나라는 투항자들을 맞이하기 위해 비용을 크게 늘려 나라와 백성의 부담을 가중시켜 피폐하게 만들었다. 복식은 이때에도 20만 전을 하남 태수에게 주어 빈민을 구제하게 하였다. 태수는 이를 조정에 보고하였다. 무제는 옛일이 떠올라 복식에게 변경을 지키던 수비병 4백 명을 보내주었다. 그러나 복식은 그마저도 모두 관아에 바쳤다. 이때 부자들은 혹시라도 나라에 더 많은 재물을 바쳐야 하지는 않을까 두려워 서로 경쟁하듯이 재물을 숨기며 부를 드러내려 하지 않았다. 그래서 복식의 행동은 그들과 더욱 선명한 대비를 이루었다. 무제는 다시 한 번 복식을 칭찬하며 관직과 작위를 내려주고 천하에 공표해 백성들이 본받게 하였다.

이렇게 복식은 무제의 손에 들린 비장의 카드와 같았다. 원정元鼎 5년(기원전 112년), 남월에서 반란이 일어났다. 가슴 가득 충심이 넘쳤던 복식은 또 참지 못하고 아들과 함께 배를 잘 몰고 남월을 잘 아는 현지인들을 이끌고가 전쟁터에서 목숨을 바치겠다는 상소문을 올렸다. 무제는 크게 기뻐하며 그에게 관내후의 작위를 내리고 금과 밭을 하사한 후 천하에 널리 알렸다.

제후들로 하여금 사람과 돈을 내놓도록 재촉하려는 속셈이었지만 그 누구도 호응하지 않았다. 그래서 무제는 종묘에 제사를 지낼 때 제후들이 바친 금의 중량이 충분하지 않거나 질이 좋지 않다는 핑계를 대며 106명의 제후들의 작위를 삭감했다. 승상 조주趙周는 사정을 알면서도 보고하지 않아 감옥에 갇혀 자살했다.

복식은 마침내 관리가 되었다. 그러나 원래 관리가 될 마음이 없었기 때문에 처음 관리가 되었을 때는 황제를 위해 황가의 공원인 상림원에서 양을 기를 수 있게 해달라고 하였다. 몇 년 후 무제는 그곳을 지나다가 양이 매우 잘 자란 것을 보고 양을 잘 키운 방법에 대해 물었다.

"양을 키우는 것뿐 아니라 백성을 다스리는 것도 이와 다를 바 없이 같사옵니다. 양이 규칙적으로 생활하게 하고 병에 걸린 양이 있으면 즉시 제거해 양의 무리에 후한을 남기지 않는 것이옵니다."

무제는 깜짝 놀라 복식을 구씨(緱氏: 지금의 하남 언사偃師)령令으로 임명해 치적을 남기게 하였다. 그 후에 다시 성고(成皐: 지금의 하남 형양 일대)령으로 승진시켰는데 가장 뛰어난 평가를 받았다. 훗날 제의 재상으로 임명되었고 원정 연간에는 석경石慶을 대신해 어사대부가 되었다.

복식은 거침없이 감정을 그대로 드러냈고 임기응변을 할 줄 몰랐다. 당시는 나라에 일이 많고 지출이 크게 늘어 때때로 세금만으로는 부족한 상황이 생겼다. 무제는 계책을 써서 상공 분야의 동곽함양東郭咸陽, 공근孔僅, 상홍양을 관리로 선발해 재원財源을 늘리고 백성의 재물을 수탈해 거액의 지출을 감당했다. 이것은 무제가 가장 자랑스러워하는 일이었다. 당연히 이 일에 힘쓴 사람들도 무제가 가장 아끼는 신하가 되었다. 그러나 재물이란 반드시 들어오는 곳이 있어야 지출이 가능해지는 법, 즉 상홍양 등은 소금과 철을 전매하고 상선商船의 세를 무겁게 부과하는 정책을 썼다. 그래서 공식적으로 기존의 세금을 늘릴 필요는 없었다.

이때 복식이 단호하게 지적했다.

"각지의 관에서 철기를 운영하고부터 가격이 엄청나게 비싸졌고, 백성들에게 강매하는 일까지 일어나고 있사옵니다. 상선에 많은 세금을 징수하니 물품 가격이 하늘 높은 줄 모르고 치솟았사옵니다. 이 모든 것은 백성들에게 이롭지 않사옵니다."

무제는 그 말이 불쾌하였다.

어느 가뭄 때 무제는 현령관에게 비를 내려달라고 빌도록 명령했다.

그러자 복식이 나서서 아뢰었다.

"현 관리의 직분은 세금을 걷는 것이옵니다. 지금 상홍양이 그들을 시장에 앉혀놓고 장사를 시키고 돈을 벌게 하는데 이는 옳지 않사옵니다. 상홍양을 삶아 죽이면 하늘에서 비가 내릴 것이옵니다."

하늘에 이치를 구하는 것은 무제가 추구해왔던 것과 거리가 먼 것이었다.

그러나 몇 해가 흐른 뒤에 무제는 봉선을 실시했다. 쉽게 말해 복잡한 예식을 통해 천 년에 한 번 나올 만한 자신의 통치 지위를 과시하고자 하였다. 반면, 복식은 소박하고 배운 것이 적어 봉선과 같은 겉치레에 서툴렀다. 결국 그는 태자의 태부로 강등되었으나 그러한 일에 연연해하지 않았다. 그는 여생을 편안하게 살다가 천수를 다하고 집에서 생을 마감했다.

◉ 漢書 들여다보기

어사대부는 진, 한 때 중앙에서 승상 다음으로 높은 관직이었다. 감찰과 법 집행이 주요 직무였고, 더불어 주요 문서나 지도와 호적을 관리하였다. 전한 때에는 승상의 자리가 공석일 때 어사대부가 그 자리를 대신하였으며, 승상大司徒, 태위大司馬와 함께 삼공三公의 자리였다.

복식

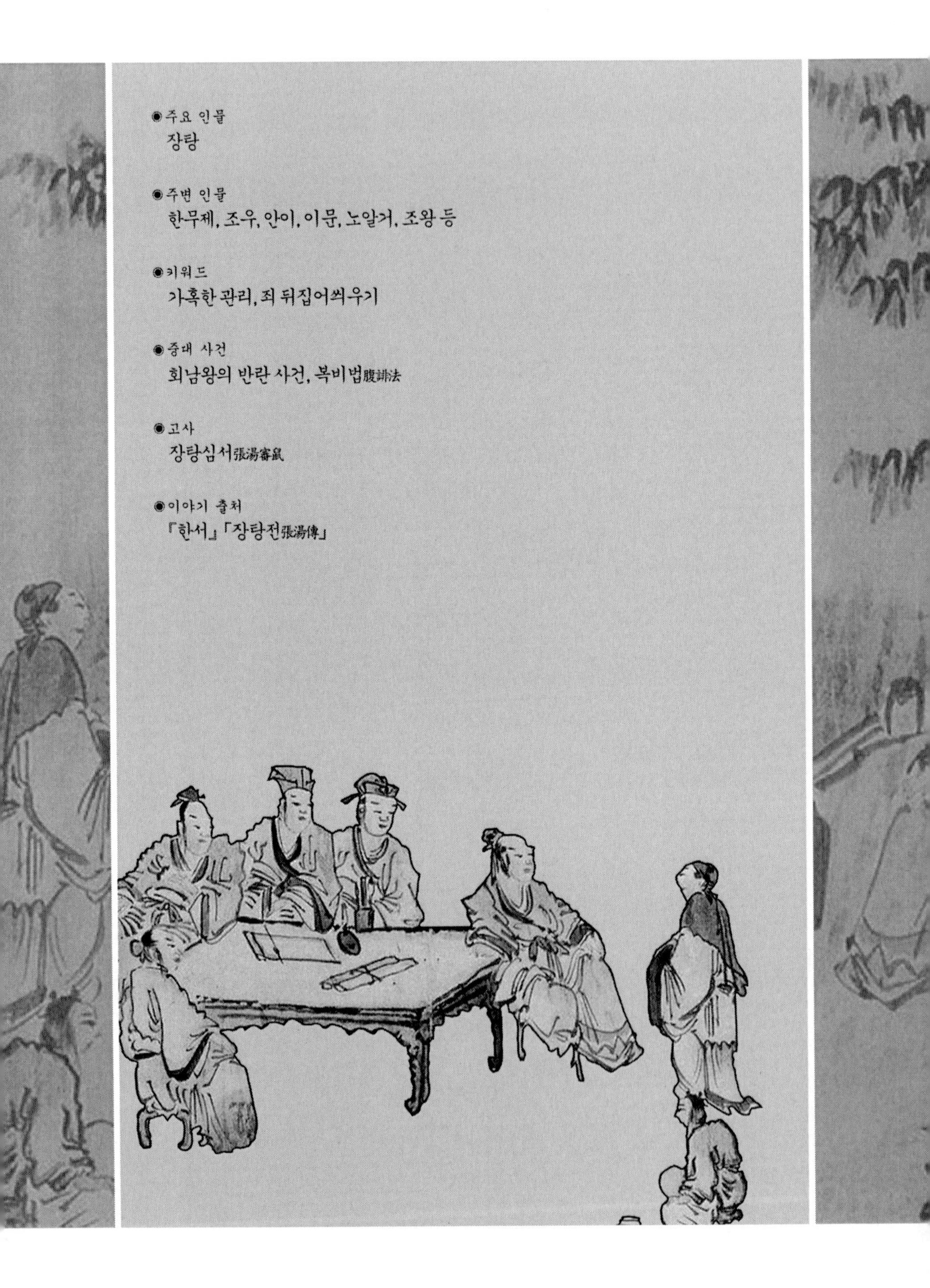

◉주요 인물
장탕

◉주변 인물
한무제, 조우, 안이, 이문, 노알거, 조왕 등

◉키워드
가혹한 관리, 죄 뒤집어씌우기

◉중대 사건
회남왕의 반란 사건, 복비법腹誹法

◉고사
장탕심서張湯審鼠

◉이야기 출처
『한서』「장탕전張湯傳」

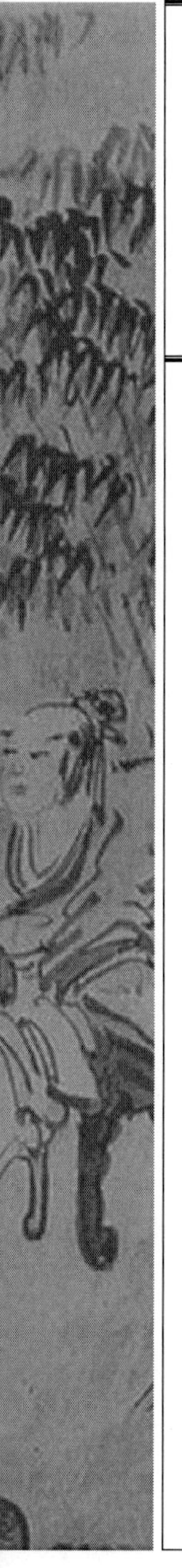

張湯

장탕 : 죄명 만들기를 잘했던 혹리

전한 때에는 가혹한 관리가 매우 많았다. 사마천이 『사기』에서 「혹리전酷吏傳」을 따로 쓴 것은 결코 우연이 아니었다. 전한의 혹리들은 대부분 한 무제 때 활약했는데, 무제가 겉으로는 유교를 숭상하면서도 실상은 법가처럼 엄한 형벌과 준엄한 법으로 천하를 다스렸기 때문이었다. 그래서 가혹한 관리를 임용하길 좋아하였다. 『사기』의 「혹리전」은 11명의 혹리에 관해 기록하고 있는데, 질도郅都 외의 다른 사람들은 모두 한 무제 때 사람이다. 또 『한서』의 「혹리전」에서는 무제 이후 1백여 년 동안 3, 4명의 혹리만이 추가되었을 뿐이다. 무제는 이처럼 '실력' 있는 혹리들을 통해 군주의 전제 정치를 강화하여 중앙집권의 내외 정책을 관철시켰다.

한 무제 때의 혹리 중 가장 대표적인 인물은 바로 장탕과 두주杜周였다. 이들은 비슷한 점이 많았다. 모두 하급 도필리 출신으로 수법이 잔혹하기로 유명했고, 훗날 모두 '삼공'의 대열에 들어갔다. 더욱 놀라운 점은 두 사람 모두 훌륭한 후대를 두었다는 것이다. 장탕의 아들 장안세張安世, 두주의 아들 두연년杜延年은 덕망과 명망, 업적이 모두 아버지를 훌쩍 뛰어넘었다. 또 그들의 자손이 귀하고 성대하여 『한서』에는 장탕과 두주를 「혹리전」으로 따로 구별해 단독으로 일대기를 기록했을 정도였다. 먼저 장탕에 대한 이야기이다.

장탕은 두릉(지금의 섬서 서안 동남쪽) 사람으로 한 무제 때 법을 집행하는 관리이자 이익을 창출하는 신하였다. 그는 무제에게 큰 신임을 받아 정위 5년, 어사대부 7년을 역임하며 한 시대를 풍미했다. 장탕이 어렸을 때 장안의 승상이었던 아버지는 일 때문에 외출을 하면서 그에게 집을 보도록 하였다. 그런데 그의 아버지가 집에 돌아와보니 생쥐가 고기를 훔쳐 먹어 먹을 것이 남아 있지 않았다. 화가 난 그는 장탕에게 채찍질을 했다. 그러자 장탕은 쥐가 남긴 고기를 찾아냈다. 장물까지 나오자 쥐를 고문해 구두 자백을 글로 옮겨, 판결문을 작성하고 쥐와 남은 고기, 고소장을 대청 아래 두고 죄를 판결하고 벌을 내렸다[張湯審鼠]. 결국 쥐에게 책형磔刑이 언도되었다. 장탕의 아버지는 그 과정을 유심히 지켜봤다. 상세한 고소장과 기술된 문장은 노련한 옥리의 솜씨와 같아 놀라웠다. 그래서 그는 장탕을 안건을 심리하는 관아로 보내 견습하게 하였다. 아버지가 세상을 떠난 후, 오랜 시간 동안 장탕은 장안현에서 관리로 지냈다. 무안후 전분田蚡의 동생, 주양후周陽侯 전승田勝이 죄를 지어 감옥에 갇힌 적이 있었다. 장탕은 전승이 무제의 작은 외숙부인 것을 알고 그를 위해 애를 썼다. 출옥한 전승은 장탕과 절친한 친구가 되었다. 전승은 장탕을 여러 황족과 외척들에게 소개시켰다. 훗날 전승이 혹리 영성寗成의 속관이 되었다가 출중한 재능을 인정받아 무릉의 건축 사업을 주관하는 무릉위茂陵尉로 발령받았다.

승상이 된 무안후 전분은 장탕을 시어사侍御史로 추천했다. 진황후의 무고 사건을 심리하게 되었을 때 장탕은 법조문을 날조해 죄를 덮어씌우고, 그 무리들을 엮어 한 번에 3백여 명이나 죽여버렸다. 무제는 그의 재능이 마음에 들어 그를 태중대부로 임명했다. 당시 중대부였던 조우趙禹 역시 조탕처럼 사사로운 정에 얽매이지 않고 엄하고 가혹하게 법 집행을 하는 혹리였다. 무제는 두 사람이 지혜를 합쳐 더 많은 율령을 제정하고 보충하라고 명했다. 장탕은 궁정 호위에 관한 법률「월궁률越宮律」27편을 만들었고, 조우는 황제를 알현할 때의 태도와 예법에 관한 법률「조율朝律」6편을 썼다. 두 사람은 조문이 세세하고 엄격해서 법령에서 빠진 내용이 없어야 한다는 취지로 법률을 제정했다. 이리하여 소하의「구장률」9편과 숙손통의「방장률傍章律」18편에 이어,「월궁률」과「조율」이 추가되었으니, 한나라의「법률」이 총 60편에 달하였다. 이 외에도 두 사람은 한나라 초기 이미 폐지되었던 연좌법과 집안 멸문의 형벌을 부활시키고 새로운 법들을 추가했다. 죄 지은 것을 알면서 신고하지 않으면 고의로 방종한 것이 된다는 「견지고종법見知故縱法」과 감독하거나 부임한 부서에 죄가 있을 경우 연좌법이 적용되는 「감임부주법監臨部主法」이 추가되었고, 관리가 가혹한 요구로 체포하거나 타인을 모함하는 죄는 모두 관대하게 처분한다는 「완심고지죄緩深故之罪」, 관리가 마음대로 죄인을 사면하거나 석방하면 고의로 내보낸 것으로 의심하고 죄를 벌할 수 있다는 「급종출지죄急縱出之罪」, 그리고 「복비법」 등이 추가되었다. 그들은 교묘하게 명목을 만들고 상황을 왜곡해 『율령』 359장을 만들어냈다. 『대벽(大辟: 참수 등의 잔혹한 형벌)』은 409조, 1천 882개를 만들었다. 또 사형에 처할 죄목만 1만 2천 472개나 되었다. 이처럼 복잡하고 가혹한 법률 조문이 방안을 가득채울 정도라 집법관리들도 다 보지 못할 정도였다. 이는 탐관오리들의 사리사욕을 채우는데 유용한 편의를 제공했다. 죄인 가족들이 뇌물을 바치면 목숨을 보존할 수 있다는 조항이 있었고, 남을 모해하고 언제든 사람을 죽음으로 내모는 법률 항목을 찾는 것도 어렵지가 않았다.

원삭 3년(기원전 126년), 장탕은 정위로 진급해 조정의 사법과 형벌을 주관했다. 당시 무제는 유학을 숭상했기 때문에 장탕은 중대 사건을 판결할 때마다 늘 경전을 끌어다가 억지로 말을 갖다붙였으며, 또 늘 『상서尙書』, 『춘추』를 판결의 기준으로 삼았으나, 황제의 마음을 잘 헤아려서 황제의 뜻이 판결의 근거가 되었다. 그리고 황제의 영명함과 과감한 판단을 칭송하며 모든 공을 황제에게 돌렸다. 그러나 황제가 사건 처리의 결론을 보고 책망하면, 장탕은 즉시 자신의 잘못을 돌아보며 사죄하고, 황제의 뜻에 따라 판결을 수정하였다. 만약 황제가 사건을 엄히 처결하기를 원하면 그는 그 사건을 모질고 엄한 옥리에게 맡겼고, 황제가 가볍게 처벌하기를 원하면 너그럽고 후덕한 관리에게 맡겼다. 대호족大豪族을 심리할 때는 지독한 수법을 동원하고 법률 조문을 멋대로 끌어와 교묘하게 유죄로 몰아갔다. 그러나 권세가 없는 가난한 사람들에게는 조금은 관용을 베풀기도 하였다. 유가 경전인 『상서』와 『춘추』를 기준으로 큰 사건들을 처리하고, 오직 상부의 뜻에 맞게 일을 처리했던 장탕의 작태는, 경서를 가지고 혹정을 문학적으로 포장하고, 도필리의 이중적인 성격을 가진 혹리들을 많이 배양해냈다. 왕온서王溫舒, 감선減宣, 윤제尹齊, 두주 등이 대표적인 인물이다.

정위로서 장탕이 주관하거나 참여한 사건은 주로 반역을 꾀하거나 고관과 호족, 귀족들의 간악한 짓을 벌하는 등의 큼직한 사건들이었다. 그는 무제가 전제 통치에 해를 끼치는 인물의 활동이나 존재 자체도 매우 싫어한다는 것을 잘 알고 있었다. 그래서 마음 놓고 이들을 엄히 처벌했으며, 지체 없이 끝까지 파고들어 다른 사람들까지 엮어 넣었다. 예를 들어, 회남왕이 모반을 꾀한 후 회남왕 유안劉安이 자결하자 왕후와 태자 등을 사형에 처했고, 제후와 봉록 2천 섬의 관료, 부호와 세도가 수천 명을 죽였다. 또 회남국은 제후국에서 일개 군으로 강등되었다. 형산왕衡山王 유사劉賜가 반역을 꾀한 사건에서는 유안은 자결하게 하고, 왕후와 태자는 모두 기시(棄市: 고대 중국에서 죄를 지은 사람을 죽여 그 시체를 길거리에 내다버렸던 형벌)에 처했으며, 제후국에서 군으로 강등시켰다. 강도왕江都王 유건劉建은 음란하고 포악한데다 황제를 저주하여 정위의 신문을 받았다. 그 결과 유건은 자결했고 왕후 등은 기시를 당했다. 앞에서 말한 사건들은 모두 장탕이 주도한 심리로 사건을 끝까지 파고들어 멋대로 사람들을 연루시킨 것이다. 심지어 무제가 직접 선발하고 중임을 맡겼지만 회남왕과 교분이 있었던 엄조, 모반을 꾀해선 안 된다고 주인을 말렸던 회남왕의 모사 오피伍被 역시 연루시켜 벌을 받았다. 무제는 그들의 재능을 아까워하여 엄벌에 처하기를 원치 않았지만, 그의 속내를 꿰뚫어본 장탕은 결국 그들의 목숨을 끊어버렸다. 사건을 처리한 공을 인정해 무제는 장탕을 어사대부로 승진시켰다. 이때부터 장탕은 무제의 곁에서 함께 나라의 큰 일을 의논했다. 형법에 관한 일 외에도 화폐 개혁, 염철관영(鹽鐵官營: 소금과 철의 관영화), 산민算緡, 고민告緡, 거상巨商 단속, 그리고 겸병兼倂을 시도한 부호와 세도가들의 제거에 이르기까지 무제의 모든 일을 도왔다. 그래서 장탕이 어사대부로 있는 동안 승상은 아무런 실권도 갖지 못한 유명무실한 존재가 되어버리고, 모든 일이 장탕에 의해 결정되었다. 때로 장탕이 몸이 아프면 무제가 친히 그의 집에 왕림해 살폈다. 이런 엄청난 은총과 예우는 다른 대신들은 꿈에서도 생각지 못할 것이었다.

한나라의 혹법酷法 중에서 '복비법'은 장탕의 대단한 발명이라 할 수 있다. 원수 6년(기원전 117년), 무제는 백관을 감찰하고 기강을 바로 세울 책임을 지고 있는 어사대부 장탕에게 대사농大司農 안이顔異를 심문하게 했다. 한 번은 무제의 조령이 하달되었을 때 안이의 한 빈객이 그 앞에서 조령 내용에 약간의 불편한 점이 있다는 이야기를 했다. 이때 안이는 조심하여 아무런 말도 하지 않았지만, 입술을 약간 실룩거려 불만스러운 기색이 엿보였다. 그러자 꿈에서도 상상하지 못했던 일이 벌어지고 말았다. 그 자그마한 동작이 그의 목숨을 앗아가게 한 것이다. 장탕은 무제가 일부러 안이에게 벌을 내리려 한다는 것을 알고 있었다. 그래서 자기 멋대로 법문을 끌어와 억지로 끼워 맞춘 심문을 마친 후, 장탕은 상주를 올렸다.

"안이는 구경의 신분임에도 불구하고 조령에 불편한 점이 있다고 생각하면서 황상께 상주하지 않았고, 속으로 비방하는 마음을 품었으니 그 죄가 매우 커 사형에 처함이 마땅하옵니다."

구경의 고위 관리가 입을 실룩거렸다는 이유로 복腹 중에 역심을 품었다는 말을 듣게 된 것이다. 그날 이후 한나라 법에서는 '복비법'이라는 항목이 등장하였다. 복비법은 사실 황제와 정부가 멋대로 관료들에게 죄를 뒤집어씌우고 백성들을 처벌할 수 있도록 물꼬를 터준 것이었다. 장탕의 이런 법조문이 무제의 인정을 받았을 뿐만 아니라 승상인 공손홍의 칭찬을 들었다. 그러나 강직하고 아부를 할 줄 몰랐던 급암은 입에 담기조차 싫어했다.

장탕이 어사대부를 지낸 지 7년쯤 되자 그 지위가 흔들리기 시작했다. 그와 부하 노알거魯謁居와의 비정상적인 관계가 폭로되었기 때문이다. 장탕과 어사중승御史中丞 이문李文은 본래 사이가 좋지 않았다. 그래서 이문은 어사대에서 각종 공문을 처리할 때마다 장탕을 공격하고 모해할 수 있는 자료들을 수집했고, 장탕에게 조금이라도 불리한 자료가 나오면 당장 그를 죽음으로 내몰지 못하는 것을 아쉬워하였다. 장탕에게는 노알거라는 심복이 있었는데, 장탕이 이문을 사무치도록 싫어하는 것을 알고 더 큰 이익을 얻기 위해 몰래 다른 사람을 시켜 긴급 소장을 올리도록 하였다. 거기에는 이문의 간악한 행위를 고발하는 내용이 적혀 있었다. 무제는 그 사건을 장탕이 심리하도록 맡겼다. 이 기회를 놓칠 세라 장탕은 즉시 이문에게 사형을 언도했다. 장탕은 노알거가 의도적으로 그 사건을 접수시켰다는 것쯤은 너무나 잘 알고 있었다. 그러나 무제가 '이문의 간악한 행동을 고발했던 사건은 어찌 시작된 것이었나?' 라고 묻자, 일부러 깜짝 놀라는 척하며 이렇게 대답했다.

"아직 모르셨사옵니까? 이문이 전에 알던 사람이 그에게 원한을 품어 그 숨겨졌던 일들이 폭로되었던 것이옵니다."

마침 그때 노알거는 몸져누워 있었다. 장탕은 직접 그를 찾아가 노알거의 다리를 주물러주며 각별히 보살폈다. 그러나 이 일이 조왕 유팽조劉彭祖의 정보망에 들어가고 말았다. 멀리 북쪽에 떨어져 있던 조나라는 철을 제조하고 주조하는 일이 성행했었다. 그래서 조왕은 철관鐵官을 자신의 땅에 세우기 위해 몇 번이나 조정에 나아가 주청을 올렸다. 그러나 조정의 입장은 철기를 관영화하고자 하였으므로 장탕은 여러 차례 조왕을 억압하고 공격하여 궁지로 몰았다. 그래서 조왕은 진작부터 장탕의 과실과 추악한 행동을 몰래 조사하고 있었고, 적당한 시기에 치명적인 일격을 가하려고 준비하였다. 노알거 역시 조왕의 사건을 맡은 적이 있었기 때문에 조왕은 그 역시 매우 증오했다. 조왕은 장탕이 직접 노알거의 다리를 주물러주었다는 말을 듣고 즉시 황제에게 상주문을 올렸다.

"장탕은 조정의 대신임에도 불구하고 부하인 노알거가 병에 걸리자 직접 그를 찾아가 그 다리를 안마해주었다고 하옵니다. 이는 그들이 몰래 결탁해 떳떳하지 못한 짓을 하였기 때문이 아니겠습니까?"

심복과 중신들이 자기 몰래 어떤 일을 도모하는 것을 가장 싫어했던 무제는 즉시 정위를 불러 그 일을 심리하게 했다. 하필이면 이때 노알거가 병으로 죽자, 노알거의 동생까지 사건에 말려들었다. 사건의 내막을 알고 있다는 이유로 도관導官 아문衙門으로 잡혀오게 된 것이다. 마침 이때 장탕은 도관 아문에 죄인을 심문하러 왔다가 노알거의 동생을 보았다. 장탕은 진작부터 노알거의 동생을 풀어주려고 생각하고 있었지만, 겉으로는 엄한 척할 수밖에 없었기 때문에 아무런 일도 없다는 듯 고개를 뻣뻣이 들고 그 자리를 떠났다. 갇힌 몸이 되어 마음까지 심란해진 노알거의 동생은 장탕의 속내를 알지 못했기 때문에 원망만 커졌다. 그래서 홧김에 다른 사람을 시켜 장탕이 노알거와 공모해 이문을 모해했다는 사실을 적어 올렸다. 무제는 그 사건을 어사중승인 감선에게 맡겼다. 감선 역시 모질고 수법이 악랄하기로 유명한 혹리였다. 게다가 그전부터 장탕과 갈등이 있었기 때문에, 자신의 장기를 십분 발휘해 사건을 끝까지 캐내어 장탕을 완전히 무너뜨리려고 했다. 감선의 심리 결과가 아직 무제에게 보고되기도 전에 패릉에 순장했던 돈이 도굴되는 사건이 일어났다. 승상 엄청적嚴靑翟은 장탕과 함께 조정에 나가 죄를 사죄하자고 했고, 장탕도 그러겠다고 약속했다. 그러나 무제의 앞에 나가자 장탕은 승상에겐 1년 사계절 황제의 능을 순찰할 책임이 있다는 사실이 생각났다. 그렇다면 당연히 승상인 엄청적이 죄를 인정하고 사죄해야 하는 것이 아닌가? 자신은 그 일과 전혀 무관하거늘 무슨 잘못이 있다고 사죄한단 말인가? 엄청적이 사죄한 후에도 무제는 화가 가라앉지 않아 그 사건을 어사에게 맡겨 더 자세히 조사하게 했다.

장탕은 더 적극적으로 활약하며 '견지고종'의 죄명으로 엄청적을 처벌할 수 없을까를 고심하였는데, 엄청적의 수하에 있던 3명의 장사長史가 서로 힘을 합쳐 장탕을 모해하기 시작했다. 장사 주매신은 회계會稽 사람으로 엄조의 천거를 받았었다. 그는 『초사楚

辭』를 잘 알아 무제의 신임을 받고 태중대부에 임명되었다. 그때 장탕은 일개 도필리(원문 문필소리)에 불과해 주매신 앞에서 굽실거리며 분부만 기다렸었다. 그러나 훗날 장탕은 초고속 승진으로 정위까지 올라갔고, 회남왕의 모반 사건을 심리할 때 엄조를 연루시켜 죽여버렸다. 절친한 벗을 잃은 주매신은 장탕에게 원한을 품었다. 그 후 주매신도 회계 군수에서 주작도위主爵都尉까지 올라 구경이라는 높은 자리에 앉게 되었지만, 그때 장탕은 이미 어사대부로 승진해 삼공의 자리까지 올라 있었다. 또 다른 장사는 왕조王朝로 우내사右內史를 역임했었다. 또 다른 한 사람은 변통邊通으로 성격이 강하고 성급한 종횡가였다. 그는 일찍이 제남濟南의 재상이었다. 주매신과 두 장사는 모두 2천 섬의 봉록을 받는 고관이었으나, 어떤 사건으로 직위가 강등되어 잠시 승상 밑에서 장사로 일하던 중이었다. 관직이 낮아지자 장탕을 만날 때마다 무릎을 꿇고 절을 해야만 했는데, 더더욱 참기 힘들었던 것은 장탕이 세 사람의 '영예로운 과거'를 알면서도 승상 대신 공무를 볼 때마다 사람들 앞에서 그들을 거침없이 나무라고 모욕을 준 것이었다. 그래서 장탕에 대한 미움이 뼈에 사무친 세 장사는 한시도 복수할 마음을 잊지 않고 있었다. 그들은 엄청적을 충동질했다.

"처음 대인께서는 장탕과 함께 황상께 나가 사죄하기로 하였으나, 막상 황상 앞에 나가자 그는 대인을 배신하고, 지금은 대인께서 죄를 방조했다는 죄명을 만들어 '견지고종' 죄라 우기는 것은 대인을 승상의 자리에서 내리고 자신이 그 자리를 대신하려는 속셈이 아니고 무엇이겠습니까?"

그러자 엄청적은 명을 내려 장탕과 관련된 전신田信 등을 잡아다가 고문했다. 그리고 장탕이 어떤 일을 상주하기 전에 늘 전신이 먼저 알았다는 자백을 받아냈다. 전신은 장탕이 얻은 극비의 소식으로 물건을 사거나 팔아서 벼락부자가 되었는데, 장탕에게 많은 이익을 배분해주었다는 것이다. 장사 세 사람은 일부러 이 사실을 무제의 귀에 흘렸다. 무제는 장탕을 불러 물어보았다.

"어째서 매번 짐이 일을 시행할 때마다 호상들이 사전에 그 사실을 알았는가? 거상들은 이익을 남길 수 있는 물건을 정확히 알아 비축해두었네. 이는 분명 누군가 그 계획을 그들에게 알려주었기 때문이겠지."

장탕은 깜짝 놀라는 척하며 되물었다.

"그런 일이 있었사옵니까? 분명 누군가 비밀을 누설하였나 보옵니다."

장탕은 조금도 뉘우치는 기색이 없었는데, 이때 감선이 무제에게 장탕이 노알거와 공모해 이문을 모해한 일을 보고했다. 크게 노한 무제는 장탕이 간사한 마음을 품고 황제를 속이려 했다고 생각해 여러 차례 사신을 보내 장탕 사건을 조사하여 대조했다. 장탕은 끝까지 죄를 인정하지 않고 잡아떼며 자기변명만 늘어놓았다. 결국 무제는 정위 조우를 보내 장탕을 심문하게 했다. 조우는 솔직하게 말했다.

"아직도 상황이 어찌 돌아가는지 모르십니까? 사람들이 나리의 죄를 폭로하였는데 저마다 증거가 충분하옵니다. 천자께선 나리가 감옥에 가 치욕을 당하는 것을 보시지 않기 위해 스스로 뉘우치게 하려 하셨거늘, 아직도 그 뜻을 모르신단 말입니까? 여기서 대질이니 뭐니 그런 일을 한들 무슨 소용이 있겠습니까?"

장탕은 그제야 자신을 향한 무제의 신임이 완전히 사라졌음을 깨닫고 사죄하는 상소문을 써 올렸다.

"소신 장탕은 한 치의 공도 없이 하급관리인 도필리로서 입신양명하였사옵니다. 모두 폐하의 은총으로 등용되어 삼공의 자리까지 올랐으나, 덕과 능력이 부족하여 직무를 이행하기 어려웠사옵니다. 그러나 이번에 소신에 관한 죄상들은 모두 날조된 것으로 모두 세 장사의 음모였사옵니다."

그리고는 자결해버렸다. 장탕이 죽은 후 보니 그의 가산은 황금 5백 근을 넘지 않았다. 그것은 모두 그가 평소 받았던 봉록과 상금이었다. 그의 형제와 자녀, 조카들은 성대한 장례를 치르고자 하였지만, 장탕의 어머니가 반대했다.

"장탕은 천자의 대신으로서 죄가 없음에도 모함받아 죽었는데 장례를 성대히 치룬들 무엇하겠느냐?"

그래서 식구들은 장탕의 시체를 소달구지에 싣고 교외로 나가 묻었다. 시체도 관에만 넣고 겉 널도 만들지 않았다. 무제는 그 소식을 듣고 감탄했다.

"그런 어머니가 아니 계셨다면 장탕과 같은 아들도 나오지 못했을 것이니라."

심문 결과 장탕을 죽음으로 내몬 3명의 장사도 모두 죽임을 당했고, 승상 엄청적은 하옥되어 자결했다. 전신은 감옥에서 석방되었다. 황제는 장탕을 불쌍히 여겨 그의 아들인 장안세를 관리로 선발하였다.

漢書 들여다보기

책형은 고대 죄인의 시체를 잘라 머리를 저잣거리에 내걸어 사람들이 보도록 했던 일종의 참혹한 형벌이다. 진나라 때부터 있었던 형벌로 한나라에서 답습하였는데, 사형 중에 책형이라고 따로 있었다.

장탕 기념비

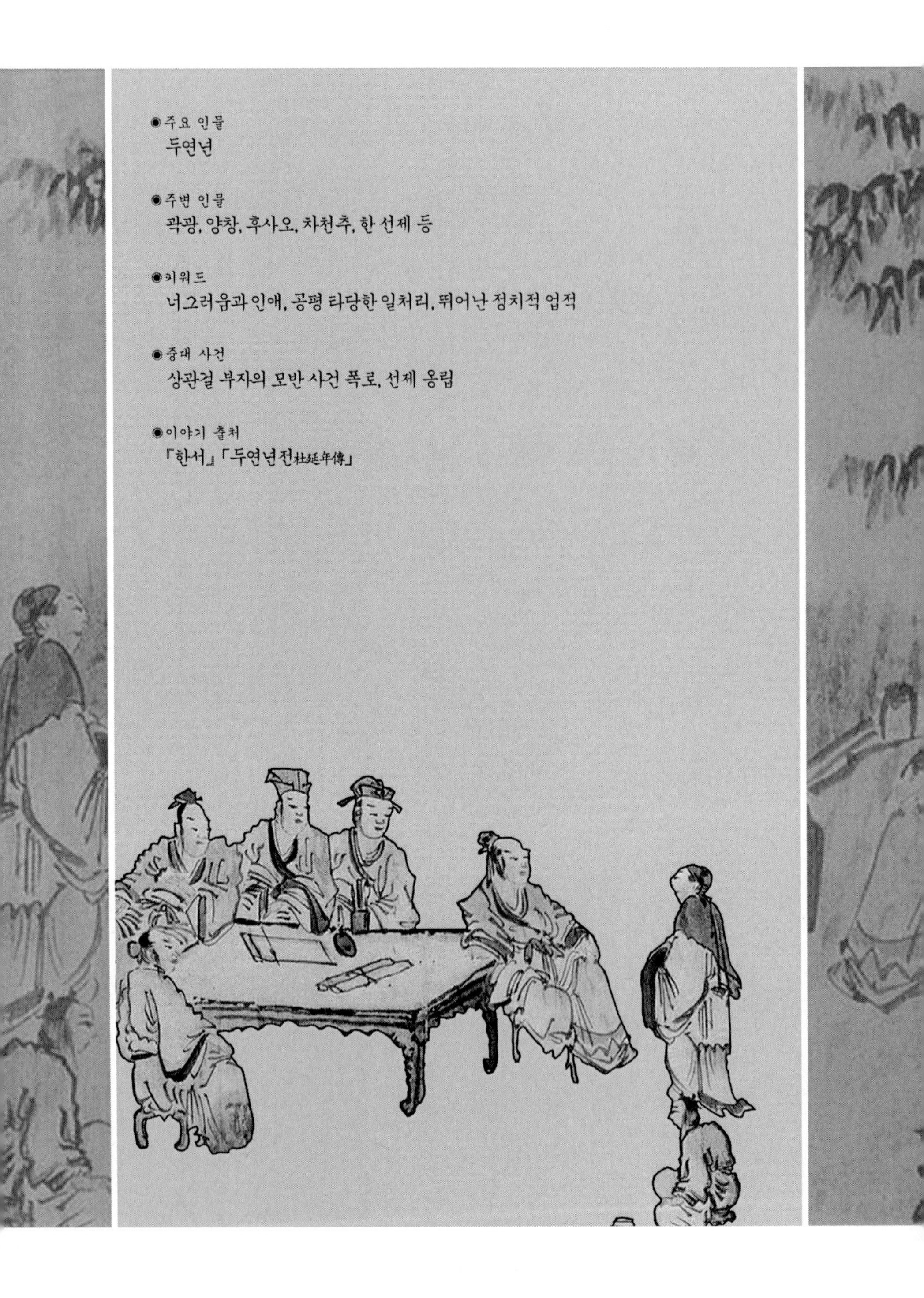

◉주요 인물
두연년

◉주변 인물
곽광, 양창, 후사오, 차천추, 한 선제 등

◉키워드
너그러움과 인애, 공평 타당한 일처리, 뛰어난 정치적 업적

◉중대 사건
상관걸 부자의 모반 사건 폭로, 선제 옹립

◉이야기 출처
『한서』「두연년전杜延年傳」

杜延年

두연년 : 온화함과 공평함

두연년의 자는 유공幼公으로 어려서부터 법가를 배웠다. 그의 아버지 두주는 장탕처럼 이름난 혹리였다. 두주가 젊었을 때 그의 고향에는 이름만 들어도 간담이 서늘해지는 태수 한 명이 찾아왔다. 그는 죽이고 속박하는 것을 임무로 여기던 혹리 의종義縱이었는데, 의종은 탁월한 안목으로 한눈에 두주를 알아보고 자신의 수하로 삼았다. 그 후 그는 두주를 장탕에게 소개하였고 정위사廷尉史의 자리에 앉았다. 그 무렵 흉노족이 변경 지대로 쳐들어와 수많은 사람과 가축들이 목숨을 잃고 다쳤다. 두주는 건의 사항을 상소로 올렸는데 모두 그 핵심을 정확히 지적하여 조정의 관심과 신임을 받았다. 그는 감선과 중승中丞을 번갈아 하며 10여 년의 시간을 보냈다.

두주는 비록 말주변이 없고 어눌했지만 법을 집행하고 일처리를 할 때는 준엄하고 철저했다. 그도 정위로 있었던 기간에 장탕처럼 황제의 눈치를 보아가며 일을 처리했다. 무제가 제거하고자 하는 사람은 '법에 따라' 무슨 수를 써서라도 사지로 내몰았고, 무제가 풀어주고 싶어 하는 사람은 아무리 큰 죄를 지었더라도 어떻게든 '억울한 사정'을 밝혀냈다. 봐준다는 티가 전혀 나지 않도록 하기 위해서였다. 이런 수법은 장탕에게서 배운 것이었으나, 그가 사건을 처리하는 수단은 더 지독해서 법까지 좌지우지할 정도였다. 그야말로 청출어람이었던 것이다. 누군가 두주를 책망했다.

"이 나라를 위해 형법을 주관하면서 죽간에 쓰인 법률 조문을 따르지 않고 오직 황상의 뜻에 따라 처벌하다니, 그리 사건을 처리해도 된단 말이오?"

그러나 두주는 그 말을 부끄럼 없이 당당하게 맞받아쳤다.

"삼척죽간의 법률 조문이 어디서 온 것이오? 과거 황제께서 옳다고 여기신 것을 기록하니 법률이요, 나중에 온 황제가 행해야 할 일을 조항을 나눠 설명하니 법령이 된 것 아니오? 그러니 현재 제왕의 뜻에 맞으면 충분한 것이오."

두주는 이런 신조와 눈치를 잘 살피는 재주로 11년 동안 정위의 자리를 지켰다. 이것은 무제 때 같은 직임을 맡았던 사람들 중에서는 최장 기록이었다. 그 기간 무제의 뜻을 받들어 두주가 체포하고 심문한 사건은 점점 늘어나서, 옥에 갇힌 봉록 2천 섬 이상의 관리가 1백 명을 넘었다. 그의 관아가 중앙에서 받는 사건은 1년에 1천여 건에 달했는데, 큰 사건마다 연루되어 잡혀와 증언하는 사람만 1백여 명 이상이었고, 작은 사건도 수십 건이 넘었다. 이들 무고한 평민들은 몇천 리부터 몇백 리에 달하는 길을 와야만 했다. 법정에서 대질할 때도 관리들은 증인들이 관아의 의견에 따라 증거를 하도록 명령을 내렸으며, 조금이라도 위배될 경우에는 고문을 해서라도 원하는 증언을 받아냈다. 그러자 백성들은 일단 증인으로 오라는 말을 들으면 겁을 집어먹고 이리저리 숨기에 바빴고, 심지어는 도망가서 10년 넘게 집으로 돌아오지 않는 사람도 있었다. 두주가 정위로 있는 동안 체포한 사람은 67만 명이 넘었고, 사건 처리와 법 집행에 참여한 관리를 제외하고 영문도 모르고 연루되어 화가 미친 사람만도 10만여 명에 달했다. 두주는 한동안 파면되었다가 다시 집금오執金吾가 되었다. 상홍양과 위 황후의 사건을 심리할 때 최선을 다했기 때문에, 무제는 그를 어사대부로 승진시켜 최고의 녹봉과 품계를 누리게 해주었다. 1년 후 두주는 최고의 자리에서 천수를 다하고 세상을 하직했다. 두주가 처음으로 정위사廷尉史가 되었을 때 그의 재산은 입고 있던 옷 외에 겨우 말 한 필뿐이었다. 그러나 그 후 직위가 삼공까지 오르고 자손들이 모두 관직에 나가면서 가산도 엄청나게 불어났다.

두주의 막내아들 두연년의 성격은 그 아버지와는 완전히 반대였다. 그는 너그럽고 어진 사람으로 일을 할 때 공정함을 잃지 않았다. 소제가 막 즉위했을 무렵에는 대장군 곽광이 정권을 장악하고 있었는데, 이때 두연년은 보군사공補軍司空으로 임명되었다. 기원전 83년, 익주益州 지역 소수민족이 반란을 일으키자, 두연년은 교위의 신분으로 군대를 이끌고 출정했는데, 조정에 돌아와 간대부諫大夫로 임명되었다.

좌장군 상관걸 부자와 개장 공주, 연왕 단旦이 모반을 계획했을 때 대리 도전사자稻田使者였던 연창燕倉은 그들의 음모를 알고 대사농 양창楊敞에게 밀고하였으나, 양창은 겁이 많은 사람이었기 때문에 병을 핑계로 집으로 돌아간 후 그 일을 두연년에게 알렸다. 당시 대장군 곽광의 수하에서 일하고 있었던 두연년은 즉시 그 소식을 대장군에게 전해 제때에 반란을 봉쇄하고 상관걸 등을 사형에 처하게 했다. 두연년은 제때 사건을 밝혀낸 공을 인정받아 건평후에 봉해졌고 태복太僕 우조 급사중右曹 給事中으로 승진되었다.

곽광은 가혹하다 싶을 정도로 엄하게 법을 집행했으나 두연년은 너그럽게 사람을 대했고 늘 공평하게 일을 처리했다. 연왕 단 사건을 심리할 때, 어사대부 상홍양도 그 사건에 가담했기 때문에 그의 아들인 상천桑遷은 자신도 연루될까 두려워 아버지의 친구인 후사오侯史吳의 집으로 도망가 숨었다. 그러나 결국 상천은 체포되어 사형을 언도받았다. 후사오 사건을 심리할 때 정위 왕평王平, 소부 서인徐仁 등은 상천은 아버지가 모반을 꾀해 연루되었을 뿐 주범이 아니므로 그를 숨겨준 후사오에게 죄를 물어서는 안 된다며 석방했다. 치어사治御史는 그 사건의 재심에서 상천이 주범은 아니나 유가 경전을 잘 알고 있고, 아버지가 모반을 꾀하는 것을 알면서도 막지 않았으니 반역자와 같은 벌을 받아야 하며, 후사오 역시 조정에서 3백 섬의 봉록을 받는 관원으로서 상천을 숨기고 은폐했으니 일반 백성과 달리 벌을 내려야 한다고 주장했다. 이 사건은 결국 상급의 재심까지 올라갔다. 후사오는 유죄가 되었고 정위 왕평과 소부 서인까지 심리를 제대로 하지 못했다 하여 벌을 받았다. 서인은 승상 차천추車千秋의 사위였다. 그래서 차천추는 후사오가 처벌을 면할 수 있도록 애를 썼다. 그는 곽광이 동의하지 않을까 두려워 몰래 중이천석(中二千石: 이천석二千石 다음가는 벼슬)의 봉록을 받는 관리와 박사 등을 공거문公車門에 소집해 그 사건에 대해 논의했다. 대신들은 그 사건에 대한 곽광의 태도를 잘 알고 있었기 때문에 모두들 그 사건을 엄히 다스리고 후사오 역시 유죄를 인정해야 한다고 입을 모았다. 다음 날 차천추가 멋대로 중이천석 이하의 관리들을 모아 논의한 일을 알게 된 곽광은 한나라 법을 어겼기 때문에 왕평과 서인 등을 잡아다가 옥에 가둬버렸다. 대신들은 승상 차천추 역시 연루될까봐 염려했다. 이때 두연년이 곽광에게 차천추를 문책하지 말라는 상소를 올렸다.

'관리가 죄인을 단속하지 않는 것에 대해 한나라 법에 그 규정이 있사옵니다. 그런데 지금 그 사건으로 인해 후사오에게 죄를 묻는 것은 지나친 처사가 아니옵니까? 승상 차천추는 늘 직무에 충실하고 법을 잘 지키며 신중하고 조심성이 많았습니다. 다만, 그 수하에 있는 자를 지키기 위해 편을 좀 든 것뿐이지요. 승상은 선황제의 신하로 아무런 잘못도 없사온데, 그런 그를 벌하려 하는 것은 옳지 않사옵니다. 지금 백성들은 조정에서 법을 너무 엄히 집행해 혹리들이 판을 치고 있다고 말들이 많사옵니다. 이번 일을 사건으로 치부하고 또 승상을 유죄라고 판결한다면 민심이 떠나고, 여론이 들끓으며 유언비어가 사방에 퍼질까 두렵습니다. 그러면 대장군의 명성도 실추되지 않겠습니까?'

곽광은 두연년의 의견을 참조하여 차천추의 죄는 묻지 않고, 왕평과 서인은 시체를 저잣거리에 기시棄市하라고 판결했다. 이처럼 두연년은 무슨 일이든 공평하고 정직하게 처리했다. 두연년은 무제가 군대를 멀리 원정 보내고 낭비가 지나쳐 국고가 텅 비어가는 것을 보고 곽광에게 건의를 올렸다.

"최근 몇 년 동안 작황은 좋지 않고 유민은 늘어났으니 조정은 효 문제를 본받아 검소함과 인자함을 근본으로 삼으며, 천심天心을 따르고 민의民意를 안정시켜야 할 것이옵니다."

곽광은 두연년의 의견을 받아들여 그를 현량으로 선발했고, 염철鹽鐵 회의를 소집해 주연을 베푼 후 소금과 철의 전매에 대해 논의했다. 두연년은 공정하게 일을 처리했기 때문에 백성들은 심리 사건에서 다툼이 생기면 두연년이 나서서 처리해주기를 바랐다. 조정은 문건과 사건이 생기면 규정에 따라 승상과 어사 두 쪽에 배분하게 되어 있었지만, 때론 조정 역시 이런 문건과 사건을 두연년에게 보냈다.

소제가 병에 걸렸을 때 천하의 명의를 불러왔는데, 두연년은 황제의 치료 업무를 맡아서 관리했다. 소제가 세상을 떠난 후 창읍왕昌邑王 유하劉賀가 즉위했다. 그러나 그는 방종한 행동 때문에 곽광 등에 의해 폐위되었다. 대장군 곽광과 거기장군 장안세, 그리고 대신들이 누구를 황제로 옹립하면 좋을지 의논하고 있을 때, 두연년은 곽광과 장안세에게 황증손 유순劉詢을 추천했다. 유순은 궁중의 액정에서 자랐으며 두연년의 둘째 아들인 두타杜佗와 절친한 사이였다. 그래서 그의 뛰어난 인품과 덕성을 알고 추천하였다. 선제(유순)가 즉위한 후 대신들에게 포상을 하였는데, 두연년은 정책을 세워 종묘를 안정시켜 식읍 2천 3백 호를 하사받았다. 기존에 가지고 있던 봉읍에 이를 더하면 총 4천 3백 호에 달했다.

두연년은 조정의 정무에도 정통해서 장기간 조정의 일을 맡아보며 황제의 신임을 받았다. 나갈 때는 어가로 황제를 모셨고, 안에서는 급사중으로 구경의 자리를 10여 년간 지켰다. 그간 받은 상금만도 수천만에 달했다.

곽광이 죽자 곽 씨 집안도 몰락해버렸다. 곽우가 모반을 꾀했던 사실이 드러난 후 수많은 곽 씨 집안사람이 죽임을 당했다. 두연년 역시 곽 씨 수하의 관료였기 때문에 승상 위상魏相은 관리를 보내 철저히 조사하게 했다. 두연년은 당시 태복의 자리에 있었는데, 그가 관리하던 어원御苑의 말이 많이 죽고, 관노들이 먹고 입을 것이 부족하다는 이유로 해임되고 식읍도 2천 호나 깎였다. 몇 달 후 그는 다시 부름을 받아 북지 태수가 되었다. 그는 구경이기 때문에 변경 지대로 보내졌는데, 지역 사무에 익숙지 않은데다 정치적 업적도 좋지 않아 조정의 질책을 받았다. 그러나 그 후 그는 관리의 품행과 치적을 정비하고 부호와 세도가들을 색출하여 사회 질서를 바로 잡았다. 얼마 후 선제는 사자를 보내 두연년을 위문하고 황금 20근을 하사하며 서하西河 태수로 임명했다. 두연년은 서하를 잘 다스려 널리 명성을 떨쳤다. 오봉五鳳 3년(기원전 55년), 조정은 그를 어사대부로 승진시켰다. 3년간 어사대부의 자리를 맡았던 그는 나이가 많고 병치레가 잦아 사직을 청했다. 선제가 허락하여 광록대부에게 부절을 들려 보내 금 1백 근을 하사하는 한편, 네 필의 말이 끄는 수레를 선물했다. 얼마 후 두연년은 병으로 세상을 떠났고 '경후敬侯'라는 시호를 하사받았다.

漢書 들여다보기

고대 혹형의 종류는 매우 많아 사형만 해도 종류가 다양했다. 시체를 저잣거리에 내다버리는 기시, 목을 베는 수사殊死, 목을 벤 후 나무에 매달았던 효수梟首, 작두로 허리를 잘라 죽이는 요참腰斬, 칼로 온몸의 살을 난도질해 죽이는 능지凌遲, 사람의 머리와 사지를 말이 끄는 수레에 따로따로 매고 동시에 달리게 하여 몸을 찢어 죽이는 거열(진 이전에는 죄인이 죽은 후에 시행했으나, 진나라 이후에는 죄인이 죽기 전에 이 형벌을 적용했다), 큰 가마에 죄인을 넣고 삶아 죽이는 팽烹이 모두 사형이었다.

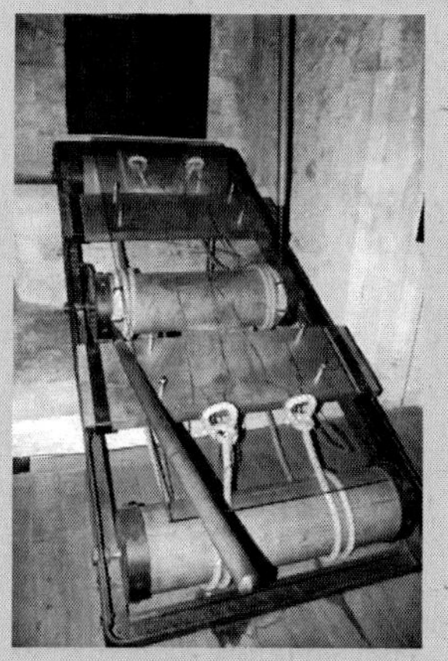

혹형에 사용된 도구

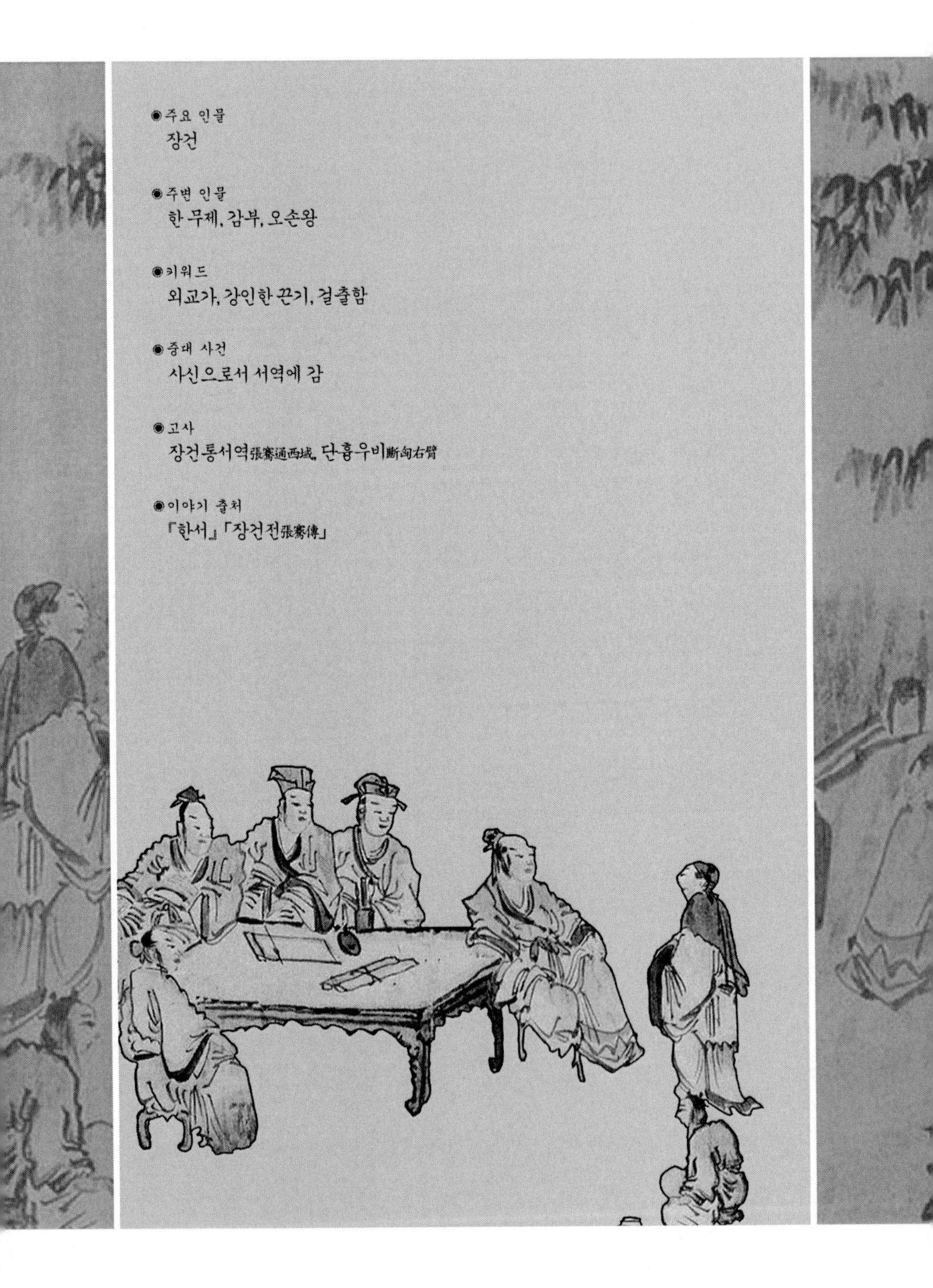

◉ 주요 인물
장건

◉ 주변 인물
한 무제, 감부, 오손왕

◉ 키워드
외교가, 강인한 끈기, 걸출함

◉ 중대 사건
사신으로서 서역에 감

◉ 고사
장건통서역張騫通西域, 단흉우비斷匈右臂

◉ 이야기 출처
『한서』「장건전張騫傳」

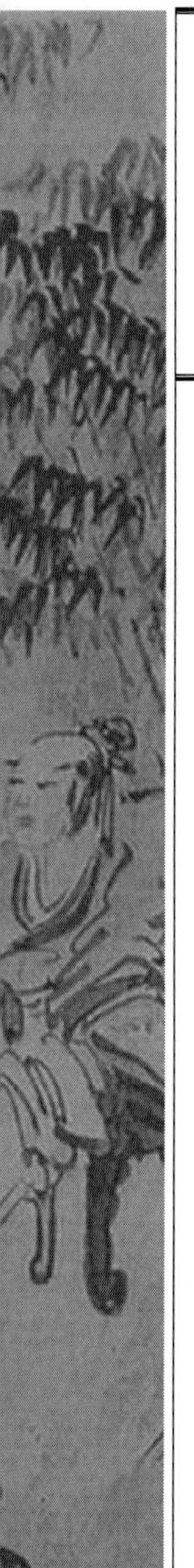

張騫

장건 : 서역으로 가는 길을 뚫다

한나라 시기 옥문관玉門關, 양관(陽關: 지금의 감숙甘肅 돈황敦煌) 서편의 광활한 땅, 즉 지금의 신장과 중앙아시아 일대는 서역西域이라고 불렸다. 그곳에는 36개국이 서로 통괄하거나 예속되지 않은 채 지내고 있었다.

전한 초기 흉노의 세력이 서역까지 뻗어나갔는데, 특히 일부 한나라와 인접한 서역의 소국들은 대부분 흉노의 통제와 잔인한 약탈에 시달리고 있었다. 그들은 억지로 공납을 바쳐야 했으며, 이것은 다시 흉노의 경제적 세력을 강화시켰으므로, 한나라에서는 심각한 문제였다. 그러니 흉노에 대항하는 전쟁을 준비하고 있는 한 무제에게 서역이 얼마나 중요한 의미를 가졌을지는 말하지 않아도 짐작이 갈 것이다. 그는 흉노와 서역과의 연계를 끊어버리고, 더 나아가 적국의 속국을 아군의 동맹으로 만든다면 흉노를 무찌르는데 매우 큰 도움이 되리라 생각했다.

어떤 우연한 기회에 무제는 흉노에서 잡혀온 포로로부터 귀가 솔깃한 정보를 듣게 된다. 서역에 있는 대월지大月氏라는 나라가 흉노에게 패배하였고, 왕은 노상 선우老上單于에게 죽임을 당했다는 것이다. 노상 선우는 야만적으로 대월지 왕의 목을 벤 후 그 머리를 술을 마시는 용기로 썼으며, 월지 사람들은 흉노족의 노예생활을 견디지 못하고 천산天山의 북쪽 기슭에 있는 이리(伊犁: 지금의 신장 위구르의 한 지명) 강 유역으로 이주해갔다. 월지왕은 이를 갈 정도로 흉노족을 싫어해 복수로 치욕을 씻어버릴 날을 기다리고 있으나, 힘을 합쳐 전쟁을 벌일 동맹을 찾지 못해 고심하고 있다는 것이었다.

이 말은 들은 무제는 매우 좋은 기회임을 알고 대월지와 힘을 합쳐 '흉노의 오른 팔을 꺾으려〔斷匈右臂〕'는 계획을 세웠다. 그래서 담이 크고 능력이 있어 흉노의 점거 지역을 뚫고 서역으로 나갈 사신을 공개 모집했는데, 사신은 서역으로 간 후 그들이 한나라와 함께 흉노에 대항하도록 설득하는 사명을 완수해야 했다. 이때 한중 성고(城固: 지금의 섬서 성고) 사람 장건이 자진하여 나섰는데 그는 무제를 옆에서 모시던 낭관의 신분으로 모집에 응했다. 무제는 장건의 담대함과 견식을 매우 마음에 들어 했으며, 대월지에 사신으로 가는 험난한 임무를 그에게 맡겼다.

건원 3년(기원전 138년), 장건은 흉노족 감부[甘父]의 길 안내를 받으며 1백여 명의 사람들을 이끌고 용서(지금의 감숙 일대)에서 패기 있게 출발했다. 그들은 바람과 이슬을 맞으며 한데에서 잠을 청했고, 온갖 고생을 견디며 금세 흉노족의 세력 범위 안으로 들어가게 되었다. 흉노군은 1백 명의 무리가 한나라 대군의 지지도 없이 오는 것을 보고 바로 그들을 붙잡아 흉노의 왕정으로 압송해갔다. 선우는 그들이 서역에 가던 길이라는 말을 듣고 비웃으며 말했다.

"네 놈들이 선을 대려던 대월지는 우리의 북쪽에 위치하고 있다. 한나라 사람들이 뭘 믿고 우리 흉노국의 허락도 없이 멋대로 이곳을 넘어가 외교를 펼치겠다는 것이냐? 우리가 남월에 사신을 보낸다면 한나라 조정에서는 우리가 너희 땅을 통과하는 것을 허락하겠느냐?"

그는 장건 일행을 구금했고, 그렇게 10년이 흘러갔다. 또 장건을 구슬리고 누그러뜨리기 위해 그에게 아내를 주었고 결국 아들까지 낳았다. 그러나 서역에 사신으로 가려던 장건의 결심은 꺾이지 않고 처음 가지고 왔던 부절을 늘 몸에 지니고 다녔다.

어느 달 없는 어두운 밤, 장건 일행은 흉노족이 방심한 틈을 타 도망쳤다. 그들은 차사국(車師國: 지금의 신장 투루판 분지)을 거쳐 언기(焉耆: 지금의 신장 언기 일대, 카라샤르)로 들어갔고, 언기에서 탑리강[塔里木河]을 거슬러 올라 서진했다. 구자(龜玆: 지금의 신장 쿠차 동편)와 소륵(疏勒: 지금의 신장 카스) 등지를 지나 총령(蔥嶺: 파미르 고원)을 넘어 대완(大宛: 지금의 바이간납 지역)까지 도달했다. 대완의 왕은 일찍부터 한나라가 매우 부유하다는 소문을 들었지만 흉노가 가로막고 있어 한나라와 교류하지 못하는 것을 몹시 안타깝게 생각하고 있었다. 그러다 한나라 사신이 찾아오자 기쁨에 들떠 정성껏 그들을 대접하며 어디로 가는 길인지 물었다.

장건이 대답했다.

"한나라 황제께서는 저를 대월지에 사신으로 보내셨으나 중간에 흉노에게 10년 넘게 잡혀 있다가 어렵게 도망쳐 나온 것입니다. 왕께서 사람을 시켜 우리를 데려다주신다면 한나라에 돌아간 후 감사의 뜻으로 폐하께 진귀한 예물들을 넉넉히 보내드릴 것이옵니다."

대완의 왕은 길 안내자와 통역을 보내 장건 일행을 강거(康居: 지금의 바이칼호와 아랄해 사이)로 안내해주었다. 또 강거에서는 그들을 목적지인 대월지까지 인도하였다.

그러나 그 사이 대월지의 형편은 완전히 바뀌어 있었다. 당시 대월지 국왕은 여자였는데 규수嬀水 유역으로 이주한 후 이웃나라인 대하(大夏: 지금의 아프카니스탄 북부)를 정복하였던 것이다. 그곳의 땅은 비옥하고 생활이 안정되었기 때문에 그들은 더 이상 흉노와 싸울 필요가 없어졌으니 그곳에 정착해 평화롭게 살아가기로 이미 결정했다고 하였다. 동시에 대월지는 자신의 힘이 아직 약한데다 한나라는 너무 멀리 떨어져 있기 때문에 함께 흉노족을 공격하는 것이 불가능하다고 생각했다. 그래서 흉노족의 오른팔을 베어내겠다는 장건의 목적은 실현되지 못했다.

장건은 대하 등지에서 1년여를 머물고 조사하면서 계속해서 대월지 왕을 설득했지만, 흉노를 협공하는 문제에 대해서는 명확한 답을 듣지 못했다.

결국 장건은 귀국길에 오를 수밖에 없었다. 그는 흉노족의 영향력이 미치는 땅을 피해가기 위해서 장건은 남쪽으로 돌아 동진했다. 총령을 넘어 곤륜산 북쪽 기슭을 따라갔고 사차(莎車: 현재 신장의 사차(야르칸트)), 우전(于闐: 지금의 신장 호탄[和田]), 선선(鄯善: 지금의 신장 약강(若羌, 쿼킬릭)) 등지를 지나 강인들이 거주하는 지역으로 들어갔다. 그러나 또 다시 흉노족 기마병에게 잡혀 1년이 넘는 시간을 보내야만 했다.

원삭 3년(기원전 126년), 군신 선우軍臣單于가 세상을 떠나자 흉노족 사이에 내란이 발생했다. 장건은 그 기회를 놓치지 않고 아내와 조수 감부 등 세 사람을 데리고 도망쳤고, 여러 곳을 거쳐 마침내 장안으로 돌아왔다. 무제는 서역 상황에 대한 장건의 자세한 보고를 듣고 매우 기뻐하며, 그를 태중대부로 임명하고 감부를 봉사군奉使君으로 봉했다.

자진해서 서역의 사신으로 나갔던 장건은 13년간 온갖 어려움과 위험을 다 겪으며 천산 남북과 중앙아시아, 서아시아 각지까지 두루 그의 족적을 남겼다. 비록 소기의 목적을 완수하지는 못했지만 그가 보고 듣고, 가져온 자료들은 한 무제뿐 아니라 국외 상황을 알고자 했던 중국인들 모두를 계몽하는 역할을 톡톡히 할 수 있었다.

대하에 있을 때 장건은 중국 공산(邛山: 지금의 사천 형경滎經 서쪽) 지역의 대나무 지팡이와 촉 지역의 세마포가 시장에서 판매되는 것을 보고 기이하게 생각했다. 상인들에게 물어보니 신독(身毒, 즉 천축天竺, 고 인도의 음역)에서 사온 것이라고 했다. 신독은 대하에서 동남쪽으로 수천 리나 떨어진 곳으로 코끼리를 타고 전쟁을 하며 바다에 인접해 있는 곳이었다. 대하는 한나라에서 1만 리 넘게 떨어진 서남쪽에 위치하고 있었고, 신독은 대하에서 동남쪽으로 수천 리나 떨어져 있었는데 촉지의 물건이 있는 것으로 봐서는 촉지와 그리 멀지 않은 것을 알 수 있었다.

그는 촉지에서 신독을 지나 대하로 통하면서 흉노의 방해를 받지 않는 지름길이 분명히 있을 것이라 예상했다. 그는 무제에게 서남쪽으로 통하는 이도夷道를 뚫자고 건의했다. 무제는 장건의 건의를 받아들여 촉군, 건위군犍爲郡에서 사자를 파견해 각각 방駹, 작筰, 공邛, 북僰 등 4곳으로 나가 서남쪽으로 통하는 길을 열라고 명령했다. 그러나 사자들은 곤명昆明 이민족에게 막혀 그 뜻을 이룰 수가 없었다. 그중 전滇나라와 야랑夜郎 등을 거쳐 간 사자가 전 지역 일대에서 활동하며 무제가 서남 지역을 다스릴 수 있는 기반을 마련해주었다. 원삭 6년(기원전 123년), 장건은 교위로서 대장군 위청을 따라 흉노에 출정해 공을 세우고 박망후博望侯로 봉해졌다. 원수 2년(기원전 121년), 위위衛尉로서 이광과 우북평(右北平: 지금의 하북 동북부)으로 나가 흉노를 쳤다. 그러나 장건은 군기軍期를 어기는 일을 저질러 죽을 위기에 처했다. 그는 작위를 반납하여 죄를 사하고 서인庶人이 되었다.

원수 4년(기원전 119년), 한 무제는 몇 번이나 장건을 불러 서역에 관한 일들을 물어보았다. 장건은 오손(烏孫: 지금의 이리 강 유역)과 힘을 합쳐 흉노에 대항하자는 의견을 내놓았다.

"오손은 본디 대월지와 기연산, 돈황 일대에서 살고 있었으나 대월지가 오손왕을 죽이고 오손의 영토를 빼앗아 어쩔 수 없이 흉노에게 복속된 나라이옵니다. 훗날 그들은 흉노의 지지에 힘입어 대월지를 내쫓고 강성해지기 시작하였지요. 흉노의 선우가 죽은 후 오손은 더 이상 흉노의 지배를 받지 않으려고 하여 두 나라의 관계가 날마다 악화되고 있다 하옵니다. 지금 흉노는 몇 번이나 우리에게 패했으니 힘이 많이 약해져 있을 것이옵니다. 우리가 오손에게 재물을 주어 옛 영토인 하서河西 지역으로 돌아가도록 설득하고, 조정에서 공주를 보내 화친을 맺는다면 두 나라는 우호관계를 맺게 될 것입니다. 이것은 흉노의 오른팔을 베는 것과 다름이 없는 일이옵니다. 게다가 오손과 동맹을 맺으면 오손 서쪽에 있는 대하 등의 나라들도 사신을 보내 신하가 되고자 할 것이옵니다."

무제는 장건의 건의를 매우 높이 사며 그를 중랑장에 봉했다.

그리고 사람 3백 명과 말 6백 필, 소와 양, 금과 비단을 많이 내려 다시 한 번 서역의 사신으로 보냈다. 이때 흉노는 이미 하서, 회랑 쪽으로 도망친 상태였기 때문에 길이 뻥 뚫려 있었다. 장건은 오손에 도착한 후 국왕에게 후한 예물을 바치며 오손이 옛 영토로 돌아가길 바란다는 한나라 천자의 뜻을 전했다. 그리고 공주를 아내로 삼아 혈맹의 나라가 되고, 함께 흉노를 막아내자는 뜻도 전했다. 그러나 오손은 서쪽으로 이주한 지도 이미 오래되었고, 한나라와도 너무 멀었기 때문에 한나라가 제대로 도와줄 수 있을지 의심스러웠다. 게다가 그들은 흉노와 매우 가까이 인접해 있어 오랫동안 의존적인 관계를 유지해온 터였으므로, 대신과 귀족들은 모두 흉노를 두려워했고, 더 이상 이주를 원하지도 않았다. 그리고 오손의 왕인 곤막(昆莫: 왕의 호칭)은 연로하였고, 태자 신新은 세상을 떠나버렸다. 태자는 죽기 전 그의 아들 잠추岑陬를 왕위 계승자로 삼아달라고 부탁했다. 곤막이 이를 허락하자 차자인 대록大祿이 강하게 반대해 다툼과 분열이 일어났다. 그래서 이주하는 것은 생각조차 할 수 없는 형편이었다.

오손에 머무는 동안 장건은 부 사신들을 대완, 강거, 대월지, 안식(安息: 파르티아), 신독, 우전, 한미(扜彌: 지금의 신장의 우전于田 케리야〔克里雅〕강 동편) 등의 나라로 보내 외교 활동을 펼치게 했다. 그들의 족적은 중앙아시아, 서남아시아 각지에 닿았으며, 가장 멀리 나간 사자는 지중해 연안의 로마 제국과 아프리카 북부 지역까지 갔다고 한다.

원정元鼎 2년(기원전 115년), 오손왕은 통역과 길잡이를 준비해 장건이 귀국하도록 호송해주었다. 그와 함께 수십 명의 오손 사자들이 동행했는데, 서역 사람으로서는 처음으로 중원 땅을 밟은 것이었다. 오손왕은 한 무제에게 수십 필의 준마를 보내 무제의 환심을 샀다. 무제는 장건을 대행령大行令에 봉하고 각국의 사자와 빈객들을 접대하는 일을 맡겼다. 그리고 이듬해 장건은 세상을 떠났다. 그 후 그가 파견했던 부 사신들은 차례로 각국의 사자들을 대동하고 장안으로 돌아와 한나라가 서역의 여러 나라들과 우호관계를 맺을 수 있게 해주었다. 장건은 너그러운 마음과 신실한 태도로 서역 각 나라의 존경을 받고 널리 명망을 떨쳤다. 그 후 한나라 사자들은 계속해서 서역의 나라들과 왕래했는데 많은 경우는 1년에 10여 차례, 적어도 5, 6번에 달했다고 한다. 그때마다 모두 '박망후'의 명의를 사용해 각국의 신임을 받았다. 오손은 널리 뻗어나가는 한나라 군대의 위력과 풍족한 재력을 보고 서서히 한나라와의 관계를 중시하게 되었으며, 마침내 화친을 요구해왔다. 무제는 강도왕 유건의 딸 세군細君 공주를 오손왕 곤막에게 시집보냈다. 세군이 죽자 무제는 또 해우解憂 공주를 오손왕 잠추에게 시집보내 오랫동안 통혼에 의한 우호 관계를 유지했다.

『한서』「장건전」은 장건이 서역에 사신으로 갔던 것을 '착공서역鑿空西域'이라고 표현하고 있다. 여기서 '공'이란 통한다는 뜻으로, 착공서역이란 서역으로 통하는 길을 뚫었다는 뜻이다. 포도와 개자리, 석류, 호두, 참깨 등은 모두 장건이 서역에서 가지고 온 것이라고 알려져 있지만, 어쩌면 모두 장건이 가져온 것은 아닐 수도 있다. 그러나 장건이 비단길을 여는데 큰 공헌을 했기 때문에 지금까지도 사람들의 칭송을 받고 있다.

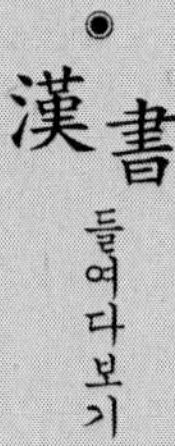

한나라 포도감도. 중국으로 서역의 포도가 유입된 것은 기원전 128년경 장건에 의해서라고 전해진다.

한나라 포도감도

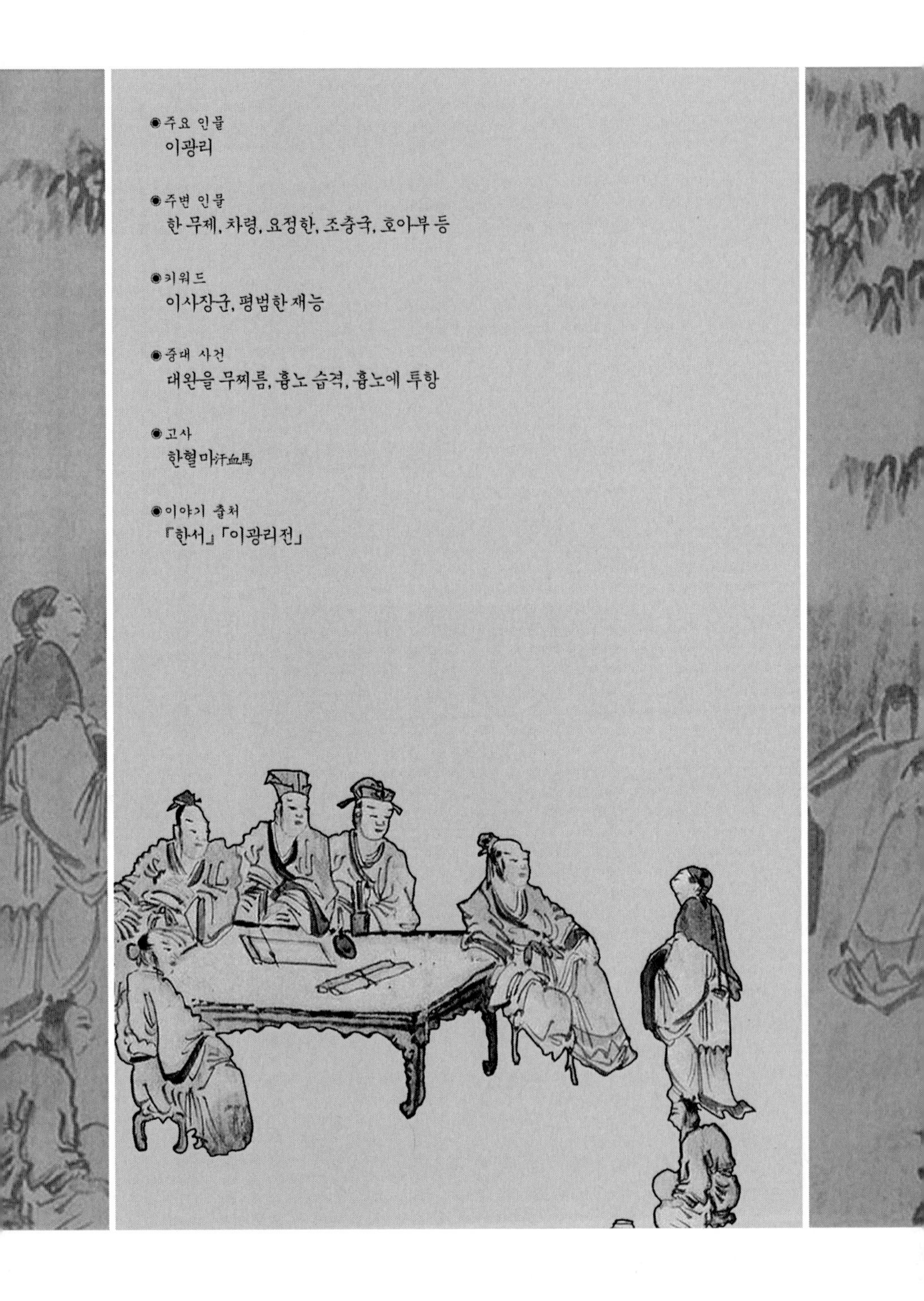

◉ 주요 인물
이광리

◉ 주변 인물
한 무제, 차령, 요정한, 조충국, 호아부 등

◉ 키워드
이사장군, 평범한 재능

◉ 중대 사건
대완을 무찌름, 흉노 습격, 흉노에 투항

◉ 고사
한혈마汗血馬

◉ 이야기 출처
『한서』「이광리전」

李广利

이광리 : 이사 장군貳師將軍

이광리李廣利는 중산(中山: 지금의 하북 정현定縣 보정保定) 사람으로, 무제의 총비寵妃인 이 부인의 오라비였으며 '이사장군'이라고도 불린다.

서역에 갔다 돌아온 장건은 한 무제에게 대완 등 서역의 풍습과 백성들의 생활 형편, 특산품에 대해 상세히 보고했었다. 그때 한나라 정 서쪽으로 1만 리 떨어진 곳에 있는 대완은 준마로 유명하며, 그 말은 하루에 1천 리를 달리며 달릴 때 어깨에서 땀이 흐르는데 피처럼 붉어서 한혈마汗血馬라고 불린다는 것이었다. 이국의 기이하고 진귀한 보물과 풍습, 분위기 등에 관한 재미있는 이야기는 무제의 마음을 완전히 사로잡았다. 특히 준마를 좋아했던 무제에게 '한혈마'에 관한 이야기는 흥분을 자아내기에 충분한 것이었다. 그 당시 방사(方士: 도사) 역시 무제에게 아뢰기를 대완의 말은 서방에서도 '천마天馬', '신마神馬'라고 불리며, 무제가 반드시 그 말을 차지해야 한다고 하였다. 동시에 대완이 흉노를 지지해 서역 개발이 매우 불리하게 되자 대완을 정벌하려는 생각이 무제의 마음에 크게 자리잡게 되었다. 그러나 대완으로 가는 길에는 누란(樓蘭: 지금의 신장의 나포박羅布泊 남쪽)과 고사(姑師: 즉 차사, 지금의 신장 투루판 야르 호토 일대)가 길을 막고 있었다.

기원전 108년, 북국에 폭설이 휘날릴 무렵, 무제는 장군 조파노趙破奴에게 서역 속국의 군대와 변경 지대의 병사 몇만 명을 이끌고 누란과 고사를 정벌하게 했다. 조파노는 경기병 7백 명을 이끌고 일거에 누란성을 함락시키고 왕을 생포했으며, 곧이어 고사를 공격했다.

신마를 얻을 생각밖에 없었던 한 무제는 신마를 상림원에서 키우며 하루 속히 마음껏 탈 날이 오기만을 기다렸다. 그때 서역에서 돌아온 사신이 무제에게 말했다. 대완의 아주 진귀한 보마寶馬는 이사성貳師城에서 집중적으로 키우고 엄격하게 관리하여 한나라 사신도 볼 수 없다는 것이었다. 무제는 그 말을 듣고 기회는 이때다 싶어 기문期門의 용사 차령車令을 사신으로 삼아 순금으로 만든 말과 많은 금을 주며 대완에 가서 이사성의 한혈마를 달라고 청하게 하였다. 차령은 불원천리를 마다않고 대완으로 가서 대완왕과 귀족들에게 한나라의 강성함과 위엄과 덕에 대해 이야기했다. 그리고 가져온 금과 금말을 꺼내 보이며 한혈마와 바꾸길 원한다고 말했다. 그러나 대완의 세도가들은 반대하며 살아 있는 자신들의 보마와 한나라의 금말을 바꾸려 하지 않았다. 그들은 의논 끝에 이렇게 대답했다.

"한나라는 여기서 매우 멀리 떨어져 있고 가는 길도 아주 험난합니다. 북쪽으로 가면 흉노가 있고 남쪽으로 가자니 물과 풀이 부족합니다. 게다가 가는 길에 성곽과 묵을 곳도 찾기 어려우며 먹고 마실 것이 나올 곳도 없습니다. 한나라 조정의 사신은 올 때마다 수백 명씩 데리고 오지만, 오는 길에 물과 양식이 떨어져 절반 이상의 사람이 죽거늘, 우리를 공격할 방법이나 있겠습니까? 게다가 이사의 한혈마는 대완의 국보國寶이니 함부로 한나라에 줄 수는 없습니다."

한나라 사자 차령은 악착같고 경박한 성격이라 대완왕과 귀족들의 오만한 태도에 분노를 참지 못하고, 욕을 퍼부으며 홧김에 금마를 깨뜨리고 휙 나와버렸다. 한나라 사자의 거칠고 상스러운 행동에 격노한 대완의 세도가들은 한나라 사절단을 내쫓고, 몰래 동쪽에 있는 욱성왕郁成王을 시켜 길을 막고 습격해 한나라 사자 차령을 죽이고 모든 재물을 빼앗게 하였다. 이 소식이 장안까지 전해지자 무제는 크게 노하여 대완을 평정하고 한혈마를 손에 넣을 것을 맹세하였다. 대완에 사신으로 간 적이 있는 요정한姚定漢 등은 진언을 올렸다.

"대완의 병력은 매우 약하니 3천 명의 병마를 보내십시오. 강노와 쇠뇌로 금세 성을 함락할 수 있을 것이옵니다."

무제는 착야후 조파노가 경기병 7백 명만 이끌고 누란을 격퇴하고 그 왕을 생포했던 일을 떠올리고 요정한 등의 말을 믿고 즉시 병력을 이동시키고 장수를 파견하기로 하고, 그의 손위 처남 이광리를 선봉장수로 삼았다. 이광리의 누이인 이 부인은 절세미인으로 가무에 뛰어났고 왕자까지 낳아 무제의 총애를 한 몸에 받고 있었다. 이 부인은 집안이 가난하고 미천해 늘 가문을 빛내고 싶어했다. 사실 그 가족에게 작위를 내리면 간단히 해결되는 문제였으나, 한 고조 유방은 일찍이 성이 다른 신민은 공을 세우지 않고는 제후로 봉해질 수 없다고 정하였으니, 이에 대해서는 무제도 어쩔 수 없었고, 또 그 규정을 깨고 싶지 않았다. 그런데 이 얼마나 좋은 기회인가? 이광리가 군대를 이끌고 나가 작은 공이라도 세운다면 정정당당하게 제후로 봉하고 작위를 줄 수 있지 않겠는가? 게다가 그렇게 보잘것없는 적이라면 질 염려도 없었다. 그래서 태초太初 원년(기원전 104년) 가을, 무제는 이광리를 장군으로 삼고 속국의 기마병 6천 명과 군국郡國에서 일하지 않고 게으름을 피우던 한량 수만 명을 징발해 원정군을 편성했다. 이들의 임무는 서진하여 대완을 정벌하고 이사성에서 한혈마를 받아오는 것이었다. 이광리가 '이사장군'이라 불렸던 것도 여기서 유래되었다.

이광리가 이끄는 대군은 엄청난 양의 무기와 군장 등을 가지고 힘겹게 염수鹽水를 건넜지만, 가는 길에 있는 작은 나라들이 성을 굳게 지키고 한나라 군대에게 양식을 제공하기를 거부하였다. 성 하나를 점령하면 먹을 것을 조금 얻을 수 있었지만 대다수의 성이 견고해서 쉽게 무너지지 않았다. 그래서 며칠을 공격했으나 성을 돌아서 가는 수밖에 없었다. 힘들게 우성에 도착했을 때는 배고픔과 피로에 지친 병사 몇천 명만이 남았는데, 우성에 공세를 퍼붓다가 결국 낙화유수처럼 패하고 또 많은 사상자를 냈다. 처음으로 군대를 이끌었던 이광리는 군관들과 상의하며 이렇게 말했다.

"우성도 함락시키지 못하는데 대완이야 오죽하겠소?"

그들은 군대를 이끌고 회군해 돈황에 도착했다. 벌써 2년이 흘러 있었고 병사들도 10명 중 2, 3명만 남아 있었다. 이광리는 무제에게 상소문을 올렸다.

'이번에 대완에 갈 때 길은 멀고 험한데다 양식이 부족하였고, 병사들은 전쟁보다 배고픔을 더 두려워했습니다. 지금은 군사를 너무 많이 잃어 대완을 정벌하기에 턱없이 부족하오니 잠시 전쟁을 멈추고 군대를 정비, 확충한 후 다시 가게 해주소서.'

고집이 세서 남의 의견을 잘 듣지 않던 무제는 그 소식을 듣고 대노하며 사자를 옥문관으로 보내 명령을 내렸다.

"군중에서 관문으로 들어오는 자는 모두 목을 베어라!"

깜짝 놀란 이광리는 어쩔 수 없이 돈황에 머물렀다. 그는 군사를 제대로 이끌지 못한 데다, 태초 2년(기원전 103년) 가을에는 착야

후 조파노까지 2만 명의 군대를 이끌고 흉노로 출정했다가 전멸당했다. 조정의 삼공구경은 논의 끝에 대완에 대한 군사적 행동을 중단하고 힘을 모아 흉노에 대항하기를 청했다. 그러나 무제는 이미 출사표를 던진 마당에 대완처럼 작은 나라도 함락시키지 못한다면, 대하와 같은 서역의 여러 나라들이 한나라를 우습게 볼 것이라고 생각했다. 그렇게 되면 서역에서 한나라 조정의 체면은 땅에 떨어질 것이니, 대완에 대한 정벌은 절대 멈춰서는 안 된다고 결심했다. 무제는 이런 자신의 결심을 보여주기 위해 대완과의 전쟁을 멈추자고 건의한 등광鄧光 등을 벌하였다.

한나라 조정의 존엄성을 지키고 대완의 한혈마를 얻기 위해 무제는 구금되었던 죄수와 강도들을 석방하고 지방의 불량배들과 변경의 기마병 6만 명을 징발했다. 또 소 10만 마리와 말 2만 마리, 나귀와 낙타 등을 보급해 군량미와 병기를 운송할 가축을 1만여 마리나 보내주었다. 그리고 이광리에게 다시 진군해 대완을 치게 했다. 대완을 향한 군사적 행동을 지원하기 위해 군대를 모으고 양식을 모아 운송하니 '천하가 소동'할 지경에 이르게 되었다. 그러나 무제는 여전히 성에 차지 않는 듯 변경의 병사 18만 명을 주천酒泉, 장액북張掖北, 거연居延, 휴도(休屠: 지금의 감숙 민근民勤 동북)에 주둔시켜 훗날을 위해 힘을 비축하게 했다. 또 '칠과적七科謫'을 전방으로 보내 군대를 지원하거나 군량미를 나르게 했다. 칠과적이란 일곱 종류의 사람을 변경이나 전방에 보내 병역을 지게 하는 것이었다. 일곱 종류의 사람이란 죄를 지은 관리, 도망친 죄수, 데릴사위, 상인, 일찍이 시적市籍에 등록되었던 자, 부모가 시적에 등록된 자, 조부모가 시적에 등록된 자를 가리켰다. 또 특별히 말을 잘 감정하는 전문가 두 사람을 집마교위執馬校尉와 구마교위驅馬校尉로 임명하여 파견했다. 대완을 점령한 후 한혈마를 선택하고 운송하는 일을 맡기기 위함이었다. 무제는 이토록 대대적으로 일을 벌이고 군대를 동원함으로써 중간에 있는 소국들을 깜짝 놀라게 했다. 이들 소국은 대군이 도착하는 곳마다 앞다투어 맞이하고 배웅하였고, 양식을 내와 군수품으로 공급했다. 한나라 군대를 본체만체 한 곳은 윤대 하나였는데, 며칠 만에 한나라 군대에 의해 쑥대밭이 되어버렸다. 그때부터 대완까지 가는 길에는 아무런 걸림돌이 없었다. 그러나 대완에 도착한 한나라 군대는 고작 3만 명 뿐이었다.

대완 성 아래서 먼 길을 달려온 3만 명의 한나라 군대는 격렬한 저항에 부딪혀 한참 동안 성을 함락시키지 못했다. 대완의 도성 귀산貴山은 성내에 우물이 없었기 때문에 음용수는 성밖에 있는 강물을 끌어다 공급했다. 이광리는 오랫동안 성이 넘어오지 않자 수리 전문가를 보내 수원을 끊고 성밖 강의 물길을 바꾸게 했다. 이렇게 해서 수비병들을 협박해 투항하게 할 셈이었던 것이다. 성을 포위한 지 40여 일이 지났지만 대완 사람들은 목숨을 걸고 저항했고, 성 안에서 우물을 팔 줄 아는 사람을 찾아내 우물을 팠다. 우물 문제가 해결되자 대완 사람들은 더욱더 완강하게 성을 지키는 전투에 참가했다. 전투 중 대완의 귀족 장군인 전미煎靡가 한나라군에 포로로 잡혀가자, 연약한 대완의 귀족들은 성을 지키는 고생스러움에 놀라 마음이 약해져 의논했다.

"대왕께서 보마를 숨기고 한나라 사자를 죽여버렸기 때문에 이런 엄청난 화가 닥친 거요. 우리가 지금 왕을 죽이고 보마를 한나라 황실에 바친다면 한나라 군대는 알아서 만약 포위를 풀어줄 것이오. 만약 포위를 풀지 않으면 그때 가서 죽도록 싸워도 늦지 않을 것이오."

이런 논의와 음모 끝에 대완의 국왕은 이들 귀족들의 희생물이 되었다. 왕의 머리를 가지고 온 대완의 사자가 이광리에게 말했다.

"한나라 군대가 공격을 멈추면 즉시 보마를 바칠 것이오. 다른 것도 당신들이 원하는 대로 다 가져가시오. 당신들의 군량미 역시 우리가 다 공급하겠소. 만일 우리의 청을 들어주지 않는다면 보마를 모두 죽인 후에 목숨을 걸고 저항할 것이오. 강거의 원병도 곧 도착할 것이니 우리가 안팎에서 공격한다면 누가 이기고 질지는 알 수 없게 될 것이 아니오? 장군께서는 어찌할지 신중하게 결정하시오."

이광리는 귀산성이 우물을 파고 양식도 충분하기 때문에 계속 공격해도 더 이상 좋을 것이 없음을 잘 알고 있었다. 그래서 대완의 제의를 받아들였다. 대완은 한혈마를 내주고 한나라 군대에게 수십 마리를 선택하게 했다. 또 중등의 좋은 말도 3천여 필이나 선택하게 해주었다. 한나라 군대는 대완 귀족 중 친한親漢 세력인 매채昧蔡를 국왕으로 세우고 우호관계를 맺은 후 돌아왔다. 무제는 대완의 한혈마를 손에 넣고 흥에 겨워 「서극천마가西極天馬歌」까지 지었다.

'천마가 오네. 극에서 오네. 리를 넘어 유덕有德한 곳으로 오네. 신령한 위엄 계승해 외국을 항복시키니 사막을 지나 사방의 오랑캐가 굴복하네.'

대완을 치고 3년 후, 즉 천한天漢 2년(기원전 99년), 무제는 이광리에게 3만 명의 기병을 주어 주천으로 보내 흉노의 우현왕을 천산(즉, 기연산)에서 습격하게 했다. 처음에는 상대가 예상치도 못한 공격이었기 때문에 승리를 거두고 1만여 급級의 머리를 베었으나 회군해서 돌아오던 중 흉노 원군을 만나 포위당하고 말았다. 한나라 군대는 며칠 동안 양식이 끊겨버렸고 병사들이 수없이 죽고 다쳤다. 다행히 가사마假司馬 조충국趙充國이 1백여 명의 군사를 이끌고 적군을 쓸어버리고 포위를 뚫어주었다. 이광리는 군대를 이끌고 겨우 그 뒤를 따라 나와 전군이 몰살되는 운명을 피할 수 있었다. 그 전투에서 조충국은 여러 군데 상처를 입었다. 무제는 그것을 보고 감탄을 금치 못하며 그를 중랑으로 임명했다.

2년 후 무제는 또 이광리에게 기마병 6만 명과 보병 7만 명을 주어 삭방으로 출병하게 했다. 강노도위强弩都尉 노박덕路博德은 1만여 명의 군사를 이끌고 이광리와 합류해 전쟁을 벌였다. 또 유격

장군遊擊將軍 한설韓說은 보병 3만 명을 이끌고 오원五原으로 출병했고, 인우장군因杅將軍 공손오도 기마병 1만 명, 보병 3만 명을 이끌고 안문雁門에서 가세해 세 방향에서 동시에 흉노를 쳤다. 그러나 모두 아무런 공도 세우지 못하고 돌아왔다.

정화征和 3년(기원전 90년), 이광리는 7만 명의 군사와 말을 이끌고 오원으로 갔고, 어사대부 상구성商丘成은 2만 명의 군대를 이끌고 서하로, 중합후重合侯 마통馬通은 4만 명의 기마병을 이끌고 주천으로 가 힘을 합쳐 흉노를 공격했다. 이광리가 변방에 출정한 후 그의 아내가 무제에게 수감되어 있다는 소식이 들려왔다. 본래 이광리는 무제가 총애하던 이 부인의 오빠였고, 그의 딸은 승상 유굴리劉屈氂의 아내였다. 출정 전, 이광리는 유굴리와 이 부인의 아들 창읍왕 유박劉博을 태자로 세울 계획을 짰었다. '무고의 난'으로 위태자 유거가 억울하게 죽은 지 얼마 되지 않았을 때였기 때문에 내자령內者令 곽양郭穰은 승상 부인 역시 무고로 황제를 저주했다는 상주를 올렸다. 조사 결과 유굴리와 이광리의 음모가 탄로났고, 이에 무제는 명을 내려 유굴리의 온 집안을 죽이고 이광리의 처를 잡아오게 했다. 소식이 전방에까지 전해지자 이광리는 두려움에 사로잡혀 갈팡질팡했다. 그의 수하에는 호아부胡亞父라는 속관이 있었는데 죄를 짓고 종군한 사람이었다. 그는 그의 주인에게 흉노에 투항하라고 설득했다.

"나리의 부인과 친족들이 모두 갇혔습니다. 지금 나리께서 한나라로 돌아가신다고 해도 뜻하신 바를 이룰 수 없을 터이니, 돌아가는 것은 스스로 화를 자초하는 일일 뿐이옵니다. 그때 가서 북방에 몸을 의탁하려고 한들 할 수나 있겠습니까?"

그러나 이광리는 계속 망설이면서 쉬이 투항하지 못했다. 그는 계속 군대를 이끌고 북진해 큰 공을 세운다면 화를 모면할 수 있지 않을까 생각했다. 그래서 군사들에게 질거수郅居水로 북진해 흉노군을 습격하라는 명을 내렸다. 흉노의 주력부대가 이미 철군했다는 소식을 들은 이광리는 다시 호군護軍에게 2만 명의 기마병을 이끌고 질거수를 건너 적군을 수색하라는 명령을 내렸다. 이때 다시 흉노의 우현왕과 좌대장이 이끄는 2만 명의 기마병와 마주쳐 하루 종일 격전을 벌였다. 흉노족의 사상자가 매우 많았고 좌대장도 전사했다. 그러나 이광리의 부하 중에도 동요하는 사람이 나타났다. 군대의 장사는 도위 한 사람과 음모를 짰다.

"장군의 속내가 불량하오. 장수와 병사들이 목숨을 걸고 싸워서 겨우 장군의 속죄를 위해 공을 세우게 하다니. 이리 가다가는 모두 망하고 말 것이오."

그들은 이광리를 납치할 계획을 세웠다. 그러나 이광리는 이 음모에 대해 듣고 장사의 목을 벴다. 그리고 군대를 이끌고 연연산燕然山으로 퇴각했다.

이광리가 철군한 것을 본 선우는 한나라 군대가 지쳐서 휴식이 필요하기 때문이라고 생각해 5만 명의 기마병을 이끌고가 한나라 군대를 공격했다. 두 군이 악전고투를 벌이니 사상자 수가 엄청났다. 흉노족은 밤에 몰래 한나라 군대의 최전방에 기나긴 해자를 팠다. 그리고 뒤에서 맹공세를 펼치니 한나라 군대는 진퇴양난의 상황에 빠져 갈팡질팡하였으며, 물론 사상자도 엄청났다. 이광리는 더 이상 돌이킬 여지가 없음을 보고 흉노에 투항했다. 선우는 그가 한나라의 중신인 것을 알고 특별 대우를 해주었고, 자신의 딸을 아내로 주었다. 위율은 이광리가 선우에게 총애를 받게 되자 몹시 질투가 나서, 흉노족 무당을 써서 모함하였다. 흉노에 투항한 지 불과 1년 만에 이광리는 죽임을 당했다.

漢書 들여다보기

한나라 때 가장 유명했던 청동 분마奔馬로, '마답비연馬踏飛燕'이라고 부른다. 네 발을 쭉 뻗고 날듯이 달리는 말의 모습을 본떠 만든 것으로 약동하는 힘과 아름다움이 느껴진다. 그 동작이 워낙 가볍고 경쾌해서 사람들은 이것이 온몸의 중량을 자그마한 제비의 가느다란 다리 하나에 얹고 있다는 사실을 잊곤 한다. 마답비연은 비범한 상상력과 신기한 구상, 정교한 청동 주조 공예로 전 세계인의 마음을 사로잡고 감탄을 자아내고 있다.

마답비연

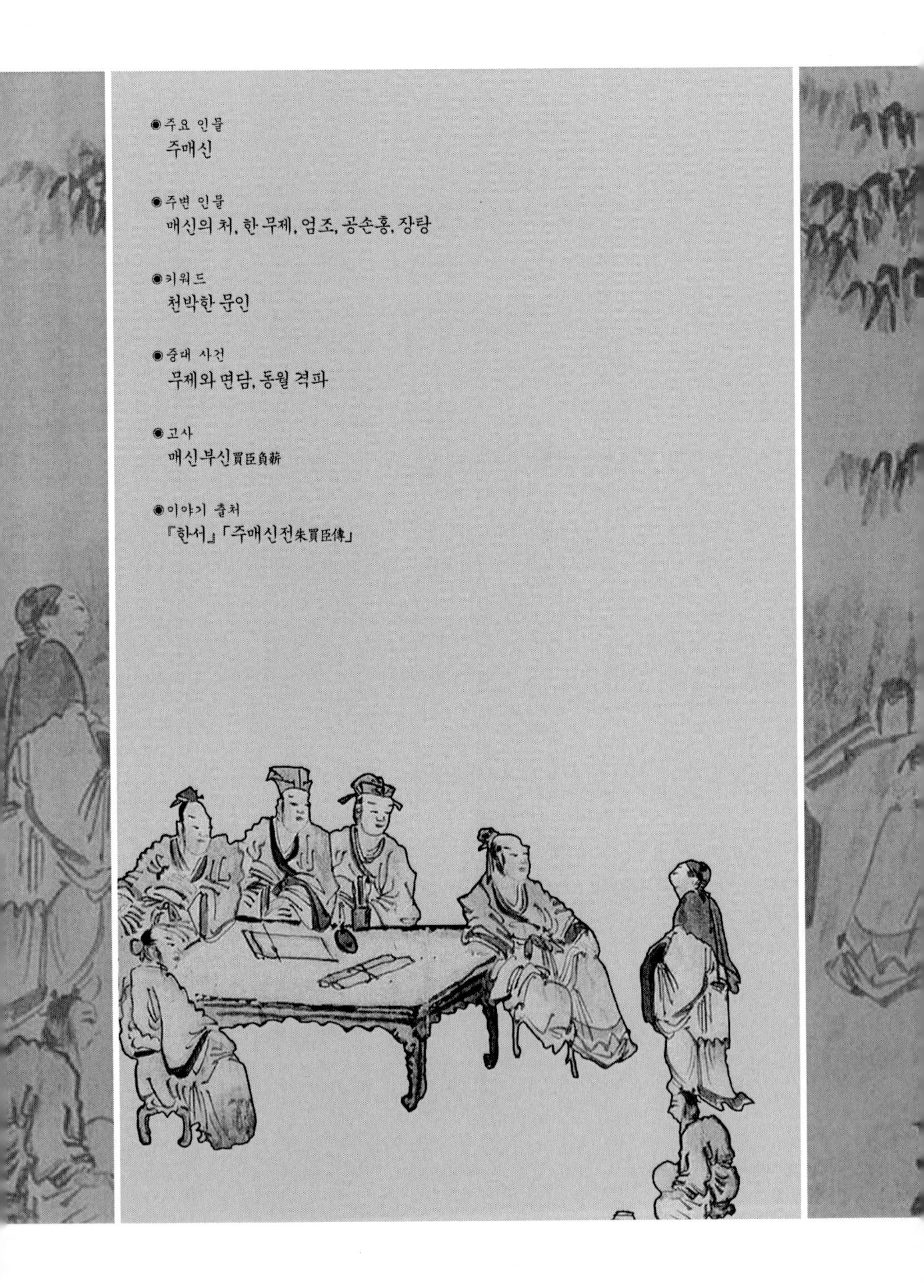

◉주요 인물
주매신

◉주변 인물
매신의 처, 한 무제, 엄조, 공손홍, 장탕

◉키워드
천박한 문인

◉중대 사건
무제와 면담, 동월 격파

◉고사
매신부신買臣負薪

◉이야기 출처
『한서』「주매신전朱買臣傳」

朱买臣

주매신 : 금의환향

주매신은 백년가약을 맺은 아내와의 놀라운 이야기 때문에 회자되곤 하였다. 주매신은 오(吳: 지금의 절강 항주 일대) 지역 사람으로 가난한 집안 출신이었으나 공부하는 것을 매우 좋아하였다. 그는 가산이 전혀 없었고 산에 가서 땔감을 해다 팔아서 입에 풀칠을 했다. 그는 땔감을 고르면서 고시를 읊조려 지나가던 사람들이 고개를 돌려 쳐다보게 만들어서, 아내를 매우 난감하게 하였다. 그의 아내는 괴롭고 힘든 일도 잘 참고 도덕적이며 충실했으나 얼굴이 두껍지 못해 남편이 거리에서 고시 읊는 것을 몇 번이나 말렸다. 그럴 때마다 주매신은 오히려 목청을 돋우었다. 그의 아내가 매우 부끄럽고 화가 나서 이혼을 요구하자 주매신이 대답했다.

"나는 50살에 귀해질 운명이라고 했는데, 내 나이 벌써 40이 넘었소. 당신이 내게 시집와서 고생한 세월이 얼만데, 내가 출세해서 당신에게 보답할 때까지 좀 기다리시오."

그러나 아내는 그 말을 듣고 도리어 화를 냈다.

"당신 같은 사람은 계곡에서 굶어 죽지 않으면 다행인데 귀한 몸이 된다니 말이나 돼요?"

그래서 두 사람은 결국 갈라서고 말았고, 그의 아내는 훗날 재가했다. 한 번은 남편과 함께 성묘를 갔다가 주매신이 여전히 산에서 땔감을 하는 것을 보고 측은한 마음에 음식을 주매신에게 나눠 주었다.

몇 년 후 주매신은 왕실에 심사 문서를 보고하는 관리의 사졸이 되어 군수품을 실은 수레를 끌고 장안에 들어갔는데, 동향인 엄조의 도움을 받아 조정에 나가 천자의 얼굴을 마주할 수 있게 되어, 잠깐 『춘추』와 『초사』에 대해 이야기를 나누었는데, 무제는 그를 매우 어여삐 여겨 중대부로 삼았다. 주매신은 공손홍과 논박하여 공손홍까지 당황시킨 적이 있을 정도였다. 훗날 동월(東越: 지금의 복건福建 일대)이 자주 소란을 일으키자 주매신은 황제에게 진언을 올렸다.

"과거 동월왕은 험한 곳에 살았기 때문에 많은 수의 군사로도 함락시킬 수 없었사옵니다. 그러나 지금은 거처를 옮겼으니, 지금 군대를 해상으로 진군시켜 바로 천주泉州를 함락시키고 남진한다면 그들을 섬멸할 수 있을 것이옵니다."

무제는 주매신의 식견이 탁월하다 여겨 그를 고향인 회계의 태수로 임명했다. 그리고 이렇게 말했다.

"부유하고 귀해져서 고향에 돌아가지 않는 것은, 비단옷을 입고 밤길을 다니는 것과 같네."

그에게 군에 돌아가 커다란 선박과 양식, 수중 전투에 필요한 도구를 장만해 동월 정벌을 준비하라 명을 내렸다.

태수가 된 그는 뜻을 이루고 나자 일부러 빈곤한 것처럼 꾸며 예전에 입던 낡은 옷을 꺼내 입고 공인公印을 매단 채 걸어서 과거에 살던 곳으로 갔다. 과거에 그는 회계군의 도성 사무소에서 살면서 남들에게 빌붙어 끼니를 때운 적이 많았다. 그곳에는 회계 심사 문서를 보고하는 관리가 술을 마시고 있었는데, 평소처럼 그를 아는 척도 하지 않는 것이 아닌가? 그 역시 식사를 하며 일부러 공인을 보일 듯 말 듯하게 보여주었는데, 태수의 인장이 아닌가? 그는 깜짝 놀라 즉시 관리들에게 보고하였더니, 관원들은 모두 술에 대취해서 낄낄거리며 말도 안 된다며 소리를 질렀다. 관저를 지키던 사람이 태수의 인장을 직접 보여주자, 늘 주매신을 업신여기던 사람들은 깜짝 놀라 할말을 잃고 직급에 따라 늘어서서 예로써 배알했다. 주매신은 그제야 천천히 일어났다. 그가 원한 것이 바로 이런 극적 효과였던 것이다.

주매신은 군대를 이끌고 고향에 돌아와 부임했다. 오 지역에 들어서자 그의 전처가 남편과 함께 태수를 영접하기 위해 길을 보수하고 있지 않은가? 그는 뒤따라오던 마차에 그들을 태우고 태수의 거처로 데리고 와서, 후원에서 지내게 하며 좋은 옷과 먹을 것을 주라고 일렀다. 주매신은 겉으로는 전처에게 호의를 베풀었지만, 일부러 전처가 매일 자신과 지금 남편의 지위고하를 비교하게 만들어, 매우 악랄하고 치졸한 방법의 복수를 했으며, 결국 전처는 한 달 뒤 자결했다.

몇 년 후 주매신은 황제의 명을 받아 군대를 이끌고 나가 동월을 섬멸하는 공을 세웠고, 주작도위로 승진해 마침내 구경 중 하나가 되었다. 몇 년 후 그는 법을 어겨 해임당하여 다시 승상의 장사가 되었을 때 장탕은 어사대부였다. 과거에는 장탕이 하급 관리로 주매신 앞에서 종종거리며 굽신거려야 했는데, 권력을 장악한 장탕은 주매신에게 일부러 모욕을 주었다. 훗날 주매신은 기회를 보아 장탕을 고발하여 장탕이 자결하게 만들었으나, 그 역시 좋은 결말을 맺지 못했다. 황제가 그를 죽여버렸기 때문이다.

漢書 들여다보기

후세 사람들은 『한서』「주매신전」을 가지고 이야기를 지어냈다. 주매신의 아내가 과거 그를 떠났던 것을 후회하며 얼굴에 철판을 깔고 부귀해진 주매신에게 재결합을 요구하자, 주매신은 말 앞에 물을 쏟더니 원래대로 돌려놓으면 다시 이야기하겠다고 말했고, 주매신의 아내는 부끄러움을 이기지 못해 자결하였다는 내용이었다. 중국 전통극 「주매신휴처朱買臣休妻」는 이 이야기를 극으로 꾸민 것이다.

주매신

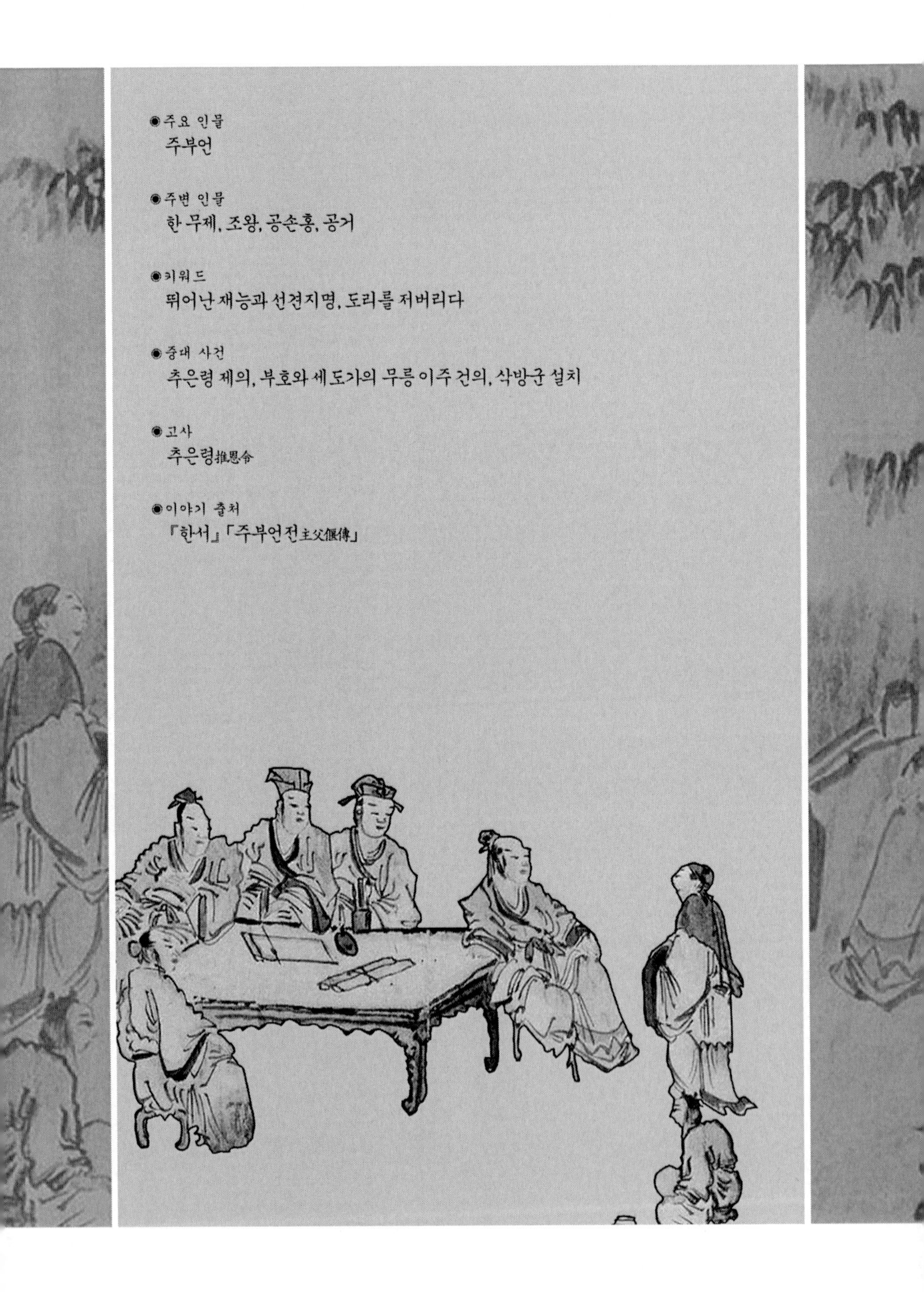

◉주요 인물

주부언

◉주변 인물

한 무제, 조왕, 공손홍, 공거

◉키워드

뛰어난 재능과 선견지명, 도리를 저버리다

◉중대 사건

추은령 제의, 부호와 세도가의 무릉 이주 건의, 삭방군 설치

◉고사

추은령推恩令

◉이야기 출처

『한서』「주부언전主父偃傳」

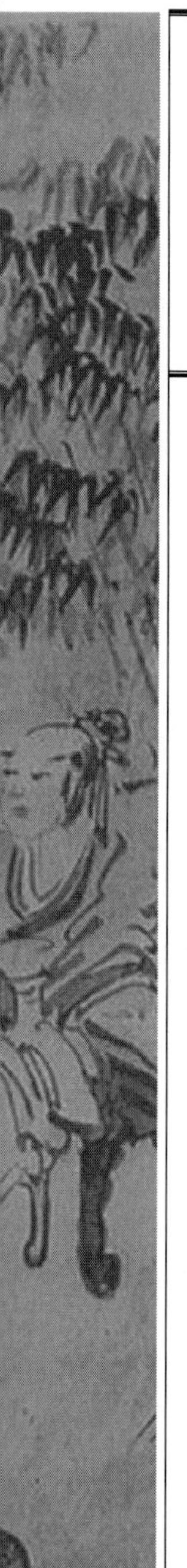

主父偃

주부언 : 추은령의 시행

주부언은 임치(지금의 산동 임치) 사람이다. 그는 변변치 못한 집안 출신이었으나, 젊을 때는 종횡가의 학설을 공부하고, 노년에는 『역』과 『춘추』, 그리고 백가의 학설을 공부했다. 그러나 제나라에서 유생들의 배척을 받았다. 몸을 둘 곳도 돈을 빌릴 곳도 찾지 못한 그는 어쩔 수 없이 북쪽의 연과 조, 중산 등지를 떠돌아다녔으나 계속 중용되지 못했다.

원광 원년(기원전 134년), 장안에 도착한 그는 대장군 위청에게 부탁해 무제를 만나려고 했다. 위청은 몇 차례나 무제에게 그를 천거했지만 소용없었다. 그리하여 그는 직접 무제에게 상소를 올려 그날 바로 서락徐樂, 엄안嚴安 등과 함께 황제를 알현하게 되었다. 무제는 그들 각자의 건의를 들은 후 매우 흡족해 하였으며 '왜 이제야 자네들을 만나게 되었는가'라며 탄식을 내뱉었다. 그들 세 사람은 모두 낭중이 되었다. 주부언은 훗날 여러 차례 단독으로 무제에게 상소를 올렸다. 얼마 후 그는 알자, 중랑, 중대부로 승진하여 1년 동안 4급이나 승진하는 파격적인 중용을 받았다.

주부언은 평생 제후들의 세력은 약화시키면서 무제를 보좌하여 중앙집권을 강화하는 일을 했다. 그가 올렸던 여러 가지 건의 중에서도 가장 유명한 것은 '추은령推恩令'이다. 당시 제후들의 세력이 지나치게 비대해진 것을 보고 주부언은 무제에게 이런 건의를 올렸다.

"고대 제후들의 봉지는 1백 리를 넘지 않아 강대한 중앙 왕조는 제후들의 행위를 제재하기 쉬웠사옵니다. 그러나 지금 제후들의 봉지는 여차하면 성이 수십 개에 달하고 땅도 1천 리가 넘습니다. 그들을 조금만 풀어주면 그들은 멋대로 날뛰며 법도 없이 방종해질 것이며, 조금만 엄히 대하면 서로 결탁하여 황실에 대항하려 들 것입니다. 조정이 그들의 영지를 조금이라도 줄이려고 하면 그들은 역심을 품게 될 것이옵니다. 경제 때 조조의 사건도 그리 일어난 것이 아니옵니까? 소신이 보니 지금 제후들은 자녀들이 매우 많아 어떤 이는 20명까지 된다 하옵니다. 그러나 그들이 작위와 봉읍을 본처의 자식인 적자에게만 물려주도록 하고 있으니, 다른 자녀들은 손바닥 만한 봉지도 받지 못하고 있습니다. 이는 나라의 인자함이 부족한 것이 아니옵니까? 폐하, 각 제후들이 은혜를 널리 베풀어 자녀에게 분봉할 수 있는 율령을 제정하시어 모든 자녀가 토지와 작위를 물려받게 하옵소서. 그리하면 모두들 원하는 것을 얻으니 기뻐할 것이요, 나라는 어진 덕을 베풀면서 방대해진 제후국을 축소할 수 있사옵니다. 강제적인 명령을 쓰지 않아도 자연스레 제후국의 힘을 약화시킬 수 있으니, 그야말로 일거양득이 아니고 무엇이겠습니까?"

사실 한나라 초기 제후왕의 작위는 적자가 계승하게 되어 있어 서출의 자손들은 상속할 자격조차 갖지 못했다. 주부언은 제후의 혈육인 자녀들이 약간의 봉지도 받지 못하면 인仁과 효孝가 제대로 전파되지 않는 것이라 생각했다. 그래서 제후들이 자녀들을 열후로 봉할 수 있게 허락하자는 건의를 했다. 이는 겉으로는 은택을 베푸는 것처럼 보이지만 사실은 제후국들을 작게 나눠 제후왕의 세력을 약화시키는 정책으로, 교묘하게 중앙 정권의 우환을 해결해주었다고 할 수 있다. 그래서 한 무제는 즉시 주부언의 건의를 받아들였다.

원삭 2년(기원전 127년) 봄, 양왕 성양왕城陽王이 봉지의 일부를 그의 아우에게 주고 싶다고 청했다. 무제는 즉시 이를 허락하며 제후왕이 자제들에게 봉읍을 나누어주고자 하거든 조정에서는 모두 비준해주라는 명을 내렸다. 그리고 제후왕이 왕위를 계승하는 적장자 외에 다른 아들들은 모두 왕국 범위 내에서 땅을 분봉받아 후국侯國을 세울 수 있게 했다. 이 '추은령'이 시행되자 즉시 그 효과가 나타났다. 하간왕河間王은 나라를 자玆, 방광旁光 등 11개 후국으로, 치천왕은 극劇, 회창懷昌 등 16개 후국으로 나누었고, 조왕은 나라를 위문尉文, 봉사封斯 등 13개 후국으로 나눴다. 이 외에 성양城陽, 광천廣川, 중산, 제북濟北과 대, 노, 장사, 제 등 제후 왕국은 모두 몇 개, 혹은 몇십 개의 후국으로 나뉘었다. 한나라 초기 규정에 따라 후국은 군郡에 예속되며 지위는 현과 같았다. 그 결과 왕국이 후국으로 나뉘자 왕국이 축소되고 조정의 직접적 관할 지역이 확대되었다. 그 결과 조정이 손을 쓰지 않아도 번국들이 알아서 나뉘자 제후국을 약화시키려는 목적을 달성할 수 있었다. 그 후 왕국의 관할지는 몇 개의 현에 그치게 되었다. 이들 소국들은 백성이 부족하고 땅이 얼마 되지 않아 겨우 자기 보호만 가능할 정도였다. 그들은 옷과 양식, 세금을 거둘 수 있는 것만으로도 감지덕지한 상황이었기 때문에 지방이나 나라의 정사에 간섭할 여력까지는 없었다.

추은령을 시행하는 동시에 한 무제는 법률 등의 수단을 운용해 제후왕에게 삭작削爵과 토지 압수, 나라를 빼앗는 등의 조치를 시행해 그들의 세력을 제거했다. 많은 제후왕들이 교만하다거나 음란하다, 도의에 어긋난다는 이유로 나라를 빼앗겼다. 연왕 유정국劉定國은 그의 아버지 문강왕文康王의 시첩侍妾과 간통하고, 동생의 아내를 첩으로 삼은 데다 살인죄를 저질렀다고 주부언에게 고발당해 사형에 처해지자 자결하였고 나라를 빼앗겼다. 유정국처럼 죄를 짓거나 모반을 꾀해 나라를 빼앗긴 제후국은 연, 제천濟川, 제, 회남, 형산, 강도 등 9개나 되었다. 회남왕, 형산왕이 모반을 꾀한 것이 들통난 후, 무제는 '좌관左官의 율'을 제정해 법에 따라 벼슬길에 오른 제후를 좌관이라 하여 명확히 규정하였으며, 그 지위는 조정의 관리보다 낮았다. 이것은 사실 사람들이 멋대로 제후들에게 관리를 충당해주고 당파를 만들어서 사리사욕을 채우는 것을 방지하기 위한 정책이었다. 또 '아당阿黨, 부익附益의 법'을 제정했다. 아당, 부익의 법이란 몰래 왕과 후작에게 빌붙는 것을 금지하는 것으로, 제후왕국의 관료는 제후왕과 결탁해 당을 만들거나 제후왕의 잘못을 신고하지 않는 것을 불허한다[阿黨]고 밝혔다. 조정의 대신은 제후왕과 결탁할 수 없으며 제후왕이 법 이외의 이익을 착복하는 것을 도와서는 안 된다. 만약 이를 어길 시, 죄를 범한 자는 엄한 처벌을 받을 것이라고 규정했다[附益]. 이 두 가지 법조문은 사대부와 제후가 지나치게 가까이 지내는 것을 막고 제후의 세력이 확장되는 것을 방지했다.

원정 5년(기원전 112년), 무제는 제사를 위해 제후들이 내야 할 '후원금'의 양과 질이 부족하다는 핑계로 또 다시 106명의 제후들의 작위를 삭감했다. 이런 종합적인 조치로 제후왕 문제는 기본적으로 해결될 수 있었다. 한나라 초기부터 존재했던 중앙 정권에 대한 동성 제후왕의 위협도 이때에 사라졌으며, 주부언의 '추은령'은 제후왕의 세력을 약화시키는 과정 중에 매우 중요한 역할을 했다.

주부언이 건의한 다른 2가지 중요한 조치로는 천하의 호걸들을 겸병하려 한 사람들을 무릉과 하도로 보내 삭방군을 설치한 것이다. 한나라 초기에 부호와 세도가, 지주 세력은 급성장했다. 그들은 토지를 겸병해 국가와 노동력을 두고 다투었고, 나라에 요역과 세금을 바치지 않으려 했다. 어떤 사람은 그 지역에서 불법을 자행하며 분에 넘치는 사치를 일삼고 도망자들을 숨겨주었다. 이는 나라에 엄청난 위협이 되었다. 한 고조 유방은 이러한 부호와 세도가들에 대항하기 위해 이주 정책을 썼다. 이는 강성한 집안과 부호들을 강제로 황성 부근으로 이주시키는 정책이었다. 그는 유경의 건의를 받아들여 제와 초의 소昭, 굴屈, 경景, 회懷 씨와 전田 씨 다섯 부호들을 관중으로 이주시킨 것이었다. 이러한 조치는 지방의 부호와 세도가를 공격해 화근을 제거하는 의미인 '약말弱末'의 의미를 가지고 있는 한편 '강본强本'의 뜻도 내포되어 있다. 즉, 관중을 든든히 함으로써 이를 조정의 기초로 삼아 오랑캐와 변고를 미연에 방지하는 것이다. 무제는 황위에 앉은 후 계속해서 이 정책을 시행했다.

기원전 139년 2월, 괴리현(槐里縣: 지금의 섬서 흥평興平 동남쪽) 무향茂鄕에 무릉을 짓고 강성한 부호 세력을 이주시킬 곳으로 삼았다. 이듬해 무제는 20만 전 이상의 돈과 전답 2경을 가진 사람들을 무릉으로 이주시켰다. 원삭 2년(기원전 127년) 주부언은 다시 한 번 무제에게 건의를 올렸다.

"무릉은 그간 건축을 통해 기본적으로 규모를 갖추게 되었사옵니다. 폐하께서는 진시황과 고조 황제처럼 천하의 호걸과 겸병하는 자, 또 백성들에게 해를 끼치는 악질 토호들을 모두 무릉으로 보내셔야 하옵니다."

무제는 매우 흡족해하며 그의 건의를 받아들였다.

그해 여름, 군국의 관리와 호걸, 가산이 3백만 전 이상인 대부호들이 무릉으로 강제 이주되었다. 주부언의 이 건의는 황실을 튼튼하게 하고, 간사하고 교활한 자를 제거하는데 손대지 않고 코 푸는 효과를 거두었다.

주부언이 추은령을 건의하여 시행하고 세도가들을 무릉으로 이주시킨 그해에, 대장군 위청은 한나라 군대를 이끌고 운중으로 나가 황하 북쪽 기슭을 따라 서진했다. 고궐高闕에 도착해 다시 황하를 따라 용서로 간 후, 흉노가 유목 생활을 하던 하남(지금의 내몽고 하도 이남)으로 우회해 들어가 포위 공격했다. 흉노는 크게 패하고 수천 명의 병사를 잃었으며 누번왕, 백양왕이 땅을 버리고 멀리 도망쳤다.

하남은 진나라 말기부터 흉노족이 80여 년간 침입했던 땅이었는데 이때에 비로소 수복하게 된 것이다. 하남은 장안에서 고작 1천 리 정도밖에 떨어져 있지 않아 흉노의 기마병들은 하루이틀이면 쳐들어올 수 있는 거리였다. 이것은 한나라 왕실의 머리에 날카로운 검을 매달아놓은 것과 같았다. 이런 하남이 수복되자 장안의 위협도 사라졌다. 중대부 주부언은 그곳의 땅이 비옥하고 황하가 험준하여 방패막이가 되어준다고 생각해 하남에 성을 쌓자고 건의했다. 몽념은 일찍이 성을 쌓아 흉노를 내몰고 성의 물자를 배로 실어 날라 중국의 영토를 확장시켰었다. 무제는 이 건의를 삼공구경에게 넘겨 의논하게 했다. 승상 공손홍이 반대하니 다른 대신들은 의견을 내기도 어려워하였다. 그러나 무제는 주부언의 건의를 받아들여 삭방군을 설치하고, 위청의 부하 평릉후에게 삭방성을 짓게 하는 한편, 강을 따라 옛 장성과 변경을 복구하게 했다. 이후 무제는 백성 10만 명과 가산이 50만 이상인 부호들을 삭방으로 이주시켰다. 이런 조치는 삭방을 부강하게 만드는 동시에 흉노에 대한 방비도 더욱 강화시켜주었다.

주부언은 이러한 건의로 무제에게 높은 평가를 받아 나날이 지위가 높아졌다. 지위가 변하니 주부언도 우쭐거리기 시작하고, 날마다 오만해져서 아무런 거리낌 없이 대신과 제후왕들의 뇌물을 받아 '천금'을 챙겼다. 누군가 그에게 충고했다.

"너무 멋대로 권력을 휘두르십니다."

그러자 주부언이 대답했다.

"나는 성년이 된 이래 40여 년을 떠돌며 공부했으나 뜻을 이루지 못하고 낙담하였었네. 부모님께서는 나를 아들로 여기지 않았고, 형제들 역시 나를 거두려 하지 않았으며, 벗들도 모두 나를 버렸었지. 너무 오랫동안 곤궁한 삶을 살았지 않았는가? 게다가 대장부로 이 땅에 태어났으니 오정五鼎으로 먹지 못한다면 죽을 때라도 오정에서 삶아 죽어야 할 것 아닌가? 나는 이미 늙었으니 도리를 따지지 않고 아무렇게나 생활할 것이네."

훗날 무제는 그를 제의 재상으로 삼았다. 제나라에 간 주부언은 형제와 친구들을 모아놓고 금 5백 근을 나누어주고서 그들을 꾸짖었다.

"내가 가난할 때 형제들은 내게 옷과 먹을 것을 주지 않았고, 벗들은 나를 집안으로 들이지도 않았다. 그런데 내가 제의 재상이 되니 1천 리 밖까지 나와 나를 맞이하는 자가 있구나. 이제 나는 여기서 너희들과 연을 끊을 것이다. 그러니 다시는 내 집을 찾아오지 말거라."

제나라에 도착한 후 그는 제왕 차창次昌과 그 누나가 음탕한 짓을 한 것을 알고 적발해냈다. 제왕은 벌을 받을까 두려워 자결해버렸는데, 무제는 주부언이 제왕을 협박해 죽음으로 내몰았다고 생각했다. 마침 이때 조왕 팽조彭祖가 사람을 시켜 주부언이 제후들의 뇌물을 받은 사실을 고발하자, 무제는 즉시 주부언을 체포하라는 명을 내렸다. 무제는 그를 죽일 생각까지는 없었으나 당시 좌내사였던 공손홍이 나서 항의했다.

"제왕이 핍박을 받아 죽었으나 후사도 없사옵니다. 억울하게 목숨을 잃었으니 주부언은 그 죄를 면하기 어려울 것이며, 그를 죽이지 않는다면 제후들에게 뭐라고 하겠사옵니까?"

주부언은 결국 그 가족까지 몰살당했다. 주부언이 승승장구할 때는 문객이 수천 명에 달했지만 그가 죽고 나자 단 한사람도 관심을 보이지 않았다. 오직 그의 제자인 공거孔車만이 옛정을 생각하여 그 시체를 거두어 장례를 치러주었을 뿐이었다.

漢書 들여다보기

원수 2년(기원전 121년), 4년(기원전 119년), 흉노군과 전투 중 곽거병은 걸출한 군사적 재능을 발휘해 흉노족 10여만 명을 죽이고 포로로 삼았다. 한 무제는 곽거병을 매우 좋아하여 그를 위한 저택을 지어 주었으나 곽거병은 거절하며 아뢰었다.

"아직 흉노를 멸하지 못하였는데 어찌 집을 짓겠습니까?"

애국심과 격정이 물씬 묻어나는 명언은 대대로 후세 사람들의 충정을 격려하고 있다.

곽거병

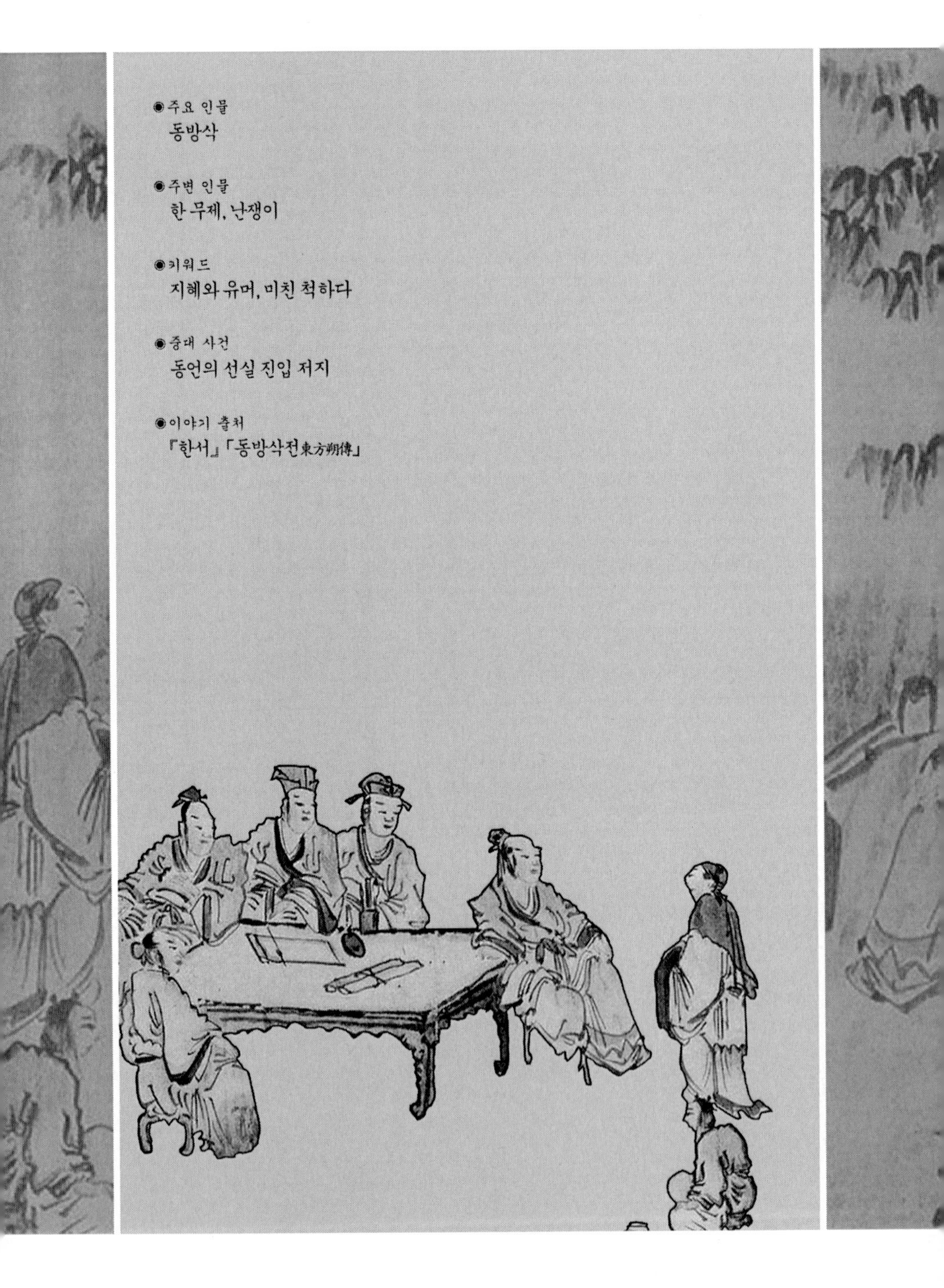

◉주요 인물
동방삭

◉주변 인물
한 무제, 난쟁이

◉키워드
지혜와 유머, 미친 척하다

◉중대 사건
동언의 선실 진입 저지

◉이야기 출처
『한서』「동방삭전東方朔傳」

东方朔

동방삭 : 괴롭고도 기쁜 사람

동방삭東方朔의 자는 만천曼倩으로 평원 염차(厭次: 지금의 산동 혜민惠民) 사람이다. 한 무제는 즉위하고 얼마 후 천하에 현명하고 행실이 바르며 문학적 재능이 넘치는 사람들을 모아 등급을 뛰어넘는 선발을 하였다. 그러자 각지에 있는 문인들이 장안으로 몰려와 상소를 올려 자신을 드러내며 재능을 과시하고자 했는데 그 수가 1천여 명에 달할 정도였다.

유명한 익살의 대가 동방삭도 그중 하나였으나, 그에게는 다른 사람들이 따라할 수 없는 특별한 것이 있었다. 그는 상소를 올릴 때도 '방년 13세에 글을 배우고 세 해의 겨울[三冬]을 맞을 동안 필요한 만큼의 글과 역사를 배웠습니다. 15세에 검술을 배웠고, 16세에는 『시경』과 『서경』을 배워 22만 자를 외웠습니다.

19세에 손오병법을 익혀 전쟁과 진영에 필요한 것들과, 징과 북의 가르침을 깨닫고 22만 자를 외웠습니다. 도합 44만 자를 이미 외운 것이지요. 또 늘 자로子路의 글을 되새기고 있습니다. 소신 방년 22세로 키는 9척 3촌이요, 눈은 매단 구슬처럼 밝게 빛나고, 치아는 엮은 조개와 같고, 용감하기는 맹분과 같으며, 민첩하기는 경기慶忌와 같사옵니다. 청렴하기는 포숙鮑叔과 같고 신임을 지키기는 미생과 같지요. 그러므로 천자의 대신이 되기에 충분하옵니다.'

이것을 요샛말로 바꾸어보면 어려서는 총명하고 지혜로웠으며 문무를 겸비했고, 『시경』과 『상서』를 충분히 읽었으며, 병법에 정통하고, 도덕적이며 외모도 준수하며 몸매가 늘씬하고 머리부터 발끝까지 흠결이 하나도 없다는 뜻이다. 서로들 자신이 잘났다고 뽐내는 수많은 사람들 중에서, 동방삭처럼 자신을 과대 포장한 사람은 처음이었으니 그는 특별한 관심을 받았다. 그래서 그는 공거에 가서 대기하고 있으라는 명을 받았다. 그는 반듯하고 예의바른 공손홍이나 주부언에 비해 한 등급이 낮았고, 봉록도 매우 보잘것없었다. 물론 천자의 용안은 볼 수조차 없었다. 그래서 동방삭은 황제가 자신을 만나줄 방법을 하나 찾아냈다. 어느 날 그는 황제가 총애하는 난쟁이들에게 거짓말을 했다.

"황제께서 밭도 못 갈고 군대도 못 가며 관리도 되지 못하는 너희들이 먹을 것만 축내니 이 세상에 쓸모가 없다며 모두 죽여버리겠다고 하셨다."

난쟁이들이 깜짝 놀라 엉엉 울자, 동방삭이 말했다.

"황제께서 오시면 재빨리 고개를 조아리고 빌어라. 그러면 죽음을 면할 수도 있을 것이다."

당연히 난쟁이들은 동방삭의 말대로 했다. 무제는 깜짝 놀라 그 연유를 물어보았다. 그리고 동방삭을 불러 책망하려고 했다. 그때 동방삭은 이렇게 말했다.

"소신은 살거나 죽거나 이리 말할 것이옵니다. 그들 난쟁이들은 키가 3척밖에 되지 않으나 조 한 자루와 240전을 받사온데, 소신은 9척이 넘음에도 조 한 자루와 240전을 받사옵니다. 난쟁이들은 배가 불러 죽을 지경이온데, 소신은 배가 고파 죽을 지경이옵니다. 폐하, 혹여 소신이 쓸 만하면 봉록을 더해주시고, 그렇지 않으면 소신을 고향으로 돌려보내 장안의 쌀을 더 이상 낭비하지 마소서."

무제는 재미있는 말에 큰 웃음을 터뜨렸다. 그리고 그를 금마문에서 대기시키며 점차 가까이하였다. 어느 삼복 날, 황제는 관리들에게 고기를 하사하였다. 그러나 고기를 나누어주는 대관승(大官丞: 황실 음식물을 관장하는 직책)이 늦은 저녁까지도 오지 않았다. 모두들 어쩔 수 없이 기다리고 있을 때 동방삭은 검을 빼어 들고 고기를 자르며 말했다.

"복날은 일찍 집에 가는 것이 마땅합니다. 저는 이미 고기를 받았습니다."

그는 혼자 고기를 들고 아무 일도 없다는 듯 가버렸다. 대관승이 황제에게 고소장을 올리니 황제가 동방삭을 불러 나무랐다. 동방삭은 모자를 벗으며 무릎 꿇고 사죄했다. 황제가 말했다.

"일어나 네 잘못을 스스로 살피어라."

동방삭이 대답했다.

"동방삭이 왔습니다, 동방삭이 왔어요! 상을 받았으나 부르심을 받지 못하니 이를 어찌 무례라 하며, 검을 뽑아 고기를 써니 어찌 장하다 하리요. 고기를 많이 썰지 않았으니 이 얼마나 청렴하고, 집에 가져가 아내에게 주니 이 얼마나 어진성품입니까!"

황제는 큰 소리로 웃었다.

"짐이 스스로의 잘못을 되돌아보라 하니 도리어 스스로를 칭송하는구나!"

무제는 동방삭을 나무라기는커녕 그에게 술 한 섬과 고기 1백 근을 내려 집에 있는 아내에게 가져다주게 했다.

건원 3년(기원전 138년)부터 한 무제 유철은 평복을 입고 나들이를 다니기 시작했다. 그러나 백성들의 삶을 살피고 조사하기 위함이 아니라 말 그대로 '나들이'였다. 막돼먹은 젊은이들과 모여 장난치듯 토끼나 사슴을 사냥하며 즐겼던 것이다. 어느 가을 밤, 그는 많은 사람들을 궁문 앞에 집합시키고 시끌벅적하게 출발했다. 날이 밝았을 때는 이미 종남산終南山 아래에 도착해 있었다. 그는 말을 타고 활을 쏘며 돼지와 여우를 쫓고 곰과 격투를 벌였다. 그들이 농작물이 가득 차 있는 전답을 멋대로 짓밟고 다니니 백성들은 이를 갈며 욕을 퍼부었다. 유철이 매형인 평양후의 이름을 빌려 썼기 때문에 현지 지방 관리들이 나와 유철 일행을 말리자, 기마병들이 나와 채찍을 휘둘러 그들을 치는 것이 아닌가? 이들 관원들은 대노하며 사람들을 이끌고 이들 기마병들을 잡아 가두었다. 어쩔 수 없이 그들은 황제의 증표를 꺼내 보여 간신히 풀려났다. 그 후 궁 밖 출입은 점점 더 시끌벅적하고 요란해져서 백성들의 생활에 큰 방해가 되자, 종남산 일대의 엄청난 땅을 황가의 공원으로 만들고 상림원을 건설하여 황제가 사냥하는데 쓰기로 결정했다. 동방삭은 곁에서 간언했다.

"그 일대는 백성들이 먹거리를 재배하는 귀한 땅이온데, 사냥하기 위해 백성들과 땅을 다투는 것은 옳지 않은 일이옵니다. 게다가 진나라도 아방궁을 지어 사직이 패망하지 않았습니까? 이 역사적 교훈을 잊지 마시옵소서."

무제는 동방삭의 말이 옳다고 칭찬하며 그를 태중대부 급사중으로 임명하고 황금 1백 근을 하사했다. 그러나 결국은 상림원을 지어 자신의 쾌락을 충족시켰다.

융려隆慮 공주의 아들 소평군昭平君은 무제의 딸 이안夷安 공주의 남편이었다. 병으로 죽게 된 융려 공주는 황금 1천 근斤과 돈 1천만 전을 먼저 아들의 속죄전으로 바쳤고, 무제는 이에 동의했다. 어머니만큼 그 자식을 잘 아는 사람이 또 없다고 했던가? 소평군은 노모가 돌아가신 후 제멋대로 살다가 술에 취해 그의 사부를 때려 죽였다. 법에 따르면 이것은 목숨으로 속죄해야 할 중죄였다. 그러나 공주의 아들이었기 때문에 정위는 황제의 뜻을 물었다. 곁에 있는 사람들은 이렇게 말했다.

"일찍이 융려 공주가 죽을 죄를 사해달라 청했고 폐하께서도 동의하셨으니 그 죄를 면해주어야 하옵니다."

"공주에게는 아들 하나뿐이었네. 그래서 죽을 때도 내게 그 아이를 부탁하였던 게지."

이렇게 말하며 무제는 눈물을 흘리며 탄식했다. 그러나 한참 후 그는 다시 입을 열었다.

"법령은 선황제께서 지으신 것이다. 누이 때문에 선황제의 법을 짓밟는다면 내 무슨 낯으로 선황제의 사당에 들어가겠느냐? 이는 백성들의 기대도 저버리는 일이다."

무제는 소평군을 죽이라는 상소를 받아들고 몹시 괴로워했다. 곁에 있던 측근들도 무제와 함께 통곡했다. 이때 동방삭이 나와 말했다.

"소신, 폐하께서 정치를 위해 원수에게도 상을 내리시고 혈육도 죽이기를 마다 하지 않으신다 들었사옵니다. 『상서』에는 어느 쪽으로도 치우치지 않으면 왕도王道가 막힘이 없을 것이라 하였지요. 이 2가지는 고대 오제께서도 매우 중시하셨던 것이나 삼왕(三王:하夏의 우禹왕·상商의 탕湯왕·주周의 문文왕)께서도 하시지 못한 일이었사옵니다. 그런데 폐하께서 하셨으니 온 천하의 기쁨이자 영광이옵니다."

무제는 그 말을 듣고 기분이 많이 나아져 슬퍼하기를 그치고 궁으로 돌아가 쉬었다. 이 일이 있기 전, 동방삭은 술에 취한 채 궁으로 들어가 소변을 보는 바람에 서인으로 강등되어 대기 상태였다. 그러나 이렇게 간언을 올림으로써 다시 중랑이 되었고 비단 1백 필도 하사받았다.

무제에게는 두태주竇太主라는 고모가 한 사람 있었다. 그녀는 50살쯤 남편을 잃었지만 외로움을 견디지 못하고 18, 9세의 얼굴이 하얀 동언董偃을 사랑하게 되었다. 두 사람은 관계가 깊어지자 황제에게 알랑거려 두 사람의 비정상적인 관계를 인정하게 만들었다. 무제는 그들을 인정하고 동언을 공주 집안의 남자 주인인 '주인옹主人翁'으로 삼았다. 동언이 귀하신 몸이 되어 황제의 총애를 받자 세상 사람들도 모두 이 사실을 알게 되었다. 가무와 여색 등 향락에 빠져 살던 사람들은 모두 동 씨 집안을 찾아와 아부를 해댔고, 가끔씩은 무제도 자리를 함께해 즐겼다. 어느 날 무제는 사람을 시켜 동언을 따로 선실宣室로 불러와 주연을 즐기려 했다. 동언이 문 앞에 도착하자 동방삭이 나서 동언을 막고 진언을 올렸다.

"동군은 3가지 큰 죄를 지었거늘 어찌하여 어전에 든단 말이옵니까?"

무제가 무슨 죄인가를 묻자 동방삭이 대답했다.

"첫째, 동언은 신하의 신분으로 제멋대로 공주를 모셨으니 예禮를 어긴 것이오, 둘째는 혼인 제도를 파괴하여 남녀 간의 경계를 어지럽게 한 것이옵고, 셋째는 황제를 꾀어 마땅히 해야 할 일을 하지 못하게 하고 사치가 극에 달하게 한 것이옵니다."

무제는 한참을 잠자코 있다가 입을 떼었다.

"경의 말이 옳기는 하다만, 오늘은 이미 주연을 베풀었으니 다음부터 고치도록 하겠네."

동방삭이 말했다.

"아니 되옵니다. 선실은 선황제께서 정사를 돌보시던 곳이니 법률과 정사를 위한 일이 아니면 들어가서는 안 되옵니다. 그렇지 않다면 이 나라는 그릇된 길로 빠지게 될 것이옵니다."

무제는 결국 동언을 다른 방으로 불러 만났다. 그리고 동방삭에게는 황금 30근을 하사했다. 이때부터 동언은 급격히 총애를 잃어갔고 30세에 죽고 말았다. 몇 년 후 두 태주 역시 죽어 두 사람은 패릉에 합장되었다.

동방삭의 생활은 늘 홀가분했다. 그것은 관료 사회의 여러 가지 규칙들을 인정하지 않았기 때문이다. 예를 들어, 황제가 그에게 먹을 것을 내리면 그 밥을 먹은 후 수라상에 남은 고기 요리를 모두 싸서 집으로 가지고 갔다. 국물이 흘러 옷이 더러워지고 젖어도 신경 쓰지 않았다. 동방삭이 미남이었던 것을 생각하면 그가 받은 봉록을 장안의 미녀에게 다 쏟아 부은 것도 이해는 할 수 있다. 그러나 짚고 넘어가야 할 것은 그가 부인을 취한 지 1년 후 바로 버리고 다른 여인을 찾아 혼인을 했다는 것이다. 당시 그의 동료는 그의 방탕한 생활을 보다 못해 그를 '미친놈'이라고 불렀다. 무제는 그 소식을 듣고 말했다.

"동방삭이 그렇게 제멋대로 살지 않았다면 경들이 동방삭과 비교나 될 수 있었겠나?"

그는 생을 마감할 때까지 늘 즐겁게 살았던 것으로 보인다. 그러나 동방삭의 고통스럽고 심오한 속마음은 일반인들이 짐작조차 할 수 없는 것이었다.

그는 어전에서 이렇게 말했었다.

"옛사람들은 세상을 피해 깊은 산으로 들어갔으나, 소신은 세상을 피해 조정으로 들어왔나이다."

그리고는 소리 높여 노래했다.

"세상에 깊이 들어가니 금마문으로 피하였다. 궁전에서는 세상을 피해 온몸을 피할 수 있으니 깊은 산에 들어가 쑥으로 지은 오두막에 살 필요가 무엇인가?"

현대의 학자들은 지식인들의 변두리화와 초조감에 대해 이야기하는 것을 좋아한다. 그러나 동방삭이 이와 같은 기분을 그리 일찍, 뼛속 깊이 느꼈다는 것은 알지 못했다. 그는 『객난客難』에서 이렇게 말했다.

'동주 때 천하가 서로 다투나 승패가 판가름나지 않았다. 사士를 얻는 자는 번창하고 잃는 자는 망하니, 각 제후들의 사인士人을 존중하는 마음이 미치지 않은 곳이 없었다. 지금 천하가 이미 정해지고 사방의 오랑캐가 굴복하니 사인은 또 얼마나 중요하겠는가.', '존귀한 자는 장수가 되고 비천한 자는 노비가 되며, 저항한 자는 청운 위에 오르고 억눌린 자는 깊은 샘으로 들어가네. 그를 쓰는 자는 범이 되고, 쓰지 않는 자는 쥐가 되네.' 그는 한 마디 말로 하늘의 뜻을 간파하여 자신이 어떻게 처신해야 하는지에 대한 근거를 충분히 발견하였다. 학문을 연마하는 자가 오늘 중시 받지 못하고 있거늘, 어찌하여 마음 가는 대로 인생을 충분히 즐기지 않는가? 동방삭이 일찍이 한 번에 목간 3천 개에 달하는 상소를 올리니, 두 사람이 함께 옮기고, 무제도 두 달이 지나서야 비로소 다 읽을 수 있었다. 그러나 무제는 동방삭을 여전히 재미를 주는 '어릿광대' 정도로만 여겼다. 동방삭의 원대한 포부가 시대적 요구에 부합하지 못했고, 괴로운 서생은 표면적인 즐거움만을 남겼다.

漢書 들여다보기

동방삭과 관련된 전설은 많다. 그중 가장 재미있는 것은 그가 '군산 불사주君山 不死酒'를 먹었다는 이야기이다. 군산에는 특별한 술이 있는데, 그것을 마시면 죽지 않는다고 한다. 무제는 사람을 보내 그 술을 구해오게 했으나, 동방삭이 몰래 그 술을 모두 마셔버렸다. 무제가 크게 노하여 동방삭의 목을 베려고 하자 동방삭이 말했다.

"만약 술이 영험하다면 폐하께서 소신을 죽이셔도 소신은 죽지 않을 것이옵니다. 그러나 영험하지 않다면 그 술이 무슨 소용이 있겠습니까?"

무제는 잠시 생각하더니 웃으며 그를 용서해주었다.

동방삭

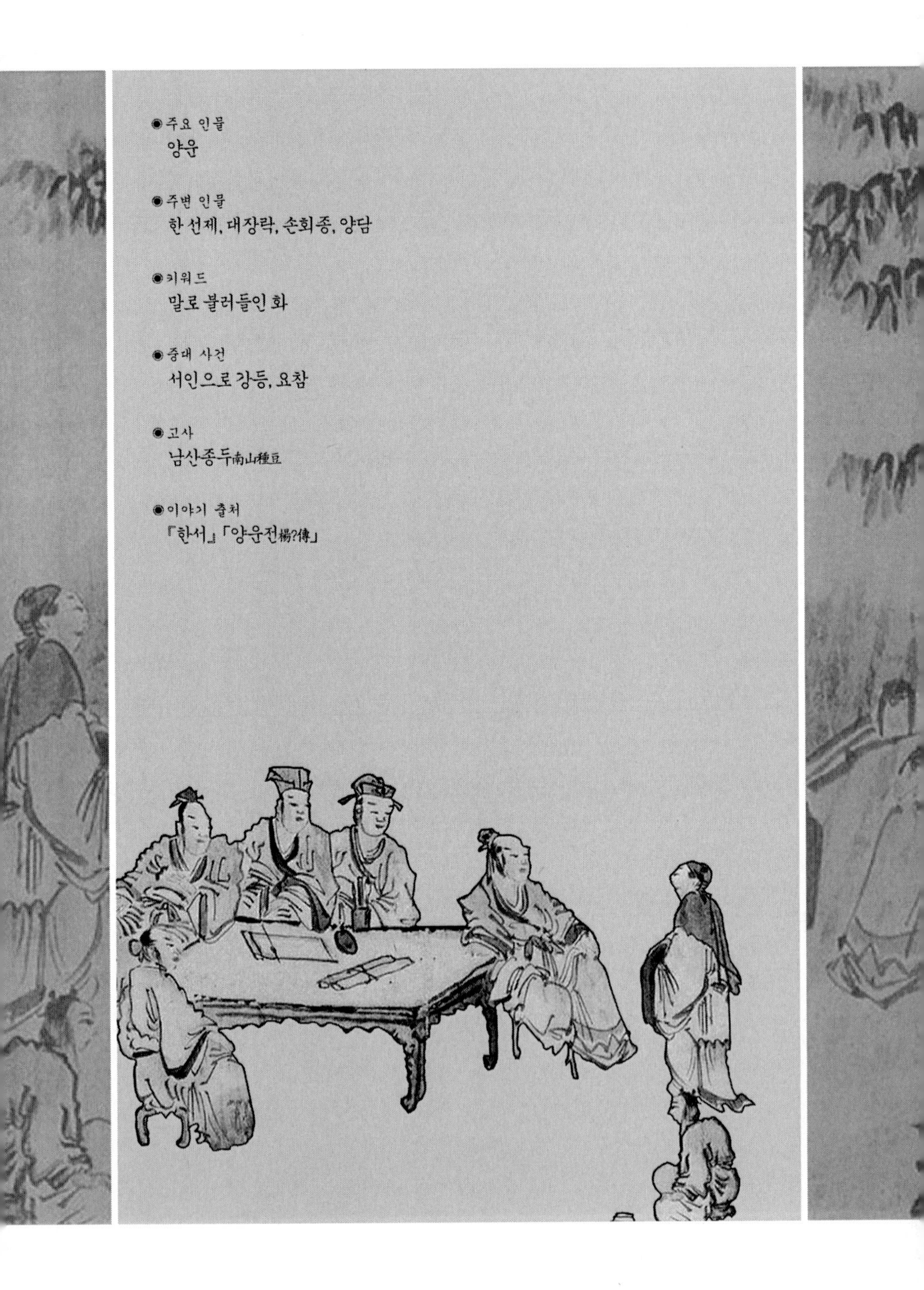

◉주요 인물
양운

◉주변 인물
한 선제, 대장락, 손회종, 양담

◉키워드
말로 불러들인 화

◉중대 사건
서인으로 강등, 요참

◉고사
남산종두南山種豆

◉이야기 출처
『한서』「양운전楊?傳」

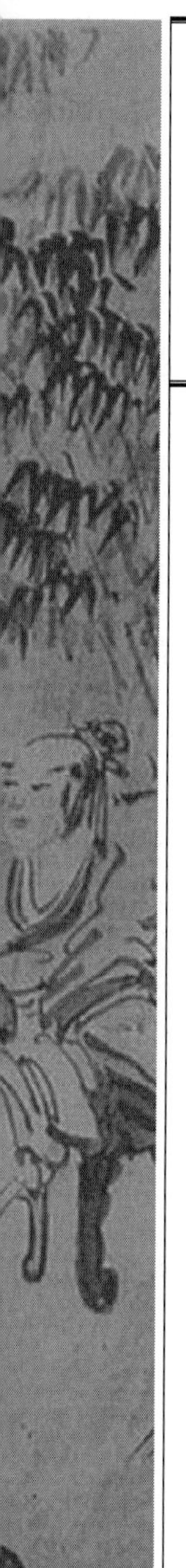

楊惲

양운 : 시가 불러온 화

한 선제 오봉 4년(기원전 54년) 발생한 양운楊惲의 요참사건은 중국 '문학 재난사災難史'에서 가장 전형적인 필화(筆禍: 글로 인해 화를 입는 것)였다. 양운의 「손회종에게 보내는 편지〔報孫會宗書〕」에 나온 '남산에 콩을 심는다〔南山種豆〕'는 노래는 시화의 첫 시작으로 송대 나대경羅大經은 그의 「학림옥로鶴林玉露」에서 이렇게 노래했다.

"양자유楊子幼는 '남산에 콩을 심는다'는 말로 죽임을 당했으니, 이것이 시화의 시작이다."

양운의 자는 자유子幼다. 그는 화음(華陰: 지금의 섬서 화음현) 사람으로 사마천의 외손자이기도 하다. 그의 아버지 양창楊敞은 소제 때 승상의 자리에 올라 안평후安平侯로 봉해졌다. 선제가 즉위한 후, 양창은 정책을 제정한 공을 세웠지만 얼마 후 세상을 떠나, 맏아들 양충楊忠이 그 작위를 물려받았고 양충이 동생 양운을 천거하여 벼슬길에 올랐다. 처음에는 낭관을 지내다가 후에 상시기常侍騎가 되었다. 대사마 곽우가 모반을 꾀했을 때 양운은 사전에 그 소식을 듣고 시중 김안상金安上을 통해 선제에게 밀고했다. 그 공을 인정받아 평통후平通侯로 봉해지고 중랑장의 자리까지 올랐으며, 다시 승진해 광록훈(구경 중 하나)이 되었다. 양운은 무슨 일을 하던 공평하고 청렴결백했으며 성과도 매우 컸다. 그러나 시기심이 많고 각박한 성격이 문제여서, 자신을 거스르는 사람이 있으면 어떻게든 해하려 들었다. 그래서 태복(역시 구경 중 하나)인 대장락戴長樂과 서로 악감정을 품게 되었다. 선제는 민간에 있을 때 대장락과 아는 사이였기 때문에 즉위 후 그를 선발하여 가까이 두었다. 대장락은 선제가 종묘에 가서 제사 예절을 연습할 때 따라갔다가 돌아와서 부하에게 이렇게 말했다고 한다.

"내 친히 가서 조서를 받으시는 것을 보고 황제께서 배우시는 것을 도왔더니 투후秺侯가 가마를 몰더구나(금상金賞이 그를 위해 마차를 몰았다)."

누군가 대장락이 스스로 총애를 받는다고 떠들고 군주의 위엄을 해하는 말을 한 것은 옳지 않다며 상소를 올려 고발했는데, 대장락은 양운이 교사한 일이라고 생각하고 양운의 죄를 고발하는 상소를 올렸다. 그가 언급한 죄명은 한 가지가 아니었다. 심지어 말을 놀라게 하여 수레가 액문掖門을 달려 들어가게 하였다는 죄목도 있었다. 양운은 그 말을 듣고 이렇게 말했다.

"과거에도 이런 일이 생겨 문이 부서지고 말이 죽고, 소제께서 승하하셨다 하더군. 그런데 또 이런 일이 생겼다면, 이는 하늘의 뜻이지. 사람의 힘으로 한 게 아니라네."

그리고 좌풍익左馮翊 한연수韓延壽가 죄를 지어 감옥에 갇히자 양운이 상소를 올려 억울함을 호소했다. 낭중 구상丘常이 양운에게 물었다.

"나리께서 한풍익을 대신해 해명하셨다 들었사온데 그가 살 수 있겠습니까?"

양운이 대답했다.

"쉬운 일이 아니니 경경자脛脛者가 무사할지는 알 수 없네. 나도 내 자신을 지킬 수 없는 상황이니, 진인眞人이 말한 것처럼 쥐가 구수를 쓴 놈은 받아주지 않는 상황이구나."

경경자, 진인은 모두 정직한 사람을 가리킨다. 구수(窶數, 즉 窶藪-똬리)는 머리에 쓰는 것 중 하나로서, 쥐의 굴은 너무 작아서 구수를 쓰면 그 안으로 들어갈 수 없다는, 한나라 사람들의 속담 같은 것이다. 한연수는 매우 현명한 태수로 그가 죽임을 당하는 날, 관리와 백성들 수천 명이 그를 위성渭城까지 배웅했고, 눈물을 흘렸다. 연수는 옆에 있는 관리를 시켜 배웅 나온 사람들에게 감사를 전했다.

"멀리서 이리 나와 주신 여러 관리, 백성 여러분, 연수는 죽어도 여한이 없습니다."

사실 양운이 한연수의 누명을 벗겨주려 한 것은 죄가 될 수 없었고, 당시에는 백성과 관리들이 죄인과 공개적으로 작별을 할 수 있게 허락하고 있었다. 연수의 세 아들은 이때부터 관리가 되는 것을 마다했다.

양운은 서각西閣에 그려진 사람 모습을 보러 갔다가 걸과 주를 가리키며 악창후 왕무王武에게 말했다.

"천자께서 이곳을 지나실 때 그들의 잘못을 하나하나 명확히 하신다면 어떤 천자가 되어야 할지 아시게 될 거네."

화상에는 요, 순, 우, 탕이 있었지만 굳이 걸과 주를 가리키며 거론한 이유는 무엇일까? 양운은 황제가 걸과 주에게서 교훈을 얻길 바란다는 뜻이었으나, 대장락은 이렇게 적었다.

"양운은 망한 나라들을 갖다 붙여 황제를 비방하였으니 신하의 예가 아니옵니다."

양운은 또 대장락에게 이런 말을 했었다.

"정월 이후부터 하늘이 흐리고 비가 내리지 않으니, 이에 대해서는 『춘추』에 기록되었을 뿐 아니라 하후군夏侯君도 말한 바 있네. 그러나 행위가 하동河東까진 미치지 않을 것이야."

그러나 대장락은 고소장에 '양운은 주상으로 농거리를 삼았으니 역심을 품은 것'이라고 썼다. 하동에는 후토사后土祠가 있어 황제는 매년 그곳에서 제사를 올렸다. 하후군이란 하후승夏侯勝을 가리키는데, 하후승은 소제 유불릉劉弗陵 때 박사로 선발되었다가 광록대부로 승진했다. 소제가 승하하고 창읍왕 유하는 소제의 장례 기간에 여러 차례 궁 밖으로 나가 유흥을 일삼아 하후승은 어가를 막고 진언을 올렸다.

"오랫동안 비가 내리지 않으니 이는 신하 중에 폐하를 폐하려는 자가 있을 것이옵니다. 그런데 폐하께선 어찌 출궁하여 행락하십니까?"

그러나 유하는 크게 노하며 하후승이 요사스러운 말을 했다며 이령吏令에게 체포하라 명했고 이령은 대장군 곽광에게 알렸다. 곽광은 거기장군 장안세가 유하의 폐위 계획을 누설했다고 생각하고 장안세를 꾸짖었다.

"하후승이 어찌 신하 중에 유하를 폐위시키려 꾀하는 자가 있다는 사실을 아는 것이냐? 네 놈이 발설한 것이지?"

그러나 장안세는 단 한 마디도 발설하지 않았다고 부인했다. 그래서 하후승을 불러 물으니, 하후승이 대답했다.

"『홍범오행전洪範五行傳』에는 황제가 부족하면 자주 날이 흐리다고 하였습니다. 이것은 밑에 있는 사람 중에 제왕의 보좌를 노리는 자가 있다는 징조라 하였지요. 정권을 쥐고 있는 사람은 명확히 밝히는 말을 싫어하니 신하 중에 누군가가 황제를 폐위하려 한다 말하였던 것입니다."

곽광과 장안세는 그 말을 듣고 깜짝 놀랐다. 10여 일이 지난 후 유하는 과연 폐위되었다. 양운은 대장락과 여담으로 한 말이었지만, 결국 죄명 중 하나가 되고 말았다.

선제는 그 사건을 정위 우정국于定國에게 맡겨 심리하게 하였다. 사실을 밝힌 후 우정국은 양운이 '함부로 원망하고 잘못된 인용으로 악담을 하였으니 대역무도'하다고 하였으나, 선제는 과거 양운을 가까이하고 아꼈었기 때문에 차마 죽이지 않고, 양운과 대장락을 모두 서인으로 강등시켰다.

양운은 관직과 작위를 잃은 후 집에서 한가롭게 지내며 농사일을 하고 집을 지었다. 친구들과 자주 모여 술을 마시며 즐기니 화가 도리어 복이 된 분위기였다. 그러나 이것은 분노를 표출하는 다른 방식에 불과하여 당시 사람들도 이러쿵저러쿵 말이 많았다. 양운의 절친한 벗 중에 손회종孫會宗은 안정安定의 태수였다. 그는 그 소식을 듣고 서신을 보내 그에게 스스로를 지켜 근신하라고 충고하였다.

'대신은 관직에서 쫓겨난 후 문을 굳게 닫고 두려워하여 동정을 받아야 하거늘, 일을 하고 빈객들과 어울리며 칭송받는 것은 옳지 않네.'

양운은 재상의 자제로 어려서부터 포부가 컸지만 한순간 높은 지위를 누렸을 뿐, '애매한 말' 한마디로 자랑으로 여기던 모든 것을 잃었으니 그 불만이 얼마나 컸을지 상상이 갈 것이다. 손회종의 서신을 보자 화풀이를 할 좋은 기회를 만난 듯, 거기엔 그간 가슴에 품고 있었던 불만과 억울함 등이 가득 담겨 있었다.

'지금은 죄가 크고 행동도 잘못되어 평생 농부로서 살고자 하였네. 그래서 아내와 자식을 이끌고 힘을 다해 농사를 지으며 일을 하고 논에 물을 대었으니, 이는 공상公上에게 바치고자 함이네. 그러나 이 때문에 또 비난을 당할 줄은 생각지도 못했네.'

여기서 말한 공상이란 황제를 가리킨다. 즉, 앞으로 농사에만 힘쓸 것이며, 농사와 누에치기로 얻은 것은 황가에 세금으로 바치겠다는 것이다. 여기에는 냉소의 뜻이 담겨 있었다.

서신에는 또 이런 구절도 있다.

'대저 인정으로 막을 수 없는 것은 성인께서도 막지 않으셨네. 예로부터 군주와 아비는 지극히 존귀하고 친근하니 두 분의 임종을 지키며 시간이 다하기까지 그 일을 다하라〔脫喪〕 하였지. 내가 죄를 지은 지 이미 3년, 농가의 일은 매우 고생스러워 매년 복랍伏臘 때가 되면 큰 양과 새끼 양을 요리하여 삶고, 술 실력을 겨뤄 스스로를 위로하여야 하네. 집안이 진나라 출신이라 진의 노래를 부를 줄 알고, 아내는 조나라 여자라 고슬鼓瑟을 잘 타지. 술을 마신 후에는 귀까지 발그레해져 하늘을 바라보며 부缶를 두드려 노래를 하네. '저 남산을 밭으로 일구나 잡초가 우거져 어찌할 수가 없네. 땅 일경에 콩을 심으니 다 떨어지고 콩대만 남았구나. 인생은 행락하는 것이니 언제쯤 부귀해지려나!' 이러한 때는 옷을 털며 기뻐하고 소매를 위아래로 휘두르고 발을 구르며 춤을 추네. 너무나 터무니없어 그것이 안 되는 일인지도 알지 못하니……."

이 글 속에서 2가지 치명적인 부분이 있다. 첫 번째는 '군주의 임종'을 지킨다는 말이다. 고대 예법에 따르면 신하는 군주와 아비가 임종하면 상복을 입고 3년이란 기한을 채워야 한다. 양운은 여기에 빗대어 군주와 부친이 죽어도 3년 후면 상복을 입지 않아도 된다는 뜻을 내비쳤다. 지금 '내가 죄를 지은 지 이미 3년'이라는 구절은 이제 멋대로 행동해도 신하의 예를 저버린 것은 아니라는 뜻이다. 그가 '3년'에서 공통점을 찾아 비교한 것은 큰 잘못이 아니나, 군주의 죽음이나 임종을 지킨다는 말은 금기를 어긴 것이었다. 군주는 그런 단어를 저주의 뜻으로 보지 않았겠는가? 송나라의 홍매洪邁는 「용인수필容齋手筆」에서 양운의 핵심을 분석했다.

"내가 그 글을 깊이 생각해보니 '군주와 아비는 지극히 존귀하고 친근하니 두 분의 임종을 지키며 시간이 다하기까지 그 일을 다하라'는 말이 유독 눈에 띈다. 선조는 '군주의 임종을 지키라'는 비유를 악하게 여겼다."

두 번째는 '남산에 콩을 심었다'는 구절이다. 양운이 글 중에 언급한 시는 문장의 주요 내용을 보여주는 '문안文眼'이다. 여기서 '남산'이란 실제 남산을 가리키는 것이기도 하고 가상의 것을 가리킬 수도 있다. 만약 실제로 종남산을 말한 것이라면 '남산에 콩을 심었다'는 말은 밭이 흉작인 상황을 그린 것이니 조정을 비웃는 것이라 곡해할 필요조차 없다. 그러나 가상의 산을 말하는 것이라면 '남산에 콩을 심었다'는 구절은 조정에 대한 비방이 된다. 장안張晏은 안사고顔師古가 『한서』「양운전」에 단 주석에는 이렇게 해석했다.

"산은 태양에 미치기까지 높으니 군주를 비유하는 것이다. '잡초가 우거져 어찌할 수 없구나'는 조정이 어지러운 것에 비유한 것이다. '콩'은 충직하고 정직한 것인데, 이것이 들에 떨어졌다는 것은 이미 버려졌다는 것을 비유한다. 콩대는 휘어져 곧지 않으니 조정 대신들이 모두 아첨하는 것을 뜻한다."

이 해석에 따르면 양운의 글은 한 선제를 수장으로 한 조정을 전면적으로 부정하는 글이 된다. 이외에 양운은 그의 조카 안평후 양담楊譚이 그를 위로하자, 불만을 표출했다.

"서하 태수 건평두후(建平杜侯: 두연년)는 과거에 죄를 지었으나 지금은 어사대부가 되었잖습니까? 후(侯: 양운을 가리킴)의 죄는 보잘것없고 공은 크니 언젠가는 다시 기용될 것입니다."

그러자 양운이 되받아쳤다.

"공이 있으면 뭐하나? 현관(縣官: 천자)이 온힘을 다하기에 부족하거늘……."

양운은 개관요蓋寬饒, 한연수와 교분이 있었기 때문에 양담은 그 말에 수긍했다.

"정말 그렇군요. 개사록蓋司錄과 한풍익 모두 관리의 소임을 다했으나 모두 벌을 받고 죽임을 당했으니까요.

오봉 4년, 마침 일식이 일어났다. 그러자 귀족의 말을 먹이고 관리하는 하급 관리 중, 성成이란 자가 그 기회를 틈타 상소를 올렸다. 일식이 일어난 것은 양운이 교만하고 사치스러우며 죄를 뉘우치지 않기 때문이란 내용이었다. 옛날 사람들은 일식을 재이災異로 여겼기 때문에 선제는 정위 우정국을 보내 이를 조사하게 했다. 그 결과 양 씨 집안에서 「손회종에게 보내는 편지」가 발견되었다. 선제는 그 편지를 보고 불같이 화를 냈고, 정위는 즉시 '대역무도'라는 죄명으로 양운을 요참시켰다. 그의 아내는 주천군으로 유배되었다. 양담은 서인으로 강등되었고 양운과 교분이 두터웠던 미앙궁 위위 위현성韋玄成과 경조윤京兆尹 장창張敞, 손회종 등은 모두 관직에서 파면되었다. 성이라는 하급 관리는 낭으로 임명되었으나 그도 처음엔 여기까진 생각지 못했으리라.

『자치통감資治通鑒』 27권에서 사마광司馬光이 말했다.

"효선제의 영명함으로 위상과 병길이 승상이 되었고 우정국이 정위가 되었다. 그러나 조광한趙廣漢, 개관요, 한연수, 양운의 죽음은 많은 이들의 뜻에 맞지 않는 것으로, 선정善政에 큰 누가 되었다. 『주관周官』 사구(司寇: 형벌과 경찰을 맡아보던 관직)의 법에는 현자와 능력 있는 사람에 대해 말하고 있다. 광한이나 연수가 백성을 다스린 것은 능력이 아니라 할 수 있으랴? 관요와 운의 강직함은 현명하다 아니할 수 있으랴? 그런즉 죄를 지었다 하더라도 이를 용서

할 수 있을 것이다. 게다가 그들의 죄는 죽을죄는 아니었으니."

이것은 공평타당한 평가로 '한 문제가 이치는 있으나 은혜는 얕구나'라는 탄식이 절로 나오게 한다. 선제의 태자 유석(劉奭: 훗날 원제元帝가 됨)은 심성이 여리고 어질어 유가를 좋아했다. 그는 양운과 개관요와 같은 사람들이 풍자했다는 이유로 죽임을 당하자 주연에서 선제의 시중을 들며 이렇게 말했다.

"폐하께선 형벌을 너무 중히 내리시니 유생을 기용하는 것이 좋을 듯하옵니다."

선제는 화가 나서 안색이 바뀌었다.

"짐의 집을 어지럽히는 자가, 바로 태자로구나."

태자를 폐하고 회양왕 유흠劉欽을 태자로 세우고자 했다.

여기서 다시 양운의 「손회종에게 보내는 편지」를 살펴보자. 이 글은 전한 시기 문학의 백미로 그의 외조부 사마천이 쓴 「임안에게 보내는 편지〔報任安書〕」와 쌍벽을 이룬다고 할 수 있는데, 『문선文選』과 『고문관지古文觀止』에 실린 후 수많은 사람들에 의해 읊어졌다. 두 글은 모두 작가의 감정을 훌륭하게 표현한 것으로, 양운이 쓴 글의 후반부는 특히 시적인 정취가 물씬 풍겨나 풍토를 직접 보는 것처럼 느껴진다. 김성탄金聖嘆은 『천하재자필독서天下才子必讀書』 8권에서 이렇게 말했다.

"분노한 입으로 이야기한 것임을 다시 말할 필요가 없을 것이다. 그는 그 을씨년스러움을 명쾌하게 표현하였으니 진실로 태사공의 외손자답다."

『고문관지』는 이렇게 평가하고 있다.

"태사공의 외손자가 회종에게 보낸 서신에서 외조부가 임안에게 보낸 풍취를 느낄 수 있다. 글로 분노와 원망을 표출했건만 참혹한 재난을 당했다. 선제가 양운을 처벌한 것은 대장락의 고발 때문이 아니라, 회종에게 보낸 서신에 황제가 내린 처벌이 옳지 않음을 이야기하였기 때문이다."

비록 양운은 대역죄로 죽임을 당했지만 반고는 그의 전기적 인생을 『한서』에 기록하고 높이 평가하여, 「손회종에게 보내는 편지」의 전문을 그대로 기록했다. 그렇지 않았다면 후세 사람들은 고대의 아름다운 글을 만나볼 수 없었을 것이다. 여기서도 고대 사관들의 높은 역사적 안목을 엿볼 수 있다.

漢書 들여다보기

춘추시대 진晋나라의 태사太史 동호董狐는 권세를 무서워하지 않고 사실 그대로 역사적 사실을 기록해 중국 역사학에서 권력에 편승하지 않고 사실을 기록하는 흐름에 물꼬를 텄다. 또 『좌전左傳』에 춘추시대 제나라 태사는 '최저崔杼가 황제를 시해한 법'을 기록하였는데, 최저는 너무 사실적이라며 태사에게 이를 고쳐 쓰도록 명령했다. 그러나 태사는 끝까지 고치지 않아 결국 죽임을 당했다. 그의 동생이 태사직을 이어받았으나 완곡하게 수정하려 하지 않아 또 죽임을 당했다. 다른 동생이 그 직위를 이어받았으나 여전히 고치려 하지 않자 최저도 타협할 수밖에 없었다. 이는 역사를 있는 그대로 기록한 또 다른 모범이 되고 있다.

태사 동호

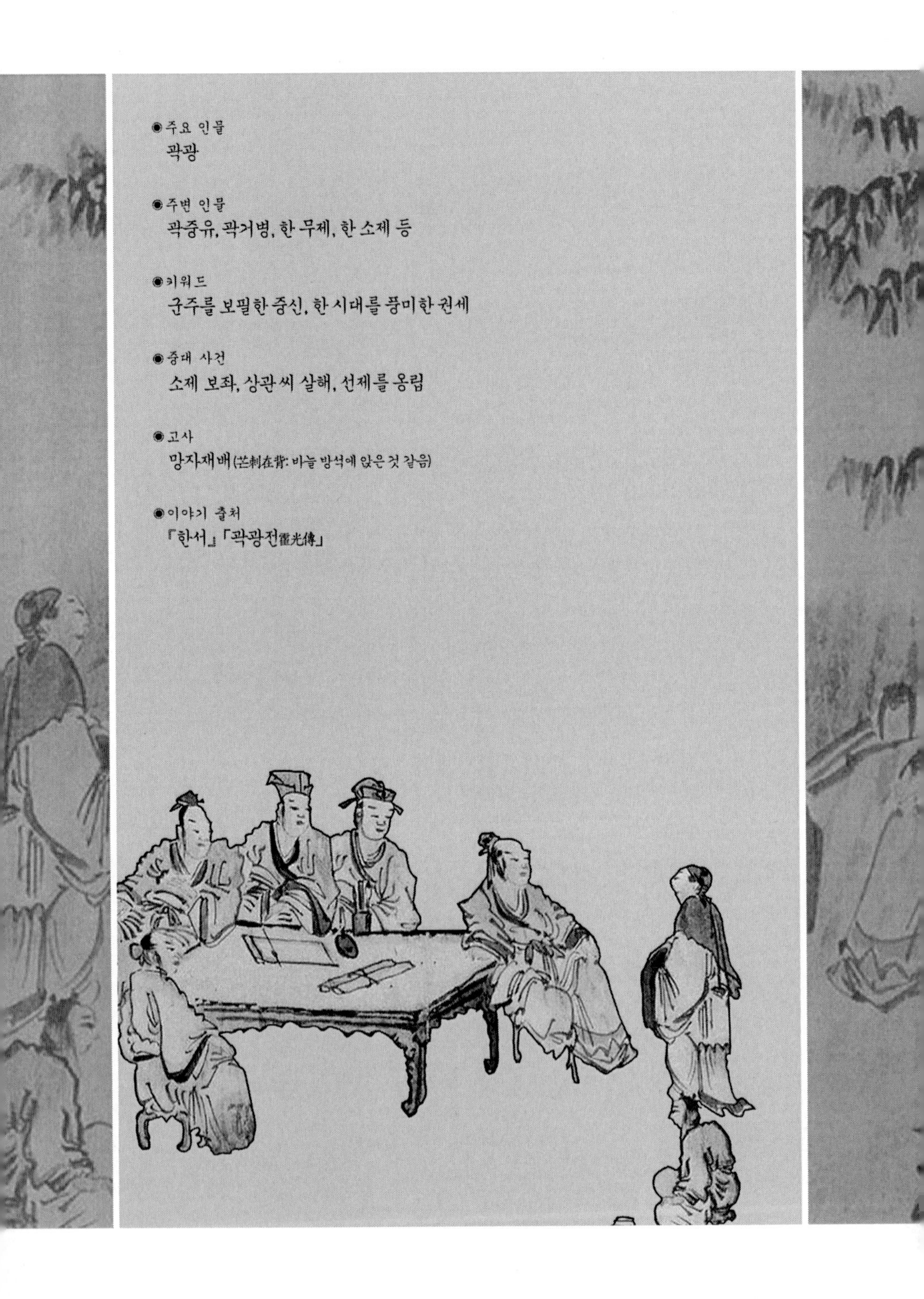

◉주요 인물
곽광

◉주변 인물
곽중유, 곽거병, 한 무제, 한 소제 등

◉키워드
군주를 보필한 중신, 한 시대를 풍미한 권세

◉중대 사건
소제 보좌, 상관씨 살해, 선제를 옹립

◉고사
망자재배(芒刺在背: 바늘 방석에 앉은 것 같음)

◉이야기 출처
『한서』「곽광전霍光傳」

霍光

곽광 : 황제를 보좌한 중신, 한 시대를 풍미할 권력을 쥐다

곽광의 자는 자맹子孟으로 하동군 평양현(平陽縣: 지금의 산서 임분臨汾 서남쪽) 사람이다. 그는 표기장군 곽거병의 배다른 동생으로, 아버지인 곽중유는 현리 신분으로 평양후 집에서 심부름을 했다. 그때 시녀인 위소아와 정을 통해 곽거병을 낳았다. 곽중유는 현리 임기가 다하자 집으로 돌아가 새장가를 들어 곽광을 낳았다. 그 후 위소아의 여동생 위자부가 한 무제의 총애를 받아 황후로 봉해졌다. 곽거병은 황후 언니의 아들이었기 때문에 역시 신임을 받아 중용되었고, 외숙부 위청과 여러 차례 흉노로 출정하여 놀라운 공을 세웠다. 곽거병은 자신의 아버지가 곽중유라는 것을 알고 어느 날 흉노로 출정하는 길에 하동군을 지나게 되자, 먼저 평양으로 달려가 객관을 잡았다. 그리고 부하를 곽중유에게 보냈다. 곽중유는 즉시 달려와 그를 만났고, 장군 역시 무릎을 꿇고 절을 올려 아비를 영접하였다.

"거병이 일찍 대인의 골육임을 알지 못하였습니다."

중유는 바닥에 꿇어앉아 머리를 조아리며 대답했다.

"이 늙은이가 장군의 몸에 생명을 줄 수 있었던 것은 모두 하늘의 은혜였습니다."

곽거병은 아비를 위해 많은 땅과 집, 노비를 사주고 떠났다. 그리고 회군하는 길에 이복 동생 곽광을 데리고 장안으로 왔다. 곽광은 10세에 불과했지만 낭으로 임명되었고 얼마 후 제조시중諸曹侍中으로 진급했다. 곽거병이 죽은 후 곽광은 봉거도위 겸 광록대부로 봉해져 황제의 거여車輿를 관리했고, 입궁해서는 황제를 측근에서 모셨는데, 그는 행동을 삼가며 20여 년 동안 어떤 실수도 하지 않아 무제에게 중용되어 신임을 받았다.

정화 2년(기원전 91년), 위 태자가 강충의 모함을 받아 자결했고, 연왕 단과 광릉왕廣陵王 서胥는 과실이 많았고, 당시 무제는 연로하여 구익궁鉤弋宮 조 첩여婕伃를 총애하여 그녀의 아들로 황위를 계승하게 할 생각이었다. 그러자면 대신 하나를 골라 그 아이를 보좌하게 해야 했다. 무제는 여러 대신 중에서 그런 중책을 맡길 수 있는 사람은 곽광 하나뿐이라고 생각했다. 그래서 황문서(黃門署: 내시부)의 화사를 불러 주공周公이 성왕成王을 안고 여러 제후들의 알현을 받는 그림을 그리게 한 후, 그것을 곽광에게 주었다. 후원 2년

(기원전 87년) 봄, 무제는 오작궁五柞宮에 놀러 갔다가 중병에 걸렸다. 곽광은 눈물을 펑펑 흘리며 물었다.

"황상께 변고가 생기면 황위를 물려받을 분은 누구십니까?"

무제가 대답했다.

"짐이 하사했던 그림의 뜻을 모르느냐? 짐의 막내아들을 황제로 삼고, 경은 주공처럼 어린 군주를 보좌하라."

곽광은 머리를 찧으며 사양하였고, 김일제金日磾을 추천하였다. 그러나 김일제는 자신은 흉노족이므로 곽광이 더 적합하다고 아뢰었다.

무제는 곽광을 대사마 대장군으로 임명하고, 김일제를 거기장군으로 임명했다. 동시에 대복상 상관걸을 좌장군으로, 소속도위 상홍양을 어사대부로 임명했다. 그들은 모두 무제의 침전에 있는 침상 앞에 엎드려 어린 황제를 보좌하라는 유지를 받았다. 다음 날, 무제가 세상을 떠났다. 태자 유불릉이 천자의 존호를 물려받으니 그가 바로 효소孝昭 황제이다. 소제는 당시 8세로 나라의 정무는 모두 곽광이 결정했다.

곽광은 침착하고 냉정하며 주도면밀하고 또 신중한 사람이었다. 키는 7척 3촌이었고 피부가 희고 깨끗했으며 눈이 수려하고 수염이 매우 아름다웠다. 매번 그는 대전下殿 문으로 오고 나갈 때, 설 때와 앞으로 갈 때 늘 고정된 자리로 다녔다. 낭 복야郎僕射는 몰래 그 자리를 표시해두었다. 그런데 매번 조금의 차이도 없이 늘 같은 자리를 지나는 것이 아닌가? 여기서 곽광이 얼마나 빈틈없고 정확했는지 짐작이 갈 것이다. 어린 군주를 보좌하던 초기, 정치적 명령은 모두 그가 직접 발표했기 때문에 세상 사람들은 모두 그의 기품을 우러러보았다. 궁에 괴이한 일들이 일어나자 대신들은 모두 놀라고 두려워하였다. 곽광은 상부새랑尙符璽郞을 불러 옥새를 내놓으라고 했지만 낭관은 내놓으려 하지 않았다. 곽광은 억지로 빼앗으려 했지만 낭관은 검의 손잡이를 누르며 말했다.

"신의 목은 베어도 국새는 되찾지 못하실 것입니다."

곽광은 화를 내기는커녕 그의 책임감을 매우 높이 샀다. 다음날 곽광이 조서를 내려 그 낭관의 등급을 두 단계 높이니 조정의 백무대관 중 따르지 않는 자가 없었다.

곽광과 좌장군 상관걸은 자녀들의 혼인으로 사돈 관계였다. 곽광의 장녀가 상관걸의 아들 상관안의 아내가 되었는데 둘 사이에서 태어난 딸이 소제의 나이와 비슷했다. 그래서 상관걸은 손녀를 소제의 황후로 시집보내려고 했다. 곽광은 그 아이의 외조부였지만 그 혼사에 동의하지 않았다. 상관걸은 소제의 누나인 악읍鄂邑개주蓋主를 통해 손녀를 후궁으로 들여보내 첩여로 봉하고, 몇 달 후에는 황후로 책봉했다. 그래서 상관안은 표기장군이 되고 상락후桑樂侯로 봉해졌다. 곽광이 가끔 조정을 떠나 휴가를 즐길 때면 상관걸이 입궁해서 곽광을 대신해 정무를 돌보았다. 상관걸 부자는 지위가 높아지고 세력이 강성해지자 개장 공주蓋長公主의 은덕이 더욱 감사하게 느껴졌다. 공주는 품행이 바르지 못해 정외인丁外人이란 이름을 가진 하간河間 사람을 총애했다. 상관걸과 상관안은 정외인이 작위를 받도록 주선하였는데, 공주에게 제후를 짝지어주던 관례에 맞추도록 하기 위해서였다. 그러나 곽광은 동의하지 않았다. 그들은 다시 정외인을 광록대부로 임명해달라고 청했다. 그 정도 직위가 되면 황제를 알현할 수 있기 때문이다. 그러나 또 곽광에게 거절당하자, 개장 공주는 곽광에게 크게 노했다. 상관걸과 상관안 부자도 여러 차례 거절을 당하자 곽광에게 원한을 품게 되었다. 거기에 무제가 살아 있을 때 상관걸은 구경의 하나로 지위가 곽광보다 높았었고, 지금은 부자가 똑같은 장군이 아니던가? 게다가 중궁中宮인 초방전椒房展과도 의지할 만한 특별한 관계였다. 황후가 상관안의 친딸이었지만, 곽광은 그저 외조부였다. 그러나 곽광이 혼자 정권을 독점하고 조정을 총괄하고 있었다. 그런 상황을 인정할 수 없었던 두 사람은 곽광과 정권 다툼을 시작했다.

거기에 연왕 단은 자신이 소제의 형이니 자신이 황위를 계승하는 것이 마땅하다고 생각하여 늘 불만을 품고 있었다. 동시에 어사대부 상홍양은 술에 관한 관직을 파는 제도를 만들고, 소금과 철의 생산을 독점하여 나라의 재원을 확보할 수 있게 하여, 자신이 높은 공을 세웠으니 자신의 아들에게 관직을 하나 만들어주고 싶어 했지만 뜻대로 되지 않았다. 그래서 그 역시 곽광의 정적이 되었다. 원봉元鳳 원년(기원전 80년), 가슴에 원망을 가득 품은 개장 공주와 상관걸, 상관안 부자와 상홍양, 그리고 제위를 노리던 연왕 단이 한패가 되어 곽광을 해칠 음모를 꾸몄다. 상홍양은 연왕 단의 명의로 곽광을 탄핵하는 초안을 작성해 소제에게 올렸다.

'곽광이 밖에 나가 낭관과 어림군을 모아 군사 훈련을 시키며 도로를 휩쓸어 행인들이 피해 다니고 있사옵니다. 그리고 태관(太官: 요리사)에게 먼저 음식을 준비하게 하고 황제처럼 사치스러운 상을 받고 있사옵니다. 또 소무는 과거 흉노에 사절로 갔다가 20년이나 절개를 지키며 투항하지 않았는데 돌아온 후 전속국밖에 되지 못하였습니다. 그러나 대장군의 부하인 장사 양창은 딱히 공을 세우지 않았음에도 소속도위를 맡았고, 그것도 모자라 곽광이 멋대로 장군 막부의 교위를 늘려 배치하였습니다. 곽광이 정권을 독점해 원하는 대로 다 하고 있으니 신 유단은 그가 모반을 꾀하려는 야심이 있는 것은 아닌지 의심스럽사옵니다. 그러니 봉국의 부절과 인새印璽를 반납하게 하시고 장안으로 들어와 궁금숙위宮禁宿衛를 맡아 간신들을 감시하게 하심으로써 만약의 사태에 대비하옵소서.'

그들은 곽광의 사직을 강요하기 좋도록 곽광이 출궁해 휴가를 즐기는 날을 이용해 상소를 올렸다. 상관걸은 궁내 인맥을 이용해 황제가 그 사안에 회답하도록 재촉했다. 그러나 상소가 올라갔음에도 소제는 회답하지 않았다.

다음 날 아침 곽광은 그 이야기를 듣고 화실에 앉아 조정에 나가지 않았는데, 황제가 대장군은 어디 있냐고 묻자, 좌장군 상관걸이 대답했다.

"연왕께서 그의 죄상을 고발하였기 때문에 감히 조정에 나오지 못하는 것이옵니다."

소제는 대장군에게 명을 전했다. 곽광이 궁에 들어와 관모를 벗고 고개를 조아려 사죄하자 소제가 말했다.

"장군은 관모를 쓰시지요. 짐은 이 상주가 위조된 것이며 장군이 무죄라는 것을 다 알고 있습니다."

곽광이 깜짝 놀라 그 연유를 물었는데 소제가 대답했다.

"장군은 광명정光明亭에서 낭관의 부하들만 소집하였고, 교위를 증발한 지 열흘이 넘지 않았소. 그런데 연왕이 그 사실을 어찌 알겠소? 게다가 장군이 반역할 마음이 있었더라도 교위를 늘릴 필요는 없지 않았던 것 아니오?"

당시 소제는 겨우 14세였기 때문에 상서尙書와 곁에 있던 대신들은 모두 깜짝 놀라 어린 군주의 예지와 과감함에 감탄을 표했다. 주장을 올린 사람은 도망쳐버렸지만 황제는 그 사람을 끝까지 추격하라 명했다. 상관걸 등은 겁에 질려 소제에게 말했다.

"작은 일을 그리 깊게 파헤치실 필요는 없을 듯하옵니다."

그러나 소제는 듣지 않았다. 훗날 상관걸 패거리가 계속해서 곽광을 모함하자 소제는 불같이 화를 냈다.

"대장군은 충신으로 선 황제께 짐을 잘 보필하라 부탁을 받으신분이요, 누구든 다시 대장군을 모함하고 비방한다면 법에 따라 엄히 벌할 것이오."

그때부터 상관걸 등은 소제 앞에서 더 이상 이러쿵저러쿵 하지 못했다. 그러나 곽광을 해치려는 그들의 마음은 더욱 강해서 다시 음모를 꾸몄다. 개장 공주가 곽광을 연회에 초대하게 한 후, 매복시켜둔 병사들이 그 자리에서 죽이고, 소제를 폐위시키고 연왕을 천자로 모시기로 한 것이다. 이 음모는 누군가 고발하여 발각되었고, 곽광은 상관걸과 상관안 부자, 상홍양과 정외인 및 그들의 종족을 모두 죽여버렸다. 연왕 단과 개장 공주는 자결했다. 이때부터 곽광은 국내외에 위세를 떨치게 되었다. 소제는 관례冠禮를 거행해 성년이 된 것을 발표한 이후에도 조정을 곽광에게 맡겼다.

곽광은 소제를 보좌하는 기간에도 무제 말년 시행했던 '여민휴식정책(與民休息政策: 정치, 경제, 사회에서 정부의 간섭을 최소화하여 민심을 안정시키고 사회를 발전시키는 정책)'을 유지했다. 역사에서는 당시 백성들이 옷과 먹을 것이 풍족하였고 사방의 오랑캐가 귀순하였다고 적고 있다. 소제는 여러 차례 국가의 재정 지출을 삭감하고 백성의 토지세와 구전, 경부更賦를 감면해주었다. 또 황제의 화원을 빈민들에게 나누어주고 종자와 양식을 빌려주어 구휼하였다. 시원 6년(기원전 81년), 또 현량 문학을 장안에 소집해 염철 전매 정책에 관해 의논했다. 그 후 정부에서 술을 전매하던 관리를 파하고 백성들에게 말을 공출하게 했던 규정을 취소하는 조서를 내렸다. 이와 동시에 흉노와 화친 관계를 회복했다. 이러한 조치는 무제 후기부터 동요하고 불안정하던 통치를 안정시키고 부진했던 사회 경제를 회복, 발전시키는 데 중요한 역할을 하였다.

원평元平 원년(기원전 74년), 소제는 병으로 세상을 떠났다. 자식이 없었기 때문에 군신들은 광릉왕 유서劉胥가 황위를 계승하도록 했다. 그는 무제의 넷째 아들로 연왕 단의 동생이었다. 그러나 그는 놀기만 좋아했고 체통을 지키지 못해 무제의 신임을 받지 못했다. 당시 무제의 자식들 중에 다른 생존자가 없어 곽광은 급한 김에 그를 황제로 세우려고 했지만 속으로는 계속 적절치 않다고 생각했다. 이때 어떤 낭관이 상소를 올렸다.

'주나라의 태왕太王께서는 태백(太伯: 장자) 대신 왕계王季를 태자로 세웠고, 문왕文王은 백읍伯邑 대신 무왕武王을 세웠사옵니다. 적절한 사람만 있다면 장자를 폐위하고 어린 사람을 세움이 마땅하옵니다. 광릉왕은 종묘를 계승할 수 없나이다.'

이 말은 곽광의 마음에 꼭 드는 것이었다. 곽광은 이 주장을 승상 양창 등에게 보여주며 이 낭관을 구강 태수로 임명하자고 했다. 그리고 그날 황태후의 조서를 내려 창읍왕 유하를 장안으로 데려와 즉위시키겠다고 했다. 유하는 무제의 손자이자 창읍 애왕哀王의 아들이었다. 그러나 그는 장안에 들어와 즉위한 후 음탕한 짓을 일삼았다. 곽광은 걱정도 되고 화도 났다. 거기에다 유하가 장안에 올 때 데리고 온 2백여 명의 사람들은 곽광에게 또 다른 위협이 되었다. 그래서 곽광은 단독으로 심복인 전연년田延年을 만나 자신의 걱정을 털어놓았다.

"장군께서는 이 나라의 기둥이자 주춧돌이십니다. 그런데 그 사람이 부족하다 생각하시면서 왜 태후께 건의하여 다른 현명한 사람을 황제로 모시지 않으십니까?"

전연년의 말에 곽광이 대답했다.

"나도 지금 그리 하려고 준비하고 있네만, 여론이 얼마나 무서운가? 혹시 고대에 비슷한 선례가 있는가?"

전연년이 대답했다.

"이윤伊尹이 은나라의 승상으로 있을 때 태갑太甲을 폐위시켜 은나라 종묘를 안정시켰습니다. 그리하여 후세 사람들이 그의 충심을 칭송하였지요. 장군께서도 그리 하실 수 있다면 한 왕조의 이윤이 될 수 있을 것이옵니다."

그러자 곽광은 전연년을 급사중으로 천거하고 암암리에 거기장군 장안세와 계획을 짰다. 곧이어 승상, 어사, 장군, 제후 중 2천 섬을 받는 신하, 대부, 박사 등을 미앙궁에 소집해 회의를 열었다. 곽광이 먼저 입을 열었다.

"창읍왕의 행위가 어지러우니 나라에 위험을 가져올까 두렵소. 어찌면 좋겠소?"

그 말을 들은 여러 대신들은 깜짝 놀라 감히 입을 열지 못하고 그저 '네, 네.' 하고 대답했다. 전연년은 자리에서 일어나 앞으로 나오더니 검의 손잡이에 손을 얹고 소리쳤다.

"선황제께서는 어린 고아를 장군에게 부탁하셨습니다. 한나라의 천자를 장군에게 부탁하신 것이지요. 이는 장군의 충심과 현명함이 유 씨 천하를 안정시킬 수 있다 믿으셨기 때문입니다. 지금 조정에 의견이 분분하니 펄펄 끓는 물과 같습니다. 게다가 한나라 천자가 시호에 늘 '효孝'자를 붙이는 것은 천하를 영원히 존속시켜 유 씨 종묘에 영원히 제사가 끊이지 않게 하기 위함인데 만약 한 황실의 국운이 다한다면 장군께서 사후에 무슨 낯으로 지하에 계신 선황제를 뵈옵겠습니까? 그러니 모두들 더 이상 망설이지 마시옵소서. 여러 대신들 중에 대답이 늦은 자는 소신이 검으로 베어버릴 것이옵니다."

곽광은 회중들을 둘러보며 사과했다.

"구경이 나를 질책한 말이 맞소. 지금 이 땅에 여론이 분분하여 불안하니 내가 여러분의 책망을 듣는 것이 마땅하오."

그러자 모든 참석자들이 머리를 조아리며 말했다.

"천하 백성의 운명이 모두 장군의 손에 달렸사오니, 대장군의 명만 기다리겠사옵니다."

곽광은 즉시 군신들과 함께 황태후를 찾아가 창읍왕이 종묘를 계승할 수 없는 여러 이유들을 일일이 고해바쳤다. 그러자 황태후는 가마를 타고 직접 미앙궁 승명전承明殿으로 왕림했다. 그리고는 창읍왕의 신하들이 궁에 들어오는 것을 막으라고 금문禁門에 조서를 내렸다. 창읍왕은 태후를 알현하러 나와 가마를 타고 온실溫室로 갈 준비를 했다. 그때 대문을 지키던 황문 환관이 창읍왕이 들어오자 문을 닫아걸어 뒤에 있는 대신들이 들어오지 못하도록 막았다. 창읍왕이 물었다.

"무슨 짓들이냐?"

대장군이 무릎을 꿇고 대답했다.

"황태후께서 조령을 내리시어 창읍왕의 대신들이 들어오는 것을 금하라 하셨사옵니다."

창읍왕이 말했다.

"잠깐! 어째서 이리 사람을 놀라게 하는 것이냐?"

곽광은 사람들에게 창읍왕의 군신들을 모두 내쫓아 금마문 밖에 집결시키라 일렀다. 거기장군 장안세는 우림 기병을 시켜 2백여 명을 결박한 후 모두 정위에게 보내 옥에 넣어버렸다. 그리고 과거 황제의 시중과 중관에게 창읍왕을 지키게 하였다. 곽광은 그들에게 명을 내렸다.

"당직 호위들은 잘 살피어라. 창읍왕이 갑자기 자결이라도 한다면 나는 주군을 죽였다는 죄명을 써 세상 사람들 앞에 설 수 없게 될 것이다."

창읍왕은 자신이 폐위될 것도 모르고 곁에 있는 사람들에게 말했다.

"내 과거의 신료와 수종들이 무슨 죄를 지었기에 대장군이 저렇게 다 잡아들이는 것이냐?"

잠시 후 황태후의 조령이 창읍왕에게 전해졌다. 창읍왕은 자신을 부르는 소리를 듣고 당황하며 말했다.

"내가 무슨 잘못이 있다고 날 소환하는가?"

황태후는 진주로 장식한 짧은 윗옷에 화려한 옷차림을 하고 무장武帳 안에 앉아 있었다. 수백 명의 시어侍御들이 무기를 들고 있었고, 기문 무사는 창을 들고 옥좌를 수호하며 대전 아래까지 길게 늘어서 있었다. 여러 대신들은 품계에 따라 대전에 나와 창읍왕에게 전 앞에 엎드려 명을 들으라 하였다.

그러자 곽광과 여러 대신들이 연명하고 참여한 상주가 올라왔다. 창읍왕이 음탕한 짓에 미혹되어 제왕의 품격을 상실하고 한나라 조정의 제도를 어지럽혔으니 폐위하는 것이 마땅하다는 내용이었다. 황태후는 '동의'한다는 조서를 내렸다. 곽광은 창읍왕에게 일어나 절을 하고 조령을 받아들이라 말했다. 그러나 창읍왕은 이렇게 말했다.

"직언을 할 수 있는 충신 일곱만 있으면 천자가 무도한 짓을 하여도 천하를 잃지 않을 것이라 하였소."

곽광이 대답했다.

"황태후께서 이미 왕을 폐위하겠다는 조령을 내리셨습니다."

그리고 즉시 그의 손을 잡아 그가 차고 있던 옥새와 수대綬帶를 풀러 황태후에게 바쳤다. 이어서 창읍왕을 부축해 전 밖으로 데리고 나가 금마문으로 나가니 여러 대신들이 뒤에서 그를 배웅했다. 창읍왕은 음탕하긴 해도 어리석은 사람은 아니었다. 그는 체면치레도 잘하는 사람이라 서쪽을 향해 예를 표하고는 말했다.

"나는 어리석고 우둔하여 한나라의 천하를 통일하는 대업을 감당할 수 없소."

말을 마친 그는 마차에 올랐다. 대장군 곽광은 창읍왕을 집까지 호송한 후 사과의 마음을 전했다.

"왕께서는 스스로 천하를 물리는 행동을 하셨고, 소신들은 무능하고 또 유약하여 목숨을 바쳐 군주의 덕에 보답하지 못하였습니다. 소신 왕야께 죄는 지어도 나라에 죄를 지을 수는 없사옵니다. 그러니 왕께서는 자중자애하시옵소서. 소신은 이제 왕야의 곁에서 시중을 들지 못할 것 같사옵니다."

곽광은 눈물을 흘리며 돌아섰다. 여러 대신들은 상주를 올려 말했다.

"고대에는 폐위된 자는 멀리 유배를 보내 조정에 간섭할 기회조차 갖지 못하게 하였사옵니다. 그러니 창읍왕 유하를 한중 방릉현房陵縣으로 보내시옵소서."

황태후는 명을 내려 유하를 창읍으로 돌려보내고 탕목읍湯沐邑 2천 호를 상으로 내려주었다. 창읍왕의 신료들은 왕을 바르게 인도하지 못하고 악한 행실에 빠지게 한 죄를 범했기 때문에 2백 명이 넘는 사람들은 곽광에게 모두 죽임을 당했다. 이들은 죽을 때 거리에서 소리를 질러댔다.

"잘라내야 할 때를 놓치니 이런 난을 당하는구나!"

그들이 진작부터 반란을 계획했음을 알 수 있다.

이제 누가 제위를 계승하게 할지가 문제였다. 곽광은 대청 중앙에 앉아 승상 이하의 대신들을 소집해 누구를 황제로 세울지 고민했다. 광릉왕은 일찍부터 황제의 재목이 아니라 생각했고 연燕의 자왕刺王은 모반을 꾀했다가 자살했다. 그러니 그의 아들도 고려 대상이 아니었다. 당시 황족의 근친들은 죽거나 죄에 연루되어 있었기 때문에 적절한 사람을 찾기가 어려웠다. 이때 병길이 황증손 유병이를 추천하였다. 그가 경서와 학술에 능하고 재주가 많으며 성격이 온화하고 차분하다는 것이었다. 유병이는 원래 무제의 아들 위 태자 유거의 손자였다. 무고의 난으로 유거가 살해당했을 때 유병이는 태어난 지 몇 달밖에 안 되었지만, 그 아버지, 즉 사史 황손마저 살해당하고, 유병이는 정위감에 있는 병길의 보호 속에 민간에서 키워졌다. 훗날 사면을 받아 처음에는 액정에서 키워졌다가 훗날 황증손이 되었다. 곽광은 유하의 기반이 튼튼해 함께 공존하기 어려웠다는 사실이 떠올랐다. 반면 유병이는 그 상황이 다른 제후들과는 전혀 달랐다. 곽광은 승상 양창 등과 함께 유병이가 효소 황제의 계승인이 되어 조상들의 종묘를 받들 수 있다는 주장을 올렸다. 황태후는 정치 무대에서 장식품에 불과했기 때문에 당연히 이에 동의했다. 곽광은 종정 유덕을 상관리의 황증손 집으로 보내 목욕시키고, 궁에서 입는 옷으로 갈아입혔다. 태복은 미앙궁으로 데려와 황태후를 알현해 양무후로 봉해지게 했다. 황제의 옥새와 수대를 바친 곽광은 유병이를 데리고 고조 황제의 사당으로 가 알현하게 하였으니, 그가 바로 효선제이다.

선제의 즉위 초기, 곽광은 전처럼 정권을 독점했다. 선제는 매번 곽광을 만날 때마다 온순하고 겸손하기 그지없는 태도를 보였다. 특히 등극 초기 선제가 한 고조 유방의 사당에 알현을 갈 때, 곽광이 같은 마차에 탄 일이 있었는데, 선제는 바늘방석에 앉은 것처럼 어려웠다고 한다. 그러나 아무런 내색도 할 수 없었다.

공이 커서 군주를 두렵게 하면 화를 불러오는 법. 곽 씨 집안을 향한 선제의 미움도 그때 싹을 틔웠고, 훗날 곽 씨 집안의 멸망 역시 여기서부터 발단이 된 것이라 할 수 있다. 곽광이 어떤 일을 거기장군 장안세가 대신 처리하게 하면 선제는 편안함을 느꼈다. 예를 행할 때도 온화하고 기품 있는 모습을 보였고, 정책 방침에서 선제와 곽광은 이견이 없었다. 그래서 선제의 재위 시기, 그의 통치 정책은 기본적으로 소제 시기의 것을 이어받았다. 정치적으로 관대한 입장을 유지하여 백성들이 편안하게 일하고 생활할 수 있게 함으로써 사회를 더욱 안정시키고 생산의 발전도 이끌어냈다.

임기 동안 불릉을 보좌하고 유하를 폐위했으며, 유순(유병이)을 옹립한 곽광의 지위는 나날이 높아졌고 그 권세도 점점 커졌다. 그의 아들 곽우와 종손 곽운은 모두 중랑장이 되었으며, 곽운의 동생 곽산은 봉거도위 시중에 올라 귀순해온 이민족 호월(월나라) 기병들을 지휘했다. 곽광의 사위인 범명우와 등광한은 각각 임동任東과 서궁의 위위가 되었다. 또 당질과 외손자 역시 모두 조회나 정무를 의논하는 자리에 참여할 자격을 갖게 되었다. 곽광의 멀고 가까운 친척들이 모두 곽광과의 관계를 이용하여 조정에서 요직을 차지하고 당파를 형성하며 조정 곳곳에 깊이 뿌리를 내렸다. 곽광은 20여 년간 집정하다가 지절 2년(기원전 68년) 병으로 세상을 떠났다. 곽광은 대사마 대장군이자 영상서사領尙書事로서 오랜 세월 조정을 장악해 전한 후기 외척이 조정을 좌지우지하는 첫 모델이 되었다. 동시에 무제 이전 승상을 중심으로 한 삼공이 집정하는 체제를 변화시켜 전한 봉건 정치체제에 중대한 변화를 가져왔다.

곽광이 죽은 후 곽우는 대장군, 곽산은 봉거도위 영상서사가 되었다. 곽광의 아내 태 부인은 곽광의 사그라지지 않는 위엄에 기대 곽광의 묘역을 증축하고 궐문과 신도神道를 증설했다. 그 능원은 제왕의 것이나 다를 바가 없었다. 곽가의 악노惡奴 풍자도馮子都는 곽 씨 집안의 권세를 믿고 멋대로 횡포를 부렸다. 『악부樂府』「우림랑羽林郎」은 그의 악랄한 행적을 이렇게 기록하고 있다.

'과거 곽 씨 집안의 한 노비는 성이 풍이요, 이름이 자도라. 그는 장군의 권세를 믿고 술집 여인 호胡가를 희롱하였다.'

곽우, 곽산, 곽운은 저택을 건설하느라 조정의 일을 돌보지 않고 재물을 물 쓰듯이 했다.

선제가 민간에서 지낼 때 곽 씨 일가의 권세가 얼마나 대단한지, 그의 자식들이 지방에서 얼마나 거만하게 설쳐대고 있는지에 관하여 친히 소문을 들은 적이 있었다. 곽광이 죽은 후 선제는 직접 조정을 관리하며 어사대부 위상과 장인인 평은후 허광한을 중용해 서서히 곽 씨 집안의 권력을 약화시켰다. 그리고 마침내 그들의 모반 사건이 드러나면서 곽 씨 집안의 모든 재산은 몰수당하고 참수되었다. 곽 황후霍皇后만은 목숨을 부지하였으나 폐위되고 소대궁에 유금되었다. 곽 씨 사건에 연루되어 죽은 이가 수천 명에 이를 정도였다.

漢書 들여다보기

주공은 주 무왕의 동생이었다. 주 무왕이 죽자 그 아들인 상尙이 강보에 쌓인 채 성왕이 되었고, 주공은 섭정을 실시하였다. 성왕이 다 자라자 주공은 정권을 성왕에게 돌려주었다.

주공

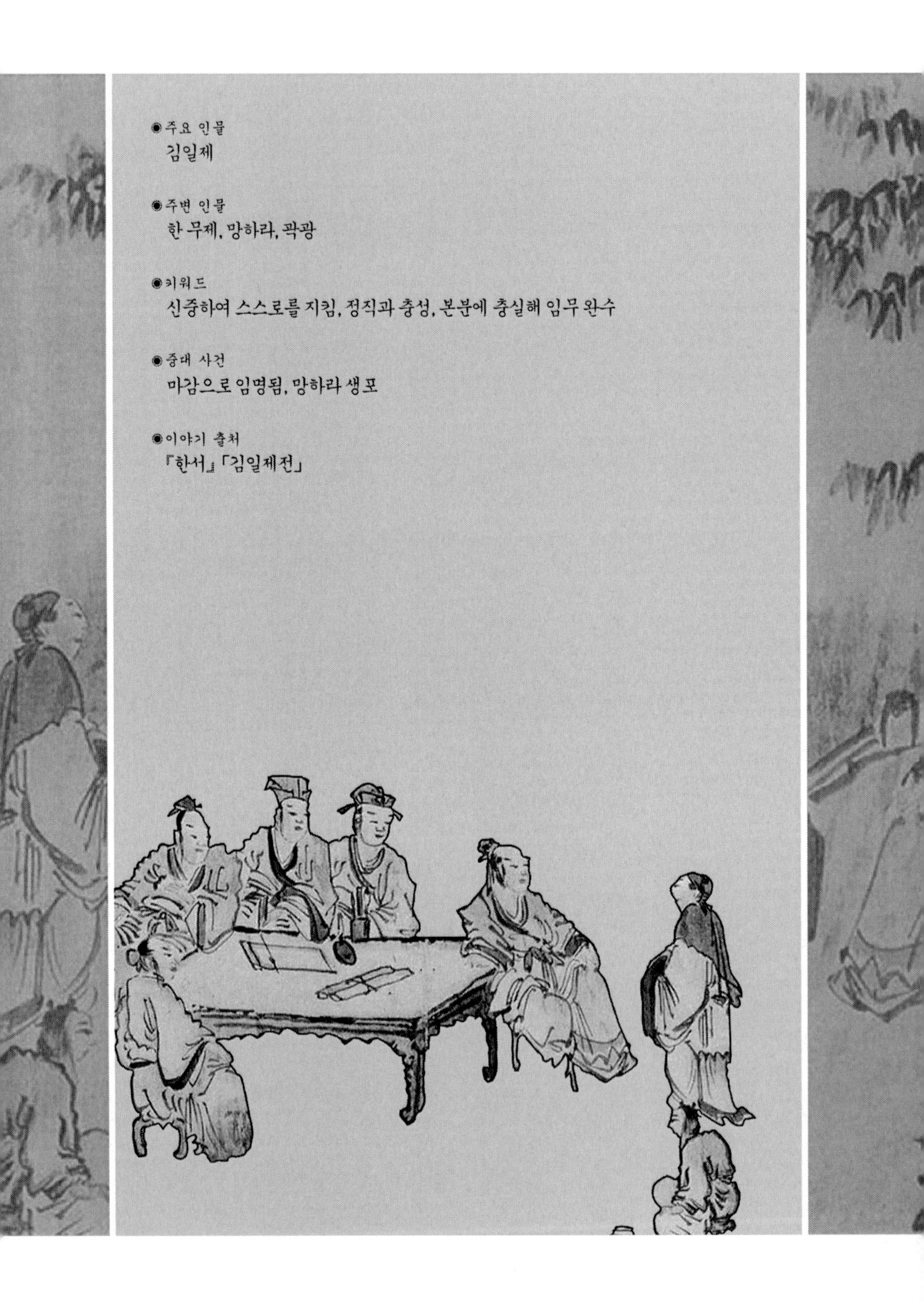

◉주요 인물
김일제

◉주변 인물
한 무제, 망하라, 곽광

◉키워드
신중하여 스스로를 지킴, 정직과 충성, 본분에 충실해 임무 완수

◉중대 사건
마감으로 임명됨, 망하라 생포

◉이야기 출처
『한서』「김일제전」

金日磾

김일제 : 노비에서 보정대신까지

김일제의 자는 옹숙翁叔으로 흉노 휴도왕休屠王의 태자였다. 무제 원수 3년(기원전 120년) 봄, 표기장군 곽거병이 군대를 이끌고 정벌에 나서 고란산皐蘭山 밑에서 흉노족과 격렬한 지구전을 벌였다. 그때 8천9백 명의 머리를 베고 휴도왕의 제천금인(祭天金人: 흉노족이 하늘에 제사 지낼 때 쓰는 금 신상)을 손에 넣었다. 여름이 되자 그는 다시 기연산 아래로 깊숙이 들어가 3만여 명의 목을 베고, 흉노왕과 어머니, 왕자 59명을 포로로 잡았다. 흉노군이 연이어 패배하자 선우는 서부 지역을 관할하던 곤야왕과 휴도왕에게 화가 나서 그들을 불러 죄를 묻고자 하였다. 벌이 무서워진 두 사람은 의논 끝에 한나라에 투항하기로 한다. 그러나 휴도왕은 중간에 마음을 바꿨다. 곤야왕은 뜻을 이루기 위해 휴도왕을 죽이고 무리와 함께 한나라에 투항했다. 곤야왕은 공을 인정받아 무제에게 제후로 봉해졌다. 김일제의 형제와 어머니는 아버지가 투항하지 않고 살해된 탓에 한나라 궁정에서 양을 키우는 노비로 전락하고 말았다. 이때 김일제는 14세였다. 그나마 다행인 것은 그에게 현숙하고 낙관적이며, 대의를 알고 자녀를 잘 양육할 줄 알았던 어머니 연 씨가 있었다는 것이다. 김일제와 그의 동생 김윤金倫은 그 덕분에 매우 훌륭한 교육을 받았다. 그들은 한나라에 투항하지 않고 선우에게 돌아간다 해도 온 집안이 죽임을 당하는 악운을 피할 수 없다는 사실도 깨닫게 되었다. 지금은 노비의 신세로 전락했지만 한나라 천자가 그들 모자에게 목숨을 보전할 수 있는 은혜를 베풀어주지 않았는가? 사람이라면 응당 감사하고 너그러운 마음을 가져야 할 것이다. 게다가 성실하게 맡은 일을 잘 해낸다면 언젠가는 볕 들 날이 올 것이다. 김일제의 직위가 높아진 후 그간의 이야기를 들은 무제는 김일제의 어머니에게 많은 상을 하사했다. 그녀가 죽은 후 황제는 사람을 불러 그녀의 초상화를 그리게 해 감천궁에 걸고, 그림 옆에 '휴도왕 연 씨상'이라는 글씨를 붙여놓게 했다. 김일제는 매번 어머니의 초상 앞을 지날 때마다 엎드려 절하며 실컷 울고는 그곳을 떠났다고 한다.

김일제가 고귀한 신분이 되기 전, 어느덧 그가 황문에서 어마를 정성껏 돌본 지도 벌써 몇 년이 되었다. 하루는 한 무제가 후궁에서 연회를 베풀며 즐기다가 갑자기 들뜬 기분에 말을 보겠다고 했다. 당시 무제의 곁에는 화려하게 꾸민 비빈과 궁녀들이 빼곡히 서 있었다. 그래서 김일제 외에 다른 사람들은 말에 신경을 쓰기는커녕 정신을 차리지 못하고 있었다. 말을 끌면서도 그들은 비빈과 궁녀들의 아름다운 모습을 훔쳐보느라 바빴던 것이다. 그러나 김일제는 곁눈질조차 하지 않았다. 무제는 그의 건장한 체구와 큰 키, 기품 있는 모습에 눈길이 갔다. 게다가 그가 기른 말은 유난히 살이 오르고 상태가 좋아서 그가 특별한 사람이라는 인상을 주었다. 그래서 김일제를 곁에 불러 그의 출신과 몇 가지 상황에 대해 물어보았다. 김일제는 있는 그대로 대답했다. 무제는 기이한 마음이 들어 그 자리에서 바로 김일제를 목욕시키고 의관을 내려준 후 마감馬監으로 임명했다. 그의 아버지 휴도왕이 금인으로 하늘에 제사를 지냈기 때문에 그에게 '김金'씨 성을 하사했다. 이후 김일제는 시중, 부마도위, 광록대부로 승진했다. 김일제는 특유의 근면함과 충성스러움, 본분을 지켜 임무를 완수하는 자세로 무제에게 인정을 받고 천금까지 하사받았다. 무제는 날이 갈수록 그를 더 가까이하였고, 나갈 때는 그를 가마의 호위병으로 임명했다. 궁에 있을 때는 그가 곁에서 시중을 들게 하여 더욱 총애하고 신임하였다. 외국인이 말을 키우던 노비에서 한 단계씩 진급해 구경까지 오른 것은 전에는 없었던 일이었다. 그러니 조정과 재야의 불만과 시기심을 불러일으키는 것도 당연했다. 어떤 사람들은 이런 말까지 했다.

"황제께서 어쩌다가 저런 오랑캐 놈을 좋게 보신 거지? 그자를 그리 귀하게 쓰시다니."

그러나 무제는 그런 말을 들어도 신경 쓰지 않고 김일제를 더욱 더 신임했다.

김일제의 두 아들은 아직 어렸으나 총명하고 영리한 외모에 활발하고 사랑스러웠다. 무제는 두 아이를 무척 좋아해서 농아弄兒로 삼아 곁에 두고 자신을 모시게 했다. 한 번은 김일제의 아들이 뒤에서 무제의 목을 끌어안는 애교스러운 장난을 쳤다. 김일제는 그 모습을 보고 아들을 노려보았다. 아들은 깜짝 놀라 엉엉 울면서 뛰쳐나갔지만, 무제는 오히려 김일제가 너무 엄하다며 책망했다. 관대한 무제의 태도 속에 김일제의 큰 아들은 제멋대로에 방자한 사람으로 자라났고, 어전에서 공공연히 궁녀를 희롱하기까지 했다. 우연히 그 모습을 본 김일제는 아들의 음탕한 행동에 화가 치밀어 올라 그 자리에서 아들을 죽여버리고 말았다. 그 말을 들은 무제는 노하였고, 김일제는 머리를 조아려 사죄하며 그 연유를 아뢰었다. 무제는 농아가 죽자 너무 애통하고 아쉬워 눈물을 흘렸다. 그러나 한편으로는 대의명분을 잘 아는 김일제를 더욱 존경하게 되었다. 김일제는 무제 곁에서 몇십 년을 있었지만 잘못을 범하지 않았고, 그에게 상으로 준 궁녀도 가까이 하지 않았다. 무제는 그의 딸을 후궁으로 맞아들이려 했지만, 김일제는 완곡하게 거절했다. 그를 향한 무제의 신임도 더욱 깊어졌다.

처음 시중복사 망하라와 강충은 교분이 매우 두터웠다. 강충은 무고 사건으로 위 태자를 모함했고, 망하라의 동생 중합후 망통은 태자를 추격해 죽인 공을 세워 작위를 하사받았던 것이다. 훗날 위 태자의 무고 사건의 진상이 백일하에 드러나면서 무제는 위 태자 유거가 억울하게 죽은 것을 알게 되었다. 그리하여 강충 일족과 그 당파를 모두 없애버렸다. 망하라와 망통, 그리고 망안성 형제는 자신들도 연루될까 두려워 무제를 암살할 계획을 세웠다. 김일제는 망하라 형제의 행동에서 수상한 점을 느끼고 밤낮없이 무제의 곁을 지켰다. 동시에 그들을 유의해 살피고 미행하며 방비를 게을리 하지 않았다. 김일제가 자신들을 경계하는 것을 느낀 망하라 형제는 한참 동안 행동을 개시하지 못했다. 후원 원년(기원전 88년) 6월, 한 무제가 임광궁林光宮에 행차했을 때 김일제는 몸이 좋지 않아 궁 안에서 당직을 서고 있었다. 망하라와 망통, 망안성 세 형제는 그 시기를 놓치지 않고 어명을 가장해 그날 밤 궁 밖으로 나갔다. 사자를 죽여 병란을 일으킬 속셈이었던 것이다. 다음 날 새벽, 무제가 아직 일어나기도 전 망하라는 몰래 궁 안으로 들어갔다. 마침 그때 김일제가 뒷간에 가려고 움직이자, 망하라는 즉시 내실 창 아래로 숨었다. 잠시 후 망하라가 소매 안에 날카로운 칼을 숨기고 문 안으로 들어왔다. 그때 김일제가 일어서는 모습이 눈에 들어왔다. 망하라는 깜짝 놀라 얼굴이 눈처럼 하얗게 질렸다. 이왕 이렇게 된 일, 그는 목숨을 내걸고 무제의 침실을 향해 돌진했다. 그러나 황급히 뛰어가다가 벽에 걸린 보슬寶瑟에 걸려 넘어지고 말았다. 김일제가 그 기회를 놓치지 않고 덮쳐 망하라를 꽉 끌어안고 소리 질렀다.

"망하라가 반란을 일으켰다. 망하라가 반란을 일으켰다!"

무제는 깜짝 놀라 일어났고, 망하라는 바닥에 엎어진 채 있었다. 호위병들이 달려와 망하라를 체포했고, 결국 망하라 형제는 법에 따라 처형을 당했다. 김일제는 용감하게 자객으로부터 무제를 보호하여 널리 명성을 떨치게 되었고, 그의 충심과 효, 절개는 사람들의 감탄을 자아냈다.

후원 2년(기원전 87년) 2월, 71세의 한 무제는 오작궁에서 세상을 떠났다. 임종 전 그는 김일제와 곽광, 상관걸, 상홍양 등을 불러 소제를 보좌해달라는 부탁을 남겼다. 김일제는 거기장군이 되었고 투후로 봉해졌다. 훗날 곽광은 자신의 딸을 김일제의 아들 김상金賞에게 아내로 주었다.

김일제가 죽자 성대한 장례가 치러졌는데, 장례 행렬이 무릉까지 이어졌고, 경후敬侯라는 시호를 하사받았다. 그의 가풍은 정직함과 관대함이었고, 그의 자손들 역시 모두 자중하였기 때문에 왕망 때까지 현손인 김흠金欽, 김준金遵이 제후로 봉해지고 구경의 자리에까지 올랐다.

漢書 들여다보기

조조曹操가 양수楊修를 죽이자, 양수의 아버지 양표楊彪는 매우 비통해했다. 조조가 보고 연유를 물으니 양표는 자신이 김일제와 같은 지혜가 없어 부끄럽다고 대답하였다. 김일제가 자신의 아들을 죽였던 일을 이야기한 것이다.

김일제

◉주요 인물

조충국

◉주변 인물

한 무제, 한 선제, 의거안국, 신무현, 허연수, 위상

◉키워드

한 시대의 명장, 군둔軍屯의 아버지

◉중대 사건

어명을 어기고 둔전해 강족을 평정하다

◉이야기 출처

『한서』「조충국전趙充國傳」

赵充国

조충국 : 군둔의 아버지

조충국은 한 시대의 명장으로서 중국 고대 군사 영역에서 새로운 형식을 창조해냈고, '군둔의 아버지'라고 불린다. '군대가 둔전'하는 병농합일兵農合一, 즉 군인과 농부가 하나인 새로운 제도를 만들어내 고대 군사 역사에서 중요한 위치를 차지하고 있기 때문이다.

조충국의 자는 옹손翁孫으로 원적은 농서의 상규上邽: 지금의 감숙성 천수天水 서남쪽)였으나, 훗날 금성金城 영거현(令居縣: 지금의 감숙성 영등永登 서북쪽)으로 이주했다. 한 무제 건원 4년(기원전 137년)에 태어났으며 한 선제 감로甘露 2년(기원전 53년)에 생을 마감했다. 조충국은 무제, 소제, 선제 삼대에 걸쳐 활약한 충성스러운 근위대의 기병으로 6군郡 양가집 자제로 기마와 궁술에 뛰어나

우림군이 되었다. 그는 젊었을 때부터 품위와 기개를 가졌으며 병법에 능통하였고, 농서에서 생활하여 주변 소수 민족에 대해서는 전문가였다.

한 무제 천한 2년(기원전 99년), 그는 부군사마副軍司馬라는 직책으로 이사장군 이광리를 따라 흉노로 출정했을 때, 흉노의 주력부대에 포위되어 양식이 끊기고 말까지 지친 상황에서도 용사 1백여 명을 이끌고 용맹하게 포위를 뚫고 길을 열어 이사장군 이광리가 흉노의 포위를 뚫고 빠져나올 수 있었다. 무제는 그 소식을 들은 후 조충국을 궁으로 불러 온몸에 20여 곳이 넘는 상처를 살피며 감탄해 마지않았다. 조충국은 중랑으로 임명되었고, 다시 거기장군의 장사가 되었다.

소제 때 무도武都의 저氐 사람들이 농우(隴右: 농산 서편)에서 반란을 일으켜 조충국은 대장군이자 호군도위의 신분으로 군사 2만 명을 이끌고 정벌에 나서 순식간에 평정하였다. 그는 이 일로 중랑장, 수형도위水衡都尉가 되어 군대를 이끌고 상곡(지금의 하북 회래현)에 주둔하며 흉노를 방어했다. 원봉 3년(기원전 78년), 흉노 서기왕西祁王이 수천의 군대를 이끌고 상곡을 침범해왔으나, 흉노 2천여 명을 죽이고 서기왕을 생포하여 후장군後將軍으로 임명되었다.

원평 원년(기원전 74년), 소제 유불능이 죽고 유하는 폐위되면서, 조충국은 선제를 옹립한 공을 인정받아 영평후營平侯로 봉해졌다. 본시本始 2년(기원전 72년)에는 포류장군蒲類將軍으로 흉노를 격퇴하고 조정으로 돌아와 후장군 소부가 되었다.

조충국은 한 선제 원강元康, 신작 연간에 한나라 조정에서 강족羌族을 처리한 주요 인물이었다. 강족은 지금의 감숙, 티벳과 청해 일대에서 생활하던 소수 민족이다. 경제 때, 연종研種 강족들은 수령 유하留何의 지휘 하에 한나라에 복속하였고, 무제 때에는 하서 사군을 설치하고 황하, 황수湟水 건너편에 영거새令居塞를 쌓아 강족들이 사는 것을 금하고 호강교위護羌校尉를 세워 강족들을 감시하였다. 선제가 즉위하자, 강족의 두령 선령先零은 한나라의 황수 유역 목초지를 빼앗고 황수를 건너 북쪽으로 이주하게 해달라고 청하였다. 이것은 흉노와 강족 사이의 관계를 단절시키려는 한나라의 책략에 위배되는 요구였으나, 의거 안국이 그 의도를 파악하지 못하고 상주를 올리자, 후장군 조충국은 강족 반란의 조짐임을 간파하고, 금성에 전투 준비를 강화하고 양식 2백만 곡을 비축해 두자고 건의했다.

원강 3년(기원전 63년), 선령과 여러 강족의 수령 2백여 명이 모여 옛 원한 관계를 청산하고 인질을 교환하며 맹약을 하고, 얼마 후 강후羌侯 랑하狼何가 흉노에 사자를 보내 함께 선선과 둔황을 차지하여 한 왕조와 서역의 통로를 끊어버릴 속셈이었다. 한나라 정부는 다시 의거 안국을 파견하였고, 안국은 도착 후 선령을 포함한 30여 명의 강족 두령들을 불러모았으나, 수령들 모두가 오만하고 교활하다고 생각해 모두 죽인 후, 각 부락을 습격하고 1천여 명의 강족을 죽여버렸다. 이것은 강족의 반란을 더욱 거세게 만들었다. 또한, 신작 원년(기원전 61년), 흉노의 허려권거虛閭權渠 선우는 변방 밖에서 10만의 무리를 규합해 한나라를 침범하여 멀리서 강족의 반란을 도왔다. 그 소식을 들은 선제는 급히 조충국에게 군사 4만 명을 주어 오원, 삭방, 운중, 대군, 정양, 북평, 상곡, 어양 등 7개 군에 주둔시켰다. 흉노족은 한나라군이 재배치되자 전쟁도 하지 않고 군대를 이끌고서 멀리 퇴각해버렸다. 그러나 강족의 반란은 흉노를 정벌하려던 한나라 정부에 더 큰 짐이 되었다.

이때 마침 조충국이 장안으로 돌아왔다. 선제는 조충국이 변경에 대해 잘 알았으므로, 어사대부 병길을 보내 방책을 물어보라고 명하였다. 조충국은 나이가 연로하다거나 오랜 전쟁으로 지친 자신을 돌보지 않고 스스로를 추천했다. 선제는 다시 사자를 보내 그 방책을 물었는데, 조충국이 답하였다.

"군정은 머나먼 곳에서는 헤아리기 힘들고, 백문이 불여일견[百聞不如一見]이니, 급히 금성군으로 가서 그 동태를 살핀 후 전략을 짜서 보고하겠사옵니다. 강족은 작은 민족으로 얼마 못가 멸망할 것이오니 폐하께서는 조금도 심려하지 마옵소서."

명을 받은 후 조충국은 76세 고령의 몸으로 1만여 명의 기마병을 이끌고 금성 서쪽으로 가 두 달간 직접 전방을 조사하고, 6월에 군사행동을 개시해 황수 유역으로 급습해 들어갔다. 그는 군사적으로 공격하는 동시에 정치적으로 투항을 받는 전략을 사용했다.

반란의 수장격인 선령 강족을 격퇴하는데 주력하면서, 그를 따르는 한罕이나 개開와 같은 여러 강족들에게는 죄를 묻지 않고 개별적으로 와해시켜 격퇴하였다. 그는 때때로 정탐병을 보내 조사를 하게 했고, 야영할 때는 반드시 참호와 같은 방어 시설을 구축하고, 사병들을 아끼고 술과 음식으로 위로했다. 그러자 그의 명성이 각지에 널리 퍼져 사로잡혀 온 강족 포로까지 이렇게 말했다.

"강족의 각 부족 수령들은 원망을 하고 있습니다. '괜한 반란을 일으켜, 황상이 노련한 조 장군을 보낸 것이 아니냐. 곧 우리와 결전을 벌일 텐데 어찌당할 것이냐' 하고요."

그러나 강족을 평정하러 그와 함께 나온 주천 태수 신무현辛武賢은 조충국의 책략에 동의하지 않고, 장액張掖과 주천에서 두 갈래로 한 달간의 양식을 가지고 속전속결로 전쟁을 끝내자고 주장했다. 선제는 실제 상황에 맞지도 않는 신무현의 전략을 비준하고 조충국에게 그들을 도와 한과 개 부족을 공격하라는 명을 내렸다. 그러자 조충국은 맹목적으로 그 명에 따르지 않고 선제에게 상소를 올려 신무현이 올린 전략의 문제점에 대해 충정을 다해 알렸다.

"신 장군이 1만 명의 군사와 말을 이끌고 장액과 둔황 양쪽으로 군을 나눠 수천 리 길을 돌아가려면 말 한 필이 30일의 양식을 나누어, 적어도 쌀 2곡 4두와 보리 8곡, 행장과 무기를 더한다면 적군의 기마병을 추격하기 어렵사옵니다. 게다가 적군은 부대의 경로를 예측하여 물과 풀이 풍성한 숲속 깊은 곳에 매복해 있다가 우리의 양식 운송로를 끊을 것이옵니다. 소신의 우매한 생각에는 선령 강족이 반란을 일으키자 다른 부족들은 강압에 못 이겨 따라나왔을 것이니, 실수한 부족은 내버려두고, 그들의 풍습을 잘 아는 관리를 보내 위로하고 서로 화목을 꾀하는 것이 군사력을 지키면서 변경의 안녕을 지킬 수 있는 책략이옵니다."

그러나 선제는 오히려 조서를 내려 신무현의 명을 따르라고 조충국을 나무랐다. 조충국은 황제의 책망을 받았지만, 실제 상황에 맞게 나라에 유리한 일이라면 끝까지 고집하여 다시 한 번 상소를 올려 득과 실을 아뢰었다.

"소신 황상의 깊은 은택으로 상경의 반열에 올라 제후에 봉해졌사오며, 나이도 이미 일흔 여섯이나 되었사옵니다. 황상의 조령을 드높이기 위해서는 산골짜기에서 죽어 시체로 버려진다 해도 아쉬울 것이 없사옵니다. 소신의 계획대로 선령만 멸하면, 한과 개 부족은 전쟁 없이 항복해올 것이옵니다. 만약 한과 개가 굴복하지 않는다면, 내년 정월에 다시 공격해도 늦지 않사오며, 지금 한과 개 부족으로 진격하더라도 어떤 이익도 얻지 못할 것이오니, 심사숙고하옵소서."

이 서찰은 6월 무신(戊申 28일)에 금성에서 보내져 7월 갑인(甲寅 5일)에 장안에서 회답한 어지御旨를 받았다. 한 선제가 마침내 조충국의 건의에 동의한 것이다.

조서를 받은 후 조충국은 즉시 군대를 이끌고 선령 강족을 공격해 대승을 거두었다. 강족은 모든 무기와 물자를 버리고 강물을 건너 급히 도망가다가, 수백 명이 물에 빠져 죽었다. 한나라 군대는 말과 소, 양 10만여 마리와 수레 4천 대를 획득하고, 한과 개 지역까지 밀고 들어갔지만, 한나라군의 위엄과 덕에 감격해 한과 개 부족은 싸우지도 않고 굴복했다.

조충국의 계획에 따라 그들을 급히 공격하지 않으니 1만여 명의 강족이 투항해왔고, 얼마 후 스스로 와해되었다. 이제 한나라군은 둔전을 하면서 그들이 스스로 망하기만을 기다리면 되었다. 그러나 선제는 신무현의 속전속결을 믿고, 조충국과 허연수 등에게 승리의 여세를 몰아 계속 진격하라는 명을 내렸다.

선제의 조령 앞에서 조충국은 다시 한 번 어명에 대항했다. 어명을 거스르고, 3번을 반복해서 자신의 뜻을 설명하고 선제의 질문에 정곡을 찌르는 답변을 해주었다. 춘추전국시대 이래로 군대는 전쟁만 담당했고, 농경 생산은 백성들의 일이었다. 그래서 조충국을 지지하는 대신은 처음에 10분의 3 정도였다가, 점차 늘어 절반에 이르렀고, 마침내는 80퍼센트의 대신들이 동의하여 조충국의 둔전을 통한 강족 평정 계획은 황제의 윤허를 받을 수 있었다.

조충국은 한나라 군대가 강족 경작지의 2천 경 이상을 손에 넣을 수 있으리라 예상하고, 기마병을 돌려보내고 벌을 받은 사람과 모집에 응한 군사, 보병 2만2백여 명을 남겨두어 군둔軍屯을 시행했다. 군인 한 사람 당 20묘의 땅을 나눠주고 경작하게 하였는데,

군비와 운송에 필요한 지출을 줄일 수 있을 뿐 아니라, 한나라 군대가 장기적으로 비옥한 땅에 주둔함으로써, 강족들을 척박한 땅으로 내모는 효과가 있었다. 상소문에서 그는 둔전을 시행했을 때의 좋은 점 20가지와, 출병하여 추격했을 때 불리한 점 20가지를 아뢰었다. 그 기본적인 관점과 내용은 서부 변경의 상대적 평화에 초점을 맞추고 있다. 그는 강족의 힘을 약화시키고 징집한 대량의 기마 부대를 철군시킨 후, 보병을 각 요새, 운중과 삭방 일대로 집중시켜 강적인 흉노를 막게 하려던 것이다. 동시에 각지에 배치된 보병들을 3대대로 나눠 한 대대는 변경 수비, 한 대대는 경작, 한 대대는 운송을 맡게 하였고, 정기적으로 교대하여 그 임무를 수행하였다. 그러면 군비를 절약하고 요역을 쉴 수 있을 뿐 아니라, 백성들이 농경을 쉬지 않으면서도 군사적 준비도 계속할 수 있었다. 상소문에서 조충국은 강족을 격퇴하는데 필요한 전략적 지도 사상을 언급하기도 하였다.

"군사를 쓰는 것은 정의를 실현하고 재난을 줄이기 위한 것으로, 나라 밖으로 적절한 조치를 취하면 나라 안은 복이 넘치고 길해질 것이옵니다. 또한 제왕이 병사를 쓰는 이치는 아군은 손해를 입지 않으면서 전체적인 승리를 도모하는 책략을 더욱 중시하여 적군이 아군을 넘볼 수 없는 여건을 마련한다면, 아군은 더 큰 승리를 얻게 되옵니다."

동시에 그는 둔전의 실시 방법과 군인의 봉급에서부터, 보급품을 줄이는 방법에 대해서도 구체적으로 설명했다. 예를 들어, 「둔전주屯田奏」에서 기마병을 감원하여 지출을 줄이는 문제로, 기마병이 한 달 필요로 하는 양식은, 둔전병이 1년 동안 쓸 비용과 같다. 말은 하루에 꼴이나 짚을 빼고도 조 2두를 먹으니 한 달이면 조가 6섬이 필요하다. 게다가 보병 25명 중 2명이 기마병을 위해 안장을 관리해야 하니, 기마병을 철군시켜 지출을 줄일 수 있다고 건의했다. 그의 둔전책은 실사구시 정책으로 큰 효과를 거둘 가능성이 컸기 때문에, 대다수 대신과 황제의 인정을 받는 것도 당연한 것이어서, 한나라 중, 후기의 서부 둔전제가 정식으로 시작되었다.

조충국은 둔전책을 통해 반란을 일으켰던 강족을 굴복시키고 단시간 내에 매우 큰 효과를 거두었다. 기원전 60년, 항복해온 강족은 이미 3만 1천 2백 명에 달했고, 강물에 빠져 죽거나 굶어 죽은 사람만 5, 6천 명, 목을 베인 사람이 7천 6백여 명에 달했다. 남산에 둥지를 튼 잔여 반란군은 겨우 4천여 명에 불과하였다. 가을, 강약령羌若零, 이유離留, 차종且種, 예고兒庫는 함께 반란의 우두머리인 선령의 대호大豪 유비猶非와 양옥楊玉 등을 죽이고, 4천여 명의 강족 잔류부대를 이끌고 투항하여 강족의 반란이 완전히 해결되었다. 한나라 정부는 한 왕조에 투항해온 강족 수령에게 '한귀의강장漢歸義羌長'이란 인장을 주어 한나라 정부를 대신해 관할 강족을 관리하도록 하였다.

조충국이 서역에 군대를 주둔시켜 농사를 짓게 했던 둔전책은 정략政略이자 모략謀略이었다. 그 역할은 천군만마를 얻을 수 있는 한두 번의 승리보다도 훨씬 뛰어났으며 그 영향력도 엄청났다. 당시 북쪽에는 흉노족이, 동쪽에는 오환五桓이 있었는데, 서쪽은 상대적으로 평화를 누리고 있었다. 둔전을 하면서 변경을 지키게 하고 조정의 힘을 북부 변경에 집중시켜 흉노를 칠 수 있었던, 조충국의 계획은 매우 정확한 것이었다. 전한이 망하기까지 서부의 강족은 다시는 큰 침범을 해오지 않았고, 북방의 흉노 역시 한나라 왕실이 대규모의 군대를 정면으로 배치해두었기 때문에 함부로 남하해오지 못하고, 매년 서역에서 조정에 몇십만 곡의 양식까지 바치게 되었으니, 훗날 조충국의 둔전책은 역대의 군사가나 정치가가 적을 공격하고 자신의 세력을 강화할 때 최고의 방법으로 사용되었다. 조충국이 나이가 들어 퇴임하자, 조정에서는 그에게 4마리 말이 끄는 마차를 쓸 수 있도록 예우하였다. 또 소수민족에게 군사를 쓸 때는 그에게 조언을 구했다. 선제 감로 2년(기원전 52년), 조충국은 흉부발작으로 집에서 생을 마감하였는데, 그의 나이 86세였다.

漢書 들여다보기

동한 말년에 군웅들이 일어났다. 조조는 가장 먼저 둔전제를 실시해 성공을 거두었으며, 북방에서 큰 손실을 보았던 농업 경제를 어느 정도 회복시킬 수 있었다. 이는 '역당들을 멸하고 천하를 평정하는데' 든든한 물질적 기초를 마련한 것이었다.

조조

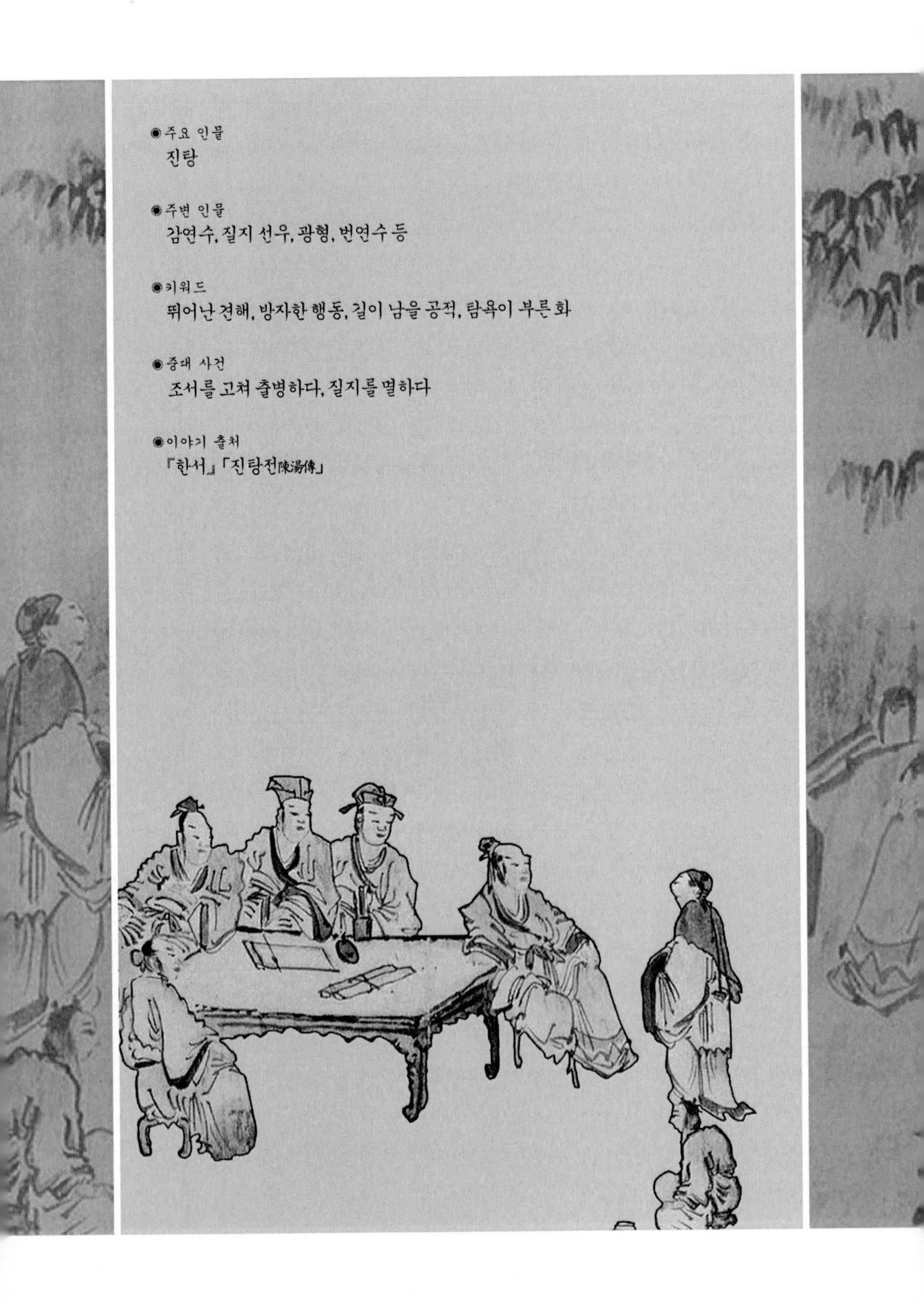

◉주요 인물
진탕

◉주변 인물
감연수, 질지 선우, 광형, 번연수 등

◉키워드
뛰어난 견해, 방자한 행동, 길이 남을 공적, 탐욕이 부른 화

◉중대 사건
조서를 고쳐 출병하다, 질지를 멸하다

◉이야기 출처
『한서』「진탕전陳湯傳」

陳湯

진탕 : 공과 과실을 누가 알리요

몇몇 우수한 인재들은 남들이 상상하기도 힘든 기구한 운명을 만나기도 한다. 그 예로 인재가 줄어들던 전한 후기 때, 어디에도 속박을 받지 않던 인재 진탕은 매우 특별한 방법으로 세상에 드문 공적을 세웠다. 그러나 그에 대한 조정 대신들의 반응은 제각각이었다.

진탕의 지위와 신임은 끊이지 않는 논쟁 속에 높아졌다 낮아지고, 신임과 모욕당하기를 수차례 번복하였다. 그가 목숨을 건 그 특별한 경험이 수십 년간이나 조정 사람들의 의견을 분분하게 하고, 결론을 내리지 못하게 할 문제가 되리라고는 생각지도 못했을 것이다.

진탕의 자는 자공子公으로 산양山陽 하구(瑕丘: 지금의 산동성 연주

兗州 동북 지역) 사람이다. 그는 어려서부터 책 읽는 것을 좋아했고 학문과 글쓰기에 정통했으나 집안이 가난하여 사람들에게 돈을 빌려 살면서도 절제할 줄을 몰라 고향 사람들은 모두 역신 보듯 피했고 소문도 좋지 않았다. 궁지에 몰린 진탕이 도성에서 태관 헌식승獻食丞이란 작은 관직을 구한 것은 천만다행이었다.

몇 년 후 부평후富平侯 장발張勃이 우연히 진탕을 알게 되었는데 그의 재능에 깜짝 놀라, 기회를 보아 상소를 올려 그를 추천해주었다. 그가 승진할 시기에 그의 아버지가 세상을 떠났으나, 진탕은 관직에 오르기 위해 고향에 돌아가 장례를 치르지 않았다. 당시 원제元帝는 유가를 매우 중시하여 진탕이 아버지의 장례를 치르지 않았다는 말을 듣고 크게 노하여, 그를 추천한 장발의 봉지 2백 호를 삭감하였고, 진탕은 옥에 갇혔다. 장발이 세상을 떠났을 때 황제는 그에게 '무후繆侯'라는 시호를 내렸다. 여기서 '무繆'는 틀렸다는 뜻으로 장발이 사람을 함부로 추천하였음을 지적한 것이다. 그러나 진탕의 명은 거기서 끝나지 않고 기구하게 계속 이어져 출옥 후 궁정의 시종관으로 천거되어 외국에 사신으로 나갔다가, 훗날 서역 부교위로 임명되어 감연수甘延壽의 보좌가 되었다.

당시 서역은 지금의 신장, 키르키즈스탄, 그리고 카자흐스탄, 타지키스탄, 카슈미르의 일부에 해당하는 지역이다. 본래 그곳은 작은 나라들이 숲처럼 즐비하여 50여 개국에 달했는데 흉노의 세력 하에 있었다. 무제 때의 장건은 기발한 생각과 열정, 오랜 집념의 결과로 서역의 새로운 정보들을 잔뜩 모아 왔고 이후 이 자료들은 귀히 활용되어, 훗날 곽거병이 흉노를 격퇴하고 하서회랑 일대를 점령하였고, 이광은 대완(지금의 우즈베키스탄)에 원정을 나가, 서역의 여러 나라들은 한나라를 섬기게 되었다. 선제 신작 3년(기원전 59년), 한나라는 서역도호부를 설치해 흉노를 대신하여 서역의 각 나라들을 보호하였다.

일찍이 선제 때, 흉노 내부에서 분쟁이 생겨 5명의 수령들이 서로 양보하지 하지 않고 대립하는 형세가 나타났다. 그중에서 질지郅支 선우와 호한야 선우의 세력은 공존할 수 없는 상태로 서로 한나라의 지지를 받으려고 애를 썼다.

훗날 호한야 선우가 한나라의 신임을 받자, 질지 선우는 여러 외교, 군사적 수단을 동원해 한나라 조정과 틈을 만들기 시작했고, 아예 서쪽 강거(유목 민족의 옛 나라, 지금의 카자흐스탄 남부 지역 쯤)의 힘을 빌려 성곽을 크게 건축하고 군비를 확충하여 각 나라를 침범해 욕보였는데, 거기에는 서역도 포함되어 한나라의 지위가 크게 손상되었다. 질지 선우는 장난기까지 발동해 서역 도후부를 통해 한나라 조정에 서찰을 보내왔다.

'자신은 낙후한 땅에 있으니 한나라에 귀속되길 원한다'는 내용으로 이는 오지 못할 것을 알고 멀리 있는 한나라 황제를 희롱한 것이었다. 그러나 그는 생각지도 못했던 천적 진탕을 만나게 되었던 것이다.

원제 건소建昭 3년(기원전 36년), 진탕과 감연수는 함께 서역으로 파견되었다. 진탕은 모래 바람이 흩날리는 서역길에서, 느긋하게 이곳저곳을 가리키며 군사와 국정의 계획에 관한 이야기를 하였는데 그의 견해는 놀라웠다. 임지에 도착한 후 진탕은 질지 선우의 상황을 연구한 후 군대를 이끌고 1천 리나 떨어진 곳을 기습하겠다는 계책을 세워, 하루아침에 천 년에 남을 공을 세울 수 있다는 다소 거만한 생각을 품고 있었다. 감연수가 일리가 있다고 생각하여 조정에 상소를 올리려고 하자, 진탕이 만류하였다.

"조정에서 의논되는 것은 대부분 범인들의 수준이니, 우리의 계책은 받아들여지지 않을 것이오."

그러나 진탕은 자신의 의중대로 임지에 도착하면서부터 원대한 원정 계획의 실현을 위해 몰래 준비를 하고 있었다. 얼마 후 감연수가 병상에 눕자 드디어 기회가 왔다고 생각한 진탕은 감연수 몰래 어명을 가짜로 만들어, 수하의 모든 부대와 둔전으로 있던 병사들과 주변 서역 소국의 군대까지 4만여 명을 징집하여, 북을 울리고 피리를 불면서 떠들썩한 원정길에 나섰다. 병상에서 이상한 움직임에 깜짝 놀란 감연수는 진탕에게 사람을 보내 당장 그 계획을 중단시키려고 하였으나 진탕은 도리어 검에 손을 얹고 버럭 소리를 질렀다.

"대군은 이미 원정길에 올랐소이다. 감히 그 행보를 막으려는 것이오?"

여기서 관례를 따르지 않고 멋대로 일을 처리하는 진탕의 성향을 잘 알 수 있을 것이다. 진탕은 부대를 둘로 나누어 서쪽을 향해 진군시킨 뒤에, 자신과 감연수가 어명을 위조해 군대를 이끌고 서진하고 있음을 알리면서, 그에 대한 반성의 글을 써 급히 장안으로 보냈다.

진탕의 부대는 서로군西路軍과 서북로군西北路軍으로 나뉘어 있었다. 서로군은 해발 수천 미터에 달하는 천산 산맥을 넘어 대완에 들어가는 것이었고, 진탕은 서북군을 이끌고 온숙국(溫宿: 지금의 신장 온숙)에서 출병하여 적곡성(지금의 키르키즈스탄 이스크 호)에 도착하도록 하였다. 가는 길에 진탕은 강거의 기마 유격부대를 맞아 침착하게 대응하였고, 전쟁 시기를 잘 포착해 일거에 강거의 부대를 격퇴시키고 460명의 목을 베었다. 그리고 포로였던 오손의 백성 4백명을 옛 영토로 돌려보내 전략적 후방을 든든히 하기도 하였다. 진탕은 질지 선우가 오만하여 강거 국왕과 수령들의 사이가 좋지 않다는 것을 알아내어, 강거의 일부 부락 수령들과 만나 함께 술을 마시며 민간의 것은 풀 한 포기도 건드리지 않겠다는 맹약을 한 후, 질지 선우에게 원한을 품고 있는 한 고급 관리를 길잡이로 삼았다. 대군은 질지성(지금의 카자흐스탄 잠불)에서 30리 떨어진 곳에 주둔시켰다.

질지 선우는 갑자기 하늘에서 뚝 떨어진 것처럼 나타난 대부대를 보고 깜짝 놀라 급히 사자를 보내 그곳에 온 이유를 물었다.

"선우께서 일찍이 우리에게 서찰을 보내 한나라에 귀속되고 싶다 하지 않으셨습니까? 한나라 천자께서 선우를 불쌍히 여기시어 저희를 특별히 보냈사오나 너무 많은 사람을 놀라게 할까 두려워 이곳에 주둔한 것이옵니다."

진탕의 대답에 질지 선우는 웃지도 울지도 못할 처지가 되어, 어떻게든 시간을 끌어 상황을 먼저 파악한 후 결정을 내리기로 하고, 몇 번이나 사자를 보내 염탐하였다. 그러나 그에게 전해오는 소식은 '진탕이 화가 났다'는 것 뿐이었다.

"선우를 위해 먼 길을 왔거늘, 아직 고급 관리의 얼굴조차 보지 못했소. 선우께서 어찌 이리 큰 실례를 범하는 것이오? 우린 먼 길을 달려와 군사와 말이 부족하고 양식이 곧 떨어질 상황이오. 고국으로 돌아가지 못할까 걱정되니 어서 선우와 대신들은 계획을 세워주시오."

진탕의 말을 전해들은 선우는 기뻐하였다. 그는 한나라 후속 군대는 올 수 없고, 병사들은 지쳐 두려워할 것이 없다고 판단하고 멀리 도망가려던 생각도 싹 사라졌다. 사실 질지 선우가 서북쪽으로 물러나면 광활한 사막과 초원이 펼쳐져 있었으니, 아무리 진탕이 날고 기는 재주가 있다 해도 쫓아갈 수는 없을 것이다. 그러나 그는 한나라 군대가 멀리서 왔으니 강거 국왕과 결탁을 했다면 자신은 더 이상 도망칠 곳도 없으므로, 어차피 진탕의 군대가 별 볼 일 없으니 결전을 벌이는 것이 더 현명하다고 판단을 내려, 진탕의 첫 번째 유혹에 걸려들고 말았다. 질지 선우는 성곽을 사수하다가 일거에 감연수와 진탕의 부대를 격퇴하기로 결심하고, 성에서 30리 떨어진 한나라 군대에 대항해 천산의 서쪽 기슭에 삼엄한 방어진을 쳤다.

성 머리에서 오색의 깃발이 바람에 펄럭였고, 갑옷을 걸친 수백 명의 사병들이 성곽을 순찰하였으며, 1백여 명의 기마병들이 성 아래에서 빠르게 한나라 군대를 향해 돌진해오기도 했다. 또 1백여 명의 보병이 성문 앞에 대열을 정렬하였고, 성 위에는 죽음을 두려워하지 않는 병사들이 한나라 군대를 향해 소리를 지르기도 하였다. 그러나 진탕이 궁수들에게 활시위를 당기고 대기하게 하자 기마병들은 함부로 덤비지 못하고 다시 성으로 돌아갔다. 진탕은 그 자리에서 결단을 내리고 대군을 빠른 속도로 전진시켰다. 먼저 궁수들에게 성밖에 있는 수비군들을 쏘게 하여 성안으로 도망치게 만든 다음, 빠른 속도로 북을 치고 성을 포위하여 즉시 공세를 펼쳤다.

그들은 성밖에 있는 참호를 넘기도 하고 문을 막거나 방패로 몸을 막고 전진하며 후방에 있는 궁수들이 성루에 있는 수비군을 맞출 수 있도록 엄호하였다. 그러나 수비군은 매우 용맹하여 토성土城 밖에 있는 목성木城을 굳게 지키며 물러가려는 기색이 없었다. 오히려 그들이 쏜 활에 맞아 죽거나 다친 한나라 군사가 매우 많았다. 하루 종일 싸워 어느덧 저녁이 되자 한나라 군대는 목성에 불을 놓았다. 진탕은 사병들에게 진을 엄중히 지키며 포위를 뚫고 빠져나가려는 흉노군에게 활을 쏘라고 명령했다. 과연 진탕의 예상대로 1백여 명의 기마병이 포위를 뚫으려고 하다가 한나라군의 활에 맞아 죽었다. 팽팽한 긴장이 흐르는 가운데 성 주변은 한나라 군대가 지른 불로 활활 타올라 불꽃으로 뒤덮이고, 밤이 깊어서야 한나라 군대는 목성을 뚫고 들어갈 수 있었다.

성안에서 목숨을 걸고 싸우던 질지 선우는 10여 명의 부인까지 모두 성루로 내보내 싸우게 했고, 또 성밖에서는 1만여 명의 강거 기마병이 10여 군데에 모여 성을 에워싸고 소리를 질러 성 안의 수비군들을 응원하며, 여러 차례 한나라군의 막사를 공격하였다. 그러나 한나라군 진영의 흉노들도 그들이 다가올 수 없도록 압박했다. 날이 밝자 성 주변을 두르고 있던 목성에 모두 불이 옮겨 붙어 새벽 노을과 어울려 피처럼 붉은 불꽃을 토해냈다. 한나라 군대는 천지가 흔들리는 북소리를 울리며 한꺼번에 진격했다. 그들은 큰 방패를 들고 위에서 날아오는 활을 막으며 물밀듯이 밀고 들어가 토성을 뚫고 필사적으로 싸웠다. 질지 선우는 목이 베였고, 흉노족 1천 580명이 죽고 145명이 포로로 잡혔으며, 1천여 명이 투항해왔다.

승리를 거둔 날, 진탕과 감연수는 연명하여 상소를 올려, 황제와 조정의 의중을 슬쩍 떠보았다.

"소신들 천하의 대의는 통일된 것이라 들었사옵니다. 일찍이 당의 우 황제께서 오랜 세월 창성하셨고, 지금은 우리 한나라 왕국이 있사옵니다. 흉노 각 부족들이 모두 머리를 조아리며 명령에 굴복하였으나 질지 선우만이 반역을 꾀하였습니다. 그의 성이 한나라에서 멀리 떨어져 있어 한나라의 채찍이 미치지 못할 것이라 생각하고 백성들을 학대하고 사방을 침략하여 천하에 악행을 저질렀습니다. 그리하여 소신 연수와 탕은 의병들을 이끌고 하늘의 뜻을 받자와 그들을 토벌한 것입니다. 폐하의 신령함과 훌륭한 정세에 의지해 적진에 뛰어들어 적을 쳐부수고 질지 선우의 목을 베었사옵니다. 소신들은 질지 선우의 머리를 외국의 사관이 많은 지역〔藁街〕에 내걸어 누구든 한나라를 침략하면 아무리 멀리 있든 엄히 다스릴 것이라는 본을 보여야 한다고 아뢰옵니다."

승상 광형匡衡과 어사대부 번연수繁延壽는 진탕이 멋대로 원정을 나간 것이 몹시 못마땅하여 두 사람이 연명하여 진탕의 건의에 대항하는 상소를 올렸다.

"질지 선우와 그 이하의 왕이라는 수령들이 돌아오는 길에 여러 나라를 누비니 이에 원망을 듣지 않은 나라가 없사옵니다. 또 『예기禮記』「월령月令」에서 봄은 시체와 유골을 묻는 시기라 하였사오니, 진탕이 한 짓은 모두 불필요한 것이었사옵니다."

이 글은 상당히 수준이 있는 것이었다. 먼저 이것은 전통적인 경전을 근거로 하여 권위성을 나타내었고, 교묘하면서도 흔적이 남지 않게 진탕을 대수롭지 않게 부정함으로써, 자신과 진탕 사이에 거리가 있음을 표현했기 때문이다. 동시에 훗날 더더욱 진탕을 부정하기 위해 복선까지 깔아놓았다. 이렇게 한 영웅이 힘겨운 전쟁으로 세운 큰 공적을 몇 줄의 글로 교묘하게 지워버렸다. 그나마 다행인 것은 당시 거기장군이었던 허가許嘉와 우장군 왕상王商이 『춘추』를 인용해 질지 선우의 머리를 10일간 걸어야 한다고 주장했다. 원제는 장군들의 말이 옳다 여겨 그대로 시행하였다.

당시 내정에서 대권을 쥐고 있던 사람은 중서령 석현石顯이었다. 그는 본래 자신의 누나를 감연수에게 시집을 보내려 했다가 거절당한 적이 있어, 감연수가 큰 공을 세운 것을 보자 마음이 영 불편했다. 거기에 승상과 어사대부는 진탕이 미리 알리지 않은 것에 큰 불만을 품고 있었다. 뜻이 맞는 몇몇 중신들은 주도면밀하게 계획하여 일거에 진탕을 잡아 가두었다. 진탕은 남의 시선에 연연하지 않는 성격에다 평소 재물에 대한 탐욕이 컸다. 그래서 멀리 적의 큰 성을 함락시킨 후 몰래 재물을 챙겼던 것이다. 사례교위(司隸校尉: 수도에서 도둑을 잡고 비상을 경계하는 벼슬)는 그 사실을 고발하고 진탕을 쇠사슬로 묶어 횡령한 죄상을 추궁했다. 승진하고 작위를 하사받을 꿈에 부풀어 있던 진탕이 갑자기 죄수의 신세가 되었으니 그 상실감이 얼마나 컸겠는가? 지혜롭고 총명한 진탕은 즉시 황제에게 상소를 올렸다.

"소신 병사들과 함께 질지 선우를 죽여 승리를 거둔 후 온갖 고생을 하며 1만 리 길을 돌아왔으니 사자가 나와 맞이하고 그 먼지를 씻겨주는 것이 마땅하옵니다. 그러나 지금은 정반대로 길에서 소신을 체포하여 심문을 하고 있으니, 이는 저희를 희롱했던 질지 선우가 복수하는 것이나 다름없지 않습니까?"

원제는 즉시 진탕을 석방하라 명하고, 그가 지나가는 지방에서는 술을 준비해 군인들을 위로하게 했다.

진탕이 황성에 들어오자 진탕 일행의 공로를 어떻게 평가해야 할지가 당시 한나라 장안의 '뜨거운 논제'가 되었다. 더 이상 참을 수 없었던 석현과 광형 등은 원제에 대한 막대한 영향력을 믿고 진탕을 괴롭혔다. 그들은 이렇게 말했다.

"감연수와 진탕은 어명을 위조하여 군사를 이끌고 원정을 나갔사옵니다. 이런 공공연한 죄를 저질렀으니 죽이지 않는 것만도 큰 관용을 베푼 것이거늘, 거기에 작위까지 내린다면 모든 장수들도 그들을 따라 이리저리 날뛰며 문제를 만들고 전쟁을 벌이려 하지 않겠습니까? 요행히 성공하기를 바라며 까닭 없이 일을 벌이게 될 것이니, 이런 선례를 만들어서는 아니 되옵니다."

귀가 얇기로 유명한 원제가 듣기에도 석현과 광형의 건의는 너무 지나쳤다. 원제는 솔직히 진탕에게 큰 상을 내리고 싶었지만, 오랫동안 석현과 광형에게 국정을 맡겨왔기 때문에 공개적으로 반박을 할 입장도 아니었다. 그 일은 그렇게 오랜 시간 방치된 채 아무런 결론도 내지 못하고 있었다. 마침내 어느 날, 전임 종정 유향劉向이 좋은 방안을 내놓았다. 기나긴 상소문을 작성해 감연수와 진탕의 공적을 칭찬한 것이다.

"질지 선우가 한나라 사절 수백 명을 구금한 일이 여러 나라에 알려져 우리 한나라의 위신은 크게 손상되고 추락되어, 폐하께서는 그를 멸하고자 하셨으나 감히 손을 쓰지 못하다가, 감연수와 진탕이 폐하의 성정을 헤아리고, 선조들의 신령한 힘을 빌어 생사를 넘나들며 질지 선우의 목을 베고 곤륜산 서편으로 널리 위망을 떨쳤사옵니다. 그 이야기를 듣고 멀리 있는 나라들이 모두 깜짝 놀랐으며, 흉노의 호한야 선우 역시 그로 인해 비밀스럽게 한나라로 찾아와 북번北藩을 지키며 대대로 신하의 나라가 되겠다고 자처하였나이다. 감연수와 진탕의 공은 매우 커서 주왕실의 명신들도 따르지 못할 정도이옵니다. 도의상 큰 공을 세운 자는 작은 과실을 따지지 않으며, 아름다운 일을 한 사람은 그 작은 일로 책잡는 것이 옳지 않다고 하였사옵니다. 그러나 지금 감연수와 진탕 두 사람은 장안에 돌아온 후 훌륭한 대우를 받기는커녕, 죄를 받고 도필리에게 잡혀 있으니, 이는 공을 세운 사람과 장수들의 투지를 격려하는 일이 아니옵니다. 무제 때 이광리는 1억만 전錢에 달하는 돈을 썼지만 4년이 걸려서야 대완을 정복하고, 대완의 왕 무고毋鼓의 목을 베었는데, 얻어온 것은 고작 준마 30필뿐이었습니다. 그때 그의 장수들이 재물을 착복하는 일에 관여되었으나 무제는 머나먼 곳으로 원정을 나갔으니 그들의 과실을 따지는 것이 옳지 않다며, 1백여 명의 장수들에게 모두 관직과 작위를 하사하였습니다. 강거는 대완보다 국력이 강성했고, 질지 선우의 지위도 대완의 왕보다 존귀하였사옵니다. 대완은 고작 보마를 바치지 않는 실수를 하였지만, 질지 선우는 수많은 한나라 사자들을 죽이는 잘못을 저질렀습니다. 감연수와 진탕, 두 사람은 한나라 본국의 정규부대를 동용하거나, 국고의 재물이나 양식을 동원하지 않았지만, 그들이 세운 공은 이광리보다 1백 배는 뛰어나옵니다. 선제 때 상혜는 오손의 군사들을 따라 흉노를 공격하고 전리품도 모두 오손에게 주었습니다. 정길鄭吉은 흉노의 일축왕日逐王이 투항해 왔을 때 영접하고 보호하는 일밖에 하지 않았습니다. 그러나 이 두 사람은 땅과 작위를 하사받았지요. 그러나 감연수와 진탕, 두 사람은 엄청난 전공을 세웠음에도 그 공이 기록되지 못하고 작은 과실만 널리 퍼지고 있으니 안타까울 따름이옵니다. 그러니 즉시 이들의 금령禁令을 해제하시고 두 사람의 모든 과실을 사면하여, 관직과 작위를 하사하셔서 공을 세운 자들을 널리 칭찬하소서."

원제는 그 상소를 보고 매우 기뻐하며 즉시 조서를 내려 감연수와 진탕의 죄를 사하였고, 더 이상 거론하지 말라는 명을 분명히 하였다. 그제야 그들에게 어떤 상을 내릴 것인지가 논의되기 시작했는데, 대신들은 처음에 군법에서 선우를 잡고 죽인 항목을 적용해 상을 내려야 한다고 주장했지만, 석현과 광형은 이를 저지하며 새로운 관점을 꺼내놓았다. 질지 선우란 흉노의 수령은 이미 타국으로 도망한 상태였으니, 선우라는 칭호를 도용했으므로 진정한 선우로 보기 어렵다는 것이었다. 원제는 어쩔 수 없이 전대 왕조에서 정길의 선례에 따라 식읍 1천 호의 제후로 봉하겠다고 하자, 석현과 광형은 이마저도 반대했다. 결국 두 사람에게 3백 호의 식읍을 하사하고 관직을 높여주었으며, 천하에 사면 사실을 공표하는 것으로 마무리되었다. 이것은 진탕 일행이 승리를 거두고 돌아온 후 15개월이 지나서였다. 그리고 이 15개월 동안 대부분의 시간을 (불확실한 기록에 따르면) 감연수와 진탕, 두 사람은 늘 엄한 처벌을 받을 수도 있는 위험한 상황에 처해 있었다고 한다. 이 얼마나 한심한 일인가?

훗날 감연수는 관직에서 무사히 생을 마감했고, 홀로 남은 진탕은 우여곡절의 말년을 더 감당해야만 했다. 그가 작위를 받고 한 달이 지났을 때인, 건소 5년(기원전 34년) 5월 하순, 원제 유석이 세상을 떠나고 성제成帝 유오劉驁가 즉위했는데, 광형은 여전히 승상의 자리에 있었으니, 진탕에게는 갖가지 환란을 당하게 될 운명의 전조였다.

첫 번째 공격은 물론 원망이 가득했던 광형에게서 비롯되었다. 성제가 막 즉위했을 때 그는 원제가 행했던 결정은 완전히 무시하고 즉시 상소를 올렸다.

"진탕 그자는 서역 소수민족들에게 멋대로 행동하여 모범을 보이지 못하였고, 그것으로도 모자라 강거의 재물을 멋대로 도적질하고 부하들에게는 '이것은 변경의 일이니 추궁을 당하지 않는다'

하였다 하옵니다. 이 일이 대사면이 공표되기 전에 있던 것이라 그 죄를 추궁할 수는 없으나, 절대 관직에 그대로 두어서는 아니 될 것이옵니다."

성제는 광형의 말을 듣고 진탕을 관직에서 해임하였다. 곧이어 진탕은 다시 한 번 엄청난 소송 사건에 말려들었다. 강거 왕국은 전쟁에서 패한 후 왕자를 인질로 보내왔는데, 진탕이 어떤 잘못된 판단을 했는지 상소문에 그가 진짜 왕자가 아니라는 내용을 적어 올렸던 것이다. 황제는 명을 내려 다시 철저한 조사를 하게 하였고, 결국 왕자가 진짜라는 사실이 밝혀졌다. 당시 법률에 따르면 진탕은 옥에 갇혀 사형을 당해야 했다. 이때 관리 곡길谷吉이 상소를 올려 진탕의 억울함을 호소했다.

"소신, 나라에 전쟁을 잘하는 장수가 있으면 이웃 나라들이 함부로 날뛰지 못한다고 들었사옵니다. 관내후 진탕은 멀리 강거를 정벌하고 질지 선우의 목을 베었습니다. 한나라 건립 이후 이처럼 먼 곳까지 원정을 나간 장수는 일찍이 없었사온데, 그가 잘못된 말을 아뢰었다 하여 옥에 갇히고 참수를 당해야 하다니요. 과거 진나라의 백기白起가 전공이 혁혁하나 작은 과실에 연루되어 북우北郵에서 죽임을 당하니, 백성들이 이를 불쌍히 여겨 모두 눈물을 흘렸다고 하옵니다. 지금 진탕 역시 비슷한 상황에 놓였으니 한나라 관리와 백성들이 모두 슬퍼할 비극이 될 것이옵니다."

성제는 그것을 보고 진탕을 옥에서 내보낼 것에 동의하였으나,

진탕의 작위를 빼앗고 그를 일반 사병으로 강등시켰다.

성제 건시 4년(기원전 29년) 서역에서 또 다시 전쟁이 일어나, 한나라 서역 총독 단회종段會宗이 오손 왕국의 부대에 의해 포위되었는데, 전방에서 서역과 둔황 변방의 부대를 모아 구원해달라는 서찰이 전해져 왔다. 성제와 조정 대신들은 며칠 동안 어찌할 바를 몰랐다. 그때 대장군 왕봉王鳳이 건의했다.

"어째서 진탕에게 묻지 않으십니까?"

그러자 성제는 미앙궁의 대전 선실에서 진탕을 접견하였다. 진탕은 질지 선우를 정벌하러 갔을 때 류머티즘을 얻어 양쪽 팔을 구부릴 수가 없었다. 성제는 특별히 그에게 황제를 알현할 때 엎드려 절하는 예를 표하지 않아도 된다고 허락하고, 단회종의 주장을 진탕에게 보여주었다. 그는 오랜 시련을 겪어 이미 예전의 열정과 예리함을 잃어버렸다고 말하며 일단 사양하였다.

"장군과 재상, 구경은 모두 현명하고 재능이 많사온데, 소신처럼 병들어 쓸모없어진 몸을 가진 자가 무슨 말을 하오리까."

성제는 국가에 급한 일이 생겼으니 더 이상 사양하지 말라고 당부하자 진탕은 이 일은 걱정할 일도, 어떤 조치를 취할 일도 아니라고 아뢰었다. 그러자 성제는 기쁘고 놀라워 그 이유를 물었다. 진탕은 오손과 한나라 군대의 수와 전투력을 하나씩 비교하며 한나라군이 승리하는 것은 당연한 일이라고 대답했다. 그러면서 단회종이 상소를 보낸 것은 적절하지 못하다고 지적하였다. 성제가 물었다.

"그렇다면 아군의 포위는 언제쯤 풀리겠는가?"

진탕은 손가락을 꼽아 헤아린 후 대답했다.

"이미 뚫렸을 것이옵니다. 닷새 안에 반드시 좋은 소식이 올 것이옵니다."

성제는 한편으론 의심스러우면서도 한결 가벼운 마음으로 기다렸다. 나흘째 과연 빠른 말을 타고 급보가 도착했다. 왕봉은 진탕을 중랑(부대를 통솔하는 고급 막료)으로 추천하여 부대 내의 모든 일을 맡기고 진탕의 말대로만 행하였다.

진탕은 법령을 잘 알고 형세에 따라 일을 처리하는 능력이 뛰어났기 때문에 그의 건의는 대부분 대장군에게 받아들여졌다. 이때 그는 사람들에게서 돈을 받고 주장을 대신 써주었는데, 결국 그 때문에 또 인생을 망치고 말았다. 그는 친구인 장작대장匠作大匠 해만년解萬年과 자신들에게 유리한 일을 공모해 상주를 올렸다. 해만년은 황제가 능묘를 지을 사람에게 관직과 작위를 내리는 관례를 생각하고 진탕에게 성제의 능 건설을 건의하는 상소를 올리라고 충동질하였다. 진탕도 그 기회에 전답과 집을 받고 싶었으므로 상소를 올렸다.

능을 장안에 세우면 가장 비옥할 것이니 그곳에 현을 하나 건립하여 백성들을 이주시키면 자신도 처자식과 함께 이주하겠다는 내용이었다. 이 상소문이 올라가자 황제는 시행을 윤허하며 창릉읍

昌陵邑을 설치하였다. 그러나 3년 만에 일을 마칠 수 있다고 했던 해만년의 말은 허풍에 불과하였는데, 그것은 창릉의 지세가 너무 낮은데 반해 황제의 능묘는 커다란 산처럼 쌓아올려야 했기 때문이었다. 지형을 이용하는 선택을 하지 않았기 때문에 일은 2배로 하였으나 공은 반으로 줄게 되었다. 관련 부처는 능묘 건축을 중단해야 한다고 반대 의견을 내놓았고, 성제도 이를 수용했다. 승상 등은 농민들이 창릉에서 부역하면서 살던 집을 헐어야 한다고 성제에게 건의했다. 그것에 대한 결과가 나오기도 전 누군가 진탕에게 어찌하면 좋겠냐고 물었다.

"어쨌든 능묘는 지을 것이 아닌가?"

진탕은 이렇게 대답했다. 그런데 이 말이 처음부터 진탕을 싫어하던 위장군 왕상의 귀에 들어가고 말았다. 왕상은 크게 노하여 진탕이 황제의 어명과 다른 말을 퍼뜨린 죄를 벌해야 한다며 세세히 캐고 들어갔다. 그 결과 진탕이 과거 다른 사람을 위해 주장을 써주고 사례금을 받은 일들까지 드러나고 말았다.

성제는 결연히 말했다.

"진탕은 죄를 지었으나 과거에 공을 세운 것을 보아 서인으로 강등시키고 변경으로 이주시키도록 하라."

이러한 진탕을 위해 마지막으로 원통함을 하소연해준 사람은 의랑議郎 경육耿育이었다. 그는 이렇게 상소를 올렸다.

"진탕은 한나라를 위해 도리를 깊이 연구하여 위세를 떨쳤으며,

오랜 세월 씻지 못했던 나라의 치욕을 씻어주었사옵니다. 또 다스리기 어렵던 1만 리 밖의 북방 오랑캐들을 연결해주었으니 그와 견줄 만한 인재가 또 어디 있겠습니까? 감연수와 진탕이 처음 공을 세웠을 때 배척을 받아 후한 상을 내리지 않았으니, 이는 이미 충성을 다한 공신을 실망시킨 일이옵니다. 그들은 아무 것도 할 줄 모르면서 공이 있는 자를 배척하고 질투하며 진탕을 둔황으로 유배 보내 서역의 통로로 삼고자 하고 있사옵니다. 이는 질지 선우의 후예들도 비웃을 일이옵니다. 게다가 지금 나라에는 문제 때처럼 대대로 축적된 부도 없으며, 무제 때처럼 널리 인재를 등용하지도 않으니 널리 천하를 볼 줄 아는 자는 진탕 하나 뿐인 줄로 아옵니다. 진탕과 같은 사람이 지난 대에 태어났다면, 지금쯤 공을 치하하고 묘까지 지어주며 후대 사람들을 격려했을 것이옵니다. 그러나 그는 지금 세상에 태어나서 변경으로 추방당해 죽어서도 집에 돌아올 수 없게 되었사옵니다. 진탕이 세운 공로는 몇백 년 후에도 다시 세울 수 없는 것이나, 진탕의 과실은 사람이라면 누구나 있는 탐심에서 나온 것이니, 벌이 너무 과한 것이 아니옵니까?"

상소를 보고난 천자는 진탕이 장안으로 돌아오는 것을 허락해 주었다.

그로부터 몇 년 후 변경을 호령하여 주름잡았던 진탕은 장안에서 조용히 죽었다. 우리는 영원히 사라지지 않을 공을 세운 영웅이 어느 해에 태어났는지, 또 어느 해에 죽었는지 알지 못한다. 다만,

당시 장안에서는 이 놀라운 사람을 완전히 잊어버렸으며, 이렇게 큰 별이 졌을 때에도 그를 잘 아는 2, 3명의 지기만이 그를 위해 눈물을 흘렸을 것이라 짐작할 뿐이다.

그들이 영웅의 곤궁한 처지를 생각이나 하였을까? 어쨌든 이 시간 역사의 침묵은 어떤 애석한 말보다 강한 울림으로 우리의 가슴에 남는다.

◉ 漢書 들여다보기

조조曹操는 사람을 쓸 때 '인재라면 모두 천거'함으로써 진정한 재능과 학식을 강조하였으며, 사소한 결점을 깐깐하게 따지지 않았다. 비천함이나 품행에 연연하지 않으니 그의 수하에는 인재가 넘쳐나게 되었고, 마침내 중원을 차지하게 된 것이다. 그는 이미 이 세상에 완벽한 인간은 없다는 진리를 깨달았던 것이었을까?

조조

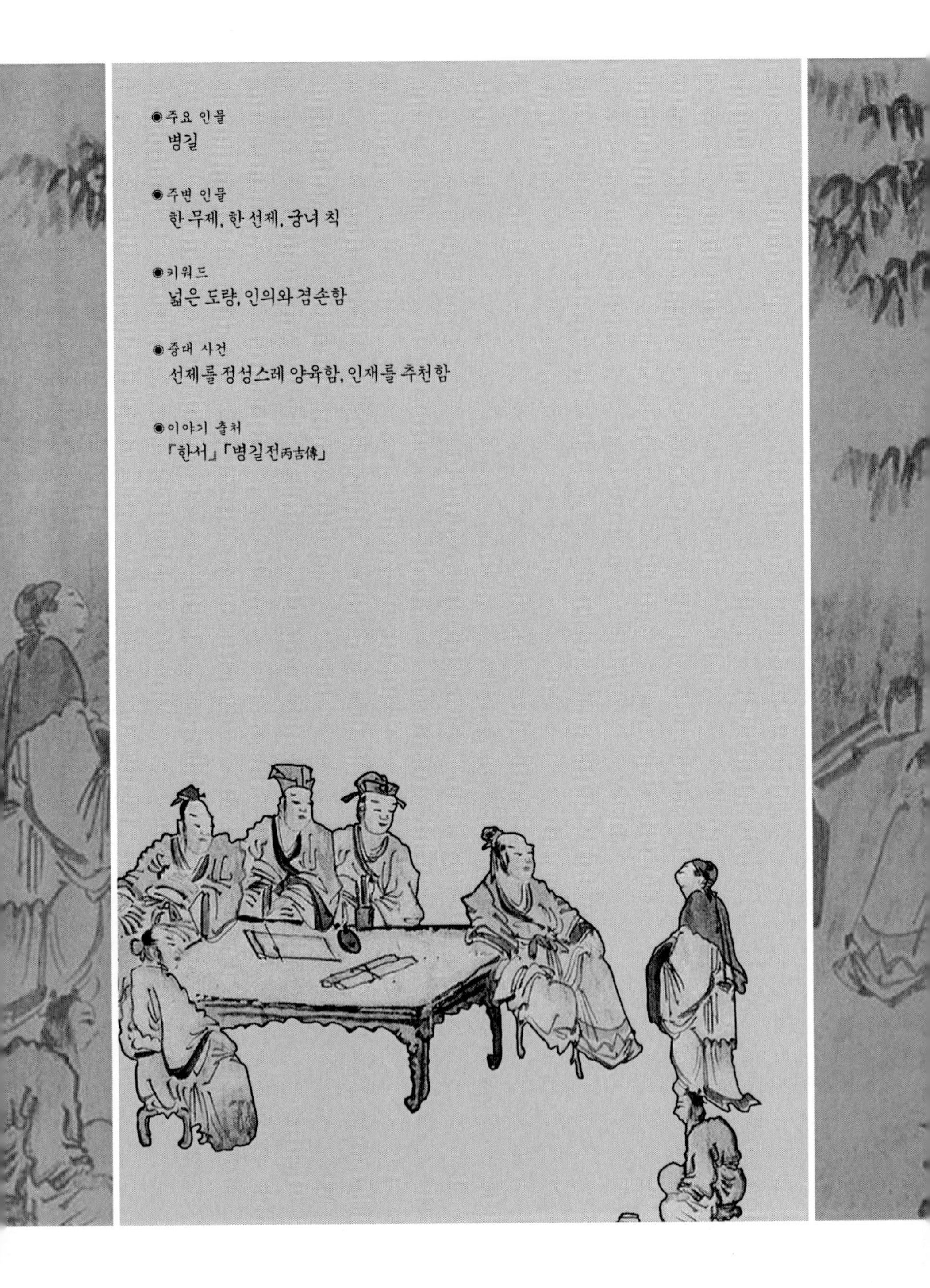

◉주요 인물

병길

◉주변 인물

한 무제, 한 선제, 궁녀 칙

◉키워드

넓은 도량, 인의와 겸손함

◉중대 사건

선제를 정성스레 양육함, 인재를 추천함

◉이야기 출처

『한서』「병길전丙吉傳」

丙吉

병길 : 너그럽고 관대한 승상

반고는 『한서』 「위상·병길전」에서 전한 때 수보(首輔: 내각의 우두머리) 대신을 이렇게 칭송했다.

'고조 황제가 한나라의 기초를 세울 때 소하와 조참이 으뜸이었고, 효선 황제가 중흥을 꾀하니 병길과 위상이 널리 명성을 날렸다.'

소하와 조참은 한나라 개국 후 첫 번째, 두 번째의 승상으로 유방이 국내를 평정하고 반란을 진압하는데 큰 도움이 되었다. 이들이 한나라 천하를 창건하고 공고히 하기 위해 매우 큰 공을 세웠다는 것은 모두가 너무나 잘 아는 사실이 아닌가? 또한 위상과 병길은 중흥을 일으킨 군주 한 선제의 왼팔과 오른팔로서 차례로 승상의 자리에 올랐다. 이들은 곽 씨가 황위를 찬탈하려는 음모를 분쇄하고, 선제를 옹립하여 한나라 종실을 지키려고 투쟁하는 중에 위대한 공을 세웠다. 특히 병길은 관리로서 평생 인의를 펼쳤으며 널리 은혜를 베풀었다. 그 은혜가 자손 대에까지 미치니 진정한 수성守成의 재상이라 할 것이다.

병길의 자는 소경少卿으로 노나라(지금의 산동성 곡부曲阜) 사람이다. 어려서부터 법률을 공부했으며 청년기에는 고향에서 지방의 옥리가 되었다. 『시경』과 『예악』을 열심히 연구하여 대의大義를 잘 알았기 때문에 지방에서 장안으로 불려와 정위 우감右監이 되었다. 훗날 형법을 어겨 관직이 파면되고 고향에 돌아가 주종사州從事를 지냈다. 무제 말년, 무고의 난에 많은 사람들이 연루된데다 본래 그가 정위감이었기 때문에, 조정은 그를 다시 장안으로 불러 '무고의 난'에 대한 사건을 맡기고 대홍노大鴻盧 속관군屬官郡 관저장으로 임명했다. 당시 '무고의 난'의 영향력은 실로 엄청났다. 위 황후가 이 일로 궁중에서 목숨을 잃었을 뿐 아니라 여 태자 유거는 교외로 쫓겨 갔다가 목을 매 자결하였다. 게다가 태자비였던 사량제와 그의 아들 사 황손(외가 성을 따름) 및 그의 부인인 왕 부인 등도 모두 목숨을 잃었다. 무제의 증손, 태자 유거의 손자는 아직 강보에 쌓인 아기였지만 사건에 연루되어 군저옥에 갇히게 되었다. 여 태자 유거가 무축巫祝의 저주로 무제를 저주했다는 '무고의 난'은 근거 없는 누명을 쓴 것이었다. 그러나 분노로 이성을 잃은 무제는 남의 말은 듣지도 않고 일을 처리했다. 군신들은 당황스러웠지만 감히 그 진상에 대해 아뢸 수가 없었다. 결국 무제가 그 사건을 완전히 다 처리하기까지는 여러 해가 걸렸다.

병길은 당시 관직이 미천하여 상소를 올릴 수 있는 신분이 아니었다. 그러나 그는 황증손이 무고하다는 것을 알고 그를 매우 가엾게 여겼다. 그는 신중하고 인정 많은 2명의 여죄수 호조와 곽정경을 선택해 번갈아가며 배고파 우는 황증손에게 젖을 물리게 했다. 황증손은 갖가지 위험한 상황들을 겪으면서 몸이 매우 허약했고 여러 차례 중한 병에 걸려 고비를 넘기기도 하였다. 병길은 유모로 하여금 약을 먹이고 정성껏 돌보게 하여 어린 생명을 구해냈다. 병길은 또 자신의 돈으로 황증손에게 옷과 먹을 것을 대주고 날마다 직접 찾아가 살펴주고 있었다. 후원 2년(기원전 87년) 무제는 병으로 인해 장양궁과 오작궁을 번갈아가며 휴양을 했다. 하루는 기氣만 본다는 웬 도사가 무제를 찾아와 장안의 감옥에 '천자의 기운'이 맴돌고 있다고 했다. 미신을 신봉했던 무제는 그 소리에 유 씨 천하가 다른 사람에게 빼앗길까 두려워져 장안의 감옥에 있는 죄인들을 모두 죽이라는 명을 내렸다. 내알자령內謁者令 곽양은 명을 받고 그날 밤 즉시 군저옥에 가서 명을 집행하려고 하였다. 병길은 그 소식을 듣고 깜짝 놀라 옥문을 굳게 걸어 잠가 곽양이 들어오지 못하게 하고는 호통을 쳤다.

"황증손께서 여기 계시오. 무고한 죄인들을 죽이는 것도 잘못이거늘, 하물며 황제의 친 혈육을 죽이다니, 이것은 더더욱 안 될 일이오."

두 사람은 날이 밝을 때까지 대치했지만 사자는 옥문 안으로 한 발짝도 들어올 수가 없었다. 곽양이 그 사실을 무제에게 보고하고 나서야 무제는 정신이 퍼뜩 들었다. '천자의 기운'이란 것은 바로 자신의 증손자를 가리키는 것이 아닌가? 그래서 천하에 대사면을 베풀었다. 군저옥에 갇혀 있던 죄수들은 모두 병길 덕분에 목숨을 보존할 수 있었다. 대사면을 베풀자 호조와 곽정경도 곧 떠나게 되었다. 황증손이 유모를 그리워할까봐 병길은 사비로 두 사람을 계속 고용하여 황증손을 키우게 했다. 몇 년 후 병길은 황증손을 그의 할머니인 사량제의 친정에 맡겨 훌륭한 교육을 받을 수 있도록 배려해주었다.

병길은 훗날 거기장군의 군시령軍市令이 되었고, 얼마 후 대장군의 장사로 배치받았다. 곽광은 병길을 매우 신임하여 그를 광록대부, 급사중으로 진급시켜주었다. 소제가 세상을 떠난 후 자손이 없자 곽광과 같은 대신들은 창읍왕 유하를 황성으로 데려와 황제로 삼았다. 그러나 얼마 후 유하의 행위가 단정치 못하고 음란하여 새로운 황제를 세울 논의를 하게 되었다. 곽광과 대신들이 새로운 인물을 물색하고 있을 때 병길이 곽광에게 건의했다.

"무제의 증손 유병이야말로 가장 이상적인 인물이옵니다. 그는 영리하고 배우기를 좋아하며, 나이도 18, 9세쯤 되었사옵니다. 경전과 기예에 통달해 재능이 넘치며 그 성격이 효성스럽고 온화하며 선량하옵니다. 지금은 민간에서 생활하고 있지요."

곽광이 대신들을 만나 유병의 상황을 소개하자 군신들도 모두 그가 적합하다고 동의했다. 이에 유덕과 병길을 보내 유병을 모셔 오게 한 후 황제로 세우고 이름을 순으로 바꾸었다. 그가 바로 한 선제 유순으로 그는 즉위 초기 병길을 관내후로 봉했다.

병길은 인정이 많고 겸손하여 자신의 공로를 떠벌리는 일이 없었다. 황증손을 키우고 돌보았던 일을 다른 사람 앞에서 자랑하는 일조차 없었다. 그래서 그와 황제의 역사를 아는 사람은 조정에 한 명도 없었다. 지절 3년(기원전 67년), 선제는 유석을 태자로 세웠고, 병길은 태자태부가 되었다. 그리고 몇 달 후 다시 어사대부가 되었다. 곽광의 아내가 황후를 모해한 사건이 드러난 후 선제는 직접 조정을 운영했다. 어느 날 칙則이라는 궁녀가 궁에 들어오기 전에 함께 살았던 남편에게 상소를 올리게 했다. 자신이 과거 선제를 돌보았던 공이 있다는 것이었다. 선제는 액정에서 그 일을 조사하게 했다. 칙이라는 궁녀는 병길이 그 내막을 잘 알 것이라고 말했다. 액정령은 그 궁녀를 병길에게 보내 확인해보았다. 병길은 그녀를 안다고 대답한 후 그 궁녀를 책망했다.

"그때 네 년은 황증손을 잘 돌보지 못해 내게 꾸지람을 들었거늘, 내 어찌 널 잊겠느냐? 그런데도 상을 구하다니 얼굴도 두껍구나. 위성渭城의 호조와 회양의 곽정경이야말로 황증손을 세심하게 잘 돌보았느니라."

선제는 그제야 병길이 자신에게 매우 큰 은인임을 알게 되었다. 곧이어 그는 호조와 곽정경을 찾아오라는 명을 내렸지만 두 사람은 이미 세상을 뜬 후였다. 그래서 대신 그녀의 자손들에게 많은 상금을 내렸다. 칙이라는 궁녀는 공로까진 인정받지 못했지만 10만 전을 하사받았다. 이때부터 병길을 바라보는 선제의 눈빛이 달라졌다. 그는 병길을 박양후로 봉하고 식읍 1천 3백 호를 하사해주었다. 5년 후 병길은 위상을 대신해 승상이 되었다.

병길은 자기를 자랑하지 않으면서 다른 사람의 잘못은 늘 포용해주었다. 승상의 자리에 있는 동안 병길은 관대함을 숭상하고 예의와 양보를 중시했다. 수하의 관리들이 잘못을 범하거나 직무를 다 수행하지 못할 경우, 긴 휴가를 주어 자동적으로 관직에서 물러나게 했을 뿐 그 죄를 엄히 추궁하지 않았다. 그는 수하들의 과실은 덮어주고 잘한 것을 칭찬해주어 그 장점을 충분히 발휘하도록 격려해주었다. 그의 마부는 술을 너무 좋아해서 몇 번이나 직무를 다하지 못했다. 한 번은 그가 술에 취해 인사불성으로 승상의 마차에 구토를 한 일이 있었다. 주관 관리는 그를 책망하여 내쫓으려고 했다. 그때 병길이 그 마부를 변명해주었다.

"술을 너무 많이 마셔서 관직을 잃게 된다면 저 마부가 훗날 어디에선들 일을 할 수가 있겠는가? 자네가 조금만 참게. 마차 바닥을 조금 더럽혔을 뿐이잖나."

그 마부는 서북쪽 변경 출신으로 변경의 위급한 군사 상황에 대해 잘 알고 있었다. 어느 날 그가 밖에 나갔다가 역기(驛騎: 역참의 기병)들이 급히 돌아오는 것을 보았다. 그가 연유를 물어보니 운중과 대군의 변경에 상황이 긴박하다는 것이 아닌가? 그는 즉시 집으로 돌아와 그 상황을 병길에게 알렸다. 얼마 후 선제는 승상과 어사대부를 불러 변경의 상황에 대해 물었고, 병길은 즉시 운중과 대군의 상황이 매우 긴박함을 아뢰었다. 그리고 그에 대한 대책까지 내놓았다. 그러나 어사대부는 변경의 상황조차 전혀 모르고 있었다. 이 일로 병길은 선제에게 '변경을 걱정하고 직무를 늘 생각한다'는 칭찬을 받았다. 그 일이 있은 후 병길은 감동하여 말했다.

"서로를 관대하게 대해야만 그들 각자의 장점을 발휘할 수 있다. 만약 전에 내가 그 마부를 엄히 다스렸다면 오늘날 그가 전해 준 정보도 듣지 못했을 것이요, 오늘의 공로도 세우지 못했을 것이 아닌가?"

어느 날 병길은 그의 속리屬吏를 데리고 밖에 나가게 되었다. 승상부丞相府에서 나간 지 얼마 되지 않았을 때 한 무리 사람들이 무기를 들고 패싸움을 벌여 거리에는 유혈이 낭자하였다. 그러나 병길은 그에 관해 한 가지도 묻거나 듣지 않고 계속 앞으로 갔다. 그의 속리는 그 모습을 보고 매우 이상하게 여겼다. 교외에 다다랐을 때 한 사람이 소를 끌고 있었는데, 소는 숨을 헐떡이며 혀를 길게 내밀고 있었다. 병길은 즉시 마차를 세우고 소에 관해 여러 가지 사항을 물어보았다. 그를 따르던 속리들은 승상의 행동이 도무지 이해가 가지 않았다. 어떤 사람들은 그가 일의 경중도 알지 못한다며, 소는 보고 사람은 보지 못한다고 비웃기까지 했다. 수하에 어떤 사람이 병길에게 물어보았다.

"방금 사람들의 유혈이 낭자한 패싸움을 보셨지만 나리께서는 아무 것도 묻지 않으셨사옵니다. 헌데 소가 숨을 헐떡이는 것을 보시고 이토록 자세히 물으시다니, 대체 그 연유가 무엇이옵니까?"

"백성들이 패싸움을 하고 서로를 죽이는 것은 장안령과 경조윤의 직책 안에 있는 일이니, 그들이 알아서 금하고 체포할 것이다. 승상은 연말에 보고를 받아 그에 따라 업적을 평가하고 상이나 벌을 황제께 청하면 될 것이다. 그러니 재상은 작은 일에 나서 월권 행위를 해서는 아니 되느니라. 그래서 나는 패싸움에는 관여하지 않았던 것이다. 그러나 봄이 되어 농사일이 한창 바쁜 때에 소가 더위로 인해 숨을 잘 쉬지 못하면 기후가 좋지 못하다는 것이 아니냐? 이는 농업 생산에 영향을 미칠 것이 분명하다. 삼공의 직책은 위로 천자를 보좌해 음양을 잘 조화시키고 만물이 이를 따르게 하는 것이니라. 맡은 바 일은 완수해야 하는 법, 그래서 내가 소에 관해서는 물어본 것이니라."

속리들은 그의 대답에 감탄하며 병길이야말로 도리를 아는 사람이라고 생각했다.

오봉 3년(기원전 55년) 봄, 병길의 병이 위중해지자 선제는 친히 승상부에 병문안을 왔다. 그는 병길에게 훗날 누가 그의 직무를 대신할 수 있을지 물었지만 병길은 겸손히 대답을 미뤘다.

"재능 있는 대신들이 매우 많으니 명석하신 군주께서는 이미 아실 것입니다. 그러나 우매한 신하는 그것을 알지 못하옵니다."

선제가 다시 한 번 재촉하자 병길은 그제야 입을 열었다.

"서하 태수 두연년은 법도와 국사를 잘 알고 있으며 10년 간 구경의 자리에 있었사옵니다. 지금은 군수로서 지방도 아주 잘 다스리고 있지요. 정위 우정국 역시 공정하게 법을 집행하는 관리로 백성들 사이에는 이런 노래까지 돌고 있다 하옵니다. '장석지가 정위가 되니 천하에 억울한 백성이 없었고, 우정국이 정위가 되니 백성들은 억울하다 느끼지 않게 되었네.' 또 태복 진만년陳萬年은 계모에게도 효를 다하며 성실하고 관대하옵니다. 이 세 대신의 재능은 모두 소신보다 뛰어나오나 위에서 그들을 알지 못했을 뿐이지요."

선제는 병길의 말이 옳다고 생각해 훗날 이 세 사람을 중용했다. 병길이 죽은 후 그의 직위는 어사대부 황패黃霸가 대신하게 되었으며, 서하 태수 두연년은 어사대부가 되었다. 두연년이 나이가 많아 퇴직한 후 정위 우정국이 어사대부가 되었고, 황패가 죽은 후 우정국이 승상의 자리에 올랐다. 태복 진만년은 우정국을 대신해 어사대부가 되었다. 이 세 대신이 삼공의 자리에 앉아 자신의 직무를 매우 잘 수행했기 때문에, 선제는 병길이 사람을 매우 잘 본다고 생각했다.

병길은 사후에 정후定侯라는 시호를 받았다. 그의 아들 병현丙顯은 박양후의 작위를 계승했으나 죄를 지어 관내후로 작위가 강등되었고 관직도 위위, 태복에 그쳤다. 병현이 죽은 후 그 아들 병창丙昌이 관내후라는 관직을 물려받았다. 성제 때 병창은 다시 박양후에 봉해졌다. 병창은 작위를 손자에게까지 물려주었으나 왕망 시절 끊어져버렸다.

漢書 들여다보기

병길에게는 성인의 유풍遺風을 엿볼 수 있다. 다만, 그 질문의 내용이 달랐을 뿐이다. 공자는 마구간에 불이 나자 '다친 사람은 없느냐?'고 묻고 말에 관해서는 묻지 않았다. 백성의 목숨을 더 귀히 생각했던 것이다. 같은 상황에서 병길은 소에 대해 물었는데, 이는 백성의 생명과 생계를 걱정하였던 것이다.

병길

◉ 주요 인물

조광한

◉ 주변 인물

두건, 소현, 위상, 소망지

◉ 키워드

청렴하게 나라를 위해 힘씀, 똑똑하고 노련함

◉ 중대 사건

두건의 목을 벰, 영천의 세도가들 제압, 살인죄

◉ 이야기 출처

『한서』「조광한전趙廣漢傳」

赵广汉

조광한 : 작은 것도 놓치지 않는 경조윤

조광한의 자는 자도子都로 탁군涿郡涿 여오현(蠡吾縣: 지금의 하북성 여현蠡縣) 사람이었다. 조광한은 젊은 시절 군의 관리와 주종사州從事를 지냈는데 청렴하고 예리하며 겸손한 것으로 매우 유명했다. 훗날 그는 수재秀才로 천거되어 평준령平準令의 자리에 올랐다. 또 심사에 통과해 양적령陽翟令이 되었으며, 다시 경보도위京輔都尉로 승진하여 경조윤京兆尹을 대행했다. 마침 그때 소제가 승하하자 신풍新豊 사람 두건杜建이 평릉 지붕 공사의 감독을 도왔다. 그런데 그의 문객 중 하나가 부당한 수단으로 엄청난 폭리를 취하여, 조광한은 두건에게 완곡하게 통보했으나 두건은 들은 척도 하지 않았다. 그러자 조광한이 두건을 잡아 가두었는데, 두건 가문과 그의 문객들은 감옥에 갇힌 두건을 빼내려고 모의했다. 그러나 예리한 조광한은 이를 짐작하고 수하의 관리에게 두건의 목을 베어 사람들에게 보이라 명하여 법에 따라 심판하고 처벌했다. 장안의 백성들은 조광한의 처사를 칭찬했다.

이때 황제로 부름받았던 창읍왕 유하는 음란한 행동 때문에 대장군 곽광과 연명한 여러 대신들에 의해 폐위되었고, 선제가 황제로 옹립되었다. 조광한은 이 일에 관련하여 관내후라는 작위를 하사받았다. 그리고 곧이어 영천군의 태수로 부임했다. 영천군에는 원原 씨와 저褚 씨 두 집안이 멋대로 날뛰며 횡포를 부리고 있었다. 그들이 비호하는 문객들은 난을 일으켜 도적떼가 되기도 했다. 그러나 전임 태수는 손을 쓰지 못하고 있었다. 그러나 조광한은 부임한 지 몇 달 만에 원 씨와 저 씨 가족 중 악랄한 사람들을 처형해버려 군 전체가 발칵 뒤집혔다.

일찍이 영천의 족벌들은 서로 정략결혼을 했고, 관청 역시 그들과 결탁하여 한패가 되어 있었다. 조광한은 이런 상황에 매우 분개했으나, 그들 중에서 쓸 만한 사람들을 표창해 자신의 명을 따르게 만들었다. 사건이 발생하면 죄명이 확인되는 즉시 법에 따라 처벌했다. 조광한은 일부러 몇몇 정보들을 흘려 족벌들 간에 의심과 불평이 싹트게 만들었다. 동시에 관리를 '밀고자'로 심어두었다. 일단 누군가 투서를 보내 폭로하면 고발자의 이름을 삭제하고 그 자리에 세도가 자제들의 이름을 적어넣었다. 이런 이간질의 효과는 매우 뛰어나서 세도가들 사이에 원한이 생기게 되었고, 그들의 파벌 집단도 뿔뿔이 흩어지고, 사회 분위기도 완전히 뒤바뀌었다. 관리와 백성들은 도적들의 악행을 속속 고발해왔고, 조광한은 이들 정보를 이용해 더 많은 정보를 수집했다. 그러자 도적들도 함부로 불법을 저지르지 못하게 되었다. 이로써 영천은 태평함을 누리게 되었고 조광한의 명성도 널리 퍼지게 되었다. 심지어 투항해온 흉노족들도 조광한의 이름을 들었다고 말할 정도였다.

본시 2년(기원전 72년), 한나라는 5명의 장군을 보내 흉노를 공격하게 했다. 그때 조광한은 태수의 신분으로 군대를 이끌고 보류장군 조충국의 수하로 들어가게 되었다. 회군 후 다시 경조윤을 대신해 일을 보다가 1년 후 정식으로 경조윤이 되었다. 조광한은 2천 섬을 받는 태수가 되었으나, 사인들을 만날 때마다 따뜻한 표정으로 수하의 관리를 위로하고 임용할 때도 매우 다정하고 진실했다고 한다. 무슨 일이든 시행해서 놀라운 성과를 거두면 그 공을 부하에게 돌렸다. 그의 이런 태도는 부하들에 대한 진심어린 애정으로 절대 위선적인 행동이 아니었으므로, 부하 관리들은 조광한을 볼 때마다 마음 속에 있는 말까지 다할 수가 있었다. 서로 그의 분부를 기다렸고 아무리 어려운 임무라 해도 사양하지 않았다. 조광한은 워낙 똑똑해서 부하들이 무엇을 잘하는지, 최선을 다하고 있는지 모두 알고 있었다. 어떤 사람이 잘못을 하면 일단 본인에게 먼저 말해주지만, 개선되는 것이 없으면 법에 따라 처벌했다.

조광한은 완강하고 의지가 곧았으며, 관직을 능히 감당할 만한 천부적 재능을 가지고 있었다. 그는 관리와 백성들을 만나면 밤을 꼬박 새우기도 했다. 그는 특히 '구거법鉤距法'의 응용에도 뛰어나, 에둘러 진실을 캐내곤 했다. '구거법'이란 말 한 마리의 정확한 가격을 알기 위해서 먼저 개는 얼마나 하는지, 양은 얼마나 하는지, 소는 얼마나 하는지를 물은 후에 마지막으로 말이 얼마인가를 묻는 방법이다. 이렇게 몇 가지 가축의 가격을 서로 비교하고 용도에 따라 기준을 만들면 말의 가격이 타당한가를 알 수가 있었다. 조광한은 영천 경내의 도적과 경박한 협객의 내력, 근본, 은신처뿐 아니라 관리들이 수취하거나 횡령한 아주 적은 돈까지 모두 알고 있었다. 한 번은 장안성 안에 몇 명의 젊은이들은 외지고 조용한 곳의 빈 집에 모여 행인들을 약탈할 계획을 짜기로 하였다. 그들이 둘러 앉아 일을 꾸미려는 순간 조광한이 사람들을 보내 그들을 잡아들였는데 그들도 자신들의 죄를 인정했다. 부호 소회蘇回가 입궁하여 낭관이 되었는데 두 사람에게 납치되었다. 얼마 후 조광한은 부하를 데리고 납치범의 집을 찾아갔다. 조광한은 뜰에 서서 장안승長安丞 공사龔奢에게 본채의 문을 두드리게 한 후 납치범을 향해 소리를 질렀다.

"경조윤 조군이 좋은 말로 권하니 두 사람은 인질을 죽이지 마라. 그는 궁중의 숙위 군관이다. 인질을 풀어주고 자수한다면 너희에게 은혜를 베풀 것이다. 운 좋게 대사면이라도 받게 되면 죄를 면할 수도 있지 않느냐."

두 납치범은 깜짝 놀란 데다 일찍부터 조광한의 명성을 들어왔기 때문에 즉시 문을 열고 나와 조광한에게 머리를 조아렸다. 조광한 역시 엎드려 맞절을 하며 말했다.

"자네들 덕분에 낭관의 목숨을 건졌으니 정말 고맙네."

그들을 감옥에 압송한 후 조광한은 옥리에게 그들을 다정하게 대하라고 명령하고 술과 고기를 내렸다. 겨울이 되어 사형을 집행할 때가 되자 조광한은 먼저 그들을 위해 관을 만든 후, 그 사실을 일러주었다. 두 사람은 모두 입을 모아 말했다.

"소인들 비록 사형을 당하지만 마음에 맺힌 것은 아무 것도 없사옵니다."

조광한은 일찍이 호도 정장湖都亭長에게 서신을 보내 자신의 관저에서 이야기를 나누자고 했다. 호도 정장은 서쪽으로 오면서 계상界上을 지나게 되었는데, 계상 정장이 그에게 농담을 하는 것이 아닌가?

"태수부에 도착하면 나 대신 조군께 안부나 전해주시오."

정장은 태수부에 도착한 후 조광한과 이야기를 나누었다. 공적인 이야기가 끝나자 조광한이 먼저 계상 정장의 이야기를 꺼냈다.

"계상 정장이 내게 안부를 전해달라고 하지 않았나? 그런데 어째서 인사를 전하지 않는 겐가?"

정장은 머리를 조아리며 감탄했고, 조광한이 말했다.

"돌아갈 때 나 대신 계상 정장에게 감사 인사를 전해주게. 충성스럽게 직무를 다하고 몸소 본을 보이라 전하면 본관도 절대 호도정장의 깊은 정을 잊지 않을 것이네."

비밀스러운 일을 캐내는 조광한의 능력은 이처럼 놀라워서 사람들의 감탄을 자아내곤 했다.

조광한은 장안의 유요(游徼: 포졸)와 옥리 등의 봉록을 1백 섬으로 인상해줄 것을 청해 조정의 비준을 받았다. 이때부터 1백 섬의 대우를 받게 된 관리들은 법을 어기면서까지 함부로 사람들을 잡아 가두지 않게 되었다. 경조가 청렴하게 일을 처리하니 관리와 백성들은 물론, 나이가 많은 사람들은 한나라 건립 후 경조를 다스린 관리 중에서 조광한보다 뛰어난 사람은 없었다고 말할 정도였다. 한나라 때 관중은 경조, 좌풍익, 우부풍右扶風 세 지역으로 나뉘어져, '삼보三輔'라고 했다. 그래서 좌풍익, 우부풍의 관할 범위 역시 장안에 있었다. 범법자들은 죄를 지은 장소가 경조의 경계 안에 들지 않게 하려고 애를 썼다. 조광한은 이에 대해 탄식했다.

"장안에 대한 치리를 망치는 사람은 늘 저 두 보輔로구나! 내가 세 지역을 모두 관리한다면 다스리기도 더 쉬울 것을."

똑똑한 사람은 똑똑한 사람을 좋아하는 법이고, 능력 있는 사람은 능력 있는 사람을 좋아하는 법이다. 조광한은 옛 신하의 자제들과 새롭게 선발된 젊은 사람들을 기용하는 것을 좋아했고, 고집이 세고 능력을 지나치게 과시하며 남에게 모욕을 주는 사람들은 마음에 꺼려하였다. 무슨 일이 생기면 늘 단호하고 신속하게, 과감하고 간결한 계책을 내놓았다. 그래서 주변 사람 중에 자신의 의견을 고집하여 그와 대립하는 사람은 없었다. 그러나 사람의 장점은 단점이 되기도 한다. 조광한 역시 그 점으로 인해 망하고 말았다.

당시 대장군 곽광이 조정을 좌지우지하였는데, 조광한은 곽광의 명을 따랐었다. 곽광이 죽은 후 모든 것을 꿰뚫어보는 조광한은 황제가 속으로 곽 씨 집안을 미워하는 것을 알고 직접 장안 관리를 이끌고 곽광의 아들 박격후 곽우의 집 안으로 들어가 곽 씨 집안이 개인적으로 도살한 생축과 개인적으로 빚은 술을 찾아내고 몽둥이로 술독 받침과 항아리를 쳐서 깨뜨렸다. 그 집에서 나올 때는 도끼로 대문의 빗장을 쳐서 부숴버렸다. 당시 곽광의 딸은 여전히 황후의 자리에 있었기 때문에 그 소식을 듣자 황제에게 울면서 고해바쳤다. 황제는 안쓰러운 마음에 조광한에게 말을 전했다. 조광한은 이 일로 황제의 가솔과 조정 대신들에게 미움을 받게 되었다.

일찍이 조광한의 문객들은 몰래 시장에서 술을 팔다가 승상 수하의 관리들에게 쫓겨났는데, 문객들은 소현蘇賢이라는 남자가 일러바쳤다고 의심하여 조광한에게 고해바쳤다. 또한 위사尉史 우禹는 소현이 기마병으로서 패상에 주둔해야 함에도 그곳에 가지 않아 군의 사기를 떨어뜨리고 군중의 일을 지체하는 죄를 저질렀다고 탄핵했으므로, 조광한은 장안승에게 소현을 처벌하라는 지시를 내렸다. 이에 소현의 아버지는 상소를 올려 소현은 죄가 없다며 조광한을 고발했다. 황제는 관련 부처에서 다시 이를 심사해 처리하게 하였는데, 그 결과 위사 우는 요참을 당하게 되었고 관련 부처는 조광한을 체포하게 해달라고 청하였다. 황제가 조서를 내려 즉시 심문하게 하니, 조광한은 관직에서 물러났다. 때마침 대사면이 발표되어 그는 봉록만 한 등급 낮아졌다. 조광한은 이 사건이 일어난 것은 한 마을의 영축榮畜이 교사했기 때문이라 짐작하고 죄명을 찾아서 영축을 죽여버렸다. 누군가 황제에게 상소를 올려 그 사건을 폭로하니 황제는 사건을 승상어사에게 맡겼다. 곧바로 조사와 증거 수집이 긴박하게 이루어졌다.

조광한은 측근인 한 장안 사람을 승상부의 문지기로 들여보내 승상부 내에 어떤 위법 행위가 있는지 알아오게 했는데, 지절 3년(기원전 67년) 7월, 당시 승상 위상은 종묘의 제사에 쓸 귀한 술을 바쳤는데, 승상의 한 보모가 잘못을 범하고 목매어 자살했다. 조광한은 그 일을 듣고 승상의 부인이 질투심에 그녀를 승상부 내에서 죽인 것이 아닌지 의심했다. 조광한은 보모가 죽었다는 소식을 듣자 중랑관 조봉수趙奉壽를 시켜 승상에게 은근히 그 사실을 흘리도록 했다. 그것으로 승상을 위협해 자신의 사건을 더 깊이 조사하지 못하게 할 계획이었으나 승상은 위축되지 않고 조사에 박차를 가했다. 조광한은 즉시 상소를 올려 승상이 죄를 범했다고 고발했다. 황제는 명을 내렸다.

"이 사건은 경조윤이 처리하도록 하라."

조광한은 상황이 긴박함을 알고 즉시 한 무리의 관병들을 이끌고 승상부로 쳐들어갔다. 10여 명의 노비와 승상 부인을 뜰에 꿇어앉혀 심문하고, 노비를 고문하고 살해한 일이 있는지 알아보았다. 위상은 상소를 올려 자신을 변호했다.

'소신의 아내는 하녀를 죽인 일이 없사옵니다. 조광한이 여러 차례 법을 어기고 무고한 자들을 벌하고 말도 안 되는 일을 꾸며내 소신을 위협하였사옵니다. 그러니 정명한 관리를 보내시어 조광한이 소신의 집안일에 대해 조사한 것을 다시 조사하고 처리하게 하소서.'

황제는 그 사건을 정위에게 맡겨 조사하게 했다. 그 결과 승상은 정말 하녀가 잘못을 하자 나무라며 채찍질을 한 것이었고, 보모는 승상부를 떠나 밖에서 죽었다는 것이 밝혀졌다. 조광한이 말한 것과 전혀 달랐던 것이다. 승상사직丞相司直 소망지蕭望之는 조광한을 탄핵하는 상소를 올렸다.

'조광한은 대신들을 모욕하고 박해하였으며 천하를 다스린다는 명목 하에 다른 사람을 협박하였으니, 이는 실로 법도를 어긴 것이옵고, 교화를 해쳤으니 이는 부도不道한 짓이옵니다.'

선제도 조광한이 싫어져서 그를 정위의 감옥으로 압송했다. 정위는 조광한이 무고한 사람을 해쳤고 증거에 따라 범인을 심문하지 않았으며, 멋대로 기마병을 내쫓아 군사의 일을 지체시켰다는 죄명을 열거하며 고발했다. 천자는 소망지의 주장을 비준했다. 관리와 백성들이 궁문 앞에 나와 통곡하니 몇만 명은 족히 되었다.

누군가 이런 말도 했다.

"소신이 살아 있으면 황상께 어떤 이득도 되지 않으니 소신을 조경조 대신 죽여주시옵소서. 그리고 그가 계속 백성들을 다스리고 가르치게 하옵소서."

그러나 조광한은 결국 요참을 당하고 말았다.

조광한이 말년에 법을 어겨 죽임을 당하기는 했지만, 그는 경조윤의 자리에 있는 동안 투명하고 청렴한 정치를 펼쳤다. 또 부호와 강성한 문벌을 엄히 다스려 많은 백성들이 그 혜택을 누리게 했다. 백성들은 그의 업적을 그리워하여 노래를 지어 불렀고, 그 노래는 후세까지 전해졌다고 한다.

漢書 들여다보기

경조윤은 한나라 때 관명이자 행정구역 이름이었다. 장안 근방에 속했기 때문에 군으로 불리지 않았고, 지방 관청은 장안(지금의 섬서 서안)에 있었다. 삼국시대에는 위魏, 서위西魏로, 수隋나라 때에는 경조군으로 개명되었다. 1914년, 순천부順天府를 경조 지방으로 바꾸었고, 부윤府尹을 경조윤으로 바꾸었다. 국민당 통치 시절에는 아예 사라졌다.

조광한

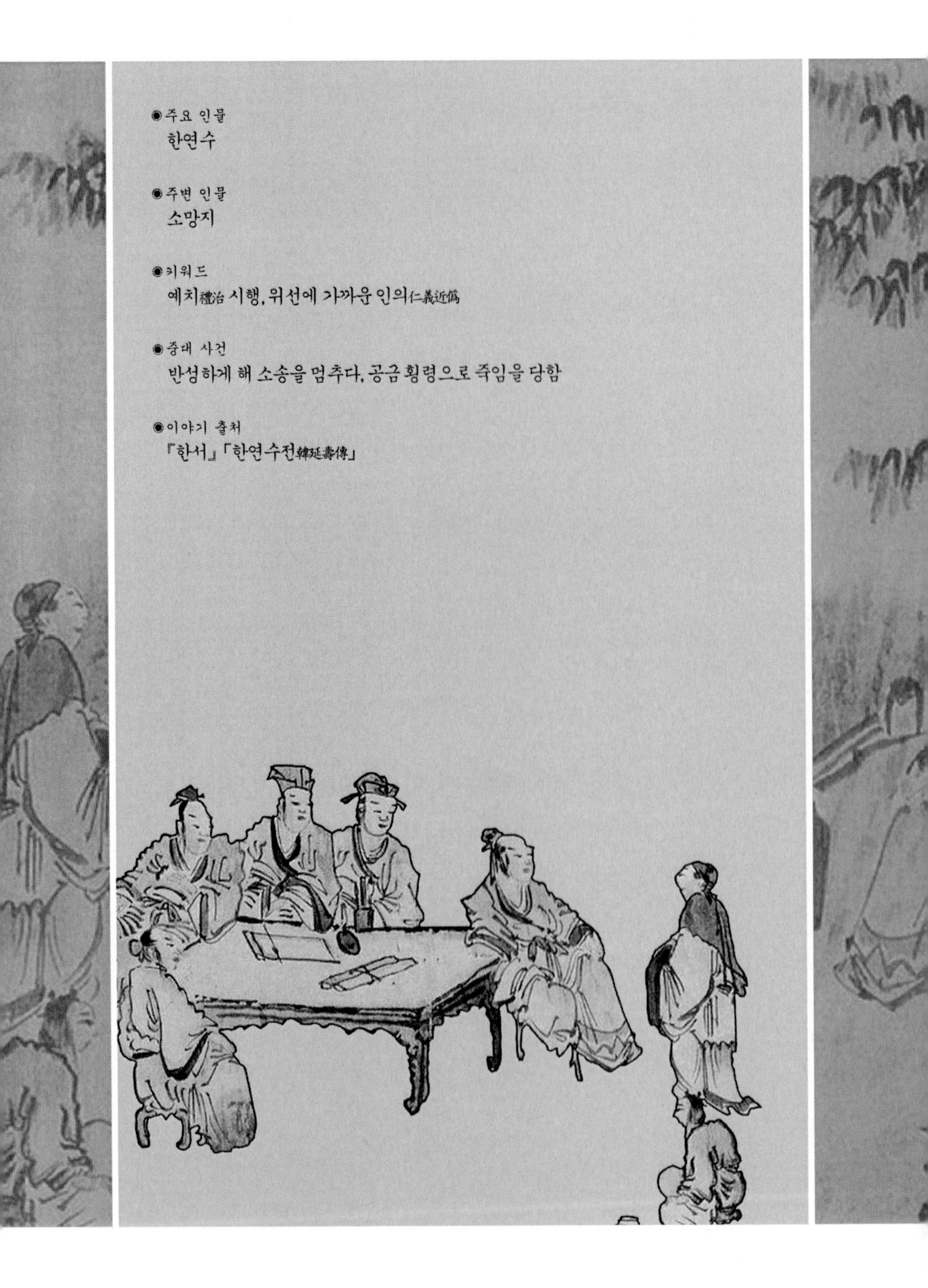

◉주요 인물
한연수

◉주변 인물
소망지

◉키워드
예치禮治 시행, 위선에 가까운 인의仁義近僞

◉중대 사건
반성하게 해 소송을 멈추다, 공금 횡령으로 죽임을 당함

◉이야기 출처
『한서』「한연수전韓延壽傳」

韓延壽

한연수 : 어진 마음으로 소송을 취하시킨 관원

한 선제 때 유명한 관리로는 한연수가 있다. 그는 공자가 제창한 도덕과 '무송(無訟: 송사의 시비가 스스로 없어지는 것)'의 이상을 굳게 지킨 신념가이자 실천가로서 손색이 없는 사람이었다.

한연수의 자는 장공長公으로, 연나라 사람이었으나 두릉(섬서 서안 동남쪽)으로 이주했다. 그의 아버지 한의韓義는 연왕 유단이 모반을 꾀할 때 직언을 올려 살해당했기 때문에, 백성들은 한연수를 매우 동정했다. 소제 때, 곽광이 득실을 따져 묻고 위상이 대책을 세우면서 한의를 표창하고, 그 아들에게도 상을 내리자는 건의를 했다. 한연수는 그 때문에 간대부로 선발되었고 다시 회양 태수로 승진했다. 그리고 그곳에서 치적을 쌓아 영천 태수로 임명되었다.

영천은 세도가들이 많은 지역으로 예로부터 다스리기가 매우 어려웠다. 그래서 나라에서는 현명하고 어진 사람을 선발해 그곳 태수로 삼았다.

조광한도 영천의 태수를 역임했었는데, 영천에는 부호와 세도가들이 너무 많아 생긴 문제들을 해결하기 위해 백성들이 서로 고발하도록 장려하였고, 그로써 관부와 대립되는 힘을 약화시키는 효과를 거둘 수 있었다. 그러나 영천은 그때부터 서로 고발하는 풍습이 생기고 말았는데, 한연수는 그것이 매우 불만이었다. 그는 예로써 다스리는 예치禮治를 시행하여 서로 양보하게 하고, 부모와 형님을 공경하는 사람을 표창하며 너그러운 마음으로 사람을 대함으로써 사람들을 감화시키는 것을 방책으로 삼고 있었다.

한 번은 수하의 관리들이 공무에서 그를 속이는 일이 일어났다. 그는 자세하게 조사한 후 그들 범법자들을 책망하지 않고, "그들이 평소 사람에게 당한 것이 많았기 때문이지, 그렇지 않다면 어떻게 그런 불의한 일을 하겠는가?"라고 말하며 그들이 잘못을 스스로 통감하도록 만들었다.

이 사건에 관련된 관리들은 그 사실을 알고 가슴을 치며 후회하였다. 한 사람은 이미 스스로 목숨을 끊어버렸고, 다른 한 사람은 자결하려고 하여 급히 구했으나 이미 기도가 손상되어 벙어리가 되었기 때문에 다신 말을 할 수 없게 되었다. 그 소식을 들은 한연수는 직접 그를 찾아가 눈물을 흘리며 말을 잇지 못했다. 그리고 사람을 보내 치료비와 재물을 넉넉히 주어 그 집안을 도와주었다. 몇 년 후 한연수가 동군 태수로 부임했을 때 황패는 영천 태수가 되어 태평성대를 이어갔다.

한연수는 이어 좌풍익으로 진급했다. 당시 한나라 수도 일대는 3개의 행정구역으로 나뉘어 있었다. 중심은 경조윤이 관리하였는데 지금의 시장과 같은 것이었다. 주병은 좌풍익과 우부풍이 관리했는데, 지금의 수도권과 같은 개념이다. 그는 좌풍익이 되자 일반적으로 행하던 절차에 따라 예속된 현들을 순행하거나 하급 관리의 치적을 조사하지 않았다. 어떤 사람은 그에게 이것이 나라의 규정이라고 일러주었지만, 한연수는 동의하지 않았다.

"각 현마다 현명한 장관이 있고, 감찰관들은 날마다 각자 선악을 구분하는 일을 하고 있지 않은가. 그런데 또 절차대로 내가 순행을 나간다 해도 아무 수확도 없을 것이네. 오히려 백성들을 귀찮게 하는 관리가 되겠지."

부하가 지금은 봄이니 나가서 농경을 장려해야 한다고 말하면, 한연수는 고리타분한 고대의 관습을 피하지 못해 어쩔 수 없이 고릉으로 순행을 나갔다. 그때 형제가 밭에서 다투다가 법정까지 오게 된 사건을 만나게 되었다.

자신이 부임한 지 오랜 시간이 지났지만 스스로 군郡에 본이 되지 못했기 때문에 아직까지 소송을 잠재우지 못한 것이 아닌가? 한연수는 매우 슬퍼했다. 혈육끼리 소송이 일어나다니 이는 풍속을 문란하게 하는 일이며, 경내의 현명한 관리와 지방의 수장, 다른 모범적인 사람들이 이러한 모욕을 받게 된 것은 모두 자신의 잘못이라고 여겨서, 그는 즉시 병을 핑계로 집무를 보지 않았다. 문을 걸어 잠그고 반성하며 문밖 출입을 하지 않으니, 현의 관리와 지방의 수장들이 스스로 감옥에 들어가 벌을 기다렸다. 동릉현 전체가 두려움과 당혹감에 휩싸였다.

이것은 두 형제의 상상과 이해 범위를 벗어난 결과였다. 지혜로운 사람의 가르침이 있었던 것인지, 아니면 그들의 마음 깊은 곳에서 참회와 두려움이 생겨났기 때문인지는 모를 일이지만, 그들은 고대에 죄인들이 스스로 형장을 짊어지고 죄를 사죄하던 방법을 따랐다. 머리를 다 밀고 소매를 떼어낸 후 관부의 대청에서 처벌을 기다리며, 서로 양보하고 평생 다시 싸우지 않겠다는 다짐을 보였다. 그때서야 한연수는 매우 기뻐하며 문을 열고 그들을 맞아들였다. 함께 밥을 먹고 기쁨의 대화를 나누고 다시 공무를 보기 시작했다. 하늘을 가득 메웠던 먹구름도 그제야 사라졌다. 이 이야기가 한연수의 관할 하에 있는 24개 현에 널리 퍼지자 백성들은 모두 자신의 지역에 부모와 같은 훌륭한 관리가 있다는 사실에 가슴 뭉클한 감동을 느꼈다. 그 후로는 더 이상 개인적인 일로 소송을 일으키는 자가 없었다고 한다.

한연수는 소망지를 대신해 좌풍익이 되었고, 소망지는 어사대부로 승진했다. 어떤 사람이 소망지에게 한연수가 동군에 있을 때 공금을 남용한 것이 1만여 전에 달한다고 전했다. 소망지는 한연수에게 이 사실을 묻고 처리할 준비를 했다. 한연수에게도 사람을 보내 소망지가 좌풍익으로 있을 때 1백만 전 가량의 돈을 남용했던 일을 정리하도록 하여 이 사건은 바로 황제에게 올라갔다. 황제는 양측 모두 조사한 내용을 하나하나 열거하도록 명했다. 소망지는 한연수의 낭비와 사치에 관한 자료를 매우 조리 있게 정리해왔으나, 한연수는 소망지의 내역을 결국 정리해내지 못하였다. 한연수는 공자의 도덕과 인의를 내세웠고 무송無訟을 실천하였으나, 결국 자신은 공금을 남용하는 오류를 범했던 것이다. 황제는 크게 노하며 한연수에게 사형을 선고했다. 관리와 백성 1천여 명이 위성까지 한연수를 배웅하며 그에게 술을 올려 작별을 고했다. 한연수는 거절하지 못하고 다 마셨고, 사람들도 함께 마시니 그들이 마신 술만 한 섬이 넘었다. 한연수는 옆에서 공무를 보는 사람들에게 부탁해 백성들에게 감사 인사를 전했고, 눈물을 흘리지 않는 백성이 없었다.

"멀리까지 이리 나와주시니 연수는 죽어도 여한이 없습니다."

한연수의 세 아들은 모두 관직에 있었다. 그는 죽기 전 아들에게 자신이 당한 일을 기억하고 절대 관리가 되지 말라고 당부했다. 세 아들은 모두 아버지의 가르침을 받들어 관직에서 물러나 평생 벼슬길에 나오지 않았다. 그의 손자 한위韓威는 신의를 지키고 신망이 있어 다시 장군이 되었다. 그러나 결국 사치와 남용이라는 그의 할아버지와 비슷한 죄명으로 죽임을 당하고 말았다. 그와 그의 할아버지의 운명이 매우 비슷하였으니 보는 이의 안타까움을 자아내었다.

漢書 들여다보기

노순이 말하기를, 유비의 어진 행동의 이면에는 억지스러운 면이 있다고 지적했는데, 그것은 '위선에 가까운 인의'였다는 것이다. 한연수가 인의를 높이 부르짖었으나 자신은 공금을 남용하는 잘못을 범해 언행이 일치되지 않는 모습을 보였다. 그러니 위선에 가까운 인의야말로 문제의 본질을 설명할 수 있지는 않을까?

유비

◉주요 인물

장창

◉주변 인물

한 선제, 서순, 원제, 소망지

◉키워드

능력 있고 재미있는 신하

◉중대 사건

경조윤으로 부임, 서순 살해

◉고사

장창화미張敞畵眉 오일경조五日京兆

◉이야기 출처

『한서』「장창전張敞傳」

張敞

장창 : 치세에 능한 신하

장창의 자는 자고子高로, 한 선제 때 사람이다. 그는 행정적 재능이 뛰어나고 처세술에 밝은 관리였다. 장창은 벼슬길에서 몇 번이나 기복을 경험하였다. 창읍왕 유하에게 간언하는 상소를 올렸는데, 10여 일 후 유하는 곽광 등에 의해 폐위되었고 장창은 승진을 한다. 그러나 훗날 그는 곽광에게 미움을 받아 장안 밖으로 파견을 가게 되었다. 선제는 즉위 후 유하가 다시 재기할까 두려워하다가 고민 끝에 장창을 산양山陽의 태수로 임명하고 유하를 감시하도록 했다. 그는 유하의 거동에 관해 아주 재미있는 상소문을 쓴 적이 있는데, 그 대략적인 의미는 유하가 명석하지 못하다는 뜻으로, 황제의 경계심을 사라지게 만든 상소문이었다. 이러한 예로 미루어볼 때 장창의 성격은 '벼랑 끝에 선 사람의 등 떠미는 짓'을 매우 싫어했음을 엿볼 수 있다. 곽광이 죽자 장창은 다시 상소를 올려 곽 씨 집안 후손과 중신 장안세 등을 모두 관직에서 퇴임시키고, 그들의 좋은 평판만 지키게 하면 황제도 마음을 놓을 수 있을 것이라고 건의했다. 그러면서 자신은 장안으로 와 충성을 다하고 싶다고 덧붙였다. 이 상소는 주도면밀하면서도 공명정대하며 선의가 담겨 있는 것이었다. 그러나 이를 시행하는 데는 어려움이 있었다. 손익 계산을 확실히 한 선제는 곽 씨 후세들이 아무런 거리낌 없이 행동하도록 내버려두었다가 일거에 제거해버렸다.

훗날 발해渤海 교동의 일부 지역에서 도적들이 많이 일어나자 장창은 자진해서 상소를 올렸다.

'소신이 관리하는 산양군에는 9만 3천 가구, 50만 명의 백성이 있사옵니다. 그러나 지금까지 잡지 못한 도둑과 강도는 불과 77명밖에 되지 않사옵니다. 다른 일들도 비슷하옵니다. 오랫동안 한가로운 곳에 있으니 너무나 송구하옵고, 혼란한 곳을 생각하니 나라를 위해 충성을 다하고 싶사옵니다.'

선제는 장창을 교동국(관공서는 지금의 산동성 평도平度 동남쪽에 있다)의 재상으로 임명하고, 공수龔遂를 발해 태수로 임명했다. 장창이 다스리는 방식과 공수가 다스리는 방식은 매우 달랐지만, 공수가 발해 태수로 부임했을 때에도 도적들이 뿔뿔이 흩어져 백성들이 안정을 누릴 수 있었다.

그 당시 경조윤은 매우 어려운 자리였다. 장안 지역의 세도가들이 워낙 많은데다 죄수들이 속속 모여들었기 때문이었다. 사서에서는 지방관들이 백성들을 잘 다스려 공이 크면 장안으로 부임할 수 있다고 기록하고 있지만, 오래 버틴 사람은 2, 3년, 짧은 사람은 불과 몇 개월 밖에 버티지 못했으며, 모두 잘못을 범해 파면되고 말았다. 오직 장창과 또 다른 사람만이 오랫동안 그 직책을 감당했다고 한다.

당시 장안에는 좀도둑들이 너무 많아서 장사하는 사람들의 원성이 매우 컸다. 장창은 부임하자마자 각종 수단을 써서 좀도둑들의 두령을 정탐해냈다. 그런데 이 '어두운 무리'의 두목은 도적질에는 참여하지 않았고, 선비처럼 우아한 기품을 가장한 사람이 아닌가? 그들은 밖에 나갈 때도 커다란 말을 타고 종들을 거느리고 다녔기 때문에 사람들은 모두 그들이 충직하고 온후하다고 생각하며 매우 존경하였다. 그래서 장창은 그들을 모두 초대한 후 그들의 정체를 밝혔다. 그리고 '채찍과 당근'을 함께 내밀며 그들에게 좀도둑들을 잡아 죄를 갚으라고 일렀다.

그 방법이란 그들에게 정부의 위임을 받도록 해주고 도둑놈들이 축하하러 오도록 한 것이었다. 모두가 잔뜩 취해 있을 때 두목들은 붉은 물감으로 도둑의 옷에 표시를 해두었다. 밖에서 기다리고 있던 포리捕吏들이 연회가 끝나고 집으로 돌아가는 도둑들을 일망타진하여, 그날 수백 명의 도둑들이 사로잡혀 많은 양의 미해결

사건들이 속속 해결되었다. 이 일이 있은 후 장안에는 도둑질이 사라지게 되었다.

장창은 장안의 행정 관리로서 놀라운 재능을 보이는 것으로 그치지 않았다. 조정의 큰일을 의논할 때면, 그는 '숲과 나무'를 통찰하는 의견을 제시할 줄 알았고, 수집한 자료로 증명하거나 한 마디 말로 핵심을 찔러 그의 의견이 조정에서 수용되도록 하였다. 황제는 몇 번이나 그를 기용하고 싶었지만, 평생 그가 가장 높이 오른 관직은 경조윤이었다.

그 이유는 사람들이 그는 품격이 떨어지고 자중하지 못하며 백성들 앞에서 체통을 지키지 못한다고 생각했기 때문이다. 그를 비난하는 구체적인 이유는 2가지였다. 첫째는 그가 궁정에서 집으로 돌아갈 때 일부러 기방이 밀집한 거리로 마차를 끌고 지나갔다는 것이다(주마장대走馬章臺라고도 한다). 게다가 얼굴을 가릴 때 쓰는 부채로 말을 채찍질해 자신의 고귀한 얼굴을 내보이며 기녀들이 그의 고귀한 얼굴을 우러러보도록 했다고 욕하였다. 둘째는 그들 부부가 지나치게 사이가 좋아서 아침에 일어나면 그가 부인의 눈썹을 그려준다는 것이었다. 이 이야기가 시장까지 퍼지니 백성들은 신이 나서 떠들고 다녔다.

물론 장창을 향한 이 2가지 비난은 모두 성립될 수 없는 것이었다. 부인의 눈썹을 그려준 일에 대해 장창은 아주 교묘하고도 지혜로운 방법으로 설명하고 반박했다. 선제가 그를 불러 정말 그런 일이 있었는지 물었을 때였다. 장창은 이렇게 대답했다.

"소신 규방 안에서 벌어지는 부부의 사생활은 눈썹을 그려주는 것보다 더하다 들었사옵니다."

황제는 그 말을 듣고 알겠다는 듯 '씩' 웃으며 다시는 그 일로 그를 책망하지 않았다. 그럼에도 불구하고 장창은 더 이상 높은 자리에는 앉지 못했다. 장창은 경조윤으로 9년간 있으면서 신속하고 시원스럽게 일을 처리해 그 지역을 안정시킴으로써 황제와 백성들의 환심을 얻었다. 그러나 생각지도 못한 일이 일어났다. 사마천의 외손자, 즉 일찍이 광록훈을 지냈던 양운이 죄를 지어 죽임을 당하게 되었는데, 장창은 양운의 친구였기 때문에 함께 탄핵을 받게 되었다. 정치적 업적이 탁월하고 예지가 뛰어난 능력 있는 관리가 사소한 빌미로 인해 지위까지 위태로운 지경이 되었던 것이다.

장래가 불투명한 관리는 비록 그 자리를 지키고 있다 할지라도 위신은 급격히 추락하는 법이다. 동료들은 곁눈질을 하고 부하들 또한 고개를 뒤틀며 말을 듣지 않았다. 특히 과거에 양운의 친구라고 여겨졌던 사람들은 모두 파면된 데다, 장창을 탄핵한 상소문까지 황제의 손 안에 있으니 언제 파면 명령이 내려올지도 모르는 상황이었다. 사람들은 선제가 이전에 장창을 매우 좋아했다는 것을 잘 알면서도 장창이 파면되는 것은 시간문제라고 여겼던 것이다. 그때 장안에는 도적들을 체포하는 일을 주관하던 좌리左吏 서순絮舜이란 자가 있었다. 장창은 서순에게 모 사건을 조사할 임무를 주었지만, 서순은 그 일을 받은 후에 잠시 대청에 나갔다가 바로 집으로 돌아가 잠을 자버렸다. 누군가 서순을 설득했지만 오히려 이런 말만 들어야 했다.

"이게 뭐가 어떻다고 그러나? 내 이미 애를 많이 썼네. 지금 그 자는 오일경조五日京兆에 불과하네. 며칠 있지 못하고 떠날 텐데, 나한테 뭘 어쩔 수나 있겠나?"

서순은 장창이 선발하여 키운 유능한 부하였다. 그러니 그 말을 전해들은 장창이 화가 머리끝까지 올라 어질어질한 것도 당연한 일이었다. 능력 있고 수완 좋은 그는 집안에 앉아 '사람 마음은 원래 그런 것이라고' 한탄만 하지 않았다. 그렇다고 서순이 회개하고 돌아오기를 멍청히 기다리거나 기대하지도 않았다. 그는 공문 한 장을 발급해 급히 서순을 잡아와 재판에 회부했다. 당시는 입춘立春이 며칠밖에 남지 않은 때였다.

정부는 입춘이 시작되면 벌을 주거나 사람을 죽일 수 없도록 규정하고 있었으나, 장창은 부하들에게 밤낮없이 서순을 고문하게 해 중한 죄를 뒤집어씌웠다. 며칠이 지나자 서순의 죄는 죽을죄로 부풀어 있었다. 이때 장창은 사람을 시켜 서순에게 쪽지 하나를 전했다.

'오일경조면 또 어떠리? 이제 곧 겨울이 끝날 터인데 자네는 더 이상 살고 싶지 않은가?'

'철컥' 그렇게 서순의 목이 달아나버렸다. 입춘이 곧 다가오자 조정은 관례에 따라 억울하게 죄를 지은 관원이 없는지 조사하는 전문 관리들을 파견해 순시하게 했다. 서순의 가족들은 서순의 시체와 장창이 보낸 쪽지를 가지고 나와 억울하다고 소리를 질렀다. 조정의 관리들은 천자에게 장창이 무고한 사람을 죽였다는 주장을 써서 올렸다. 선제는 장창을 매우 아꼈지만 그마저 눈감아줄 수는 없었다. 그래서 선제는 서순 살해 사건에 관한 주장은 넣어두고 과거 사람들이 장창을 탄핵했던 주장을 발표해 장창의 모든 직무를 빼앗아버렸다.

장창은 관직을 잃은 몸이 되었지만, 황제의 본뜻을 잘 알기에 인수를 반납하고 타향으로 떠났다. 몇 달 후 장안이 소란스러워지자 선제는 장창의 뛰어난 능력을 생각해 다시 그를 불렀다. 이때 장창은 먼저 서순을 억울하게 죽인 자세한 과정과 반성하는 내용을 적어 상소를 올리며, 서순이 자신을 '오일경조'라고 부르며 배은망덕한 짓을 해 미풍양속을 어지럽혔다는 점을 강조했다. 자신은 어떤 벌이든 달게 받을 것이며 죽어도 여한이 없다는 말도 덧붙였다. '전진을 위한 일보 후퇴'식의 주장에 완전히 넘어간 선제는 장창을 기주 자사冀州刺史로 임명하여 최근 출몰한 강도들을 척결하도록 했다. 무고한 사람을 죽여 일으킨 파장도 이렇듯 장창에 의해 흔적도 없이 사라져버렸다.

선제가 죽은 후 원제가 황위를 이어받았다. 누군가 황제에게 장창을 태자태부로 삼는 것이 어떻겠느냐며 추천했다. 황제가 소망지에게 의견을 물으니, 소망지는 장창이 실력이 뛰어나긴 하나 진중하지 못하니 태자를 보필해서는 안 된다고 대답했다. 원제는 장창을 다시 장안으로 불러 좌풍익으로 임명하려고 했으나, 불행히도 이때 장창은 병으로 죽고 말았다. 보기 드문 능력을 가졌고, 또 재치 있었던 한 사람이 이렇게 역사의 무대에서 사라졌다.

漢書 들여다보기

혜성도를 보면 혜성 중 3가지는 머리 모양이 다르고, 4가지는 꼬리 모양이 다르다. 이는 당시 혜성의 형태에 대한 관찰이 매우 정확했으며, 분류도 매우 과학적이었음을 보여주는 것으로, 한나라 천문학의 위대한 성과를 반영하고 있다.

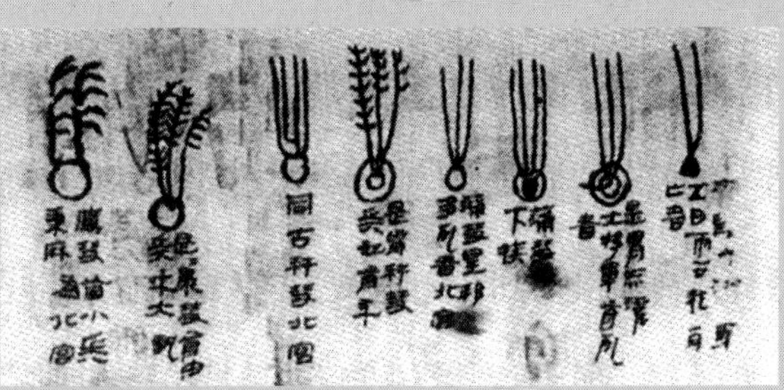

혜성도

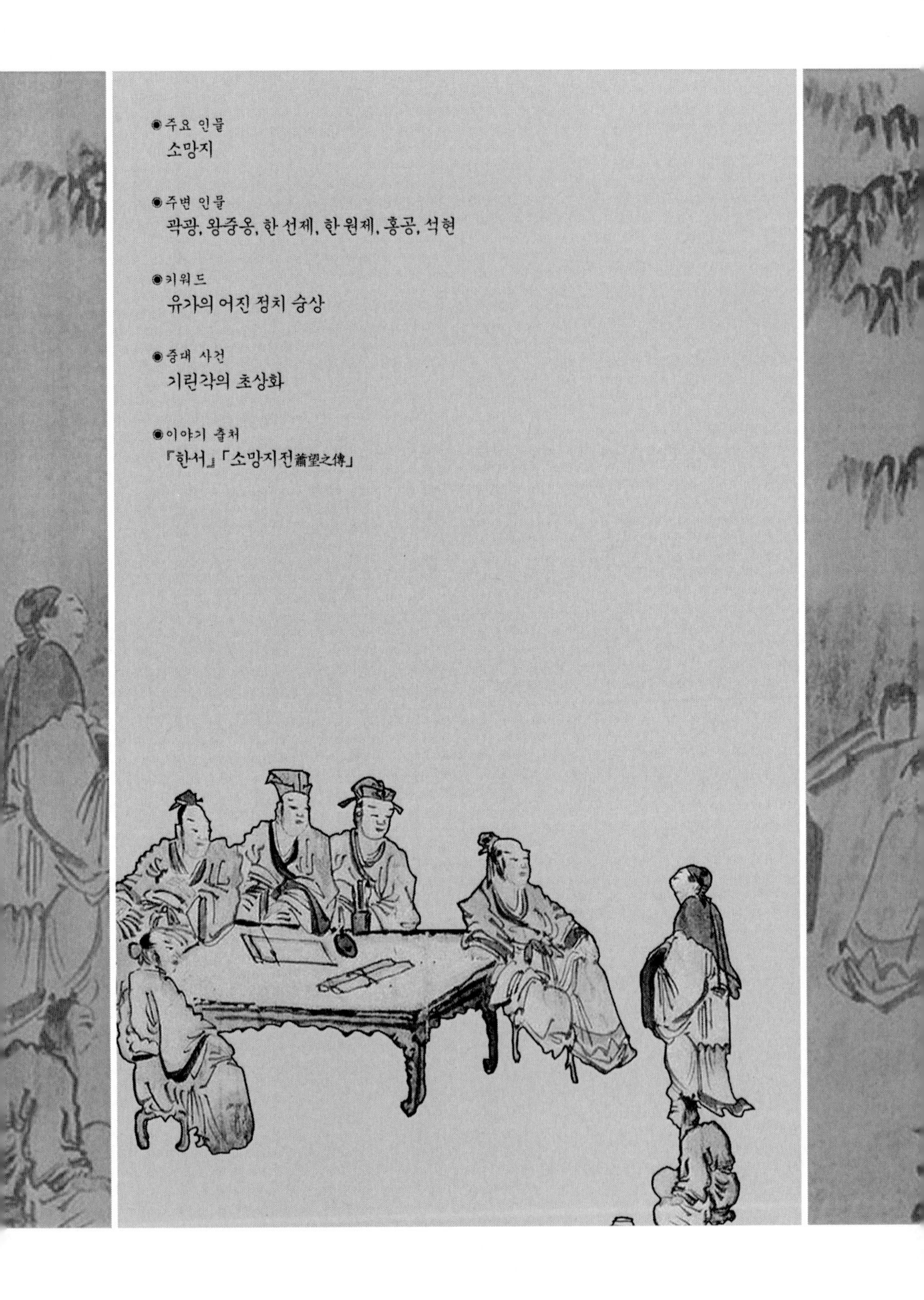

◉주요 인물
소망지

◉주변 인물
곽광, 왕중옹, 한 선제, 한 원제, 홍공, 석현

◉키워드
유가의 어진 정치 숭상

◉중대 사건
기린각의 초상화

◉이야기 출처
『한서』「소망지전蕭望之傳」

蕭望之

소망지 : 유가의 어진 정치를 숭상한 사람

소망지의 자는 장천長倩으로 동해 난릉(蘭陵: 지금의 산동성 창산蒼山 서남쪽) 사람이었으나, 훗날 그는 장안 이남에 있는 두릉으로 이주했다. 소망지는 대대로 농사를 짓던 집안에서 태어났다. 그는 어려서부터 부지런하고 학문을 좋아하였는데, 특히 『제시齊詩』를 좋아했으며, 같은 현 사람인 후창后倉 밑에서 근 10년을 공부했다. 이후 군국郡國에서 그를 추천해 태상서太常署에서 공부할 수 있게 되었다. 먼저 동학인 박사 백기白奇에게 배우다가 후에 하후승에게 『논어』와 『예복禮服』을 배웠다. 그의 성적이 매우 뛰어났기 때문에 장안에 있는 유학자의 칭찬을 받을 정도였다.

한 소제 때의 대장군 곽광이 정권을 장악하였을 때, 상관걸과 개주가 곽광을 모해하고 황위를 찬탈하려던 음모가 드러나자 장안은 긴장감에 뒤덮였다. 곽광은 암살을 당할까봐 만나는 사람마다 먼저 몸수색을 한 후, 사람 둘을 시켜 양쪽에서 상대의 팔짱을 끼게 했다. 그러나 그렇게 하면 곽광 자신의 안전은 보장되겠지만 만나러 온 사람의 자존심은 엄청난 상처를 입게 된다. 한 번은 장사 병길이 소망지와 왕중옹王仲翁 등을 추천하기 위해 곽광을 만나러 왔다. 다른 유생들은 모두 몸수색을 당하고 팔짱까지 잡혔다. 그러나 소망지는 자신의 차례가 되자 완강히 거부하더니 뒷걸음질을 치면서 말했다.

"전 대장군을 만나 뵙고 싶지 않습니다."

곽광의 부하들은 그 말을 듣고도 소망지를 덮쳐 강제로 몸을 수색했는데, 소망지는 소리를 지르며 몸부림을 쳤다. 이 이야기를 전해들은 곽광은 소망지에게 직접 방으로 들어와 만나자고 했다. 방에 들어간 후 소망지는 격양된 목소리로 말했다.

"대장군께서는 공덕으로 어린 군주를 보좌하고 백성을 교화하는 것을 치국의 근본으로 삼아 온 나라를 태평하게 하였습니다. 그래서 천하의 모든 서생들이 앞다투어 대장군께 충성을 다하려 하는 것이지요. 하지만 지금 유생들이 대장군을 뵙고자 하였는데 모두의 겉옷을 벗기고 온몸을 수색하니 이는 고대 예절에도 맞지 않습니다. 과거 주공께서는 어린 군주인 성왕을 보좌할 때 현명하고 능력 있는 인재들을 만나기 위해서라면 목욕을 하다가 3번이나 젖은 머리를 잡고 나오시고, 식사를 하실 때도 3번을 뱉어내셨다 하였습니다. 지금 장군이 하시는 일은 주공께서 성왕을 보좌하실 때 보여주었던 그것은 아닌 듯합니다."

곽광을 비난했기 때문에 소망지는 중용을 받지 못하여 일개 낭관에 불과했다. 그러나 왕중옹은 곽광에게 인정을 받아 대장군의 속리가 되었고 다시 광록대부 급사중까지 올라갔다. 왕중옹은 관아를 출입하면서 앞뒤로 사람들을 거느리고 기세 좋게 행차하였다. 어느 날 소망지를 본 왕중옹은 득의양양하여 조롱하듯 말했다.

"자네는 아무 하는 일도 없이 평범하게 사는 것은 싫다고 하지 않았는가? 그런데 왜 아직 무슨 일을 해도 성과를 내기 힘든 낮은 관리로 있는 것인가?"

소망지는 담담하게 대답했다.

"각자 자신의 길을 가고 있는 것이네."

그 후 소망지는 그의 동생이 법을 어기고 사건에 연루되어 궁에서 발을 붙일 수 없게 되자, 고향으로 돌아가 군리郡吏가 되었다. 어사대부 위용魏用은 그를 속리로 삼았고, 군국의 감찰관은 그를 대행치예승大行治禮丞으로 천거했다.

대장군 곽광이 죽은 후 그의 아들 곽우가 대사마의 자리를 물려받았고, 조카인 곽산은 영상서사가 되었다. 곽 씨의 다른 친족들도 모두 높은 자리를 꿰차고 조정을 휘두르고 있었다. 지절 3년(기원전 67년), 폭우와 우박 등의 재해가 일어나자 소망지는 선제에게 상소를 올려 아뢰었다.

"지금 폐하께서는 천자의 덕으로 황위에 앉으시고 현명한 자를 찾으려는 마음이 간절하시니 요, 순의 유풍과 비슷하옵니다. 그러나 지금 상서로운 기운이 미치지 않고 음양이 어지러운 것은 대신들이 권력을 독점하고 하나의 성姓이 조정을 뒤흔들고 있기 때문이옵니다."

그는 선제에게 동성同姓을 선택하고 현명한 인재를 천거하여 정의를 바로 세우라고 건의하면서, 그리하면 간사하고 사악한 것은 막히고 개인의 권력은 사라질 것이라 아뢰었다. 그가 상소를 올린 목적은 매우 분명하다. 선제가 곽 씨 가족만 중용해서는 안 된다는 뜻이다. 이는 '성심聖心'을 헤아린 주장인 만큼 선제의 마음에 꼭 들었다. 그래서 그를 알자로 임명하고 얼마 후에는 그를 다시 간대부 승상사직으로 승진시켰다. 1년 동안 3단계나 진급하였고 관직의 등급은 2천 섬까지 올랐다. 게다가 곽 씨가 허 황후를 모해하였던 사건이 만천하에 드러나면서 곽 씨 가족은 그 세력이 점점 약화되었고, 소망지는 날로 선제의 중용을 받았다. 그는 먼저 평원군平原郡에서 군수로 지내다가 훗날 조정에 들어가 소부가 되었다. 뒤이어 좌풍익으로 부임해 도성 지역의 일을 총괄하였다.

선제 때 지금의 청해, 티벳과 감숙 일부 지역에서 지내던 강족이 반란을 일으키니 한나라 왕조는 조충국을 내보냈다. 경조윤 장창은 조정에 건의했다.

'서강에 원정을 가려면 여비와 군비가 매우 많이 필요하므로,

살인범이나 면죄 받을 수 없는 죄를 지은 사람과 사형당할 사람을 제외하고, 일반 죄수들에게는 돈이나 양식으로 속죄를 받을 수 있게 해달라는 내용이었다. 이에 대해 소망지는 한 무제 천한 연간에 50만 전으로 죄를 한 등급 낮춰주었던 역사적 교훈을 들어 이를 반대했다. 그는 그러한 사면 때문에 무제 후기에 간사함이 판을 쳤으며, 산골짜기를 가득 채울 만큼 도적떼가 일어나 성읍을 공격하고 군수를 죽였으며, 관리들도 막을 수 없게 된 것이라고 아뢰었다. 이런 문제는 모두 돈이나 곡물로 죄를 속할 수 있게 해준 것에서 비롯된 것이라며 강한 반대 의사를 밝힌 것이다. 그가 장안에서 좌풍익으로 있었던 3년 동안 사회 질서가 바로 잡히니 조정에서도 높이 평가하며 그를 대홍려大鴻臚로 임명했다. 신작 3년(기원전 59년), 그는 병길을 대신해 어사대부에 올랐다.

당시 흉노에서 내분이 일어나 다섯 선우가 일어나 혼전을 벌이는 다툼이 계속되었다. 조정에서 적지 않은 사람들이 이 기회에 파병하여 일거에 흉노를 쓸어버려야 한다는 생각을 하고 있었다. 이에 대해 소망지는 상소를 올려 한나라 조정에서 흉노에게 위로책을 쓰기를 희망하였다. 사자를 보내 조문하고 약자를 도와주고 재난에서 건져주어야 하며, 흉노의 혼란을 틈타 멸하는 것은 옳지 않다는 것이었다. 만약 군대를 보내 정벌하려 한다면 흉노족은 한나라에서 더 멀어질 것이라고 했다. 다른 할거 세력들을 멸하고 흉노를 통일한 호한야 선우는 자진하여 한나라에 화친을 청해왔다. 이것은 소망지의 공이었다. 뿐만 아니라 그는 선제에게 호한야 선우가 한나라에 알현하러 오면 제후왕들보다 높은 자리를 내어주라고 건의했다. 그의 이런 방식은 한나라와 흉노의 관계를 크게 개선시켰다. 이후 소망지는 태자태부가 되어 주로 『노자』와 『예복』으로 태자를 가르쳤다.

감로 3년(기원전 51년), 선제는 유가 학설을 더 강화하여 사상 통치를 강화하려고 했다. 그래서 소망지와 유향, 위현성, 시수施讎, 양구림梁丘臨, 주감周堪과 같은 유생을 불러 장안 미앙궁 북쪽의 석거각石渠閣에서 '오경五經'에 대해 논의했다. 그때 석거각에서 강론한 내용은 「석거의주石渠議奏」로 집대성되었고, 선제에 의해 결정되었다. 이 회의를 통해 유가의 통치 지위는 더 높아졌는데, 여기에서도 소망지는 매우 중요한 역할을 하였다.

기원전 49년, 선제는 임종 전에 태부 소망지를 불러 전장군前將軍 광록훈의 직위를 내렸고, 시중 악릉후 사고史高는 대사마 거기장군으로, 소부少傅 주감은 광록대부로 임명해 함께 유지를 받들어 어린 군주를 보좌하도록 했다. 동시에 소망지의 초상화를 기린각麒麟閣에 걸도록 했다. 기린각에 걸린 대신 11명의 초상화 중 소망지만이 유일하게 생전에 걸린 것이다. 다른 열 사람으로는 대사마 대장군 박륙후 성 곽 씨姓霍氏, 위장군 부평후 장안세, 거기장군 용액후龍頟侯 한증韓增, 후장군 영평후 조충국, 승상 고평후 위상, 승상 박양후 병길, 어사대부 건평후 두연년, 종정 양성후 유덕, 소부

양구하, 그리고 전속국 소무였다. 첫 번째 대사마 대장군 박륙후 성 곽 씨는 곽광을 가리키는 말로, 곽광이 훗날 모반을 꾀했기 때문에 일부러 성만 적고 이름을 넣지 않았다. 소망지는 10번째로 소무 앞에 걸렸다. 소무의 아들 소원蘇元이 상관걸의 반란에 참여해 주살되었기 때문에 소무는 가장 뒤에 걸렸다. 초상화가 기린각에 걸렸다는 것은 조정에서 소망지의 지위를 여실히 보여주는 것이었다.

선제는 곽 씨가 권력을 독점하고 휘둘렀던 것을 교훈으로 삼아 곽 씨 세력을 정치 무대에서 쫓아내고 환관 홍공弘恭과 석현石顯을 기용했다. 홍공과 석현 두 사람은 모두 죄를 지어 궁형을 당하고 궁에 들어와 일하게 된 자들이었다. 황위에 오른 원제는 우유부단하고 병치레가 잦았기 때문에 자주 자리를 비워 두 사람이 점점 중용되기 시작했다. 홍공은 중서령이 되고 석현은 중서복사가 되었다. 두 사람은 외척 사고와 결탁하여 못된 짓을 일삼으며 조정을 쥐고 흔들었다. 선제에게 어린 황제를 보좌하라는 부탁을 받았던 소망지와 주감, 유향은 홍공과 석현이 조정을 쥐고 흔드는 것이 불만이었는데, 여러 차례 두 사람을 멀리하라는 충언을 올렸다. 소망지는 상주문에 이렇게 적었다.

'중서는 정부의 중요한 부처로 현명한 사람이 맡는 것이 마땅할 것입니다. 무제 때 후궁에서 연회가 있을 때 환관을 기용하였사온데 이는 옛 제도에 부합하지 않사오며, 형벌로 몸이 불구가 된 자

(환관)를 임용하지 말라는 규정에도 어긋나옵니다.'

원제는 소망지가 홍공과 석현 두 사람을 지목한 것임을 잘 알면서도 소망지와 주감, 유향 등이 올린 주청을 가지고만 있었을 뿐 처리하지 않았다.

회계 사람 정붕鄭朋은 이러한 궁중 내 암투를 보고 은근슬쩍 소망지와 주감에게 접근하여 외척 사고와 허장許章 등의 죄상을 낱낱이 까발렸다. 훗날 소망지는 정붕이 악행을 일삼고 품행이 단정치 못함을 보고 그를 멀리하였다. 그러자 정붕은 허장과 사고, 홍공, 석현에게 붙어 과거 사고와 허장 등의 죄상을 고해바쳤던 일을 털어놓으며, 이는 모두 소망지와 주감 등이 충동질을 했기 때문이라고 모함했다. 홍공과 석현 등은 기회를 포착했다고 여겨 소망지와 주감 등에게 보복을 꾀했다. 그래서 정붕에게 상소를 올려 소망지와 주감 등의 죄상을 고하라 부추기고, 소망지가 휴가로 궁 밖에 나가 있을 때 상소문을 올리며 소망지, 주감, 유향 등을 탄핵했다. 상소문 중엔 이런 내용도 있다.

'소망지, 주감, 유향은 당파를 만들어 서로 천거하고 대신들을 모함하였으며, 혈육을 배반하고 권세를 마음대로 휘둘렀습니다. 이는 신하된 자로서 불충을 범한 것이며 남을 모함한 것은 도리에 맞지 않는 일이오니 알자를 보내 이들을 정위에게 보내소서.'

정위에게 보낸다는 말은 체포하여 하옥시킨다는 뜻이다. 그러나 어리석은 원제는 그 뜻을 헤아리지 못하고 정위에게 조사만 시키는 것이라 여겨 친필로 서명해버렸다. 이렇게 그의 두 스승인 소망지와 주감 및 종실 유향은 감옥에 갇히는 신세가 되었다. 시간이 어느 정도 흐르자 원제는 주감과 유향에게 어떤 일에 대해 물어보고자 하였다. 내시는 그에게 두 사람이 이미 옥에 갇혀 있다고 말했다. 원제는 그 소리를 듣고 깜짝 놀라 홍공과 석현에게 어찌된 일인지 물었다. 홍공과 석현은 태연하게 대답했다.

"전에 폐하께서 윤허하셔서 그들을 체포해 하옥시켰던 것이옵니다."

원제가 말했다.

"정위에게 보낸다고 했던 것 아닌가? 어찌하여 그들을 옥에 가둬 죄를 묻는단 말인가?"

소망지와 주감, 유향은 후에 옥에서 풀려나긴 했지만, 원제는 다시 홍공과 석현 두 사람의 말만 듣고 소망지의 광록훈 인수印綬를 압수했다. 그리고 주감, 유향 두 사람을 서인으로 강등시켰다. 몇 달 후 원제는 스승인 소망지가 떠올라 그에게 관내후의 작위를 내리고 식읍 6백 가구를 하사했다. 홍공과 석현 두 사람은 다시 소망지를 모함했다. 그의 아들 소급蕭伋이 억울함을 송사하는 상소를 올린 것은 도리를 저버린 것이니 불경죄로 다스려야 한다며 소망지를 체포해오게 한 것이다. 석현이 군대를 보내 소망지의 집을 포위하자, 소망지는 하늘을 올려다보며 탄식했다.

"내 일찍이 재상까지 올랐었거늘, 예순이 넘어서 다시 옥에 들어가 고초를 당해야 한단 말이냐? 차라리 죽는 것이 낫겠구나."

그러면서 독주를 마시고 자결했다. 식사를 하다가 소망지가 자진했다는 소식을 전해들은 원제는 눈물을 흘리며 말했다.

"내 소망지가 옥에 가려 하지 않을 줄 알았거늘, 과연 그리 되었구나. 현명한 스승을 죽게 했으니 아쉽고 또 안타깝구나!"

그래서 은혜를 베풀어 그의 장자인 소급을 관내후로 봉했다. 원제는 매년 소망지의 묘에 가서 제사를 지내주었다고 한다. 소망지에게는 8명의 아들이 있었는데 그중 소육蕭育, 소함蕭咸, 소유蕭由가 높은 관직에 올랐다.

漢書 들여다보기

기린각은 한나라 미앙궁에 있던 것으로 소하가 감독하여 만든 것이라고 한다. 선제는 곽광 등 11명의 공신의 초상화를 그려 그곳에 걸어 공적을 치하했다. 그리고 후세 사람들은 '기린각' 혹은 '린각麟閣'을 탁월한 공훈과 최고의 영광의 상징으로 여겼다.

선제

기린각

◉주요 인물
장우

◉주변 인물
소망지, 정관중, 한 원제, 한 성제, 왕봉, 왕근, 팽선, 대승

◉키워드
명철보신明哲保身, 사리사욕

◉이야기 출처
『한서』「장우전張禹傳」

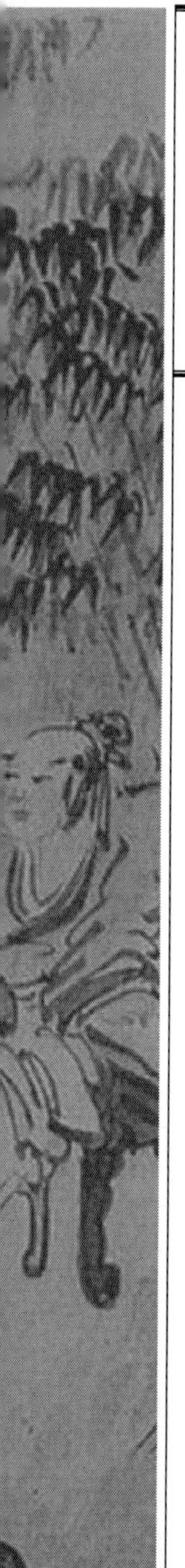

張禹

장우 : 명철보신-사리사욕을 위해 진실을 숨기다

장우張禹의 자는 자문子文으로 하내군 지현(軹縣: 지금의 하남성 제원濟源 동남쪽) 사람이다. 장우의 아버지 때 온 집안이 연작현(蓮勺縣: 지금의 섬서성 포성蒲城 남쪽)으로 이주해왔다. 어린 시절 장우는 가족들을 따라 자주 거리에 나갔는데, 점을 치고 관상을 봐주는 노점 앞에서 구경하는 것을 매우 좋아했다. 이러한 시간이 많아지자 장우는 시초(톱풀) 줄기로 점을 치고 관상을 보는 등의 점술을 스승도 없이 스스로 터득하게 되었다. 가끔씩 끼어들 정도의 실력까지 되니 점쟁이도 그를 매우 좋아하였다. 동시에 장우의 관상에 경이를 표하여 장우의 아버지에게 이렇게 말했다.

"당신 아들은 지혜가 많으니 경서를 배우게 하면 되겠소."

점쟁이의 그 말을 기억해서인지 장우는 성년이 된 후 장안에 가서 학문을 연마했다. 패군 사람 시수에게 『역경』을 배웠고, 낭야琅邪 사람 왕양王陽과 교동 사람 용생庸生에게 『논어』를 배웠다. 이 두 책에 정통하고 나자 장우의 수하에도 많은 학생이 생겨 군문학郡文學으로 천거받았다. 감로 연간 많은 유생들이 선제에게 장우를 천거하자, 선제는 태자부 소망지에게 장우의 실력을 시험해보라는 명을 내렸다. 장우가 『역경』과 『논어』의 핵심을 요약하여 이야기하자 소망지는 그를 높이 평가했고 선제에게 장우가 스승에게 학문을 전수받아 경학에 정통하니 선발해도 될 것이라고 아뢰었다. 그러나 선제는 그에 관한 상소문을 받고도 한참을 두고 비준하지 않았다. 장우는 어쩔 수 없이 군문학 신분으로 돌아갈 수밖에 없었다. 한참 후에 그는 마침내 박사로 기용되었다.

초원初元 연간 원제가 황태자를 세우니, 박사 정관중鄭寬中이 태자에게 『상서』를 가르치며 장우가 『논어』에 정통하다며 추천했다. 그러자 원제는 장우에게 태자에게 『논어』를 전수하라는 명을 내렸다. 그래서 장우는 광록대부로 진급했다. 몇 년 후 장우는 도성을 떠나 동평국東平國의 내사內史로 부임하게 되었다. 원제가 세상을 떠나자 황위에 앉은 성제는 장우와 정관중을 다시 불러들였다. 그리고 두 스승에게 관내후의 작위를 하사하고, 정관중에게는 식읍 8백 가구를, 장우에게는 식읍 6백 가구를 내렸다. 그리고 장우를 제리諸吏들의 광록대부로 삼고, 중 2천 섬의 봉록을 주어 급사중을 역임하며 상서의 직책을 담당하게 했다. 이때 성제의 숙부 양평후

陽平侯 왕봉은 대장군으로 조정을 보좌하며 권력을 독점하고 있었다. 성년이 된 후에도 성제는 계속 학문을 깊이 연구하고 스승을 매우 존중했다. 그러나 장우는 왕봉과 동시에 상서의 일을 맡게 되자 왕봉의 모든 행동에 불안함을 느꼈다. 그래서 여러 차례 병을 핑계로 나이가 많으니 고향에 돌아가게 해달라고 황제에게 청했다. 그렇게 왕봉을 피하려고 한 것이었다. 당시 혈기 왕성한 성제는 사부를 의지하여 외척 세력을 억제하고 싶었으므로 이렇게 답했다.

"짐은 어린 나이에 등극하였기에 정무를 보고 복잡한 사무를 처리할 때 실수가 나올까 두려웠습니다. 스승님께서는 덕이 높고 고상하여 모범이 되시기에 조정의 일을 부탁드린 것이옵니다. 그런데 왜 망설이시며 몇 차례나 물러나려 하십니까? 평소 짐과 맺었던 사제 간의 정이 벌써 식어버린 것입니까? 스승께서 유언비어를 피하려 하십니까? 짐은 아무런 말도 듣지 못하였습니다. 그러니 스승께서는 한마음으로 힘을 다하여 조정의 각종 사무를 통일되게 관리하여주시고 최선을 다해 짐의 뜻을 저버리지 마소서."

곧이어 장우에게 황금 1백 근과 제사에 쓸 수소와 최고급의 술 등을 하사했다. 또 궁중의 음식을 총관하는 사람에게 연회를 준비하게 하고 어의를 보내 병을 살피게 했다. 그것도 모자라 사자를 보내 병문안까지 하였다. 너무나 황송해진 장우는 어쩔 수 없이 다시 조정에 나가 일을 보게 되었다. 하평河平 4년(기원전 25년) 장우는 왕상을 대신해 승상이 되었고, 안창후安昌侯에 봉해져 6년간 연임했다. 홍가鴻嘉 원년(기원전 20년), 나이가 많아서 병치레가 잦다는 이유로 사임을 청하니, 계속 만류하고 위로했던 황제도 결국은 허락하고 말았다.

이렇게 장우는 성제가 가장 필요한 시기에 퇴임을 하고 줄행랑을 쳐버렸다. 성제는 장우에게 4마리의 말이 끄는 마차와 황금 1백 근을 하사하고 직무를 면해주었다. 제후의 신분으로 삭망(朔望: 음력 초하루와 보름)의 예식에 참여하게 하고 특별히 그의 품계를 올려주어 승상과 같은 대우를 해주었다. 또 종사사從事史 5명을 배치해주고 식읍을 4백 호나 더 봉해주었다. 천자가 몇 번이나 상을 더 해주니 그 재산도 수천만에 달했다.

장우는 신중하고 덕이 많았지만 재산 불리는 것을 좋아했는데, 집안 대부분의 수입은 전답에서 나온 것이었다. 그는 부유해진 후 땅을 더 사들여 소유한 땅이 4백 경에 달했다. 모두 경수와 위수 두 강에서 관개를 하는 가장 비옥하고 값비싼 땅이었다. 다른 재산 역시 모두 마찬가지였다. 장우는 평소 음악을 즐겼고 사치스럽고 방탕했다. 담이 높은 저택에서 살면서 후당에서 관현악기를 연습했다. 장우가 가르친 학생 중에서 가장 유명한 사람은 회양 사람 팽선彭宣으로 관직이 대사공大司空까지 올랐다. 또 패군 사람 대숭戴崇은 소부의 구경까지 올랐다. 팽선은 겸손하고 검소하며 법을 매우 잘 지켰다. 그러나 대숭은 사람들과 잘 어울렸고 지혜와 모략이 넘쳤다. 두 사람이 이렇듯 다르니 장우는 속으로 대숭을 더 좋아했고, 팽선은 경원시했다.

대숭은 매번 장우를 보러 갈 때마다 스승에게 술자리에 음악을 곁들여달라고 청해 학생들과 함께 유흥을 즐겼다. 장우는 대숭을 데리고 후당으로 들어가 술과 음식을 즐기며 여인들의 시중도 받았다. 예인藝人이 악기를 연주하면 청아한 소리가 은은하게 울려 퍼졌다. 두 사람은 마음껏 즐기고 깊은 밤이 되어서야 헤어졌다.

그러나 팽선이 찾아오면 장우는 간소화된 상에 마주앉아 경전이나 학문의 큰 뜻에 대해 의논했다. 팽선을 접대할 때는 점심 한 끼와 고기 한 접시가 전부였다. 술을 마셔도 절대 후당으로 가지 않았다. 두 제자는 스승이 두 사람을 다르게 대하는 것을 알게 되자 오히려 더 만족스러워했다고 한다.

장우는 나이가 많아지자 스스로 묘자리를 선택하여 사당을 지으려 했다. 그는 평릉현에 비우정肥牛亭이 있는 곳이 마음에 들었는데, 그곳은 연릉延陵과 인접한 곳이기도 했다. 그래서 조정에 그 땅을 주십사 상소를 올렸다. 황제는 그 땅을 장우에게 주기로 결정하고 명을 내려 평릉현의 비우정을 다른 곳으로 옮기도록 했다. 곡양후曲陽侯 왕근王根은 그 말을 듣고 간언을 올렸다.

“그곳은 평릉의 침전과 종묘에 인접한 곳으로 선황제의 능묘에 가실 때마다 지나는 길이옵니다. 장우가 폐하의 스승이라고는 하나 겸허하게 양보하는 원칙을 따르지 않고 감히 제왕이 의관을 들고 나가는 길을 점거하려 하였습니다. 또 기존에 있던 오래된 정자를 옮겨달라 청하였으니 그런 요구는 부당한 것이옵니다. 공자는 '단목사端木賜는 양羊을 중히 여기나, 나는 예禮를 중히 여긴다' 하였사옵니다. 그러니 장우에게 다른 땅을 하사하시는 것이 옳사옵니다."

왕근은 성제의 숙부였으나, 황제는 그를 장우처럼 존경하지 않았다. 그래서 왕근이 간곡히 청하였음에도 귀를 기울이지 않았다. 결국 황제는 비우정이 있던 곳을 장우에게 상으로 내렸다. 왕근은 그때부터 장우가 총애 받는 것을 매우 아니꼽게 여겨 몇 번이나 그를 공격하고 모욕했다. 그러나 천자는 장우를 더욱 존경할 뿐이었다. 장우가 병에 걸릴 때마다 황제는 그의 생활과 음식에 관해 물어보고 친히 마차를 타고 문안을 가기도 했다.

장우에게는 4남 1녀가 있었는데, 그중 딸은 멀리 장액 태수 소함蕭咸에게 시집을 가서 곁에 있지 못했고, 막내아들은 아직 관직에 오르지 않은 상태였다. 이 2가지는 장우의 근심거리였다. 마침 관례에 따라 장우를 찾아온 성제는 제자의 예로써 장우의 침상 앞에서 절을 하였고, 장우는 머리를 조아려 감사했다. 그리고 그 기회에 딸의 일을 꺼냈다.

"소신 4남 1녀를 두었사온데 사랑하는 딸은 사랑하는 아들보다 애틋하다 하였사옵니다. 그런데 소신의 딸이 멀리 장액으로 시집을 가 태수 소함의 아내가 되었지요. 부녀의 감정이 말할 수 없이 깊으니 소신 딸과 가까이서 지내고 싶사옵니다."

성제는 즉시 소함을 홍농군弘農郡 태수로 임명하여 가까이 지낼 수 있도록 하였다. 이제 막내아들이 관직에 나가는 문제만 남았다. 다시 성제가 문안을 오자 장우는 몇 번이나 곁에 있는 막내아들을 바라보았다. 눈치 빠른 성제는 장우의 침상 앞에서 막내아들을 황문랑黃門郎 급사중으로 임명했다. 그리하여 장자 장굉張宏은 아버지의 작위를 물려받고 태상太常에 올라 구경 중 하나가 되었고, 세 아들은 교위, 산기散騎, 제조(諸曹: 육조)가 되었다.

장우는 집에서 기거하고 있었지만 태자의 사부로 봉해졌기 때문에, 조정에서 중대한 결정을 내릴 때는 그와 상의를 하게 되어 있었다. 영시永始, 원연元延 때는 일식과 지진이 빈번히 일어나 관리와 백성들이 여러 차례 상소를 올렸다. 이것은 재이가 일어날 징조라며, 왕 씨 가문이 조정의 정권을 독점한데서 기인한 일이라고 꼬집어 말한 것이다. 성제는 기후의 이상적 변화가 빈번한 것에 두려움을 느꼈고, 대신과 백성들이 올린 상소에도 동감했지만 확증이 없는 것이 문제였다. 그래서 어가를 타고 장우의 저택을 찾아와 곁에 있는 수종들을 물리고 직접 장우에게 기상 변화의 의미를 물어보았다. 또 그 기회에 백성과 대신들이 지적한 왕 씨 집안의 문제에 대해서도 이야기했다. 나라의 흥망성쇠와 관련된 중요한 순간, 장우는 먼저 자신이 나이가 많고 자손들은 어리고 약하며, 평소 자신이 곡양후 왕근과 사이가 좋지 않았던 점 등을 생각했다.

솔직하게 말했다가는 왕 씨 집안의 원망을 살 것이고, 그러면 자신에게 불리할 것임을 생각한 것이다. 그래서 국가의 안위는 아랑곳하지 않고 점잖게 말했다.

"춘추 242년, 일식이 30번 이상 일어나고 지진이 56번이나 발생했사옵니다. 이는 제후들이 서로를 해하거나 이민족이 중원에 쳐들어와 재난이 일어날 뜻이었으나 그 숨겨진 뜻은 예견하기 어려웠습니다. 그래서 성인들은 운명에 대해 말하지 않았으며 귀신이나 신령에 대해서는 더더욱 입에 담지 않았사옵니다. 인간의 본성과 하늘의 뜻은 자공과 같은 사람도 듣지 못하였다 하거늘, 하물며 짧은 식견을 가진 비천한 유생이 어찌 알겠습니까? 폐하께서는 진심으로 조정의 일을 돌보시고 훌륭한 치적을 남기시어 재난에 대비하옵소서. 그리고 천하의 대신, 백성들과 기쁨과 슬픔을 함께 하소서. 이것이 바로 경전의 큰 뜻이옵니다. 새로 학계에 입문한 젊은 사람들이 재능이 부족하고 학식이 얕아 엉터리 말로 성심을 어지럽게 하는 것이오니, 절대 믿지 마소서. 그리고 경전의 내용을 바탕으로 모든 것을 판단하소서."

성은을 한 몸에 받고 있던 장우는 자신의 사리사욕을 위해 공자가 천명에 대한 언급을 삼가고 귀신에 대해 말하지 않았다는 말을 들먹이며, 충성스런 마음으로 조정에 상소를 올린 백성과 대신들의 말을 '이제 막 학문을 배운 사람들이 사람을 오도하는 것'으로 매도해버렸다. 그리고 성제에게 천인감응설 같은 것은 믿지 말라고 당부했다. 그러나 성제는 늘 장우를 굳게 믿고 존경했기 때문에 그의 말을 듣고 더 이상 왕 씨를 의심하지 않았다. 그래서 외척의 손에서 정권을 되찾아올 수 있는 최적의 시기를 놓치고 말았다. 훗날 곡양후 왕근 및 다른 왕 씨 자제들이 장우가 한 말을 듣고 모두 기뻐하여 장우와 친하게 지냈다고 한다.

장우는 자주 재난과 이변이 생기는 것을 보고 황제가 몸이 안 좋을 때면 길일을 선택해 집안을 청소하고 시초를 펼쳐놓았다. 의관을 단정히 하고 관모를 쓴 후 점을 쳤다. 길조가 나오면 점을 친 결과를 황제에게 알렸고 흉조가 나오면 장우는 홀로 탄식하며 걱정했다. 성제가 세상을 떠난 후 장우는 계속해서 애제哀帝를 모셨다. 건평建平 2년(기원전 5년), 장우가 세상을 떠났다. 애제는 그에게 '절후節侯'라는 시호를 하사했으나 그가 어떤 절개가 있었는지는 모를 일이다.

처음 장우가 황제의 스승이 되었을 때, 황제가 자주 경학에 관해 대답하기 힘든 질문을 하자, 그는 『논어장구論語章句』를 지어 황제에게 바쳤다. 일찍이 노부경魯扶卿, 하후생, 왕양, 소망지, 위현성과 같은 사람들이 전문적으로 논어를 연구하였지만, 각자 사용한 판본이나 순서가 모두 달랐다. 장우는 먼저 왕양을 스승으로 모셨다가 후에 용생을 스승으로 모셔 두 사람의 장점을 모두 익힌 사람이다. 그리고 스스로 일가를 이루니 지위가 높아지고 이름도 널리 알려졌다. 여러 유생들이 이에 대해 '『논어』를 연구하고 싶으면 장우의 글을 읽어보라'고 평가하였다. 그때부터 『논어』를 배우는 사람들은 대부분 장우의 견해를 따랐기 때문에 다른 사람들의 것은 점점 쇠미해져갔다.

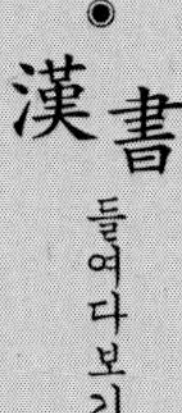

초거는 전한시대의 간편한 소형 마차를 뜻한다.

초거도軺車圖

◉주요 인물
왕상

◉주변 인물
한 성제, 왕봉, 장광, 사단

◉키워드
충직하여 시기를 받음

◉이야기 출처
『한서』「왕상전王商傳」

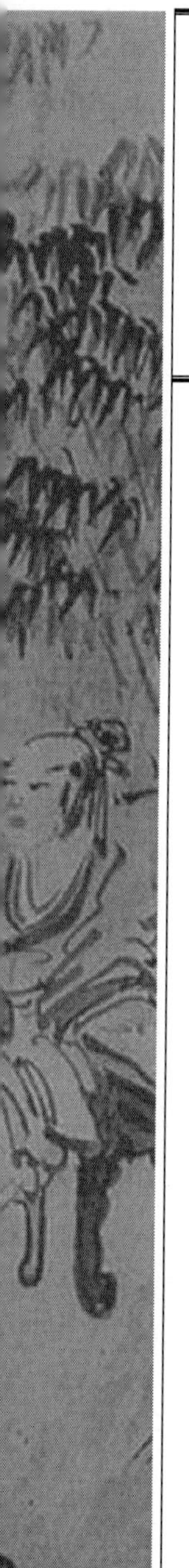

王商

왕상 : 충직하여 만인의 적이 되다

왕상의 자는 자위子威로 탁군 여오현 사람이나 훗날 두릉으로 이주했다. 왕상의 아버지는 왕무, 왕무의 형은 왕무고王無故이다. 두 사람은 선제의 외숙이었기 때문에 제후로 봉해졌다. 왕무고는 평창후, 왕무는 악창후였다.

왕상은 젊었을 때 태자의 중서자中庶子를 지냈는데 단정하고 진중하며, 온화하고 덕이 높기로 유명했다. 부친이 돌아가신 후 왕상은 악창후를 세습했는데 물려받은 재산들을 거의 배다른 형제들에게 나누어주고 자신은 한 푼도 갖지 않았다. 오직 아버지의 상을 당해 비통하게 울었을 뿐이다. 그래서 대신들은 황제에게 왕상을 천거하였다. 그의 품행이 군신들을 격려하기에 충분하며, 그의 충의는 풍습을 충직하게 하기에 충분하니 황제의 근신으로 삼을 만하다는 것이었다. 그렇게 왕상은 제조시중 중랑장이 되었다. 원제 때 왕상의 관직은 우장군과 광록대부까지 올랐다. 당시 정도 공왕共王은 성제의 총애를 받아 거의 태자로 봉해질 상황이었다. 왕상은 외척 중신으로서 조정을 보좌하면서 태자를 옹립하고 보호하기 위해 매우 큰 힘을 쏟았다.

원제가 세상을 떠난 후 황위에 앉은 성제는 왕상을 매우 존경하여 그를 좌장군으로 임명했다. 당시 성제의 큰 외숙부인 대사마 대장군 왕봉은 조정의 권력을 독점하여 본분을 넘어선 권한을 휘두르고 있었다. 왕상은 왕봉에게 순종적이지 않았는데, 이 때문에 왕봉은 왕상을 멀리하였다.

건시 3년(기원전 30년) 가을, 황성의 백성들 사이에 어떻게 소문이 퍼졌는지 홍수가 온다고 했다. 백성들은 피난을 가느라 서로 밟고 밟히는 지경이 되었고, 노인과 어린 아이들은 연일 눈물을 흘려 장안성은 혼란 속에 빠졌다. 천자는 직접 대전前殿으로 나가 삼공구경 대신들을 모아 대책을 의논했다. 대장군 왕봉은 태후와 황제, 후궁과 비빈들은 배를 타고, 신하와 백성들은 장안성의 성벽에 올라 홍수를 피하자고 건의했다. 군신들은 모두 왕봉의 건의에 맞장구를 쳤다. 오직 좌장군 왕상만이 이성을 잃지 않고 반대의 뜻을 나타냈다.

"예로부터 무도한 나라들도 홍수가 났을 때 성벽이 잠기지 않았사옵니다. 그리고 지금은 정치가 투명하고 천하가 태평하며 전쟁도 없어 전국이 평안하고 아무 일도 없사옵니다. 그런데 어찌 하루 아침에 하늘에서 홍수가 쏟아지리라 하십니까? 이는 분명 헛소문이 불어난 것에 불과할 것입니다. 이런 상황에서 백성들에게 성벽으로 올라가라 명한다면 백성들만 더 놀랄 것이옵니다."

그래서 황제는 명을 내리지 않았다. 얼마 후 장안성은 서서히 안정을 찾아갔다. 알아보니 과연 그것은 헛소문이었다. 황제는 그로 인해 왕상의 침착함을 높이 평가해 몇 번이나 칭찬했다. 그러나 왕봉은 심한 부끄러움을 느끼며 자신이 실언한 것을 후회했다고 한다.

이듬해 왕상은 광형을 대신해 승상이 되어 식읍 1천 호를 더 하사받았다. 그만큼 황제의 신임도 더 커졌다. 왕상은 성품이 강직하고 호탕하며 위엄이 있어 함부로 범할 수 없는 사람이었다. 키가 8척이 넘었고 체격도 장대하였으며 용모가 당당하여 남들과 있어도 금방 눈에 띄었다. 하평 4년(기원전 25년), 흉노의 선우가 조정에 천자를 알현하러 오자 그를 백호전白虎殿으로 안내하여 천자를 접견하게 했다. 그때 승상 왕상은 미앙궁에 앉아 있었다. 백호전으로 가는 길에 미앙궁을 지나가던 선우는 왕상의 앞으로 나가 그에게 인사를 올렸다. 왕상은 벌떡 일어나 선우와 대화를 나누었다. 선우는 고개를 쳐들어야 왕상의 얼굴을 볼 수 있었다. 그는 깜짝 놀라 주눅 든 모습으로 뒷걸음질을 쳤다. 천자는 그 말을 들은 후 감탄했다.

"왕상은 한나라의 승상으로서 조금도 손색이 없구나!"

일찍이 대장군 왕봉의 사돈인 양융楊肜은 낭야군의 태수였다. 그 군에서 14번의 재해가 발생하니 조정에 상소가 올라갔다. 왕상은 수하의 관리들에게 상황을 조사해 처리하게 하였다. 그러자 왕봉은 왕상에게 이렇게 말했다.

"자연 재해와 하늘의 뜻은 변화무쌍한 것이고 인간의 힘으로는 어쩔 수 없는 것이 아닌가? 완전히 하늘에 달린 일이며, 양융은 늘 품행과 치적이 뛰어났으니 이번 일은 추궁하지 마시게."

그러나 왕상은 왕봉의 말을 무시하고 결국 황제에게 양융을 파면하라는 주청을 올렸다. 주장이 비준되지는 않았으나 왕봉은 더더욱 왕상을 미워하게 되었다. 그는 왕상에 관한 자료들을 몰래 모으고 다른 사람들에게 왕상이 남녀 간의 사생활에서 문제가 있다고 상소를 올리게 했다. 황제는 몰래 정을 통하는 것은 애매한 과실이니 이것으로 벌하기는 부족하다고 생각했다. 그러나 대권을 손에 쥔 왕봉은 끝까지 자신의 뜻을 굽히지 않고 이 사건을 사예교위에게 맡겨 처리하게 했다.

그 일이 있기 전 황태후는 왕상의 여식에 대해 알아보게 했었다. 그의 딸을 후궁에 들일 생각이었던 것이다. 당시 왕상의 딸은 병에 걸려 왕상 역시 기분이 좋지 않은 상태였다. 그래서 황태후에게 여식이 병에 걸렸다고 답하며 딸을 입궁시키지 않았다. 그 후 사생활 문제로 조사를 받게 된 왕상은 이것이 왕봉의 음모인 것을 알아챘다.

너무 놀라고 당황한 왕상은 자신의 딸이라도 입궁하여 든든한 방패막이가 되어주기를 바라게 되었다. 그래서 딸을 황제가 새롭게 총애하던 이 첩여의 집으로 보내 얼굴을 보이게 했다.

이때 마침 일식이 일어났다. 대중대부 촉군 사람 장광은 교묘하게 말을 잘 하는 사람이었다. 그는 황제의 안색을 살피다가 기회를 보아 조정에 상소를 올렸다. 황제에게 친필로 일식이 일어난 원인에 대해 대신들이 말한 것을 아뢰고 싶다고 한 것이었다. 황제는 상소문에 답을 적어 조정의 대신들에게 주었다. 좌장군 사단 등이 그 일에 대해 장광에게 물으니 장광이 대답했다.

"소신이 볼 때 승상 왕상은 세도를 부리며 법과 하늘도 두려워하지 않았던 것 같사옵니다. 외부에서 중앙을 조정하니 그가 원하는 것은 황상조차도 막지 못하셨지요. 그는 잔인하고 교활하며 인의를 중히 여기지 않았습니다. 또 유능한 하급 관리들을 보내 몰래 다른 사람의 죄상을 캐내어 자신의 권위를 세웠지요. 그래서 세상 사람 모두가 그를 미워하고 두려워하였사옵니다. 일찍이 빈양현頻陽縣 사람 경정耿定이 왕상과 그 부친의 하녀가 내통했다는 상소를 올려 폭로했었사옵니다. 그의 누이가 다른 사람과 음란한 짓을 하자 그 하녀는 그 누이의 정부를 죽여버렸고, 경정은 그녀가 왕상의 교사를 받았을 것이라 의심하였지요. 이 사건이 상부에 보내져 처리되자 왕상은 속으로 원한을 품었는데, 왕상의 아들 왕준王俊도 상소를 올려 왕상을 고발하고자 했다 하옵니다. 왕준의 아내는 좌장군 사단의 딸이었기에 그 상소를 아버지인 사단에게 보여주었지요. 사단은 왕상 부자의 천륜을 저버린 행동에 혐오감을 느껴 그 딸을 위해 이혼을 요청하였다 하옵니다. 그러나 왕상은 좋은 말로 하는 권고도 받아들이지 않았고, 충심을 다해 황상을 보좌하지도 못했사옵니다. 그는 황상께서 효도를 숭상하고 여색을 멀리하시며, 황태후께서 후궁의 모든 일을 총괄하시는 것을 잘 아는 자가 아니옵니까? 태후께서는 일찍이 왕상의 딸을 후궁으로 들이려 하셨으나 왕상은 딸이 고치기 힘든 병에 걸렸다며 거절하였사옵니다. 그러나 그 후에 경정 때문에 일이 터지자 다시 이 귀인의 집을 빌려 딸을 황제에게 바쳤지요. 왕상은 사도로 조정을 어지럽히고 모함과 기만을 일삼았으니, 대신으로서 갖추어야 할 절개는 찾아볼 수가 없습니다. 그래서 일식이 일어난 것이지요. 『주서周書』에는 '사도로 군왕을 모시는 자는 죽여야 한다'고 말하고 있으며, 『역경』에는 '태양에 어두운 그림자가 생기면 팔뚝을 끊어버리라'고 하였사옵니다. 옛날 승상 주발은 여러 차례 큰 공을 세웠으나, 효 문제 때 작은 원한으로 일식이 일어나자 문제는 주발을 파면시켜 자신의 봉국으로 돌려보냈습니다. 그러자 조정에서는 우려하거나 놀랄 만한 일은 일어나지 않았지요. 지금 왕상은 어떤 공도 세운 적이 없지만, 세 분 황제의 총애를 받아 삼공이란 높은 자리까지 올랐사옵니다. 왕 씨 집안사람들은 제후로 봉해져 봉록 2천 섬의 관리가 되었고, 시중제조를 맡아 궁중 금문 안에서 일을 보고 있사옵니다. 또 여러 제후왕들과 사돈을 맺어 위엄과 권위, 황제의 총애가 하늘을 찌를 지경까지 되었사옵니다. 그러니 그가 내란을 일으킨 것, 살인을 저지른 것, 조정을 원망한 죄는 철저히 조사를 해야 할 것이옵니다. 진秦의 승상 여불위呂不韋는 진왕에게 아들이 없는 것을 보고 진나라를 찬탈할 마음을 먹었다 하옵니다. 그래서 아름다운 여인을 자신의 아내로 삼았다가 그녀가 회임한 것을 알고 진왕에게 바쳤다지요. 그렇게 태어난 사람이 진시황제가 아닙니까? 초나라 재상 춘신군春申君 역시 초왕이 아들이 없는 것을 보고 초나라를 이용할 수 있겠다 여겨 회임한 아내를 초왕에게 바쳐 회왕을 낳게 하였사옵니다. 한나라가 세워진 이래 여 씨, 곽 씨 등 여러 차례의 환란이 있었사옵니다. 그런데 지금 왕상은 인의를 돌아보지 않는 성격에 원한으로 딸을 황제께 바쳤사옵니다. 여기에 어떤 음모나 간악한 계교가 숨어 있을지 당장은 예측하기 어렵사옵니다. 과거 경제 황제 때 칠국의 난이 일어나자 장군 주아부는 반군이 낙양 사람 거맹의 지원을 받게 되면, 관동의 중심 지역을 빼앗기게 되리라 생각하였습니다. 지금 왕상 가문은 권력과 위세를 쥐고 있고 재산이 억만에 달하며, 노비도 1천여 명을 헤아린다 하옵니다. 거맹의 지원과는 비교도 할 수 없을 만큼 많은 것이지요. 게다가 왕상은 정도正道를 멀리하여 친지들이 배반하고, 집안이 어지러우며 부자간에 서로의 죄상을 폭로하고 있사오니, 그를 통해 성상聖上의 교화를 밝혀 나라의 갈등을 해결한다는 생각은 황당무계한 것이옵니다. 왕상이 정무를 돌본 지 5년이나, 퇴락하고 부패하여 종종 악행이 터져 나오고, 백성들까지 이를 분명히 지켜보고 있으니, 황상의 성덕을 심히 손상시키는 짓이라 아니할 수 없사옵니다. 정鼎의 다리를 부러뜨리는 것처럼 국정을 망쳐버린 것이지요. 소신의 어리석은 생각을 말씀드리자면, 현명하신 군주께선 지금 장년이 아니십니까? 그러나 즉위 후 한 번도 간악한 자에게 위엄을 보이신 적이 없고, 제위를 물려받을 태자도 아직 확정하지 못하셨사옵니다. 그런데 엄청난 재난과 괴이한 현상들이 동시에 나타나고 있사오니, 이러한 때는 불충한 간신을 죽여 더 큰 환란이 일어나기 전에 막아야 하옵니다. 게다가 한 사람만 처벌하면 나라 전체에 영향이 미칠 것이니, 간악한 사도가 백 갈래로 온다 하여도 다 막혀버릴 것이옵니다."

이 말은 나라와 백성을 위하는 말처럼 보였지만 사실은 억울한 죄명을 만들어 왕상에게 뒤집어씌운 것에 불과했다. 하지만 왕상의 정적들의 입맛에는 딱 맞는 말이었다. 좌장군 사단 등은 즉시 황제에게 상주를 올렸다. 알자를 보내 왕상을 데려와 약노령若盧令이 다스리는 감옥에서 처분을 기다리게 해야 한다는 것이었다. 황제는 늘 왕상을 아꼈고, 또 장광이 떠벌리는 말로 사람들을 놀라게 하는 것을 잘 알았기 때문에 이렇게 답했다.

"벌을 내리지 마라."

그러나 빌미를 잡은 왕봉이 쉽게 왕상을 놓아줄 리가 있겠는가? 황제는 그의 고집을 꺾지 못하고 어쩔 수 없이 어사에게 조령을 내렸다. 승상으로서 가지고 있었던 왕상의 부절과 인장, 수대(綬帶: 신분을 나타내기 위해 매던 끈)를 모두 압수하게 했다.

왕상은 재상의 직무를 빼앗긴 지 사흘 후 병에 걸려 피를 토하며 죽었다. 그가 죽자 '여후戾侯'라는 시호가 내려졌다. 왕봉은 아무런 근거도 없는 의심만으로 죄를 단정지었다. 그야말로 죄를 뒤집어씌우려고만 하면 핑계는 나오기 마련으로, 귀에 걸면 귀걸이, 코에 걸면 코걸이인 상황이니 어찌 피를 토하지 않겠는가? 왕상의 자녀와 친지들은 모두 부마도위, 시중, 중상시, 제조대부 낭리郎吏 등의 관직에 있었지만 모두 도성 밖의 관직으로 쫓겨나 다시는 궁안에서 고문顧問이나 호위를 볼 수 없게 되었다. 또 박쥐처럼 형세에 따라 편승해가던 관리들은 상주를 올려 왕상이 범한 죄는 아직 끝나지 않았다며 그의 봉지까지 취소해달라는 주청을 올렸으나, 황제는 명을 내려 왕상의 장자 왕안이 그 아버지의 작위를 계승해 악창후가 되도록 했다. 그리고 훗날 장악위위로 삼아 광록급의 대우를 받게 했다.

왕상이 죽은 후 잇달아 일식과 지진이 일어나자 강직한 대신 경조윤 왕장王章은 왕상의 억울함을 호소했다. 왕상이 충직하고 정직하여 아무 죄도 없다는 것을 밝히고, 왕봉이 조정의 정권을 휘어잡고 성군의 눈을 가리고 있다고 말했다. 그러나 왕봉은 빌미를 만들어 왕장을 죽여버렸다. 원시 연간, 왕망은 안한공安漢公이 되어 자신에게 불복하는 사람들을 싹 쓸어버렸는데, 악창후 왕안도 누명을 쓰고 결국 궁지로 몰려 자살하였고, 봉지 역시 빼앗겼다.

'정사正邪는 양립할 수 없다'는 옛말이 딱 들어맞는 상황이 아닌가!

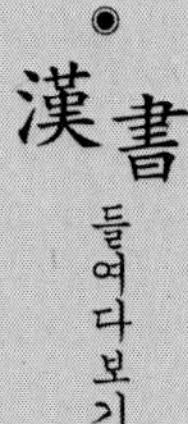

려戾는 환난과 재앙이 있다는 의미로, 왕상이 죽은 후 내려진 '여후'라는 시호 역시 그러한 불명예스러운 뜻으로 지어진 것이다.

여불위

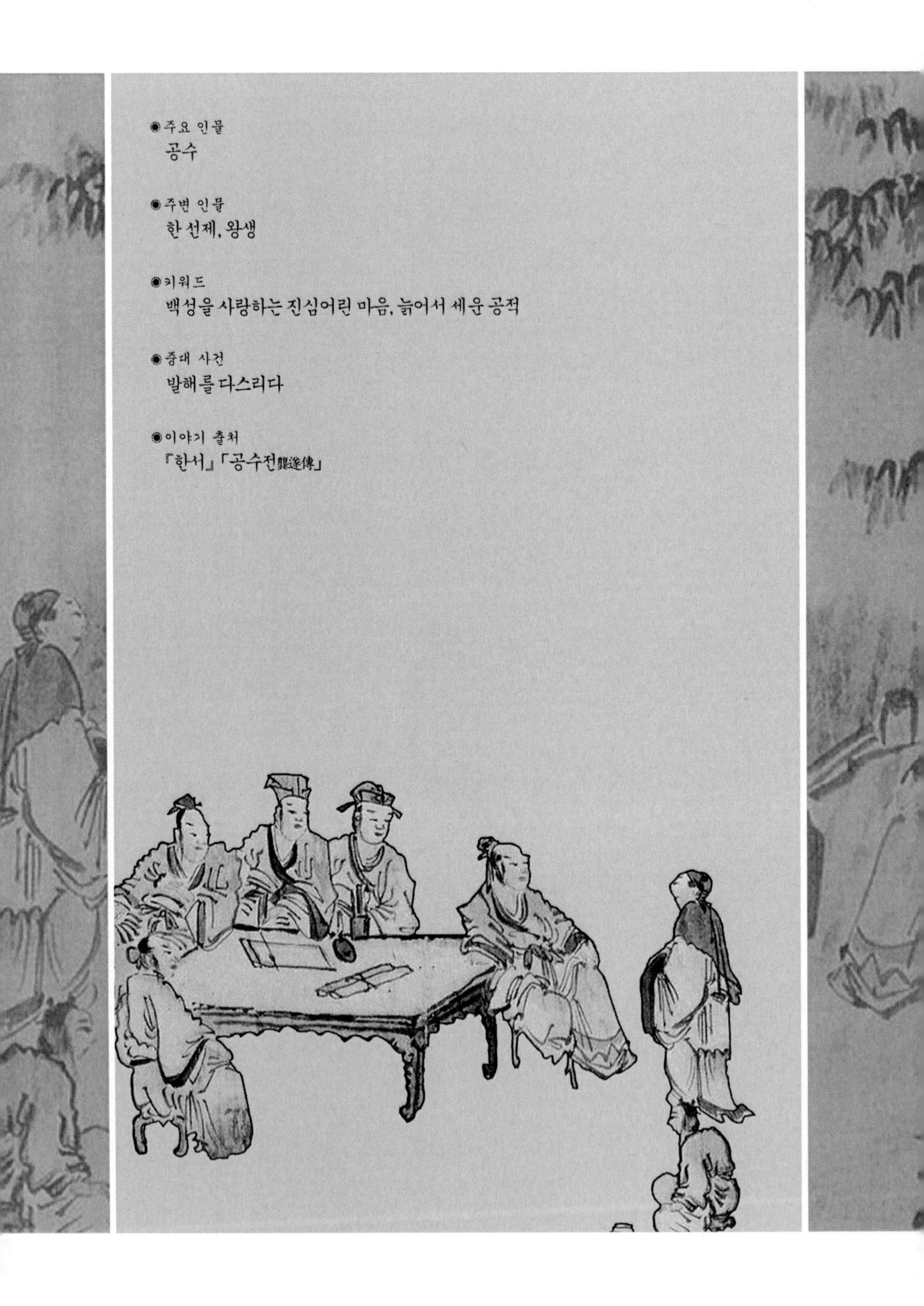

◉주요 인물

공수

◉주변 인물

한 선제, 왕생

◉키워드

백성을 사랑하는 진심어린 마음, 늙어서 세운 공적

◉중대 사건

발해를 다스리다

◉이야기 출처

『한서』「공수전龔遂傳」

공수 : 백성을 사랑하는 진심어린 마음

한 선제 때 명신이었던 공수의 자는 소경少卿으로 산양山陽 남평양南平陽 출신이다. 처음에 그는 창읍 낭중령, 즉 창읍왕 유하의 부하였다. 유하는 한 소제가 죽은 후 황위를 계승하였으나 음란하고 방탕한 행위로 곽광에 의해 폐위되었다. 그의 부하 2백여 명도 모두 죽임을 당했는데, 유일하게 공수와 왕양만이 여러 차례 유하에게 간언을 올렸다는 이유로 죽음을 모면했으나, 그들은 죄인으로 전락해 성을 쌓는 일을 해야만 했다. 한 선제 때 발해 지방 관청은 지금의 하북성 창주(滄州 동편에 있었음) 일대에 9년에 걸린 기근이 닥치자 도적들이 벌떼처럼 일어나 관아에서도 더 이상 어쩔 수 없는 지경에 이르렀다. 선제는 파격적으로 그 지역의 태수를 모집했는데, 누군가 공수를 천거하자 바로 발해 태수로 임명하였다. 그러나 선제가 공수를 부르고 보니 이미 나이는 일흔이 다 되었고, 늙은이에 몸집도 작고 왜소한 것이 아닌가? 선제는 자신도 모르게 불손한 태도를 보였다. 그러나 이미 불렀으니 한 번 물어나보자는 심정으로 입을 열었다.

"앞으로 어떻게 하면 발해의 도적들을 일소하고 지역을 안정시킬 수가 있겠소?"

공수는 아무런 대답도 하지 않더니 갑자기 입을 뗐다.

"발해가 심히 어지러우니 백성들이 도적이 되고 있사옵니다. 지금 폐하께선 소신에게 가서 그들과 싸워 이기라 하시는 것입니까? 아니면 그들을 위로하라 하시는 것이옵니까?"

그 대답에 기쁨과 놀라움이 교차한 선제는 다른 눈으로 공수를 바라보았으며, 현명한 자의 임용을 축하하려 하자, 공수가 답했다.

"그럼 되었사옵니다. 소신 편안히 일을 볼 수 있도록 중앙 정부에서는 각종 법규로 소신을 제약하지 마소서."

선제가 그의 제안을 허락하였는데, 공수는 역거를 타고 부임지로 향했다.

발해 변경에 다다랐을 때 군 정부에서 새로운 태수가 오는 것을 알고 군대를 보내 맞이하였다. 도적들이 곳곳에 분포하고 있던 당시 그것은 태수의 안전을 위한 조치였다. 그러나 공수는 모두의 예상을 깨고 먼저 영접을 나온 병사들을 모두 돌려보냈다. 그리고 예속된 현에 첫 번째 명령을 공표했다. 도적을 체포하던 관병들은 일률적으로 집으로 돌려보내고, 낫과 호미를 들고 있는 사람은 모두 양민으로 볼 것이며, 관리들은 이에 대해 더 이상 묻지 말라고 명령한 것이다. 즉, 무기를 든 사람만 도적으로 간주할 수 있다는 말이었다. 명령을 공표하고 실시한 후 공수는 마차 한 대만 가지고 홀로 갈 길을 재촉했다. 가는 길에는 황폐해진 무덤들이 널려 있고 이재민들이 들에 가득했다. 그래도 가끔씩 삼삼오오 짝을 지은 농민들은 벌써 밭에서 일을 하는 모습이 눈에 띄기도 하였다. 공수는 강도짓으로 생계를 이어갔던 일부 도적들이 새로운 태수가 내린 명령을 듣고 이미 창과 칼을 버리고 해산했다는 소문을 들었다. 다시 호미와 괭이를 손에 들고 집으로 돌아왔다는 것이다.

발해에 부임한 공수는 즉시 나라의 곡창을 열어 백성들을 구제하고, 백성을 사랑하면서 검소하고 청렴한 관리들을 선발했다. 며칠이 지나지 않아 발해는 평화로움을 되찾았고 질서가 바로 잡히게 되었다. 수년간 이어져온 혼란이 단 한순간에 사라져버린 것이다. 하늘은 푸르고 물은 맑으며 바람도 부드럽고 태양도 포근했다. 공수는 다시 온 힘을 다해 백성들에게 농사와 양잠에 힘쓰도록 권하며, 한 명당 느릅나무 한 그루와 염교 1백 그루, 파 50포기를 심게 했다. 그리고 밭 한 뙈기에는 부추를 심게 했다. 이것은 모두 현지 백성들이 즐겨 먹던 음식이었다. 또 공수는 백성들의 집집마다 암퇘지 2마리와 닭 5마리를 키우게 했다. 패검佩劍을 가지고 있는 사람에게는 검을 팔아서 소를 사게 했고 칼을 가진 사람은 칼을 팔아 송아지를 사라고 설득했다.

"어째서 큰 소를 몸에 지니고 다니고, 작은 소를 허리에 차고 다니는가?"

몇 년 후 발해는 크게 안정을 되찾았다.

공수는 고대 중국에서 선량한 관리의 전형이었다. 그러나 안타깝게도 선제가 그를 표창하게 된 것은 순전히 그의 공적 때문만은 아니었다. 몇 년 후 공수가 조정으로 돌아가 상황을 보고하려 했을 때 술을 좋아해 자주 술주정을 했던 왕생이 그를 따라나섰다. 공수는 하는 수 없이 그와 함께 도성으로 돌아왔다. 어느 날 공수가 궁중에 불려가자 술에 잔뜩 취한 왕생이 공수를 불러 세웠다. 공수가 무엇인지 묻자 왕생은 황제가 어떻게 발해를 그리 잘 다스렸냐고 물으면 아무런 말도 하지 말라고 당부하면서 이렇게 덧붙였다.

"황제께서 잘 지도해주신 것이지, 제가 잘한 것은 아니라 말씀하십시오. 이 말씀만 하셔야 하옵니다."

공수는 그대로 했다. 선제는 그 말을 듣고 크게 기뻐하며 왕생까지 진급시켜 칭찬하였다. 공수는 천수를 다하고 세상을 떠났다.

漢書 들여다보기

중국에서 우경牛耕이 언제부터 시작되었는지는 정확히 알 수 없고, 소를 농사에 이용하기 위해서는 소의 코를 뚫어 고삐를 매야 하는데, 이것의 흔적이 청동제기의 장식에서 볼 수 있다. 그리고 우경이 문헌상에 나타나는 것은 전국시대부터이고 한나라 때 널리 보급되어 농업생산력이 증대되었다.

한나라 우경도牛耕圖

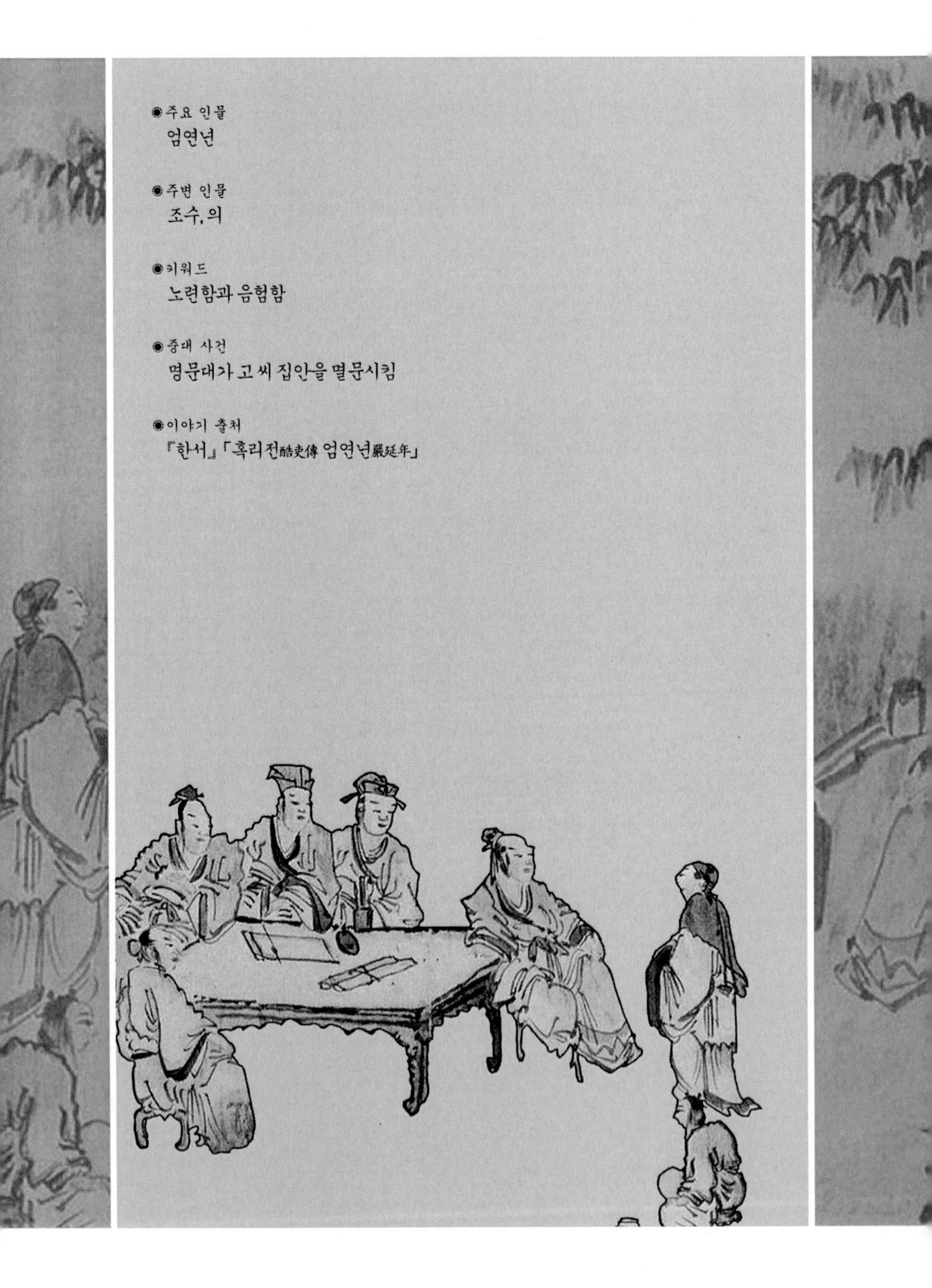

◉주요 인물
엄연년

◉주변 인물
조수, 의

◉키워드
노련함과 음험함

◉중대 사건
명문대가 고 씨 집안을 멸문시킴

◉이야기 출처
『한서』「혹리전酷吏傳 엄연년嚴延年」

嚴延年

엄연년 : 억울한 죽음

「혹리전」에 들어가 있는 엄연년嚴延年은 매우 유능하고 행정적 재능이 넘쳤던 관리였다. 사실 「혹리전」에 포함된 관리 중에 유능하지 않은 사람은 없지만 대부분이 너무 잔인하고 흉악했다. 엄연년은 교활할 정도로 흉악해서 다른 사람들보다 조금 더 음험한 분위기를 가지고 있다. 다만, 그의 총명함은 결국 황제를 비난하여 목 베임을 당하였지만, 그의 사적을 아는 사람들은 그런 그의 죽음을 조금은 억울하다고 느낄 것이다.

엄연년의 자는 차경次卿으로 동해 하비(下邳: 지금의 강소 비현邳縣 서남쪽) 사람이다. 그의 아버지가 본래 재상부에서 일하던 관리였기 때문에 엄연년은 어려서부터 법률을 배울 수 있었다. 신작 연간, 엄연년은 강노장군 허연수의 대군을 따라가 서강을 크게 멸하고 반란을 진압했다. 돌아온 후 탁군(군 정부는 지금의 하북 탁현에 있다)의 태수로 임명받았는데, 바로 이 관직에서 명성을 날리게 되었다.

당시 이 지역 관리들의 품행과 치적은 엉망이어서 정부 기구의 위신이 떨어져 있었고, 명문가인 고高 씨 가문이 멋대로 횡포를 부리는 상황이었다. 그들은 곳곳에서 빈객을 모아 약탈과 강도짓을 일삼아 체포를 당했으나, 다시 고 씨 집 뜰로 도망을 가니 관리들이 쫓지 못했다고 한다. 그래서 현지에는 '2천 섬은 기꺼이 지면서, 대갓집(태수)은 지지 못하네'라는 속담까지 나돌았다. 훗날 일반 사람들도 집 밖을 나갈 때는 무기를 들어 스스로를 지켜야 할 정도가 되었다. 엄연년은 도착하자마자 조수趙繡를 보내 고 씨 집안의 죄상을 정리하게 하였다. 조수는 엄연년의 속내를 헤아리지 못한데다, 고 씨 집안의 세력이 너무 무서워서 어찌할 바를 모르고 있었다. 그래서 고민 끝에 2개의 문서를 작성해 사소한 내역을 적은 문서는 자신의 손에 쥐고, 고 씨 집안의 죄상을 낱낱이 열거하여 법대로 하면 사형까지 집행할 수 있을 정도의 문서는 품 안에 넣었다. 엄연년을 만나자 그는 먼저 손에 들고 있던 첫 번째 문서를 읽기 시작했다. 그런데 엄연년은 전혀 관심을 보이지 않고 대충 상대만 하는 것이 아닌가? 게다가 조수가 다 읽기도 전에 바로 사람을 시켜 조수의 품 안을 뒤지게 했다. 과연 두 번째 문서가 나왔다. 엄연년은 즉시 재판정으로 나가 조수가 법령을 어기고 가짜 죄명들을 만들었으니 즉시 그를 끌어내 목을 베라고 명령했다. 이를 지켜보는 관리들은 모두 두려움에 벌벌 떨었다. 엄연년이 다른 관리를 보내 고 씨 집안의 죄상을 조사하게 하자 모두 용기를 내어 임했다. 그 덕분에 일거에 죄인 여러 명을 체포할 수 있었다. 두 고 씨 집안에서 수십 명의 목이 날아가니 군중들은 겁에 질려 길에 떨어진 물건조차 줍지 않았다고 한다.

3년 후 엄연년은 하남(지금의 하남 낙양)의 태수가 되었다. 그는 또 자신만의 독특한 조화를 부렸다. 그가 일을 처리하던 원칙은 '부유하고 세력 있는 가문은 꺾어버리고 가난하고 연약한 사람은 도와준다'는 것이었다. 가난하고 약한 사람들이 죄를 지으면 그는 어떻게든 법령을 조금 왜곡해서라도 그들이 풀려날 수 있게 해주었지만, 호족이 백성들의 이익을 침해했을 경우에는 법을 더 엄히 적용하거나 누명을 씌워 사형으로 다스렸다. 그가 극적인 반전을 좋아했기 때문인지, 아니면 부하들이 자신의 속내를 읽고 견제할까 두려워 썼던 수법이었는지는 모르겠지만, 엄연년은 잡혀온 죄수들에게 자주 속임수를 많이 썼다. 죄 때문에 죽을 것이라고 생각하는 사람은 그 자리에서 바로 석방해주었고, 아무 일도 없을 것이라 안심하는 사람은 어떤 이유를 찾아서든 죽여버렸다. 게다가 판결 선고에 쓰는 문서도 주도면밀하게 만들어 남들이 반박할 여지도 주지 않았다. 그러니 평소 그가 하는 말과 행동만 보고는 그의 속내가 어떤지 알 수 있는 사람은 한 명도 없었다. 그래서 엄연년의 이름만 들으면 사람들은 모두 전전긍긍했다. 그의 별명은 '도백屠伯' 이었는데 그 명성이 전국에 널리 퍼져 하늘에까지 미칠 정도였다.

엄연년은 자신의 치리에 자신이 넘쳤기 때문에 벼슬길이 순탄할 것이라고 자신하고 있었다. 그러나 그때 하필이면 일련의 사건들이 발생하여 그의 열정에 큰 타격을 주었다. 그의 이웃 군의 태수 황패는 엄연년과 정반대의 치도를 펼쳤다. 평생 너그럽고 온화함으로 일관한 것이다. 그래서 엄연년은 그를 무시하고 있었다. 그러나 황패는 걸핏하면 황제의 표창을 받더니, 이젠 그의 경내에서 봉황이 나타났다고 황제에게 보고를 올리는 것이 아닌가? 봉황이 나타났다는 것은 천하가 태평하다는 징조였기 때문에 황패의 기세는 이제 엄연년을 뒤덮을 정도가 되었다. 엄연년은 슬슬 마음에 불만이 차올랐다. 훗날 좌풍익의 자리가 비자 황제는 엄연년을 좌풍익으로 임명하며 부절까지 보내왔다. 그러나 엄연년이 너무 잔인하다고 생각해 다시 뜻을 바꾸었다. 이런 일들은 엄연년의 자신감에 큰 상처를 내었다. 엄연년은 어떤 한 옥리가 청렴하고 깨끗하다고 보고했는데, 하필이면 그 옥리가 돈을 횡령한 일이 발각되었다. 엄연년은 인재도 제대로 추천하지 못했다 하여 강등되었다. 그는 극심한 분노에 어이없는 웃음이 나올 지경이었다.

"무서워서 누가 천거를 하겠는가?"

그를 따르던 부하 중에는 그가 매우 가까이 두고 지내던 군승郡丞이 있었다. 그의 성은 전해지지 않고 있지만 이름은 의義였다. 의와 엄연년은 젊은 시절 승상부에서 함께 일했던 동료였으나, 훗날 엄연년은 벼락출세한데 반해 의는 엄연년을 따라 곳곳을 전전하는 신세가 되었다. 늘 엄연년의 그늘 아래서 살아야 했던 것이다. 속에서 이유를 알 수 없는 분노가 솟구치던 엄연년은 의 앞에서 차가운 조소와 신랄한 풍자를 뱉어내며 불쾌한 마음을 분출하곤 했다. 한 번은 경내에서 메뚜기가 나오자 이웃 군의 황패가 생각난 엄연년은 의에게 이렇게 말했다.

"여기 이 메뚜기는 황패 군의 봉황이 먹는 먹이겠지?"

어느 날, 엄연년은 낭야 태수가 오랜 병으로 파직되었다는 말을 듣고 의에게 말했다.

"그자도 일을 그만둘 수 있는데 나라고 못하겠는가?"

그리고 또 한 번은 의가 엄연년에게 누군가 상평창을 계획해 곡식 가격을 안정시켜 백성들을 이롭게 하였다고 말하자 엄연년은 차갑게 내뱉었다.

"그것은 조정의 최고급 관리들의 권한이 아닌가? 높이 앉은 놈들은 자리만 차지하고 봉록만 축내고 있으니 원. 일을 못하면 속히 현명한 이들에게 자리를 양보하든가. 자네가 말한 사람, 그 사람은 또 어디서 그런 권한이 생겼다던가? 대체 뭘 믿고 그런 짓을 하는 게야?"

벼슬길이 잘 풀리지 않는 상황에서 엄연년의 말은 점점 더 가시가 돋쳤다. 물론 의는 그와 오랜 시간을 보냈기 때문에 편히 말을 할 수 있는 상대이긴 했다. 그러나 문제는 바로 거기에 있었다. 의는 오랜 세월 엄연년과 함께 했지만, 그간 엄연년의 일이 술술 잘 풀리고 승진가도를 달려왔기 때문에 늘 스스로를 부하로 생각하고 최선을 다해 지시를 따랐었다. 그런데 갑자기 엄연년의 태도가 확 바뀌어버린 것이다. 그는 엄연년이 호족들에게 보여준 무서운 계략과 과감한 수법을 생각하며 엄연년이 자신에게 많은 선물을 주는 것이 다른 뜻이 있어서는 아닐까 의심하게 되었다. 그러자 엄연년만 봐도 두려움이 차올라 가슴이 쿵쾅거리고 말을 더듬어 한 문장을 제대로 말할 수 없는 지경까지 되었다. 엄연년 역시 의가 자신을 대하는 태도가 뭔가 수상하다는 것을 느끼기 시작했으나, 본래부터 의에게 나쁜 마음을 품지 않았기 때문에 크게 신경을 쓰지는 않았다. 마음이 텅 빈 것 같은 군승 의가 어느 날 점을 치러 갔다. 그런데 죽을 괘가 나오는 것이 아닌가? 그는 엄연년이 자신을 처리하려 한다고 생각했다. 정말 그렇다면 차라리 죽기 살기로 붙어보자, 엄연년을 끌고 염라대왕에게 가면 내 죽음도 헛되진 않을 것 아닌가. 그는 이렇게 속으로 굳은 결심을 했다.

이에 의는 행장을 꾸리고 휴가를 받아 장안으로 가는 역로에 올랐다. 그는 엄연년의 10가지 죄상을 다 정리해두었다. 엄연년이 최근 들어 내뱉었던 이상한 말들은 엄연년이 조정을 비방하였다는 죄를 뒤집어씌우기에 충분했다. 이는 당시에는 죽을죄에 해당했기 때문이다. 길을 재촉해 장안에 도착한 의는 즉시 조정에 보고했다.

보고를 마친 의는 갑자기 몸에 지니고 있던 독약을 한입에 털어넣었다. 임종 전 그는 마지막으로 이런 말을 남겼다.

"절대 엄연년을 모함하는 것이 아님을 죽음으로써 증명하겠습니다."

이렇게 장렬하고 의연한 고발은 고대에선 매우 보기 드문 것이었다. 황제와 대신들의 저울도 모두 의쪽으로 기울었다. 엄연년은 즉시 사건에 회부되었고 엄격한 심문과 조사로 의의 말이 사실임이 밝혀졌다. 엄연년은 '조정을 원망하고 비방한 죄'로 참수를 당했다. 평생 밥 먹듯이 사람들을 죽이고 법령에도 정통했던 엄연년은 사람을 죽일 때도 조금의 빈틈조차 보이지 않았었다. 그런 그가 결국 자신이 신임했던 부하의 손에 죽게 될 줄을 상상이나 했을까? 그것도 작은 오해로 빚어진 일이니 그의 혼백도 오랫동안 장안을 떠나지 못했으리라.

반고가 기록한 역사서는 여기까지이다. 그의 글에는 안타까움이 짙게 묻어나고 있다. 아마 세상사에 통달했던 그도 순전히 오해로 인해 이토록 큰 비극이 연출된 일은 흔히 볼 수 없었기 때문이리라. 우리 후세 사람들도 여기까지 읽으면 세상의 기묘한 일들은 때론 우리의 상상을 훨씬 뛰어넘는다는 사실에 탄식할 수밖에 없을 것이다.

엄연년이 죽은 과정을 아는 사람들은 그의 죽음을 억울하다고 생각할 수 있을지도 모르지만, 엄연년의 생모는 그가 어진 정치를 펴지 않고 너무 많은 사람을 벌했기 때문에 편안히 눈을 감지 못하리라고 예상하고 있었다. 이 현명한 여인은 관리가 되려는 아들을 며칠이나 가두었고, 12월 납일의 제사를 마친 후에야 그를 보내주었다고 한다. 그 후 그녀가 낙양에 도착했을 때 엄청난 죄수들이 있는 광경을 보고는 깜짝 놀라 객잔에 방을 잡고 아들의 관아에 들어가려 하지 않았다. 엄연년이 그 소식을 듣고 어머니를 맞으러 왔지만, 그 어머니는 문을 굳게 걸어 잠그고 방안에 아들을 들이지 않았다. 엄연년이 엎드려서 한참 동안 사죄하니, 그제야 어머니는 아들의 관저로 들어갔다. 그리고 아들을 나무랐다.

"천지 하늘에 죽이기만 하는 사람은 없느니라. 네가 이런 식으로 한다면 이 늙은 어미는 젊은 아들이 다른 사람에게 죽임을 당하는 꼴을 보게 될 것이다. 됐다. 나는 그냥 고향으로 돌아가 네 묏자리나 준비해두련다."

말을 마친 엄연년의 생모는 슬퍼하며 고향으로 돌아가 그 상황을 고향의 친지와 벗들에게 말했다고 한다. 시간이 흘러 엄연년이 과연 죽임을 당하니 가족과 일반 사람들은 그 여인의 선견지명에 감탄을 금치 못했다고 한다.

漢書 들여다보기

장창은 엄연년과 사적으로 친분이 두터운 편이었기 때문에, 엄연년에게 서찰을 보내 너무 가혹하게 법을 집행하지 말라고 충고를 했었다. 그러나 엄연년은 듣지 않았다.

장창

◉주요 인물
곽해

◉주변 인물
한 무제, 위청, 적소공, 공손홍

◉키워드
돌아온 탕자, 혈기왕성

◉이야기 출처
『한서』「유협전游俠傳 곽해郭解」

郭解

곽해 : 혈기왕성했던 협객

곽해의 자는 옹백翁伯으로 전한 지현(지금의 하남성 제원 동남쪽 지성진) 사람이다. 그는 당시 유명한 관상가 허부의 외손자였다. 곽해의 아버지는 협객으로 효 문제 때 처형되었다. 곽해는 한 무제 때의 사람인데 몸집은 작지만 민첩하고 용감했다. 그는 술을 입에 대지 않았으며 어려서부터 독하고 성정이 잔인했다. 그는 조금만 눈에 거슬려도 칼을 휘둘러 사람을 죽였기 때문에 그의 손에 죽은 사람이 매우 많았다. 또한 친구를 위해 복수할 때에도 목숨을 아끼지 않았다. 그는 주로 반란을 꾀하거나 도적질을 하다가 도망자가 된 사람들을 숨겨주었고, 몰래 동전을 찍어내고 무덤을 도굴하는 등 그의 위법 행위는 이루 말로 다할 수 없었다. 그러나 곽해는 운이 매우 좋아서 위험한 순간마다 위험에서 벗어나거나 황제의 대사면을 받았다.

곽해는 어른이 된 후 전혀 다른 사람처럼 행동에 큰 변화를 보였다. 그는 스스로 행동을 주의하며 선으로 악을 갚았고, 많은 것을 베풀며 어떤 보답을 기대하지도 않았다. 곽해는 의로운 일을 해야 할 때는 어떤 일이든 기꺼이 했는데, 자신의 공을 자랑하지 않았다. 그러나 잔인하고 악랄함이 한 번 터져 나오면 눈을 치켜뜨는 성격만큼은 달라지지 않았다. 곽해 누나의 아들은 곽해의 명망을 믿고 다른 사람과 술을 마시다가 억지로 잔을 비우라 강요했고, 다 마시지 못하면 그 사람의 입에 술을 들이붓기도 하였다. 이런 일이 잦다보니 분을 이기지 못한 한 사람이 칼로 곽해의 조카를 죽이고 도망치는 사건이 발생했다. 곽해의 누나는 화가 머리끝까지 치밀어 아들의 시체를 거리에 던져버리고 곽해를 치욕스럽게 하여 대신 복수하도록 하였다. 곽해는 몰래 사람을 보내 살인범의 행적을 알아냈다. 살인범은 아무 곳에도 숨을 곳이 없어지자 마지못해 곽해를 찾아와 사건의 경위를 상세하게 설명했다. 그 말을 들은 곽해는 살인범을 나무라기는커녕 도리어 이렇게 말했다.

"우리 집 아이가 도리에 어긋난 짓을 하여 자네가 죽이게 된 것이니 아무 일도 없을 것이네."

그리고는 시원스럽게 범인을 놓아 보내주고 조카의 시체를 안장해주었다. 이 사건이 전해지자 사람들은 곽해의 의로운 행동을 칭송했고, 그를 따르려는 사람들이 더욱 많아졌다.

곽해가 밖에 나오면 길가의 사람들은 재빨리 몸을 피해 그에게 경의를 표했다. 오직 한 사람만 다리를 벌리고 앉아 꼼짝도 하지 않으며 오만한 태도로 그를 쳐다보았다. 곽해는 사람을 보내 그 사람의 이름을 알아보았다. 곽해의 부하들은 그자를 죽이려고 했지만 곽해가 말렸다.

"고향에서 고향 사람들의 존경받지 못하는 것은 이 곽해의 덕행이 부족했기 때문이네. 저 자가 저기 앉아 있는 것이 무슨 잘못인가?"

그러면서 몰래 현리에게 말을 넣었다.

"모모 사람을 내 급히 돕고 싶으니 그 사람이 힘든 일을 할 차례가 되면 날 봐서 그 일을 좀 면해주시게."

훗날 그 사람이 고역을 할 차례가 와도 현리는 그를 내보내지 않았다. 그는 이를 이상히 여겨 여기저기 물어보니 곽해가 대신 사정을 했기 때문이라지 않는가? 그러자 곽해에게 오만하고 무례하게 굴던 사람은 옷을 벗어 몸을 드러낸 채 곽해를 찾아와 사과했다. 많은 젊은이들이 이 사건을 듣고 더더욱 곽해의 위인됨을 흠모하게 되었다.

또 낙양에 유명한 원수 집안이 있어서, 그곳의 수많은 명망 있는 집안과 선비들이 중간에서 이를 말리며 설득하기를 10여 차례나 하였지만, 두 집안은 도무지 화해할 기미를 보이지 않았다. 그러자 어떤 사람이 곽해에게 도움을 청했는데, 곽해가 그 두 원수 집안을 찾아가 화해를 권했다. 두 집안은 억울하긴 했지만 어쩔 수 없이 화해하겠다고 약속했다. 이때 곽해가 말했다.

"고향 사람들이 당신들을 여러 번 설득했지만 듣지 않았다고 들었는데, 이리 내 얼굴을 봐서 화해를 약속해주니 고맙소. 하지만 내 어찌 고향 호족과 선비들이 화해시킬 권리를 빼앗을 수 있겠소? 잠시 동안은 공개적으로 화해하지 마시고 내가 떠난 후에 낙양의 호족과 선비들이 다시 찾아와 화해를 권하면 그들이 말한 대로 하도록 하시오."

곽해는 두 집안에 자신의 뜻을 당부하고 그날 밤 즉시 낙양을 떠났고, 남에게 그 일을 알리지 않았다.

곽해는 평소 다른 사람들을 정중하게 대했고 규칙을 잘 따랐으며 주제넘게 마차를 타고 현 관아의 문을 들어가지도 않았다. 그는 매번 다른 사람의 일을 위해 인근 군국에 갈 때마다 최선을 대해 그 일을 마무리 지어 주었지만, 해결할 수 없는 일이면 최대한 양측이 만족할 수 있는 상황으로 마무리했다. 그는 일을 적절히 처리한 후에야 다른 사람이 주는 음식을 맛보았다고 한다. 주위에 있는 현의 젊은이들과 호걸들이 밤에 그의 집을 찾아왔기 때문에 그의 집 앞에는 늘 마차가 10대 넘게 서 있었고, 존경과 충성을 바치려고 하였다.

훗날 조정에서 명을 내려 전국에 있는 부호들을 무릉으로 이주시켰다. 곽해의 재산은 3백만도 되지 않아 부호의 자격에는 미치지 못했지만, 그의 명성이 워낙 드높았기 때문에 이주할 명단에 들어 있었다. 당시 대장군 위청이 나서서 곽해가 부유하지 않으니 이주할 자격이 없다고 말했지만 한 무제는 반박했다.

"평범한 백성을 위해 대장군이 사정을 할 정도라면, 그는 이미 가난한 자가 아니지 않는가?"

결국 곽해는 무릉으로 이주할 수밖에 없었다. 곽해와 친분이 있던 사람들이 송별연을 열고 그에게 1천만이 넘는 돈을 마련해주었다. 그러나 지현의 속관이었던 양계주楊季主의 아들이 중간에서 일을 망치자 곽해의 조카는 그의 목을 베어버렸다. 이때부터 양 씨 집안과 곽 씨 집안은 깊은 원한을 갖게 되었다.

곽해가 무릉으로 이주한 후 관중 지역의 협객과 현사들은 곽해와 아는 사이건 아니건, 곽해의 명성을 듣고 앞다투어 그와 벗이 되고자 찾아왔다. 얼마 후 누군가 양계주를 죽이자 양계주의 집안에서는 조정에 사람을 보내 곽해를 고발하려 했다. 그러자 곽해의 무리는 조정에 고발하러 가는 사람을 궁문 밖에서 죽여버렸다. 무제는 그 이야기를 듣고 관리에게 곽해를 잡아오도록 하였다. 그러자 곽해는 먼저 노모와 식구들을 하양夏陽에 정착시키고 홀로 도망쳤다. 임진臨晉으로 도망간 그는 임진의 적소공籍少公과 모르는 사이였기 때문에 다른 사람의 이름을 썼다. 관리들이 적소공의 집으로 쳐들어오자 적소공은 압력을 이기지 못하고 자살했다. 그래서 곽해의 행방에 대한 단서도 사라져 한참이 지난 후에야 곽해를 체포할 수 있었다. 관아에서는 철저하게 그의 죄상을 조사했지만 조사 결과 곽해가 사람을 죽인 것은 모두 대사면령이 발표되기 이전의 일이었다. 이 기간 지현에 살던 한 유생이 상부에서 내려온 관원이 곽해를 칭찬하자, 그 유생은 곽해는 왕법을 어긴 악행을 저지른 자라고 말했다. 그 말을 들은 곽해의 친구는 몰래 그 유생을 죽이고 그의 혀까지 잘라버렸다. 그러나, 곽해는 유생을 죽인 사람이 누군지 전혀 알지 못했고, 한참을 조사했지만 범인을 알아낼 수 없었다. 아무런 증거가 나오지 않자 무제는 곽해에게 무죄를 선고했다. 그러나 어사대부 공손홍이 이견을 내놓았다.

"곽해는 일반 백성으로 혈기를 부리고 사람을 죽였사옵고, 유생이 살해된 것도 곽해 본인은 모른다 하오나, 곽해의 죄악은 직접 사람을 죽인 것보다 엄중하니, 반드시 그를 대역무도죄로 다스려야 하옵니다."

무제가 명을 내려 곽해의 온 가족을 죽였다.

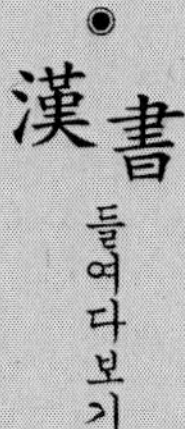

'내가 백인伯仁을 죽이지 않았으나, 백인이 나로 인해 죽네'라는 옛 말이 있다. 곽해의 죽음이 딱 이와 같지 않은가?

곽해

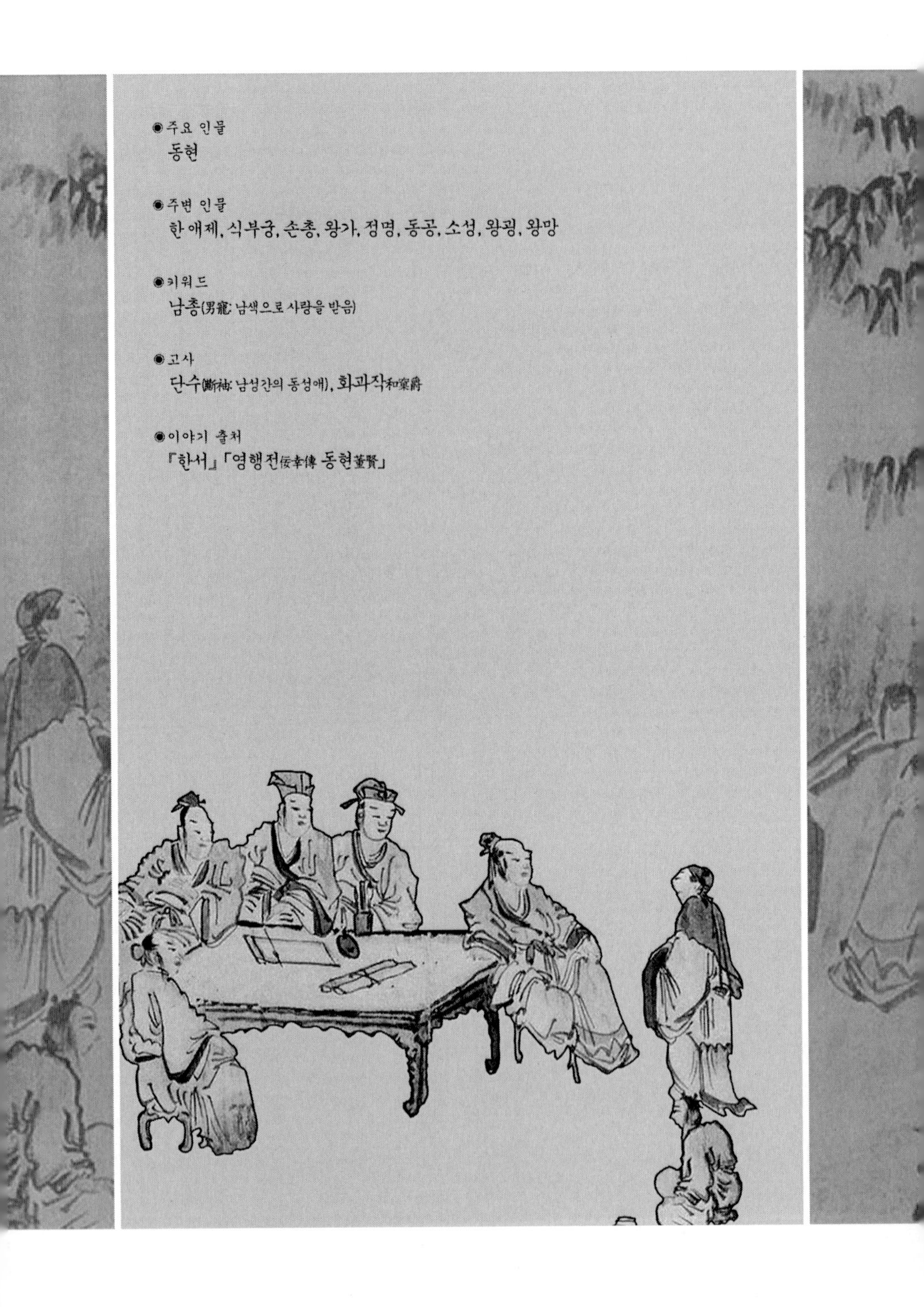

◉주요 인물

동현

◉주변 인물

한 애제, 식부궁, 손총, 왕가, 정명, 동공, 소성, 왕굉, 왕망

◉키워드

남총(男寵: 남색으로 사랑을 받음)

◉고사

단수(斷袖: 남성간의 동성애), 회과작和窠爵

◉이야기 출처

『한서』「영행전佞幸傳 동현董賢」

董賢

동현 : 한 시절 영예를 누린 남총

동현의 자는 성경聖卿으로 운양(雲陽: 지금의 섬서 순화淳化 서북쪽) 사람이었다. 그의 아버지 동공董恭이 성제 때 어사였기 때문에 그는 태자의 사인(舍人: 태자의 측근이나 종)으로 임명받았다. 애제가 즉위하자 동현은 15, 6세 소년의 몸으로 황제를 따라 궁에 들어가 낭관이 되었다. 2년 정도 후 동현은 궁에서 시각을 알리는 일을 했는데 스스로도 반할만큼 빼어난 용모를 가지고 있었다. 멀리서 그를 보게 된 애제는 그의 아름다운 외모에 마음이 흔들렸고, 또 낯이 익어 사람을 보내 동현을 불러오게 하여 이야기를 나누었다. 애제는 동현을 황문랑으로 임명하고 그때부터 동현을 총애했다. 동현의 부친이 운중후雲中侯라는 말을 듣고 즉시 그를 패릉 현령으로 부임시키고 광록대부로 승진시켰다.

애제는 날이 갈수록 더 동현을 총애해 그를 부마도위 시중으로 임명하고 외출할 때는 늘 자신과 함께 어거에 오르게 했다. 궁으로 돌아온 후에도 동현이 시중을 들게 하니 한 달간 그에게 내려진 상금만 수만이요, 그 부귀영화가 조정을 뒤흔들 정도였다. 동현은 늘 애제와 함께 잠을 자고 일어났다.

한 번은 두 사람이 함께 낮잠을 즐길 때였다. 애제는 잠에서 깬 후 몸을 일으키려고 했지만 동현이 자신의 소매를 베고 달콤한 잠에 빠져 있는 것을 보니 차마 깨울 수가 없어서 소매를 자르고 조용히 침상에서 내려왔다고 한다. '단수벽斷袖癖'은 그 후 동성애의 대명사가 되었다. 동현은 유순하고 온화한 성격에 아양을 잘 떨어 자신의 지위를 공고히 하는데 능수능란했다. 매번 애제가 그에게 집에 가서 쉴 수 있도록 휴가를 주어도 그는 궁을 떠나지 않고 계속 궁내에 남아 애제가 치료를 잘 받는지, 잘 보필 받고 있는지 지켜보았다.

애제는 동현이 자주 집에 가지 못하자 동현의 아내를 궁으로 들이라는 명을 내려 궁에 있는 동현의 방에서 지내게 해주었다. 이것은 다른 관리들의 아내가 궁 안에 있는 관리의 숙소에서 사는 것과 같은 것이었다. 애제는 또 동현의 누이동생을 소의昭儀에 봉해 그 지위를 황후 바로 아래에 두었고, 소의의 침전을 '초풍椒風'이라 하여 황후의 거처인 초방椒房과 지위를 같게 해주었다. 동 소의와 동현 부부는 번갈아 가며 밤낮없이 애제의 곁을 지키며 시중을 들었다. 애제는 동 소의와 동현의 아내에게 각각 수만에 달하는 상금을 하사했다. 후세 사람들은 이 지저분한 행태를 '화과작和窠爵'이라고 불렀다. 애제는 또 동현의 아버지를 소부로 삼고 관내후의 작위를 내려 식읍을 누리게 했고, 그 후 다시 위위로 임명했다. 또 동현의 장인을 장작대장에 임명하고 처남은 집금오로 삼았다. 또 장작대장에게 동현을 위해 황궁 북문 밖에 화려한 저택을 지으라 명했다. 저택 내에 앞뒤로 대전을 만들고 문마다 그 수준을 맞추니 건축 수준이 거의 최고 수준이었고, 동현의 집에 있는 서동과 하인들까지 애제의 은혜를 누렸다. 황가의 상방서上方署에서 만든 진주 중에서 상등품은 모두 동현의 집으로 보내졌고, 애제에게 올라온 의복은 오히려 차등품이었다. 그것으로도 모자라 장작대장에게 자신의 능묘 의릉義陵 옆에 동현을 위한 무덤을 만들게 했다. 무덤 안은 축소된 방과 같았고 사방에 빙 두른 담은 길이가 몇 리나 되었고 문정門亭, 비궐碑闕, 병풍이 매우 아름다웠다.

애제는 동현을 제후로 봉하고 싶었으나 한나라 황실은 공이 없는 사람은 제후로 봉할 수 없다는 제도 때문에 기회를 잡지 못하고 애만 태웠다. 마침 이때 손총孫寵과 식부궁息夫躬 등이 동평왕東平王 유운劉雲의 부인이 사당에서 제사를 올리면서 애제를 저주한 일을 고발했는데, 애제는 그 사건에 대해 동현이 직접 폭로하는 것을 듣고 동평왕을 탄핵한 것이라고 말하게 했다. 이렇게 만들어진 공으로 동현을 고안후高安侯에 봉하고, 식부궁을 의릉후宜陵侯로, 손총을 방양후方陽侯로 봉했다. 그리고 세 사람에게 각각 식읍 1천 호씩 을 내려주었고, 얼마 후 다시 동현에게는 2천 호를 더 봉해주었다. 승상 왕가王嘉는 동평왕 사건이 억울한 누명이라 의심했기 때문에 몇 번이나 단도직입적으로 충고하며 동현이 나라의 규장과 제도를 어지럽힌다고 고했다. 그러나 왕가는 이 일로 체포되었다. 당시의 법도에 따르면 왕가는 승상으로서 하옥되기 전에 자결하는 것이 옳은 일이었으나, 그는 강직하고 위엄 있었으며 스스로 잘못이 없다고 생각하고 있었다. 주부主簿가 독약을 들고와 자결을 권유하자, 죽어도 저잣거리에서 죽어 만백성이 똑똑히 보게 할 것이라고 말하며, 의연히 사자를 따라 감옥에 들어갔다. 애제는 그 소식을 듣고 대노하였고, 왕가는 옥리에게 20여 일 동안이나 괴롭힘을 당했다. 결국 그는 절식하다가 피를 토하며 죽었다.

애제 즉위 초기에, 할머니인 부傅 태후와 어머니 정丁 태후가 모두 살아 있을 때 부 씨와 정 씨 두 집안이 먼저 부를 축척하였다. 부 태후의 사촌 형제인 부희傅喜가 먼저 대사마의 자리에 올라 조정을 보좌했다. 그러나 여러 차례 충언을 올렸다가 태후의 신임을 잃고 관직을 박탈당했고, 애제의 외숙부 정명丁明이 대신하여 대사마가 되어 그 직무를 잘 수행했다. 그러나 그는 동현이 총애 받는 것을 매우 시기하였고, 또 승상 왕가가 죽을 때 그를 매우 가엾게 여겼다. 애제는 점점 동현을 더 중히 여겨 높은 관직으로 끌어올리려고 갖은 애를 썼는데, 정명의 태도가 영 마음에 들지 않았다. 그래서 책문을 공표해 정명을 파면시켰다.

'전 동평왕 유운은 황위 찬탈을 꾀해 사당에서 제사를 지내며 애제를 저주하였다. 유운의 아내의 외숙부 오굉伍宏은 의원의 신분으로 천자의 명을 기다리고 있었으나, 비서성秘書省 교서랑校書郎 양굉楊閎과 내통해 반란을 꾀해 막심한 손실을 끼쳤다. 종묘 신령들의 복을 받아 동현 등이 이 음모를 간파하였니 죄인들이 고개를 숙이고 죄를 인정하였다. 장군의 사촌형제 시중 봉거도위 정오丁吳와 먼 친척의 숙부 좌조左曹 둔기교위屯騎校尉 정선丁宣은 모두 오굉과 허단栩丹이 동평왕 부인의 친척인 것을 알고 있었으나, 정선은 허단에게 어속御屬을 맡겼다. 정오와 오굉의 관계가 밀접하여 여러 차례 오굉을 추천하고 칭찬하였다. 오굉은 정오 덕분에 그 음험한 계획을 펼칠 기회를 얻었고, 의술을 통해 내궁으로 들어왔으니 국가의 안전을 위급하게 할 뻔하였다. 정 장군은 높은 지위에서 중임을 맡고 있으면서도 위엄을 떨쳐 정의를 수립하지 못하였고, 화가 일어나지 못하도록 미리 제거하지도 못하였으며, 유운과 오굉의 죄악을 미워하기는커녕 오히려 속으로 군주를 비난하며 정선, 정오에게 영합하고 유운 등을 억울한 죽음이라 매우 안타까워하였고, 동현 등이 받은 봉상은 또 지나치게 많고 영화롭다 하였다. 이토록 충신과 명장을 시기하고 공이 있는 사람을 비방하고 훼방하니, 아! 이 얼마나 슬픈 일인가! 사람들은 군주의 친족은 모반을 꾀해서는 안 되고, 모반이 일어나면 즉시 진압해야 한다고 하였다.

그래서 계우季友가 독주로 숙아叔牙를 살해하니 『춘추』에서는 계우를 칭찬하였다. 조순趙盾은 난신과 도적들을 정벌하지 않아 세상 사람들에게 군주를 시해한 자로 낙인찍혔다.

짐은 장군이 중형을 받는 것을 볼 수 없어 이 책서를 쓴 것이다. 장군은 자신의 잘못에도 불구하고, 승상 왕가와 결탁하여 왕가가 기댈 곳을 주었으니 이는 군주를 기만한 것이다. 관련 부처에서 장군이 이미 법을 어겼다고 판단하여 하옥시켜 죄를 다스리게 해달라 청하였다. 그러나 장군은 표기장군의 부절과 인장, 수대를 반납해 파직하고 집으로 돌아가라.'

이리하여 동현은 정명이 맡았던 대사마 위장군을 대신하게 되었다. 그의 나이 불과 22세였다. 그는 이미 삼공의 하나였지만 여전히 급사중의 일을 하면서 상서의 직책까지 맡고 있었다. 문무백관은 이로 인해 동현에게 조정의 일에 대해 지시를 요청하고, 그는 아버지 동공이 경의 직위에 있는 것이 적합지 않다 여겨 바로 광록대부로 바꾸고 봉록을 중 2천 섬으로 올려주었다. 그의 동생 동관신董寬信은 동현을 대신해 부마도위가 되었다. 동 씨 친족들이 모두 시중, 제조의 자리를 차지하고 입궁해 애제를 알현할 자격을 얻으니, 정, 부 두 집안보다 은총을 더 받았다.

이듬해 흉노 선우가 애제를 알현하러 왔다. 애제는 연회를 베풀어 선우를 접견했는데, 군신들이 앞줄에 있었다. 선우는 동현이 매우 젊은 것을 보고 놀라서 통역에게 어찌된 일인지 물었다. 황제는 통역에게 대답할 말을 일러주었다.

"대사마는 나이가 아직 연소하나 뛰어난 지혜와 덕으로 이 자리까지 오른 것이오."

그러자 선우는 벌떡 일어나 절을 하며 한 조정에 훌륭한 신하가 나온 것을 축하했다.

승상 공광孔光이 어사대부일 때 동현의 아버지 동공은 어사로서 공광 밑에서 일했으나, 동현이 대사마가 되면서 공광과 같은 삼공이 되었다. 공광은 늘 겸손하고 정중하며 조심성이 많았고, 애제가 동현을 매우 총애한다는 것도 잘 알고 있었다. 그러던 중 그는 동현이 그의 집으로 오고 있다는 말을 듣고 즉시 돌보던 문객과 유생들에게 문 밖에 나가 기다리다가 동현이 탄 마차가 오면 물러가라고 명했다. 동현이 중문에 도착하자 공광은 손님을 맞이하는 측문으로 들어갔다. 동현이 마차에서 내리자 공광은 즉시 문 밖으로 나가 인사를 올리며 매우 극진하게 맞이하였다. 그리고 빈객들이 손님을 동등한 자격으로 대하지 못하게 했다. 궁으로 돌아온 동현에게 보고를 들은 애제는 매우 기뻐하며 즉시 공광의 두 조카를 감대부와 상시로 임명했다. 이때부터 동현의 권력은 애제와 비슷한 지경이 되었다.

당시 성제 어머니의 친정인 왕 씨 집안은 이미 쇠락하여 평아후平阿侯 왕담王譚의 아들 왕거질王去疾만이 남아 있었다. 애제가 태자였을 때 그는 서자로서 성제의 총애를 받았기 때문에, 애제는 즉위 후 그를 시중 기도위騎都尉로 임명했다. 애제는 문득 왕 씨가 궁내에서 아무런 지위가 없다는 것이 생각났다. 그래서 과거의 은혜를 바탕으로 거질을 신임해 가까이하였고, 얼마 후 거질의 동생 왕굉王閎을 중상시로 선발했다. 왕굉의 장인인 소함은 전장군 소망지의 아들로 계속 군 태수를 지내고 있다가, 병으로 관직에서 물러나 중랑장이 되었다. 이런 상황에서 왕 씨 형제가 조정의 요직을 나란히 맡으니 동현의 아버지 동공은 왕 씨 집안과 사돈을 맺고자 했다. 그는 왕굉을 불러 동현의 동생 부마도위 동관신을 대신해 소함에게 그의 딸을 아내로 맞고 싶어 한다고 혼담을 부탁했다. 소함은 너무 놀라고 황공해서 감당할 수가 없다고 전하며 왕굉에게 이렇게 말했다.

"동공은 대사마의 몸이나 임명책에는 '주관하는 것을 윤허한다'고 써 있었네. 이것은 요 임금이 제위를 순 임금에게 선양할 때 했던 말이니 삼공육경에게 할 말은 아니지. 조정 원로들은 그 책문을 보고 다들 두려워했다네. 그런 혼인을 우리 같은 보통 사람의 자녀가 어찌 감당할 수 있겠나?"

총명하고 영특한 왕굉은 소함의 그 말을 듣고 그 뜻을 알아차렸다. 그래서 동공에게 돌아가 보고하며 소함이 자신이 변변치 않다며 겸손히 뒤로 빠진 뜻을 완전하게 전했다. 동공은 긴 한숨을 내쉬며 말했다.

"우리 동 씨 집안이 뭐 그리 이상한 짓을 했기에 다른 사람들이 그리 무서워한단 말이냐!"

그러면서도 속으로는 크게 기뻐했다. 얼마 후 애제가 기린전에서 주연을 베풀고 동현 부자와 그들의 친족을 불러 함께 먹고 마셨다. 왕굉 형제는 시중과 중상시로서 배빈이 되었다. 어느 정도 술기운이 오른 애제는 동현을 바라보다가 웃으며 말했다.

"내 요 임금이 제위를 순 임금에게 선양했던 것을 본받을까 하는데 어찌 생각하느냐?"

왕굉이 앞으로 나와 말했다.

"한나라는 고조 황제께서 개국하시어 폐하 한 분의 것이 아니옵니다. 폐하께서 유 씨 종묘를 계승하셨으니 유 씨의 자손에게 전하시어 대대로 끊어지지 않게 하심이 마땅하옵니다. 나라의 대업을 통일하고 계승하는 것은 매우 중요한 일이니 천자께서 농으로 삼으시는 것은 옳지 않사옵니다."

애제는 대꾸할 말이 없었지만 기분이 매우 상했다. 사람들은 모두 불안에 벌벌 떨었고 애제는 왕굉을 낭서로 돌려보내 쉬게 하고 다시는 연회에서 시중들지 못하도록 하였다.

동현의 저택은 새로 지어진 것으로 매우 견고한데 밖에 있는 대문이 이유 없이 망가지니, 동현은 그 일로 마음이 많이 상하였다. 몇 달 후 애제가 세상을 떠나니 그의 나이 불과 26세였다. 태황태후는 대사마 동현을 동쪽의 곁채로 불러 애제의 장례를 어떻게 치를지에 관해 물었으나, 아무런 대답도 하지 못하고 모자를 벗어 사죄하였다. 평소 애제와 놀기만 했던 동현이 장례 예의를 어찌 알았겠는가? 태후가 입을 뗐다.

"신도후新都侯 왕망은 일찍이 대사마의 신분으로 선 황제의 상을 모신 적이 있으니 규례들을 잘 알고 있을 것이므로 그의 도움을 받으시게."

동현은 무릎을 꿇고 머리를 찧으며 안도의 한숨을 내쉬었다. 태후는 사자를 보내 왕망을 입궁시켰다. 황궁에 들어온 왕망은 태후의 명의로 상서에게 동현을 탄핵하라는 지시를 내렸다. 애제가 병에 걸렸을 때 동현이 직접 돌보거나 약을 올리지 않았다는 이유였다. 그러면서 동현이 궁전 내의 대사마 집무실을 출입하는 것을 금했다. 동현은 그게 무슨 뜻인지 모르고 궁전 문 앞에 와서 모자를 벗고 맨발로 사죄하였다.

왕망은 알자를 보내 태후의 조서를 들고 궁문 앞에 가서 동현을 향해 낭독했다.

"최근 음양이 조화롭지 못하고 재난이 연이어 일어나니 백성들이 큰 고통을 당하고 있다. 소위 삼공이라며 큰 정鼎을 받치는 다리처럼 조정을 보좌하고 지지해야 하건데, 고안후 동현은 아무런 업적도 세우지 않았다. 그는 대사마로서 모든 이의 기대에 부합하지 못하였으니 그를 통해 외환을 막고 변방을 공고히 할 수가 없었다. 그래서 대사마의 부절과 인장, 수대를 회수하고 면직시켜 고향에 돌려보내기로 결정하였다."

그날 동현과 그의 아내는 자결하였고, 깜짝 놀란 가족들은 그날 밤 즉시 그들을 묻어주었다. 왕망은 동현 부부가 죽은 척하는 것은 아닐까 의심스러워 관련 부처에 동현의 관을 파서 감옥 안에서 검사할 수 있게 해달라 주청을 올렸다. 왕망은 또 대사도大司徒 공광을 동원해 상소를 올렸다.

'동현은 천성이 거짓된 자로 아첨과 속임수에 능하며 간신 도적배들과 결탁해 작위를 편취하였습니다. 부자가 권력을 독점하고 형제들이 동시에 총애를 받아 엄청난 양의 상을 받아 챙겼고, 저택이나 무덤이 모두 가장 높은 규격을 따라 제왕의 것과 다를 바가 없으니, 들어간 비용이 억대에 달해 국고가 텅 비었사옵니다. 동씨 부자는 오만하고 자고자대하여 신하의 예절도 지키지 않았고, 동현은 벌이 두려워 자결하였으나, 그의 부친 동공은 아들이 죽은 후에도 죄를 뉘우치지 않고 관 위에 주사硃砂까지 칠했습니다. 조각과 그림을 그려 사계절의 색을 채우고 왼쪽엔 창룡蒼龍을, 오른쪽에는 백호를 두었으며 관의 뚜껑은 금은색으로 태양과 달을 그렸사옵니다. 죽은 사람은 옥의玉衣를 입고 부장품 중에는 진주와 옥들이 있어 더 이상 존귀할 수가 없었사옵니다. 동공 등은 요행히 죽음은 면했으나 계속해서 중원에 둘 수는 없사옵고, 재산을 몰수하고, 동현으로 인해 관직을 임명받은 자는 일괄 파면시키소서.'

동현의 아버지 동공과 동생 동관신, 그리고 가족들은 합부군合浦郡으로 보내졌고, 동현의 어머니는 고향인 거록군巨鹿郡으로 보내졌다. 장안의 백성들은 동현의 저택에서 재물을 훔쳤고 조정 관아에서 동현의 재산을 경매에 붙이니, 그 가치가 43억 전에 달했다고 한다. 또 동현의 관을 파내 시체의 옷을 벗기고 검사한 후 감옥 안에 묻었다고 한다.

漢書 들여다보기

한 무제 때, 남총의 이름은 한언韓嫣이었는데, 한서에는 '언이 늘 상공과 함께 자고 일어났다'라고 적혀 있다.

동현

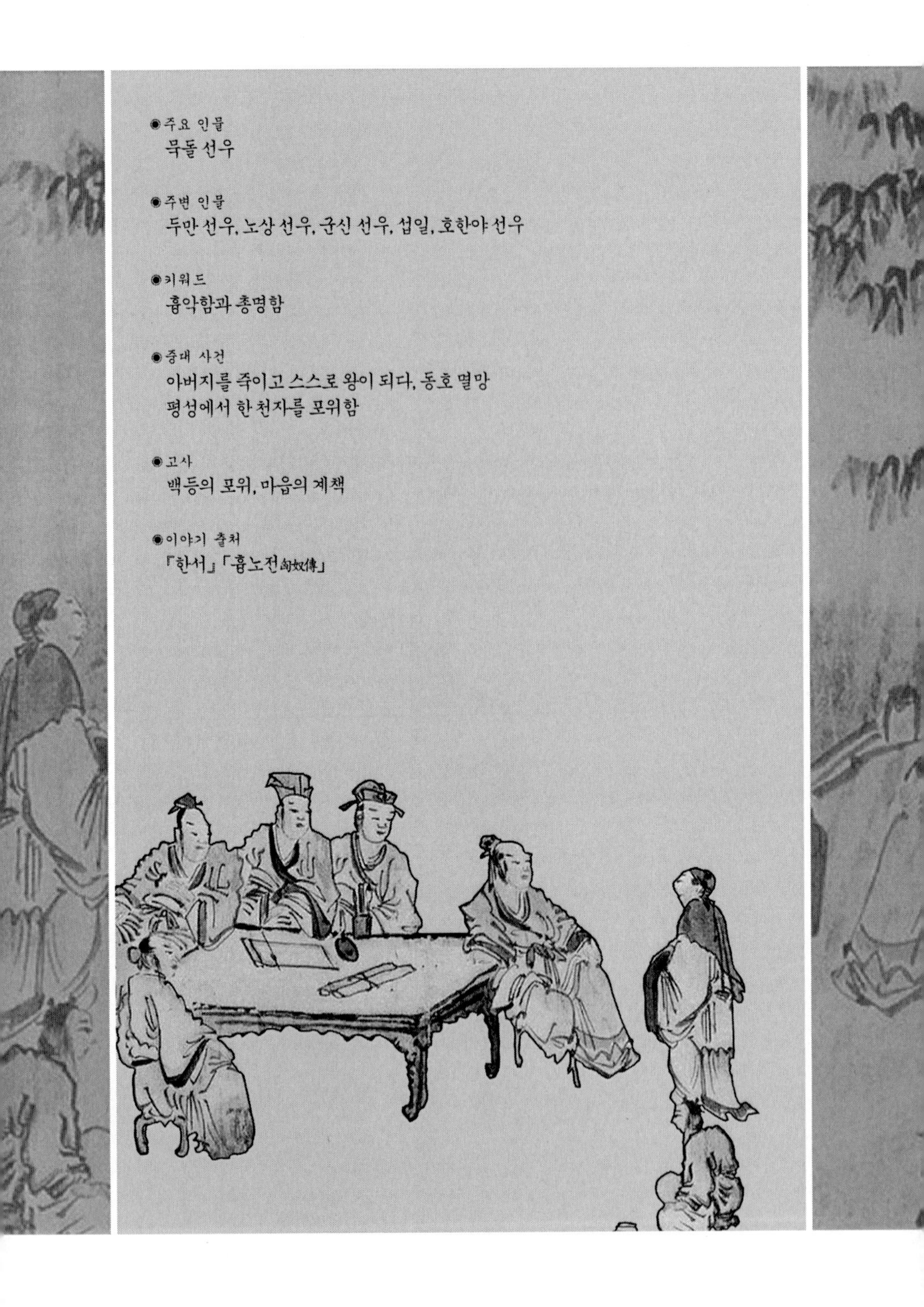

◉주요 인물

묵돌 선우

◉주변 인물

두만 선우, 노상 선우, 군신 선우, 섭일, 호한야 선우

◉키워드

흉악함과 총명함

◉중대 사건

아버지를 죽이고 스스로 왕이 되다, 동호 멸망

평성에서 한 천자를 포위함

◉고사

백등의 포위, 마읍의 계책

◉이야기 출처

『한서』「흉노전匈奴傳」

冒頓單于

묵돌 선우 : 흉노와 한 황실의 은원恩怨관계

흉노는 중국 고대 고비 사막 이북의 황량한 땅으로 인구가 한나라의 군 하나밖에 되지 않는 작은 민족이었다. 유목 민족으로 전국시대의 사적에서는 오랑캐〔胡〕라고 불렸다. 고비 사막 이북은 높고 추워 기후가 매우 열악했기 때문에 사람들은 물과 풀을 따라 거주지를 옮겨 다녔다. 물론 성곽이나 집을 지을 필요도 없었다. 정해진 거처와 문자가 없었기 때문에 말로 된 명령으로만 나라를 다스렸다. 법도 매우 간단했지만 사람들은 각자의 일에 최선을 다했다. 그러나 이렇게 문화적으로 낙후하고 누추한 생활을 하며 풍습도 중원의 예의지국과 전혀 다른 민족이 전국시대 이후 끊임없이 변방 군현의 관료를 괴롭히는 골칫거리가 되었다.

조趙나라의 무영왕武靈王이 풍습을 바꾸고 이민족의 옷을 입으며 기마와 활쏘기를 즐기자 중원의 각 나라들은 경쟁하듯이 이를 따라하여, 기마병이 전차를 대신하였고, 국가의 군사력도 어느 정도 진작되었지만, 흉노의 침입을 막기엔 여전히 역부족이었다. 그래서 조, 연, 진秦 각 나라들은 연이어 장성長城을 쌓아 변경의 위험에 대비했다.

고대 첫 번째 황제였던 진시황은 육국을 통일한 후 대장군 몽념蒙恬에게 30만 대군을 주어 흉노를 공격하게 하였고, 마침내 하도이남의 '하남 지역'을 수복시켰다. 그리고 현지에 군현을 설치해 군대를 주둔시켰다. 또 과거 연, 조, 진 나라 등이 세웠던 장성을 보수, 연결하고 동서쪽으로 더 이어갔다. 이것은 임조에서 시작해 지금의 산해관山海關까지 이르는 만리장성이 되었다. 또 흉노의 두만頭曼 선우(선우는 흉노 최고 수령의 호칭)를 북쪽으로 7백여 리까지 강제 이주시키니, 장장 10여 년 동안 감히 남하해오지 못하였다. 한나라가 부흥하였을 때 흉노는 더욱더 큰 번영기를 맞이한다. 한 고조는 평성에서 이레나 포위당했고, 여 태후는 어느 선우가 보낸 서찰로 모욕을 당하였는가 하면, 문경(문제와 경제) 때는 북부 변경에 늘 침입의 위기가 있을 때마다 모두 화친을 통해 일시적인 안녕을 꾀했다. 한 무제가 당대 최고의 힘을 자랑하며 모든 병력을 동원해 전쟁을 일삼았지만 흉노를 멀리 내쫓았을 뿐, 근본적으로 화근을 제거하지는 못했다. 게다가 얻고 잃은 것이 반반이니 승패를 판가름하기도 애매했다. 한나라 왕조가 이어지는 동안 흉노를 상대하는 것은 줄곧 매우 중대한 일이 되었다. 그럼에도 불구하고 무제는 흉노 최대의 경작지인 '하남 지역'을 빼앗았으며, 서역으로 통하는 길을 열어 더 많은 나라들과 무역을 하였다. 이 시기에 한나라와 중국은 동의어가 되었고, 중국 사람을 한인漢人, 한漢족으로, 중국의 글자는 한자라 불리게 되었으며 중국의 말은 한어(漢語: 중국에서는 중국어를 한어라고 부른다)가 되었다.

흉노의 발전사에서 묵돌 선우는 매우 중요한 인물이다. 그는 두만 선우의 태자였으나 훗날 두만의 총애를 받은 다른 연 씨(흉노 선우의 아내를 부르는 호칭)가 아들을 낳자, 두만 선우는 새로 태어난 아기를 태자로 삼았다. 당시 흉노 주변에는 동쪽의 동호東胡와 서쪽의 월지月氏라는 두 강적이 있었다. 두 나라의 세력은 매우 강성해서 흉노는 함부로 그들을 건드리지 못했다. 두만 선우는 묵돌을 월지에 사신으로 보내 인질로 잡히게 한 후, 월지에 군사적으로 맹렬한 공격을 퍼부었다. 월지족은 분개하여 묵돌을 잡아 죽이려고 했으나, 묵돌은 진작 위험을 눈치채고 월지의 혼란을 틈타 흉노로 도망쳐 돌아갔는데, 두만은 묵돌의 뛰어난 용기와 지혜에 깜짝 놀랐다. 묵돌은 얼마 후 흉노가 월지를 공격한 내막에는 자신을 해하려는 음모가 숨어 있었음을 확실히 알게 되었고, 두만과 연 씨를 향한 원한이 뼈에 사무쳤다. 그래서 묵돌은 발사할 때 소리를 내는 향전(響箭: 우는 화살)을 만들어냈다. 그리고 수하의 군사들에게 말

타고 활을 쏘는 훈련을 하도록 지시를 내린 후 명령하였다.

"내 향전이 무엇을 쏘던 너희는 그것을 쏘게 될 것이다. 맞히지 못하는 자는 참하리라!"

묵돌은 먼저 밖에 나가 새와 짐승을 사냥했다. 향전이 발사된 후 그 방향과 다르게 활을 쏜 사람이 발각되면 즉시 처형했다. 며칠 후 묵돌은 자신이 타는 준마를 향해 향전을 쏘았다. 부하 중에 감히 활을 쏘지 못하는 자가 나오자, 묵돌은 또 그들을 모두 죽여버렸다. 얼마 후 묵돌의 향전이 사랑하는 아내를 향했는데, 부하들은 감히 활을 쏘지 못했고, 결국 하나도 남김없이 죽임을 당했다. 마침내 묵돌의 향전이 그의 부친인 두만이 타는 말을 향해 쏘자 부하들은 망설임 없이 두만의 말을 쏘아 '고슴도치'를 만들어버렸다. 묵돌은 부하들의 훈련이 끝났음을 알았다. 마침내 어느 날, 묵돌은 아버지 두만 선우를 따라 사냥을 나갔다. 두만이 예상치도 못한 순간 향전이 두만을 향해 날아갔다. 그의 부하들도 생각할 것 없이 바로 활을 쏘니 두만은 날아오는 화살에 맞아 죽고 말았다. 곧이어 묵돌은 그의 계모와 동생, 그리고 그에게 복종하지 않았던 대신들을 모두 죽여버리고 스스로 선우가 되었다. 흉노에 내란이 일어나 스스로 선우가 되었다는 소식을 들은 동쪽의 동호에서는 마침내 기회가 왔다고 생각했다. 그래서 사자를 보내 묵돌에게 두만의 천리마를 가지고 싶다고 말했다. 묵돌이 군신들의 의견을 묻자, 신하들은 이렇게 대답했다.

"천리마는 흉노의 보마이니 줄 수 없사옵니다."

묵돌은 차분히 감정을 드러내지 않고 말했다.

"이웃나라끼리 겨우 말 한 마리 가지고 뭘 그리 따지는가?"

그러면서 천리마를 동호에 줘버렸다. 동호에서는 묵돌이 자신들을 무서워한다고 생각해 얼마 후 다시 사자를 보내 선우의 연 씨를 달라고 요구했다. 묵돌이 또 군신들의 의견을 물으니, 군신들은 분노와 치욕감에 아뢰었다.

"연 씨까지 달라고 요구하다니, 이런 모욕은 참을 수가 없으니 동호를 공격하게 해주소서."

그러나 묵돌은 차분하게 대답했다.

"이웃나라에 겨우 여자 하나를 못 주겠느냐?"

그러면서 자신이 사랑하는 연 씨를 동호에 줘버렸다. 동호의 수령은 흉노가 자신들을 몹시 두려워한다고 생각해 점점 더 오만해졌다. 그래서 계속 군대를 보내 서쪽을 침범했다.

흉노와 동호 변경 지역은 1천여 리에 달하는 버려진 땅이었다. 평소에는 그곳에서 살거나 짐승을 치지 않았기 때문에 흉노 말로는 '구탈甌脫'이었는데, 바로 변경이란 뜻으로 당시의 변경은 지금의 변경과는 개념이 달랐다. 완충지로서 이런 중립지대는 상황에 따라 크기가 달랐지만 흉노와 동호의 구탈은 매우 넓었다. 동호의 수령은 사절을 흉노로 보내 묵돌에게 말했다.

"너희와 우리 사이의 변경에 불모지가 있으나 너희는 힘이 없어 차지할 수 없으니 우리가 그것을 점령하고자 한다."

묵돌은 다시 군신들에게 의견을 묻자 누군가 대답했다.

"그곳은 아무런 쓸모없는 버려진 땅이니 주든 말든 상관이 없사옵니다."

그런데 갑자기 묵돌은 버럭 화를 냈다.

"땅은 국가의 근본이거늘 어찌 남에게 준단 말이냐?"

그러면서 땅을 주자고 말한 사람들을 모두 죽여버렸다. 그리고 즉시 말에 올라 동호를 습격하라는 명을 하달했다.

"행동이 굼뜬 자는 모두 목을 베리라."

동호는 묵돌을 너무 우습게 봤기 때문에 묵돌이 쳐들어오리라고는 꿈에도 생각지 못했고, 완전히 무방비 상태에서 묵돌이 군대를 이끌고 번개처럼 쳐들어가니 동호는 대패하였고, 흉노는 동쪽의 강적 동호를 멸하고 그들의 백성과 가축을 차지했다.

묵돌은 동호를 멸한 후 다시 군대를 보내 월지를 공격했다. 월지는 흉노의 공세를 견디지 못해 서쪽의 중앙아시아 일대까지 도망쳐간 후 다시 정권을 세우고 대월지라고 하였다. 그 후 한 무제는 장건을 서역에 사신으로 보냈는데, 그 최초의 목적은 바로 대월지와 힘을 합쳐 흉노를 공격하는 것이었다. 그 후 묵돌은 군대를 이끌고 남하해 누번과 백양 하남왕河南王 등의 부족을 집어삼켜버렸다. 또 정예 기병을 데리고 북상해 혼유渾庾, 굴사屈射, 정령丁令, 격곤鬲昆, 신려薪犁 등의 부족을 정복했다. 그리고 또 월지를 멸하고 누란과 오손, 오게烏揭 및 주변 부족들을 평정했다. 거기서 그치지 않고 남하하여 연, 대군郡을 공격해 몽념 때 빼앗겼던 흉노의 옛 땅을 모두 수복했다. 그가 통제하는 땅은 동쪽으로는 요하遼河까지 뻗어갔고, 서쪽으로는 총령, 북쪽으로는 바이칼호, 남쪽으로는 장성까지 미쳤다.

정복된 지역을 계속해서 확장해가면서 묵돌은 중국 북부에 있는 광활한 사막 지역에 강대한 노예제도 정권을 수립했다. 흉노의 정권 기구는 세 부분으로 나뉘는데 하나는 선우정單于庭으로 직할 지구는 흉노의 중부였다. 두 번째는 좌현왕정으로 관할 지역은 흉노의 동부였다. 세 번째는 우현왕정으로 관할 지역은 흉노의 서부였다. 선우는 흉노족과 흉노 정부의 최고 수령으로 군대와 정부의 대권을 모두 한 손에 쥐고 좌, 우 골도후左, 右骨都侯의 보좌를 받았다. 골도후는 흉노 귀족 호연 씨呼衍氏, 란 씨蘭氏, 그리고 수복 씨須卜氏가 맡았는데, 호연 씨는 좌 골도후를, 란 씨와 수복 씨는 우 골도후를 맡아 주로 소송을 판결했다. 좌, 우현왕은 지방의 최고 장관이었다. 흉노는 좌측을 더 중요하게 생각했기 때문에 선우의 밑으로는 좌현왕을 더 귀하게 여겼다. 좌현왕은 선우의 '저부(儲副: 후보 인사 혹은 계승자)'였기 때문에 주로 태자를 좌현왕으로 삼았다. 좌, 우현왕 밑에는 좌, 우 곡려왕谷蠡王이 있었는데 각각 머무르고 있는 목초지에 법정(庭)을 두었다. 흉노 정부는 관직 중에서 좌, 우 현왕, 좌, 우 곡려왕을 가장 귀하게 여겼다. 그 밑에는 좌, 우 대장, 좌, 우

대도위, 좌, 우 대당호大當戶 등의 고관이 있었다. 이들은 모두 선우의 동성(同姓: 련제 씨攣鞮氏) 대신들로 관직을 세습했다. 그 외에 흉노는 1만 명의 기마병을 통솔하는 군사 수령 24명을 두었는데, 이들을 '만기萬騎'라고 불렀다. 그들은 각자 땅을 분할받았으며 물과 풀을 따라 유목 생활을 했다. 그 밑에는 각각 천장千長, 백장百長, 십장什長, 비소왕裨小王, 상相, 도위, 당호, 차거且渠 등의 관직이 있었다.

묵돌은 또 간략한 법령을 제정하였다. 칼을 뽑아 사람에게 1척 이상의 상처를 낸 자는 처형한다. 재물을 도적질한 자는 그 가구와 가산을 몰수해 관방의 노비와 재산으로 삼는다. 흉노에는 감옥이 없었지만 범인이 감옥에 갇히는 시간도 최대 열흘을 넘을 수 없고, 당시 전국에서 옥에 갇힌 죄수는 보통 몇 명밖에 되지 않았다.

흉노족은 무예를 숭상해 용맹한 전투를 장려했다. 적의 머리를 베어오는 자에게는 술 한 잔(치卮: 고대 바닥이 둥근 술잔)을 하사하고 포로를 잡고 전리품을 얻거나 약탈해온 것은 모두 본인에게 주도록 규정했다. 전쟁터에서 전사한 흉노군의 시체를 찾아 돌아오는 자에게는 죽은 사람의 재산을 다 주었다.

새롭게 일어난 전한 정권이 처음 흉노와 정면으로 맞붙은 것은 한 고조 7년(기원전 200년)이었다. 이미 묵돌은 진나라 말기 천하가 어지럽고 초와 한이 전쟁을 벌이느라 흉노에 신경을 쓰지 못하자 힘을 결집했다. 한순간에 활을 쏘는 자가 30여만 명에 이르렀다. 계속해서 장성을 넘어 변경 근방의 군과 현을 침범하였다.

한 고조 6년(기원전 201년) 가을, 묵돌은 직접 흉노 대군을 이끌고 남하해 마읍을 포위했다. 한왕 신은 이를 막을 수 없어 몇 번이나 흉노에 사자를 보내 화해를 청하였다. 한나라 조정에서는 군사를 보내 지원하였는데 그 상황을 알고 한왕 신이 두 마음을 품은 것은 아닌지 의심하고, 사자를 보내 흉노와 사자를 보내 교류한 일을 꾸짖었다. 한왕 신은 겁에 질린 나머지 아예 흉노에 마읍을 바치고 투항해버렸다. 묵돌은 마읍을 얻고 계속해서 남하해 구주산을 넘어 태원을 공격했다. 선봉대는 이미 진양까지 가 있었다.

이듬해 한 고조 유방은 친히 대군을 이끌고 북상해 흉노의 공격을 맞받아쳤다. 묵돌이 한왕 신을 보내 응전하게 하니 한나라 군대는 동제銅鞮에서 한왕 신을 크게 무찌르고 대장 왕희王喜를 죽여버렸다. 한왕 신은 흉노로 도망쳐 백토白土 사람 만구신曼丘臣과 왕황王黃 등과 연합했다.

묵돌은 좌, 우현왕에게 1만여 명의 기병을 주어 왕황이 이끄는 조군과 연락하고, 광무에서 진양 일대까지 진을 펼쳐 응전하게 했다. 한나라 군대가 맹렬한 공세를 퍼부으니 흉노는 패해서 도망쳤다가, 순식간에 다시 집결해 한나라 군대에게 저항하기를 반복하였다. 한나라 군대는 대군을 움직여 맹렬하게 추격하였으며, 전선戰線은 순식간에 북쪽으로 옮겨졌다. 때는 바야흐로 한겨울이었기 때문에 갑자기 눈이 내리고 한나라군에는 동상으로 손가락을 잃은 자가 10명 중 2, 3명이나 되었다.

유방은 진양에서 묵돌이 대곡代谷에 있다는 정보를 입수하고 다시 한 번 대규모 진공을 펼쳐 흉노를 완전히 궤멸할 결심을 했다. 한 번 수고로 북방 변경의 영원한 안녕을 누릴 수 있다면 얼마나 좋은가? 그는 사자를 보내 흉노 군대의 사정을 살피게 했다. 묵돌은 이들 한나라 사자가 온 속셈을 눈치채고 일부러 정예병을 숨겨, 한나라 사자들은 늙고 약한 패잔병과 병에 걸린 가축들만 보고 돌아갔다.

유방이 보낸 사자들이 돌아와 흉노는 일격을 견디지 못할 테니 공격해도 될 것이라 보고했다. 유방은 그래도 안심이 되지 않아 다시 유경(누경)에게 적의 사정을 살피게 했으나 유경이 돌아오기도 전, 유방은 기회를 놓칠지도 모른다는 급한 마음에 이끌고 온 30만 대군을 집합시켜 급히 북쪽으로 밀고 올라갔다. 한나라 군대가 구주산을 넘었을 때 유경이 돌아와 유방에게 경솔히 진격해서는 안 된다며 강하게 만류했다. 그러나 유방은 도리어 화를 내며 유경이 불길한 말을 했다고 욕을 퍼부었다. 그리고 유경을 광무에 구금시키라는 명을 내렸다.

유방은 흉노의 부대가 너무 약해서 조그만 공격도 견디지 못할 것이라고 확신했다. 전쟁을 빨리 끝내고 싶기도 했고, 또 흉노가 도망가버릴까 조바심이 나서 직접 선두부대를 재촉하며 급히 공격해 들어갔다. 유방이 이끄는 선두부대가 평성에 도착했을 때 한나라의 주력부대는 이미 멀리 후방에 뒤처져 있었다. 유방은 군사들에게 야영 준비를 시키고, 자신은 사람들을 데리고 백등산에 올라가 흉노의 군영을 살폈다. 그때 갑자기 북과 나팔 소리가 하늘을 뒤흔들었다. 그러더니 하늘에서 뚝 떨어진 것처럼 30만 정예 기병을 이끈 묵돌이 나타나 산 위에 있는 유방을 겹겹이 포위해버리는 것이 아닌가? 순식간에 물샐틈도 없는 포위망이 형성되었다. 흉노 대군을 보니 군용이 단정하고 엄숙하여 위용이 넘치고 강한 기운이 느껴졌다. 서쪽 기마병이 탄 말은 모두 백마였고, 동편은 모두 청룡마靑龍馬였다. 북쪽은 모두 순흑색의 오려마(烏驪馬: 검은 말)였고 남쪽은 온통 성마(騂馬: 적색말)였다. 늙거나 병든 패잔병의 그림자는 보이지도 않았다. 유방은 후회했지만 더 이상 어찌할 수가 없었다. 한나라 군대는 산 정상에 포위되어 7일 밤낮을 보냈다. 얼마 후 진평이 계책을 생각해냈다. 사자에게 후한 예물과 뇌물을 들려 보내 연 씨를 만나게 한 것이다. 연 씨는 묵돌에게 이렇게 말했다.

"두 나라의 군주는 서로 포위하여 곤경에 빠뜨려서는 아니 됩니다. 우리가 한나라의 땅을 빼앗는다 하여도 오랫동안 머무를 수도 없는 일이옵니다. 게다가 한나라의 황제는 신령한 힘이 지켜주고 있다고 들었사온데 잘 생각해보시옵소서."

묵돌은 유방을 포위했을 때 왕황, 조리와 만날 날짜를 약속해두었으나 약속한 시간이 이미 지났는데도 왕황과 조리의 군대는 소식이 없어 묵돌은 왕황과 조리가 한나라군과 결탁해 음모를 짠 것이라 여겨, 기회를 보아 포위의 일부를 풀어주도록 명령했다. 진평은 포위가 뚫린 즉시 호위병들에게 강궁을 들고 활시위에 활을 두 개 당겨놓도록 명령했다. 그들이 밖을 향해 서서 유방을 에워싸게 한 뒤 포위가 풀린 쪽으로 재빨리 빠져나가 평성으로 돌아갔다.

이때 한나라의 주력부대가 잇달아 도착해 흉노 대군은 곧 포위를 풀고 떠나버렸다. 한나라 군대는 추격하지 않고 군대를 다시 남으로 돌렸다. 오직 번쾌에게 적은 수의 군대만 남겨주어 대군 일대를 평정하게 했다. 유방은 광무에 돌아온 후 즉시 유경을 석방하고 말했다.

"내 너의 말을 듣지 않아서 평성에서 포위되었다. 그래서 앞서 보냈던 10무리의 사자도 모두 죽였느니라."

유경은 건신후로 봉해졌고 식읍도 2천 호나 하사받았다. 진평은 계책의 공을 인정받아 곡역후로 봉해졌다.

군대를 이끌고 북방으로 돌아온 묵돌은 얼마 후 다시 군대를 보내 대군을 공격했고, 대왕 유희는 나라를 버리고 도망쳤다. 한 고조 8년(기원전 199년) 묵돌은 여러 차례 군대를 일으켜 한나라의 북부 변경을 침범했다. 유방은 무력으로는 흉노에게 대항할 수 없음을 알고 유경을 불러 대책을 물었다.

"한나라는 세워진 지 얼마 되지 않았고 병사들은 모두 지쳐 있는 상태이니 무력으로 흉노를 정복해서는 아니 될 것이옵니다. 묵돌은 아버지를 죽이고 스스로 선우가 되었고 아버지의 첩을 자신의 처첩으로 삼았으며, 무력만 믿고 권력을 마구 휘두르고 있으니

인의로 그를 굴복시키는 것도 불가능할 것이옵니다. 그러니 유일한 방법은 장기적인 안목으로 묵돌의 자손들이 스스로를 신하의 나라라 자처하도록 만드는 것이오며, 다만 소신은 폐하께서 못하실까 걱정되옵니다."

유방이 대체 어찌하면 될지를 묻자, 유경이 대답했다.

"폐하께서 첫째 공주님을 묵돌과 맺어주시고 후한 예물을 함께 보낸다면 공주님께서는 부유하고 귀한 친정이 있으므로 묵돌은 공주님을 연 씨로 삼을 것이옵니다. 공주님께서 아들을 낳으시면 태자가 되는 것이지요."

여후가 자신의 친딸 노원 공주를 멀리 흉노로 시집보내는 것을 원치 않았기 때문에, 유방은 어쩔 수 없이 황족의 딸 중 하나를 선택해 자신의 첫째 공주라고 속였다. 그리고 유경을 혼례 사절로 삼아 성대하게 호송하고 묵돌에게 아내로 주었다. 물론 흉노의 마음을 움직일 혼수도 함께 보냈다.

유방이 죽은 후에도 여치는 황태후의 자리에 앉아 대권을 거머쥐고 있었다. 묵돌 선우는 더더욱 무서울 것 없이 제멋대로 굴었다. 그는 사절을 통해 아주 저급하고 외설적인 편지를 보내 여 태후에게 모욕을 주었다. 조정 대신들이 이 일로 격분하고, 여 태후는 피를 토할 지경이 되었지만 뾰족한 수가 없었다. 그저 화를 참으며 알자 장택에게 서찰을 쓰게 했다. 묵돌 선우를 향해 비굴하게 동정을 구걸하는 내용이었다. 여 태후는 그 굴욕적인 서찰과 함께 묵돌 선우에게 수레 두 량과 여덟 필의 말을 보냈다. 이때가 흉노의 최전성기였다.

고후 6년(기원전 182년), 흉노는 다시 군대를 일으켜 한나라의 적도狄道와 아양阿陽을 공격했다. 이듬해 다시 적도를 공격해 2천여 명을 납치해갔다.

한 문제 3년(기원전 177년), 흉노의 우현왕은 하남지로 들어와 상군 일대를 공략攻掠했다. 한 문제가 군대와 장수를 보내 반격을 준비하자, 우현왕은 그 소식을 듣고 군대를 이끌고 변경 밖으로 후퇴했다. 한 문제 6년(기원전 174년), 묵돌 선우가 한나라 조정에 서신을 보내왔다.

'몇 년 전 황제가 양측의 화친을 제의하여 맹약을 지키고 화목하게 지내자 하였소. 그런데 근래 들어 한나라 조정의 변경 관리들이 우현왕을 침범하고 치욕을 주니, 우현왕이 내 지시를 받지도 않고 군대를 일으켜 한나라 변경을 공격하였소. 이는 양측의 협약을 파기하고 양국의 형제의 정에 위배되는 일이오. 그 사실을 알고 우현왕을 즉시 처벌하고 서쪽의 월지를 공격하여 월지를 멸망시켰으며, 누란, 오손, 오게 및 인근의 26개 나라도 이미 흉노에게 굴복하였소. 북방의 활에 능한 민족이 이미 한 가족이 된 것이오. 남방의 중국에 대해서는 전쟁을 그만두고 과거 가슴에 맺힌 응어리는 잊은 채 병사와 말이나 키울 생각이오. 기존의 맹약을 회복시켜 변경 근방의 백성들에게 안녕을 주고 싶으니, 황제가 더 이상 흉노가

변경 요새에 접근하지 않길 바란다면 관리들에게 변경 요새에서 멀리 떨어져 거주하라고 조령을 내리시오.'

한 문제는 회답을 보냈다.

"이전의 나쁜 감정을 잊고 기존의 화친 맹약을 회복하자는 선우의 제의는 큰 기쁨과 위안이 되었소. 이것은 고대 선왕들이 모두 바라셨던 바였고, 맹약과 형제의 우애를 저버린 것은 줄곧 흉노였소. 그러나 우현왕의 일은 이미 한나라에서 대사면을 한 일이니(즉, 한나라는 이미 그 죄를 용서했다는 뜻), 선우는 더 이상 그를 나무라지 마시오. 선우가 진정으로 서찰에서 말한 약속을 이행하길 원한다면 선우의 관리들이 언약을 어기지 않도록 다시 한 번 잘 타일러주시오. 우리는 반드시 언약을 지킬 것이며 선우의 서찰에 적힌 대로 할 것이오."

얼마 후 묵돌이 죽고 그의 아들 계육稽粥이 즉위하여 노상 선우가 되었다. 한 고조와 묵돌 선우가 '화친'을 맺은 이래, 혜제, 문제, 경제 삼대에 걸쳐 이 정책이 계속 시행되었으나, 한나라와 흉노 사이의 화목한 공존을 위한 이 '화친 정책'은 근본적인 안정을 가져다주지는 못하였다. 흉노의 기마병은 자신들의 기동성을 믿고 걸핏하면 남하하여 침범하고 약탈하여 한나라 북방 변경에 큰 손해를 끼쳤다. 문경(文景: 문제와 경제) 시절을 거쳐 한 무제 즉위 후 8년째 되는 원광 3년(기원전 133년)에 경제적으로 풍요로워지고 군사력도 강대함을 갖추어 드디어 흉노와의 전쟁의 서막을 열었다.

본래 안문군 마읍현(지금의 산서 삭주朔州)에는 섭일聶壹이라는 부호가 살았는데, 자주 변경의 흉노족과 무역 활동을 벌였다. 그는 불현듯 기발한 생각이 떠올라 변경 지대의 일을 맡아보고 있는 대행령 왕회王恢를 통해 조정에 비밀스러운 계책을 올렸다. 그가 나서서 흉노족이 변경 안으로 들어오도록 유인할 테니 한나라 군대가 매복해 있다가 급습하여 군신 선우의 주력부대를 섬멸하라는 것이었다.

한 무제는 이것이야말로 흉노를 벌하고, 그들의 침략에 반격할 수 있는 최고의 기회라고 생각했다. 그래서 한나라 조정은 섭일을 흉노로 보내 군신 선우를 유인하게 했다.

"전 이미 준비가 다 되어 언제든 마읍의 현령이나 현승과 같은 관리들을 죽이고 성문을 열고 맞이할 수 있습니다. 제가 살펴보니 성 안에 많은 금은보화와 양식이 비축되어 들어가기만 하면 그것은 모두 선우의 것입니다."

군신 선우는 마음이 동하여 섭일을 굳게 믿고 즉시 마읍으로 진군하겠다는 약속을 하였다. 섭일은 돌아간 후 한나라군과 몰래 계획을 짜 여러 명의 사형수를 죽이고 그 머리를 마읍 성문 앞에 걸어두었다. 그리고 흉노의 첩자에게 마읍의 장리(長吏: 수령)가 이미 참수를 당했으니 속히 공격하라는 말을 전했다. 군신 선우는 이를 사실로 믿고 친히 10만 명의 기마병을 이끌고 위세 등등하게 마읍을 향해 달려가 순식간에 무주새(武州塞: 지금의 산서 좌운左雲)에 당도

했다.

한나라 무제는 위위 이광을 효기장군驍騎將軍으로, 태복 공손하公孫賀를 경거장군輕車將軍으로 삼았고, 태행령 왕회를 장둔장군將屯將軍으로, 태중대부 이식李息을 재관장군材官將軍으로 삼았다. 그리고 그들에게 30만 대군을 맡겨 마읍 부근의 산골짜기에 흩어져 매복하게 하고, 어사대부 한안국을 호군장군護軍將軍으로 삼아 모든 군을 총지휘하게 했다. 일거에 흉노의 주력부대를 섬멸하고 군신 선우를 생포하기 위한 작전이었다.

그러나 한나라 요새에 진입한 흉노의 기마병이 마읍에서 1백여 리쯤 떨어진 곳에서 수상한 점을 발견했다. 군신 선우가 보니 초원 곳곳에 가축들은 있으나 방목하는 사람이 보이지 않자, 갑자기 경계심을 품고 기마병에게 부근에 있는 한나라 요새의 정자 항망대降望臺를 함락하게 했다. 이날은 마침 안문군의 위사가 그곳을 순행하는 날이었다. 흉노 기마병은 순행하던 위사를 군신 선우에게 잡아왔다. 죽음의 위협 앞에서 위사는 어쩔 수 없이 수십만의 한나라 군대가 마읍에 매복해 있다는 사실을 토설하고 말았다. 군신 선우는 놀라 식은땀을 흘렸다.

"잘못하면 한나라에 당할 뻔했군!"

그는 한숨을 내쉬며 다시 말했다.

"이 위사를 얻은 것으로 보아 하늘이 우리 편이다."

그는 급히 퇴각 명령을 내리고 위사를 '천왕天王'으로 봉했다. 한나라는 기습도 하기 전에 기밀이 누설되어 한숨만 내쉬었다. 그러나 마읍의 매복·기습 계획은 비록 실패했지만, 이는 한나라 왕조가 국방 사무에 변화가 일어났음을 보여주는 중요한 지표가 되었고, 이때부터 흉노는 '화친'을 포기하고 한나라 변방 지대에 대한 침입을 강화했다. 그러나 형세는 이미 전과 달랐고, 한나라의 반응도 매우 매서워 한나라는 그때마다 바로 군대를 일으켜 잇달아 대규모 공세를 펼쳤다.

'마읍 계략' 4년 후, 즉 원광 6년(기원전 129년), 무제는 위청을 거기장군으로 임명한 후 그에게 군대를 이끌고 상곡(지금의 하북 회래)으로 가라 명했다. 또 경거장군 공손하는 운중(지금의 내몽고 탁극탁托克托)으로, 기장군騎將軍 공손오는 대군(지금의 하북 울현)으로, 거기장군 이광을 안문(지금의 산서 우옥右玉)에 배치했다. 이들에게는 각각 1만여 명의 기마병을 주고 몇몇 관시(關市: 변방에 마련된 무역 시장)에 있는 이민족을 공격하게 했다. 그 결과 위청의 군대만 승리를 거두었는데, 그는 흉노 선우가 하늘에 제사하며 회맹하는 용성龍城까지 바로 쳐들어가 7백여 명의 머리를 베어왔다. 공손하는 아무런 공을 세우지 못하고 돌아왔고, 공손오는 병사 7천 명을 잃었으며, 이광은 참혹하게 패배하고 포로로 잡혔다가 간신히 탈출했다.

이듬해 원삭 원년(기원전 128년) 가을, 한 무제는 위청에게 3만 명의 기마병을 이끌고 안문으로 가 흉노를 공격하라 명하고, 이식을 대군으로 보내 지원하게 했다. 그 결과 수천 명의 목을 베고 포로로 잡아왔다.

원삭 2년(기원전 127년), 흉노는 주력부대를 이끌고 동쪽의 상곡과 어양을 습격해 관리와 백성 수천 명을 죽이고 약탈했다. 흉노의 후방이 상대적으로 비어 있는 틈을 타 무제는 거기장군 위청과 장군 이식을 운중으로 보내 황하 북쪽 기슭을 따라 서진하게 했다. 그리고 흉노 누번왕과 백양왕을 기습 공격했다. 승리를 거둔 대군은 승리의 여세를 몰아 고궐高闕까지 함락시키고 황하를 따라 남하해 바로 농서로 돌아왔다. 한나라 군대가 벤 적의 머리는 2천 3백여 급에 달했으며 포로는 3천여 명, 빼앗은 가축은 1만 마리에 달하였고, 하도 일대 지역을 장악하게 되었다.

무제는 또 주부언의 건의를 받아들여 하도 사막과 황하 사이에 삭방성을 수축하고 내지에서 10만여 명을 삭방으로 이주시켜, 그들로 하여금 그곳에 주둔하면서 땅을 개간하게 했다. 또 진나라 장군 몽념이 축조했던 요새들을 정비해 강을 따라 이어지는 방어선을 정비했다.

원삭 5년(기원전 124년) 봄, 무제는 거기장군 위청에게 10만여 명의 정예병들을 이끌고 삭방, 고궐에 나가 흉노의 우현왕을 공격하게 했다. 또 대행령 이식, 안도후岸頭侯 장차공張次公을 장군으로 삼아 우북평으로 보내 우현왕을 견제하고 위청의 대군과 협공을 펼치게 했다. 위청은 대군을 이끌고 변방으로 나간 후, 7백여 리에 달하는 길을 행군했다. 그리고 밤을 틈타 우현왕의 주둔지를 포위했다. 우현왕은 어찌할 바를 몰라 수백 명의 기마병만 이끈 채 포위를 뚫고 도망쳤다. 이 전쟁에서 한나라군은 흉노의 소왕小王 10여 명과 남녀 병사 1만 5천여 명을 사로잡고 가축 1백만 마리를 차지했다.

이후 원삭 6년(기원전 123년) 봄, 원수 2년(기원전 121년), 원수 4년(기원전 119년)에 한 무제는 계속해서 군대를 보내 흉노를 공격하였고, 마침내 흉노에 심각한 타격을 주었다. 곽거병은 낭거서산狼居胥山에 제단을 쌓아 하늘에 제사를 지내고, 고연산에서 땅을 고른 후 땅에 제사를 지내 그곳이 한나라 황제의 소유임을 보였다. 흉노의 선우는 멀리 도망갔기 때문에 고비 사막 남쪽에서 흉노의 왕정을 찾아볼 수는 없었다.

그 후 두 나라는 여러 차례 전쟁을 벌였지만 서로 일진일퇴했다. 한 원제 때 호한야 선우는 미약해진 흉노의 수령으로 감로 3년(기원전 51년) 정월 장안에 들어와 원제를 알현했다. 그리고 여러 번의 만남에서 시종 자신을 '번신藩臣'이라 칭했다.

한 원제 건소 3년(기원전 36년), 호한야 선우는 다시 한 번 장안으로 와 황제를 알현하고 '한나라 천자의 사위'가 되어 화친하고 싶다는 청을 올렸다. 이에 한 원제는 후궁 출신의 아름다운 여인 왕장(王嬙, 자 소군昭君)을 그에게 아내로 주었다. 이것이 바로 역사적으로 유명한 '소군출새昭君出塞'이다. 한나라는 변경의 안녕을 기대하며 연호를 '경녕竟寧'으로 바꾸었고, 호한야 선우는 왕장을 아내로 삼은 후 그녀를 '영호寧胡 연 씨'로 봉해, 흉노에 화평과 안녕을 기원하였으니, 양국은 소군을 통한 화친에 서로 크게 만족하고 기뻐하였다.

동한東漢 광무제 건무建武 24년(48년) 흉노는 다시 남북으로 분열되었다. 남흉노와 동한은 기본적으로 신속臣屬관계를 유지했지만, 북흉노는 여차하면 하서에 위치한 군郡들을 침범하고 성에 불을 질렀다. 그래서 변경 지대의 몇몇 군현들은 낮에도 성문을 굳게 걸어 잠갔다고 한다.

영평永平 15년(72년), 명제明帝는 두고竇固와 경병耿秉을 보내 남흉노와 강호羌胡, 오환, 선비鮮卑 등 부락의 기마병 4, 5만을 이끌고 사방에서 북흉노를 공격하게 했다. 동한과 북흉노 간의 전쟁의 서막을 연 것이다. 두고는 서쪽 주천에서 천산으로 진군해 호연왕呼衍王을 공격하고 1천여 명의 목을 베었다. 그리고 이오伊吾의 노성을 점거하고 병사를 남겨 땅을 개간하고 주둔하는 둔전을 시행했다. 경병은 북쪽의 장액으로 나가 흉림왕匈林王을 공격하고 6백 리를 밀고 들어가 삼목누산三木樓山까지 갔다가 돌아왔다. 그러나 북흉노는 방어를 단단히 하고 물자를 빼돌린 후 퇴각해 있었기 때문에 큰 타격을 입지는 않았다. 원화元和 2년(85년), 북흉노의 73개 소부락이 남흉노의 한汗나라로 들어왔다. 장화章和 원년(87년), 오환 부락의 북부 지역에 선비라는 강성한 부족이 새롭게 일어나 북흉노를 침략했다. 북흉노는 그들에 대항해 싸웠으나 크게 패하고 우류 선우優留單于는 죽임을 당했다. 내부는 혼란스러운데 황충해蝗蟲害와 기근까지 겹쳤으니 50개의 부락, 총 28만 명이 장성으로 들어와 남흉노에 귀순했다.

장화 2년(88년), 남흉노의 선우는 한나라에 상소를 올려 군대를 보내 북흉노를 정벌해달라 청하였다. 당시 화제和帝는 나이가 어려 두 태후가 섭정을 하고 있었다. 두 태후는 남흉노 선우의 상소를 보고 경병의 의견을 물었다. 경병은 과거 무제가 전력을 다해 흉노를 굴복시키려 했지만 시기를 잘못 만나 성공하지 못했다며, 지금은 다행히 하늘이 도와 북노北虜가 분열되었으니, 이럴 때 '오랑캐로 오랑캐를 치게 하면' 나라에 크게 유리할 것이니 윤허하라고 간언했다. 두 태후는 경병의 건의에 동의했다. 화제 영원永元 원년(89년) 두헌竇憲, 경병은 8천 명의 정예 기마병을 이끌고 삭방으로 진격했다. 도요장군度遼將軍 등홍鄧鴻은 강호의 기마병 8천 명과 남흉노 좌현왕의 기마병 1만여 명을 이끌고 오원으로 가 북쪽으로 밀고 올라갔다. 사막으로 3천여 리까지 밀고 들어가 계락산稽落山에서 북흉노의 선우와 대전을 벌였다. 북흉노의 선우는 결국 패해서 도망갔고 한나라군은 그 뒤를 추격하였다. 친왕(親王: 황제의 아들이나 형제) 이하 1만 3천 명이 죽임을 당했고, 북흉노의 81개 부락, 20여만 명이 한나라군의 위엄에 벌벌 떨며 한나라에 투항했다. 두선의 대군은 연연산(지금의 몽골 항애산杭愛山)에 도착해 각석刻石하고 돌아왔다.

이듬해 남흉노의 선우는 다시 상소를 올려 승리의 여세를 몰아 북흉노를 멸하게 해달라 청하여, 남흉노의 선우는 8천 명의 기마병을 한나라의 일부 기마병과 합류시켜 하운河雲 북쪽으로 원정을 보냈다. 북흉노의 선우는 몸에 중상을 입고 수십 명의 경기병만 이끌고 도망쳤다. 영원 3년(91년), 두선은 북흉노의 잔여병들이 매우 미약해진 것을 보고, 다시 좌교위 경기耿夔 등을 거연새居延塞로 보냈다. 일거에 북흉노를 멸망시킬 계획이었던 것이다. 경기는 군대를 이끌고 빠르게 진격하여 금미산金微山 아래서 북흉노의 선우를 포위하였고, 이때 북흉노의 세력은 완전히 섬멸되었다. 북흉노의 황태후, 친왕 이하의 5천여 명은 모두 포로로 잡혔는데, 오직 북흉노의 선우만 혼전 속에서 포위를 뚫고 서쪽으로 도망쳤다.

이 전쟁은 중국에도 매우 중요한 의미가 있지만, 서구 사회에는 더더욱 중요한 사건이 되었다. 왜냐하면 이 지역이 선비족에게 점령되면서 북흉노의 유민들이 서쪽의 중앙아시아를 넘어 계속 이동하여 약 3세기에 동유럽에 도착해 헝가리 평원에 나라를 세웠는데, 그들은 강대한 기마병을 이끌고 유럽 대부분의 땅을 점령해 유럽 전역에 도미노식 민족 대이동이 일어났다. 본래 흑해黑海 북안에 살던 서고트족은 서쪽으로 도나우강 상류로 이주했다. 도나우강 상류에 살던 반달족은 서쪽에 있는 로마 제국을 침범했다. 로마 제국은 대단한 기세로 밀고 들어오는 이들 야만족들에게 저항하지 못하고 결국 멸망하고 말았다.

북흉노가 서쪽으로 이동한 후, 남흉노는 영원히 중국의 속국이 되었다. 동한의 헌제獻帝 건안建安 21년(216년), 남흉노의 마지막 수령 호주천呼廚泉 선우는 당시 왕정이 있던 평양(지금의 산서 임분臨汾)에서 업성(鄴城: 지금의 하북 임장臨漳)으로 가 당시 한나라 재상이었던 조조曹操를 방문했다. 조조는 그를 거두고 흉노의 한 나라를 다섯 부部로 나눠 각 부마다 도독都督을 세우게 했다. 이는 동한의 정부에 직속되어 선우라는 이름도 없애버렸다. 이렇게 한때 대단한 명성을 날렸던, 흉노 수립 후 약 430년간 이어졌던 방대한 정권이 멸망하고 말았다.

漢書 들여다보기

사서에는 이런 기록이 남아 있다. 화친으로 인해 당시 '국경 근방의 도시는 연회가 늦게 끝나고 소와 말이 들에 가득했으며, 삼대째 개 짖는 소리에 놀라는 일이 없었다. 또한 서민(백성)들은 전역戰役에 나가지 않게 되었다.'

소군의 출새出塞

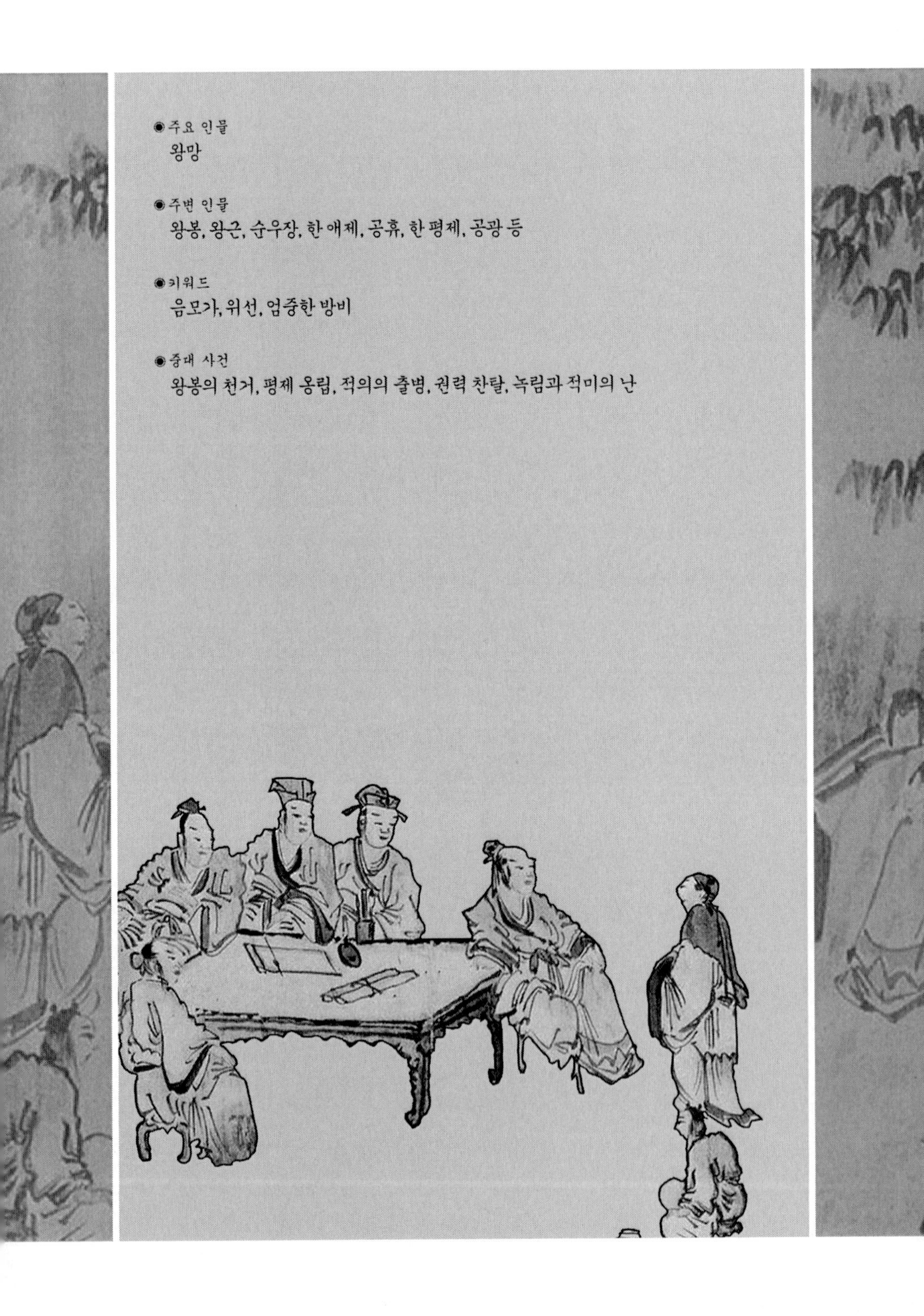

◉주요 인물

왕망

◉주변 인물

왕봉, 왕근, 순우장, 한 애제, 공휴, 한 평제, 공광 등

◉키워드

음모가, 위선, 엄중한 방비

◉중대 사건

왕봉의 천거, 평제 옹립, 적의의 출병, 권력 찬탈, 녹림과 적미의 난

王莽

왕망 : 한나라 찬탈 '쇼'

전한과 후한 사이의 아주 짧은 시기에 신新왕조가 들어섰다. 이 왕조의 황제는 왕망으로, 자는 거군巨君이었다. 그는 4대에 걸쳐 막강한 권력을 가지고 참정했던 한 원제의 황후 왕정군王政君의 조카였다.

왕망은 명문가 출신으로, 증조부 왕하王賀는 한 무제 때 수의어사繡衣御使였고, 조부인 왕금王禁은 정위사였다. 왕금은 8남 4녀를 낳았는데 장녀는 왕군협王君俠, 차녀는 왕정군, 셋째는 군력君力, 넷째는 군제君弟였다. 여덟 아들은 순서대로 왕봉, 왕만王曼, 왕담, 왕숭王崇, 왕상, 왕립王立, 왕근, 왕봉시王逢時였다. 이들 중에서 왕봉과 왕숭, 왕정군은 위군魏郡 이 씨의 소생이었다. 왕정군은 18세가 되던 해 아버지가 액정의 궁녀로 보냈는데, 어느새 한 원제의 황후가 되었다. 한 원제가 죽고 성제가 즉위하자 왕정군은 황태후가 되었고, 한 어머니의 소생인 평양후 왕봉은 대사마, 대장군으로 임명되어 상서의 일을 주관했다. 왕정군의 다른 동생인 왕숭 역시 식읍 1만 호를 거느린 안성후安成侯가 되었다. 이때부터 한나라 조정은 왕 씨 외척들에 의해 통제되었고, 많은 왕 씨 일가도 왕정군과의 관계 때문에 큰 권세를 누리게 되었다. 하평 2년(기원전 27년), 한 성제가 같은 날 왕담을 평아후平阿侯로, 왕상을 성도후城都侯로, 왕립을 홍양후紅陽侯로, 왕근을 곡양후曲陽侯로, 왕봉시를 고평후高平侯로 봉했기 때문에 세인들은 이들을 '오후五侯'라고 불렀다. 전국의 군수와 재상, 책사 등 지방 관리도 대부분 왕 씨 집안의 문객들이었다.

왕정군이라는 든든한 산이 버티고 있었기 때문에 왕 씨 일가는 온갖 사치와 퇴폐, 방탕한 생활을 즐겼으나, 왕망의 아버지 왕만은 일찍 죽어 제후로 봉해지지 못했다. 왕망은 장군이나 제후로 봉해진 백부나 숙부의 자식들처럼 넉넉하지 못했으며 가난하고 기댈 곳이 없었다. 그러나 어려서부터 매우 부지런하고 다양한 책을 많이 읽어 유학에 뛰어났다. 패군의 유명한 유학자 진참陳參을 스승으로 모시고 『예경禮經』을 공부했는데, 스승을 존경하여 예로써 모시며, 게으름을 피우지 않고 학업에 정진하니 진참은 자주 '왕망은 장차 큰 인물이 될 거네'라고 칭찬을 아끼지 않았다.

학업을 마치고 돌아온 왕망은 일찍 과부가 된 어머니와 형수를 공경하며 온 힘을 다해, 세상을 먼저 떠난 형이 남긴 아이들을 키워냈다. 또한, 사회 저명인사나 젊은 인재들과 폭넓은 인간관계를 맺으며, 조정에서 권세를 쥐고 있는 백부와 숙부에게는 더욱 행동을 조심하면서 공경했다.

성제 양삭陽朔 3년(기원전 22년), 왕망의 백부이자 대장군인 왕봉이 매우 중한 병에 걸렸다. 왕망은 직접 탕약을 맛보고 씻거나 옷 갈아 입을 시간도 없이 한 달이나 정성껏 시중을 들자 왕봉은 크게 감동했다. 왕봉은 죽기 전 특별히 왕망을 왕정군과 한 성제에게 부탁했다.

그래서 왕망은 황제의 시중을 들며 명을 전하는 낭관, 즉 황문관이 되었고, 얼마 후 다시 활쏘기에 능한 무사들을 맡아 관리하는 군관인 사성교위射聲校尉로 진급했는데, 그의 나이 24세였다.

드디어 정치 무대에 들어선 왕망은 때를 기다리며 공손하고 부지런한 모습을 보였다. 그는 숙부의 비위를 맞추면서 한편으로는 조정의 관료 및 재야의 명사들을 자기편으로 끌어들였다. 당시는 통치 계층의 사치가 극에 달해 복식이나 장신구가 황제와 구분이 없었고, 처첩을 1백 명이나 거느린 사람도 나올 정도였다. 왕 씨 외척들은 호화로운 저택과 부와 권세를 다투듯 과시했다. 그런 상황에서 왕망이 근검절약과 부지런한 유생의 이미지로 그들 앞에 나타나니 금세 사회 각층에서 환영하고 나섰다. 그의 숙부 성도후 왕상은 성제에게 상소를 올려 자신의 봉읍을 떼어 그에게 주라고 청했고, 장락소부長樂少府 대숭과 시중 김섭金涉과 같은 명사들도 연달아 상소를 올려 왕망의 덕을 칭찬하였다.

영시 원년(기원전 16년), 왕망이 30살이 되었을 때, 성제는 이미 저 세상 사람인 왕만을 신도애후新都哀侯로 추대한 후, 왕망이 그 작위를 세습하고 남양군 신야현新野縣의 식읍 1천 5백 호를 떼어 봉지로 하사했다. 왕망이 황제가 된 후 국호를 '신新'으로 정한 것도 이 때문이다. 또 왕망을 기도위 광록대부 시중으로 임명해 궁정의 숙위를 맡아 관리하게 함으로써 황제 곁에서 매우 영향력 있는 인물로 만들어주었다.

왕망은 지위와 작위가 높아질수록 더욱 겸손하고 조심하는 모습을 보여주었다. 그는 자신의 마차와 말, 의복을 내어 빈객들에게 희사하였고, 집안에는 여분의 재물을 쌓아두지 않았다. 그는 또 유명한 학자들을 거두거나 봉양하면서 조정의 장군과 재상, 삼공구경과 친분을 쌓았다. 당시 그의 명성이 하늘을 찔러 그의 숙부와 백부를 압도할 정도였다.

왕망의 형 왕영王永은 아들 왕광王光을 남겨두고 일찍 세상을 떠났는데, 왕망은 조카 왕광이 박사의 문하에서 수학하도록 배려해주었다. 왕망은 궁에서 휴가를 나오면 소와 양, 좋은 술을 가득 실은 여러 대의 수레를 끌고 왕광의 스승을 찾아가 위로했다. 때론 모든 동학들에게 선물을 안겨주었다. 또한, 왕광은 왕망의 아들 왕우王宇보다 나이가 어렸지만, 왕망은 두 아이를 같은 날 혼인시켰다. 그러자 축하하러 온 손님들이 대청을 가득채웠다. 그 자리에서 한 사람이 자신의 어머니가 중한 병에 걸려 괴로워한다는 이야기를 듣고 손님들이 다 돌아간 후 왕망은 몇 번이나 그 손님의 어머니를 찾아가 병세를 살폈다.

어느 날, 왕망은 몰래 시녀 하나를 사서 자신의 곁에 두려고 했는데, 사촌 형제들이 알게 되어 말들이 많았다. 왕망은 장군 주자원朱子元이 후사가 없어 아들을 낳아줄 여인으로 주 장군을 위해 시녀를 샀다고 변명했다. 그날 그는 아쉬움을 뒤로 한 채 그 시녀를 주자원에게 주었다.

수화綏和 원년(기원전 8년), 왕망의 일곱째 숙부인 대사마 대장군 곡양후 왕근이 오랜 병 때문에 관직에서 물러나게 해달라고 상소를 올렸다. 왕망은 왕 씨 집안에서 그 자리를 잇기에 가장 적합한 인물이었다. 그러나 정릉후定陵侯 순우장淳于長도 강력한 경쟁자였다. 순우장은 원후(元后: 원제의 황후인 왕정군)의 언니가 낳은 아들로, 왕망과는 고종 사촌간이다. 역시 중병에 걸린 왕봉을 성심으로 모셔 벼슬길에 오를 기회를 얻었던 인물이다.

성제는 당대 유명한 가희 조비연趙飛燕을 황후로 삼고 싶어 했지만, 태후는 그녀의 출신이 비천하다는 이유로 반대하고 있었다. 그때 순우장이 둘 사이를 오가며 설득한 끝에 조비연은 '모의천하母儀天下'를 할 수 있게 된다. 이 일로 순우장은 성제의 총애를 받아 삼공구경의 자리까지 올랐고 왕망보다 더 큰 권세를 얻었다. 그러나 순우장은 행실이 방종하여 폐위된 허許 황후의 언니인 과부 허미許孊와 몰래 정을 통하고, 여러 차례 서신을 보내 그에게 뇌물을 바쳤던 허 황후를 희롱하고 모욕했다. 순우장의 이런 비밀을 캐낸 왕망은 병든 왕근의 곁에서 시중을 드는 틈을 타서 슬쩍 고자질을 했다.

"순우장은 장군께서 오랫동안 아프신 것을 보고 자신이 그 자리를 대신할 수 있겠다며 기뻐하였다 하옵니다."

왕근은 그 말을 듣고 몹시 화를 냈다. 왕망은 또 왕근에게 순우장과 허 황후의 언니가 정을 통한 일이며, 순우장이 허 황후를 희롱한 일 등을 고해바치자, 왕근은 왕망에게 직접 원후에게 고하라 시켰다. 원후는 그 이야기를 듣고 크게 노해 순우장의 관직을 빼앗았다. 곧이어 폐위된 허 황후가 다시 황후로 봉해지게 해달라고 순우장에게 뇌물을 준 일마저 발각되자, 늘 순우장을 신임했던 성제까지도 불같이 화를 냈다. 성제는 순우장을 대역죄로 다스려 옥중에서 스스로 목숨을 끊게 하였다. 같은 해 왕근은 퇴임하면서 왕망을 천거해 자기 대신 정치를 보좌하게 하였다. 이렇게 불과 38세인 왕망은 성제에게 대사마로 뽑혔다. 그의 숙부, 백부인 왕봉, 왕상, 왕음王音, 왕근에 이어 왕 씨 가족 중 다섯 번째 보정輔政 대신이 된 것이다.

여기서 유의할 점은 왕망은 이러한 지위에 올랐으나 역시 방종하지 않았으며 향락을 즐기지 않았다는 점이다. 그는 오히려 더 강하게 자신을 절제했다. 그는 수많은 현량과 문인들을 수행원으로 삼고 황제가 하사한 상이나 제후국에서 얻은 이익을 모두 학자들을 대접하는 데 썼다.

그리고 자신은 더욱더 절약하고 검소하게 지냈다. 한 번은 왕망의 어머니가 병에 걸리자 조정의 삼공구경, 제후의 부인들이 문안을 하러 왔다. 왕망의 아내가 나와 맞이했지만 바닥에 끌리지 않을 정도로 짧은 옷과 광목으로 만든 앞치마를 두르고 있었다. 부인들은 그녀가 왕 씨 집안의 하녀인 줄 알고 물어보았다가, 그녀가 왕망의 아내라는 것을 알고 깜짝 놀랐다고 한다.

수화 2년(기원전 7년), 성제가 세상을 떠나고 애제가 즉위했다. 애제는 성제의 친아들이 아니라 정도왕定陶王의 후손이었다. 효원 황후 왕정군은 태황태후라는 존귀한 자리에 오르게 되었지만 전과는 비교도 안 될만큼 위세가 떨어졌다. 이때 애제의 조모인 정도 부傅태후와 어머니인 정희丁姬도 모두 장안에 있었다. 그러자 고창후 동굉董宏은 상소를 올렸다.

"『춘추』엔 어머니는 아들이 존귀해지면 함께 존귀해져야 한다는 말이 있사옵니다. 그러니 정희에게도 반드시 존호尊號를 주어야 할 것이옵니다."

왕망과 사단師丹은 함께 동굉을 탄핵하였다. 하루가 지나 황제가 미앙궁에서 연회를 열자 내자령은 부 태후를 위해 휘장을 치고 있었다. 그곳은 태황태후의 옆 자리였다. 왕망은 순찰을 돌다가 내자령을 크게 나무랐다.

"정도 태후는 일개 번국의 후궁이거늘 어찌 지존하신 태황태후와 같은 서열에 앉는단 말이냐?"

그러면서 휘장을 치우고 다시 자리를 배치하도록 했다. 그 말을 듣고 격노한 부 태후는 연회 참석을 거절했다. 2년 후 부 태후, 정희가 모두 존호를 얻자 승상 주박朱博이 상소를 올렸다.

"왕망은 과거 윗분을 존경하고 우러러본다는 참뜻을 이해하지 못하고 정도 태후와 정희를 폄하하며 존호도 받지 못하게 하였습니다. 이는 폐하의 효도를 망치고 손상시키는 일이오니 목을 베어 백성들에게 보이심이 마땅할 것이옵니다. 비록 그가 요행히 사면을 받았으나, 작위와 봉토를 계속 가지고 있는 것은 합당하지 않으니 그를 서인으로 강등시키소서."

그러나 왕망이 사대부 사이에서 명성이 높았으므로 애제는 그를 봉국으로 보내는 것으로 일을 마무리 지었다.

왕망이 처음 봉국으로 돌아갔을 때, 그와 교분이 두터운 남양 태수는 특별히 완현의 유명한 유학자 공휴孔休를 신도의 재상[新都相]으로 삼았다. 왕망은 그를 후대하고 옥이 상감된 자신의 보검까지 주려 하자, 공휴는 그토록 중한 선물은 받을 수 없다고 거절했지만, 왕망은 완곡한 말로 그를 설득했다.

"솔직히 내 선생의 얼굴에 반점이 있는 것을 보고 드리는 것이오. 정교하게 다듬은 옥석은 그런 반점을 없애준다고 하기에 옥으로 만든 장식을 드릴 생각을 한 것이오."

그러면서 검에 달린 옥 장식을 떼어냈지만 공휴가 끝까지 사양하자, 왕망은 그 옥 장식을 깨뜨려버리고 친히 천으로 깨진 조각을 싸서 공휴에게 주었다. 그제서야 공휴도 그것을 받았다. 한 번은 왕망의 차자 왕획王獲이 하인을 살해한 일이 일어났다. 사실 이런 일은 당시 삼공구경이나 귀족의 자제들 사이에서는 흔하디 흔한 일이었다. 그러나 왕망은 왕획을 엄히 나무라며 스스로 목숨을 끊게 만들었는데, 그의 이런 과장된 행동은 오히려 더 흉악한 느낌을 준다.

원시 원년(1년), 애제가 죽자, 태황태후는 예의와 격식이 미천한 동현에게 애제의 장례 준비하는 것을 돕게 한다는 핑계로 왕망을 급히 장안으로 불러들이고 조서를 내려 각지에서 파병하는 군대의 부절, 백무대관의 상주, 중황문中黃門, 기문期門의 군사의 발급 및 배정까지 모두 왕망이 주관하도록 했다. 동현은 왕망에게 대사마의 부절과 인장, 수대를 몰수당하고, 결국 자결하고 말았다. 이러한 상황에서 전장군 하무何武와 후장군 공손록公孫祿은 대사마의 자리를 탐하여 서로를 추천했다가, 결국 얼마 후 처벌을 받고 면직되었다.

왕망은 다시 대사마가 된 후 태황태후와 상의하여 당시 9세였던 중산왕中山王을 평제平帝로 즉위시켰다. 평제는 나이가 어렸기 때문에 태황태후가 조정에 나와 국정을 맡아보았으나 태황태후의 나이 이미 72세였으니, 조정은 완전히 왕망의 손에 놀아나게 되었다. 왕망은 권력을 손에 쥐자 즉시 부 씨와 정 씨 등 외척 세력을 제거했다. 가장 먼저 대상이 된 사람은 효성孝成 조 황후(조비연)와 효애孝哀 부 황후였다. 조 씨는 황자를 모해했었고, 부 씨는 거만하고 주제넘게 예법을 넘어섰다는 이유로 서인으로 폐위되었다가 명을 받고 자결하였다. 왕망은 또 평제의 생모 위희衛姬를 중산 효 왕후孝王后로, 그 형제 위보衛寶와 위현衛玄을 제후로 봉한 후 봉국으로 돌려보내고 다시는 장안에 오지 못하게 하였다.

왕망의 장자 왕우는 아버지의 방법이 옳지 않다고 생각했다. 훗날 평제가 커서 책망이라도 하면 어쩐단 말인가? 그래서 위 씨에게 사람을 보내 직접 상소를 올리게 했지만, 왕망은 이를 허락하지 않았다. 왕우는 그의 스승인 오장吳章과 처의 오빠인 여관呂寬과 함께 이 일을 논의하다가, 왕망이 직간을 허락하지 않을 것이니 귀신이 말한 것처럼 꾸며 놀래주기로 했다. 그래서 여관은 밤에 몰래 피를 왕망의 저택 문 위에 뿌렸다. 그러나 문지기에게 발각되어 그들의 계획이 탄로 나고 말았다. 여관은 죽음을 모면할 수 없게 되었고, 오장은 요참을 당했으며, 위 씨는 온 가족이 몰살당했다. 또 경무 공주(敬武公主: 원제의 누나)와 양왕 유립劉立, 홍양후 왕립, 평아후 왕인王仁, 악창후 왕안 등이 연루되어 자결하거나 살해당했다. 오직 평제의 어머니인 위희 한 사람만 목숨을 부지했다가, 왕망이 황위를 찬탈한 후 서인으로 강등되었다. 왕우 역시 옥에 갇혀 명을 받아 독약을 마시고 자결했다. 그의 임신한 처 여언呂焉은 아이를 낳은 후 죽임을 당했다. 왕망은 이 일에 관해 서찰까지 써 자신이 사적인 정에 연연하지 않고 대의를 실현하기 위해 친아들까지도 죽였음을 떠벌렸다. 그리고 그 서찰을 전국에 보내 학관學官들이 배우게 했다.

삼대에 걸쳐 대사도를 지낸 공광은 태후에게 존경받고, 대신들과 백성들의 신임을 받는 유명한 유학자였지만, 왕망의 뜻을 헤아려 아첨을 하며 그의 비위를 맞춰주었다. 왕망은 매번 누군가를 모함하거나 공격하고 싶을 때마다 공광을 시켜 태후에게 상소를 올렸다. 그리고 자신은 태후가 공광의 탄핵을 비준하도록 옆에서 부추겼다.

왕망은 이렇게 군신들을 관직에 상관없이 위협하고 강압하였다. 이때부터 왕망에게 순종하는 사람은 선발되었고, 왕망을 거스르거나 원한이 있는 사람은 무참하게 죽임을 당했다. 왕망은 왕순王舜, 왕읍王邑을 심복으로 삼고, 견풍甄豊, 견한甄邯에게는 고문과 심문을 맡겼다. 또 평안平晏은 각종 비밀스러운 일에 참여하였고, 유흠劉歆은 주장과 문건을 주로 담당했다. 강노장군 손건孫建은 왕망의 이와 발톱이 되어주니 순식간에 그의 도당이 조정에 널리 포진하게 되었다.

평제 원시 원년 정월, 왕망은 비밀리에 익주로 사람을 보내 지방 장관에게 변경 밖의 오랑캐를 매수하게 했다. 그들이 스스로를 월상 씨越裳氏라고 말하며, 한나라의 덕을 경모하여 특별히 중원에 흰 꿩을 바치러 온 것처럼 일을 꾸민 것이다. 주나라 성왕 때, 월상 씨는 중원에 흰 꿩을 바쳤었다. 그래서 왕망은 이런 일을 꾸며 자신이 어린 군주를 보좌했던 주공과 같음을 우회적으로 보이려 했다. 왕망의 조종 하에 군신들은 이 일에 대해 대대적으로 부풀리기 시작했다. 왕망의 공이 곽광에 견줄 만하니 곽광과 소하가 받았던 대우를 참고해 3만 호의 봉지를 더 하사해야 한다고 주장한 것이다. 태후는 망설이며 이렇게 말했다.

"정말 대사마의 공이 크기에 상을 내리는 것인가? 아니면 내 친척이기 때문에 특별 대우를 하는 것인가?"

그러자 군신들은 더욱더 열렬히 왕망의 공덕을 찬양했고, 위조된 흰 꿩이 좋은 징조라는 것을 들먹이며 현명한 군주라면 큰 공을 세운 신하에게는 아름다운 호칭을 내려야 한다고 말했다. 그래서 주공도 죽을 때까지 주周를 그 호칭으로 삼았다는 것이다. 왕망은 조정을 안정시키고 한나라 천하를 위로한 큰 공이 있으니 '안한공安漢公'이라는 존호를 내리고, 그의 칭호에 맞도록 봉지를 더 하사해야 한다고 주장했다. 이때 왕망은 더 좋은 것을 얻기 위해 일부러 사양하는 기술을 썼다. 일부러 자신의 봉지를 사양하고 도리어 공광과 왕순 등의 공덕을 칭송하는 상소를 올린 것이다. 그러자 태후는 명을 내려 공광에게 1만 호를 더 내리고 태사太師로 삼았으며, 왕순에게 1만 호를 더 내리고 태보太保로 삼았다.

견풍은 태부로 삼고 사보四輔의 직책을 내렸으며, 견한은 승양후承陽侯로 봉하고 식읍 2천 4백 호를 하사했다. 이 네 사람이 상을 받자, 다시 조서를 내려 소릉召陵과 신식新息 두 현의 2만 8천 호를 왕망에게 더 하사하고 후대에 계승할 수 있게 했다. 그의 작호에 맞게 봉토를 조정하여 소하 상국과 같은 예우를 받게 한 것이다. 왕망을 태부로 임명하여 사보의 직무를 총괄하게 한 후 '안한공'이란 존호를 하사했다.

결국 여러 대신들의 잇단 간청으로 왕망은 '황은이 망극하다'며 안한공이란 존호를 받았다. 그러나 소릉과 신식 두 현의 2만 8천 호의 봉읍은 백성들 모두가 넉넉해지고 의식주가 풍부해지면 그때서야 받겠다고 말했다.

왕망은 또 제후왕과 후대 및 한 고조 이래 공신의 자손들을 표창해야 한다며, 공훈이 뛰어난 자는 제후로 봉하고 다른 사람들은 관내후의 봉읍을 누리게 하자고 건의했다. 곧이어 모든 현직 관리들에게 각자의 등급에 맞는 상을 하사하였다. 심지어 고아와 노인, 홀아비와 과부까지 널리 구제하자 순식간에 관리와 백성들이 입을 모아 그를 칭찬했다. 대대적으로 인심을 얻고 나자 왕망의 지위는 매우 공고해졌다. 그러자 그는 도당에게 명하여 태후에게 상소를 올리게 했다.

"과거 공로와 정치적 업적, 경력에 따라 2천 섬을 받게 된 관리와 각 주부의 책사들이 조정에 학식이 뛰어난 인재를 천거하였으나, 그들 중에 불합격자가 매우 많으니, 모두 안한공의 '면접'을 봐야 하옵니다. 또 태후는 이런 사소한 일을 친히 행하시기에 적합하지 않습니다."

그러자 효원 태후는 작위를 봉하는 일에 대해 보고와 질문을 없애는 외에, 조정의 모든 굵직한 일들도 모두 안한공과 사보가 평결하라는 명을 내렸다. 이로써 승진과 파면, 생살여탈生殺與奪 모두가 왕망의 손 안에 놓이게 되었으니, 왕망은 사실상 군주와 똑같은 지위를 얻게 되었다.

원시 2년(2년), 왕망은 다시 재물을 기부하는 일을 통해 또 한 번의 멋진 '쇼'를 벌였다. 황충해가 일어나자 왕망은 태후에게 계주(啓奏: 글로 상부에 알리는 일)하는 한편, 먹을 것과 입을 것을 절약하여 만민의 모범이 되었다. 동시에 전답 30경과 돈 1백만 전을 대사농에게 주어 이재민들을 구휼하게 했다. 삼공구경, 대부 등 230명이 그를 본받으니 모두가 또 왕망을 칭찬했다. 거기에다 왕망은 사자를 보내 메뚜기를 잡게 하고, 백성 중에서 메뚜기를 잡는 자에게는 상을 내렸다. 동시에 부세도 감면해주었다. 홍수나 가뭄과 같은 재난이 일어나면 왕망은 하루 종일 채식만 하고 생선이나 고기는 전혀 입에 대지 않았다. 그러자 태후가 왕망에게 나라를 위해 건강을 지켜야 하니 고기를 먹으라는 명을 내릴 정도였다.

왕망의 지위가 이미 높아질 대로 높아졌지만, 그는 거기서 만족하지 않고 자신의 딸을 평제에게 황후로 주어 권위를 더욱더 다지려고 하였다. 원시 3년(3년), 평제가 12세가 되자 왕망은 황후를 간택해야 한다며 고대의 예절에 따라 12명의 황후와 후궁을 들여야 한다고 건의했다. 왕망은 사람을 시켜 세도가의 규수들을 선택하여 책자를 만들어올리게 했다. 주관 관리는 왕망의 뜻을 헤아려 돈 많고 권세가 높은 대갓집 딸들을 골랐다. 그중에서 왕 씨 집안 여자가 절반을 차지했는데, 그들이 자신의 딸과 경쟁을 할까 걱정된 왕망은 일부러 애써 연기를 했다. 자신은 덕이 높지 않고 딸은 재능과 용모가 부족하니 여러 미녀들과 함께 선발되는 것이 적합지 않다는 것이었다. 태후는 왕망의 진심어린 말이라 생각해 명을 내렸다.

"왕 씨 여인들은 나의 외손녀이니 선택하지 않는다."

그러자 위로는 삼공구경부터 아래로는 서민들까지 1천여 개의 상소를 올려 왕망의 딸의 용모와 덕이 빼어나니 황후로 세워야 한다고 아뢰었다. 마침내 왕망의 딸은 왕망이 예상한대로 국모가 되었다. 왕망은 11명을 더 뽑아 수를 맞추려 했지만 군신들은 강력히 항의하며 황후는 한 사람이면 족하다고 했다. 또한 왕망은 신야현의 2만 5천 6백 경의 토지를 더 하사받아 봉국이 1백 리까지 확대되었다. 왕망은 또 이를 사양하며 받지 않으려 하여 전국을 깜짝 놀라게 만들었다. 관리와 백성들이 왕망이 신야의 토지를 받게 하기 위해 상소를 올리니 총 28만 7천 572개에 달했다. 당시 왕망의 명망은 더 이상 높아질 수 없는 수준까지 올라간 것이다.

이때 대사도 사직司直 진숭陳崇은 장창의 손자 장송張竦에게 대신 왕망의 공덕을 찬양하는 상주의 초안을 작성하게 했다. 그는 경전의 온갖 말을 끌어와 화려한 미사여구를 구사하며 왕망의 유능함을 칭송했는데, 고대의 주공, 이윤과 견줄 만하며, 근래엔 소하, 곽광의 공을 덮을 만하다, 그래서 그의 덕은 천년만년 빛날 것이라고 하면서, 진숭은 다시 한 번 왕망에게 상을 내려 주공의 고사를 재현시키고, 그의 자손에게도 분봉하여 주자고 청하였다. 이 상주는 왕망을 크게 기쁘게 했다.

원시 4년(4년), 왕망의 딸은 정식으로 황후에 봉해졌다. 경축을 표하고자 왕망은 진숭 등 8명을 보내 천하를 돌아보고 민풍을 살피게 하였다. 이후 장안으로 돌아온 8명은 천하가 무사하며 정치가 투명하다는 거짓 보고를 올리고 왕망을 찬양하는 노래 4만 수를 위조하여 왕망의 공덕을 찬양하고자 했다. 그러자 유흠, 진숭 등 12명은 제후로 봉해졌다. 같은 해 평제는 왕망을 재형宰衡으로 봉하고 상공上公의 지위를 주었다. 신이 난 왕망은 어사를 시켜 '재형 태부 대사마인'을 새기게 하고 날마다 손에 들고 감상했다고 한다. 무수한 특권을 누리게 된 왕망은 훌륭한 유학자로서 명당明堂, 벽옹(辟雍: 고대 천자의 나라에 설치한 대학. 주위가 둥글고 사면이 물로 둘러싸임), 영대靈臺를 세우고, 학자들을 위한 학사學舍 1만여 곳을 지었다. 군, 현, 향마다 학당을 설립하여 선생을 두었고, 전국에서 예절과 고서, 천문, 역산曆算, 악률樂律, 병법, 고서의 자구를 해석하는 훈고訓詁, 의술에 통달한 사람 수천 명을 끌어모았다. 이 일로 왕망은 다시 한 번 삼공구경과 대부, 천하 선비들의 칭송과 인정을 받았다.

원시 5년(5년), 왕망은 다시 한나라 종실을 공신의 후예들에게 분봉하여 유 씨와 왕 씨 두 집안의 지지를 얻고자 애를 썼다. 수만 명이 상소를 올린 후 왕망은 다시 나이를 핑계로 사직을 청했다. 그러자 대신들은 그를 위해 구석九錫을 청했다. 구석이란 수레와 말, 옷, 악현樂懸, 주호(朱戶: 붉은 칠을 한 지게문), 납폐(納陛: 천자가 공이 큰 대신에게 하사했던 물품), 무분武賁, 철월(鐵鉞: 철로 만든 고대 도끼), 방시(方矢: 고대 활), 울창주를 가리킨다. 고대 중국에서 구석을 봉전封典하는 것은 상을 하사하는데 있어 최고의 의전이었다. 왕망은 한바탕 거절한 끝에 같은 해 5월에 구석을 받았다. 그의 나이 51세였다. 이러한 봉전을 받고 나니 그의 덕망과 권위, 격식과 의장은 황제와 같게 되었다.

그러나 왕망은 너그러움과 어짊으로 널리 백성을 교화한다고 하였으나, 부 태후나 정희의 시체마저도 파헤치는 악랄한 면모를 보여주었다. 그는 두 사람의 존호를 없애는 것에 그치지 않고, 그들이 제왕과 함께 묻힌 것이 예절에 맞지 않는다며 이장을 제의했다. 태후는 이미 지나간 일이므로 다시 따질 필요는 없다고 대답했다. 그러나 왕망은 억지 이유를 갖다 붙이며 고집을 부렸고, 결국 부 태후의 무덤을 파헤치게 했다. 그때 산사태가 일어나 수백 명이

압사하였고, 정희의 관을 열자 4, 5장丈쯤 불길이 치솟아 무리가 물을 뿌려 진압하였으나 관 속에 들어 있던 부장품들은 모두 불에 타버린 뒤였다. 이처럼 황량한 무덤을 파헤치고 시체까지 괴롭힌 것은 사람들의 멸시를 받을 만한 행동이자, 그의 위선된 성품을 보여주는 일례이기도 하다. 그러므로 왕망은 역사상 여론을 이용하여 세력을 형성한 첫 번째 정객政客이 아니었을까?

왕망은 일찍이 원시 2년에 많은 돈으로 흉노의 선우를 매수한 후, 그가 한나라로 복속되고 싶다는 상소를 올리게 해 자신의 명망을 드높였다. 원시 5년(5년), 그는 또 옛날 수법을 이용해 뇌물을 많이 집어주고 주위에 있는 강족에게 수해水海, 즉 청해青海 등지를 바치게 하고 서해군西海郡을 설치했다. 동시에 형법 50조를 늘려 이를 어기는 사람은 서해로 이주시켰다. 이때 이주한 사람이 1천만 명에 달하니 백성들의 원성이 시작되었고, 이때부터 왕망의 엄청난 위세와 덕망 뒤에 아주 작지만 작은 원망의 소리들이 터져나오기 시작했다고 한다.

원시 5년(5년) 12월, 이미 14세가 된 평제는 지혜도 그만큼 더 자라 있었다. 그는 왕망이 정희와 부 황후의 무덤을 파헤친 일을 알고 있었고, 자신의 숙부 일가를 모두 몰살시키고 어머니인 위희 한 사람만을 남겨두었지만, 그마저도 만나지 못하게 했다는 일을 알고 분하게 여겼다.

"내가 어른이 되면 반드시 복수하리라!"

왕망은 그 소식을 듣고 황제의 생일을 축하하는 자리에서 일을 꾸몄다. 조피 열매를 섞어 만든 초주椒酒를 진헌하는 틈에 약을 타 넣어 평제를 독살한 것이다. 평제가 죽기 전 독에 중독되어 병세가 위독하자 왕망은 주공을 흉내내며 태주泰疇에서 자신이 평제 대신 병의 고통을 당하게 해달라고 빌면서 자신의 계책을 감추었다. 그리고 대전에 나가 삼공구경에게 말을 삼가라는 칙령을 내렸다. 평제가 죽은 후, 제위를 계승할 만한 새로운 인물을 물색해야 했다. 물론 이 일은 안한공 왕망에게 맡겨졌다. 이때 선제의 현손은 23명이었는데, 왕망은 그중에서 겨우 두 살밖에 안 된 광척후廣戚侯 유영劉嬰을 황제로 삼았다. 황제가 너무 어렸기 때문에 왕순은 주공이 했던 것처럼 왕망이 황제 대신 섭정을 해야 한다고 건의했다. 이것은 황제의 직권을 대행하는 것을 의미했다. 왕망은 다시 한 번 주공을 본받아 천자의 옷을 입고 앉아 군주나 다름없는 가황제假皇帝가 되었다. 신하와 백성들은 그를 섭 황제攝皇帝라고 불렀다. 이제 왕망은 제위까지 간발의 차이를 남겨두고 있었다. 이러한 상황에 이르러자 그가 아무리 놀란 척을 해도 이미 불거진 세인들의 의심은 좀처럼 사라지지 않았다. 물론 그의 지위도 쇠락한 유 씨 종실에게 크나큰 위협이 되었다. 모든 유 씨 종실이 기꺼이 한나라를 넘겨주려 한 것은 아니었기 때문에 안중후安衆侯 유숭이 군사를 일으키는 사건이 터지고 말았다.

거섭居攝 원년(6년) 4월, 유숭과 승상 장소張紹는 1백 명 정도를 책동해 완현을 공격했으나 패배했다. 장소는 진숭을 위해 왕망의 공덕을 찬양하는 상소를 썼던 장송의 사촌 동생이었다. 모반죄는 구족을 멸하는 죄였다. 그러나 장송과 유숭의 숙부 유가劉嘉는 알아서 먼저 궁으로 찾아왔기 때문에 죄를 용서받았다.

거섭 2년(7년) 9월, 동군 태수 적의翟義가 병사를 일으켜 엄향후嚴鄉侯 유신劉信을 천자로 옹립했다. 또 왕망을 토벌하겠다는 격문에 왕망이 '평제를 독살하고 천자를 대행하여 한나라 황실을 끊으려 한다'고 적어 보냈다. 그리고 모두에게 하늘을 대신하여 왕망을 벌하자고 호소했다. 적의의 군은 유숭이 일으킨 군사보다 위세가 훨씬 컸기 때문에 제후국들도 야단법석이었다. 사람들 마음속에 도사리고 있었던 의혹이 도출되고 격발된 것이다. 괴리槐里 사람 조명趙明, 곽홍霍鴻도 다투어 군대를 일으켜 적의에게 동조하며 왕망을 토벌하는 일에 적극 가담했다.

이 상황에 깜짝 놀란 왕망은 먹지도 마시지도 못하고 밤낮으로 어린 영을 안고 신묘神廟에서 기도를 올렸다. 그리고 다시 주공의 선례를 따라 고(誥: 훈계하고 면려하는 글)를 지어 천하에 공표하고, 시행하며 훗날 유영에게 제위를 돌려줄 것이라는 결심을 밝히었고, 한편으로는 장수를 파견하고 병력을 이동시키니, 12월에는 왕읍이 적의를 격퇴했다. 이듬해 봄 조명, 곽홍도 패했다. 왕망은 주나라의 옛 관례에 따라 공을 세운 신하와 장수들 수백 명에게 분봉했다. 분봉을 마친 후 조정의 문무 대신들은 왕망의 자손들에게도 분봉할 것을 청하였다. 그의 두 아들은 공(公: 중국의 작위 중 가장 높은 등급)에 봉해졌고, 조카인 왕광과 손자 왕종王宗은 후가 되었다. 사실상 조정은 이미 왕 씨의 조정이 된 것이다.

9월, 왕망의 어머니 공현군功顯郡이 세상을 떠났다. 『한서』에는 왕망이 '마음은 애도하는 데 있지 않았다'고 적고 있다. 그가 관심을 가진 것은 어떤 예의로 장례를 치를까 하는 것이었다. 태후 왕정군은 이미 왕망의 손에 들린 장기 알이 된 지 오래기 때문에 얼마든지 마음대로 조정할 수 있었다. 그러나 왕망의 뜻은 대신들이 이미 다 짐작하고 있어 암시할 필요조차 없었다. 유흠 등 78인은 태후에게 상소를 올려, 왕망이 천자로서 그 어머니의 상을 제후의 예로 치르게 해달라고 청했다. 일이 이렇게 되니 왕정군은 반박할 여지조차 없었다. 또 며칠 후 왕망은 태후에게 상소를 올려 승부를 결정지을 만한 최후의 패를 다 내보였다. 제군의 임치현 창흥昌興 정장 신당辛當이 꿈에 하늘의 사자를 보았는데, 사자가 이렇게 말했다는 것이다.

"섭 황제는 진짜 황제가 될 것이다."

파군과 부봉扶鳳 역시 길한 징조가 나타났으니 앞으로 태후에게 보고할 때는 스스로를 가황제라 하겠지만, 천하를 호령할 때나 천하 백성이 내게 보고할 때는 '섭'이라는 말을 붙일 필요가 없다고 덧붙였다. 왕망은 거섭 3년을 초시初始 원년으로 바꾸고 '천명'을 따랐다. 곧이어 아무 일도 하지 않으면서 허풍만 늘어놓는 재동梓

潼 사람 애장哀章이 왕망의 뜻을 알아채고 엄청난 모험을 감행했다. 애장은 2개의 청동함과 2장의 도참圖讖, '천제행세금궤도天帝行璽金櫃圖'라는 글과 '적제행새유방전여황제금책서赤帝行璽劉邦傳與黃帝金策書'라 쓴 종이를 위조했다. 그 책에는 왕망이 당대 한나라를 위해 세운 사람으로서 '진짜 천자'가 될 것이니 황태후는 하늘의 뜻대로 행해야 한다고 적혀 있었다. 또 애장 자신을 포함한 11명의 이름을 적어놓고 이들은 왕망을 보좌할 사람이라고 썼다. 어느 황혼녘, 애장은 노란 옷을 입고 금궤金櫃를 두 손으로 받쳐들고 고조의 사당으로 향했다. 이 소식을 들은 왕망은 엄숙한 표정으로 고조의 사당으로 가 금궤를 받들고 한나라를 대신해 스스로를 황제로 세워 천명을 받들겠다는 뜻을 선포했다. 국호는 신新이라 정하고 시건국始建國으로 연호를 바꿨다.

왕망은 또 왕순을 태후의 거처로 보내 최고 권력을 상징하는 옥새를 받아오게 하였다. 왕순이 찾아온 이유를 알게 된 왕정군은 노하여 욕을 퍼부었다.

"너희 부자와 일족은 한나라 덕에 대대로 부귀를 누렸으면서 그 큰 은혜에는 보답하지 않고 황제가 어린 틈을 타 유 씨 천하를 빼앗으려 드느냐? 개나 돼지도 먹지 못할 놈들이로다! 세상 천지에 너희 같은 놈들이 또 어디 있단 말이냐? 왕망이 금궤의 징조대로 황제가 될 수 있다고 생각한다면 책력과 의복의 양식을 바꾸고 알아서 다시 옥새를 새기면 될 것이지, 뭣하러 망한 나라의 불길한 옥새를 쓰려 하느냐? 이 한나라의 늙은 과부는 언젠가는 죽을 것 아니냐? 나는 이 옥새와 함께 묻힐지언정 너희에게 주진 않을 것이다!"

왕정군은 말을 하면 할수록 화가 치밀어 올라 눈물을 흘렸다. 왕순도 그녀의 감정에 동화되어 함께 눈물을 쏟았다. 한참 동안 한숨을 내쉬던 왕순은 어쩔 수 없이 왕정군에게 말했다.

"아뢸 말씀이 없사옵니다. 하지만 왕망이 옥새를 손에 넣기 전까진 절대 멈추지 않을 것임은 잘 아옵니다. 그러니 결국 태후께서도 주시게 되지 않겠사옵니까?"

왕정군은 조카 왕망이 어떤 사람인지 너무나 잘 알고 있었다. 옥새를 주지 않으면 정말 무슨 일이라도 할 사람이었다. 그녀는 한참을 훌쩍거리며 고민하다가 마침내 마음을 굳혔다. 몰래 숨겨두었던 옥새를 꺼내 있는 힘껏 땅바닥에 내던지며 소리질렀다.

"가져가거라! 난 늙었으니 곧 죽지 않겠느냐? 내 죽어 너희들 가족을 다 멸할 것이니 두고 보거라."

정교하고 아름다운 옥새는 분노한 왕정군이 던졌을 때 한쪽 귀퉁이가 떨어져버렸는데, 왕망은 어쩔 수 없이 황금으로 테를 두르도록 하였다. 그는 미앙궁 점대漸臺에서 연회를 베풀고 자신이 옥새를 얻은 것을 축하하였다.

시건국 원년(9년) 원단(정월 초하루), 왕망은 모든 사람의 추대를 받아 정식으로 황제의 보좌에 올랐다. 마침내 꿈을 이룬 왕망은 훌쩍이며 감격했다.

"과거 주공께선 섭정을 하며 성왕이 정권을 잡는 그날을 기다리셨는데. 나는 천명에 떠밀려 충신의 도를 다하지 못하였구나."

그는 유영을 황제에서 폐위시키고 정안공定安公으로 삼은 후, 어린 영의 고사리 같은 손을 잡고 눈물을 흘리며 그를 황제의 자리에서 내렸다. 그리고 높은 담으로 둘러싸인 정안공 저택에 가두고 영원히 담 밖으로 나오지 못하게 했다. 3년간 황제로 있었던 유영은 어른이 된 후 짐승들도 구분하지 못할 정도의 폐인이 되어 있었다. 왕망의 딸, 즉 젊은 황태후 역시 높은 담벼락 안에 갇혀 가장 좋은 청춘을 흘려보내며 고통을 견뎌야 했다. 신 왕조가 멸망한 후 미앙궁이 불타오르자 그녀는 '무슨 면목으로 한나라 어른들을 뵈올꼬' 탄식하며 불 속에 몸을 던져버렸다.

왕망은 한나라를 대신하여 스스로 황제가 된 후 '오덕종시五德終始' 학설을 바꿔 자신이 황위에 등극한 변명거리를 찾았다. 그는 자신이 황제黃帝, 우제虞帝의 후예이며 적제赤帝 한 씨 고조 황제(즉 유방)의 신령이 천명에 따라 자신에게 나라를 계승한 것이니, 천명을 받은 것뿐이라는 조서를 내렸다. 신 왕조가 한나라를 대신한 것은 '토土' 덕이요, 한나라는 '화火' 덕이므로, 당초 한 문제, 무제는 진秦이 '수水'덕이라 여기며, 흙이 물을 이기기 때문에 한나라는 토土 덕일 것이라고 말했었다. 그래서 이에 상응하는 복식과 책력도 제정하였었다. 그러나 왕망은 자신이야말로 흙이라며 한나라를 다시 불이라고 정의했다. 왕망이 이 주장을 뒷받침하기 위해 자신이 황제와 우제의 후예라고 표방했다. '오덕종시설'에서 황제와 우제는 '흙'이었기 때문에 왕망이 그들의 후예가 되면 신 왕조 역시 흙이 될 수 있었기 때문이다. 그가 흙이라 주장한 두 번째 근거는 왕망이 한나라를 대신하여 황제가 되었지만 '평화'로운 방식을 선택하여 한나라의 '선양'을 받았다는 논리였다. 이렇게 되면 오덕종시설의 오덕 상생이론이 왕망에게 매우 유리하게 작용한다. '불에서 흙이 나온다[火生土]'라고 하였는데 왕망 자신이 흙이라고 주장하니, 한나라는 불이 될 수밖에 없는 것이다. 이렇게 하면 정권은 '찬탈'한 것이 아니라 하늘이 명한 오덕에 따라 자연스럽게 '이전'된 것이 된다.

왕망이 국호를 '신'으로 한 것은 천하를 새롭게 하고 조정의 기강을 다시 세우며 정치적 업적을 새롭게 하려는 마음 때문이었다. 왕망은 '새로움'에 대해 강한 갈망을 가지고 있어 관명과 지명, 인명을 바꾸고 아주 사소한 것까지도 다 바꾸려고 들었다. 오랫동안 격심해지던 사회적 갈등을 완화시키기 위해 왕망은 억지로 『주례』를 갖다 붙여 제도를 개혁하는 우스꽝스러운 장면을 연출했다.

왕망 시건국 원년, 왕망이 황위에 앉은 후 넉 달이 지났을 때 왕전령王田令과 사속령私屬令이라는 2가지 명령이 하달되었다. 왕전령이란 주나라 초기의 정전제와 같은 것으로 온 천하의 밭은 모두 왕전으로 나라의 소유이니 사적으로 사고팔 수 없고, 일정 기한이 되면 다시 분배한다는 내용이었다. 한 집안에 남자가 8명이 되지 않으나 땅이 9백 묘(1정井)가 넘는 땅을 가지고 있으면 남은 전답은 구족이나 이웃사촌에게 나누어주어야 했다. 이렇게 하면 원래 전답이 없는 남자도 밭을 받게 되며 제도에 따라 1부 1처에 전답 1백 묘가 배정되었다. 왕전제도를 비방하는 사람은 변경 지대로 보내 고역을 시킨다고 했다. 사속령이란 노비는 일괄 사유 재산으로 전환하되 매매와 살육은 금한다는 명령이었다. 노비는 소나 말이 아니므로 그들 자신에게도 권리가 있음을 천명한 것이다.

그러나 역사는 발전한다는 법칙에서 왕망의 복고 개혁 정책은 무산될 필연적 운명에 놓여 있었다. 땅이 사유재산인 것은 인위적으로 만든 것이 아니라, 사회 역사의 발전 과정에서 나온 필연적 결과였는데, 그런 상황에서 당시의 행정 명령에 따라 토지를 국유 재산으로 만들려는 시도가 통할 리가 없었다. 왕망의 2가지 명령은 문제를 해결하기는커녕 사회를 더더욱 동요하고 불안하게 만들었다.

토지의 매매를 허락하지 않는 것은 대지주, 귀족 집단의 이익을 침범하는 일이었기 때문에, 그들의 강력한 반대와 저지에 부딪혔다. 그렇다면 중, 소지주들은 정전제로 큰 손해를 입지도 않을 뿐더러, 대지주 집단의 이익을 약화시키는 일이 될 것이었으니 기뻐해야 마땅했다. 그러나 정전제가 장기적으로 이어지면 그들도 발전할 수 없고 땅을 확장할 길이 사라지는 일이 아닌가? 그러하니 그들 역시도 그 제도를 받아들일 수가 없었다. 땅이 없는 수많은 농민들은 왕전제가 반포되자 처음엔 모두 매료되어 기뻐했으나, 왕전령대로라면 땅이 없는 농민들은 다른 사람의 땅 일부를 받아서 농사를 지어야 하지만, 누가 자기 땅을 남에게 나눠주겠는가? 그래서 왕전령은 결국 아무 효력도 없는 종이쪽지로 전락해버렸고, 농민들은 여전히 설 곳이 없는 존재가 되어버렸다. 농민들마저 왕망이 자신들을 기만했다고 생각해 오히려 더 큰 불만을 갖게 되었다.

노비 문제에 있어 왕망의 출발점은 자유인을 '노비화' 하는 것을 막아 농촌에 충분한 노동력을 보장해주고, 이로써 나라의 부세 수입을 지키는 데 있었다. 그러나 왕망은 노비 매매 금지 명령을 내리면 그만이지만, 진실로 문제인 것은 자유인이 된 노예들은 어디로 간단 말인가? 막다른 길을 만난 일부 농민들과, 노비의 신분에서 벗어난 사람들은 자신의 생활 근거가 사라져버리자 불만은 점점 높아지고, 노비의 소유주들은 노비가 그들을 위해 부를 생산해주지 않으니 속이 부글부글 끓었다.

사정이 이러하니 개혁을 하면 할수록 불만을 가진 사람들도 계속 늘어갔다. 그리하여 법을 어기는 사람도 늘어났다. 왕망은 이들 새로운 범법자들을 관노로 전락시키는 한편, 경전을 끌어와 사람을 파는 일은 부도덕한 일이라고 가르쳤다. 동시에 그의 법을 어기는 사람은 죄를 범한 것이므로 노비로 전락하는 것이 인과응보라고 생각했다. 왕망 본인마저도 자기모순의 늪에 빠져버렸다.

왕망의 두 번째 중대한 개혁 제도는 오균육관五均六管 법이었다. 시건국 2년(10년), 왕망은 국사공國師公 유흠이 제공한 경전 조문을 근거로 '오균사대五均賖貸'와 '육관법'을 반포했다. 당시 전국에는 6개의 중심 도시, 즉 장안, 낙양, 한단, 임치, 완성, 성도가 있었다. 왕망은 장안의 동시東市를 경시京市로 바꾸고, 서시西市를 기시畿市로 바꾸었다. 다른 5개의 도시는 각각 중, 북, 동, 남, 서시로 바꾸었다. 왕망은 이 6개의 도시에 '오균관五均官'을 설치하고 교역과 전부錢府 2속관을 설치해 물가를 평준화하는 한편 상인들의 매점買占을 억제했다.

전부는 외상 판매와 세수를 관리했다. 오균사대는 백성의 이익을 위한 제도처럼 보이지만, 사실상은 시관市官이 싼 값에 물건을 사들여 비싸게 되파는데 이용되었다. 거기에다 오균관을 맡은 사람들은 모두 장안의 거상이었다. 낙양의 장장숙張長叔, 설자유薛子留는 거액의 재산을 가진 부호였다. 이런 사람이 오균관을 맡으니 더더욱 기탄없이 뇌물을 받고 법을 어기며 교묘히 남의 재산을 빼앗는 일이 벌어졌다. 물가를 올리고 매점까지 하니 이들 균관의 거상은 살이 찌는데, 백성과 나라는 더욱 가난해져갔다. 그래서 오균법 역시 공空 문서가 되어버렸다.

육관이란 왕망이 공상업 경제 활동에 취한 일련의 관리 조치였다. 사대賖貸, 소금, 철, 술, 화폐와 산림천택(山林川澤: 산, 숲, 내, 못)을 모두 나라에서 관리하고 세금을 거두었기 때문에 이를 다 합쳐 육관법이라 불렀던 것이다. 그러나 육관법은 시행하자마자 문제가 나타났다. 사대는 오관에서 대신해 관리했기 때문에 거상들이 백성들에게 고리대금을 놓는 형식으로 변질되어 소금, 철, 술, 산림 천택은 그들 육관이 백성을 기만하고 자신의 재물을 늘리는 데 중요한 통로가 되었다. 자신의 수입원을 늘리기 위해 이들 육관들은 교묘한 명목을 만들어 백성들을 가혹하게 착취했다.

육관의 세수 명목은 역사에서도 보기 드물 정도로 매우 많고 다양했다. 첫 번째는 비생산세였는데 흉작이 들거나 경작을 하지 않아서 생산품이 없으면 한 사람이 세 명의 세금을 대신 내야만 했다. 도시에 있는 주택 주변에 과수나 야채를 심지 않으면, 한 집에서 세 사람의 옷감을 내야 했으며, 일을 하지 않고 노는 자는 옷감 한 필을 내야 했다. 만약 이를 내지 못하면 벌로 고된 노동을 해야 했다.

두 번째는 소공상, 소수공업 및 한가한 직업세이다. 산이나 숲, 내, 못에서 새나 짐승, 어패류 등을 잡거나 가축을 사육하는 사람, 양잠하여 옷을 짓는 여자, 장인, 의원, 무당, 점쟁이, 축祝, 방술 및 소상인, 그리고 여관 등 숙박업을 하는 사람은 정부에 실제 수입을 다 보고해야 하며, 밑천을 제외하고 10분의 1을 세금으로 바쳐야 했다. 신고를 하지 않는 사람은 물건을 전부 몰수하고 1년간 고된 노역을 하게 했다. 그는 이렇듯 사회 하층에서 생계를 유지하는 조잡하고 다양한 일들에 세금을 부여해 간섭함으로써 이익을 챙기려고 하였다. 이것은 당시 땅이나 산, 숲이나 내, 연못과 직업을 잃은 평민들에게는 견딜 수 없는 무거운 짐이 되어 그들의 생계를 거의 불가능하게 만들었다.

왕망의 세 번째 개혁 조치는 화폐였다. 한 무제 때부터 전한 왕조는 오주전이라는 화폐제도를 시행했었다. 이것은 크기가 작고 금의 함유량이 높아 휴대하기 편한 화폐로 사회 각층의 환영을 받았다. 그리하여 근 1백여 년간 유통되었다. 일찍이 거섭 2년, 왕망은 오주전을 유지하는 동시에 화폐를 다시 만들게 했다. 대전大錢은 20수銖로 하나에 금 50에 해당했다. 계도契刀는 하나에 금 5백, 착도錯刀는 하나에 금 5천에 해당했다. 새로운 화폐는 무게는 가벼웠지만 금의 함량이 커서 민간에서 위조가 많이 되었으므로 화폐 시장이 혼란해졌다. 많은 사람들이 이로 인해 법을 어기고 관노가 되었다.

시건국 원년(9년), 황제가 된 왕망은 사람들 마음속에 새겨진 유씨 왕조의 이미지를 지우는데 화폐를 이용했다. 계도와 작도, 오주전을 폐지하고 소전小錢을 찍어내 대전과 동시에 사용하겠다고 발표한 것이다. 개인적으로 주조하는 것을 막기 위해 민간에서 동을 캐거나 숯불을 피우고 황금을 가지고 있는 것을 금지했다. 황금이 있는 사람은 반드시 관아에 가서 값을 매겨 상당한 돈을 받게 했다. 이는 중소 지주의 불만을 야기시켰다. 시건국 2년(10년), 왕망은 또 화폐를 '보화寶貨'로 바꿔 5물 6품五物六品 24등급으로 나눴다. 5물은 금, 은, 동, 구龜, 패貝 등 5가지 금속의 명칭이었으며, 6품은 황금, 은화銀貨, 귀패龜貝, 패폐貝幣, 포布, 천泉과 같은 6가지 화폐의 명칭이었다. 24등급은 28개의 화폐 등급으로, 이를 통해 재부와 화폐 유통을 확장시키려 하였다. 한 나라에 화폐의 명칭이 이렇게 복잡하고 많으니, 백성들은 무엇을 따를지 몰라 갈팡질팡했고, 사용하기에도 매우 불편했다.

그래서 민간에서는 내키는 대로 돈을 주조해 사용했다. 왕망은 그 소식을 듣고 크게 노하여 명을 내렸다. 한 집에서 돈을 주조하면 이웃의 다섯 집이 연루되어 모두 관노가 된다는 것이었다. 지황地皇 2년(21년), 몰래 돈을 주조하거나 연루되어 온 가족이 노비로 전락한 백성이 10만 명에 달하자, 남자는 호송 수레에 가두고 여자는 쇠사슬로 목을 묶은 뒤 뒤를 따라 걷게 했다. 이렇게 고역을 할 장소까지 도착하면 부부를 갈라놓았기 때문에 멋대로 다시 배필을 찾는 일이 벌어졌다. 이들 관노들 중에 10명 중 8, 9명은 고역을 하다가 비참하게 죽어갔다. 화폐의 유통이란 본래 나름의 규칙이 있기 때문에 행정 명령만으로는 어찌할 수 없는 것이었다. 천봉天鳳 원년(14년) 저항이 너무 컸기 때문에 왕망은 다시 대소전 제도를 폐지하고 화포貨布와 화천貨泉, 즉 금 25의 가치를 가진 화폐로만 바꾸겠다고 선포했다. 그러나 왕망은 대전이 사용된 지 오래되었기 때문에 백성들이 반대할까봐 두려워 다시 대전을 잠시 유통시켜도 된다고 선포했다.

이처럼 아침저녁으로 바뀌는 화폐정책으로 백성들은 가산을 모두 탕진할 정도가 되었다. 이로 인해 사회적으로는 엄청난 혼란이 일어났고 농업, 상업, 공업의 정상적인 활동도 불가능해졌다. 상품의 유통 경로가 막혀 시장까지 생기를 잃어가자 백성들의 원성도 자자해졌다.

고대 제도를 개혁하는 동시에 왕망은 사자를 주변 각 민족과 왕국에 보내 과거 한나라에서 하사했던 수綬를 반납하고 인새印璽를 받도록 강요했다. 그는 각 민족의 왕을 후로 강등시키고 흉노 선우를 항노 복우降奴服于로, 고구려를 하구려下句麗로 바꿔 불렀다. 한나라 중기 이래 역대 제왕들이 힘들게 이룩하였던 흉노와의 평화로운 관계와 서역과의 교통이 이렇게 멋도 모르고 날뛰던 왕망에 의해 하루아침에 물거품이 된 것이다.

사람들에겐 반항 외에 다른 길은 없었다. 왕망 천봉 4년(17년), 형주 일대 소택지에서 올방개를 잡아 배를 채우던 굶주린 백성들은 신시新市 사람 왕광王匡, 왕봉王鳳의 인솔 하에 봉기를 일으켰다. 그들은 녹림산綠林山에 웅거하였기 때문에 녹림군이라고 불렸다. 천봉 5년(18년), 적미군赤眉軍이 낭아 사람 번숭樊崇의 지도 하에 봉기를 일으켰는데, 주로 태산과 기몽산沂蒙山 일대에서 활동했다. 이들은 교전을 벌일 때 서로를 구분하지 못할까봐 전군이 모두 눈썹을 붉게 칠했기 때문에 적미군이라 불렸다.

지황 4년(23년) 6월, 왕망은 대사공 왕읍과 대사도 왕심王尋에게 정예부대 42만 명을 지휘하도록 했다. 그리고 각지에서 징병한 후방 치중(輜重: 물자 수송) 부대와 합치면 1백만 대군이 된다고 떠벌렸다. 그들은 낙양 집결지에서 출발해 남양 성도가 있는 완성을 포위 공격하고 있는 녹림군의 주력 부대를 향해 진격했다. 이 부대의 긴 행렬과 엄청난 수레, 갑옷, 병사와 말은 예로부터 본 적이 없는 호화로운 행군이었다. 군대의 위세를 키우기 위해 각지에서 호랑이와 범, 코뿔소, 코끼리 같은 맹수 떼와 키가 1장丈이 넘는 거인을 모았다. 이들은 엄우嚴尤, 진무陳茂가 이끄는 부대와 합류하여 기세등등하게 완성까지 내려왔다. 가는 길에 이미 의군들이 함락시킨 곤양昆陽을 거쳐야 했기 때문에 엄우는 주 사령관인 왕읍에게 건의했다.

"황제라 불리는 자(육양淯陽에서 황제라 불리는 유현이 이끄는 녹림군의 주력부대)가 완하宛下에 있습니다. 급히 쳐들어가면 상대를 쳐부술 수 있으니 온 성이 자연히 우리 것이 될 것입니다."

녹림군의 소 부대의 견제를 받지 않기 위해 빙 둘러 곧바로 녹림군의 최고사령부로 쳐들어가자는 주장이었다. 그러나 왕읍은 기고만장하여 떠들어냈다.

"1백만 군대가 이 성을 다 도살하고 유혈이 낭자한 가운데 들어가니, 노래하고 춤추며 아무 것도 거리낄 것이 없네."

그리고 대군에게 곤양성을 수십 겹으로 포위하라는 명령을 내렸다. 성에서 항복을 청해도 왕읍은 아는 척도 하지 않았다. 엄무는 다시 건의했다.

"항복하는 자를 막지 말고 포위한 곳에 틈을 주라는 말이 있습니다. 병법처럼 하면 그들이 성밖으로 밀려 나와 완하가 두려움에 빠지게 될 것입니다."

그러나 왕읍은 또 이를 받아들이지 않았다. 이때 13경기병을 이끌고 포위를 뚫고 나온 유수劉秀가 정릉과 언현郾縣에서 1만여 명의 원군을 이끌고 돌아왔다. 친히 기병 1천여 명을 이끌고 선봉에 선 유수는 왕읍이 보낸 부대와 교전을 벌여 2번이나 승리를 거두었다. 그 후 또 적군의 수비가 허술해지고 주력부대가 적을 우습게 보는 틈을 타 3천 명의 용사를 선발해 결사대를 만들었다. 그는 곤양성 서쪽으로 돌아가 치수滍水로 들어간 후 바로 왕읍 군대의 급소를 공격했다. 습격해온 녹림군이 얼마 되지 않는 것을 본 왕읍은 이를 우습게 보고 직접 1만 명을 이끌고 맞서 싸웠다. 그리고 인솔 부대에게 함부로 움직이지 말라고 명령했다.

유수가 이끄는 3천 명의 결사대 전사가 용맹하게 적군을 죽이니 그야말로 일당백이었다. 결국 왕읍의 군은 대패했다. 왕읍의 대군 중 남은 부대들은 왕읍이 움직이지 말라는 명령을 내렸다며 도우려 하지 않았기 때문에 유수의 무리는 계속 진격해 들어갈 수 있었다. 거기에 성에서 북소리가 울리니 안팎에서 호응해 천지를 놀라게 하였다. 왕읍의 진영은 큰 혼란에 빠졌다. 이때 큰 바람이 불어

지붕의 기왓장들이 날리고 폭우가 억수로 쏟아져 치수가 크게 불었다. 왕망의 군대가 갑옷을 벗어 던지고 서로 먼저 가겠다고 다투니 1백여 리에 이르도록 그들의 시체가 뒤덮였다. 치수를 건너 도망치던 사람들은 물에 빠져 죽었는데, 그 수가 수만에 달해 물이 흐르지 못할 지경이 되었다. 왕읍과 엄우, 진무와 같은 소수 살아남은 장수들은 죽은 사람을 밟고 강을 건너 도망쳐 낙양으로 돌아갔다. 왕망의 주력부대는 이 전쟁으로 완전히 멸절되어버렸다.

이런 상황에서 왕망은 최후의 몸부림을 쳤다. 그는 눈물을 줄줄 흘리며 군신들을 모아놓고 평제를 위해 기도한 후 금띠로 봉해두었던 책서를 열어 한나라에 대한 자신의 충심을 보인 것이다. 하지만 때는 이미 늦었다.

지황 4년 8월, 녹림군 군사들이 장안성 아래까지 밀고 들어왔다. 더 이상 갈 곳이 없어진 왕망은 다른 방법이 없어 옥에 갇힌 죄수들을 모두 사면시키고 병기를 들린 후 돼지의 피를 마시게 하여 충성을 맹세시킨 뒤, 그들을 사심史諶의 지휘 하에 성밖으로 내보냈다. 그러나 임시로 규합한 이 오합지졸들은 위교渭橋에 도착하자마자 즉시 반란군으로 변해 왕망 조상의 무덤을 파헤치고 구묘九廟와 명당, 벽옹을 불태웠다.

그해 10월, 장안성은 함락되었고 왕망은 점대에서 사로 잡혔다. 상인 두오杜吳는 제일 먼저 왕망을 죽였고, 교위 동해 공빈취公賓就가 왕망의 목을 베었다. 수십 명의 사람이 경쟁하듯 왕망의 시체를 찢어가니 그의 사지와 뼈와 살이 다 흩어져버렸다. 또 왕망의 머리를 갱시왕更時王에게 보내 완성 거리에 걸게 하니, 지나가던 백성들이 가슴에 맺힌 울분을 풀기 위해 그 머리를 때렸다. 어떤 사람은 왕망의 혀를 잘라 나누어 먹기까지 했다. 왕망이 세운 신망 정권은 이렇게 멸망하고 말았다.

漢書 들여다보기

1휘斛는 다섯 말에 해당하고, 1휘 반은 일곱 말 다섯 되, 3휘는 한 섬 다섯 말이었다. 그러나 이러한 환산은 시기에 따라 조금씩 달랐다.

왕망 때 동으로 만든 휘斛

한서漢書 반고의 인물열전

초판 1쇄 인쇄 2013년 1월 25일
초판 1쇄 발행 2013년 1월 30일

지은이 반고
편저자 노돈기 · 이리충
옮긴이 김하나
펴낸이 김경수
기획편집 총괄 박향미
편집진행 권현숙, 최현숙
마케팅 정은진
디자인 김인수(표지) 새일기획(내지)
제작 팩컴 AAP(주)
펴낸곳 팩컴북스
출판등록 2008년 5월 19일 제381-2005-000074호
주소 463-867 경기도 성남시 분당구 정자동 159-4 젤존타워 2차빌딩 8층
전화 031-726-3666
팩스 031-711-3653
홈페이지 www.pacombooks.com

ISBN 978-89-97032-15-0 13910

* 팩컴북스는 팩컴코리아(주)의 출판브랜드입니다.
*책값은 뒤표지에 있습니다.
* 이 도서의 국립중앙도서관 출판시도서목록(CIP)은 e-CIP홈페이지(http://www.nl.go.kr/ecip)와 국가자료공동목록시스템(http://www.nl.go.kr/kolisnet)에서 이용하실 수 있습니다.
(CIP제어번호: CIP2012006098)